# 윤회교의 성서

인간적 자연주의
# 윤회교의 성서

| | |
|---|---|
| **초판 1쇄 인쇄일** | 2017년 1월 18일 |
| **초판 1쇄 발행일** | 2017년 1월 25일 |
| **지은이** | 한서진 |
| **펴낸이** | 최길주 |
| **펴낸곳** | 도서출판 BG북갤러리 |
| **등록일자** | 2003년 11월 5일(제318-2003-00130호) |
| **주소** | 서울시 영등포구 국회대로72길 6, 405호(여의도동, 아크로폴리스) |
| **전화** | 02)761-7005(代) |
| **팩스** | 02)761-7995 |
| **홈페이지** | http://www.bookgallery.co.kr |
| **E-mail** | cgjpower@hanmail.net |

ⓒ 한서진, 2017

ISBN 978-89-6495-100-2  03100

이 도서의 국립중앙도서관 출판시도서목록(CIP)은 e-CIP홈페이지(http://www.nl.go.kr/ecip)
와 국가자료공동목록시스템(http://www.nl.go.kr/kolisnet)에서 이용하실 수 있습니다.
(CIP제어번호 : CIP2017001163)

인 간 적 자 연 주 의

# 윤회교의
# 성서

한서진 지음

**B⊞G 북갤러리**

# 인간적 자연주의《윤회교의 성서》를 내면서

이 세계를 구원하려면 한 그루의 나무를 심어라. 구원받으려면 한 그루의 나무를 심어라. 그리하면 구원받으리니.

인간적 자연주의《윤회교의 성서》를 내는 근본적인 목적은 나무를 심는 종교 집단의 출현을 장려하고 독려하려는 것이다. 더불어 기독교나 불교와 같은 종교 집단이 나무를 심는 행위를 하거나 환경의 급격한 변화에 대처할 수 있는 행위를 할 수 있다면 더할 나위 없을 것이다.

이 글의 대부분은 나무를 심는 일과 십일조를 자연의 질서를 회복하는 데 사용할 수 있기를 기대하는 내용이다. 그리고 이 책을 읽은 독자들이 단 몇 그루의 나무라도 심기를 진심으로 바란다.

책을 읽기 전에 이 책을 발행하기 위해서 어떤 일이 일어나고 있는 것인가를 알아야 한다면 책을 만들기 위해서 숲에서 나무가 잘려지고 그 숲속의 야생동물들이 쫓겨나거나 사냥되어진다는 사실이다. 이는 성서를 만들기 위해서이며, 불경이나 코란, 그 밖의 위대한 책들도 포함된다. 숲이 남벌되거나 숲의 야생동물들이 멸종되는 것을 감수하면서도 이 책을 발행하고 많이 읽혀지기를 바라는 것은 이 땅에 태어나 살면서 죽을 때까지 적게는 몇 그루에서 많게는 자기가 살아온 날만큼의 나무를 심기를 바라는 마음에서다. 그리고 가능하다면 세대에서 세대로 나무 심는 것을 유언으로 남기기를 진심으로 바란다. 일생동안 일하거나 사업을 해서 벌어들인 수입 중 십 퍼센트는 자연의 질서를 위하여 쓰일 수 있도록 유언을 하거나, 죽음에 이르기 전에 기부를 하거나 해서 자연의 질서가 회복되고 결국은 나중에 인간이 자연의 일부로서 자연을 실천하는 사람이길 진심으로 바라는 마음이다. 우리가 나무를 많이 심으면 숲이 형성되고, 그 숲에 야생동물들이 다시 찾아올 수 있다. 나는 그렇게 하는 것이 인간의 인간다움이라고 생각하며 인간적 자연주의를 실천하는 하늘과 땅이 바라는 것이라 생각한다.

이 책의 구성 내용은 인간의 이성(理性)에게 던지는 지식이 아니라 인간의 본능(本能)에게 던지는 메시지이다. 이렇게 생각해보자. 소크라테스가 대중들에게 '너 자신을 알라'라는 말을 던졌다면 그리고 '너 자신을 알라'라는 말을 자연의 질서가 인간들에게 던졌다면 인간은 어떻게 행위를 할 것인가? 소크라테스의 인간의 이성이나 지적인 욕구를 충족시키거나 인간의 철학적 그리고 정치적인 깨달음을 위한 방편이었고, 자연의 질서가 인간을 향해서 '너 자신을 알라'라고 했다면 자연의 질서는 살생하지 말라고 했을 것이며, 한 그루 나무를 심으라고 했다는 것이다. 그리고 본질에는 천지를 창조하시고 '보기에 좋았더라'라는 언어와 상관관계를 맺고 있다는 사실을 인간적 자연주의는 추구하고 있다는 사실을 말하는 것이다.

이 책의 중심 사상은 노자의 사상을 따르려고 했지만 본질적으로 성서의 언어 체계를 따를 수밖에 없었다. 이유는 전 인류의 사상이 기독교 사상을 현재로서는 극복하거나 넘을 수 없기 때문이다.

이 글을 쓰게 된 동기가 창세기 1장의 '보기에 좋았더라'라는 언어에서 시작되었기 때문이기도 하지만 필자의 성장과 성서는 때려야 뗄 수가 없었고 이 나라의 현실을 벗어날 수 없었기 때문일 것이다. 하지만 필자는 사상적으로 노자의 사상이 성서의 사상보다도 위대하다고 생각한다. 그렇기 때문에 노자의 글에 하늘이 답한다는 방법으로 필자의 생각을 기록하게 된 것은 자의든 타의든 노자의 사상을 윤회교의 사상적 바탕 위에 올려놓았다는 사실이다. 아니 그보다 앞서서 노자의 사상보다도 필자의 사상적 본질 속에는 '인간적 자연주의' 사상으로 명명한 상상이 없었다면 이 책은 나올 수가 없었을 것이다. 이 책은 이천년 후의 신약성서의 배경이 된 예수의 운명을 가진 사람이 나올 때까지 유지될 가능성이 있다. 이천년이 지난 후 예수를 예언한다면 이천년 전의 예수 그리스도는 하나님의 실패라고 자인하는 것과 같으며, 성서의 하나님 또한 필자의 관점에서 볼 때 하늘의 실수라고 자인하는 것과 같다. 그 이유는 이천년 전의 예수 그리스도의 사상 전반이 인간 중심주의 사상으로 발전되었다는 것을 의미하는 것이며, 자연 질서의 측면에서 너무도 심한 인간 중심주의 사상으로 편향되었다는 사실 때문이다. 어떠한 경우에서든 인간적 자연주의의 실천과 행위가 이루어지지 않는다면 그것은 철학이나 종교, 학문, 문화가 아니라 하나님을 죽이는 결과로 나타나게 된다는 증명을 예수 그리스도의 사후 이천년 동안에 증명되었음으로 알 수 있다. 그리고 또한 마호메트의 경우도 종교·철학적으로 실패하였다고 선언하는 것과 같다. 이에 대한 가장 큰 이유는 인간적 자연주의가 살생하지 말라는 절대적인 진리에서 벗어났기 때문이며, 한 그루 나무를 심는 행위를 하여야 한다는 사실을 깨닫지 못했기 때문인 것이다. 또한 이 책은 삼백년에 한 번씩 큰 변화를 겪을 것이며, 이천년이 되기 전에 성서와 함께 사라질 것이다. 성서라고 하는 것은 현재의 기독교나 천주교, 이슬람교가 믿고 있는 성서를 말하는 것이다.

성서는 다시 써져야 한다는 것이 필자의 생각이다. 성서는 유대인이 다시 써야 한다. 현대사회의 정신세계를 지배하고 있고 서양 역사를 움직여온 성서가 인간과 자연의 조화를 구현해내지 못한 것은 성서의 '창조'라는 언어가 멸망으로 향하는 과정에 불과하기 때문이다. 성서가 부족하다는 것은 '창조'가 자연의 질서로 환원되어야 하기 때문인데, 자연의 질서로 환원되었다는 사실은 자연의 질서가 생명의 질서이기 때문이며, 생명의 질서가 자연으로 완성되는 절차가 생략되었기 때문인 것이다. '자연'이란 스스로 그러하다는 의미만으로 멈추는 것이 아니라, 자연은 '나'라는 생명 그 자체이다. 자연은 나와 공존해 나가야 하는 필연적인 행위를 하여야 하는 자연의 질서로서 나와 생명으로서, 또 나와 창조로부터 이어져 자연의 질서를 받아들여야 한다. 자연의 질서는 살생하지 않음으로 모든 생명은 세대에서 세대로 이어져가야 하는 본질을 담아야 한다는 점을 말하는 것이다. 또한 생명의 질서가 세대에서 세대로 이어져 본질적으로 이 세계를 창조하시고 '보기에 좋았더라'가 구현되는 방향으로 역사 혹은 사회, 문화가 흘러가야 한다는 사실을 말하기 위해서인 것이다.

이 책은 성서를 비롯한 노자나 불교의 법구경에서 발췌한 언어를 필자의 언어를 쓰는 방식으로 기록했다는 것을 밝히며, 그리고 김용옥 교수님의 노자 및 철학 강의에서 발췌한 언어가 다수 포함되어 있다. 그 중에는《화이트헤드의 과정과 실재 입문》강의할 때 들었던 언어를 그대로 기록하기도 하였다. 노자를 성서화한 언어 체계는 명문당에서 발행한 김학주 님의 역해(譯解)를 그대로 적었으며, 노자의 언어를 하늘이 답한다는 방법으로 해석을 하였으며, 불교의 법구경을 많이 인용하였음을 밝힌다.

필자의 사상적 체계는 불교의 사상을 존중하지만 불교 사상과는 전혀 다르다는 것을 밝히고 싶다. 전체적인 언어 구성은 '인간적 자연주의'를 지향하는데 불교의 살생하지 말라고 하는 것도 사실상 살펴보면 인간적 자연주의라고 할 수 있을 것이다. 필자는 윤회라는 개념을 다시 태어난다는 믿음 체계로서 윤회가 아니라는 사실이다. 윤회는 세대에서 세대로 이어지는 개념에서 벗어나지 않으려고 하는 것이다. 필자는 다음 세대를 위해서 한 그루의 나무를 심자는 사상을 윤회의 개념으로 하는 것이지 다시 태어나기 위한 윤회가 아니라는 것을 분명히 밝혀 두겠다.

개인적으로 이 책은 한 가정에 한 권 정도는 비치해서 일정 시기 동안은 읽혀졌으면 한다. 이 책에서 말하고 있는 수입에서 십일조를 국가가 걷든, 윤회교가 성립되어서 윤회교가 걷든, 기독교나 천주교, 불교, 이슬람교가 걷든 나무를 심고 야생동물을 야생으로 돌려보내는 자금으로 쓰거나 바다 생물의 다양성을 위해서 쓰이기를 진심으로 바란다. 이 책을 내는 사람으로서 일생 동안에 필자의 수입 중 십 퍼센트를 국가가 걷으면 낼 것이며, 죽기 전에 전 재산의 십 퍼센트도 낼 것이다. 더불어 이 책이 많이 읽혀지면서 책으로 인해 얻어지는 인세 수입에서 그리고 기타 수입에서도 같은 방법으로 나무를 심거나 야생동물 재단이나 바다 생물을 양식하는 데 쓰인다면 내도록 할 것이다. 이 같은 일은 그 누구에 의해서도 번복될 수 없다는 것임을 이 책을 빌어서 말하고 싶다. 필자는 일생 동안에 수십 그루 이상의 나무를 심으려고 노력할 것이다.

그리고 필자는 개인적으로 이 글을 철학적으로 정립하고 싶다는 마음으로 책을 내는 이유도 있다. 인간주의와 인간적 자연주의는 큰 차이가 없는데 성서에서는 '살인하지 말라'고 했고, 불교에서는 '살생하지 말라'고 했다. 여기서 살인하지 말라고 하는 언어 체계는 인간중심주의 사상을 대변하는 글이고, 살생하지 말라고 하는 언어는 인간적 자연주의를 대변하는 말이라고 할 수 있다. 불교의 사상적 바탕을 존중하는 필자로서는 인간적 자연주의는 살생하지 말라고 하는 것과 함께 다음 세대를 위하여 나무를 심자는 사회화의 방법, 아니 그보다 발전한 종교의 발현을 간절히 원하기 때문에 이 책을 인간적 자연주의《윤회교의 성서》라고 명명하였다.

필자는 이 책의 내용을 가지고 강의를 할 용의는 있다. 하지만 그 외에 종교의 성립이나 집단을 형성하는 데 결코 나서지 않을 것이다. 다만 노동자의 삶을 살고 있는 사람으로서 필자의 언어가 인류사에 조금이나마 도움이 되기를 진심으로 바랄 뿐이다. 만약 강의를 한다면 다음 세대를 위하여 나무를 심어야 하는 이유와 인간적 자연주의와 윤회교의 성립에 대한 철학적 제시를 학생들에게만은 신분이 노출되더라도 할 수 있을 것 같다. 필자는 역사에 남기를 거부한다. 왜냐하면 필자 스스로 도덕적인 인간이 아니기도 하지만 하늘을 우러러 한 점 부끄러움이 없는 인생을 살지 못했기 때문이다. 그래서 조용하게 후학들에게 필자의 인간적 자연주의를 강의할 수 있는 기회가 주어지고, 필자의 이력이나 이름 등이 기록되지 않는다면 학생들에게 강의하도록 하겠다.

필자가 쓴 언어가 상상에 의한 언어이고 여러 서적에서 발췌한 언어라는 사실은 분명하다. 하지만 이 언어가 인류사에 결코 적지 않은 영향을 미칠 것이라고 생각한다. 그것도 필자의 어리석은 상상으로 이해해 주길 진심으로 바란다. 마지막으로 노동자의 삶은 언어를 기록하는 데 어려움이 많았다. 가령 기록한 내용이 다음 주제에서도 다시 기록되고 있다는 사실을 이해하면서 읽어야 한다는 것이다.

## 이 책의 판권에 대해서

이 책의 판권에 대해서 논하겠다. 판권은 미화 400억 달러이다. 그 중 99억 달러는 아마존 밀림과 남미에 나무를 심는 비용으로 사용할 것이며, 또 99억 달러는 아프리카에 나무를 심는 비용으로 사용할 것이다. 또한 99억 달러는 중동의 원유를 뽑아내고 나면 유정이 텅 빈 상태가 되기 때문에 그곳을 채워 넣는 데 사용할 것이다. 인간과 짐승이 죽으면 시체와 사체가 남는다. 따라서 원유가 어떻게 생성되었고, 석탄이 어떻게 생겼는지를 생각해보면 이 사상이 왜 나무를 심는 종교의 발현을 촉구하는지를 알게 될 것이다. 그리고 29억 달러는 오로지 러시아에 나무를 심을 것이며, 또 29억 달러는 중국에 나무를 심는 일에 사용할 것이다. 또한 29억 달러는 동남아시아에 나무를 심는 데 사용할 것이며, 9억 달러는 미국에 나무를 심는 비용으로 사용할 것이다. 끝으로 6억 달러는 북한에 나무를 심는 데 사용할 것이다. 문명과의 관계 속에서 나무를 심는 것은 인간의 필요에 의한 방편이 되지 않도록 해야 한다. 즉, 인간의 접근이 없어야 한다는 말이다. 최종 목표가 인간의 문명이 없는 원시림이 되도록 하는 것이 바로 윤회교가 추구하는 목표일 수밖에 없는데, 이는 시간과 인간의 각성 없이는 이루어지기 어렵다. 따라서 가능한 것만을 추구하는 것 외에 다른 방법이 없다면 따를 수밖에 없을 것이다.

한국에서의 판권은 400억 원에 팔겠다. 4백억이라는 수를 사용한 것은 '지천선악(地天善惡)'의 의미를 말하는 것이며, 천주교에서 상징적으로 사용하고 있는 '성부와 성자와 성령의 이름으로 아멘'이라는 의미처럼 사용되도록 하기 위해서이다. 윤회교는 지천선악이라는 상징을 사용하는데 천주교가 하늘을 가장 먼저 선택했다면 윤회교는 가장 중요한 땅으로부터 시작되는 상징을 말하는 것이다. 그리고 지천선악은 주역에도 나와 있다. 주역에서는 일, 이, 삼, 사, 오, 육, 칠, 팔, 구, 십으로 나와 있는데, 필요하면 주역을 찾아보기 바란다.

윤회교는 땅과 하늘, 해와 달을 상징적으로 지칭하는 것인데, 모든 자연의 질서가 해와 달, 땅과 하늘의 조화에 의해서 이루어진다는 생각으로 그렇게 한 것이다. 논리와 근거도 또한 언급한다. 윤회교에 관심을 가지고 있다면 나무를 심는 일과 십일조를 모금해서 야생동물과 바다생명의 다양성을 위하여 사용되기를 바란다. 이 책은 사실 수조 달러의 가치가 있다고 생각한다. 하지만 수백억 달러에 이 책의 판권이 팔린다면 앞에서 언급한 나무를 심는 데 모두 사용할 것을 원하며, 우리나라에서 판권이 팔린다면 북한에 모두 양도하겠다. 나무를 심고, 쌀을 사는 등 북한의 에너지 약탈의 시대를 극복하기 위해서 필자가 할 수 있는 최소한의 일을 할 것이다. 다만, 이것 이상을 할 수 없다는 것이 안타까울 뿐이지만, 그래도 안 하는 것보다는 이렇게라도 하는 것이 이 땅에 태어난 사람으로서의 본분이 아닐까 하는 생각도 든다.

모든 근본이 하늘에 있다고 하지만 윤회교는 땅에서 모든 현상이 일어나고, 또 땅이 모든 것의 근본이기 때문에 지천선악이라는 상징을 사용할 것이다.

아울러 전 세계에 식목되어진 나무와 야생동물들은 300년이 될 때까지 베어내거나 파괴시키지 않아야 한다. 300년이 지난 다음 사용할 사람이 나타날 것이다. 마찬가지로 이 언어는 상상이다. 지금 300년 후를 예언하는 것은 불가능하다. 이 상상이 실제로 일어날지는 모르지만 그의 성은 황씨이다.

# 제1부

## 인간적 자연주의의 개론

# ❀ 인간은 어디까지 진화할 것인가

인간은 어디까지 진화할 것인지를 말하거나 진화란 현재보다 어떻게 발전하고 퇴화할 것인가를 말할 때 필자는 개인적으로《이기적인 유전자》라는 책을 통해서 엄청난 충격을 받았던 기억이 있다. 환경의 변화에 의해서 진화와 유전이 된다는 사실에서 인간에게는 정치·사회라는 문제보다 살아남으려는 생활의 문제 속에서 진화의 방향이 결정된다는 사실이다. 인간의 진화는 아름답기에 살아남았다는 사실과 그와는 반대로 추하기에 살아남았다는 사실이다. 이 때문에 진화와 유전은 미래의 문제가 아니라, 지금 변화하는 것으로 살아남으려 한다는 사실이다.

인간과 관련된 진화는 인간의 생활과 관련되거나 인간의 생활이 진화를 촉진시키는 일련의 계기에 의해서 진화의 속도가 빨라질 것이다. 인간에 의해 끝없이 발전하는 과학과 언어의 진화를 생각해 보면 쉽게 이해 할 수 있을 것이다. 인간 본연의 진화가 과학과 관련된 진화와 그리고 언어와 관련된 진화로 구분하는 것은 인간 본연의 진화에 중대한 영향을 미친다는 사실을 우리는 생각하지 않을 수 없기 때문일 것이다.

이기적인 유전자를 내재하고 과학적 능력을 소유하고 있는 인간에게 유전은 과학을 초월하고자 하는 본능이 내재하고 있다는 사실이다. 따라서 그런 것일 수도 있다는 추측과 인간의 과학은 진화의 한 방편으로 인간이 개발해낸 것일 수도 있다는 생각이 든다. 진화와 관련된 인간의 언어가 유전과 진화의 한 방편이 된 것은 어쩌면 이기적인 유전자를 내재하고 있기 때문일 것이다. 종족보존과 종족보존의 연속성을 위한 방편으로써 인간의 이기적인 유전자는 과학을 만들어내기 이전부터 자연의 질서에 대응하는 무엇인가를 완성시키려는 인간의 완성형 유전과 진화의 결과가 아닌가를 생각해보지 않을 수 없을 것이다.

인간은 어디까지 진화할 것인가. 인간의 영향에 의해서 과학 그리고 언어의 진화가 인간이 살아가는 이 세계와 조화를 이루어 낼 수 있는가에 대한 물음이 조화를 이루어 낼 수 없을 경우에는 인간에게 진화의 방향을 다르게 설정해야 한다는 사실을 필자는 말하고 싶다. 그런 물음을 스스로에게 한 번 던져보자. 나는 어떻게 진화해 나갈 것이며, 나의 진화가 조화롭게 진화해 나갈 것인가? 진화와 인간의 과정에 대해서 중요한 전제를 설정해야 한다면 무엇이 있을까.

필자 개인적으로 진화의 대전제에 '나는 자연이었다'라는 사실을 잊지 않아야 한다고 생각한다. 왜냐하면 인간은 어떤 상태가 되더라도 자연의 상태에서 벗어날 순 없기 때문이다. 필자는 이렇게 말하고 싶다. '나는 살아있다'는 사실과 '나는 생명'이라는 사실을 부정할 수 없다는 것을 말이다. 인간에게 과학은 자연의 진실한 실천이어야 하고, 인간의 언어는 자연의 질서와 인간의 진실한 실천을 위한 방법으로써 역사에 기록되어야 한다.

인간과 관련된 과학적 현상들이 우리가 언어로 표현해 내는 결과물이라는 사실은 분명하다. 가령 뉴턴의 만유인력의 법칙이나, 아인슈타인의 일반 상대성이론이나, 특수 상대성이론이 자연의 질서 속에서 흐르고 있는 질서의 상태에서 이러한 현상을 발견했다는 사실과 과학법칙을 응용하거나 인간에게 유용한 기술을 개발하는 것이 일시적인 편리가 오랜 기간 동안 인간이 당해야 하는 자연의 질서로부터의 반란으로 인해 인간이 고통을 당할 수도 있다는 사실을 깨달아야 한다는 사실이다. 인간은 철학적이든 사회적이든 몇 가지 언어로 인간에게 닥쳐올 예상이나 추측 혹은 상상을 하지 않으면 안 된다는 사실이다. 인간의 생활과 자연현상에서 추출해낸 법칙의 결과와 이러한 상황들이 어떻게 인간을 진화와 유전의 방향으로 몰고 갈 것인가 그리고 현대문명의 당위성에 도취해 있는가에 대한 경계를 하지 않으면 안 된다는 사실이다. 과학적 언어의 결과가 유전적인 돌연변이의 현상으로 변해가거나 또는 과학과 문명의 발전을 위한 뇌의 진화가 자연의 질서를 극복하는 것처럼 진화하는 것을 경계하지 않으면 안 될 것이다. 인간은 자연의 질서 속에 있고 여러 가지 과학법칙에 의한 기술의 개발들에 의해서 자연의 질서를 인간의 경제적 이득의 방편과 과학적 실험을 하는 자연의 질서가 되는 것이 인간에게 자연의 질서가 아니라 응용과 발전하는 인간이 되도록 하는 언어와 과학이 되지 않도록 하는 것도 인간의 본능이 가져야 하는 이기적 유전자를 내포한 인간의 의무일 것이다. 그러한 가운데 인간은 극대와 극소의 현상을 발견해내고 있는 시대 속에서 전자와 소립자 혹은 쿼크(Quark)의 해석에 인간이 도취해 있는 동안 인간은 어떻게 진화해 나갈 것인가, 그런가 하면 인간이 발견해낸 과학적 언어들이 인간을 어떻게 변화시켜 나갈 것인가에 대한 결과는 인간이 자연의 질서에 대한 변형을 추구한다는 사실을 발견해내는 것 이상은 아니라는 사실일 것이다. 그러나 자연 질서의 변형은 인간에 의해서 발견해낸 물리화학 법칙의 발견에 의해서 마치 자연의 질서를 극복하거나 자연의 질서 위에 군림해야 한다는 방식의 인간의 유전은 극히 인간이 스스로 조심하지 않으면 안 된다는 사실이다. '나는 자연이었다'와 '나는 자연의 진실한 실천을 무엇으로 행위할 것인가'를 고민해야 하며, 그 어떤 철학, 문화, 종교생활 등도 한 그루의 나무를 심는 것보다 위대한 것은 없다는 것을 깨닫는 인간이 되어야 한다.

자연 질서의 조화로운 상태를 오래도록 유지할 수 있는 방법으로써 물리화학 법칙이 운용되기를 진심으로 바란다. 그러나 자연의 질서에 대한 변형은 인간의 생활의 편리를 구현할 수 있겠지만, 가령 상대성이론에 의해서 구현되는 결과가 무엇인가 하는 의문과 아인슈타인의 상대성이론이 인간과 인류와 자연의 질서에 어떤 짓을 했는가를 생각하지 않으면 안 된다는 사실이다. 상대성이론에는 일정한 거리를 가려고 할 때 얼마만큼의 에너지를 소비해야 하는가의 결과론이다. 에너지를 소비하는 것은 인간의 당연한 권리라고 말할 수 있을지라도 자연 질서의 조화로움이 있는 것과 조화가 깨지는 현상계는 인간의 권리를 말을 하거나 하기 이전에 인간이 자연의 질서를 엉망으로 만들고, 자연의 질서가 죽음에 이르는 현상이 발생하는 것에 대한 경계 그리고 어떻게 하면 자연의 질서가 유지되며, 자연 질서의 죽음을 막을 수 있는가를 진심으로 살펴야 하는 시대에 우리 인간이 살아가고 있음이다. 가령 인간이 지구에서 달까지 간다고 가정했을 때 걸어서 가는 것과 비행기나 우주선으로 간다고 보면 인간이 걸어가는 것과 비행기나 우주선의 에너지 소비의 형태로 빨리 갈 수 있는 방법론의 구현이라는 사실이 만유인력의 법칙과 상대성이론에 의한 결과라는 사실과 에너지가 소모된다는 결과 속에서 인간은 모든 과학 법칙이 에너지를 소모하게 하는 방법 이외에는 없는 것이다. 그렇기 때문에 인간은 인간의 역사와 자연 질서의 균형을 유지하기 위한 대책이 선행되어야 할 것이다. 만약에 더 멀리 가는 데 원자력 발전을 하는 우주선이 있다고 가정했을 때 인간이 걸어서 가면 수백만 년이 걸려서 가지 못해도 에너지를 태워서 몇 시간이나 몇 달 만에 갈 수 있다는, 즉 에너지를 태워서 가려고 하는 결과론이라는 사실을 현대사회에 적용해보고, 어떻게 하면 자연의 질서를 회복하면서 인간의 역사를 구현해 나갈 것인가를 진심으로 살펴야 한다. 이것이 바로 인간의 진화와 과학의 발달에 의해서 과학이 진화된다는 사실을 말하는 것이다.

인간의 진화와 과학의 진화의 순기능과 역기능을 인류사적으로 인간은 생각해야 하고 행위를 하여야 하는데, 그것은 현대의 지식인 혹은 정치·사회·문화를 직접적으로 체험하고 있는 인간의 의무일 것이다.

현대문명의 최고수준의 과학의 진화는 무엇일까. 슈퍼컴퓨터의 출현이나 인공지능의 개발, 지구 주위에 날고 있는 모든 문명의 집합체인 인공위성이나 우주정거장의 운용들은 인간의 지능과 수학·물리학의 완벽한 결합의 완성이라고 했을 때 자연의 질서를 회복하기 위한 방법으로 운용되지 않는다면 인간은 자연의 질서에서 해충일 수밖에 없어 박멸되어야 할 대상이라는 사실을 인식하여야 한다. 자연의 질서 속에서 인간이 유용한 생명체가 된다는 전제는 인간과 자연에 대한 동시적인 선이며, 인간과 자연에 대한 동시적인 도덕적인 행위를 하여야 한다는 사실이다. 그래서 그것으로부터 인간은 눈떠야 한다. 문명이 자연의 질서 속에서 회복하는 유전과 진화를 유도해야 한다고 하지만 현대는 인간과 자연의 조화를 결코 현상적으로 이루어 내지 못하고 있다. 필자가 말하고자 하는 것은 인간과 과학적 결과물 사이에 어떠한 일이 벌어지고 있는가의 물음이 자연 질서의 조화를 위한 학문 그리고 과학의 진화로 구현되도록 해야 한다는 것이다. 가령 인간이 달나라나, 화성이나, 태양계의 행성에까지 도달하기 위해서 지구상에는 어떤 일이 일어나고 있는 것인지를 뒤돌아보기 시작해야 한다는 점이다. 현대문명까지 도달하기 위해서 인간은 엄청난 과학적이고 합리적인 행위를 해왔다고 자부할 수도 있겠지만 그 과정에서 인간이 어떤 행위를 했으며, 어떻게 자연의 질서가 흘러갈 것인지를 대비하고 행위를 하여야 한다는 것이다.

인간의 문명은 에너지를 필요로 하고 있다. 지구가 인간이라는 가정 하에서 지구에서의 에너지를 문명에 투입한다는 것은 인간에게 피와 살을 헤집고 에너지를 추출한다는 것과 같은 말이다. 지구에서 에너지를 뽑아서 우주로 나아가는 우주선을 만들고 우주선에 사용하는 에너지를 태우다 보면 언젠가 지구에는 에너지가 남아있지 않게 된다. 인간의 몸에서 에너지가 과도하게 소모되면 생명으로서의 기능을 멈출 수도 있다는 것을 자연의 질서에 적용해보고, 진화와 유전을 적용시켜야 하는 시대에 대비해야 하는 것이다. 과학과 언어의 진화가 이기적 유전자를 내재하고 있는 본질로서 인간을 옥죄는 도구나 무기가 되지 않도록 과학과 언어로써 제대로 구현해 내야 하는 것이 인간의 의무인 것이다. 인간의 역사가 수백만 년에 미치지 못하지만 인간의 물리화학 법칙을 이용한 지구에서의 노화현상을 너무 급속하게 유발시키는 것은 아닌가 하고 인간은 깊게 인류사적인 고민을 해야 하고, 지구의 노화현상을 늦출 수 있는 인간의 현명한 행위가 이루어져야 한다는 사실이다. 지구의 나이는 사십오억 년 정도라고 하는데 지구의 노화속도가 빨라지는 것을 막고 지구 본연의 현상학적 유지가 되도록 인간은 유전과 진화의 방향을 유도해야 한다. 인간에게 있어 여러 가지 요인들, 즉 질병이나 상해 등에 의해서 인간의 수명이 짧아지듯 지구의 나이도 인간의 난개발로 인해서 수명이 짧아져서 그렇게 되었다면 인간은 인류사 혹은 문명사를 전환시켜야 하는 전환점이 바로 현대문명의 시대인 것이다. 인간의 진화와 유전의 최종적인 결말이 수천 년 혹은 수만 년 이상을 유지시키지 못한다는 것이 인간에게 뇌의 활성화가 가져온 결과라고 한다면 인간은 뇌의 활성화로 야기되고 촉발된 인간과 자연의 중대한 물음에 의해서 자연으로 돌아갈 방법을 모색하는 것이 가장 옳은 선택인데, 그것이 바로 자연으로 돌아가자는 외침이다.

인간의 진화는 인간의 과거를 통해서 비교하지 않을 수 없다. 아직도 미지의 세계 아마존 밀림 속이나 아프리카, 아시아의 오지에서 생활하는 원시 부족들의 생활 방식을 유지하고 있는 사람들과 현대문명의 혜택을 보고 있는 사람들의 차이가 무엇일지는 익히 잘 알고 있을 것이다. 문명인은 자연의 질서를 극복해서 얻은 것이고, 비문명은 문명의 혜택을 전혀 받지 못하고 있지만 생물의 다양성을 파괴하지 않으면서 살아간다는 측면에서 보면 문명인은 부끄러워해야 한다. 고도로 발전된 문명은 자연의 질서를 무자비하게 파괴시켜서 이룩한 절대 악이다.

　과학이 적용된 생활 패턴이 주는 편리함보다 그 편리함이 인간에게 어떠한 진화와 유전의 길을 걷게 될 것인지 대안을 제시해야 한다. 과학의 진화나 유전이 인간을 극복하는 현상으로 이어지지 않도록 하는 것이 인간의 의무인데, 그것을 등한시했을 때 인류는 에너지의 집중화와 그 집중화로 인한 에너지 불균형의 문제를 양산할 것이고, 그 궁극에는 인간과 자연의 갈등의 결과로 자연의 질서에 깊은 상처를 줄 것은 자명인 일이다. 인간은 자연의 질서에 속해있고, 자연의 질서에 순응하고, 순환의 질서를 벗어나지 않으려고 이성적인 행위를 해야 하는 것이 인간의 유전과 진화의 과정 그리고 결과론이 되어야 한다. 인간이 자연의 질서 속에 있다는 사실을 악용하거나 순환과 순응하지 않은 결과는 어쩌면 현대문명이 감당하기 어려운 문제를 양산하게 되고 말 것이다.

　인간의 수명은 연장될 수는 있을지 모르지만 원시생활을 하는 사람들의 비문명화가 문명화의 길보다 인간에게 유용한 생활이 될 수도 있다. 그리고 비문명 속에서 생활하는 사람들의 진화와 유전의 방향은 결과적으로 현대문명을 뒤따를 것이라는 사실을 알지만 현대 인간사회의 진화와 유전은 속도를 현격히 떨어트려야 한다는 것을 문명 스스로가 느껴야 한다. 앞서서 말한 대로 만유인력의 법칙이 인간이 중력을 극복하기 위한 방법론으로써 제시되었다고 하지만 중력을 극복하기 위한 에너지를 투입해야 한다는 사실이고, 결국은 지구상의 일부분을 파괴하거나 파헤쳐서 중력을 극복해야 한다는 사실을 또한 인식해야 한다. 이것이 인간의 과학적 업적으로서의 진화와 유전일 것이다. 인간에 의해서 문명화의 현상이 완성된다거나 문명화의 완성을 과감히 결별하고 스스로 자연의 질서로서의 행위를 하는 것은 인간의 이성적인 진화와 유전으로 방향을 선회할 것이고, 그것은 현상학적으로 지구상에 나타날 것이다. 이것이 자연의 일부로서 이성의 진화와 유전이다. 그렇지 않고 과학의 지극한 발전을 추구한 결과 비행선은 속도가 엄청나게 빨라지고, 도시화는 빠르게 진행되고, 컴퓨터와 같은 디지털 기계는 인공지능의 실용화 단계까지 와있다고 했을 때 이 모든 운용에는 에너지가 있어야 한다는 과학의 진화와 유전이 현상학적으로 이 땅에 구현될 것이다. 어떻게 진화와 유전이 될 것인지는 모르지만 인간은 문명의 이기들에 의해서 진화해 나간다는 사실의 결과는 인간의 고유한 능력을 상실하는 방향으로 진화해간다는 사실을 인식해야 하는 것이다.

전 세계의 모든 학자나 정치가들이 문명의 화려함에 정신과 마음이 빼앗겨있다. 그러한 현상적 과정과 결과로 귀결된 진화와 유전은 실현될 것이다. 인간은 일정 시간동안 문명의 발전을 방치해 나가려는 추세일 때 자연 질서의 현상학적 실현을 염두에 두지 않는 인간의 생활방식을 고집하게 된다. 따라서 문명의 과정과 결과는 결코 인간을 행복하게 하지 않을 것이라는 사실이다. 가령 디지털 기계를 운용하면 인간은 시력의 저하와 청각의 능력이 저하된다. 그러면서 인간이 자연의 질서로서 역할이 축소되어 인식능력의 변형이 올 것은 분명하다. 이것이 인간 고유의 능력을 상실해가는 방향으로서의 유전과 진화인 것이다. 인간의 인식능력의 변형은 기계문명에 극심한 의존현상으로 만들어 갈 것이고, 일부의 사람은 매트릭스 세계를 동경하게 될 것이다. 그렇게 되면 매트릭스의 구조 속에 갇히게 되고 만다. 전자와 양전자로 구분해서 인간을 소립자로 분해, 에너지로 만들어지는 대상으로 전락한다는 사실이다. 그리고 인공지능의 발전은 무인 자동차나 로봇과 같은 인간에게 편리한 기계에서 멈추지 않을 것이다. 일자리를 빼앗긴다든지, 아니면 국가와 국가의 관계에서 정복되는 대상이 된다든지, 적대국에 대한 인공지능의 역설계에 의한 바이러스를 심어놓았을 때 인공지능은 영화에서나 나올법한 인간과 기계의 전쟁 상황이 발생할 수도 있다는 사실을 알아야 하는 것이다. 어쩌면 인간은 생명에너지에 의해서 살아가는 것이 아니라 만유인력의 법칙이나 상대성이론에 의해서 에너지의 진화가 시작되는 것이 아닌가 하는 두려움을 느껴야 하지 않을까. 인간이 에너지로 진화해간다면 이것이 과학의 진화가 인간의 진화로 이어진다는 것을 어떻게 대처해야 할지를 한 번쯤은 심각하게 생각해보아야 한다. 이러한 것들을 사회적 현상의 진화와 유전이라고 말할 수 있을 것이다.

　현대는 과학과 자연이 어떻게 조화와 발전을 시켜나가야 하는가의 중대한 기로에 서 있다. 인간은 생명에너지로서의 진화와 유전을 선택해야 하고, 에너지에 의해서 생존하는 생명이라는 오명을 벗어던져야 하기 때문이다. 에너지에 의존한다는 것은 자연의 질서를 파괴시키면서 살아가는 생명체가 된다는 것이며, 어쩌면 인간 스스로 에너지원이 될 가능성을 염두에 두어야 한다는 사실 또한 인식해야 하는 것이다. 에너지 소비가 집중화된 지역과 에너지를 약탈당하는 지역의 차이는 아마도 과학적 진행이 빠르게 진행되는 지역이 될 것이다. 그와는 에너지 약탈이 진행되거나 에너지가 약탈되어서 더 이상 채굴할 수 없는 지역에서는 어떤 일이 일어나는가. 그 지역은 그 지역에 맞게 생명이 유출되거나 추방되는 현상이 일어날 것이다. 이 말은 에너지의 약탈이 그 지역의 환경 변화는 물론 곡물 생산의 감소나 가축을 기르는 일에 있어서도 환경적으로 축소되는 방향으로 자연의 질서가 흘러간다는 사실이다. 이러한 현상을 필자는 '자연의 자살 현상이 일어난다'고 표현한다. 자연의 자살 현상은 인간의 진화와 언어적으로 완성된 과학과 그 결합에 의해서 일어난 결과이다. 에너지 약탈이 발생한 지역에서는 그 지역에 특화된 생명 유지를 위한 자연의 자살 현상이 일어나게 되는데 그 증거가 바로 현대의 이슬람 연합과 같은 집단의 출현이다.
　그리고 필자의 주위에서도 이러한 일이 일어날 개연성을 가지고 있다. 남북한의 통일에서도 이러한 현상을 반영하지 않으면 통일되었을 때 남한과 북한에서 에너지 유출이 일어나고 남한과 북한에 맞는 생명의 유지를 위한 자살현상이 일어날 수도 있다. 그렇게 되지 않기 위해서는 남과 북이 어떠한 자연현상에 대해서 미리 어떻게 대처해야 하는지를 알아야 한다.
　인간이 자기의 생존을 향한 투쟁을 하듯이 자연의 질서도 마찬가지로 살아남기 위한 투쟁을 한다. 자연의 질서는 인간이 생각하는 것을 초월하는 경우라고 필자는 생각하는데 소비에트 공화국에서 러시아로의 체제 변화가 무엇을 의미하는가를 살펴보면서 이것이 자연환경과 관련을 지어본다면 어느 정도 이해를 할 것이다. 공산주의의 붕괴와 자본주의와의 대결에서 패배한 것 때문에 지금 러시아가 과거보다 에너지 유출이 느슨해졌다. 러시아의 에너지 유출이 과거처럼 이어졌다면 아마 현상학적으로 온도의 상승과 동토(凍土)가 녹는 현상을 빨리 경험하게 되었을지도 모른다. 러시아의 에너지 유출을 줄이게 된 것은 자연 스스로가 살아남기 위해서 인간을 움직였다는 것이 필자의 견해이다. 에너지의 약탈이나 유출이 심각한 수준에 이르게 되면 러시아에서는 인위적이든 타의적이든 자연의 자살 현상이 극심하게 일어날 수 있었는데 이를 미연에 막게 되었다고 볼 수 있다.

인류사에서 현상학적으로 말할 수 있는 것은 인간과 자연의 공존과 조화를 선행하지 않으면 생각한 것보다도 인간의 멸망을 더 촉진시킬 것이라는 사실을 명심해야 한다. 이는 인간의 에너지 사용에 의해서 자연 질서의 유전과 진화가 이루어진다는 것을 보여주는 것이다. 인간과 지구는 같은 현상으로 살아간다. 인간이 에너지를 과도하게 사용하게 되면 인간은 병이 들거나 약해져서 결국에는 죽음에 이르게 된다. 마찬가지로 지구도 에너지가 과다하게 채굴되었을 때 병들고 약해져서 죽는다. 지구의 멸망이라고도 할 수 있는 이것이 지구가 백색외성이 되는 것이다. 이는 또 성서에서 말하는 '천지를 창조하시고 보기에 좋았더라'의 완전히 반대현상인 '사탄이 보기에 좋았더라'라는 666 현상인 것이다. 그 증거는 아프리카와 중동에서 나타나고 있는 빈부 격차 문제와 정부군과 반군의 갈등으로 인한 그 지역의 자살 현상 등이다. 이런 것들이 자연의 자살 현상이 일어나는 유전과 진화인 것이다. 그 책임은 전적으로 유럽과 서구의 책임이 크다고 할 수 있다. 아프리카와 중동에서 유럽의 에너지 약탈이 오늘날의 엄청난 자연 질서의 반격으로 나타날 것인데, 유럽으로의 엄청난 난민 유입을 촉진시킬 것이고, 어느 시점에서는 제3차 세계대전을 유발하는 계기가 될 수도 있을 것이다.

유럽에서 자연의 자살현상은 약탈한 에너지를 분배받으려는 에너지 재약탈 현상으로 일어날 것이라는 사실이다. 과거에는 가장 에너지를 많이 소비하는 국가와 그 다음 소비하는 국가의 갈등이 제1, 2차 세계대전이었다면 현대는 가장 많은 에너지를 약탈한 국가와 그 다음의 에너지를 약탈한 국가의 갈등으로 인해 제3차 세계대전으로 연결될 가능성이 있다는 사실을 인식하라는 것이다. 이것을 약탈당하는 지역이 공멸하게 되는, 자연 질서의 유전과 진화가 이루어진다고 하는 것이다. 인간이 살고 있는 지구에 공짜는 없기 때문이다. 가능하다면 자연의 질서로서 행위하고 자연의 질서로서 유전과 진화의 길을 가려고 노력하라고 자연의 질서는 말하고 있는 것이다. 그리고 자연의 질서를 벗어날수 있는 인간은 단 한 사람도 없다. 인간은 선택을 한다. 자연의 질서로서 유전과 진화를 해나갈 것인가, 아니면 자연을 극복하는 것과 같은 행위를 함으로써 진화와 유전을 해나날 것인가를. 가능하다면 자연의 질서로서의 진화와 유전을 해나가야 한다. 이 세계는 나 혼자만을 위하여 진화와 유전을 하지 않기 때문이다.

그리고 필자는 내 나라의 통일이 에너지 약탈을 막는 방법으로 강구되어야 한다고 생각한다. 에너지 약탈이 시작되면 대한민국의 비극이 시작되는 계기가 될 것이기 때문이다. 그러한 현상으로 이어지지 않기 위해서는 에너지의 축적과 유출되지 않을 정책이 강구되어야 한다. 에너지의 축적은 나무를 심는 것에서 시작되어야 한다. 그래서 나무를심는 것이 종교로까지 이어져도 무방할 것이라 생각한다. 중동에서 이란과 이라크, 시리아, 리비아 등이 현대문명 사회에서 에너지를 약탈당하고 자연의 자살 현상으로 이어졌다는 사실을 보면 확실한데, 이와 같은 자연 현상을 이해하고 미리 대처하지 않은 정치권력자의 무능에 의해서였다는 사실이 분명하다. 이를 보면 인간은 역사를 놓고 봤을때 정치, 사회, 문화를 판단할 수 있지만 자연의 질서 속에 역사를 고찰하는 능력을 키우지 않으면 안 된다는 교훈을 뼈저리게 느낄 수 있다. 이 글이 그 교훈이 되기를 진심으로 바란다.

우리가 통일을 이야기하면서 명심해야 할 것이 몇 가지가 있는데 남한과 북한이 전쟁은 절대 하지 말라는 주문이다. 전쟁의 시작과 과정은 에너지 유출과 약탈이 점점 심해지고 자연 질서의 자살현상을 달래는 기간도 오래 걸릴 뿐만 아니라 자살현상을 멈추는 것도 쉽지 않기 때문에 전쟁을 하지 않아야 한다는 것이다. 전쟁을 하지 않아야 자연의 자살현상을 달래고 자살현상을 멈추게 할 수 있기 때문이다. 전쟁이 일어난다는 것은 북한에서 에너지의 약탈이 시작되었다는 것이며, 남한에서 에너지의 재약탈 현상이일어나게 되는 것이다. 그나마 북한은 현재의 상태로서는 에너지 약탈의 소강상태가 이어져오고 있다. 그 까닭은 김정은 국방위원장의 고모부인 장성택의 처형과 화폐개혁의 실패 등 국가수반의 교체에 따른 체제안정이 무엇보다 우선해야 한다는 이유 때문일지도 모르지만 결과적으로 과거에 비해서는 에너지 유출이 진정되었기 때문이다. 북한에 에너지 유출과 유입의 균형이 당분간은 어느 정도 유지될 수 있을 것으로 보인다.

필자가 말하고 싶은 것은 북한에서의 에너지 약탈 현상이 어떻게 조정되고 진정시키느냐에 의해서 북한의 존폐가 결정된다고 할 수 있을 것이다. 가능하다면 에너지 약탈의 당사자가 되지 말았으면 한다. 개인적으로 필자는 김정은 국방위원장의 핵무기 개발이 에너지의 약탈을 막는 방법론이라면 북한의 핵개발을 정당하다고 생각한다. 하지만 인간의 인식이 자연의 질서로부터의 명령이나 행위를 하도록 하는 것 속에서 인간의 본능적인 행위가 우선하기 때문에 에너지의 유출에 관한 변화가 상당히 느리다는 것이다. 마찬가지로 인간의 이기적인 유전자는 현상학적인 충족이 선행된다는 사실 때문에 자연 질서의 명령이 아닌 것처럼 보이지만 결과는 같다는 사실을 필자는 확신한다. 사람들은 북한의 핵이 북한체제를 유지하기 위한 수단이고 김정은 국방위원장의 독재체제를 유지하기 위한 수단이라고 하지만 정치체제의 눈으로 보았을 때와 자연의 질서의 눈으로 보았을 때와는 다르다. 북한의 에너지 약탈이 현실화되었을 때 남한은 대재앙을 맞을지 모른다는 위기감을 가지고 대처하지 않으면 안 된다. 현재 북한은 남한이나 중국, 러시아, 미국, 일본과 같은 국가에 에너지 불균형을 초래하지 않을 수 있도록 도와달라는 신호를 계속 보내고 있는 중이다. 개인적으로 대한민국 국민의 한 사람으로서 대한민국이 에너지를 약탈하는 국가가 되어 있기 때문에 북한을 평화 통일을 하든 무력에 의해서 통일을 하든 남한은 북한을 에너지 약탈의 대상으로 삼는 것이 필자는 두렵다는 것이다. 대한민국은 통일을 하기 전에 북한을 에너지 약탈의 대상으로 삼지 않으려고 국가적인 논의가 있어야 하고, 에너지 약탈보다는 에너지를 축적하는 방향으로 통일을 시켜나가야 한다.

우리는 또한 남북통일이 가져올 에너지의 필요성이 절실하게 나타나게 될 것이다. 그때 필자는 윤회의 방법론을 제시하고 싶은데 윤회의 방법론이란 균형을 맞추어 가면서 자연의 질서가 이어져 나가려 하는 인간의 인위적인 행위인 것이다. 인간은 자기가 알려고 하는 것만 알려고 하는 경향이 있다. 그리고 자기가 보려고 하는 것만 보려고 하는 경향이 있다. 말하고자 하는 것은 에너지 재약탈의 관계를 맺지 말라는 것이다. 어떻게 하면 에너지 재약탈의 관계를 끊을지는 필자도 결론을 말할 수 없지만 강한 것을 절대로 피하라는 것이다. 강한 나라와 강한 군사력, 강한 국가 이념을 추구하지 말라는 것이다. 어쩌면 그런 것이다.

에너지 재약탈의 경우도 우리 주변에는 많다. 중국도 그렇고 일본도 그렇다. 현재의 구도는 에너지의 집중이 필요한 중국과 에너지가 집중된 구조로 운영되는 국가체제를 가진 일본 사이에 북한이 되었든 남한이 되었든 말이다. 북한은 에너지 약탈의 대상이 되려는 처지이고, 남한은 미국이나 일본의 에너지 재약탈의 관계를 맺고 있다. 남한 스스로도 에너지의 집중에 의해서 운영되는 국가체제를 가지고 있으면서 에너지 재약탈의 관계를 어떻게 설정할 것인가는 국가 존립과 존폐의 문제일 수밖에 없을 것이다. 그리고 이러한 관계를 경제 발전이니 경제 활성화니 하는 말로써 사용하고 있는데 에너지를 약탈당함으로 인해서 생기는 국가의 쇠퇴와 에너지를 재약탈당하게 됨으로써의 국가의 쇠퇴는 다르지 않다는 사실이다. 북한은 일본이나 미국을 에너지 축적의 대상으로 하는 정책을 세워야 할 것이며, 만약에 북한을 에너지 약탈의 대상으로 삼는다면 공멸할지라도 단호하게 대하는 정책을 세워야 하는 것이 현재 북한의 실정이라고 여기지 않을 수 없다. 남한은 에너지 재약탈의 관계를 극복하는 것을 어쩔 수 없이 윤회의 이론에 입각한 정책을 실천해 나갈 수밖에 없다. 윤회의 이론이란 다음 세대를 위해서 현실 세대는 무엇을 하여야 하는가를 실천하는 이론이라고 할 수 있는데 현실 세대는 다음 세대를 위해서 한 그루의 나무를 심는 일을 실천하는 것이며, 이것이 종교적인 현상이든 정책의 방향이든 반드시 해야 한다는 것이다. 나무를 심는 것도 에너지 축적이라는 측면에서 행위를 하라는 것이고 바다 자원의 확보를 위해서 치어를 양식해서 다시 바다에 놓아주는 것도 에너지의 축적이라는 측면에서 하라는 것이다. 에너지를 약탈하는 정책은 반드시 에너지 재약탈의 관계를 맺을 수밖에 없다는 사실을 반드시 명심하기를 진심으로 바라는 마음이다. 경제발전이나 생활수준의 향상, 문화, 사회, 정치 등 모든 보이는 현상들은 에너지 축적이나 에너지 약탈과 관련이 있고, 에너지 재약탈과 관계가 있다.

우리나라의 현재 대통령은 과거의 에너지 약탈 정책을 입안해서 성공한 분의 자제이다. 하지만 에너지 약탈 정책은 결과적으로 다시 에너지 재약탈의 관계를 맺는다는 것은 분명한 사실이다. 에너지 재약탈의 관계가 가장 큰 에너지를 약탈하는 집단이나 지역에 흡수된다는 사실을 알지 못하면 어느 순간에 에너지를 약탈해서 집적한 국가나 지역과 그 다음의 에너지를 약탈한 집적한 국가의 대립은 엄청난 재앙을 몰고 온다는 사실을 역사 속에서 발견할 수 있는데 바로 제1, 2차 세계대전인 것이다. 지금 현시대를 보지 말고 다음 세대를 볼 수 있기를 진심으로 바란다. 가장 바람직한 정책은 에너지를 어느 정도 약탈되거나 유출되어도 버틸 수 있는 정책이 가장 유능한 정책일지 모른다.

인간은 진화와 유전을 해야 한다. 유전은 본질적인 지향이다. 좋아지려고 진화와 유전을 한다는 것이다. 하지만 과학을 배척하려고 진화와 유전하려는 노력도 해야 한다. 또한 이성이 진화를 한다. 이성의 진화는 자연의 질서를 극복하려는 경향을 가지고 있다. 하지만 이성은 자연의 질서와 인간의 본질을 이해했을 때 자연의 질서로서의 인간의 행위를 조정할 수도 있다. 자연의 질서로서 진화와 유전이 되도록 자연의 질서 속에 있는 행위를 하여야 한다.

인간은 고도로 발달한 과학기술을 추구한다. 그리고 인간의 명예나 인간의 그 무엇인가를 추구하는 것이 정당하다고 생각한다. 아무리 그럴지라도 인간은 높은 기술을 운용하는 자연의 질서이다. 이와는 반대로 과학기술이 없더라도 자연의 질서로 살아가는 것은 분명하다. 하지만 땅과 하늘, 물, 공기, 온갖 짐승들의 자연 질서로서의 멸종과정을 인간에 의해서 행위를 한다면 땅과 하늘, 바람, 물, 공기마저도 인간을 용서하지 않을 것이라는 생각을 하여야 한다. 이 모든 게 '인간은 어디까지 진화할 것인가'를 인간적 자연주의에 제시하는 이유로서 합당하다고 필자는 생각하는 것이다.


## 🌿 인간적 자연주의 발현의 조건들

인간의 삶은 어떻게 견뎌내야 하는 것인가. 삶을 느끼게 한 날로서도 의미가 있지만, 삶의 과정에 의미를 두면서 인간적인 자존심을 회복하기 위해 견뎌내는 것도 의미가 있는 일이다. 삶은 인간애를 담아가는 과정이기도 하다.

필자의 기억 속에서 기쁨과 행복의 시작과 과정, 결말을 언어로 기록해야 한다면 시골에서 서울로 올라왔을 때로부터 시작되었다고 할 수 있을 것이다. 현대의 적응과 과거의 적응에 대한 판단이나 행위를 어떠한 형식으로 이어졌는가를 생각했을 때 과거의 적응은 현대의 적응과는 사뭇 다르다고 할 수 있다. 어린 소년의 눈과 귀 그리고 마음에 어떠한 갈등과 분노를 조절을 하는 능력이 어떻게 형성되었는가와 성격 형성의 원인은 어떻게 나의 이성과 본능을 선택하였으며, 어떻게 발전시켜 나갔는가. 개인적으로 인간에게는 심리적인 원인들에 의해서 성격이 형성된다는 사실을 그 당시에는 몰랐지만 현대 인간의 심리적인 형성이 그렇게 되었다고 믿는 것으로서 소년, 청년의 위기를 넘겼다고 필자는 생각한다.

처음 소년이 서울에 도착한 것은 부모님의 경제적인 원인에 의해서였다. 부모님께서 서울에 올라오신 것은 사회 현상 때문이었는데, 그것은 영국이 산업혁명을 일으키면서 엔클로저운동(Enclosure Movement)이 있었듯 우리나라에서도 그와 유사한 상황들이 있었다. 땅에서 경제적인 모든 것을 해결하는 촌로들을 산업화에 투입하기 위해서 소규모의 자작농을 도시로 밀어냈던 것이다. 이렇듯 산업화에 투입되는 인력을 위해서 부모님께서도 서울로 올라오셔야만 했다. 서울에서 필자에게 처음 충격을 준 것은 도시의 아이들 대부분이 가방을 가지고 다닌다는 것이었다. 그것은 처음 서울에 올라오면서 느꼈던 위화감, 아니면 시골에서 도시에 대한 지식을 갖고 있지 않았던 촌아이가 느꼈던 충격이었다. 도시의 아이는 모두 다 가방을 가지고 학교에 간다는 사실이 그때의 어린 마음에는 크게 창피함으로 느꼈고, 도시의 아이들에게 주눅이 들었다. 이러한 사실 때문에 필자는 사회 현상 속에서 무엇인가를 선택하는 훈련을 했다. 인생에 있어서 무엇을 선택한다는 것은 이성이 할까, 아니면 본능이 할까. 이성은 충동적일까, 아니면 정적일까. 본능은 충동적일까, 아니면 지적일까. 이러한 물음들이 어린 나이의 정신세계에 차지하고 있다.

이 글을 읽다보면 이성과 본능의 충동과 정적인가를 어느 정도의 개념적으로 밝혀지겠지만 성격 형성과 정신적인 사회성들이 그때에 형성되었다는 것인데, 필자는 지금도 그때의 성격을 고스란히 가지고 있다고 해도 과언이 아니다. 그것은 약한 것을 공격하는 집단적 공격성의 근간이 무엇인가와 강한 것으로부터의 방어하려는 능력이 그때 당시에 생겼다고 생각한다는 것이다. 필자에게는 형님이 한 분 있는데 그분을 통해서 그것을 알 수가 있다. 인간에게 주눅이 들었다는 것은 싸움하는 능력이나 공격성 등이 그 어떠한 것에서도 능력으로 발휘되지 않는다는 사실을 말하고 싶은 것이다. 어린 시절보다 더 어린 때에는 그랬다. 동네의 형들이 같은 또래들끼리 일부러 싸움을 시켰던 기억이 난다. 쟤가 너를 이긴다더라, 너를 언제 때려주려고 벼른다더라 등으로 부추겨서 싸움을 시키고 싸움에서 코피를 흘리면 지는 걸로 하는 동네 형들의 짓궂은 장난. 이러한 부추김으로 동네의 같은 또래 아이들 가운데에선 우두머리였던 시골 아이가 서울에 올라와선 주눅이 들어 나이도 적고 덩치도 작은 아이들에게 맞으면서 다녔다. 반면에 형은 시골에서 잘 싸웠는지 기억이 나지 않았지만 서울에서는 형제가 다 같이 덤벼도 항상 이겼던 기억이 난다. 시골 아이가 서울에서 어떻게 변해야 했던가. 인간에게는 강하면 강한 것으로 유전적인 변화 능력이 형성된다는 것과 약하면 약한 것으로 유전적인 변화 능력이 형성된다는 것이 그것이다.

그렇다면 나는 무엇을 선택했을까. 현재의 나는 배움에 대한 열정이 많다기보다는 어린 시절 좋아하는 것을 오랫동안 하는 습관을 선택했기 때문에 글을 쓸 수가 있었을 것이다. 나는 처음에는 동네 누나에게서 옛날이야기를 듣는 것을 정말 좋아했다. 그 누나는 나와 같은 또래 친구의 누나였는데, 그 누나는 시간이 나면 나와 친구에게 옛날이야기를 들려주었다. 필자의 어린 시절을 떠올릴 때 가장 먼저 생각이 나는 사람이다. 하지만 그 누나를 기억했을 때 산업화의 과정에서 파생되는 가난하고 배우지 못한 소녀가 산업화의 희생양으로 살았다는 기억이 든다. 그 누나는 밤에 일을 하기도 했는데 부양해야 하는 동생과 부모님이 있었기 때문이다. 그 어린 나이에 겪었을 어려움이었던지 항상 피곤해 하던 모습이 아직도 나의 뇌리에서 떠나지 않고 있다. 필자의 인생에 있어서 출발이 있었다고 한다면 첫 번째가 어머님이고, 두 번째가 그 누나였다. 이 말은 나의 어머님께서 성서를 읽으시는 모습을 통해서 성격 형성의 기틀이 있었고, 친구 누나로부터 듣게 되는 이야기를 통해서 어린 시절에 인생 전체를 아우르는 성격 형성이 있었기 때문이다.

필자는 거칠게 성격 형성을 할 수밖에 없었다. 동네에서 나보다 나이가 적은 아이에게도 맞으면서 같은 동네에서 밀려나듯 경쟁에서 졌기 때문에 집으로부터 멀리 떨어진 곳에서 친구를 만들거나 그곳으로부터 문명과 문화를 얻기 시작했다. 집으로부터 멀리 떨어진 곳의 친구들은 나의 집이나 동네의 친구들보다 공부도 잘하거나 부유해서 먹는 것이나 노는 것에서 나의 영역보다는 풍족하게 지낼 수 있었다. 인간에게는 이성과 본능의 상황을 변화시키는 능력이 본능적으로 내재되어 있다는 것이 개인적인 생각이다. 인간에게 독서와 같은 이성적인 발달이 수반하는 것이 독서와 책을 접하는 것에 의해서 발전한다면, 폭력적 행위를 어떻게 형성시켜 나가는 것인가. 그것은 부모와 관련이 있다. 어린 아이를 방임하면 어린아이는 자기가 하고 싶은 일을 하려고 하고 일련의 경험에 의해서 그것이 반복되면서 무엇을 훔치거나 거짓말을 하거나 하는 행동이 습관처럼 하게 되는 것이다. 어린 시절의 폭력이나 도둑질과 같은 행동을 나이가 들어서도 하게 된다면 강한 이성에 의해서 변화를 주어야 한다. 그렇지 않는다면 형성된 폭력이나 도둑질을 계속 이어서 함으로써 이익이 생기거나 칭찬에 의해서 도둑질이나 폭력을 휘두르는 것을 멈추지 않게 된다.

필자에게 도둑질하는 습관이나 누군가를 위협하는 행위를 하지 않도록 한 것은 무엇이었을까. 오랫동안 생각하건대 종교생활을 하는 어머님 때문이었다. 나에게는 나의 어린 시절을 통해서 절대로 잊혀지지 않는 기억이 남아있는데, 그것은 교회와 관련이 있다. 여덟 살인가 아홉 살인가. 내가 살고 있는 동네에서 약간 떨어져 있는 교회 등사실에 나는 무엇인가를 훔치려고 들어갔다. 등사실 벽면에 예수의 사진이 걸려있었는데 그때 그런 기도를 했었던 기억이 든다. 잘살게 해달라고 했는데 정작 그때를 되돌아보았을 때 잘산다는 것이 무엇인지를 잘 몰랐다는 것이 아련한 기억으로 남아있을 뿐이다.

이러한 와중에 나에겐 정신적인 영역의 한 부분을 차지하고 있는 종교적인 것으로서 그리고 학문으로서의 정립의 시초가 성립되었다. 어린 시절에 종교가 어떻게 형성되었는가 하면 어떤 여자아이의 집에 놀러 다니면서부터였다. 그 아이의 부모님이 교회를 다녔다는 사실과 그 아이가 학교를 다닐 때나 그 아이 집에 놀러 가면 맛있는 과자나 과일을 먹을 수 있었다는 것에 이끌렸던 것이다. 이러한 일련의 경험 속에서 그 아이에게 관심이 있어서였는지는 모르겠지만 좋은 음식과 그 집안의 환경들이 일련의 동경의 대상으로서 나의 경험의 방편이 되었다는 것이다. 교회와 좋은 집, 좋은 음식, 좋은 옷 때문에 반복적으로 학습하거나 반복적으로 경험하려고 했었던 것 같다. 하지만 그러한 시간은 그 아이가 이사를 가면서 꿈이 깨어졌던 것 같은데 어린 시절의 경험들의 대부분이 교회를 다니기 때문에 얻을 수 있었던 시절이었다. 하지만 얻을 수 있는 것을 얻는 경험과 습관들은 이와는 다르게 경험과 습관을 들였는데, 그것은 그와 같은 현실에서 그러한 친구들이 소유하고 있는 좋은 학용품이나 먹을 것에 맛을 들인 것이다. 그러한 생활을 경험한 까닭인지 그러한 물품을 소유하려고 하는 욕망이 멈추어지지 않았다.

필자의 일생의 전반적인 변화는 학습의 부진이나 처음 시골에서 서울로 상경하면서 느껴야 했던 두려움과 주눅에 의해서였다. 특히 등교 거부를 하는 시간을 보내기 시작했는데 오전에 학교를 간다고 어머니께 몇 십 원의 돈을 받아들고서 학교는 가지 않고 동네를 배회하기 시작했다. 공부하기가 싫어서인지, 아니면 또 다른 이유에서인지 기억이 나지 않지만 한 달에 서너 번 정도 등교를 했고, 나머지는 만홧가게에서 살았다. 나는 나의 인생의 선택이 절묘했다고 생각한다. 시간이 날 때마다 성경책을 읽는 어머니의 모습이 나의 정신세계를 형성하는 데 중요한 역할을 했다면, 나의 비정상적인 교육은 낮에 일하러 나가서서 집에 부모님이 안 계시면 우리 형제들끼리 나름의 생활 방법으로 스스로 헤쳐 나가야만 했다는 데 있었다.

필자의 비정상적인 교육의 방향을 만홧가게로 잡았던 게 어찌 보면 그것이 절묘한 선택이었다고 할 수도 있다. 현대의 만화와 70, 80년대 만화의 비교를 해보면 알겠지만 그 당시의 어린이들이 즐겨 읽었던 만화들의 대부분이 전설이나 선과 악의 구별성이 있었다는 것이다. 만화를 가지고 아이 혼자서 교육적으로 가치가 있나, 없나를 판단할 수는 없지만 40, 50년 전의 환경은 사회적으로 성숙되지 않은 교육환경 속에서도 만화책만으로도 아이 혼자서 교육적인 효과를 거둘 수 있었다는 사실을 나의 경험으로 가능했다고 말하는 것이다. 현재 필자가 글 쓰는 주제를 정할 때 과거의 만화를 통해서 읽었던 전설이나 권선징악의 변화를 가지고 글을 쓰기 시작한 것도 이 덕분이다. 나이가 들어 이러한 기반에 의해서 심리학이라든지 사회학, 문화 등 각 방면의 언어와 전설을 결합시키려는 노력을 했었기 때문에 인간적 자연주의나 노자의 개인적인 해석과 같은 글을 쓸 수가 있는 것이다.

초등학교 5학년이 되도록 나는 학습에 열의가 없었고, 학교도 가지 않고 만홧가게를 오가는 생활을 하면서 부모님과 학교로부터 엄청난 재제가 가해졌다. 부모님의 강력한 응징에 의해서 어쩔 수 없이 학교로 돌아가긴 했지만 나는 학습의 지진아로 그냥 시간만 소비하고 있었다. 그나마 나는 공교육의 틀 안에 들어가면서 학교 도서관을 이용하는 기회를 학습의 전기로 삼게 되었다. 그렇게 된 계기는 어느 날 우연히 친구를 따라서 도서관을 가게 되면서부터였는데, 이후 나는 학교생활의 대부분을 도서관에서 보내게 되었다.

앞에서 필자 인생의 전기가 이야기를 듣는 것을 좋아했고, 만화를 통해서 부족한 학습을 대체했고, 그리고 학교 도서관을 이용하게 되면서 독서의 습관을 그때 형성시켰다는 것도 밝혔다. 인간과 짐승 모두 살아남는 방법에 있어서 본능적으로 행동한다. 인간은 본능과 유전의 상태를 항상 내재하고 있는데 본능과 유전은 종교적 지향성이나 문화, 음악, 역사를 본능과 유전적인 해석에 의해서 하는 것이고, 그리고 인간은 본능과 유전의 내재성을 언제 터득하는가가 관건이다. 본능에는 폭력적인 행위를 하느냐, 폭력을 억제하면서 하느냐에 따라 다르다. 인간에게는 또 학습의 효과에 의해서 폭력을 이용하거나 응용된다는 사실과도 관련이 있다. 근본적인 원인과 과정 속에는 대부분 본능과 유전이 관련이 있다는 것이다. 일례로 본능과 종교의 결합을 유추해보거나, 문화나 경제 모든 사회 현상들과 관련시켜서 인간의 특정 영역이 발전하는 까닭은 본능과 이성의 타협에 의해서 일어나는 본능과 이성의 결합 현상이라고 할 수 있는 것이다.

종교적 인간들 중 무당이나 기독교, 천주교를 맹신하거나 열정적으로 신의 가치에 이성과 본능이 지향하게 하는 것은 인간의 뇌 속에서 운동을 하거나 인간이 행복해하는 물질이 생성된다는 사실 때문이다. 인간은 자기가 하는 일이 행복을 유발하거나 많은 땀을 흘리는 운동을 통해서 얻게 되는 쾌감을 느낄 때처럼 뇌 속에 물질적 변화가 일어난다. 이러한 사실을 통해서 인간에게는 종교적 현상이나 종교적 지향성들이 환희를 끝없이 경험하고 싶어 하는 경향으로 발전하며 종교적 황홀감을 끝없이 경험하고자 하여 그렇게 기도를 한다는 것이다. 과연 인간은 믿음을 통하여 그것이 신의 세계를 경험하고 싶어 하기 때문인가. 그렇지 않고 기쁨의 기억을 잊지 못한다는 것인가. 종교적 확장은 인간의 보편적으로 유전한다는 사실을 증명하는 것이라고 할 수가 있다. 이러한 문제를 통해서 무엇이 문제로 지적되어야 하는가는 차츰 언어로써 구성해 나갈 것이지만 필자에게는 독서를 통한 쾌감이 있었기 때문에 학습의 문제에 대해 사람들이 독서를 향한 나의 지향성을 전혀 눈치 채지 못하였다는 사실이다.

인간에게 뇌의 쾌감은 문명의 결과가 결코 아름답지 않게 흐른다는 사실이다. 문명이란 인간의 과학적 사고의 결과인데 문명에 대해서 심각한 반성이 없었던 것은 인간의 과오이다. 하지만 인간의 유전의 방향을 바꿀 수 있는가는 할 수 있으면 할 수 있는 만큼만 행동하자는 것으로 언급하지 않을 수 없을 것이다.

인간의 역사 속에서 가장 위대한 발명은 언어이고, 종이이고, 인쇄술이고, 화약이다. 인간의 필요와 꼭 들어맞는 발명품들을 대하면서 인간은 인간으로서의 자부심을 갖기 이전에 인간 스스로 숙연한 자세로 이러한 발명품들을 사용하지 않는다는 지적을 받아들여야 한다. 언어는 인간과 인간의 관계를 설정하는 매개체로서 최대의 발명품이지만 인간과 자연의 관계 설정 속에서 살펴본다면 자연 현상에 대해서 해석의 용도로써 사용할 수 있다. 하지만 인간의 언어는 우주의 역사를 파괴하는 결정적인 계기라고 생각해야 한다. 인간은 언어를 통해서 지구의 환경을 변화시켰고, 역사적으로 인간 이외의 생명의 종말까지도 가능하도록 이끌어 왔다. 따라서 인간은 언어를 사용하는 것으로서 자연 질서의 대재앙이 인간에 의해서 만들어졌다는 자책을 해야 한다. 인간은 언어를 통해서 인간의 절대적인 지위를 형성했지만 인간의 언어가 자연환경의 무질서를 크게 확장한다든지 하는 측면에서 볼 때 자연의 질서 속에서 인간의 언어는 최악의 발명품인 것이다.

그리고 의견을 기록한다는 측면에서 종이는 언어와 더불어 대단한 발명품이라고 할 수 있지만 인간의 종이 발명은 최대 다수의 행복을 완성할 수 있었다는 사실 속에서 인간 역사의 승리라고 할 수 있을 것이다. 문명을 위해서 인간에게는 종이가 절대적으로 필요했고, 인간은 만물의 영장이라는 사실을 종이에 기록하는 영광을 얻게 되었다. 그러나 마냥 기뻐해서는 안 된다. 가령 역사적으로 인간의 수가 늘어나면 늘어날수록 언어의 사용과 종이의 사용이 어떠한 결과를 초래했는가를 생각해 보아야 한다. 인간이 종이를 발명한 것을 문제 삼으려는 것이 아니라 인간은 종이를 얻지만 자연은 종이를 통해서 무엇을 잃을 것인지를 현대를 사는 인간이 방향 전환을 해야 한다는 사실이다. 작은 예를 들어보자. 인간 세계에는 위대한 노작들이 있다. 그 중에 성서가 가장 으뜸이고, 노자나 공자의 저서들과 코란 등 그리고 필자의 저작인《윤회교의 성서》등이 인간에게는 정신적인 안정과 문명의 유지, 인간의 본능적인 지향성을 충족시켜줄 언어들의 기록물들이다. 인간은 어떤 식으로든 우리가 살고 있는 현상세계의 실체에 대해서 이해를 해야 하고, 종교를 통해서건, 문화나 경제적 원인들을 통해서건 조금씩, 조금씩 해결해나가야 한다. 먼저 인간 세상의 가장 위대한 책인 성서를 예로 들어보자. 성서를 읽는다는 것은 믿음을 위한 인간의 행위이든 뇌의 엑스터시(Ecstasy)같은 기쁨 위의 기쁨을 느끼기 위한 도구로써 이해를 하지 말고 성서를 만들기 위해서 인간은 무엇을 했는가를 되돌아보아야 한다. 지구상에서 십억 권의 성서가 읽혀진다고 했을 때 그 나무는 어디에서 나온 것이며, 그 성서를 인쇄하기 위해서 무엇이 파괴되었는지를 살펴보아야 할 때라는 것이다. 만약에 숲에서 나무를 베어내 성서를 만들었다면 그 성서가 숲을 파괴하였다는 사실을 인정해야 한다, 그리고 인간은 무엇을 해야 하는가를 생각하고, 어떻게 하는 것이 인간과 자연의 질서에 합당한 행위인가를 알아야 하는 것이다. 숲의 나무가 없어졌다는 것은 그 숲속에서 살고 있는 야생동물이 사라졌다는 것을 의미한다. 더불어 인간은 숲에서 금과 같은 광물질을 채굴해서 성서를 만드는 인쇄기를 만들었다는 사실도 말이다.

인간은 성서의 효과에 대해서 믿음이나 종교적인 해석이 최선의 방법이 아니라는 사실을 언제쯤 발견할 수 있을까. 어쩌면 자연의 질서와 문명의 효과가 어느 정도의 균형을 맞추어지고 있는 것이라고 인간이 착각하는 것에 의해서 유지된다고 생각한다면 인간은 돌이킬 수 없는 존재의 오류를 스스로 시인하는 것이라고 할 수밖에 없을 것이다. 개인적으로 맬서스의《인구론》을 필자는 긍정하는 편인데, 인구론을 확장해서 구성하여야 할 필요가 있는 까닭은 인간과 자연의 대립성과 상대성을 인간이 이성적으로 솔직하게 사람들을 이해시켜야 하기 때문이다. 하지만 역사적으로 볼 때 물리학과 생물학의 발전으로 늦추어질 수밖에 없었을 것이다. 인간의 언어로 대중들에게 제시했던 어떠한 언어도 그냥 흘려들어서는 안 되는데 인간은 무엇에 골몰해 있고, 유전적으로 혹은 본능적으로 경제적 이득에 정신과 본능을 집중하고 있다는 것은 문명의 문제일 것이다. 가령 매스미디어의 발전과 매스미디어의 효과와 역효과라고 할 수가 있다. 우선 인간에게 존재의 오류란 무엇을 의미하는가. 인간에게 존재의 오류는 이렇게 설명이 될지 모르겠다. 인간은 태어나고 있다. 인간이 태어난 것은 본인과 가족과 국가의 복인가. 그렇지 않고 해인가. 즉, 악인가를 설명하거나 해석하는 데 있어서 어떻게 답해야 할까. 그것도 인간은 존재의 오류라고 했을 때 인간은 태어나는 순간 인간과 자연은 무엇을 얻게 되며, 무엇을 잃게 될 것인가를 판단했을 때 인간은 이기적인 존재로서 최고의 가치를 가지고 있다고 할 수 있다. 그렇다면 인간은 사회적인 동물로서 본질적으로 모든 생명들에 대한 경외의 능력을 가졌다고 했을 때 인간은 어느 쪽의 언어로 말해야 할까. 인간은 보이는 면과 보이지 않는 면의 장단점을 가지고 있는데 인간이 이기적인 인간으로서 신은 인간을 위해서 존재한다는 명제와 일치하려고 한다는 사실과 관련시켜야 한다는 것이다. 태어난 아기로서의 인간은 사랑스럽고, 귀엽고, 생명의 존귀를 자극하거나 느끼도록 하는 데 있어서는 인간은 태어났어야 할 것이 태어났다라고 결론지을 수 있을 것이다. 하지만 인간은 태어나는 순간 그 아기의 성장과 사회적인 역할을 하기 위해서는 자연의 질서가 얼마만큼 파괴될 것인가를 생각하지 않는 것에 의해서 태어난 인간은 이기적인 인간이 될 수밖에 없다는 것이다. 인간은 아기의 성장을 위해서 나무를 심을 수도 있고 신에게 감사를 드리는 기도를 할 수도 있다. 그리고 교육을 통해서 인간과 자연의 논리를 이해하고, 그러한 행위를 하는 것으로 자연의 질서는 덜 파괴시킬 수도 있을 것이다. 그것은 이기적인 유전자를 인간이 본질적으로 내재하고 있기 때문이다. 인간이 존재의 오류를 극복하는 것은 인간의 행위에 의해서 늦춰지도록 할 수는 있겠지만 온전히 존재의 오류로부터 벗어날 수 있는 것은 아닐 것이다.

존재의 오류는 인간이 인간을 살육하는 현상을 발생시키고 있다고 사람들은 말한다.

죄 없는 인간들이 종교적인 이념이나 정치적인 이념이 다르다고 해서 살해하는 현상들이 과연 인간의 오류 발생의 결과가 아니라고 말할 수는 없다는 것이다. 인간이 인간을 살해하여 인간이 줄어들면 자연이 살아나거나 자연이 덜 파괴될 수 있는 것처럼 자연의 질서 속에서 나쁜 균을 죽이는 것과 같다는 사실을 알아야 한다. 가령 예수 그리스도의 경우도 인간의 오류를 벗어날 수가 없다. 예수 그리스도는 인간의 역사를 통해서 인자라고 하고, 하나님의 아들이라고 하고, 이 세상을 구원했다고 한다. 과연 그렇게 역사가 이루어져왔을까. 존재의 오류는 인간에 의해서 정의되는 것이 아니고 우리가 살고 있는 지구의 자연환경에 의해서 규정된다는 것이다. 예수 그리스도는 인류를 구하려고 이 땅에 태어났지만 역사적으로 예수의 이름으로 혹은 예수를 믿거나 믿지 않는다는 이유로 얼마나 많은 사람이 학살되었는가. 개인적으로 북한에서 기독교를 믿는다고 어느 날 기독교인을 학살하는 것을 보고 공산주의가 나쁜 것이라고 한다면 자연의 질서 속에서 인간의 역할이 존재 자체만으로 자연의 질서를 파괴한다는 사실을 가지고 성서에서 말하는 원죄가 성립된다는 사실이다. 현대 이슬람 연합에 의해서 많은 사람이 학살당하는 것도 자연의 질서에서 살아남기 위한 현상으로 인식해야 한다. 인간의 존재적 오류가 자연 질서의 균형을 잡는 현상이라면 어떻게 생각하겠는가. 예수의 정신적인 사상, 즉 '네 이웃을 사랑하라'는 말과 '오른 뺨을 때리면 왼뺨도 내밀어라'는 사상이 인간에게는 유용한 사상이지만 지구의 자연환경이 적절성의 구조에서 벗어나면 인간은 존재의 오류에 의해서 학살당한다는 것이다.

인간에게 질병이란 무엇인가. 인간의 입장에서 질병은 인간이 극복해야 하는 당위성의 의제인가, 아니면 인간 존재의 오류의 결과인가. 이것이 답이라고 말해야 한다면 필자는 존재의 오류라고 말하고 싶은데, 인간이 존재의 오류를 벗어나는 것은 인간에게 '네 이웃을 사랑하라'고 하는 언어의 영역을 넓히지 않으면 존재의 오류에서 벗어날 수 없다는 것이다. 그것은 살생의 절대적인 접근에 있다. 그런데 살생의 정의가 사람이 사람을 살해하는 것은 물론 야생동물을 죽여서 경제적인 이득을 얻는 것에 대해서 그 당사자를 존재의 오류로서 대상화하는 것도 고려해 보아야 하는 것이다. 현대사회는 인간의 영역 확대와 그와 수반한 제반 문제들, 즉 숲이 파괴되거나 야생동물이 멸종되어가는 상황들이 야생동물의 존재의 오류라고 말하는 것을 문명화의 역존재의 오류라고 말할 수밖에 없을 것 같다. 지구의 현상학적인 변화들이 인구 증가와 그에 수반한 환경의 변화가 결과라고 하고, 인간에게 적용되는 존재의 오류는 야생동물의 멸종이 인간이 생명이라고 하는 개념 하에서만 통용되어야 하는 모순에 답할 수가 없다면 존재의 오류로서 인간 이외에는 적용하기 어렵다는 것이다. 인간이 존재의 오류로서 전쟁이 적용된다고 하는 사실과 종교나 사회, 문화 등 어떠한 것에서도 벗어날 수 없다는 사실과 인간이 자연의 질서에 대해서 손 내밀어 화해를 청하지 않는다면 존재의 오류를 벗어나지 못할 것이라는 것이 필자의 개인적인 견해이다.

존재의 오류는 자연 질서의 입장에서는 존재의 긍정이라는 사실과 인간이 존재의 오류로서, 이러한 예가 어떻게 들릴지 모르지만 전쟁을 하지 않으면서 사람들을 학살하는 것도 존재의 오류에 의한 것이라고 필자는 생각한다. 가령 이스라엘 사람들이 나치에 의해서 인종 청소를 당하는 것이 무엇을 의미하는가. 존재의 오류가 전쟁을 수행할 수 있는 능력이 없다거나 인간을 학살하는 능력을 가지지 못한 사람들과 전쟁 중에 도시의 폭격으로 인해서 많은 사람들이 죽는 것 또한 존재의 오류의 한 장면이다. 하지만 인간이 죽음으로 해서 자연의 질서가 보존되거나 유지된다는 측면에서 인간과 자연의 공존을 향한 행위가 실행되어야만 인간의 존재의 긍정과 자연의 긍정이 진정한 의미로 성서에서 말하는 '보기에 좋았더라'라는 것이다. 존재의 오류 현상과 존재의 긍정 현상을 이해하고 행위를 하여야 하는가는 인간의 몫이고 자연 질서의 몫이지만, 이러한 현상을 인간이 이해하고 실천하는 삶만이 하늘 아래 사는 인간의 의무이자 가치관을 가진 인간이라고 평가할 수 있다는 말이다. 역사가 강자의 역사라고 정의할 때 하나님이 절대 권력자와 동일시할 수 있는 대상이라고 하는 측면에서 존재의 오류를 알지 못하기 때문에 그런 것은 아닐까 하는 개인적인 견해이다. 운명은 존재의 오류를 알지 못하기 때문에 은폐시키면서 여러 가지 사탄이나 악마라는 굴레를 씌워가면서 자연의 질서와 존재의 긍정 행위를 한 것은 아닐까. 어떻게 행위를 하여야 하는지를 모르기 때문에 절대 권력을 가진 사람은 어떤 식으로든 자기의 권력을 지키기 위해서 어떤 짓이든 한다. 그 어떤 행위를 한다는 사실 속에는 인간을 죽이면 자연의 질서가 덜 파괴되고 그 인간이 사용하는 자연의 질서 속에서 덜 획득된다는 것이다. 마키아벨리의《군주론》에서도 말했듯이 권력을 쟁취하기 위해서는 어떤 행위를 하더라도 용인된다는 그러한 행위가 용인되고 있는 것이 현실이기 때문에 그런 것이다. 운명은 그런 것이다.

존재의 모순을 누구와 어떻게 행사하는가. 국가 간 전쟁을 통하여 살육이 일어나면 인구가 감소되어 본질적으로 인간과 자연의 균형이 깨어지는 현상이 발생한다. 그것이 '666 현상'이라고 하는 것이다. 인간에게 존재의 긍정이 있다면 농사를 짓는 사람들을 존재의 긍정으로 여길 수 있다고 하겠다. 즉, 인간에 대해서 긍정적이고 자연의 질서에 대해서 긍정적인 경우가 바로 존재의 긍정이다. 그런데 정치인들이 정치적인 업적 달성을 하기 위해서 하는 행위들은 결코 인간적이거나 자연의 질서로서의 긍정적인 행위가 아니다. 이게 바로 그들이 하는 그들만의 정치일 뿐이다. 정치는 인간 존재의 긍정과 자연 질서의 긍정을 위해서 하는 행위이다. 그러나 그들은 그러한 정치를 하지 않고 자기가 무엇을, 어떻게 하는지도 모르면서 행위를 한다.

그와 유사한 경제인들의 행위들은 잘 생각해보면 인간적인 가치를 가지고 경제적인 이득을 얻지 않는다는 사실에 있다. 인간 수명의 단축과 인구가 줄어드는 방향으로 운용되는 것은 자연의 질서가 인간의 질서보다 선행된다는 사실 때문이다. 가령 사업의 당위성들이 현격히 자연의 질서를 파괴하는 방향에 의해서 경제 현상을 유도하지만 인간의 수명 단축과 인구 감소를 유도하는 현상을 지향한다는 사실을 알 수가 있기 때문인 것이다. 하지만 존재의 긍정을 향한 어떠한 노력도 인간의 이성적 능력과 과학의 발달은 파괴를 통한 경제력의 집중이나 그것을 용인하는 종교 집단의 이중성에 의해서 인간과 자연 공존의 영역을 점점 줄여가고 있다. 이런 것들에 의해서 인간과 자연은 존재의 오류 현상이 크게 나타날 수밖에 없는 시대를 향해가고 있다는 사실이다. 경제 상황의 중대성에 비해서 존재의 오류 현상이 줄어들지 않는다고 한다면 결과적으로 자연 질서의 긍정이 포기되는 상태, 즉 자연의 자살 현상을 통해서 자연의 질서가 흘러가려고 한다는 사실은 인간 존재의 오류가 극한의 살생과 자살 급증으로 나타나게 될 것이다. 이것은 궁극적으로 자연의 자살 현상이 될 것이며, 이러한 현상이 농촌으로까지 확산되려고 한다는 사실이다. 그 이유를 든다면 농촌의 도시화는 본능적으로 인간이 문명화의 길을 걷게 되면서 자연의 질서가 존재의 긍정을 위한 현상으로 일어나게 된다는 것이다. 출산의 감소와 인간관계의 단절, 소외 현상이 결과적으로 자연의 자살 현상으로 발생한다. 존재의 긍정과 존재의 오류가 농촌에서는 존재의 긍정이 있게 되는 원인들을 농촌의 도시화와 더불어 농촌도 경제적인 원인과 농작물의 생산과 유통들이 도시적인 경영방식의 도입으로 농촌도 존재의 오류 현상으로 깊이 빠져드는 경우이다. 이를 깊이 있게 살펴봐야 하는 이유 한 가지를 살펴본다면 인간에게는 특별한 능력이 있는데 도시와 농촌의 인간의 유전적 변화가 어떻게 변화해 나갈 것인가를 살펴봐야 한다는 점이다. 가령 농촌의 아이와 도시로 간 농촌 아이들의 자연의 존재적 가치가 그것이다. 과거에 농촌과 도시 사람들은 분명한 차이가 있었다. 하지만 현대는 농촌도 도시화로 인한 유전과 심리적 변화가 인간의 존재의 오류 현상으로 확산되고 있는 것이다.

　나는 자연이었다는 사실을 인정하는 것을 인간의 가장 중요한 요소로 생각하는 사람으로서 농촌의 아이들이 자연의 질서에 대한 친화성이 뛰어나다는 것과 그렇지 않다는 것으로 대변할 수가 있었는데 농촌 아이들이 시력, 청력, 뛰는 능력들이 자연 질서의 긍정의 현상이었다. 하지만 농촌도 도시처럼 인간의 존재 오류, 즉 자연 질서의 자살 현상으로 깊이 빠져들어 가고 있는 것은 안타까운 일이 아닐 수가 없다. 필자는 개인적으로 농촌 아이들이 자연의 질서에 빠르게 적응하기보다는 문명의 오류이자 인간의 존재의 오류로부터 벗어날 수 있는 방법을 강구해야 한다는 생각이다. 도시의 적응력은 분명히 도시의 아이들이 교육이나 환경적인 측면에서는 우월할 수 있지만 도시의 아이들은 미래가 결코 밝지 않다는 사실이다. 인간의 능력이 이성의 발달을 통해서 얻을 수 있는 것과 인간의 본능적인 능력의 발달은 무엇을, 어떻게 얻을 것인가. 도시는 뇌의 발달과 언어의 진화, 사용의 능력이 발달한다. 그렇다면 유전적으로 유리한 능력의 발달은 인간이기보다는 기계적인 발달을 지향하게 될 것이라는 사실이다. 인간은 학습의 유전적 요소를 발달시킬 수가 있지만 학습의 유전적 발달은 자연의 질서로서의 퇴화를 의미한다는 것을 염두에 두지 않는다면, 인간은 어떻게든 도시화를 통한 인간성의 상실을 유전적 혹은 심리적, 생물학적으로 진화의 과정을 겪으면서 본질적으로 가지고 태어날 가능성이 있다.

인간이 진화를 어떻게 생각할지 모르겠다. 실례를 든다면 인간에게는 이성적 진화와 이성적 유전을 도시화에서 성립할 것이고, 인간의 본능적 진화와 본능적 유전은 농촌을 통해서 성립되어 가고 있다. 하지만 현대의 도시와 농촌의 동질화 현상은 도로와 기차와 같이 고속으로 왕래할 수 있는 수단으로 인해 도시적인 진화와 유전 현상은 피할 수 없게 되었다는 사실이다. 어떻게든 이러한 고리를 끊을 수 있는 방법을 강구하라고 필자는 권하고 싶다. 도시와 농촌의 구별이 쉽지는 않을지 모르지만 인간의 본래적인 동물적 능력을 스스로 없애는 우를 지금이라도 멈추지 않는다면 인간은 몇 천 년이 아니라 몇 백 년의 시간 안에 인간의 본질적 능력을 찾으려고 해도 찾을 수 없는 때가 오고 만다. 인간에게 유전과 진화를 어떤 형식으로 운용하고 활용할 것인지 존재의 오류와 존재의 긍정의 두 가지 측면에서 선택할 테지만 인간은 진화와 유전을 피할 수가 없다면 도시화가 무엇을 인간에게서 빼앗아가며, 인간에게서 무슨 능력의 퇴화와 진화가 이루어질 것인지를 사회적 관심사로서 관심을 가져야 한다는 것을 분명히 언급하고 싶은 것이다.

필자의 소년 시절의 이야기로 다시 돌아가 보자. 나는 시골 소년이었다. 고향의 60년대 모습에서 산을 오른다는 것은 땔감을 한다는 것이고, 들에 간다는 것은 과일을 딴다든지 곡식을 경작한다는 것을 뜻했다. 이런 와중에 나는 인간이었다는 사실보다는 살아남기 위한 방편으로써 농사를 돕거나 나무를 하는 그런 생활을 했는데 앞에서 말한 대로 존재의 오류에서 벗어난 존재의 긍정 상태에서 살았다고 하는 것이 옳았다. 존재의 오류가 자연환경의 불균형을 해소하기 위해서 인간이 자연환경으로부터의 공격 대상이 되었다는 것과 존재의 긍정은 어떻게 해서든 인간 스스로가 자연의 균형을 위해 행위를 하는 그러한 삶을 통해서 긍정의 오류를 극복하거나 비켜 지나가게 한다는 논리이다. 이것이 옳다, 그르다 증명할 수는 없다. 하지만 인간의 이성적 능력과 공격성, 폭력적 성향을 숨길 수 있는 유일한 장소가 농작물을 기른다는 것과 자식의 탄생, 그리고 성장시키는 것의 연관관계를 통해서 알 수가 있는 것이다. 인간에게 공격성과 폭력성이 전혀 없다고 가정했을 때 인간은 어떻게 해서든 공격성과 폭력성을 인간의 생존을 위하여 진화시키려고 한다. 하지만 반대로 달콤한 유혹에 의해서 도시화와 문명화의 진화 또는 유전적으로의 변화는 인간을 기계적 인간으로 만들어왔다. 이러한 변화들이 인간에게 나타나게 되는 심리적 현상으로서 문명화는 어떻게 인간을 변화시킬 것인가. 과학과 문명의 발달에 의해서 몸은 약해지지만, 이성은 강해지려고 하는 경향의 인간을 탄생시킬 것이다.

　필자의 어린 시절 부모님들께서는 들과 산의 태양빛 아래서의 노동의 반복으로 구릿빛 육체를 지녔었다. 그러나 현대의 부모들은 흙도 쉽게 밟아보지 못하는 도시화에 의해서 근력의 약화나 피부 또한 도시화에 최적화된 진화나 유전적 변이를 일으키고 있다. 이러한 사실로 인해서 육체가 감당할 수 없는 시대가 올 것인데 아마 그땐 기계의 힘을 빌어서 인간의 능력을 상승시키려고 할 것이다. 그러나 그것은 본질적으로 인간이 이성의 충족을 위한 방편으로써 기계를 빌리게 된다는 것과는 차이가 난다. 문명화가 인간의 이성적 능력을 발전시키는 방향으로 진화한다면 인간의 본질적 능력은 야생에서 달리는 능력과 멀리 있는 짐승을 잡기 위해서 시력과 청력의 진화라 할 수 있을 것이다. 이 말은 문명화로 인해서 인간은 달리는 능력의 상실과 시력이나 청력의 상실로 이어져 진화론적으로 문명화는 인간에게 독으로 작용할 수밖에 없는 것이다. 이런 이유를 들어 인간이 자연으로 돌아가자는 말은 단순히 자연이나 농촌으로 돌아가는 구호가 아니라 인간의 행위가 자연의 질서에 맞는 행위를 하기를 바란다는 말로 받아들였으면 좋겠다.

　이 글의 전반적인 주제가 존재의 긍정을 위해서 인간이 지향해야 하는 것이 무엇이어야 하는가이다. 인간이 성장한다는 의미와 진화한다는 것과의 차이는 무엇일까. 어찌됐든 나는 성장해왔다. 첩첩 산골의 작은 농촌에서 태어났지만 여러 이유들로 인해서 서울로 올라왔고, 거기다 도시에 적응도 하지 못하고 외곽으로만 떠돌았다. 어린 시절 만화를 좋아했고, 사람들의 이야기 듣는 것을 좋아했다. 그러면서 동화책을 통해서 나의 어린 시절의 정신적 충족들을 이루어 왔다. 하지만 그 와중에 대립과 갈등, 싸움을 통해서 나의 내면에는 폭력적인 야망이 꿈틀거렸다. 이것이 성장인가, 아니면 진화의 방향을 묻는가에 대한 의문이 아직도 남아있다. 청소년 시절은 규칙과 규범을 따르지 않으면 안 되는 시기라고 할 수 있는데 할 일을 그때 정한 것 같다는 생각이 든다.

　중학교 시절 나는 잘못했으면 살인을 저지를 뻔했다. 당시 죽음을 당하는 느낌과 누군가를 죽일 수 있다는 행동을 했을 때의 두려움을 한 번도 생각해보지 않았기 때문에 그 충격은 너무도 큰 것이었다. 그리고 인생을 살면서 나에겐 죽을 수 있는 여러 번의 사고가 있었다. 첫 번째는 대여섯 살 때쯤 물에 빠져서 한 번 죽었다는 것이고, 두 번째는 나이가 들어서 중장비에 깔려서 죽음 일보 직전까지 갔었는데 간신히 목숨을 건졌다. 하지만 중학교 때의 폭력으로 내가 누군가를 죽일 수 있다는 사실을 깨닫게 된 것에 의해서 결정적으로 성격 구조 자체가 변했다. 여기에서 소크라테스의 말을 한 가지 언급하고 싶은데 '너 자신을 알라'라는 것이다. 이 말은 앞에서 언급한 존재의 오류와 존재의 긍정 어느 쪽에서 나를 규명하여야 하는가를 결정짓는 계기가 됐다. 모든 언어가 긍정적이든 부정적이든 할 수 있는 것만 한다는 나의 신념의 상징적인 사건으로 나도 죽음을 당할 수 있다는 느낌과 내가 사람을 죽일 수 있다고 느끼는 것에서부터 모든 사상적인 트임의 결정적인 계기가 된 것이다. 이는 어쩌면 당연한 결과였을 것이다. 길을 건너다가 교통사고를 당해서 병원으로 실려 가는 시간과 물에 빠져서 죽음을 인정해야 할 때 나의 부모님께서는 나를 살리기 위해서 병원과 절과 교회로 달렸다는 사실이다. 이러한 기억을 통해서 나는 존재의 오류가 아니라는 사실을 증명하는 무엇인가를 남겨야 한다는 결심이 그때 형성되었다고 할 수 있을 것이다.

소크라테스의 '너 자신을 알라'라는 말의 의미가 존재의 오류와 존재의 긍정 사이에 너 자신이 무엇을 지향해야 하는가를 알려주는 말이었다고 나는 생각한다. 서양 철학사의 중요한 화두인 '너 자신을 알라'라고 하는 의미가 진리를 탐구하는 인간에게 존재의 오류와 존재의 긍정 사이에 존재의 오류가 되지 말라고 하는 의미였을까. 아니면 또 다른 의미가 있었을까. 너 자신을 알라라고 하는 말의 의미는 해석의 필요에 의해서 어느 것에도 접속 가능한 언어가 아닐까를 생각해 보기도 했지만 결론은 하나로 귀결할 수밖에 없었다. 인간에게는 진화한다는 것과 유전한다는 답을 내릴 수밖에 없었다. 그것은 이 글 속에 자주 등장하는 인간과 자연의 관계성을 말한다고 나는 주장하고 싶다. 인간과 자연의 관계성이란 무엇인가. 그것은 나와 자연은 이 세계에 나와 자연만이 존재한다는 것으로 결론지어야 한다는 의미이다.

나의 존재의 긍정에 의해서만이 자연이 존재한다는 의미를 어떻게 받아들일 것인가.

내가 이성적으로 자연을 생각하는 것으로 자연이 존재하는 것인가. 그럴 가능성이 있지만 나의 존재의 긍정에서 자연이 존재한다는 것은 자연이 나를 살려준다는 의미이고, 자연이 나를 받아들여준다는 의미로 연장해서 생각하면서부터 '너 자신을 알라'라고 하는 의미를 알 수가 있었다는 것이다. 내가 자연에 존재할 수 있다는 존재의 긍정과 자연이 나의 존재를 승인했을 때의 나는 인간이다. 바로 자연 앞에 인간이 있다는 것이다. 자연이란 '스스로 있다'는 의미와 이 세계는 나와 자연이 있다는 사실로 '너 자신을 알라'라고 하는 결론에 도달해야 한다. 나는 이 세계를 어떻게 이해하는가. 나는 이 세계에서 어떠한 존재인가의 의문의 진리가 무엇인가를 추구하는 것과 진리를 향한 행위를 하는 존재로서 '너 자신을 알라'는 이루어질 수 없는 것이다. 소크라테스의 죽음은 존재의 오류가 아니면 그가 죽을 수 없다. 그가 스스로 독배를 마셨다는 것은 내가 자연을 이해시키려고 노력했다는 사실로서, 진리는 성립하지 않는다는 사실을 몰랐다는 것이다. 자연이 나를 이해시키려고 노력했다는 사실을 애써 외면한 것이 소크라테스의 죽음일 수밖에 없는 것은 인간이 존재의 오류가 무엇인지, 존재의 긍정이 무엇인지를 전혀 모르고 있다는 사실을 상징적으로 보여준다고 할 수 있는 것이다. 나는 끝없이 이 세계는 나와 자연만이 존재한다고 말하고 있다. 대중에게 '너 자신을 알라'라고 하는 것은 대중을 설득시키려고 하기 이전에 자연이 나를 이해하고 자연이 나의 존재의 긍정을 위해서 무엇을 행위하여야 하는가를 말하는 것이다.

여기에서 나와 자연의 존재를 윤회교의 측면에서 언급하고 넘어가야 할 것 같은데 윤회교의 나와 자연의 관계는 이 세상에는 나와 자연만이 존재한다. 자연은 나의 부모님이나, 형제나, 자식이나, 처나, 이웃이나, 국가는 모두 자연이다. 가령 나의 부모님이 나에게 말을 한다는 것은 자연이 나에게 하는 말이고, 나의 이웃과 자식, 형제자매가 나에게 말하거나 행위를 한다는 것은 자연이 나에게 말하는 것이다. 이것의 중첩은 나의 아버지나 어머니의 입장에서 나의 말은 자연이 아버지, 어머니께 말하는 것이거나 행위를 하는 것이다. 무엇 때문에 이 의미가 중요한가 하면 나에게 행위와 말이 자연에게 대항한다고 느꼈을 때 자연은 나를 향하여 공격을 하거나 하는 존재의 오류의 상태에 빠지게 한다는 사실을 말하기 위해서이다. 이 세계의 모든 사람이 나와 자연이 존재한다는 개념 하에서 시작한다는 것이다. 이때 바로 해야 할 말이 '너 자신을 알라'라는 말이다. 이 말은 자연을 향해서 말할 때 반드시 인식해야 하는 것이 나의 존재가 없다면 이 세계는 존재하지 않는다는 사실을 깨닫는 것이다. 이 세계는 나와 자연이 존재하지만, 나의 존재가 없으면 자연은 존재하지 않는다. 즉, 나의 죽음은 이 세계의 종말을 맞는다는 사실을 통해서 너의 존재가 진리이며, 너의 존재는 생명의 근본이라는 의미에서 '너 자신을 알라'라는 것이다.

인간의 가치가 중요하다면 자연의 가치는 어떠한가. 인간의 가치보다는 자연의 가치가 더 중요한 까닭은 무엇이라 생각하는가. 모든 근본은 나의 존재가 있어야 만이 성립된다는 사실을 통해서 나의 존재보다 우월한 것이 있다고 인정하는 것이 인간이어야 하는 까닭은 무엇인가. 짐승들이나 다른 생명들은 결코 그러한 자기보다 우월한 것이 있다는 것을 표현하거나, 느끼거나, 언어로써 기록할 수가 없다는 점에서 인간만이 '너 자신을 알라'라고 할 수 있는 것이다. 인간은 생각할 수 있다. 이것과 함께 인간이 결코 간과해서는 안 되는 생각이 신적인 개념으로까지 확대 해석하는 것에 대한 경계의 의무가 있어야 한다는 것이다. 인간의 생각이 신의 영역까지 상상이 가능한 것도 사실이지만, 그것은 가능성에 불과할 뿐 인간은 태어나고, 성장하고, 노쇠하여 흙으로 돌아가는 존재인 것이 진리라고 한다면 이성의 한계가 극한까지를 치닫는 것은 옳은 선택이라고 할 수는 없다. 인간이 상상 가능한 영역이 어디까지인지 생각해 보면 인간 스스로 멈추는 훈련이 필요하다. 뇌의 발달을 유발하는 진화와 유전적 영향을 미칠 만큼의 이성적 기능을 사용하는 것은 경계해야 한다는 의미이다. 그렇기 때문에 인간 스스로 존재의 긍정을 향해 선행되어야 하는, 즉 자연으로 돌아가자는 의미에 대한 올바른 이해를 해야 한다. 자연으로 돌아가자는 의미가 농촌생활을 병행하거나 농촌으로의 귀향과 같은 사회적인 현상의 발현이 아니라, 자연의 질서로서 행위의 가장 합리적인 것인데 그것은 바로 나무를 심는 것이다. 이는 문명 속의 인간이 선택할 수 있는, 자연으로 돌아가자는 행위의 요소가 나의 현재에서 행위를 할 수 있는 만큼만 행위를 한다는 자세로서 자연으로 돌아가는 취지의 행동인 것이다.

나의 소년기의 하이라이트는 고교 시절의 독서였다. 그리고 고교를 졸업하면서 탐독

했던 사회 현상에 대한 이해들이 바탕이 되어 앞으로 기록해야 할 글의 발현으로 연결되었다. 그 원인과 과정에는 노동과 사상의 결합에 의해서 많은 영향을 미쳤다. 그 이유는 노동과 독서의 목표는 나의 존재의 개념에 대해서 눈떠가는 과정이 사상적 바탕이 되었기 때문이다. 그것의 첫 번째가 성서의 이해에 의해서였는데, 그 당시에 송피득이라는 분의 《인간》이라는 책에 의해서 나의 종교적 성향이 결정되는 계기가 되었다는 사실이다. 성서를 해석하는 것은 종교적인 기준에 의해서 해석하는 것과 사회적인 방향에서 해석하는 것, 그리고 가난한 사회적 약자들의 방향에서 해석하는 것이다. 이는 인간의 해석의 한계를 여실히 보여주었다는 것이 나의 개인적인 의견이다. 예수를 해석했을 때 인간이 잊어버리면 안 되는 '나는 자연이다'라는 개념 하에서 해석하지 않았다는 사실과 나의 전반적인 해석의 관점들, 즉 진화와 유전의 관점에서 해석하지 않았다는 사실을 발견하는 순간까지 나는 그 당시 그것이 옳은 줄 알았다. 인간에게 있어서 인간 스스로 모순에 빠지는 것은 존재의 긍정이 어떻게 형성되는지를 전혀 이해하지 못했기 때문이다. 그 내면에는 진화와 유전이 있었다는 사실과 인간의 사상이나 철학적 문제나 경제, 사회적 제반 문제들이 포함되는지를 사람들이 전혀 이해를 하지 못했기 때문에 그런 것이다. 전반적인 예수의 해석은 이렇다. 종교와 사회적 약자들을 향한 배려, 즉 '내 이웃을 사랑하라'는 의미가 인간중심주의라는 데 존재의 오류와 충돌한다면, 종교적인 믿음과 가난한 이웃의 배려가 인간중심주의의 결과론이라고 한다면, 자연의 역할로서 인간이기보다는 인간의 존재 이유가 자연 질서의 훼손과 관련지어서 생각한다면 예수 그리스도는 일련의 대책을 강구해야 했다는 것이다.

믿음으로 자연의 질서가 회복되지 않는다는 사실과 인구가 늘어나면서 자연의 질서가 회복되기 어려운 상황으로 치닫고 있을 때 역사적으로 예수의 이름으로 존재의 오류를 향해가는 결정적인 결과들이 있었는데 이슬람과의 충돌이나 서구에서의 이유 없는 살육, 인간을 사탄의 자식으로 몰아서 살육하는 현상이 자연 현상으로서 무엇이었을까. 인구의 급속한 증가와 자연의 질서가 서로 충돌하게 되면서 나타난 결과라는 게 나의 생각이다. 우선 인간이 생각할 수 있는 것부터 생각해보기로 하자. 종교도 진화와 유전하고, 사회도 진화와 유전된다. 종교의 진화와 유전 그리고 인간적으로 생각하는 것도 인간의 권리일지도 모른다. 하지만 전체적인 자연의 질서로서의 인간과 인간을 제외한 자연의 질서는 어떠한 방향으로 진화와 유전하여 갈까. 인간은 먹고, 마시고, 입고, 살기 위해서 자연의 질서를 사용하거나 응용하지 않으면 안 되었을 때 자연은 어떤 방식으로 대항할까. 그것은 앞서 언급한 대로 사회적 현상에 최적화하는 진화를 한다는 것이다. 도시화는 물리화학 법칙의 발전을 수반하고, 그러한 물리화학 법칙은 인간의 탄생을 조절하는 기구의 등장이나 발명이 이루어지도록 한다. 그 다음이 사회적인 현상으로서 가진 자와 가지지 못한 자의 구분과 종교적인 압박이 빚은 결과들이 서구사회에서 역사적으로 증명되었다고 나는 생각한다.

존재의 오류가 인간의 희로애락과 관련이 있는데 도시화의 시작과 과정 그리고 결말들은 희로애락과 존재의 오류와 결합해서 인구가 줄어드는 방향으로 진화와 유전한다는 것이다. 예수 그리스도의 이중성을 보면 알 수 있다. 한쪽에서는 사랑과 평화를 외치고 도시화의 제반 모순을 끌어안고 인간중심주의를 완성해가면서, 또 다른 한편으로는 자연 질서의 도구로써 인구를 줄어들게 하는 존재의 오류로서의 도구화가 바로 예수 그리스도이다. 안타까운 것은 서구의 많은 철학자들이 이성의 발전을 이루어 사상사를 발전시켰으면서도 인간과 자연 질서의 상관관계를 파악하는 논조의 철학은 왜 없었는가 하는 의구심을 갖지 않을 수 없다는 점이다. 스피노자의 '이 세계가 멸망할지라도 한 그루의 나무를 심겠다'고 하는 말 한마디를 뒷받침할 만한 철학적 제시가 없었다는 것이 의문이다. 인간이 인간중심주의를 주장하거나 행위를 할 권리가 있다고 가정하면, 이와 반대로 자연의 질서를 파괴할 권리를 인간이 가졌는가. 그리고 그러한 자격이 있는가. 이러한 의문에 대한 답으로서 사상적 바탕의 정립이 없다는 것이 안타까울 뿐이다. 앞부분에 언급한 성서가 자연의 질서를 어지럽히는 주범이라고 한다면 믿음의 관점으로 창조주의 자연의 질서를 주관하는 것을 인간에게 부여했다는 논리는 절대적으로 모순이고, 옳지 않고, 궤변에 불과할 뿐이다. 내 개인적으로 유대인이 나치에 의해서 학살된 것은 존재의 모순의 한 예이고, 성서에서 분명히 적시되었다는 사실 또한 알아야 한다는 것이다.

인간의 특징은 보고 싶은 것만 보고, 듣고 싶은 것만 듣고, 알고 싶은 것만 알려고 한다는 말이 있다. 하지만 인간이 지향해야 하는 사상과 철학, 사회적인 현상의 근저(根底)에는 인간중심주의를 극복하지 않으면 안 되는 본질적인 진화와 유전적으로 내재되어 있는 것이 인간이다. 이러한 결정론에 입각한 단언에서부터 성서를 접근하는 것이 바로 인간의 의무인 것이다. 필자는 인간세계의 절대적 진리가 함축된 말 세 가지를 내세웠다. '자연으로 돌아가자'는 말과 '너 자신을 알라'라는 말, '보기에 좋았더라'는 말이다. '너 자신을 알라'라고 하는 말의 의미는 인간중심주의를 극복하기 위한 방편으로 사용되어야 하고 모든 사상적 바탕에는 나의 존재론적 가치를 인식하기 위해서 존재한다는 것이다. 하지만 나의 존재는 인간이기 이전에 자연의 일부로서 존재한다는 선언이 선행되지 않으면 '너 자신을 알라'라는 말이 성립되지 않는다는 것을 명심하기를 바란다. '자연으로 돌아가자'는 말은 모든 말들의 진리의 통합이다. 이 말은 스피노자의 '이 세계가 멸망할지라도 한 그루의 나무를 심겠다'는 의지의 행동을 함으로써 이루어진다는 철학적, 사회적 밑바탕을 이 글로서 증명하려고 한다는 것을 분명히 밝히겠다. 그렇기 때문에 윤회교의 성립에 필자의 사상적 운명을 걸 수밖에 없는 것이다. 지금 작성하고 있는 이 글이 현대의 중심적인 사상으로서 성서, 사회적인 영향력으로서의 성서, 문화적인 영향력을 행사하는 성서이다. 성서는 현대문명의 진화와 유전을 선도하고 있다는 사실을 부인하지 못하고 있는데 결정적인 약점이 인간중심주의에 함몰되어 있다는 것과 미래 문명의 선도로서 성서가 있다면, 인간적 자연주의는 문명화를 지향하지 않는다는 점이다. 그리고 인간중심주의를 탈피하지 않으면 인간의 미래는 없다는 사회적 현상, 그리고 문화를 선도하는 주체로서 인간적 자연주의의 윤회교가 성립하는 배경을 성서의 배면으로 제시한다. 이로써 무엇이 인류를 위한 선택인지를 선택하게 하려는 의도가 윤회교 성립의 배경에 있다고 할 수 있는 것이다.

윤회교의 구성은 이렇게 되어 있다. 성서를 대신하는 사상이 윤회교가 된다는 것은 한 그루의 나무를 심는 것에서 인간의 운명이 결정된다는 논리이다. 성서는 창조와 보기에 좋았더라, 너희도 하나님처럼 되리라, 너희는 영원히 죽지 않으리라, 바벨탑과 여러 고성의 파멸, 예수의 너희는 나를 믿으면 영원한 생명과 행복과 평화가 있는 천국에 이르며 하나님 우편에 앉아 계시는 세계에 다다를 것이다, 666의 도래에 의해서 이 세상은 멸망할 것이라는 종말론적 세계관이었다. 반면 윤회교는 '이 세계는 종말하지 않는다'로부터 시작한다. 즉, 이 세계가 황폐화되어 있는 이유가 무엇이며, 그것을 극복하기 위한 사상이기 때문이다. 윤회교는 믿음의 사상 체계를 살생하지 않는 가치로서 환원되어야 한다는 사실에 만족할 수밖에 없다는 것이다. 문명의 오류를 어떻게 극복할 것인지를 제시할 것이고, 그 답은 자연으로 돌아가라는 말에서부터 시작될 것이다. 결론은 나무를 심는 것을 인류, 즉 이 세계가 멸망하지 않는 유일한 방법이라고 선언하면서부터 시작된다. 성서에서 말하는 666의 논리를 우선은 이해를 해야 하는데, 666은 인간중심주의가 666의 결과를 불러오게 된다는 것이 나의 결론이다. 그리고 반666의 '보기에 좋았더라'라는 말이 '반666이다'라고 말하는 것에서 멈추지만 그 의미는 현대문명의 선택의 방향을 정하는 데 중요한 요소가 될 가능성이 있는 것이다. 성서를 분석하면서 나는 '보기에 좋았더라'는 의미와 창조가 동시적인 요소이고 666과 '보기에 좋았더라'가 동시적인 요소이다. 선뜻 이해를 하기가 힘들 것 같지만 창조의 눈으로 보는 '보기에 좋았더라'를 바라보는 존재가 하나님이라면, 666의 개념에서의 '보기에 좋았더라'는 성서적인 요소에는 사탄이 될 것이다. 이 언어를 뒤돌아보면 창조의 과정에 의해서 '보기에 좋았더라'를 하나님이 말했다면 사탄은 그것이 '보기에 좋았더라'가 되지 않는다는 것의 의미라는 것이다. 마찬가지로 666의 멸망의 순간을 정하였을 때 하나님은 666의 상태를 '보기에 좋았더라'를 부정한다고 해야 하는 것이다. 창조의 '보기에 좋았더라'와 666 상태의 '보기에 좋았더라' 사이에 무슨 일이 있었는가를 성서를 통해서 원인과 과정과 결말을 이끌어 내는 것이 '보기에 좋았더라'를 통한 하나님과 사탄의 관계를 인간과 자연의 관계 설정을 다시 해야 하는 것이다.

성서의 처음 창세기 1장부터 적지는 않겠다. 천지를 창조하시고 '보기에 좋았더라'를 하였고, 산과 강과 바다와 온갖 생명을 창조하시고 '보기에 좋았더라'라고 하였고, 아담과 이브를 창조하시고 '보기에 좋았더라'라고 하였다. 이때 이 의미가 무엇인가를 역사, 정치, 문화, 사회, 종교적으로 그 의미를 발견해내지 못한 것은 어쩌면 종교적 방임에 해당하며 비난받아 마땅한 것이 아닐까 하는 생각이다. '보기에 좋았더라'와 666 사이에 무엇이 있었는가. 앞에서 말한 대로 '보기에 좋았더라'가 자연에서 인간중심주의에 의한 현상적 변화가 있었다고 하는 것이 답인데 창조의 입장에서 '보기에 좋았더라'와 666의 입장에서 '보기에 좋았더라'는 앞에서 언급한 '너 자신을 알라'라고 하는 의미와 상통한다. 자연의 질서로서 '너 자신을 알라'라고 하는 것은 인간중심주의에서의 '너 자신을 알라'라고 하는 상대성 앞에 인간은 무엇을 선택해도 상처를 받게 되어 있다. 또한 '보기에 좋았더라'가 존재의 긍정을 지향하느냐, 아니면 존재의 오류를 지향하느냐의 관계이다.

666의 '보기에 좋았더라'는 존재의 오류의 선택되어지는 존재의 긍정에서 인간이 자연이고, 자연은 조화롭다는 의미에서 존재의 긍정과 '너 자신을 알라'라고 하는 존재의 긍정, 그 상태가 자연의 질서로서의 '너 자신을 알라'라고 할 수가 있다는 것이다. 인간중심주의에서의 상태가 666의 '보기 좋았더라'와의 존재의 오류의 현상이 일어나는 것은, 666의 상태에서는 인간에 의해서 파괴되어지고 자연의 질서로서 인간이기보다는 인간의 의식주의 대상으로서 자연이 되어버렸다는 것을 의미하는 것이다. 이 세계는 나와 자연의 존재의 긍정에서, 나와 자연의 존재의 오류가 벌어지는 상황이 되었다는 것을 의미한다. 이해할 만큼 이해를 하면 되니까 그렇게 하기를 바란다. 철학적으로 의문을 가지거나 사회적으로 혹은 문화적으로 의문을 가지고서 접근해서 내리는 결론이 자연으로 돌아가자는 행위가 선행되기를 바라면서 '보기에 좋았더라'는 조화로운 세상을 실제적인 세상인데 조화로운 실제적 세상에 던져진 아담과 이브에게 에덴동산은 살기에 천국이었고, 두 사람이 살기에는 평화가 보장되어 있었을까. 또한 자유가 보장되어 있었고, 영원한 생명이 보장되어 있었을까. '보기에 좋았더라'는 여기까지가 '보기에 좋았더라'의 완벽함이 있는 것이 틀림없는데, 사탄이 아담과 이브에게 나타나 금단의 열매를 먹도록 유혹하였던 바, 즉 너희는 죽지 않으리라, 너희는 하나님처럼 되리라는 것. 성서가 말하는 금단의 열매를 먹기 전과 먹은 후의 차이가 무엇일까. 존재의 긍정에서 존재의 오류와 존재의 긍정이 혼재되는 결정적인 계기가 된다고 할 수 있다. 이는 '보기에 좋았더라'가 사탄의 '보기에 좋았더라'와 하나님의 창조의 '보기에 좋았더라'의 혼재되는 결정적인 계기가 되었다는 것을 의미하고, 인간이 자연의 질서로서 존재하는 것에서 인간이 자연의 질서를 극복해가는 결정적인 계기가 되는 것을 의미한다. 자연의 질서에서 인간중심주의 사상의 변이를 자연의 질서가 양보했다라고 하는 측면이 있기도 하고 인간이 인간 중심적인 투쟁의 결과라고 하지만 '나는 자연이었다'가 본질이라고 생각하는 사람에게 는 아직도 인간은 존재의 긍정에서 남아있다는 것을 의미한다. 자연을 극복하고 자연을 응용, 발전시킬 권리를 버리지 않는 입장에서는 인간중심주의가 인간의 이성적인 능력과 인간의 위대성이나 인간 가치의 승리라고 말할 수 있을 것이다.

인간이 금단의 열매를 따먹었다는 것을 그리스 로마 신화의 프로메테우스의 불을 인 간에게 전해준 사건과 한 번 비교해보자. 프로메테우스는 인간에게 불을 전해준 죄로 독수리에게 심장을 파 먹히는 형벌을 받았다. 그리고 에피메테우스의 판도라의 상자를 통해서 인간에게 닥친 죽음, 불행, 고통, 증오와 희망이 인간을 규정하게 만들었다. 사탄 의 금단의 열매를 먹는 것과 판도라의 상자를 여는 것을 인간은 존재의 긍정으로 지향 한다는 것이고, 존재의 오류를 어떻게 극복해야 하는가를 고민해야 한다는 것이다. 성서 주의자들이 사탄을 비난하는 것이 진리라고 한다면 성서주의자들은 존재의 긍정이라고 할 때 결과적으로 존재의 오류의 대상이 된다는 것을 깨달을 수가 없을 것이다. 그것은 이성적으로는 자연의 상태, 즉 '보기에 좋았더라'를 지향하지만 현실적으로는 창조를 파 괴하는 것을 멈추지 못한다는 사실을 인식하지 못하기 때문이다. 이성은 존재의 긍정을 지향하지만 결과적으로 존재의 오류를 행동하고 있는 모순적인 행태를 보이는 것이다. '보기에 좋았더라'는 창조되었는가. 윤회적인 입장에서는 지구는 창조되지 않았다는 사 실을 긍정한다. 윤회는 본질적으로 진화와 유전에 의해서 땅이 그리고 모든 생명들이 변 해왔다고 주장하는데 진화와 유전이 생존경쟁에 의해서 우월한 유전자의 자연의 상태에 대한 합리적인 진화가 현대의 인간을 비롯한 모든 생명체에 적용된다는 것이 윤회교의 판단이다. 그리고 윤회교는 모든 생명들이 그리고 지구상의 모든 생명체들이 자연의 일 부라는 사실에 긍정한다. 인간은 본질적으로 존재의 긍정을 지향한다는 측면에서 개념 적으로 창조된 '보기에 좋았더라'와 인간의 문명의 결과가 '보기에 좋았더라'라는 개념 하에서도 존재의 긍정에 의한 자연의 질서로의 회귀를 지향한다. 윤회교는 존재의 오류 를 어떻게 극복할 것인가. 현세대에 있어서 존재의 오류 극복은 나무를 심는 것으로 존 재의 오류와 존재의 긍정을 상쇄시키는 것이 최선의 선택이라고 한다면 우선 그렇게 하는 것을 긍정한다. '보기에 좋았더라'의 개념을 이해했기를 바라고, '보기에 좋았더라'와 존재의 긍정이 합리적으로 행위되기를 바라면서 다음의 주제로 넘어가기로 하자.

사탄의 유혹에 의해서 아담과 이브는 금단의 열매를 먹었다는 사실과 프로메테우스의 불을 인간에게 전해준 의미와 연관해서 인간은 사탄과 프로메테우스를 비난하여야 하는가. 이에 대해서 인간중심주의에서의 위험성과 창조된 상태의 '보기에 좋았더라'를 깨트리는 결과에 의해서 사탄은 비난받아야 한다. 하지만 인간중심주의의 완성 하에서 사탄의 역할은 결코 비난의 대상이 아니라는 것과 성서주의자들이 창조된 '보기에 좋았더라'를 유지하려는 실천을 하지 않는 한 비난의 대상은 성서주의자들이 되어야 한다는 것이다. 여기에서 바벨탑의 의미에 대해서 생각해보아야 하는데 성서주의자들이 얼마나 비난을 받아야 하는지 알 수 있을 것이다. 필자는 앞에서 성서를 만들기 위해서 얼마나 많은 '보기에 좋았더라'가 파괴되는지를 살펴보아야 한다고 했는데 바벨탑도 그러한 맥락에서 살펴보아야 한다. 성서를 만들기 위해서 파괴된 '보기에 좋았더라'는 인간에게 믿음을 위한 필요에 의한 것이라고 할지는 모르지만 성서의 모순을 극복하려고 성서주의자들이 행동하는 모습을 보이지 않는다는 측면에서 성서주의자들은 거센 비난을 받아도 마땅하다. 바벨탑의 의미가 무엇일까. 성서에서 말하는 바벨탑의 용도는 현대에서의 거대 교회나 바티칸과 같은 천주교의 성지까지도 비난의 대상이며 비난을 받아야 한다. 바벨탑이란 파괴의 종합판이자 '보기에 좋았더라'를 완벽하게 파괴하는 방법이라는 사실을 인식하지 못하는데, 문제가 심각한 까닭은 교회나 성당에서 도시의 고층 빌딩을 건설하는 데 막을 수 없는 행위를 하고 있기 때문이다. 그것은 기독교나 천주교에서 거대한 성전과 성당을 짓는다고 하면서 문명화의 꽃인 대형 빌딩을 신축할 때 짓지 말라고 할 수가 없기 때문인 것이다. 그리고 거기에다가 그러한 빌딩을 짓는데 하나님의 축복을 빈다든지 하나님의 은총이라는 말과 함께 감사헌금이나 건축헌금을 성당이나 교회에 헌금하고 있다는 사실이다. 이를 통해서 과연 창조의 '보기에 좋았더라'를 유지할 수가 있을까에 대한 답을 물었을 때 교회나 성당은 하나님께 예배를 드리는 장소가 아니라 천지를 창조하시고 '보기에 좋았더라'를 파괴하는 맹세의 자리가 아니라고 변명할 수가 없다는 사실이다. 성서를 만드는 것이 사람들에게 성서를 통해서 믿음을 키우고 영원한 생명이 있는 세상으로 간다는 것이 진실이라고 한다면 성서를 읽는 것 자체가 환경 파괴의 근원이고, 그 근원의 복원을 위해서 무엇을 행동하였을지 그리고 그러한 행위를 했으면서도 영원한 생명이 있는 세상에 갈 수 있다고 생각하는 난센스를 보여주고 있다. 마찬가지로 바벨탑을 세우기 위해서는 땅을 파헤쳐야 한다. 나무를 자르고, 원유를 생산해야 하고, 건축에 필요한 자재와 골재를 모아서 바벨탑을 짓는다는 것은 파헤쳐진 곳에 사는 생물의 다양성이 파괴된다는 것을 의미한다. 그렇다면 바벨탑은 '보기에 좋았더라'를 '보기에 좋지 않았더라'라고 해도 된다는 것이다. 성서가 말하는 것은 절대적 진리인 천지를 창조하시고 '보기에 좋았더라'라는 말 한마디가 무엇을 의미하는지를 알았다면 여리고성의 파괴와 같은 현상을 기다리는 성서주의자가 될 가능성을 예견할 수 있는 것이다.

여기에서 이런 예가 어떻게 받아들여질지 잘 모르겠지만 제2차 세계대전 때 많은 유대인들이 대량 학살을 당했다. 히틀러가 게르만 민족의 우월성을 담보하기 위해서 유대인을 아우슈비츠의 수용소로 보내 엄청난 사람들을 학살한 것이다. 이를 성서와 연관시켜서 말해도 되는지 분명한 답을 할 수는 없지만 이스라엘 사람들은 이것을 경고로 받아들여야 한다는 사실을 말하고 싶다. 이스라엘 사람들은 '너희는 하나님처럼 되리라'는 말과 '너희는 영원히 죽지 않으리라'라는 말에 담겨진 비밀을 풀지 못했기 때문에 대량 학살을 당한 것이라는 생각을 한 번 해보는 것도 좋을 것 같다는 말이다. 어쩌면 유대인들이 전 세계로 뻗어가면서, 그것이 비록 팔레스타인 지역에서의 탈출이나 추방이었다고 할지라도 그들이 믿는 하나님의 뜻이었다고 이해를 했어야 했다. 그것은 창세기 1장의 천지를 창조하시고 '보기에 좋았더라'를 세계를 향해서 행위를 해야 했다는 말이다. 그들의 믿음과 신앙을 통해 자본과 기술로서 광야에 나무를 심고 야생동물과 생명이 충만한 땅으로 만들어가야 했다는 것이다. 하나님은 그것을 원했다. 유대인들에게 그렇게 명령했다는 것이 성서를 통한 나의 결론이다. 하지만 천지를 창조하시고 '보기에 좋았더라'라는 이 언어를 이해를 할 수 있는 예수였다면 유대민족이 그렇게 의미 없이 세계로 퍼져나가지는 않았을 것이다. 그러나 '너희도 신처럼 되리라'와 '너희도 하나님처럼 되리라'라는 위험을 감수하면서도 하나님이 선택한 예수는 전혀 이러한 언어를 이해하지 못했다. 예수 그리스도는 '너희도 신처럼 되리라'와 '너희는 영원히 죽지 않으리라'는 언어에서 벗어나지 못한 것이다. 결국 유대인들의 유능함과 영리함을 통해서 천지를 창조하시고 '보기에 좋았더라'를 이룩하지 못했다는 사실이다. 천지를 창조하시고 '보기에 좋았더라'를 실현해야 하는 하나님의 정의와 '너희도 하나님처럼 되리라'와 '너희는 영원히 죽지 않으리라'라는 사탄의 정의는 예수에 의해서 실현되었다는 사실이다. 이를 통해서 유대인들은 그들의 이상세계인 에덴동산을 이 땅위에 구현하지 못하는 결과가 되었고, 결국 유대인들은 돈을 많이 버는 민족으로 전락하였다. 그리고 그들의 신관을 이해하지 못함으로써 다른 민족에게도 동화되지 못했고, 결국 다른 민족보다 우월할지는 몰라도 돈만 아는 민족이 되었다는 사실이다. 따라서 유대민족이 시기와 질시의 대상이 되었다는 사실과 아직도 멸망당해야 하는 민족으로 낙인찍힐지도 모른다는 것이 성서를 통한 교훈인 것이다. 그럼에도 불구하고 필자가 아직도 유대민족에게 기회가 있다고 하는 것은 지금부터라도 하나님이 원하는 것이 무엇인지 행위를 하라는 것이다. 그 가운데 예수 그리스도가 있다는 사실이며, 이 책이 예언서가 되는 것은 예수 그리스도를 다시 태어나게 하겠다는 하나님의 의지라고 여겼으면 하는 것이다. 예수 그리스도는 유대민족들에게 정신을 흐리게 했다는 측면에서 질책을 받아야 한다. 왜냐하면 예수의 행위가 진리인 것처럼 보였다는 이유 때문이다. 하지만 인간과 자연 질서의 관계를 통해서 보면 몇 가지 절대적인 진리가 있다. 천지를 창조하시고 '보기에 좋았더라'라는 의미는 인간적인 선과 자연 질서의 선을 행하는 것만이 진리인 것이다. 이렇게 생각하자. 만물을 사랑하는 사상이 아니라면 말하지도 말고, 사람들에게 전하지도 말라. 여러분은 예수 그리스도가 무엇 때문에 십자가에 못 박혀 죽어야 했으며, 소크라테스가 무엇 때문에 스스로 독배를 마셔야 했는가를 이해할 수 있겠는가.

내가 끝없이 말하는 '너 자신을 알라'라는 말과 '보기에 좋았더라'라는 말과 '자연으로 돌아가라'는 말은 인간이 자연에 대한 순응과 순환의 논리에 맞는 행위를 하여야 한다는 것 때문인데, 이를 끊임없이 말하는 그 이면엔 '인간은 살아있다'는 사실과 '자연은 살아있다'는 사실을 절대적 진리로 받아들여야 한다는 것을 말하는 것이다. 이를 언어적 유희로서 받아들이지 말고 '나는 자연이다'라는 사실에 맞는 행위를 하라는 것으로부터 본질적으로 인식하고, 천지를 창조하시고 '보기에 좋았더라'를 인식하라. 이 말은 자연으로부터의 경고라고 인식하고 한 그루의 나무를 심는 것으로부터 시작한다면 존재의 긍정에서 벗어나지 않게 된다. 자연으로부터의 공격은 어린아이라고 해서 비켜갈 수 없고, 나이가 많거나 약한 여자라고 해서 벗어날 수 없고, 믿음이 깊은 크리스천이라고 해서 비켜나갈 수 없다. 자연의 공격을 지진이나 산사태, 화산 폭발과 같은 자연재해만이 자연의 공격이라고 생각하는 것은 오산이다. 인간이 인간을 공격하는 것도 자연으로부터의 공격이고, 나의 이웃이나 형제자매들의 공격도 자연으로부터의 공격이다. 야생동물의 공격이나 미생물에 의한 질병과 세균의 감염에 의한 것도 자연의 재해이다. 앞에서 말한 나는 자연과 맞닥뜨려 있다는 사실을 인식하고, 어떻게 하면 존재의 긍정을 만들어낼 것인가를 알 수 있는 방법은 오로지 성서의 창조하시고 '보기에 좋았더라'에 맞는 행위를 하는 방법 이외에는 없다는 것을 명심하기를 바란다. 해와 달은 사람만을 위해서 비추지 않는다. 땅에 번성하는 모든 생명을 위하여 해와 달은 비추고 떠오른다는 절대적 진리에 가까운 행위는 인간이 만물의 영장임을 증명하게 되는 계기가 될 것이다.

필자는 결코 성서를 하나님과 연관시키거나 믿음과 관련된 그 어떤 것으로도 받아들일 용의가 전혀 없다. 하지만 성서에 적혀 있는 말의 의미를 자연과 접목시켜보고, 인간의 본능과 접목시켜보고, 진화나 유전과 접목시켰을 때의 구성되는 언어가 의미 있게 제시된다는 사실에 의해서, 만약에 이 책을 읽고서 새롭게 구성되는 언어가 만들어진다면, 그리고 나의 정신과 사상사가 발현된다면 좋겠다는 생각을 해본다. 그렇다면 '너희는 영원히 죽지 않으리라'와 '너희는 하나님처럼 되리라'가 어떻게 해석되어야 하는가. 나는 하나님의 존재는 부정되어야 한다는 확신에 의해서 '너희는 영원히 죽지 않으리라'와 '너희는 하나님처럼 되리라'는 말에 감춰져있는 두려움을 어떻게 표현해야 할지 모르겠다. 개인적으로 성서에서 이런 말을 쓴다는 것을 나는 가장 강력한 이성적 능력을 가진 사람이든지 본인 스스로 악마적 기질을 가진 것을 의미한다고 판단한다. 인간 개개인이 스스로 물음을 던졌을 때 가장 큰 기쁨과 가장 큰 두려움은 무엇일까. 인간은 그것을 인식하는지 잘 모르겠지만 인간의 기쁨과 슬픔은 뇌에서 분비되는 신호에 의해서 형성된다는 사실이다. 하지만 '너희는 영원히 죽지 않으리라'와 '너희는 하나님처럼 되리라'는 말을 살펴보면 슬픔과 기쁨의 감각기관을 초월하는 언어라는 사실이다. 언젠가는 언급하겠지만 이 말은 예수 그리스도의 '나를 믿으면 천국에 갈 수 있다'는 말과 비교를 해도 손색이 없다는 사실을 알 수가 있는데 영원히 살 수 있는 생명과 평화를 보장받는다는 것은 사탄이 아담과 이브에게 금단의 열매를 따먹도록 한 유혹과 다른 것이 무엇인가. 사탄의 유혹이 선악의 구별에 있다고 보면 예수 그리스도의 '나를 믿으면 영원한 생명을 얻게 되는 세계의 보장'이 사탄의 유혹과 다르지 않다면 역사적으로 기독교의 생성과 발전들은 무엇을 의미하는지 깊게 사색해볼 문제인 것은 틀림이 없을 것이다. 이러한 의혹 가운데 현대의 기독교는 하나님 세계를 가기 위해서는 예수를 믿으면 천국에 갈 수 있다고 하는데, 이는 '너희는 영원히 살 수 있다'는 것을 의미하고, '너희는 하나님처럼 되리라'는 말과 같은 의미인 것이다. 인간에게 영원히 산다는 것이 어떻게 가능할까. 불가능한데 가능한 것처럼 기록했다는 것에 대해서 지적하고 싶을 뿐이다. 영원히 사는 것은 불가능하다. 우주 블랙홀에서는 시간이 흐르지 않는다고 하는데 블랙홀로 들어가라는 의미인지……. 우주과학의 측면에서 지구의 개념과 성서에서 말하는 멸망이란 무엇을 의미하는가. 유토피아의 실현과 예수 그리스도와는 상관이 없다는 사실을 나는 강조하고 싶다. 예수 그리스도의 영원한 생명을 보장받는 것이 인간의 생명이 다하는 다음 순간에 얻게 되는 것이라면, 그에 관련한 '보기에 좋았더라'라는 괴리를 예수 그리스도는 제시하지 않았다. 이러한 사실 때문에 나는 예수가 역사의 사기꾼이라는 생각을 지울 수가 없다. 이후 이에 대한 구체적인 언급을 하게 될 것이다.

나에게 사상을 갖게 한 것은 어린 시절이었을까, 아니면 방황하는 청소년 시절이었을까, 많은 앎을 추구하였던 청년 시절이었을까. 인간에게는 이성 속에 이성의 본능이 있고, 본능 속에 본능의 이성이 있다고 생각해본 적이 있는가. 그리고 인간의 육신이 언어를 이해한다고 생각해본 적이 있는가. 어린 시절에 읽는 독서가 이성 속의 이성의 본능에 내장되고 본능 속의 이성에 내장된다는 생각을 해본 적이 있는가. 현재의 나는 글 쓴다는 것을 이성이 쓴다는 생각을 해본 적이 없다. 나의 글은 본능에 내장되어 있는 이성에 의해서 쓴다는 것이라면 믿겠는가. 인간은 본질적으로 음과 양의 조화에 의해서 이루어졌다. 음과 양을 자르면 그 속에서 또 음과 양으로 다시 나누어진다. 그 양을 다시 자르면 또다시 음과 양으로 나누어진다. 언어는 기호라고 생각하는 사람이 있는데, 언어는 기호가 아니고 파동이다. 인간이 파동을 기호로 기록해 놓는 것에 불과할 뿐이다. 인간의 육신은 파동을 흡수한다. 즉, 언어가 기호화하는 것은 육체가 기억하는 파동을 뇌가 그려내는 것이다. 이 주장이 옳다, 그르다는 것을 쉽게 증명할 수는 없지만 생각할 수 있을 만큼만 생각하고, 그것이 진실이든 진실이 아니든 나의 생각은 그렇다는 것이다. 어린 시절의 독서가 나의 세포 하나하나에 파동으로 흡수해서 나에게 언어 체계의 파동을 구현하도록 한다는 것이 또한 옳다, 그르다의 접근이 아니라, 증명하기도 싫은 나의 생각이라는 것이다. 내가 이러한 인간의 이성이 전기신호에 의해서 구성된다는 사실과 인간의 언어도 또한 신호 체계라는 사실을 현대 물리학에서는 증명되고 있다는 것에 더 한층 상상력을 발휘한 것이다.

필자의 인생 속에서 어린 시절의 만화와 동화책의 만남이 절대적으로 중요한 조우였다면, 중고교 시절의 독서는 폭력과 권선징악의 무협지가 많은 부분을 차지하고 있다. 나의 청소년 시기의 독서 방법은 무작위 독서 방법이었다. 공부는 뒷전이고 독서만 하다 보니까 나의 친구들은 내가 어떤 생각으로 학교에 나오지를 전혀 눈치 채지 못했다. 부모님께선 내가 학교에 잘 다니는 것으로 알고 계셨지만 나는 공부와는 맞지 않았고, 성적도 바닥권을 헤맸다. 내가 나이가 들어서 제도권 교육을 성실히 받지 못한 결과는 노동현장에서 굵은 땀방울을 흘리는 인생으로 살게 되었는지도 모른다. 폭력과 살인과 학살을 내용으로 묘사되어 있는 독서와 세계 명작들을 교차해서 읽다보면 어느 것이 인간에게 유익한 독서였는지 구분이 잘되지 않았다. 하지만 현재의 일상생활에서 분노와 증오를 다스리지 않으면 나는 사이코패스가 되었을지도 모른다. 현재까지는 잘 다스려지는 것 같지만 나의 내면에는 살인의 유혹과 완벽한 폭력의 욕구가 끓어 오르고 있는 중이다. 어디에서 그런 소리를 들은 것 같은데 가장 폭력의 욕구를 크게 느끼는 때가 40, 50십대라고. 그 이유는 인간 이외의 동물에게도 동물 본연의 욕구가 있는데 식욕이나 강한 수컷의 욕구들에 의해서 목숨을 내놓고 싸운다고 한다. 나도 그런 동물적인 욕구를 가지고 있다. 폭력의 욕구를 발산하게 됨으로 해서 받게 되는 불이익을 염두에 둘 수 있는 능력이 모든 인간에게 있다는데 나도 그러한 부류의 한 사람인 것 같다.

필자의 전성기는 군대생활의 전후가 되었던 것 같은데 그때 당시 독서의 주류는 사회 심리학에 관한 탐독이었을 것이다. 내 인생의 중요한 전기는 송피득 교수의《인간》이라는 책이었는데 내가 왜 그 책을 기억해내는가 하면 기독교를 믿고 있는 어머니와 나 자신이 교회를 다녔다는 사실 때문이었다. 그런데 나는 왜 예수 그리스도를 비판하는 입장에 서게 되었는가. 그것은 밑으로부터의 혁명이나 인간에 대한 절대적인 사랑, 즉 예수가 내 이웃을 사랑하라고 해서 이웃을 사랑하는 것이 아니라는 것과 예수가 이웃과 다투거나 싸우지 말라고 해서 싸우거나 다투지 않는 것이 아니라는 사실을 알았기 때문이다. 인간은 희로애락의 순간을 살아가고 있는데 공자의 강의를 듣는 순간, 그리고 노자의 강의를 듣는 순간 그게 아니라는 사실을 깨닫게 되었다. 성서의 예수의 행위와 현실에서 예수 그리스도의 차이를 생각해 볼 때 예수가 인류에 대한 기여한 것이 무엇이었을까. 이러한 지적을 어떻게 생각할지 모르겠지만 예수 그리스도로 인해서 일자리 창출이 일어났고, 이것이 인류에 대한 기여를 했다는 것이 나의 견해이다. 예수의 말들 중 '네 이웃을 사랑하라'든지 '도둑질을 하지 말라'고 하는 말은 인간의 보편적인 의무가 이웃과의 분쟁을 피하거나 분쟁이 발생했을 때 타협하는 능력의 발현이고, 다툼과 투쟁의 결과가 정치권력의 쟁취나 경제적인 이득의 극대화와 관련이 없다면 이웃과의 친애는 특수한 것이 아니라, 인류 보편의 질서인 것이다. 하지만 예수 그리스도의 기여가 직업의 창출로서 기여를 한 것은 틀림이 없다. 교황의 선출이나 교황을 위시한 추기경의 등장, 수녀나 신부 등 대중들을 선교하는, 혹은 종교적 가르침을 행하는 사람들의 등장들이 만약에 이러한 직업인으로서의 자리가 없었다면 농촌에서의 농지를 가지고 피 터지는 대립을 하지 않았다고 말할 수는 없었을 것이다.

종교를 믿는 근본적인 이유를 무엇이라고 생각하는가. 언젠가 뇌 과학의 강의를 들었는데 사람이 찬송가를 듣거나 기도를 했을 때 그때 엑스터시를 느낀다고 한다. 인간은 찬송가나 강렬한 기도를 함으로써 느끼는 엑스터시를 계속해서 느끼려고 하는 욕구에 의해서 교회를 다닌다는 말이다. 사람들이 맹신에 빠지는 것은 과거에 느꼈던 기쁨, 즉 엑스터시를 강하게 느끼기 위해서 인간이 변해간다는 사실이다. 이와 유사한 뇌의 도파민의 분비를 촉진시킬 수 있는 운동이나 노래, 명상 등이 중요한 대안으로 사용해볼만하다는 것을 나는 말하고 싶은 것이다. 믿음이란 무엇인가 하는 물음을 던져보자. 믿음이란 편안해지거나 평화롭게 하는 언어를 받아들이는 육체의 활동이라고 한다면 어떻게 생각할지 모르겠는데 믿음은 앞에서 언급한 엑스터시와 엑스터시를 평화롭게 가라앉히는 과정이다. 현대사회에 필요한 윤회교의 발현을 위해서 필요한 조건이기 때문에 새로운 종교의 발현은 과학이며, 물리학의 법칙에 의해서 발현시키지 않으면 실패하기 쉽다는 것을 알았으면 좋겠다.

　앞으로 윤회교를 선도하는 사람들은 직업인으로서 윤회교를 선택하지 않았으면 좋겠다. 본래 직업도 가지고 있어야 하며, 돈을 벌기 위하여 윤회교를 선택하지 말라는 말이다. 윤회교는 십일조 이외에는 절대로 사람들에게서 금전적으로 받지도 말며, 요구하지도 말아야 한다. 윤회교는 나무를 심는 일과 야생동물을 구하는 일에, 그리고 강과 바다의 물고기를 지역이나 습성에 맞게 양식해서 대가없이 바다와 강에 풀어주는 역할을 해야 한다. 이게 바로 윤회교인데 감사헌금이다, 건축헌금이다 하는 용도로 대중들을 기만하면 안 된다는 말이다. 윤회교는 한시적인 종교가 되어야 한다. 윤회교는 사실상 그린피스의 개념과 같아지는 것을 원한다. 기독교도 처음에는 최소한 현대의 모습은 아니었다. 나의 윤회교의 발현은 스피노자의 한 그루의 나무를 심어야 한다는 현실적인 문제와 바다와 강의 오염 등으로 어떻게 하면 사람과 사람의 충돌을 일으키지 않으면서 생명의 다양성을 실현하고, 어떻게 하면 야생과 인간의 공존을 달성할 수 있을까의 단순한 구상에서 나온 것인데, 이러한 발상이 진화하거나 유전되지 않는다는 것은 불가능하기 때문이다. 할 수 있는 것만 먼저 하고, 할 수 없는 것은 다음 세대에게 기대를 했으면 좋겠다. 나의 상상대로 지구상에 엄청난 식목과 강과 바다에 양식을 통해서 생물의 다양성이 실현되면, 다음 단계로 윤회교의 이념이 새로이 정립되는 기간이 사오백년이 흐른 다음에 새로운 일들이 생길 것이라고 나는 생각한다. 현대는 석탄과 원유, 철, 우라늄 등 광물자원의 고갈에 이를 만큼의 채굴과 채광이 이루어져 지구가 몸살을 앓고 있는 시대이다. 아마도 나무를 심고 강과 바다 생물의 다양성이 이룩된다면 그 다음은 광물자원의 물리학적, 혹은 화학적 개발에 의해서 복원의 과정으로서 윤회교가 변화를 맞이하게 될 것이다. 사오백년 이후의 일들은 그때의 사람이 그때의 시각과 방법으로 인류의 문제를 해결해야 한다. 사오백년 동안 산과 강, 바다 생물의 다양성 완성이 부족하지 않기를 나는 바라고 있다. 이 글이 잘될 것이라는 긍정적인 예상만으로 구성된 것은 아니다. 내가 할 수 있는 것만 우선 하고 안 되는 것은 상황에 맞춰 그때의 물리화학적인 접근이 가능할 것이라고 생각한다.

천체 물리학적인 접근에 의거해서 지구에 사람이 살지 않는 것을 백색왜성(White Dwarf, 白色矮星)이라고 한다. 지구의 백색왜성이 되는 것은 지구에 에너지 현상이 생기지 않는 것을 말하는데 백색왜성의 조건을 충족시켜주는 것이 과학과 물리화학의 법칙과 관련이 있다. 천체 물리학적으로 인간이 살 수 없는 땅이 되는 지구에 아마도 수억 년이 흐른 뒤 인간이 아닐지라도 다른 생명이 살고 있을 것이어서, 백성왜성이 되는 것을 걱정해야 할 하등의 이유가 없는데도 나는 이렇게 생각한다. 나는 이 지구가 나 때문에 일초라도 백색왜성을 앞당겼다는 사실이 싫다. 이 땅은 내가 태어났고, 내가 성장했고, 내가 살았던 이 땅이 나의 존재론적 이유 때문에 환경의 변화를 일으키는 원인이 나에게 있다는 것을, 그리고 이 땅에 사는 어떠한 생명도 나의 존재론적 원인에 의해서 멸종 당하는 원인이 나에게 있다는 것을 잊거나 망각하면서 살 수 없다는 것이다. 최소한 나의 본능 속의 원천이 자연의 질서라고 한다면, 나는 최소한 내가 해야 할 일을 하고 싶다. 인류사에서 과학과 물리화학 법칙은 인간의 편리와 인간의 과학적 능력을 발전시키는 원인이 되었다. 그렇다면 마찬가지로 과학이나 물리화학 법칙의 진화와 유전된다는 사실 때문에 진화와 유전은 부패하여질 수도 있고, 발견한 의도와는 다르게 문화나 경제와 결합하는 단계에서 인간을 찌르는 흉기가 될 수도 있다는 사실을 깨달아야 한다. 나는 여기에서 과학과 물리 법칙이 인간을 향해서 흉기가 될 수도 있다는 것을 알리고 싶다. 인간의 반란이기보다는 어찌 보면 자연 질서의 반란일 것이다. 땅의 반란이나 자연환경의 반란은 인간이 발견해내고, 발명해내고, 과학 법칙에 의해서 운용되고, 인간의 삶의 질을 향상시키려고 하는 의도는 존재의 오류 현상에 대한 앞선 예측과 예상되는 문제점들을 고려하지 않고 인간의 지적 환희를 느끼려고 한 까닭이 아닌가 하는 생각이다. 우선 인류가 최대의 물리화학 법칙인 만유인력의 법칙과 상대성 원리가 어떻게 응용되었을까. 그리고 미래에는 어떤 형식으로 응용되고 발전시켜나갈까. 개인적으로 만유인력과 상대성 원리들은 자연 상태에서 운용되는 질서인데 그것을 수학과 물리법칙으로 발견해낸 것이다. 그런데 그 결과는 응용되고 인간의 삶의 질에 기여를 한다고 할지라도 에너지를 잘게 부수는 역할로서의 물리화학 법칙이 되었다는 것과 물리화학 법칙이 괴물이 되었다는 사실을 인식하는 것을 사람들이 거부하는 것인지, 아니며 물리화학 법칙이 자연환경의 질서 자체를 바꾸어 놓았다는 사실에 둔감한 것인지를 뒤돌아보아야 하는 것이다.

태양은 지구 생명의 원천이다. 태양이 존재하게 되는 것을 원자력의 원리와 같다는 것을 알 수 있을 것이다. 상대성의 원리가 일정한 거리를 얼마나 빨리 도달할 수 있는가와 도달하는 시간을 바라보는 것이라고 알고 있는데, 내가 말하고자 하는 것은 일정한 거리를 도달하기 위해서는 에너지를 태우지 않으면 안 된다는 사실이다. 에너지는 자연으로부터 얻어지는 것인데, 자연으로부터 얻어진 에너지는 태워지면 다시는 에너지로서 존재할 수 없다. 상대성의 원리를 구현하기 위해서 에너지를 사용하고 파괴하는 물리 법칙이 인간에게 그렇게 중요한가. 사용 가능한 에너지를 사용 불가능한 에너지로 변환시키는 용도로써 물리화학 법칙은 인간의 위기를 불러일으키고 자연 질서의 위기를 불러일으키게 된다. 그리고 자연의 질서는 질서가 파괴되는 현상으로 나타날 것이고, 그것이 기후변화에 의해 스스로 만들어내는 에너지의 집중 현상으로 인해 인간을 위기에 빠트릴 것이다. 그 원인에는 물리 법칙의 응용과 인간의 삶의 질 향상에 원인이 있다는 것을 알아야 한다.

인간의 우주를 향한 노력이 한창이다. 미국에서 몇 년 전에 위성을 쏘아 올려서 명왕성까지 도달했다는 뉴스를 들었다. 그런데 인간의 미지를 향한 개척 의지와 인간의 본질이 탐험과 탐구라는 사실을 모르는 것은 아니지만 인간은 진화한다는 것과 유전한다는 것과 함께 자연환경도 진화하고 유전한다는 사실에 대해서 살펴보아야 한다. 인간은 우주로 나아가는 과학을 발전시켜나가려고 노력하고 있고 소기의 성과를 거두고 있다. 그런데 여기서 인간이 놓친 것이 있다. 인간이 화성이나 그보다 먼 행성을 간다고 했을 때 얼마만큼의 에너지를 사용해야 갈 수 있고, 지구 안의 에너지가 얼마만큼 사용되며, 지구의 에너지가 우주에 얼마나 버려지는가 하는 문제를 생각해야 한다. 지구 안의 에너지가 우주에서 쓰이면, 이는 곧 지구 안의 에너지를 우주로 버린다는 말이다. 지구에서 우주로 에너지를 버리는 법칙이 만유인력의 법칙이고, 상대성 원리라고 생각해 보아야 한다. 이러한 예를 어떻게 생각할지 모르겠지만 현대의 과학기술이 발달해서 화성으로 탐사용 인공위성을 쏘아 올렸다고 했을 때 인공위성이 맡은 임무를 수행하거나 그렇지 않고 고장으로 용도 폐기되었다고 하면 결과론적으로 지구상에는 인공위성만큼의 에너지가 없어진다는 것이다. 이를 두고 대의(大義)를 위해서는 필요한 희생이라고 말하거나 종국엔 우주에서 지구로 에너지원을 반입하면 된다는 논리가 되어서는 안 되겠다는 생각이다. 우주론의 백색왜성은 이렇게 해서 만들어지는 것이다. 여기서는 과연 과학의 발전으로 인간이 태양계를 벗어날 수 있을까의 문제가 아니라 어느 정도의 에너지가 지구에서 우주로 버려져야 태양계를 벗어날 수 있을까를 먼저 생각해야 한다. 과학이 발전하면 할수록 에너지의 수요는 커질 것이고, 현대는 석탄이나 원유의 고갈이 몇 백 년 안에 도래하게 된다. 그러면 인류는 현대의 에너지원으로서 태양열이나 풍력, 조력 등의 다양한 에너지를 만들어 내기 위해서 많은 노력을 할 것이다. 하지만 계속되는 도시화와 문명화의 발전은 이러한 에너지원으로는 턱없이 부족하다. 그때부터 인간은 다른 선택을 해야 할지도 모른다. 과학과 문명은 물 그 자체를 에너지원으로 삼을 가능성이 있다. 물을 산소와 수소로 분해해서 에너지원으로 삼는 것은 미래에 닥칠 인간의 비극이자 지구의 비극이 될 것이란 생각이다.

만물은 어떻게 진화나 유전해 나갈 것인가. 개인적인 견해로 가능하다면 문명을 거부하며 인간의 본질로 살아가는 것인데, 이를 위해 나는 우선 에너지의 사용을 거부하는 것이다. 지구 현상의 조화로움이 유지된다면 그렇게 하는 것이 인간의 도리라고 생각한다. 지구를 유지하는 가장 최선의 방법은 한 그루의 나무를 심는 것으로부터 시작되어야 한다. 그리고 자기 수입의 백의 십을 모아서 나무를 심고, 야생동물을 번식시키고, 강과 바다 생물의 다양성을 위해 양식을 하여 바다에 풀어주는 적극적인 행위를 해야 한다. 이러한 나의 주장은 세대에서 세대로 이어지는 인류에게 닥칠 일 때문이다.

사람들은 영화를 많이 본다. 영화는 인간의 상상에 의해서 미래에 그러한 일이 일어날 가능성이 있을까 해서 만들어지는데, 그러한 일이 일어난다면 물리화학 법칙은 인간에게 대재앙으로 다가오는 것을 대비해야 한다. 가령 '터미네이터'라는 영화에서처럼 인간이 만든 인공지능 컴퓨터의 바이러스에 의해서 인간을 대량으로 죽이거나 인간과 로봇의 전쟁과 같은 일이 일어날 수도 있다. 그 속에는 만유인력의 법칙과 상대성 원리 등의 과학 법칙에 의해서 만들어졌다는 사실이다. 모두 인공지능의 발전을 인간이 통제하지 못하면 일이 일어날 수 있는 일이다. 인간의 복제 기술에 의해 만들어지는 복제 인간의 반란도 문제가 될 수 있다. 과학이든, 유전공학이든, 그 어떤 과학적 진화든지 결코 인간이 생각하는 방향으로만 흘러갈 수는 없다는 사실이다.

대중들에게 나무를 심으라고 하는 것은 물리화학 법칙의 세계를 증명하고 그 희열을 느끼며 도파민의 분비와 같은 행위를 하는 것이 훨씬 위대한 일이기 때문이다. 물리화학의 법칙에 의해서 우주시대를 개척하고 로봇의 편리를 구현하는 것보다 한 그루의 나무를 심는 것이 인류의 미래를 위하는 진정한 인간다운 행위라는 말이다. 여기에서 인구론과 에너지의 관계를 생각해보아야 하는데 인구가 많다는 것은 에너지의 소비가 많다는 것이다. 미국은 인구도 많고 에너지의 소비도 많다. 인구가 늘어나면 식량 생산이 비약적으로 늘어나기 때문에 맬서스의 인구론이 틀린 것이라고 할 수 있다. 인구와 식량 생산의 비약적인 증가, 에너지 소비와의 관계를 생각하지 않았다는 것이다. 현대 세계의 인구 증가와 식량생산, 에너지 소비 외에 또 다른 이면이 있다고 생각해본 학자가 없는 것이 인간의 한계라는 게 나의 생각이다. 이슬람연합의 창궐과 미국을 악의 축이라고 하는 북한과 이란 등 미국에 대항하는 국가들이 생겨나는 이유도 미국이 번영하고 인구증가로 인해 많은 에너지를 쓰는 것도 한 요인이라 할 수 있다. 근래의 시리아 내전으로 인해 유럽으로 난민이 유입되는 것과 결코 무관하지 않을 것이라는 것이 나의 생각이다.

인간세계에는 균형을 스스로 맞추는 균형추가 있을까. 이와 연관해서 자연의 질서는 균형추를 맞추는 무엇이 있을까. 인간의 균형추와 자연의 균형추는 서로 상극과 상생의 균형추를 맞추어야 한다. 그렇지 않으면 이 세계는 존재할 수가 없다. 미국을 비롯한 일부 나라들의 에너지 소비 집중은 다른 나라의 인구 감소와 에너지 빈국 현상을 초래해 기아와 빈곤 현상을 낳게 되는 것이다. 개인적으로 나는 북한에 대한 현상이 무엇을 말하는가를 고민해 보았을 때 인류는 긴장을 해야 한다는 사실을 말하고 싶다. 북한은 세계에서 가장 적은 에너지를 소비하고 있는 국가이다. 하지만 대한민국은 많은 에너지를 소비하는 국가 중 하나이다. 아직까지 북한이 적은 에너지를 소비하는 국가이지만 나중에 남북통일이 되면 많은 에너지를 쓰는 국가로 변해갈 것이다. 따라서 우리는 통일 이후의 상태를 감안하여 문제 해결을 위한 대안을 마련해야 한다. 통일이 실현되었다고 가정했을 때 초기 인프라 구축 건설 이후 어느 정도 남북한의 생활의 균형이 잡히면 그때부터 북한에서의 에너지 수탈의 시대가 될 것인데, 나는 개인적으로 자연의 자살 현상이 급속히 진행될 것이라고 예측해본다. 또한 이슬람국가연합의 무자비한 살육과 그에 준하는 전 세계적인 살육 현상이 일어날 수도 있다고 예측해 본다.

자연의 자살은 인간에게 그 원인 있다고 할 수 있다. 인구의 증가와 에너지 사용의 급증, 그리고 그에 수반되는 환경 질서의 파괴와 에너지 고갈의 문제에서 비롯될 것이다. 이러한 문제는 지구 역사의 문제로 인식해야 한다. 자연의 자살이나 지구의 자살이 무엇 때문에 일어나는가. 앞에서 언급한 대로 인구의 증가와 에너지 소비의 증가로 인해 지구가 몸살을 앓으면서 일어난다. 이렇게 중병에 걸린 지구를 치료하기 위해서는 먼저 에너지 소비를 줄일 수 있는 기술의 발견이나 발명들이 있어야 할 것이고, 무엇보다도 에너지 생산을 막으려는 노력이 있어야 한다는 사실이다. 이는 이슬람국가연합의 에너지 생산을 막거나 유가를 올리는 방법으로 에너지의 소비를 줄일 수 있을 것이다. 그 다음으로는 북한의 핵기술을 이슬람국가연합에 넘겨야 한다. 핵을 가지고 있는 미국이나 서방의 고에너지 소비를 멈추게 할 수 있게 하기 위해서는 핵을 얻으려고 하는 이슬람국가연합에 기술을 주어 균형을 맞추어야 하기 때문이다. 오늘날 미국과 유럽에서 테러가 증가하는 것이 이슬람 원리주의자의 종교적인 신념이나 그와 유사함으로 인한 것이라고 생각한다면 그것은 엄청난 착각이다. 자연의 자살 현상은 미국이나 서양의 문제가 아니라 전 지구적인 현상으로서 발현되는 것이다. 인류사적으로 초강대국인 미국과 유럽연합 그리고 중국, 러시아의 인구 증가는 에너지 소비와 식량 생산의 증가가 뒤따랐다. 균형이 잡혀있기에 이 세계가 유지되는데 미국과 같은 서방세계와 중국 등이 지속적으로 에너지 소비를 늘려간다면 남극이나 북극의 만년설이 녹고, 해수면이 높아지고, 태풍의 위력이 점점 세지고, 물의 수온이 높아지거나 낮아지는 현상이 발생해서 대형 자연 재해가 발생하는 빈도가 높아질 것이다. 이를 해결하기 위해서는 전쟁과 같은 현상보다는 에너지 소비나 생산을 막으려는 현상, 즉 북한의 핵무기기술이 이슬람국가연합에 넘어가고, 결국은 미국이나 서방의 에너지 소비를 인위적으로 줄이려는 현상으로 나타나게 될 것이다.

　에너지 소비의 증가는 또 어떤 결과를 낳게 하는가. 우선 원유와 석탄, 광물의 채굴은 지구 표면의 온도를 상승시켜왔고, 이러한 현상으로 지구의 열이 올라가면 지구는 사망 상태로 변하여 간다는 점이다. 이러한 논리를 전개해 보겠다. 인간이 유전 개발과 석탄 채굴 등 지구의 광물자원을 개발하기 위해서 깊은 땅속에서 자원을 채굴하고 있는데 석탄을 태우면 대기오염과 오존층의 파괴로 인해 지구의 온도를 상승시킨다. 그리고 석탄과 원유 등을 지구의 깊은 땅속에서 채굴하고 나면 그간 차단막 역할을 했던 채굴된 공간이 생겨 지구 핵의 열이 대지 표면에 직접 전달될 수 있다는 사실이다. 결국 인간의 에너지 개발로 인해 대기 환경적으로 태양에너지가 지구에 직접 전달되도록 하였으며, 석탄과 원유 채굴로 지구 핵의 열이 지구 표면에 직접 영향을 미치게 하여 지구의 온도를 올라가게 한 것이다. 그렇게 되면 결국 생명체가 죽는다. 개인적으로 이러한 원인의 치료는 나무를 많이 심는 것으로부터 시작될 것이고, 윤회교의 발현으로 사람들이 십일조를 스스로 내도록 해서 강과 바다 생명의 다양성을 회복하고, 종교적 이념을 대중들이 받아들이고 행동함으로써 전체 에너지 소비를 줄이게 해야 한다는 것이다. 아마 에너지 소비를 줄인다면 지구의 자살 현상이 급격히 줄어들 것이라는 게 필자의 개인적인 견해이다. 분명한 것은 서방과 같은 선진국과 후진국의 관계는 에너지 소비를 많이 하는가, 아니면 소비를 적게 하는가의 문제로, 에너지 소비의 증가는 지구적인 범죄이다. 예를 들어보자. 러시아와 미국의 대결로 미국이 우위에 선 것이 러시아의 정치 노선의 오류라거나 이념의 패배, 공산주의의 오류라고 인식하는데, 이는 전 지구적인 범죄를 합리화하는 말에 불과하다는 것을 분명히 말하고 싶다. 러시아의 이류 국가로의 전락은 고에너지 소비를 어느 정도 멈추게 하려는 자연 현상의 일환이라고 생각해보지 않았기 때문에 그런 것이다. 나는 러시아의 많은 에너지 소비나 에너지의 이동을 멈추게 하지 않으면 그와 반대급부의 현상인 자연의 자살 현상이 일어나고, 에너지가 많이 소요되는 집적된 지역으로의 이동은 자연 현상으로 일어날 것이라고 장담한다.

또 한 가지 언급할 것은 이스라엘에게 정신 차리라고 말하고 싶다. 그 이유를 역사적인 증명과 성서를 통해서 말한다면 물리화학 법칙과 화약의 발명, 진화, 유전의 발전에 공헌하였다는 것이다. 성서를 통해서 그것을 증명해야 한다면 창세기 1장의 천지를 창조하시고 '보기에 좋았더라'라는 말과 십계명에 그런 부분이 있다. '나 이외의 신을 만들거나 섬기지 말라'고 했다는 말에 대해서 의미를 생각해본다면 가능하지 않을까 하는 생각이다. 이건 윤회교의 이념과 같다. 이 세계는 창조되지 않았지만 인간은 창조해 가야 한다. 하지만 인간과 자연의 조화를 깨트리면서까지 창조하는 것은 반대한다. 천지를 창조하시고 '보기에 좋았더라'는 조화롭다는 사실을 증명하는 말이다. 그렇다면 자연의 반란 현상은 인간의 이기심이나 물리화학 법칙이 인간의 지적인 호기심일지라도 자연의 질서를 혼란스럽게 했다는 측면에서 물리화학 법칙은 조화를 깨트리는 원흉인 것이다. 인간과 자연의 조화가 무엇인가를 논하는 것은 무의미하다. 하지만 이스라엘과 같은 민족이 전 세계의 경제와 정치를 주무른다면 '보기에 좋았더라'를 위해서 어떠한 행위를 하였는가의 물음이 바로 그것이다.

이 세계는 자연의 자살 현상이 만연하는 시대로 접어들고 있다. 그것은 인간의 이성으로 막을 수 있는 것이 아니라 스스로 자연 현상을 달래야 하는 것에서부터 출발한다. 여기에서 성경의 십계명 '나 이외의 신을 만들거나 섬기지 말라'라고 한 말에 대해서 의미를 생각해보자. 윤회교도 이러한 이념을 가지고 있다고 했는데 윤회교에서 신은 존재하지 않는다고 했다. 하지만 윤회교에서는 땅과 하늘, 해와 달을 신의 개념으로 생각하고 있다. 땅과 하늘, 해와 달을 신의 개념으로 생각하는 것은 하나님이라는 절대 신의 개념으로 생각하지 않는다는 말이다. 땅과 하늘, 해와 달의 조화의 결과가 인간이라는 사실을 받아들이는 것이다. 땅이 없다면 생명과 인간이 없고, 하늘이 없다면 생명도 없고, 인간도 없다. 물론 해가 없이는 생명도 인간도 없다. 달이 없으면 생명도 없고, 인간도 없다. 인간은 모든 생명의 조화에 의해서 존재하고 있는데, 그 최초가 '보기에 좋았더라'가 성립되는 것이다. '나 이외의 신을 만들거나 섬기지 말라'고 하는 것은 왜 그럴까. 그 이유는 모든 생명을 신이라고 생각하고 섬겨서 존재하는 생명이 신에게 바쳐지는 것으로, 희생되는 것을 지천선악이 원할까의 문제인 것이다. 가령 바티칸의 교황이 있게 되는 것이 죄인가, 아닌가를 따졌을 때 바티칸의 교황은 자연의 질서 앞에 모래알만큼의 능지처참을 당해도 싸다는 것이다. 교황은 그가 쓰고 있는 교황 모자와 그가 읽고 있는 성서, 그의 손에 들고 있는 신의 은총을 빌고 있는 목주, 그가 입고 있는 옷, 그가 들고 있는 십자가, 그가 살고 있는 교황청 건물이 죄악이라는 사실이다. 분명히 교황은 죄가 아니라고 말할지 모르지만 그것은 죄악 중의 죄악이다. 그것은 창세기 1장의 천지를 창조하시고 '보기에 좋았더라'라는 말에 담긴 의미를 생각해보면 교황이 왜 죄인인지를 알 수가 있다는 것이다. 성서에 신을 섬기지 말며 만들지 말라고 했었는가에 대한 답은 창조된 것으로부터 신을 만들면서 파괴하지 말라는 것이고, 창조된 것으로부터 신을 만들면서 파괴되는 것을 거부한다는 사실을 말한다. 윤회교가 같은 말을 하는 것은 조화로운 상태를 파괴해서 신을 만들지 말라는 것을 이해할 수 있을 것이다. 윤회교는 제사를 지내지 않는다. 제사는 제사 음식을 만들어야 하고, 그렇게 하다 보면 사소한 생명을 죽여야 하기 때문이다. 누군가가 그런 말을 했다. 이 세상에는 어느 것 하나라도 버려지거나 쓸모없는 것은 없다. 하물며 생명인데 그것을 버려지게 할 수 없는 것이 그 이유이다. 이러한 견해를 나타내는 것은, 강대국의 에너지 집중화는 가난한 국가에 대한 에너지 수탈이 있게 되기 때문이다. 그것이 비록 금전적으로 보상을 했다고 할지라도 생명현상의 감소와 지표면의 온도가 상승해서 그 땅에 알맞은 농작물을 경작할 수 없게 된 것 때문에 그것이 수탈이라고 보아야 하는 것이다.

대한민국과 북한이 통일을 할 것인지, 아니면 분단의 역사를 계속이어 나가야 하는지를 대한민국의 국민과 북한의 국민, 그리고 중국, 미국, 일본, 러시아 등의 한반도를 둘러싼 이해관계에 있는 국가들이 국제정치나 이념, 정치, 사회, 통일의 문제를 논하기 이전에 자연의 질서에 대해서 먼저 논의를 해야 한다. 자연의 질서에서 바라보는 통일 논의가 이루어지지 않는다면 극심한 혼란과 함께 아프리카나 기타 나라에서의 자원의 수탈현장이 될 것은 자명한 사실이 되기 때문에 아예 다음 세대로 통일을 미루는 것이 낫다는 생각을 하지 않을 수가 없다. 자연의 질서를 생각하지 않고 한반도의 통일이 준비된다면 감당할 수 없을 만큼 자연의 자살 현상의 대상이 된다는 사실을 명심했으면 좋겠다. 자살 현상이란 남과 북의 여러 가지 격차로 인해 분단의 상태가 통일된 상태보다 남북한 국민이 많은 희생이 생긴다는 것을 의미한다. 따라서 자원의 수탈 현상을 어떻게 극복할 것인지를 미리 대비를 하지 않으면 안 된다. 대한민국의 주도로 통일이 되면 대한민국과 국제사회의 자본이 들어가게 되면서 북한에서의 에너지 수탈의 현상이 시작된다는 것을 염두에 두어야 한다. 그래서 나는 개인적으로 북한의 주도로 통일이 되어야 한다고 생각되지만 주변 국가들의 등쌀에 저에너지가 소비되는 국가가 되는 것은 쉽지 않을 것이다. 그리고 남한의 국민들이 고에너지 소비를 저에너지 소비습관으로 바꾸는 것은 쉽지 않은 일이다. 왜냐하면 우리나라는 산업산회로 특화된 국가체제를 형성했기 때문에 국토는 작지만 고에너지 소비체제를 가지고 있기 때문이다.

자연의 존재로서 사회를 형성하는 것과 인간이 자연의 질서를 파괴하면서 형성한 국가의 차이점은 국가 자체가 물리화학적인 공격의 대상이 된다는 사실을 인식해야 한다는 것이다. 가령 고에너지를 소비하는 인간의 진화와 유전적 변화는 영화에서 나오는 현상이 출현이다. 배트맨의 출현이 그에 반하는 인간의 등장이다. 영화에서는 배트맨이 악당을 물리친다. 그렇지만 악당을 물리치는 과정 중에는 시민의 희생이 크다는 사실을 인식해야 한다는 것이다. 영웅은 악당 하나만을 무찌르는 것으로 영웅이 아니라, 시민들과 대중들이 엄청난 희생을 당하지 않도록 자연의 질서를 유지하는 자연의 자살 현상을 막아야 한다. 오사마 빈 라덴이라는 사람이 비행기 몇 대를 납치해서 미국의 세계무역센터와 충돌, 많은 사람이 죽은 사건이 바로 그것이다. 문명의 약점은 생물학이나 화학적인 진화와 유전이 특정 유능한 과학자에 의해서만 발명되거나 만들어지지 않는다는 사실이다. 문명사회는 심리적인 불안정 속에서 과학자들이 불특정 다수를 향해서 화학 실험을 하거나 생물학적인 실험을 하고 있다는 사실을 염두에 두어야 하는 것이다. 앞에서 언급한 대로 자연의 질서로서의 교육과 문명의 교육은 본질적으로 고에너지 소비에 의하여 교육되어지는 결과에 의해서이다. 그런데 약소국가에서의 에너지 약탈과 함께 약소국에 대한 자연의 자살 현상의 결과를 초래하는 사회의 사람들은 자기 사회의 대중들에게 컴퓨터 게임처럼 행위를 한다는 사실이다. 생물학과 화학실험을 그 시대에 한다면 그것이 물리화학적인 진화와 유전이 되는 것이고, 인간 스스로가 인간 본래의 모습이 문명에 갇혀 지내게 되는 인간으로 진화와 유전되었다는 것을 의미한다.

여기에서 빈 라덴이라는 사람의 역사적인 행위가 어떻게 진화되고 유전될 것인가에 대한 견해를 기록해 본다면 문명에 대한 도전을 한 자연인으로 남을 가능성이 있다. 빈 라덴이라는 사람은 여러 가지 정치적인, 혹은 종교적인 이유에 의해서 미국의 세계무역센터에 테러를 한 것으로 말할 수 있다. 하지만 빈 라덴은 자연 질서의 불균형과 앞에서 말한 자연 질서의 파괴와 불균형을 초래한 자원 약탈의 문제로서 자연의 자살 문제들이 처음으로 시도된 사건이라고 나는 개인적으로 생각하고 있다. 즉, 빈 라덴의 미국 세계무역센터에 대한 테러는 자연이 인간에게 하는 경고라고 해야 할 것 같다. 이제부터는 미국이 빈 라덴에 대한 평가를 종교적인, 또는 문명의 충돌 문제 등으로만 받아들이지 말고 인간과 자연의 동시성에서 자연과 문명의 충돌이라는 문제로 정의해야 한다는 것이다. 나는 여전히 미국이 자연의 질서로서의 고에너지가 집적되는 현상을 방치한다면 자연의 공격에 의해서 어떻게 멸망해갈지를 보여주는 사건이라고 본다. 이런 실례를 적어 본다면 어떻게 생각할지 모르겠지만 빈 라덴이 비행기를 몰고 세계무역센터와 충돌하는 장면과 미국 영화 '터미네이터 3'편에 나오는 장면 중 존 코너라는 사람이 터미네이터를 만드는 공장을 폭파시키는 장면과 다르지 않다는 사실을 알아야 한다. 한 장면은 테러이고, 한 장면은 기계의 반란에 의해서 기계를 공격하는 장면과 다르지 않다는 점이다. 그것은 빈 라덴이 폭파시킨 것은 비행기로 세계무역센터를 폭파한 것인데, 세계무역센터를 구성하고 있는 철과 유리, 시멘트 등의 기타 재료들이 자연으로부터 온 것들이라는 사실과 이러한 재료들은 자연을 파괴시켜서 얻어진 것들이라는 사실 때문이다. 자연을 파괴해서 얻어진 이러한 것들은 성서에서 나오는 바벨탑이 그와 같으며, 바벨탑을 하나님이 부숴버렸다라고 하는 사실로서는 바벨탑이 문명인가, 아닌가의 문제와 더불어 자연으로부터 자연의 자살 현상을 불러일으키는 예라고 할 수 있는 것이다. 미국의 세계무역센터를 부수면 다시 또 다른 건물을 짓는다는 측면에서 빈 라덴이 실패하였고, 터미네이터에서처럼 터미네이터를 만드는 공장을 폭파하였지만 그러한 공장은 다시 만든다는 사실에 의해서 보면 같다는 생각이다.

자연인이 문명에 대항하는 방법은 아주 많다. 자연인이 문명에 대항해서 이길 수는 없지만 목숨을 바쳐서 문명의 한 벽에 부딪쳐서 죽을 수는 있다. 처음에는 비행기를 가지고 부딪치고, 다음에는 어떻게 해서든 문명에 대항해서 상상할 수 없는 인명 살상을 시도하게 될 것이다. 미생물을 연구해서 미생물로 문명을 공격할 수 있고 고에너지를 소비하는 문명 세계가 자연의 질서 속의 한 인간을 죽이기는 정말 쉽다. 하지만 자연의 질서 속의 한 인간은 죽음을 두려워하면서도 자기의 목숨을 버릴 만하다면 버린다는 사실을 잊지 않아야 한다. 이 말을 잘 생각해보면 문명의 기술과 자연의 기술은 같다는 사실이다. 즉, 사막에서 생활하는 사람에게 드론을 이용해서 폭탄을 터뜨리거나 생물학적인, 혹은 화학적인 공격을 해서 사막의 사람들을 죽이는 것과 문명사회의 한 도시에 폭탄이나 생물, 화학적인 공격을 했을 때의 차이는 많이 난다. 사막의 인간들은 야생의 인간인데 반해 도시의 인간들은 문명의 공격과 자연의 질서로부터의 두 가지 공격을 동시에 받는 것이다. 인간이 사막의 인간을 공격하는 것은 문명이 자연을 공격하는 것이고, 문명을 공격하는 것은 문명과 자연 질서의 동시적인 공격을 받는 것이다. 인간에게 자연으로 돌아가라고 하는 것의 진정한 의미는 인간이 자연의 질서로서의 행위를 하여야 하는 것인데 고에너지를 사용하는 국가는 깊게 새겨들어야 할 말이다. 이제 세계는 문명과 반문명의 대립의 시대에 들었기 때문이다.

개인적으로 필자는 윤회교의 성립으로 문명에 대항해야 한다는 생각을 가진 사람이다. 문명의 벽에 목숨을 던지면 그것이 진리라고 할 수는 없다. 자연의 질서와 문명이 공존한다는 사실을 가지고 나는 자연의 질서 속에서 사는 것을 선택할 것이고, 한 그루의 나무를 심는 것으로 문명에 대항하는 운명을 선택하겠다는 것이다. 앞에서 말한 터미네이터 공장을 파괴하는 것처럼 대항해서 싸우는 것도 있지만 터미네이터 공장을 파괴하면 그것이 끝이 아니라 또 다른 공장을 짓게 된다는 사실이다. 빈 라덴이 세계무역센터를 파괴했지만 그 자리에 그보다 높은 건물을 다시 짓는다면 새로 짓는 건물을 위해서 또 다른 숲을 파괴하고, 또 다른 강과 또 다른 바다의 파괴를 하게 된다. 이러한 사실 때문에 문명을 파괴하는 방법으로는 절대 자연의 질서를 회복할 수 없다는 것을 알아야 한다. 나는 문명을 거부하고 완벽한 자연의 질서로서 살 수 있는가와 문명을 파괴할 수 있는 능력을 얻기 위해서는 문명 속에서 기회를 엿보아야 한다고 본다. 문명의 최소한의 혜택을 누리면서 기회가 오면 문명으로부터의 탈출을 기도해보는 것과 문명에 대해서 나 자신이 문명이 되는 것이다. 나는 앞에서 언급한 대로 영국과 일본이 미국을 향해서 핵미사일 버튼을 누를 것이라는 생각을 해본다. 이것은 무엇을 의미하는가 하면 바벨탑을 부순 것은 인간이 아니라, 하나님의 노여움에 의해서 파괴된 것처럼 미국에 대한 핵미사일 공격은 하나님의 뜻에서 행해질 것이라는 사실이다. 분명히 말했다. 666이란 인간의 필요에 의해서 쓰이는 자연으로부터 파괴해서 자원이 강탈당해지는 현상이고, 자원이 강탈당하는 현상은 자연의 자살 현상이 일어난다는 것이고, 자연의 자살 현상은 자원을 강탈당하는 이유에 의해서 그 지역이 가난해지고 빈곤해지는 현상이다. 그리고 그 사람들이 고에너지를 소비하는 지역으로 유입되거나 그 지역에 대해서 스스로 자연의 자살 현상을 조장한다. 이를 해소하기 위해서는 인간의 행위가 자연의 소리라는 사실을 인식하고 그에 맞게 자연의 활동이 보장되도록 해야 한다. 그것이 바로 윤회교의 성립 배경이다. 인간은 고에너지 소비에 합세해서 살지만 언젠가는 거대문명을 한 번에 파괴해버리려는 자연의 자살 인자를 만들지 않으려면 자연으로부터의 경고에 귀 기울이고 자연의 질서를 회복시키려는 노력을 해야 하는 것이다.

윤회교를 선택하는 것은 문명과 자연에 동시에 발을 들여놓으며 기회를 봐서 문명으로부터 벗어나려는 시도를 할 것이라는 선택이 최선인 것 같다. 하지만 한 그루의 나무를 심고, 십일조를 스스로 내서 강과 바다 생물의 다양성을 유지할 수 있는 일을 하면서 문명으로부터의 탈출을 할 때를 기다리지만, 그때가 영원히 오지 않을 가능성도 있을 수 있다. 문명과 자연을 조율하면서 사는 것이 현 상태의 최선의 선택이라면 그렇게 할 수밖에 없을 것이다. 이 글은 전적으로 상상에 의해서 작성된 글이라는 것은 틀림없는 사실이다. 하지만 앞에서 말한 대로 고에너지가 집적되는 지역이 또 다른 고에너지의 집적 지역을 공격한다는 것은 이러한 전제 하에서 상상하게 된 것이다. 영국과 일본은 섬나라이다. 고집적 에너지 소비지역이 미국과 영국, 일본이라는 사실 속에는 미국과 영국, 일본을 완전무결하게 저에너지 소비지역으로 만드는 것, 즉 문명을 스스로 버리게 만들어 자연의 질서를 지키기 위해서이다. 고에너지 집적 국가라고 하지만 중국과 남북한은 고에너지의 집적을 중단시킬 수 있는 의지가 있다. 그 이유는, 중국에서는 노자의 사상 때문이고, 남북한에서는 윤회교의 성립이 있기 때문이다. 남북한 통일의 조건은 인간과 자연의 조화라는 사실을 하늘에 맹세함으로써 통일이 가능하다. 고도의 산업사회를 지향하진 않겠지만 고도의 산업사회에 인력을 공급할 수가 있다면 그 방향으로 나아갈 것이고 문명과 자연을 동시적으로 집적시켜 나가려는 정책을 수립하고 시행할 것이다.

윤회교에서는 성지순례를 이렇게 정하겠다. 인간에 의해서 벌목되어지고 벌목되어졌기 때문에 그곳에서 사는 모든 생명체는 자연의 자살 형태로 멸종되거나 그곳으로부터 퇴출되어졌다. 윤회교는 세계의 어떤 곳이든 윤회교의 이름으로 나무를 심고 그곳에 살던 생명들이 되돌아오거나 그곳에 적합한 동물과 식물이 정착해서 살게 하는 것으로 성지순례를 하도록 할 것이다. 이것은 하늘이 사람에게 행하도록 하는 윤회교의 진정한 목적인 것이다. 이는 영원한 생명을 얻기 위해서도 아니고, 명예를 얻기 위해서도 아니고, 사회적인 업적을 위해서도 아니다. 인간의 역사를 다시 쓰기 위해서이다. 예수 탄생 이후에 자연의 질서를 파괴하면서 역사가 전개되었다. 이 성지순례는 윤회교의 전파 이후에 자연의 질서를 복원하면서 역사기 진행되기 위해서이며, 궁극적으로 천년 이후나 만년 이후에라도 인간과 자연의 공생을 위한 역사 전개를 위한 윤회교의 선택인 것이다. 윤회교의 본질은 생명을 향하는 지천선악의 존재처럼 이 세계가 생명으로 가득 차게 함으로써 인간이 본질을 인간도 자연이었음을 증명해가는 역사를 또한 만들어 가기 위해서이다. 나무를 심는 성지순례는 자기의 생활을 근검하게 하며, 금욕적인 생활을 통해서 만들어진 금전으로 역사적으로 수목이 울창하고 야생동물이 번창했던 시대를 지향하기 위한 성지순례가 될 것이다. 윤회교는 고통을 느끼기 위해서 하는 성지순례를 반대하며, 하늘의 뜻과 인간이 나무를 심으면서 행복을 느끼고, 숲이 되고, 그 속에 생명이 가득해지는 현상을 즐기는 인간으로서 성지순례를 하는 것이 목적이다. 도시와 시골 어디서든 윤회교를 믿는 사람들로부터 십의 일조를 걷어서 그들의 성지순례를 도와줄 것이며, 다양한 생명 현상이 일어날 수 있도록 양식을 통해서 강과 바다에 풀어주어 생명의 다양성이 이 땅에 일어나도록 하기를 원한다. 십일조를 내는 것은 영원한 생명과 평화를 얻기 위해서가 아니며, 명예와 사회적 지위를 표현하기 위해서도 아니다. 천년 후에나 만년 후에 나의 후손이 생명 현상이 가득한 땅에서 사는 것을 목적으로 한다. 우리가 살고 있는 시대에 윤회교의 행위를 하지 않으면 문명의 욕구와 자본에 의해서 새 한 마리 살지 못하고 작은 짐승 한 마리가 없는 세상을 후손에게 물려주게 될지 모르기 때문이다. 성지순례는 자기 나이만큼의 나무를 심는 것과 자기가 살아온 날만큼 나무를 심는 것, 살아갈 날의 시간만큼 나무를 심는 성지순례를 선택할 수가 있을 것이다.

자연으로 돌아가자는 의미에 대해서 말한다면 문명으로부터 어떠한 혜택도 거부하고 야생의 생활을 하자는 것이 아니다. 문명의 혜택을 거부하며 살아도 문명으로부터의 자연의 침탈 행위를 피할 수 없고, 문명의 혜택을 거부한다고 해서 자연인이 되는 것도 아니다. 자연의 상태로 살아간다고 해도 문명에게 현대인이라는 사실은 피할 수 없는 사실이다. 문명에 세금을 내는 인간인 이상 과연 자연으로 돌아가자는 구호가 어떻게 행위를 하여야 하는가를 깊이 있게 생각해야 한다. 자연으로 돌아가자는 것은 문명화를 이유로 파괴되는 현상을 어떻게 복구하면서 살 수 있는가를 살피자는 의미의 자연으로 돌아가자는 것이다. 문명을 파괴해야 하는 당위성은 나 자신도 인정하고 있다. 문명을 완전히 버리고 가족을 이끌고 깊은 산중에 들어가 가장 적은 자연의 질서 속에서 살 수 있다는 생각은 결코 좋은 생각이 아니며, 자연으로 돌아가자는 구호와 현실을 극복해야 하는 인간의 본질 자체와 현재 문명의 발전 속도, 자연으로의 생활과 그 자체로의 복귀도 결코 쉬운 일이 아니다. 에너지를 많이 소비하는 것이 문명이라는 사실은 분명하다. 에너지가 집적되는 장소가 문명사회라는 사실이 분명하다면 문명 속에서 자연의 질서를 회복시키는 활동을 하는 활동이 윤회교가 선택해가는 가장 적합한 활동이라고 할 수가 있는 것이다. 문명의 자본을 윤회교가 획득할 수 있으면 획득해야 한다. 종교 집단의 신이나 깨달음을 구하는 것으로서 윤회교는 절대로 아니다. 윤회교는 문명의 고뇌나 문명에서 얻지 못하는 인간의 행복의 단위, 행복의 방법을 자연의 질서로서 행위를 함으로써 행복을 얻는다는 방향으로 윤회교의 활동을 한다는 것이다. 윤회교는 '문명으로부터 자연에게로'가 종교적 이념이고, 이러한 사실을 학문적으로 또는 종교적 현상으로 해서 활동해 나갈 것이다.

문명에서 자연에게로 무엇을 할 것인가. 제일 먼저 나무를 심는 활동을 할 것이다. 나무를 심는 것은 어떤 나라든지 문명의 침투로 인하여 숲이 파괴되어 그 속에 살고 있는 다양한 생물이 사라지는 것을 막는 데 최선을 다할 것이고, 자본을 모아서 숲을 구매한 다든지 해서 사람의 접근을 통제하고 본래의 야생 상태로 돌아가게 할 것이다. 숲을 구매할 때 윤회교를 믿는 사람들의 십일조로 실행에 옮기는 것이 쉽지 않게 되어 숲을 위한 감사헌금을 모금해야만 한다면 그렇게 진행할 수밖에 없을 것이다. 십일조만으로 진행시킬 수 있다면 그렇게 하는 것이 순서상으로 우선이다. 인간의 문명 속에서 자연에게로 나무를 심고, 나무를 심을 지역을 구매를 하거나 해서 다시 원상태로 돌려놓는 일을 헌금을 걷어서 할 수밖에 없다면 그렇게 할 수밖에 없다.

종교화의 바탕이 문서의 작성과 학문화의 과정에 의해서 수립될 수 있다면 윤회교는 성서의 작성을 해야 할 것이다. 필자가 작성한 성서는 한계를 가지고 있고 대중들을 설득시킬 수 있는 힘이 부족하다는 것을 절감하고 있다. 이럴 땐 성서의 작성을 대중들에게서 획득하는 방법이 가장 좋은 방법이다. 대중들에게서 기독교만큼이나 내용면에서 우수하고 신화와 전설과 전통의 결합 등으로 구성된 성서가 대중들을 교육하고 훈육하는 데 사용된다면 역사적 종교로서 발현하는 데 큰 도움이 될 것이다. 윤회교의 발현 목적은 나무를 심는 것과 강과 바다 생물의 다양성을 높이는 데 있는데 그 행위를 기독교나 기타 단체가 한다면 윤회교는 성립하지 않아도 무방하다. 문명에 던져진 인간의 물음, 즉 문명에서 죽을 것인가, 자연의 질서로서 죽을 것인가. 윤회교의 성서는 자연의 질서로서 죽기 위한 방법이지 자본의 축적이나 명예, 사회적인 지위를 얻기 위해서 성립하려는 것이 아니라는 사실을 분명히 하겠다. 대중들에게서 성서의 획득은 배우지 않고서는 결코 작성하기 어렵다. 만약에 윤회교의 성립에 동참하는 사람이 대학교의 교수라면 학생들에게 일 년여 동안에 성서의 작성을 리포터로 작성해보라고 하는 방법도 있을 수 있다. 그 중에서 깜짝 놀랄만한 내용의 성서를 작성하는 사람이 나올 것이다. 그때에 그 학생에게 합당한 설명과 보상을 해준 다음에 성서에 포함시키는 것이다. 하지만 성서로서 대중들에게 읽혀져도 된다는 서로 간의 합의가 있을 때 대중들을 향해 윤회교의 발현을 알려야 한다. 개인적으로 기독교의 성서도 그와 같은 결과에 의해서 발현되지 않았을까 하는 생각이 든다.

앞에서 언급했었던 자연의 자살 현상에 대해서 다시 한 번 논한다. 인간의 역사 속에

서 인간이 간과하고 있는 사실 한 가지를 놓치고 있는데, 그것이 바로 자연의 자살 현상
이다. 성서에 나와 있는 카인과 아벨의 예를 들어보면 에덴동산에서 아담과 이브가 추방
당하고 카인과 아벨이 태어났다. 그렇다면 아담과 이브의 생존과 아담과 이브 그리고 카
인과 아벨이 한 가족인데 자연 질서의 한정된 자원이라는 문제가 생긴다. 한정된 자원으
로 인해 아담과 이브의 생존이 제한되었을 때 카인의 탄생은 아담과 이브가 덜 먹으면
서 카인을 생존시켜야 했고, 아벨이 탄생했을 때 아담과 이브는 더더욱 덜 먹어야 했다.
더구나 카인까지도 아벨이 태어나기 전보다는 더 적은 자원으로 살아야 했을 것이다. 바
로 이때에 자연의 자살 현상이 일어난다. 에너지의 배분이 불균형해졌을 때 그 지역에
특화된 인구의 적정성을 유지하기 위해서 인간은 본능적으로 가장 약한 인간을 제거하
게 되는 현상이다. 인간은 인간의 질서와 자연의 질서라는 두 가지 질서를 공유하고 있
는데 인간의 질서가 우선되어서 자연 현상으로까지 이어지지 않는다. 하지만 자연의 질
서는 인간에게도 필연적으로 영향을 미치게 되어 있다. 역사적으로 볼 때 전쟁이 전형적
인 자연의 자살 현상이라고 할 수 있을 것이다. 전쟁의 원인을 군주의 정치 실패나 이를
바라보고 있는 이웃 국가의 침략에 있다고 생각할 수 있겠다. 하지만 이것 말고도 전쟁
이 발생하는 이유는 본질적으로 자원 배분의 인간적인 문제와 침략하는 목적으로서의
자원의 획득량만큼 자연의 자살 현상이 일어난다는 것이다.

자연의 자살 현상은 일정한 지역의 현상이다. 일정한 지역의 인구와 지역의 들짐승, 초
목들이 모두 다 영향을 받는다. 지역의 자원이 약탈을 당했을 때 인간은 어떤 행위를 하
고, 초목이나 자연의 강에서는 어떠한 현상이 일어나는가. 피난민이 다시 그 지역으로
돌아왔을 때 그 지역의 인구는 분명히 줄어들 것이고, 줄어든 상태에서 생산 활동은 계
속 이어질 것이다. 나는 과거의 인구와 현재 인구의 비교만큼 줄어들게 되는 것을 자연
의 자살 현상으로 본다. 역사적인 사실 중에서 예수 그리스도는 인간을 구원하기 위해
서 이 세상에 왔는데 예수 그리스도를 믿거나 했을 때 자연의 자살 현상이 일어나지 않
았어야 한다. 그런데 역사적으로 예수의 가르침에 의해서 살아난 사람이 많은가, 아니
면 죽은 사람이 많은가. 역사적으로 예수 그리스도의 말씀이나 믿음과는 별개로 자연
의 자살 현상은 멈추어지지 않았다. 그리고 현대사회에서 자연의 자살 현상이 어떻게 전

개되었는가. 인간의 이성과 본성이 과거와는 다르게 야만적이거나 하지 않은 시대에 이슬람연합의 창궐은 무엇을 의미하는가. 나는 현재 자연과 문명의 대립의 시대가 되었다고 생각한다. 어쩌면 이게 서구 열강의 아프리카나 중동 국가에 대한 에너지 약탈에 대한 결과가 그 지역에 최적화된 인구 구성과 에너지 구성을 다시 하게 된다는 점이다. 하지만 이것은 자연의 자살 현상을 뛰어넘어 자연이 문명을 공격하는 현상으로 귀결될 것이라는 사실이다.

자연이 문명을 공격하는 것은 자연의 질서가 현저하게 공격받았거나 자연의 질서가 회복 불가능한 상태로 변해가고 있다는 사실을 말하는 것일지도 모른다. 초기적인 현상이 화산의 분화나 해수면의 온도가 올라가는 자연환경의 변화 말고도 인간이 만들어 놓은 문명 그 자체에서 현상적으로 발생할 가능성이 있는데, 그것이 핵전쟁의 발생과 같은 일로 일어난다든지, 영화에서나 일어날 일들이 실제로 일어난다는 것이다. 그것은 인공지능의 기술개발과 로봇의 활성화에서도 나타날 수 있다. 이는 필연적으로 인공지능 로봇의 악성 바이러스를 개발해서 자원을 약탈당한 지역의 인간에 의해 시도될 것이다. 핵전쟁이 일어날 가능성도 있다. 영화의 '터미네이터'와 같은 현상이 일어난다는 것이다. 특정한 지역에서 에너지를 약탈하여 최종적으로 소비되는 미국이나 유럽, 대한민국, 일본, 중국 등 여러 나라로 흘러들어 갔을 때 자연 자살 현상의 불통을 조심해야 한다. 왜냐하면 에너지를 약탈당한 지역의 적정한 인구 최적화의 결과가 엄청난 난민을 발생시키게 될 것이기 때문이다. 유럽에서 난민의 발생과 난민의 유입은 그로 인한 많은 사회적인 현상으로 이어질 것이고, 많은 사상자가 생길 것이다. 에너지를 약탈당한 지역은 에너지를 약탈당했다는 현상적인 자괴감으로 모든 것을 파괴하려는 경향으로 흐를 것이고, 이것이 무차별적인 생명의 학살 현상으로 이어질 것이다. 미국이나 서구의 학자들은 이것을 문명의 쇠락이나 문명의 충돌로 말하고 있지만, 이것은 문명에 대한 자연 질서의 경고라고 이해를 해야 한다. 그렇지 않으면 엄청난 희생을 치를 가능성이 있다. 에너지를 강탈당함에 있어 자연 질서를 현상적으로 이해하지 않고 접근함으로써 더 큰 문제를 발생시키지 않기 위한 노력을 해야 한다. 이러한 이야기를 해보기로 하자. 성서를 가지고 이해를 시킨다면 '천지를 창조하시고 보기에 좋았더라'에서 '보기에 좋았더라'의 이

해는 조화롭다는 사실을 말하는 것이고, 현대의 문명화된 사회의 빌딩과 기계문명의 적절한 운용은 절대적으로 '천지를 창조하시고 보기에 좋았더라' 하는 점을 철저히 파괴하고 만들어졌다는 사실이다. 이 단계를 지나서 터미네이터나 핵전쟁이 일어났을 때의 세상은 성서가 말하는 '보기에 좋았더라'와 어떤 상관관계가 있는가. 성서에서 말하는 것은 하나님의 세상에서 사탄의 시대로 넘어갔다고 말할 수 있다. 하지만 나의 견해는 자연 질서의 조화로움에서 자연 질서의 부조화로 넘어갔다고 말하고 싶다.

자연의 자살 현상은 막는 것이 아니라 자연이 자살하지 않도록 하는 방법으로 접근해야 한다. 북한을 가지고 이야기를 해야 할 것 같다. 북한과 남한은 현상학적으로 에너지를 약탈하는 방향으로 통일을 이룰 것인가, 아니면 에너지를 약탈당하는 현상으로 통일을 이룰 것인가를 선택하는 기로에 서있다. 북한의 옆 나라인 중국이 엄청난 에너지가 필요한 나라이고, 마찬가지로 한국을 비롯한 일본, 미국 등이 에너지를 약탈하려고 준비를 하고 있다. 그런데 현재 북한이 에너지의 보유나 인구의 보유가 최적화된 상태인가. 개인적으로 최적화되지 않았다고 본다. 에너지의 소비를 늘려가는 추세가 있다는 사실과 옆 나라인 중국이 에너지를 늘려가는 방향으로 자연의 질서가 변해가고 있기 때문에 북한도 그러한 방향으로 흘러갈 가능성 있는 것이다. 나는 북한이 한민족이라는 사실을 부정할 수 없다. 따라서 통일은 북한의 에너지를 약탈하는 방향으로 한다면 또 다른 문제를 발생시킬 것이 불을 보듯 뻔한 사실이기 때문에 무엇보다도 에너지 약탈을 피하는 방법을 취해야 한다고 본다. 모든 것에는 시작과 과정, 결과가 있다. 시작이라는 측면에서 생각했을 때 북한의 현재 인구와 에너지의 소비는 가장 적절한 상태라고 할 수 있다. 신문과 텔레비전에서 본 탈북자들이 말하는 것을 들어 보면 먹는 것, 입는 것, 사는 것 등에서 너무 못살고, 너무 못 먹고, 사는 집이 형편이 없다는 말을 들었을 때 북한이 사람 사는 곳인가 하는 의구심마저 든다. 하지만 자연의 질서라는 측면에서 보면 북한은 미국이나 일본, 대한민국 등의 자본주의 국가와는 비교가 되지 않을 만큼 훌륭한 국가이다. 그런 말을 한다. 북한이 자본과 에너지를 핵개발에 투입하기 때문에 일반 국민들이 못 먹고, 못 입고, 잠도 따뜻하게 못 잔다고. 하지만 역설적이게도 북한은 아프리카나 중동에서처럼 에너지를 약탈함으로써 그 지역에서 유럽이나 자본주의 국가에 대한 절대적인 증오를 현상적으로 발생시키지 않고 있다는 사실이다. 북한의 저에너지 소비는 인류사적으로 칭찬받을 일이다. 대한민국의 젊은이들이 북한을 현상학적으로 저에너지를 소비하는 것에 대하여 북한의 국민들에게 못산다, 못 먹고 산다, 형편없는 집에서 산다고 비웃거나 할 때가 아니라, 어떻게 하면 대한민국이 저에너지 소비의 국가로 전환해야 하는가를 고민해야 한다.

미국이나 유럽인들은 역사적으로 아프리카나 중동, 아시아 국가들의 에너지를 약탈을 함으로써 전 지구적인 환경의 변화를 촉발했고, 아프리카나 중동에서 자연의 자살 현상이 극대화하게끔 하여 역사적인 악마가 되어 있다. 현재도 진행형인 아프리카와 중동에서 자연의 자살 현상을 어떻게 멈추게 할지를 고민하지 않으면 미국이나 유럽, 일본을 향하여 몸에다 핵배낭을 짊어지고 자폭하는 현상을 언젠가는 보게 될 것이라는 사실이다. 또한 핵배낭이 아니면 증오에 찬 지역의 사람들이 인류를 전멸시킬만한 세균전의 반격을 하지 않으리라 장담하지 못한다. 나는 빈 라덴이 미국의 세계무역센터에 비행기를 납치해서 충돌시킨 것을 자연이 문명에게 하는 경고라고 생각한다. 또 다른 예로 자연 질서의 최적화의 길을 가는 길에서 에너지의 대량 약탈로 인해 이스라엘은 필연적으로 살아남기 어려울 가능성이 있다는 것이다. 이스라엘은 무기도 우수하고 국민들이 나라를 생각하는 충성도 등에서 월등하다. 하지만 같이 죽자는 에너지를 약탈당한 국가들의 자살 행위에 대해서는 어쩔 수가 없다. 그것의 해결 방법은 오로지 자연의 자살 현상을 달래는 방법 이외에는 없다. 이스라엘 사람들의 위대한 책인 성서에 그렇게 기록되어 있다. '천지를 창조하시고 보기에 좋았더라.' 자연의 자살 현상을 달래는 방법은 나무를 심는 방법이 가장 좋은 방법이며, 나무를 심은 그 산하에 야생동물을 풀어주게 되면 분명히 생물의 다양성을 회복하게 될 것이다.

## 🌸 비유란 무엇을 위한 것인가

비유는 목적이 있는 언어이기는 하다. 하지만 비유가 좋은 언어이어야 하는 것이 중요한 문제에 부딪힌다는 사실에 의해서 비유는 한 인간이 가장 행복하기 위해서라는 결과에 있어야 한다는 것이다. 그리고 가장 불행한 상태를 어떻게 하면 극복할 수 있는가와 좋은 방향성을 가질 것인가를 논하는 것이라면, 비유가 가지는 한계를 가진다든지 했을 때 적정한 비유가 되지 않는다면 비유가 갖는 어리석음은 지극하다 하겠다. 비유가 가지는 위력이 비록 크다고 할지라도 비유는 인간의 이성과 현실과 본래 가지고 있는 성격적인 길에서는 의미가 없다. 왜냐하면 비유는 현재를 가르는 시간에서 무엇인가를 선택해야 한다는 것을 의미하는 경우가 상당히 많기 때문이다. 역사나 문화, 사회적인 문제들을 유발하는 계기가 되기 때문에 비유는 인간적인 지향을 할 것인가, 신적인 지향을 할 것인가에 대해서 선택해야 한다. 그런데 비유가 학문의 한 방편인가, 아니면 종교적인 방편으로서 제기되거나 제시되었을 때 학문은 물질이나 정서, 혹은 정신적인 요소로서 인식될 수 있다면 종교가 가지는 일관성에 의해서, 혹은 종교적 집착들에 의해서 비유가 종교적인 어떠한 현상이 일어날 것인가에 대해서 깊이 있는 성찰이 필요할 것이라고 생각하지 않을 수 없다. 종교가 신의 존재를 본질로서 다루다보면, 비유가 갖는 영향은 무엇을 어떻게 미칠 것인가 하는 어느 정도의 예상이 가능하다는 것이 종교적인 성향이라고 할 수 있을 것이다. 종교적인 방향을 제시하는 성서는 신적인 지향을 했다는 사실과 다르게 성서가 단지 설화나 이야기책으로 사람들에게 읽혀지지 않고 있다는 측면에서 인간애의 비극이 아닐까 하는 생각이 든다. 성서를 통해서 무엇인가를 선택한다는 것은 지극히 과거에 의해 자유로울 수 없다는 의미이다. 무엇이 왜곡되고, 무엇을 잘못 생각하게 될 것인가는 인간이 이성과 본능이라는 구성의 다양성을 전제할지라도 성서는 인간의 이성과 본능을 모두 수용할 수 있는 서적은 아니라고 생각하지 않을 수 없을 것이다.

논의의 주제인 비유를 어디에서 발췌하였을까. 인간의 보편적인 질서로서 성서가 갖는 영향력은 종교가 학문화되었거나, 학문이 종교화되었거나 했을 때 종교의 문제가 역사나 사회적인 현상 그리고 법률과 충돌했을 때와 어떤 현상이 일어날 것인가는, 평화로울 때는 서로의 가치관을 이해할 수 있겠지만 사회적 반목이나 갈등이 커졌을 땐 이야기로서 사람들의 관계를 유지할 수 있을 것이다. 그러나 그렇지 않고 종교적인 성향의 사람들의 충돌이 얼마나 많은 사람들이 충돌의 결과로 희생될 것인가의 문제는 중동에서의 종교 갈등이나, 불교와 기독교의 갈등 문제, 기독교와 회교의 갈등에 있어서 결과적으로 문명의 충돌이라는 극단적인 충돌의 양상으로 번지고 있다는 것의 기저에 비유가 작용하고 있다는 사실이다.

비유의 목적은 어리석은 인간에 대한 경고만 있는 것이 아니라, 가장 현명한 인간에 대한 기록이다. 교육적으로 효과를 기대하기 위해서 선택하는 것이라고 한다면 비유는 가장 큰 행복과 가장 큰 불행을 제시하여야 한다는 것으로 결론지어지는 경우가 많다는 것으로, 어쩌면 현실에서의 어리석음에 대한 비난과 같다고 할 수 있는 것이다. 그리고 그러한 언어를 먼저 접했다는 것으로 과연 비유에 관한 것들을 듣고 있는 사람은 그것에 대해 전혀 모르는가 하는 의문이다. 인간의 이성이 가지고 있는 한계를 극복하지 못하는 인간을 선택했다고 하는 결과가 된다면, 결국 인간의 가장 큰 이기심을 자극하는 것이고, 가장 큰 자기 자신의 어리석음에 던지는 언어에 불과하다는 사실에 있을 것이다. 비유가 가지는 좋은 점을 인간이 항상 인식하는 것은 아니다. 왜냐하면 인간에게는 본질적으로 가지고 있는 자존심이 있기 때문이다. 인간은 현실 세계에서 적응해나가는 것에만 관심이 있다고 한다. 어쩌면 인간은 성실하거나 학문적으로 끊임없는 노력을 경주하라고 하는 의지를 마음에 품게 하도록 하는 비유만이 관계를 맺을 수밖에 없을지도 모른다. 비유는 인간에게 가장 이성적인 선택을 하도록 하는 능력이 없다면, 능력 있는 사람에 대한 복종의 문제로서만이 사용되는 경우도 참으로 많기 때문이다. 그것이 바로 비유를 통해 종교에 깊이 빠지는 경우가 많다고 하는 것이다. 종교에 깊이 빠지는 것이 비유의 힘이 아니라, 흥미 있는 일에 관심이 있다는 사실이다. 인간은 칭찬에 약하다는 사실과 인간이 엄청난 독서에 의해서 본능이 이성화가 이루어지면 인간의 언어에 대한 미화나 인간의 언어가 인간을 미혹시킬 수 있다는 것이 심리적인 분석에 의하면 분명하다.

필자는 일생 동안 교회를 통해서 많은 것을 얻었다. 교회를 다니는 것이 나에게는 나쁜 기억으로 다가오지 않는데 교회와 어머니의 관계가 떠오르기도 하고, 어쩌면 성서와 아버지라는 관계도 또한 떠오르기 때문이다. 이런 기억도 있다. "하나님을 믿으려거든 내 주먹을 믿으라"는 아버님의 말씀과 조용히 성서를 읽으시는 어머니와의 대비는 하나님을 믿는 것과 현실을 냉정하게 바라다보는 아버지의 성격. 이를 모두 다 가지고 있는 내가 교회와 하나님, 혹은 예수 그리스도에 대해 서로 상이한 성격을 가질 수밖에 없었다는 것이 가장 모순된 비유일 것이다. 어린 시절 나는 교회에 관한 특이한 기억이 한 가지가 있다. 나이가 5살인가, 6살 때에 물에 빠져서 죽을 뻔 한 적이었는데 당시 나의 기억에는 별로 없지만 가끔씩 고향에 갈 때마다 나를 구해준 분의 말씀과 어머니 말씀으로 알게 되었다. 당시 완전히 죽었다는 병원 의사 말을 듣고서 망연자실하셨던 어머니께서 당시에는 교회를 다니지 않으셨다. 어떻게 해볼 도리가 없었던 어머니는 마지막으로 교회를 찾아가서 마룻바닥에 꿇어 엎드리시고 기도를 하셨다고 한다. 그런데 그 와중에 내가 다시 살아났다. 그래서 그 이후로 어머니께서는 교회에 다니시기 시작하셨다. 오랜 시간이 흘러서 우연하게 어떤 분에게 들을 기회가 생겨서 들었는데 사실 나의 생존에 대한 이야기는 이렇다. 어머니께서 교회에 가서 기도를 해서 살아난 것이 아니라 어떤 분이 알려 준 것 때문이다. 그것은 사람이 물에 빠져죽으면 시신을 두엄 속에다 파묻으면 간혹 가다가 살아난다고 해서 어머니께서 두엄더미에 나를 묻어놓으셨다고 하신다. 예전 시골에서는 나무나 볏짚을 태워서 음식을 조리하다 타고 남은 재를 화장실에 쌓아두었다가 나중에 거름으로 쓰려고 모아둔 것이 두엄이다. 그런데 그 다음날 내가 살아났다고 한다. 하지만 그 뒤로 어머니께서는 교회를 열심히 다니시기 시작해서 지금도 열심히 다니고 계신다. 그런데 여기에서 과연 나의 목숨이라는 것이 어머님의 말씀에 의해서 하나님께 갈구하고 빌어서 목숨을 살렸는가, 아니면 자연으로부터의 생존의 질서에 의한 것인가라는 의문과 나의 질긴 생명성이 나 스스로를 죽음에 이르는 것을 거부한 것 때문에 목숨이 살았는가 하는 두 가지 의문이 생긴다. 이 중에 나는 후자 쪽을 선택하는데 만약에 나의 목숨이 하나님에 의해서 살려졌다면 아마도 나의 생명이 살아난 것에 대한 성서적인 입장에서는 분명한 모순일 수밖에 없다. 그 이유는 성서에 기록되어 있는, 혹은 개신교와 같은 곳에서 말하고 있는 영원한 복락이 있는 세상에서 살 수 있었을 것이다. 당시 나는 분명히 자살한 것도 아니었고, 그렇다고 죽음에 대한 막연한 기대를 한 것도 아니고, 그렇다고 신에 대해서 알지도 못했을 뿐더러, 어쩌면 유아라고 하는 시절은 모든 것에 대해서 무지하였기 때문에 영원한 복락이 있는 천국에 갈 수 있는 조건에서 하나도 벗어나지 않았기 때문이다. 그런데 요즘 말로 영원한 복락이 있는 세상에 살도록 놔두었더라면 하는 생각도 해보았지만 이 풍진 세상 아직도 나의 생명성은 이 세상에서 살기를 원했다는 사실이다.

여기에서 이러한 말을 한 번 해보도록 하겠다. 이 말이 의미하는 것은 영원한 세상과 복락이 있는 세상을 갈구하는 기독교인들이 의미 있게 받아들였으면 좋겠다. 사후 하나님이나 예수를 믿으면 영원한 생명과 영원한 복락을 얻는다고 굳건한 믿음을 가지고 있다고 했을 때 어떤 사람이 다른 사람을 고의든 실수든 살인을 저질렀다. 그러면서 이 사람이 "나는 당신이 영원한 생명과 영원한 복락이 있는 세계로 보내주었는데 그것이 무슨 죄가 되느냐?"고 했을 때 이 말에 대한 답을 어떻게 해야 할 것인지를 고민하기를 바란다. 법치국가에서 살인은 당연히 죄가 되는데 종교적으로 답할 때 이 행위가 죄가 되지 않는다고 항변하면 어떻게 답해야 할지를 이제부터 생각해야 하지 않을까.

또 한 가지를 지적할 것이 있는데 그것은 666이라고 하는 의미에서의 모순이다. 사람들은 666의 의미에 대해서 무지하다. 666이란 의미는 악마의 숫자인 것이 분명히 맞다. 하지만 666이 내포하고 있는 것은 엔트로피의 법칙에 의한 인간의 증가로, 인간이 먹고, 마시고, 살집의 필요에 의해서 자연이 파괴되는 현상을 단적으로 말한다고 할 수 있다. 666의 차원에서 하나님은 어떻게 하면 인구를 줄일 것인가를 가장 우선으로 생각하는 신이다. 생명이 붙어있을 동안에 먹고, 마시고 또 살집을 마련하려고 하는 나는 자연에 있어서 독이 될 것이 분명한데 '하나님이 나를 살렸다'라고 하는 것은 분명한 모순이라고 할 수가 있다. 여기에서 말하고자 하는 한 가지 사실은 과연 '하나님이 나를 살렸다'라고 한다면 아마 이런 가정을 할 수가 있을 것이다. 그것은 666을 막을 수 있는 기대를 나에게 하고 있다는 뜻이 된다. 이 세상의 수많은 사람들 중에서 죽음의 일보 직전까지 갔다면 그것은 악마적인 입장에서는 이 세상을 멸망시키기 위한 하나의 방법론, 즉 어떻게 하면 666을 앞당길 것인가에 입각한 것이고, 또 하나의 입장은 어떻게 하면 666을 막을 것인가를 생각하도록 하였다는 뜻으로도 해석이 될 것이다. 666을 막을 것인가, 아니면 666을 앞당길 것인가. 666을 막는 가장 좋은 방법은 인구를 어떻게 줄일 것인가의 문제이고, 666을 앞당기기 위해서는 어떻게 하면 인구를 늘릴 것인가 하는 문제, 인간과 인간의 갈등과 싸움이나 전쟁과 같은 방법을 어떻게 강구할 것인가에 초점을 맞추어야 한다는 뜻도 된다. 여기에서 666이 엔트로피의 법칙과 깊은 연관이 있다고 했다면 하나님은 엔트로피 법칙 하에서 지구상의 모든 에너지가 무용한 에너지로 만들 것인가가 중요한 문제일 것이다. 이것은 바로 악마적인 발상이다. 그렇다면 하나님의 입장에서 엔트로피의 법칙 하에서 무용한 에너지의 증가가 아니라 유용한 에너지를 어떻게 증가시킬 것인가가 바로 하나님의 입장일 것이다.

앞에서 언급한 대로 무용한 에너지를 증가시키기 위해서는 기독교를 비난하는 실례를 제시하는 것이 좋을 것 같다. 이것은 하나님과 악마라고 하는 이중적인 신관을 만들었다는 데 있다. 악마는 무조건 나쁘다, 혹은 악마는 이 세상을 멸망시킨다거나, 하나님을 믿지 않게 하거나, 불순종의 문제, 악마에 대한 경배와 같은 그런 행위를 대비하는 것에 대한 비판의 일환으로 종교단체의 극단적인 모순을 엔트로피 법칙에 대입해 보는 것도 기독교와 천주교와 같은 종교단체가 정신을 바짝 차리는 계기가 될 것이라고 생각한다. 먼저 성서의 문제다. 엔트로피와 성서가 관련이 있는가 하는 문제는 이 세상에서는 학문을 위하거나 인간의 필요에 의해서 나무를 베어내 책을 만들었기 때문이다. 물론 휴지나 종이를 재료로 하는 생활용품도 많은데 하필 성서만을 꼬집는다고 의문을 제기할 수도 있다. 그러나 성서가 가지고 있는 유용성은 학문 또는 윤리와 도덕의 문제로 극복할 수가 있기 때문이다. 그리고 성서가 이 세상에서 초베스트셀러라는 사실에 있기 때문에 어떻게 보면 엔트로피 법칙으로서는 가장 자연을 파괴하는 원흉이기도 하다. 그리고 성서에 기록되어 있는 내용에 의해서 이 지적은 당연한 것이다. 성서가 무엇으로 만들어졌는가. 성서는 가장 양질의 종이 위에 잉크를 이용해서 깨알 같은 글씨를 써서, 그것도 수천 페이지가 되는 방대한 서적이다. 그런데 성서 한 권이 만들어지면 아마도 숲하나가 없어진다는 생각을 해보았는가. 기독교도들은 그런 말을 하고 있다. 하나님께서 인간에게 자연을 운용할 수 있는 권리를 주셨다고. 그런데 아무리 떠들어도 자연의 복원이 이루어지지 않고 지구의 온난화는 멈추지 않고 있다. 그리고 인구의 증가를 막을 수도 없고, 의술의 발달로 인간의 수명은 늘어나고 있다. 그들 가운데 하나님을 믿게 하려고 성서를 권하면서 성서의 간행은 멈추지 않고 있다. 며칠 전 뉴스를 보니까 인류역사상 가장 많이 팔리는, 이처럼 위대한 서적이 없다고 기독교와 천주교 같은 종교단체들이 말하는데 그 이면에 대해서 완전한 모순의 극치를 보이고 있다. 왜냐하면 성서의 창세기 1장의 '천지를 창조하시고 보기에 좋았더라'라고 한 말에 의하면 이것은 종교적인 위선이라고 말할 수가 있는 것이다.

과연 인류가 어떻게 엔트로피를 감소시킬 것인가를 결정하는 것은 인간의 몫이다. 그리고 성서에 기록되어 있는 내용을 가지고 본다면 성서주의자들이 그렇게 하나님을 외치지만 그것은 악마를 믿는 것이라 단언해도 그들은 할 말이 없어야 한다. 만약에 그들 중 한마디라도 지껄이는 이가 있다면 그는 666을 앞당기려는 악마의 유혹에 빠져있는 종교인이라고 비난을 받아 마땅하다고 할 수가 있는 것이다. 또 한 가지는 성서에 바벨탑이라고 하는 기록과 소돔과 고모라성의 기록이 되어 있는 부분이다. 여기에서 지적하고자 하는 것은 엔트로피 법칙에 의해서 바벨탑을 생각해보지 않았다는 사실이다. 그리고 소돔과 고모라성의 비극이 어쩌면 엔트로피 법칙의 이유가 있다고 생각해본 성서주의자가 한 명도 없었다는 점이다. 성서를 통해서 '천지를 창조하시고 보기에 좋았더라'라고 하는 언어와 '바벨탑을 쌓지 말라'고 하는 의미 또한 교회의 증축과 같은 현대 교회의 대형화한 것이 모순이라는 말이다. 성서를 읽게 하려면 나무를 심으라고 하는 교리를 실천의 제일로 삼아야 만이 엔트로피의 증가를 막을 수 있다. 그리고 분명하게 말하지만 바벨탑을 지으면서 파괴되는 환경에 대해 하나님이 경고한 것이다. 이것이 바로 바벨탑의 비유이다. 현대의 종교인들은 그러한 자연의 법칙에 위배되는 행동, 즉 교회의 규모가 커지고 엄청나게 많고 하는 사실만이 환경 파괴의 하나의 단초가 되었다면 성서주의자들은 분명히 비난을 받아야 마땅한 것이다. 이러한 실례를 들어보겠다. 어떤 사람이 있는데 그는 독실한 기독교인이다. 그 사람이 엄청나게 큰 골프장을 건설하는 건설업자인데 교회에 나와서 골프장 건설이 잘되도록 해달라고 교회에 감사헌금이다, 교회 건축헌금이다 하고 가져다 바친다. 이것을 교회의 목사는 그 사업이 잘되도록 해달라고 많은 교인들 앞에서 축복기도 해주고 성도들에게 축복기도를 하도록 광고까지 한다. 이것이 창세기 1장 '천지를 창조하시고 보기에 좋았더라'를 어떻게 파괴하는지를 단적으로 보여주는 교회 안에서 벌어지는 실상이다. 잘 생각해보기 바란다. 왜 그런지……

필자는 어린 시절부터 교회를 다녔고, 오래도록 기독교의 영향을 받았다. 그러나 내가 교회를 나가고 하나님께 빌어서 내 생명을 찾은 것인가, 아니면 어머니의 간절한 자식에 대한 정성이 나를 살렸는가. 그것도 아니면 나 스스로 살아야 하는 동물적인 본능에 의해서였는지, 그것을 어느 것으로도 증명할 수가 없다는 사실이다. 그러나 인간은 본능에 의해서만 생명이 유지되는 것이 아니라는 현실과 이성적으로 생각할 수 있는 어머니의 자식 애와 어머니께서 그렇게 믿으시는 하나님에 의한 생명 연장이라는 측면도 나는 모두 다 수용하려고 한다. 이 글을 쓰는 내가 만약 그때 죽었더라면 아마도 나는 이 글을 쓰지도 않았을 것이고, 비유에 관한 모순이라는 글도 쓰지 않았을 것이다. 인생 전반에 걸쳐서 나는 어려운 일이 있을 때다마 교회에 찾아가서 하나님과 예수 그리스도께 나의 어려운 인생을 바꿔달라고 빌었던 기억이 있다. 누구나가 어려운 삶을 살아가다 보면 그것이 신이 되었든 아니면 무엇인가에 의지하려는 인간의 모습을 나는 그때 경험했고, 그것을 지금까지도 유지하면서 살고 있다. 만약 나의 생명을 어머니께서 빌어서 하나님께서 살려주셨다면 나를 살려준 목적이 있을 것이 아닌가 하는 물음을 그때는 하지 못했었다. 아마도 그때는 제발 저에게 공부를 잘하게 해달라고 했든지, 아니면 나를 못살게 구는 아이들을 때려 줄 수 있도록 해달라고, 그것도 아니면 맛있는 것을 마음껏 먹을 수 있도록 해달라고 했을지도 모르겠다. 그러나 세월이 많이 흘러서 나의 죽음과 하나님과 연관시키는 능력이 생긴 지금에서야 하게 되는 것이 어쩌면 이 글을 써야 하는 목적이 있기 때문이 아닐까. 기독교에서는 운명을 믿지 않기 때문에 기독교 쪽에서 보면 웃을지도 모를 것이다. 운명은 개척하는 것이라는 인간적인 현실 때문에 그럴지도 모르겠다. 하나님이 나를 살렸든, 운명적으로 나의 생명이 다하면 안 되는 필연에 의해서였든 현재의 나는 살아서 이 글을 쓰고 있다는 것이 나에게는 더 중요하다.

나이 9세~10세 때 나의 가정은 무척이나 곤궁하였던 시절이 있었다. 내 기억으로 경제 발전의 시절 부모님들께서는 노동현장에서 일하셨고, 빈민촌이라고 할 수 있는 곳에서 방 한 칸에 여섯 식구가 살았다. 당시에는 많은 사람들이 그렇게 살았다. 부모님들께서는 곤궁하였을지 모르지만 당시에 나는 살아가는 데 그렇게 어렵게 생활하지 않았다고 말을 했었는데, 그것은 어린 시절이라기보다는 삶과 인생을 몰랐고, 현실 인식 부족, 즉 철이 없었기 때문이었을 것이다. 그러나 현재의 내 나이가 되어서 돌아보면 당시 부모님께서 그렇게 열심히 일을 하셨지만 자식들에게 좋은 음식과 좋은 옷을 주지 못해 얼마나 자조하셨을지 안타까울 뿐이다. 그 생각만 하면 부모님 살아생전에 은혜를 갚아야하는데 나는 그것이 죄스럽고 한스럽다. 어린 시절의 생활이나 현재의 생활을 나에게 영위할 수 있는 것 자체만으로도 나는 어버이께 감사를 드려야 한다.

9세~10세 사이에 나는 교회를 다녔다. 아마도 그때 내가 어렸기 때문에 철이 없었기도하고 그때 어떤 이유에서인지는 모르지만 교회 등사실의 예수 그리스도의 그림이 걸려있는 그 앞에서 나는 머리를 조아리고 무엇인가를 빌었다. 그때 나는 무엇을 빌었을까. 잘 생각이 나지는 않지만 아마도 당시의 어려움에 대해서 빌었을 것이다. 나의 인생 전반에 걸쳐서 교회의 영향은 컸다. 그럼에도 불구하고 내가 왜 비유에 대한 모순이라는 주제로 글을 쓰는지 하는 의문을 제기할 수도 있을 것이다. 나는 교회라는 곳에서 인간으로서 좋은 영향을 받았고, 인생을 살아가는 데 중요한 전환점이 되었던 것이 틀림없다. 그래서 나의 아이들이 만약에 교회나 성당을 다닌다면 좋은 기억이 되었으면 좋겠다. 나는 교회가 인간에게 선한 길을 가도록 말을 해주거나 인간관계를 좋게 하도록 하는 순기능을 인정한다.

언젠가 나는 천주교가 들어오는 초창기에 국법으로 금지한 천주교를 믿는 사람들을 처형했다는 소재로 텔레비전에서 했던 드라마를 본 적이 있다. 아마도 천주교를 믿는 사람들의 입장에서는 하나님을 믿음으로 해서 천국에 간다는 소신이 있었을 것이다. 그래서 신자들에게 죽음은 곧 천국이라는 등식이 성립되기 때문에 어쩌면 죽음을 받아들이는 것에 초연했을 것이라 생각된다. 그러나 살아남기 위해서 하나님을 믿지 않았다고 말한 사람은 죽음을 모면하였다. 그러나 살아남은 사람은 자기의 선택에 대해서 하나님을 믿으면서도 하나님을 믿지 않는다는 모순을 나타내었다. 그 드라마에서 주인공은 지독히 내면적인 갈등이나 주위의 따가운 눈총을 견디면서 살아간다.

하나님을 믿으면서 하나님을 믿지 않는다고 말할 수밖에 없는 현실의 의미를 잘 살펴보면 하나님께서는 믿음을 가지고 있는 사람들을 그들의 말대로 천국으로 데려갔을까. 만약 천국이라는 것이 실재할 수도, 실재하지 않을 수도 있는 선택은 죽음을 맞이하는 사람들의 선택일 것이다. 어찌 보면 이 의미를 잘 생각하고 분석해보면 우리는 지독한 모순에 빠질 수밖에 없다. 만약에 하나님의 실재가 기정사실이라고 하더라도 하나님은 그 사람들에게 자기를 선택해서 죽음을 맞는 것을 바랐겠는가 하는 점이다. 이 말을 현시대에 대입해서 예수 그리스도를 믿음으로 해서 천국에 갈 수 있다고 했다면, 이러한 상황에서 생과 사의 갈림길에서 예수를 믿고 죽음을 받아들이는 것을 예수 그리스도는 원할 것인가 하는 것을 나는 묻고 싶은 것이다. 그런 물음에 대해 예수 그리스도가 그 자리에 있었더라면, 절대로 '노'라고 했을 것이다. 즉, 자기에게 침을 뱉고서라도 살아남으라고 하였을 것이라는 말이다. 왜냐하면 예수 그리스도는 악마가 아니기 때문이다. 생명을 담보로 천국이 있을 것이라고만 하지는 않았을 것이라는 말이다.

인간의 생명은 예수 그리스도께서 말하는 천국이 있고, 석가모니께서 다시 태어난다고 하더라도 절대적으로 함부로 자기 생명을 죽이는 것을 원하지 않는다. 그것은 하나님도 그럴 것이다. 왜냐하면 하나님은 악마가 아니기 때문이다. 아마도 천국행을 위해서 죽음을 선택했다면 그는 악마의 두 가지 꼬임에 빠진 것이다. 첫 번째는 하나님을 믿음으로 해서 죽음을 선택했다면 그것은 악마의 저주를 받았다는 것을 의미하며, 하나님을 믿지 않음으로 해서 하나님이라는 유일신에 반하는 위선을 하도록 하였다는 것이다. 두 번째는 이성적인 죽음이란 무엇인가를 생각해보는 계기를 추측해 봐야 한다는 점이다. 창세기를 보면 그런 말이 있다. '선악과를 먹게 되면 너희는 죽지 않고 너희도 하나님처럼 되리라' 하는 말이다. 성서의 내용을 모두 기록하지는 못하지만 선악과를 먹음으로 해서 인간이 선악에 대한 개념을 알게 되었다는 것은 인간의 이성적인 죽음이 악마의 권유에 의해서라는 절대적인 모순을 발견하게 되었다는 사실이다. 이성적인 죽음이란 바로 악마의 유혹에 의해서라는 사실을 죽음으로 받아들이는 순간, 그는 악마의 권유에 의해서 죽음을 맞이했다는 웃지 못 할 촌극 앞에 서게 되는 것이다. 본능을 죽임으로 해서 자기 스스로 악마의 제물이 되었다는 것을 의미한다면, 이게 어떻게 들릴지 모르겠다.

필자는 여기에서 제우스와 프로메테우스라는 설정을 하나님과 악마의 관계를 이해하는 데 도움이 되었으면 하는 생각이다. 제우스는 무엇 때문에 프로메테우스에게 그렇게 가혹한 벌을 주었을까. 프로메테우스는 단순한 의미에서 인간에게 불을 훔쳐다 줌으로 해서 벌을 받은 것이 아니라, 프로메테우스는 자연의 질서를 깨트리도록 한 것에 대한 벌을 받은 것이라고 나는 추측한다. 인간이 불을 사용하여 문명을 일으키고, 문명의 영향으로 인해 인간의 수명이 늘어나고, 또한 인간 생활이 편리해지는 것을 자연의 질서라는 측면에서는 어두운 그늘이라고 해야 할 것이다. 환경과 종의 다양성을 파괴하도록 하는 신으로서가 아니라, 자연의 질서를 우선해야 한다는 것이 나의 주장이다. 그 영향을 제우스는 반대급부라고 할 수 있는 인간에게 판도라의 상자를 줌으로 해서, 판도라의 상자 속에서 나오는 온갖 시련들이나 죽음, 전쟁이라는 반대급부로 하여금 자연의 질서를 유지시키도록 하였다는 것이다. 그것은 하나님과 악마의 관계도 마찬가지이다. 인간의 선악의 판단으로 인간 모두가 선하다면 모르지만 인간은 자연으로부터의 탈출이라는 대명제를 향해 달려가려 하는 것을 막을 수가 없었다는 결론에 이른다.

　필자가 여기에 에덴동산에 대한 상상을 적어놓는 것은 에덴동산에 대한 지금까지 알아왔던 관념을 다시 생각해 보는 계기가 되기를 바라는 마음에서다. 에덴동산이 성서에서만 나오는 것이라는 생각은 어찌 보면 큰 모순이다. 만약 하나님께서 에덴동산을 만들었다는 전제와 또 다른 전제인 악마가 에덴동산을 만들었다면 어떻게 됐을까. 에덴동산을 만들고 하나님께서 아담과 이브에게 동쪽에 있는 선악과를 따먹으면 안 된다는 경고를 하고, 이에 악마도 에덴동산을 만들어 놓고 불행한 생활을 하도록 하였다고 가정을 한다면, 그리고 만약 어느 날 하나님께서 반 아담과 반 이브에게 악마가 따먹지 말라고 한 금단의 열매를 따먹도록 하나님께서 유혹하였다면 아마도 이것은 같은 의미가 될 수도 있겠다는 생각이다. 금단의 열매의 정의가 무엇인지는 모르겠지만 성서에서 나오는 금단의 열매는 불행해지는 열매라고 한다. 그렇다면 역설적으로 악마의 금단의 열매는 아담과 이브로 하여금 행복해질 수 있는 열매일 수도 있다는 생각을 해본다. 그렇다면 악마는 아담과 이브에게 도대체 어떤 벌을 내릴 것인가. 반 아담과 반 이브에게 어쩌면 자연의 질서라는 측면에서 바라보았을 때 하나님과 같은 벌을 내리지 않을 수 없었을 것이다. 이런 생각이 드는 것은 아마도 아담과 이브에 대항해서 행복한 생활을 하도록 용인하는 것이 악마에게는 시간이라는 측면에서 바라다보았을 때 하나님이라는 유일신보다는 더 유리한 조건을 인간에게 제시하지 않았을까 하는 생각이다.

어쨌든 나는 성서에 창세기가 있었다면 성서에 반하는 성서를 한 번 써보았으면 하는 생각을 해본다. 그럴 때 금단의 열매를 먹은 인간에게 악마는 하나님보다는 좋은 평가를 받기 위해서 어떤 벌을 내릴까. 나는 '아이러니'라는 단어를 생각하면서 하나님은 인간에게 금단의 열매를 따먹음으로 해서 인간에게 고뇌의 길을 주었다면, 아마도 악마는 금단의 열매를 따먹음으로 해서 아담과 이브에게 행복한 시간을 보내도록 한 다음에, 즉 판도라의 상자 속의 행복과 기쁨을 만끽하게 했을 것이란 생각이다. 그렇게 너무도 기쁜 생활을 한 나머지 그 판도라 상자에 대한 것을 까맣게 잊고 있다가 어느 날 우연히 그 상자를 열었을 때 판도라의 상자 속에는 '희망'의 반대 개념인 '절망'이 나왔을지도 모르겠다.

이러한 상상을 적으면서 비유의 모순에 대해 어느 정도의 틀이 잡힌 것 같다. 그것은 다름 아닌 과거 교회를 다녔던 내가 그러한 설교를 들은 기억을 생각해내면서 비유의 모순이 무엇 때문에 너무도 잔인하다는 것인지를 적은 것이다. 만약 어느 교회에서 예배를 보고 있는데 갑자기 강도떼들이 들이닥쳐서 예수님의 초상에 침을 뱉으면 살려주고, 그렇지 않으면 죽인다는 가정이 비유에 적당한 것인가. 결과적으로 예수 그리스도의 초상에 침을 뱉은 사람들은 모두 다 죽음을 당하였고, 신념을 버리지 않고 예수 그리스도의 초상에 침을 뱉지 않을 사람만 살려주었다는 비유를 통해서 이 이야기에 숨겨져 있는 정치, 사회, 문화, 종교라는 틀을 다시 한 번 되새겨볼 필요가 있다는 생각을 하지 않을 수가 없다. 이 이야기의 모순은 예수 그리스도를 믿는다고 하면서 예수의 초상에 침을 뱉은 것이 잘못된 것인가 하는 것인데, 사람들이 침을 뱉은 것은 예수 그리스도께 침을 뱉은 것이 아니라는 사실이다. 성서에는 예수 그리스도께서 십자가를 메고 골고다 언덕을 올라가실 때 사람들은 돌을 던지고 욕을 해대고 그랬다. 살아있는 인간에게 돌을 던지는 것은 분명히 말해서 잘못된 것이다. 예수 그리스도께서 사회적인 물의를 일으켰다는 사실, 즉 국가를 전복시키려고 했다든지, 아니면 그 당시 사회적인 법치주의의 완성이 되었다는 전제가 성립되지 않고 죄에 대한 개념을 사람들이 이해를 하지 못한 상황에서 군중심리 때문에 그렇게 되지 않았을까? 만약에 성서 속에서 법의 존재라기보다는 권력의 속성, 또는 힘없는 나라를 지배하는 강한 나라의 속성에 의해서라면 예수 그리스도에게 돌을 던진다는 것 자체는 어떻게 보면 하나님과 악마의 각기 다른 금단의 열매를 따먹음으로 해서 받게 되는 인간의 고난의 길에 대한 묘한 뉘앙스가 아닌가 하는 생각을 해보지 않을 수 없다. 먼저 하나님이 내린 아담과 이브에게 향한 응징과 악마에 의해서 아담과 이브에게 내린 응징, 이 두 가지 모습을 읽을 수밖에 없을 것이다. 나는 비유란 인간의 길을 밝히는 것이 아니라, 인간을 만들기 위해서라고 생각하는 사람이다. 그런데 성서에 나오는 예수 그리스도의 초상에 침을 뱉었다고 인간을 죽인다는 것은 지극히 모순이라고 생각한다. 예수 그리스도가 만약에 하나님이나 악마라는, 인간이 도저히 넘을 수 없는 신이라는 존재라면 침을 뱉을 수는 없다. 그러나 예수 그리스도는 십자가를 메고 골고다 언덕을 올라가서 십자가에 못 박혀 돌아가셨다. 그런데 앞에서 언급했듯이 십자가를 메고 골고다 언덕을 올라갈 때 돌을 던지거나 침을 뱉는다면 그것은 인간에 대한 군중심리라고 인정할 수밖에 없다. 하지만 그렇다 하더라도 예수 그리스도의 초상에 침을 뱉었다고 인간을 죽이고 앞에서 언급한 끝없는 행복을 위해서 혹은 아름다운 생활을 하다가 마지막에 맞닥뜨리게 되는 희망이 없음을 말하는 것이라면, 그것은 하나님의 생각과 악마의 생각이 동시에 일어나는 것이라고 할 수가 있다.

이 이야기에 대한 상상이 끝없는 소재가 될 것이라는 생각을 해보면서 계속 이어나간다면 교회를 다니고, 예수 그리스도를 믿고, 천국에 가려고 모인 사람들은 지극히 모순일 수밖에 없는 이유, 즉 예수 그리스도를 믿었기 때문에 죽음을 당한 것이라는 딜레마를 극복할 수는 없을 것 같다. 앞에서도 언급했듯이 나는 죽느냐, 사느냐 하는 선택의 갈림길에서 예수 그리스도가 그 자리에 있었다면 나에게 침을 뱉고서라도 살아남으라고 했을 것이라 생각한다. 그런데 사람들 중 예수의 초상에 침을 뱉었다는 것이 예수에게 침을 뱉는 것은 아니라고 생각하는 사람도 있었을 것이라는 점이다. 그것은 단지 예수 그리스도의 초상일 뿐이라고 했을 수도 있다는 뜻이다. 나는 이 비유를 말하기 이전에 강도의 생성에 대해서 우선 언급하고 싶었다. 바로 강도는 무엇 때문에 생기는가 하는 것이다. 성서에도 강도에 관한 이야기가 나오지만 강도는 사회적인 병폐의 현상이라는 사실에 많은 비중을 두고 있는 나로서는 그 이야기에 나오는 시대적인 병폐가 어떠했느냐를 먼저 생각해봐야 한다고 생각한다. 나라가 풍요롭고 안정된 국가에서는 강도짓을 할 수 있는 조건이 성립되지 않는다. 아마도 성서에서 나오는 그런 비극은 없었을 것이다. 나는 언젠가 악법에 관한 개인적인 견해를 말한 적이 있는데 시대적인 원인에 의해서 생기는 악법이 강도를 양산할 수밖에 없었다는 사실을 지적하지 않을 수 없다는 말이다. 과중한 세금을 거둬들인다든지, 아니면 가진 자들이 인색하고, 가지지 못한 사람들에게 부과되는 높은 세금과 비싼 물가에 허리가 휘어지고 해서 시대가 강도를 양산하였다고 한다면, 성서에서 비유되는 강도는 강도로서 자격이 없는 사람이다. 강도란 함부로 사람을 죽이는 것이 아니라 권선징악이라는 인간의 법 속에서 살아가는 한 반드시 죄의 대가를 받게 되어 있다. 아무리 강도짓을 할 수밖에 없는 상황이라 인정할 수밖에 없었다고 해도 사람의 목숨을 함부로 빼앗았다면 그것은 강도가 아니라 살인마이다. 우리는 살인마에 대한 수많은 부류의 사람을 알고 있다. 그런데 성서에서는 살인마의 죄악을 응징하였다는 내용은 없고 살아남고자 하는 인간의 욕망에 침을 뱉었다. 또 한 가지는 과연 예수 그리스도의 초상이 과연 예수 그리스도인가 하는 점이다. 나는 예수의 초상은 예수가 아니라고 본다. 성서 속의 살인마들은 교회에 있는 사람들을 살려줄 마음이 전혀 없었기 때문에 그렇게 한 것이지 예수 그리스도의 초상을 가지고 인간의 이성을 시험한 것이 아니다. 강도들이 교회에 무단으로 침입해서 예수 그리스도의 초상에 침을 뱉은 사람은 죽이고 그렇지 않은 사람은 죽이지 않았다는 비유는 예수 그리스도를 믿었기 때문에 죽임을 당하였다는 것은 피할 수 없는 사실이다. 그러나 성서에서는 예수 그리스도의 사진에 침을 뱉었다는 사실 한 가지만을 가지고 성서가 있는 한에는 영원한 위선자로 남을 수밖에 없을 것 같다.

필자는 그런 생각을 한다. 소설이나 예언서, 동화 같은 이야기들도 그것이 인간들의 세계에서는 일어났거나 아니면 일어날 개연성이 포함되어 있다는 사실이다. 그것이 누구인가 하는 차이일 뿐이지 결국 성서도 성서주의자들이 말하는 하나님이라는 유일신에 의해서 작성되었다는 주장이 설득력이 있고, 예수 그리스도가 실제적으로 존재하였다면 성서 속에 나오는 교회의 살인 사건도 일어났었던 일일 수도 있다는 사실을 반증하는 것이다. 그것은 어쩌면 이슬람연합이 저지르는 만행이나 강대국이 남의 나라를 침략해서 무조건적인 살상을 저지르는 것과 다르지 않다. 내가 말하는 살아남기 위해서 예수 그리스도의 초상에 침을 뱉은 것이 잘못된 것인가, 아니면 예수 그리스도를 정신적으로 믿으려는 마음이 있었던 것이 잘못된 것인가. 부조리를 피해서, 아니면 기타 등등의 원인으로 교회에 나갔다면, 그래서 교회를 나와서 죽임을 당하였다면 그 책임은 예수 그리스도에게 있다는 반증이 되기도 한다. 그리고 현대의 이슬람국가연합이 무고한 인명을 상대로 살인을 저지르는 것에 대한 책임이 알라와 마호메트에게 있다는 사실과도 상통된다. 그런데 성서에서는 그런 것에 대해서는 일언반구의 말은 찾아볼 수조차 없다. 무엇보다 중요한 것은 권선징악에 대한 결과가 전혀 없다는 사실이다. 교회에서 대형 살인 사건이 일어났다는 사실만으로도 그것은 사회적인 문젯거리다. 그런데 강도들이 잡혔는지, 아니면 강도가 교회에서 강탈한 것들로 잘 먹고 잘살았는지 하는 결과론이 빠져있다는 것은 대단한 모순이다. 성서가 말하는 것이 사회윤리에 있는 것이 아니라고 한다면, 어쩌면 그것이 맞는지도 모른다. 그런데 성서가 인류역사를 통해서 얼마나 많은 사회윤리적인 측면에서 큰 영향을 끼쳤는가를 생각해본다면 성서를 통해서 강도들이 사회윤리적인 인간으로의 변이를 반드시 기록했어야 했다. 그렇지 않다면 어떠한 경우에라도 성서가 악마의 유혹을 거절한 것은 모순의 극치라고 말하는 것과 같다. 성서 속에서는 예수 그리스도와 같이 십자가에 못 박혀 죽은 사람들의 경우처럼 사회윤리적인 측면을 고려한 부분도 있지만, 교회의 비극에서 없었다는 것은 얼마나 왜곡을 심하게 할 수 있는가를 보여주는 것이다. 어찌 보면 성서 속에서 나오는 예수 그리스도의 좌우에 십자가에 못 박혀 죽어가는 사람들 중 예수 그리스도께서 그들을 용서한다고 했다면, 그리고 그들의 죄에 대한 결과론은 차치하고서라도 예수 그리스도를 믿는다는 말 한마디로 천국에 간다면 그것보다 더한 모순은 없을 것이다. 아마도 내가 말하고자 하는 것은 강도의 양산이 무엇 때문인가가 더 중요한 화두라고 생각한다.

이제 여기에서 히틀러의 유대인 학살에 대한 비유가 어떻게 가정할 수 있는지를 상상해보도록 하겠다. 개인적으로 나치 독일의 유대인 대량 학살은 인간적인 측면에서 용서해서는 안 되는 범죄라고 생각지만, 성서적인 측면에서 언급하는 것은 인간에게 운명이라는 것이 있다고 생각하게 만드는 것이었다고 생각한다. 현대의 이슬람국가연합의 국가 이념이 아직은 정해져있지는 않겠지만 이슬람을 믿는 것의 유무와 종파의 다름 때문에 대량 학살이 이루어지고 있다는 사실을 연결해서 분석해보면, 유대인에 대한 나치의 대량 학살이 인종청소의 문제나 게르만 민족의 우수성을 나타내기 위해서 자행되었다고 보는 것이 정설이다. 하지만 성서적인 측면에서 나는 유대인의 대량 학살은 여러 가지 이유에 의해서 일어난 것이라고 생각한다. 먼저 성서의 창조 후에 '보기에 좋았더라'라고 하는 의미에서 분석해 볼 수 있을 것이다. 신의 계시나 신의 의지, 그 밖의 언어적인 기술로서 할 수 없는 성서는 유대인들에게 엄청난 지혜서이자 믿음의 방향들을 잡아주는 것이므로 유대인을 대량 학살로 몰아간 것이 성서가 아닐까 하는 점이다. 인간은 흙에 발을 디디고 살아간다. 최초이자 마지막 언약인 흙에서 나서 흙으로 돌아간다는 사실과 성서에서의 선민사상, 혹은 선택된 민족이라는 측면에서 성서를 들여다보면, 어쩌면 이스라엘 민족은 성서에 의해서 대량 학살을 당할 수밖에 없는 운명을 가졌다는 것이다. 구약성서의 '천지를 창조하시고 보기에 좋았더라'라는 표현에서 그것을 알 수가 있는데, 그것은 믿음의 관점에서 이스라엘 사람들의 실수이다. 만약에 성서가 하나님의 계시 또는 하나님께서 무엇을 행할 것인가 하는 행위의 제시라고 한다면, 그것을 알아야 하는 것도 이스라엘 사람의 몫이다. 그리고 만약에 그것을 모르면 이스라엘 사람들은 하나님으로부터 커다란 시련을 당할 것이라는 사실을 성서를 통해서 알 수가 있다. 과연 이스라엘 사람들은 성서를 통해서 무엇을 간과하였는가. 성서가 말하고 있는 사탄은 '보기에 좋았더라'를 '보기에 나빴더라'고 생각했기 때문에 아담과 이브에게 금단의 열매를 먹게 하였는가 하는 문제와 근본적인 문제를 유대인들이 왜곡하고 있다는 사실을 말하고 있는 것이다.

나는 나의 관점에서 성서는 유익한 것이 아니라고 생각하는 사람이다. 좋은 말을 기록했다거나 아니면 인간의 행위에 대해서 어떻게 영향을 미쳤는가 하는 문제에 대해서 이슬람국가연합에서처럼 믿음의 문제로 해석하고 많은 사람을 죽이고 있는 시점에서 성서가 사용되고 있다는 사실이 그렇다. 그리고 성서가 역사적으로 서양의 정신사적인 영향을 미쳤다는 사실과 믿음의 관점에서 유대인들이 그렇게 생각하고 있기 때문에 성서를 통해서 유대민족의 대량 학살이 예견되었다는 사실이다. 그것이 '천지를 창조하시고 보기에 좋았더라'라고 한 말을 유대인들은 행하지 않았다. 세계적으로 유대민족이 차지하고 있는 경제적인 역할을 통해서 볼 때 그들은 창조와 '보기에 좋았더라'라는 조화가 이루어지지 않도록 행위를 했다. 여기에서 최초의 창조된 현상과 '보기에 좋았더라'라는 현상은 같은 것인데 아담과 이브는 이러한 현상의 유지를 위해서 창조된 피조물이라는 것이다. '보기에 좋았더라'를 위해서 얼마만큼의 역할을 하였는가를 생각했을 때 유대인들은 결코 그러한 행위를 하지 않았다는 사실이고, 그와 관계된 물리법칙이나 자본의 축적들을 통해서 사용되어지지도 않았다는 사실이다. 반대로 유대민족은 선민사상으로 인해 그들이 선택된 민족이라는 사실과 그들만이 하나님의 세상에 간다는 믿음뿐이었다. 여기에서 땅에 발을 디디고 있는 인간은 누구나가 알고 있는 사실인데, 땅 위에 사는 모든 생명들은 땅의 작용이나 느낌을 통해서 모든 생명들은 공유한다는 것이다.

유대인의 대량 학살은 그것이 비록 히틀러의 정치적인 목적에 의해서이거나 말할 수 없는 본질적인 느낌, 그리고 하나님의 명령에 의해서 하게 했다는 것이 내 개인적인 가설이다. 인간은 모르는 것과 아는 것의 경계를 초월하는 그 무엇이 있는데, 나는 개인적으로 그것을 자연의 질서라는 개념으로 제시하고 싶다. 그러한 작용이 유대인과 히틀러라는 권력을 가진 사람들에 의해서 작용했던 것이다. 여기에서 나는 성서를 단순한 책이라고 생각하는 사람으로서 성서를 해석할 때 사탄의 작용에 의해서 해석해보지 않을 수 없다고 본다. 아담과 이브에게 금단의 열매를 먹게 하면서 그런 말을 했다. '너희는 신처럼 되리라'라는 말과 '너희는 하나님처럼 되리라.' 여기에서 '너희는 영원히 죽지 않으리라'라는 말에 대입해보고 '너희는 신처럼 되리라'는 말에 유대인을 대입해보기로 하자. 웃음이 나오는 글이지만 이 말이 가지고 있는 의미는 대단한 것이라고 할 수 있다. 먼저 하나님에 의해서 선택된 민족으로서 영원한 하나님의 세계를 지향하거나 영원한 생명이 있는 하나님의 세계로 갈 수 있다는 측면에서 유대인의 죽음은 영원한 세계를 빨리 가거나 그와 유사한 해석을 할 수 있다는 사실을 통해서 모두가 충족된다는 사실이다. '너희도 하나님처럼 되리라. 너희는 영원히 죽지 않으리라'라는 의미에 대해서 해석해 본다면 유대인이 하나님처럼 된다는 의미가 하나님의 세계에 간다는 사실과 동일하다는 것이다. 인간이 죽는다는 것은 영원한 신의 세계로 갈 수 있다는 발상이 옳다, 그르다하고 판단할 순 없지만, 죽은 다음에 영원히 산다는 것은 하나님처럼 된다는 의미와 동일시된다는 의미이다. 즉, 이러한 절대적인 인간에게 던져진 숙제를 위반했다는 것이다.

인간이 절대로 하나님의 세계에 갈 수 없다는 것은 성서에 명확히 기록되어 있다. '너희는 흙에서 나서 흙으로 돌아가리라'라는 것이 그 이유다. 흙에서 나서 흙으로 돌아간다는 것은 보편적인 질서를 하나님께서 제시했다는 것이다. 즉, 유대인은 하나님이 제시한 '보기에 좋았더라'를 위반한 것이고, 영원한 세계를 간다는 것과 그들이 획득하고 있는 자본을 '보기에 좋았더라'라는 것을 위하여 사용하지 않는다는 것이다. 그 실례를 바벨탑에 두고 있는데 인간은 바벨탑을 세워서 신의 세계에 도달하려고 했다. 이러한 바벨탑의 문제는 유대인의 자본 축적과 궤(軌)를 같이한다. 바벨탑은 환경을 파괴해서 만들었다는 사실을 간과한 것이다. 탑을 세우기 위해서 숲을 파괴하고, 땅을 파헤쳐서 돌들을 운반하면서 짐승을 학대하거나 죽였다. 환경 파괴와 동일시되는 바벨탑을 세우는 것은 결과적으로 '천지를 창조하시고 보기에 좋았더라'라는 것을 위반한 것이 되는 것이다. 이것이 유대인이 대량 학살 당하게 한 결정적인 이유이다. 과연 학살된 유대인들은 영원한 생명이 있는 세계로 보내준 히틀러의 행위를 성서적인 측면에서 용인하는가. 용인하지 않는다면 이슬람국가연합이 주장하는 것과 다르지 않다. 만약 히틀러가 이렇게 말한다면 유대인들은 할 말이 없어지는 것이다. 히틀러는 반인간적이고 반인륜적인 행위를 했다는 것으로 세계의 보편타당한 법의 집행에 의해서 처벌된 것이다. 히틀러가 하나님의 세계로 빨리 보내준 것이 유대인이 바란 것이었다고 말한다면 그를 비난할 수만은 없다는 것이다.

성서가 가지고 있는 해석의 다양성에 의해서 유대인이 학살된 것은 어쩌면 당연한 것이라고 할 수 있다. 여기에서 사탄의 언어와 하나님의 언어를 통해서 살펴보자. 유대인의 대량 학살이 예견된다고 예측할 수 있는 것은 유대인의 관점에서 생각해보거나 하나님이나 악마의 관점에서 생각해볼 것을 말하고 싶다. 그것은 유대인이 처한 상황이, 가령 미국의 힘이 약해진다거나 이스라엘에서 부패의 문제나 권력다툼, 경제적인 혼란 등에 의해서 힘이 약해지면 이스라엘은 분명히 이천년 전에 일어난 유대인의 땅에서 쫓겨나거나 대량 학살의 가능성이 있다는 사실을 예측해 볼 수 있다는 것이다. 성서를 통한 예측과 현실적인 예측을 통해서 유대민족의 행보가 궁금해지는데, 성서가 종교적인 암시들을 기록한 것이라면 종교적인 이유에 의해서나 역사적인 이유에 의해서 유대인들은 또 다른 히틀러에게 엄청난 학살을 당할 개연성이 있다는 점이다. 내 개인적으로 유대인을 살릴 수 있는 방안에 대해서 말할 수는 없다. 왜냐하면 유대인을 편들면 이슬람 사람에게 적이 되는 것이고, 이슬람을 편들면 이스라엘 사람들에게 적이 되기 때문에 언어적으로 표현할 수가 없는 것이다. 역사적으로 어떤 일이 일어날지는 잘 모르지만 나는 내가 할 수 있는 말을 기록할 뿐이다. 한 가지 분명한 것은 성서를 읽는 사람은 이 말을 명심하여야 한다는 사실이다. '천지를 창조하시고 보기에 좋았더라.' 이 말은 이 세상이 조화롭다는 의미이고, 인간에게 이 조화로움을 위하여 어떠한 행위를 할 것인가를 제시받는 언어라는 사실이다.

## 🌿 노자의 해석에 대한 답

노자를 해석 하는 것이 나에게는 중요한 사건임에 틀림이 없다. 노자를 해석하게 하는 결정적인 이유는 윤회교를 사회적으로 현상화하여야 한다는 절박함 때문이라고 할 수 있다. 노자의 사상적 배경과 나의 윤회교 성립의 시·공간적 상이성을 어떻게 극복해야 할 것인가를 생각했을 때 노자의 해석은 윤회교를 성립시켜야 한다는 강한 의욕과 집념에 의해서였다는 점을 우선 말하고 싶다. 그리고 윤회교의 성립이 노자를 해석해서 성립될 것이라고 장밋빛 미래를 꿈꿀 수가 없다는 것을 시인할 수밖에 없다는 점도 사실이다. 하지만 도전하는 것이 그렇지 않는 것보다는 옳다는 것으로 위안을 삼을 수밖에 없다는 생각이다.

노자의 근본적인 사상의 본질이 무위와 유위의 관련성을 통해서 사상적 본질을 삼았다면, 윤회교의 본질은 무위나 유위의 개념을 초월하지 않을 수 없었다. 나의 개인적인 견해이지만 노자의 말에 대해서 하늘이 답한다는 개념으로 글을 썼다는 점을 미리 밝힌다. 이러한 표현으로 답이 될 수 있을지 모르겠다. 해와 달은 인간의 명예나 특수한 사상을 위해서 뜨지 않는다. 해와 달은 보편타당성이나 본질을 넘어서는 본질이라 하지 않을 수 없는데 이것으로부터 노자를 해석했다는 것이다. 그리고 인간에게는 무엇이 필요하며, 어떠한 행위를 필요로 하는 시대인가를 제시한다는 측면에서 나의 사상을 노자의 사상에 접목시키려고 했다. 노자의 사상이 훌륭하다고 말하는 것은 노자를 기만하는 것이라 생각된다. 노자의 사상에 대한 나의 평가는 노자의 사상이 시대적인 필요나 수용의 관계에 의해서 역사를 조정하고 역사를 인간의 가치판단을 위한 조율자로서의 큰 역할을 했다고 하는 것이 옳다. 나의 능력에 의해서 노자를 해석한 것으로 착각하고 있는 것이 아닌가 하는 생각이 드는 것도 사실이다. 하지만 내가 할 수 있는 것의 한도 내에서 한다는 변명이 이 글을 읽는 독자의 비판에 대한 답이라고 말하고 싶다. 그것의 가장 큰 이유로 노자의 해석은 윤회교 성서의 한 장이라는 사실을 이해시켜야 한다는 사실 때문이다. 윤회교의 성서가 이천년 동안의 정서와 해석, 잘 짜인 언어 체계를 구축해왔고, 전 세계의 정신세계를 열광시켜온 그 벽을 어떻게 넘어야 하는가를 고민하면서 선택했기 때문에 노자의 언어적 체계와 정신적 언어 체계를 윤회교의 언어 체계에 편입시킬 필요가 절실했다는 이유를 말하고 싶은 것이다. 개인적으로 노자의 사상적 바탕을 흐리게 하는 것은 아닌가 하는 안타까움이 있는 것도 사실이다. 윤회가 보통의 사람들에게 어떻게 받아들여지며, 어떻게 정신세계의 구축에 활용시켜나갈 것인가는 윤회교의 학문화나 종교화를 거치면서 확립시켜나갈 것이라고 나는 감히 기대할 수밖에 없다. 이 책의 구성에 있어 끝없이 요구하는 것이 있다면 '살생하지 말라'라는 말과 '한 그루의 나무를 심으라'는 말이다. 그리고 자기 수입 중 백의 십을 나무를 심고 강과 바다의 생명의 다양성을 위해서 사용하라는 것이다. 불교적인 색체가 난다는 사실을 부인하지는 못할 것 같지만 분명히 답하건대, 불교의 가치와 윤회교의 가치는 다르다. 신적인 상태랄까, 아니며 신적인 존재를 부처님이라는 사실과 하늘이라는 사실성이 다르다는 것이다.

깨달음의 관점에서 진심으로 깨달았다는 것을 이룩한 분은 인류사회에서 분명히 부처님 한 분이라는 사실을 인정하다. 하지만 하늘의 개념은 신이 아니라 단순한 존재와 귀중한 존재라고 하는 선에서 멈추려고 한다. 신의 개념으로서 말하는 것이 아니라 생명의 관점을 지향한다는 측면에서 하늘이라고 분명한 선을 긋겠다. 가령 이런 것이다. 공자의 '하늘에 죄를 지으면 숨을 곳이 없다'는 개념과 윤동주 시인의 '하늘을 우러러 한점 부끄러움이 없다'는 표현에 있는 하늘이라고 분명히 말할 수 있는 것이다. 윤회교의 사상적 바탕은 본질적으로 자연주의라기보다는 '인간적 자연주의'의 사상적 바탕을 가지고 있다는 것을 또한 말하고 싶다. 인간주의와 자연주의의 중간적인 사상이 인간적 자연주의 사상이다. 인간중심주의 사상이 얼마나 많은 위험한 상태를 만들었는가를 말하고 싶은데 앞에서 말한 나무를 심으라는 인간이 식목을 통해서 조림과 그에 필요에 행위를 한다는 측면에서 인간이 살지 않는 어느 장소에 실제적으로 자연의 상태가 유지된다는 사실을 일컫는다. 이러한 실제적인 자연의 상태의 유지를 위해 언제까지나 인간의 접근이 없다면 다행이지만 인간이 끝없는 탐험적인 행위를 지향한다는 측면에서 어쩔 수 없이 인위적으로라도 자연의 상태를 유지하기 위해서는 인간의 접근을 인위적으로 막아야 하는데, 이에 대한 근거를 위한 사상이 바로 인간적 자연주의이다. 이 사상의 근저에는 666의 개념을 해석하게 되었고, 성서의 창세기 1장의 해석이 있었다. 인간에게 있어서 '너 자신을 알라'라고 하는 의제의 해석을 통해서 인간적 자연주의의 행위를 하도록 할 필요가 있었다는 것이다.

인간은 위험을 느낄 때가 있다. 나는 지금 위험을 감지했다. 환경적으로 인간은 현대를 더 이상 위험한 상태로 빠지게 두어서는 안 된다. 그래서 더 적극적인 할 일을 하려면 대중을 향해서 윤회교의 행위를 하도록 가르치고 포교의 역할을 하여야 하는데, 나는 대중에게 언어적으로 설득시킬 수 있는 능력이 없다. 대중이 나보다도 더 많이 알고 있다는 사실을 나 스스로 알고 있기 때문이다. 요점을 말한다면 이 글을 대중에게 선보이는 것은 나의 작은 현실적인 실현을 위해서만 사용하고 싶다는 것이다. 적은 돈을 벌어 작은 전원생활을 하기 위해서이다. 나의 현실적인 고뇌인 윤회교의 성립의 계기인 내가 왜 이렇게 되었는가에 대한 자학과 자책의 근저에는 내가 잃어버린 것인지, 나의 어리석음에 의해서인지 모르겠다. 다만 나의 사랑하는 아이를 결혼시키는 자금을 마련하기 위한 시도 이상의 확장은 하지 않으려 한다. 하지만 오랜 시간 윤회교의 사상적 바탕을 닦기 위해서는 이렇게 하는 것이 최고의 선택이라고 나는 생각한다. 이 책을 통해서 시대적인 문제를 조금이나마 해결할 수 있는 디딤돌이 되기를 바라는 마음이다. 대중에게 이 책이 어떻게 읽혀지든지 행위를 하기가 쉽지 않다는 사실을 알고 있기 때문에 나는 이 책을 기반으로 하는 윤회교의 학문적 바탕을 학생들에게 강의할 용의는 있다. 다만 나의 언어가 쓰였다 해도 거친 언어적 습관과 배우지 못한 티를 피할 수가 없다는 것이 현실이다. 그리고 나의 언어는 정서되어지고 정리되어져야 할 언어인 것은 분명하지만, 나의 언어는 역사 속에서, 문화 속에서 성서에 버금가는 언어가 될 것이라는 사실을 믿어 의심치 않는다.

마지막으로 윤회교의 사상이 결코 불교의 사상은 아니라는 사실을 다시 한 번 더 말하고 싶다. 불교의 사상으로서 윤회를 알고 싶으면 불교서적을 찾아볼 것을 권하며, 내가 윤회 사상을 왜 노자와 연관시키려고 했는지를 알 수 있기를 기대한다. 나는 분명히 윤회교의 사상적 토대는 하늘이며, 땅이라는 사실을 말하고 싶다. 인간이 영원한 생명을 갖거나 다시 태어나는 것으로 윤회를 말하는 것이 결코 아니라는 사실을 분명히 밝힌다. 또한 이 책은 예언서이다. 하늘이 무엇을 말하고 싶은지, 그리고 사람들이 어떤 행위를 하기를 바라는지를 표현했다는 점도 말하고 싶다.

## 🌸 인간의 도덕적 신의 세계

일정 기간의 이성적인 능력을 발휘하면서 인간은 신의 세계를 '믿음'이라는 인간의 가치 체계로 발전시켜왔다. 그리고 인간은 자연의 질서 가운데에서 신을 발췌해냈다. 신의 가치와 자연 현상 가운데 무엇이 우선인가 하는 선택적 조건에서 볼 때 현대사회에서는 아직도 신이 가지고 있는 인간의 정신과 이성을 지배하고 있다고 할 수 있는데, 그것은 현실적인 문제들과 결코 무관하지 않다. 인간은 아직도 정서적·감정적으로 자연의 질서에 대해서 이해를 하지 못하였다. 자연이 내포하고 있는 본질적인 이유가 인간 스스로 자연의 질서에서 속해있다는 사실을 은연중에 시인하는 정도이다.

인간에게 이성과 신이라는 과제와 본능으로서의 신과의 관계를 생각해 본다. 인간 스스로의 문제의 본능과 이성의 문제에서 인간은 본능으로서 신의 세계에 인간 스스로 무엇인가를 도출해 내는 것도 중요한 의무일 것이다. 인간은 신의 세계를 이성으로, 혹은 삶의 가치로서 받아들인다는 사실은 중요한 일인데 신의 존재와 신의 존재 가치로서 분명히 의미 있는 선택이었을 수 있을 것이다. 신의 존재 이유가 인간의 메마른 이성의 회복 문제와 삶의 문제, 더불어 인간의 삶에 무엇인가를 던지는 메시지를 통해서 인간의 도덕적 행위의 중요한 요소가 될 것이다. 인간에게 무엇 때문에 사는가와 무엇을 위하여 사는가의 물음은 인간에게 있어 인간의 성숙과 관련된 시대나 현대를 살아가는 위안으로서의 존재이다. 인간의 도덕적 신의 세계라는 의제를 생각해 보면 인간적 자연주의를 완성하려는 분명한 의도를 내포하고 있다고 할 수 있다.

인류사회가 이성의 가치와 경험의 가치, 이성과 경험의 적절한 혼합을 위한 학문적·사회적·문화적으로 완성하여 가는 과정에 의하여 현대가 이루어졌다고 할 때 인간주의를 완성해가는 과정을 통해서 종교의 형성과 완성은 동시적인 연관성을 가지고 있는 것이다. 그렇다면 내가 말하고자 하는 인간적 자연주의를 완성하기 위해서는 어쩔 수 없이 이성과 경험의 가치를 어떻게 설명할 것인가 하는 것이 인간적 자연주의가 가지고 있는 약점일 수 있다는 것을 시인하지 않을 수 없다. 우선 이성과 인간 그 자체, 그리고 경험이나 관념의 관점에서의 인간적 자연주의는 이성을 가지고 있는 인간과 인간의 본능성을 완성시켜야 하는 인간적 자연주의로, 이성 또한 인간의 뇌의 일부분의 능력에 불과하다고 정의한다. 그런데 이것은 이성이 가지고 있는 능력이 몸의 일부에서 인간을 완성해야 하는 자연의 활동에 불과하다는 사실을 증명하는 것에서부터 출발할 수밖에 없다. 이를 살펴보면 서양철학의 그 학문적 완성이나 운용들에 의한 인간주의의 완성과 발전은 결국 현대사회에서 그 결과가 결코 옳거나 선이 아니라는 사실을 발견해나가는 과정일 수밖에 없을 것이다.

인간에게 선과 악에 대한 언어적 극단이 난무한다든지, 이성이 인간에게 일련의 원칙들에 적용한다든지, 이성에 의하여 틀이 지워진다는 논법들이 결코 옳다, 그르다의 문제라기보다는 단지 언어적 제시에 불과하다는 것을 증명해야 하지만, 성서에서 말하는 하나님을 증명하는, 그 하나님의 존재성을 방어해야 하는 것과도 같을지 모른다. 하지만 하나님이든, 이성이든 철학적인 언어들을 증명하는 것은 단지 언어에 불과하다고 말해야 한다. 인간에게는 인간의 뇌에서 벌어지고 있는 행위의 원인들을 제고하고, 결과를 통한 것이 이성의 결과이고, 그 결과들의 축적들에 의해서 경험들을 다시 되뇌어서 구성된 세상을 구현하거나 완성해가는 것이다. 이러한 논리들은 어떻게 보면 과학의 발전과 기술의 눈부신 신장들로 인해 자연의 파괴와 더불어 인간이 지향하지 말아야 하는 결과에 도달해 있다는 사실을 부인하지는 못할 것이다.

현대사회는 잘사는 서구의 약소국에 대한 군사적·문화적·정신사적 침략으로 어떠한 결과가 이 세상에서 벌어지고 있는가에 대한 물음은 하지 않는다. 역사적으로 봤을 때 서구의 아프리카나 아시아, 아메리카 대륙의 침략과 약탈, 파괴의 결과는 서구의 눈부신 발전을 가져왔다. 그로 인해 아프리카의 죽고 죽이는 내전과 현대의 중동에서 벌어지고 있는 죽음의 랠리들이 과연 종교적인, 혹은 문화적인 침략의 결과물이라고 할 때 서구의 사상이 얼마나 어리석은 것인가. 이를 해소하기 위해 우선 인간에게 육체의 뇌 활용 방법의 논리가 있어야 하고, 인간주의에서 벌어지고 있는 자연활동으로서의 인간을 되돌아보아야 한다는 것이다. 인간의 역사는 분명히 자연의 활동이었다. 그 자연의 활동 속에서 인간은 편리와 이익을 얻었다. 이러한 인간의 이기적인 행위를 통해서 인간중심주의를 완성했다는 분명한 증거가 바로 현대사회인 것이다. 인간이 만들어놓은 이러한 현대문명사회의 인간중심주의에서, 앞으로 다가올 미래 사회에서의 인간의 유지와 인간의 진정한 발전을 위해서는 환경주의나 환경보호론의 대두가 없이는 안 된다. 인간적 자연주의의 현상학적인 변화를 유도해야 한다. 나는 이러한 인간적 자연주의에로의 변화가 세대에서 세대로 이어져야 한다는 사실을 말하고 싶다. 인간의 역사에서 파괴와 약탈의 역사가 용인된 것의 그 첫 번째가 성서와 관련이 있다면 그 성서를 갈아치워야 하거나 폐기되어야 한다는 것이며, 그 두 번째가 철학과 학문의 전파에 있다면 그것도 또한 변화가 있어야 한다. 결코 인간의 역사 속에서 다시는 되풀이 되어서는 안 되도록 인간의 학문적 토대를 다시 재정립하여야 한다는 말이다.

이 우주 속에 인간이 살고 있는 지구와 유사한 별들이 있다고 가정하고 인간은 우주로 끝없이 나아갈 수 있다고 믿고 있다. 하지만 과연 인간의 과학적 발전이 어느 정도에 다다라야 수억 광년 거리의 별까지 갈 수 있는가는 의문이다. 현대사회의 파괴된 현실들, 가령 환경 파괴로 인한 가뭄이나 농사를 지을 수 없는 땅의 증가와 날씨의 변화들이 결코 이 지구가 인간이 살 수 없는 상황으로 변해가고 있다는 사실을 인식하지 못하고 인간은 과학의 발전을 이룩해서 우주로 나아갈 수 있다는 것만 생각한다. 나는 그 정도의 자본과 기술로 현대사회의 환경적 재난을 막을 수 있는 방법을 위해서 우선 지구의 환경적 정상상태를 유지시키는 것에 더 우선해야 한다는 것을 지적하지 않을 수 없다. 화석연료의 고갈이나 원유의 고갈들로 인해서 지구의 과학 발전은 결국 원자력 발전으로 눈을 돌릴 것이고, 궁극적으로는 에너지원으로서 바닷물을 사용할 날이 올 것이라는 사실이다. 인간에게 이러한 과정을 제공한 첫 번째 대상이 나는 하나님이라고 생각하는데, 하나님은 신인가 하는 물음과 그 언어에서 파생된 인간주의의 행위의 지속이 결과적으로 현대사회의 결과물로 나타난 것이다. 그렇다면 우리는 대안을 실행에 옮겨야 한다. 인간중심주의에서 인간적 자연주의를 실행에 옮기고 행위를 하여야 할 의무가 인간에게 있다는 사실이다. 이기적인 인간을 인간적 자연주의자로 만드는 것도 인간의 몫이고, 신의 환상에서 벗어나지 못하는 사람을 인간적 자연주의자로 만드는 것도 또한 인간의 몫이다. 그것이 학문이거나, 문화이거나, 사상이어야 한다면 인간적 자연주의를 학문적·사상적·문화적 행위의 요소로서 만드는 것이 인간의 몫인 것이다. 인간이기 때문에 인간주의를 이해한다는 사실에 앞서서 인간주의를 극복하는 것 또한 인간의 몫이라고 부연하면서 인간주의가 추구하는 궁극이 인간의 발전인가 하는 문제에 대해서는 그렇지 않다고 말하지 않을 수 없다. 그것은 인간의 역사가 전쟁과 질병에 대하여 인간적으로 극복하는 것이 과연 인간주의가 될 수 없는가의 의문과 인간에게 있어서 이성이라는 능력을 가지고 자연의 질서를 살피고 자연으로부터의 위협이나 죽음의 위기를 넘기는 것이 과연 인간적이지 않은가를 의문할 때 인간으로서 가장 어려운 의문인 것은 틀림없기 때문이다. 이러한 사실을 인식하면서 인간의 시각으로서만 행위의 근간으로 삼는 것이 과연 인간적인 것이 아니라고 한다면 어떻게 답해야 할지를 고민하지 않을 수 없다. 인간에게 자연으로 돌아가라는 말이 어떤 의미일지와 원시적인 생활 방식을 가지고 살아가는 것이 자연의 질서를 어지럽히지 않는 것인지, 아니면 과학적 능력에 의하여 인간의 생활을 풍족하게 하거나 편리하게 살아가는 것이 잘못된 것인가의 인간적인 답을 하기도 어려운 것 또한 사실이다. 하지만 만약에 하늘과 땅 그리고 인간 이외의 모든 생명 현상에 대해서 왜곡이 심하게 일어나고 있다면 인간은 어떤 식으로든 인간과 자연의 균형을 스스로가 맞추어가지 않으면 안 된다. 더 많은 고난과 어려움이 인간의 현실이 될 것이기에 나는 인간적 자연주의를 제시하는 것이다.

눈, 코, 손, 발 등 육체의 조화에 의하여 이성이 발현된다는 것이라고 제시하는 것은 서양철학에서 말하고 있는 이성과 육체의 별개 가치 체계를 가지고 있는 것이다. 이처럼 이성은 세상과 별개의 인식 방법이 있는 것처럼 한 것이 얼마나 인류에게 큰 과학의 발전을 가져왔는가. 논리적인 언어사용을 구현할 수 있는 사실들과 합리적인 능력의 발현이나 구현은 이성에 의해서이고 인간의 도덕·윤리적 발전에 영향을 미쳤다고 할 수도 있겠다. 하지만 이성은 인간이 본능적인 행위의 주체들, 즉 눈, 코, 입, 손, 발에서 느꼈거나 신호 체계에 의해서 인간은 이성의 능력이 실현되거나 현실 세계와 교류한다. 이와 함께 인간이 자연의 질서를 유지하면서 유전적인 발전을 통해서 이성의 능력도 또한 그렇게 생존 능력을 증가시키는 방편으로써 이성이 운용되어 왔다는 것은 분명한 사실이다. 그리고 그 가운데 언어의 발전에 의해서 인간의 능력은 자연의 질서를 극복하거나 자연을 지배하는 것처럼 인간 스스로가 느꼈거나 인식하는 수준을 넘어선다. 어쩌면 인간의 이성적 능력이 과학과 결합한다면 그 결과가 우주를 지배하거나 인간의 수명을 무한정 늘릴 수 있다는 가정 하에서, 그것이 신적인 능력으로서의 인간이 탄생한다고 할 수 있을지도 모른다. 신과 인간이라고 말하기보다는 신과 과학의 발현이 인간에 의해서 구현되었다고 해도 무관치 않을 것이다.

여기에서 법칙과 인간이라는 물음에 대한 견해는 이렇게 언급해야 할 것 같다. 법칙이란 인간이 만든 것이 아니라는 사실이다. 인간에 의해서 구현된 과학 법칙들은 인간의 본능과 필요와 관련된 상황들을 발견해가는 과정이라는 사실이다. 인간의 역사 속에서 인간에게 과학 법칙들은 기회였을 것이다. 문제는 파괴하는 과학 법칙으로서의 위험성을 인식해야 한다는 것인데 자연의 질서로서의 과학법칙에 대한 인간의 인식적 변화의 방법론의 부재가 얼마나 인간의 위험을 초래할 것인가를 생각해야 한다는 사실이다. 과학 법칙으로서 무기의 대량 생산이나 과학법칙으로서의 엔트로피 법칙의 논리처럼 사용 가능한 에너지원을 완벽하게 사용 불가능한 에너지로 변화를 시킨다는 위험성에 대해서 인간은 인식해야 한다. 이를 위한 것이 나의 견해의 한 방편으로써 인간적 자연주의의 발현을 말하는 것이다. 인간 유전의 문제와 인간 이성의 발전은 관계가 없는 것처럼 생각한다. 하지만 인간이 발전하게 된 까닭을 유전적으로 살아남으려는 방편 하에서 인간의 언어적 사용과 기록으로 인하여 그것을 기억함으로써 인간은 생각하는 능력을 질적으로 발전시켰다. 인간의 지적 능력은 자연의 질서가 이루어지는 현상세계에서 살아남으려는 인간의 손짓, 발짓, 몸짓의 발현으로 인해 이성적인 능력 증가의 결과물로 나타난 것이다.

신에 의해서 인간의 창조와 같은, 즉 인간의 창조가 신의 의지일 것이라고 하는 발상은 결과적으로 인간주의를 완성한 것처럼 보이지만 그 영향이 결코 인간에게 유용하게 발전이 이루어진 것은 아니라는 사실이다. 이러한 견해 속에서 인간의 생각하는 능력이 신의 실재를 공고화하든, 신의 인간적인 평가에 의해서이든, 인간의 필요에 의해서이든 신은 인간의 도덕·윤리적 행위를 하도록 한 것도 사실이지만 인류사를 통해서 신 역시 자연의 질서로서 편입하게 만든 것도 인간의 능력일 수밖에 없다. 세상이 인간의 이성에 의해서 완성된 견해와 신의 충돌은 인간적인 사회를 만드는 것에도 좋은 것이 좋은 것이라는 결론을 말할 수밖에 없을지도 모른다. 하지만 어떤 식으로든 인간적 자연주의를 실현하려는 노력이 없었다는 사실은 비난을 받을 수밖에 없는 것이다. 나쁜 것을 나쁜 것이라고 말하는 것을 막을 수는 없다는 말이다.

신을 긍정한다거나 절대적인 무엇이라고 생각하고 싶지 않은 것이 나의 진심이다. 하지만 신의 긍정적인 것이 인간의 사회적 역할로서 도덕적 사회를 형성하거나 사회의 원활한 유지를 이루어나가는 데 긍정적일지라도 도덕적으로 신의 세계를 비판할 수 있는 상황은 벌어지고 있다. 그것은 과연 무엇 때문일까? 그것은 사람과 사람들 사이에서 회자되고 되돌리면 안 되는 것들을 남겨야 한다는 것인데 그 첫 번째가 인간중심적인 사유의 범람이다. 인간이 인간중심주의를 말하는 것은 당연한 것일지라도 인간에게 세상의 경영을 해나가는 데 있어서 인간에게 정중하게 묻고 행위를 하여야 한다는 것이다. 그것은 자연의 일부로서 인간을 유지하는 것이고, 자연의 일부로서 행위를 하여야 한다는 사실을 분명히 인식하여야 한다는 사실이다.

나는 무엇인가? 나는 인간이다. 인간도 자연의 일부이며 자연의 흐름 가운데 있다는 사실을 부인할 수 없는 사실인데, 과연 이것을 무엇이라고 정의하여야 하는가. 그것은 바로 인간적 자연주의에로의 변화된 인간 세상을 구현하는 것이다. 우선 신의 정의가 필요한가이다. 인간에게 신의 존재는 필요하지 않다는 것이 중요한 전제이지만 현실 세계의 많은 부분과 정치적·문화적인 요인들로 신의 세계가 실재한다고 인간은 규정하고 있다. 인간에게 신은 언어와 같은 존재이며, 생활의 방편이나 생활의 발견이라고 할 수도 있을 것이다. 하지만 대부분의 사람들이 신을 과학으로, 혹은 법칙으로 설명할 수 없다고 하더라도 인간은 어떻게 해서든 신을 정당화하려고 했으며, 역사나 문화와 접목시키려고 해왔다는 것은 분명한 사실이다. 현대에서 이러한 신에 대한 일들이 옳은 것인지도 모른다. 하지만 인간의 도덕적 신의 세계를 제시하여야 하는 것은 신의 세계와 인간의 세계는 동시적인 이유와 현재까지 신의 관념과 미래 세계의 신의 개념이 다르게 형성되어야 한다는 것이 이유일 수밖에 없을 것이다. '신은 자연의 질서이다'라는 제시가 바로 그것인데, 인간과 신은 동시적인 생존을 영위하며 그 증거들을 인간은 제시하여야 한다. 그리고 현재의 사람들에게 믿음으로 제시되는 신은 창조의 시대부터 형성된 신 이상은 아니라고 지적할 수밖에 없다.

신은 인간에게 무엇을 위하여 존재하였는가에 대해서 이 글을 작성하면서 가장 많이 인용하고 참고로 삼는 것이 바로 성서이다. 이를 가지고 인간중심주의를 상징하는 대표적인 책이라고 하지만 성서의 내용을 살펴보면 결코 인간중심주의는 아닌데 인간의 이성 혹은 믿음이 인간중심주의로 흐르게 했다는 사실을 부인하지는 못할 것이다. 우선 인간중심주의를 어떻게 하면 극복할 수 있는가의 문제는 미래 세대를 위한 중요한 과제가 아닐 수 없다. 나는 인간중심주의에서 인간적 자연주의로의 변이를 제시하여야 하고, 완전하게 완성하여야 하는 것이 개인적인 욕심이다. 나는 그 대안으로 윤회교를 제시하는 것이다. 그리고 어떻게 하면 인간적 자연주의가 종교가 되고 문화나 교육이 될 수 있는가를 깊이 고민하지 않을 수 없었다. 인간적 자연주의를 종교와 문화로 만든다는 것은 결코 쉽거나 어려운 문제로 인식할 수 있는 사안이 아니다. 나의 인간적 자연주의는 시대적인 요청이나 현실이 되어야 가능하다고 할 수 있다. 그리고 성서를 통해서 왜 인간중심주의가 아닌가를 알아야 한다. 창조의 의미가 인간중심주의로 완성시킨 것은 인

간의 능력일 수 있겠지만 인간중심주의가 어떤 결과로 이루어졌는가는 인류가 해결해야
하는 문제일 것이다.

이제 인간과 창조의 의미에 대해서 언급하지 않을 수 없는데, 나는 개인적으로 창조는
결코 일어나지 않았다고 생각한다. 창조란 전에 없던 것이 끝없는 창조의 반복으로 무엇
이 생겨나면 또 다른 무엇이 같이 생겨난다는 것이다. 이것은 음양의 이치와 같다고 할
수 있다. 음양의 이치에 의해서 생성과 소멸의 무한 반복이 이어진다는 것이 결과적으로
창조일 수밖에 없을 것이다. '태초에'라는 의미가 무에서 유의 생성을 의미하고, 무와 유
의 생성과 소멸이 이어지며, 생명의 탄생의 반복이 일어났다는 것은 인류의 진화를 설명
하는 데도 별반 다르지 않다. 하지만 인간의 역사를 통해서 인간과 자연의 관계가 형성
되었으며, 인간은 자연의 질서를 필요에 의해서 자연을 활용하는 방법으로 역사나 문화
를 발전시켜왔던 것도 사실이다. 인간에게 진화와 발전이라는 동시적인 언어를 적용하
는 데 있어서 인간은 이기적이든 인간중심적인 사고의 발전이든 이것을 진화라고 나는
단언한다. 사회의 형성도 인간의 파괴적인 능력의 발현으로, 기술의 발전을 이룩한 것은
분명한 사실이다. 즉, 인간의 강한 면이 발전한 것처럼 인간의 역사는 유전적 발전이라고
증명할 수 있을 것이다.

성서는 인간주의를 위해서 작성된 것이 아니다. 자세히 살펴보면 성서 자체가 자연의
질서를 근본으로 삼을 것을 주문하고 있다는 글을 통해서 알 수 있는데, 그것을 간과하
고 있다는 사실이다. 그것은 창조를 말하고 '보기에 좋았더라'는 언어를 기록했기 때문
이다. 인간이 사는 사회에서 '보기에 좋았더라'라는 의미가 무엇을 의미하는가를 깊이
살펴볼 필요가 있을 것이다. '보기에 좋았더라'라는 말은 조화롭다는 사실을 의미한다.
'보기에 좋았더라'라는 언어가 가지고 있는 인간과 자연의 동시적이면서 조화로운 것을
이 언어에서 찾을 수 있는 것이다. 하지만 성서에서 말하고자 하는 것은 '보기에 좋았더
라'라는 의미보다도 인간에게 무엇 때문에 선악과를 통해 인간중심주의로 변화하게 만
들었는가에 대한 의문이 생긴다는 점이다. 선악과의 의미는 어찌 보면 '보기에 좋았더라'
라는 의미에 대한 반역일 수밖에 없다. 어쩌면 인간은 발전한다는 사실을 상징적으로
보여주는 것이기도 하고, 인간은 발전보다도 더 발전적인 행위가 이성에 의해서가 아니

라 본능적으로 행위를 할 수 있다는 것을 상징적으로 보여주는 것이라고 할 수 있는 것이다.

인간에게 본능적인 유전과 이성적인 유전이 있을 수 있다는 것은 추측일 수 있다. 본능의 유전적인 발전은 이성의 유전이 수반된다는 것일 뿐이지 본능과 이성이 동시적인 현상으로서 이루어지지 않는다. 이를 단언하는 것은 이성의 유전과 본능의 유전적 차이에서 본능이 언어를 얼마나 받아들이고 얼마나 사용할 수 있는가의 문제라고 할 때 본능이 가지고 있는 유전적 성향과 같지 않다는 것이다. 종교적 언어 사용의 향상과 정치·문화적 언어 사용의 향상이 유전적 발전이라고 할 수 없다. 이는 인간이 물질이라는 잣대와 인간이 이성에 의하지 않으면 본능을 인식하거나 경험할 수 없다는 서구적 언어 체계에 대해서 전적으로 반박할 수 있는 것이다. 결국 신이 이성의 언어이고, 과학이 이성의 언어이고, 사회도 이성의 언어일지라도 행위를 하는 것은 본능의 언어라는 사실이 분명하다. 따라서 이성은 역사를 통하여 무엇을 본능에게 강요하였는가를 발견하는 것 이상은 될 수 없다는 사실이다.

유전으로서의 이성의 역량은 미래 과학의 혁명적인 발전을 말할 수 있지만, 본능은 자연의 일부로서 한 그루의 나무를 심어야 한다는 철저한 본능적 행위를 근간으로 삼고 있다. 과학의 미래와 한 그루의 나무를 심는 미래가 다른가를 결정하는 것은 세대에서 세대로 발견해가는 과정의 미래인 것이다. 한 그루의 나무를 심는 것과 신의 가치나 과학의 가치, 문화·사회의 가치를 완성해나간다 할지라도 과학은 한 그루의 나무를 심는 것만도 못할 것이다. 그리고 사회의 가치가 남성과 여성의 양성 평등이 이루어지고 사회·문화의 발전 방향이 예술로서의 음악의 고급화나, 미술의 온갖 법칙이나 주의의 완성이 이루어져도 한 그루의 나무를 심는 것보다 우월하다고 할 수 없는 까닭인 것이다. 무엇 때문에 인간의 도덕적 신의 세계라는 주제가 필요했는지 의문을 갖게 된다면 완전한 인간의 세상은 불행한 세상이 될 것이라는 사실을 나는 감히 말하고 싶은데, 문명의 뒤안길에는 인간의 능력을 감퇴시키는 결정적인 이유가 된다는 사실을 인식하지 못하기 때문이다. 즉, 인간의 능력이 얼마나 우수한지를 발견해가야 하는 의무가 인간에게 있다는 사실을 나는 말하고 싶은 것이다.

인간의 유전적 발전은 경제적 능력 향상 때문이었다는 사실을 역사와 문화, 정치를 통해서 발견했다는 시대적 한계가 있겠지만 인간에게 문명을 벗어던지는 무엇인가가 있어야 한다. 인간의 능력을 이성적 가치나 이성적 방향에 의해서 본능의 가치를 문화나 사회의 가치에 축소시켜가는 것이 얼마나 인간을 초라하게 할 것인지를 인식하여야 하는데, 현대는 그것을 언어적으로 인간과 인간의 교류를 통해서 전해지고 있지 않다. 그 점이 인간의 아픔일 수밖에 없다는 사실이다. 대지에 던져진 야생성을 살리지 못한다면 인간은 멸종해가는 단계로 접어들었다는 것을 의미한다. 그렇다면 아직은 그때가 아니라고 할지라도 대지에 던져진 야생성을 어떻게 해서든 만들어가야 한다는 것이 인간의 도덕적 신의 세계에 대한 답인 것이다.

## 🌸 한 그루의 나무를 심는 이유

현대사회에서의 하나님이라는 신의 영역만큼 큰 영향을 미치는 것은 없다. 앞으로도 얼마만큼 하나님의 영역이 넓어질지 모른다. 현상적 혹은 사회사적 그리고 역사적으로도 하나님의 영향력을 어떻게 축소시킬 것인지를 이성적·정신적·본능적으로 고민해보았다. 하나님의 영향력을 어떻게 축소시키고 어떻게 나의 생각을 사람들에게 주입시킬 것인지를 고민하고 고민하는 시간을 오래도록 가져왔다. 그리고 사회사적·역사적으로 하나님의 종말을 고하지 않는다면 인간의 역사 혹은 인간중심주의 사상을 극복하지 못한다는 사실과 현대사회의 고질적인 문제가 무엇인가 하는 문제와 맞물려서 에너지 과다 사용의 결과는 어떻게 나타날 것인가를 상상하지 않을 수가 없었다. 그렇게 된다면 이 세계는 황무지가 되고 말 것이다. 그리고 영화에서나 봄직한 인공지능 로봇이나 컴퓨터가 모든 전자기기를 통제하고 인간의 역사를 멈추게 하는 결과가 된다는 것과 기계가 반란을 일으켜서 인간을 에너지원으로 사용한다는 가설을 영화화한 '매트릭스'의 세계를 경험하게 된다. 아이러니한 것은 나 자신도 컴퓨터로 글을 쓴다는 사실이다. 숲과 문명의 혜택을 전혀 받지 않는 그러한 오지와 같은 곳으로 들어가 살아가야겠다고 생각해 보지만, 현실은 나 지신이 문명화된 국가의 국민이라는 사실과 문명화된 곳에서 생활했기 때문에 이러한 편리를 버리고 완벽하게 원시적인 생활을 할 수 있을까 하는 생각에서는 멈칫거릴 수밖에 없다.

필자는 현상의 발전이 어떻게 인간과 자연의 순리를 유지할 수 있을까를 생각하며 글을 남긴다. 무엇보다도 정신세계와 이성 세계의 중요한 신을 하늘이라는 대명제로 대체할 수 있는가에 대한 의지가 나에게는 있기 때문일 것이다. 신은 있지 않다는 생각이 잘못된 것이라고 지적할 수도 있겠지만 종교의 형성이 자연 현상에서 오는 인간의 이성적·현실적 원인들에 기인하여서 탄생한 것이 분명하다면 종교로서의 하늘이 있어야 한다는 것이다. '신은 존재하는가'는 물음에 대해 '하늘은 살아있다'는 사실을 종교로 받아들이게끔 사람들에게 어떻게 인식시키는가가 중요한 문제이다.

현대를 살아가는 나의 이러한 용기는 어쩌면 '하늘은 신이다'라는 절대적인 진리로서 제시하고자 하는 의무감과 같은 마음을 기록하는 것이다. 동양적인 사고로서 하늘을 신으로 본다면 하늘도 존재로서 인식해야 한다. 인간들이 존재의 전제조건으로 사회적인 질서와 법을 따른다면 하늘은 땅과의 조화로움을 따른다는 사실을 인정하는 것에서 하늘의 종교화가 있다는 것이다. 앞으로는 신을 하나님이나 예수와 같은 절대적인 해석으로서 제시되는 일은 없어야 한다. 그러한 전제가 신이 존재의 과정이라고 한다면 하늘은 존재의 과정이 아니라 존재 그 자체로서 제시하지 않을 수 없다. 창조하고 난 후의 세계는 끝없이 창조해가는 과정이라고 할 수 있을까? 창조되어버린 인간의 죄와 관계된 인간의 역사와 문명, 문화들이 어쩌면 성서와 인간의 역사가 말하는 것이 과연 관계가 있을까? 그 답은 인간이 죄에 빠져 창조된 만물들에 대해서 멸망시켜가는 과정으로 해석하지 않을 수 없다는 것이다. 그 이유는 문명이 만개하기 위해서는 창조된 만물을 파괴해야만 꽃필 수 있다는 것을 의미한다. 창조와 파괴를 인간에게 제시한 것에 대한 의문을 가질 때 인간은 대책을 세우고, 과학과 문명의 폐해를 파악해야 하는 것이다. 인간에게 보편적인 다가옴이나 다가갈 수 있는 현대사회의 사상적 바탕이 되는 것들을 찾아본다면 나는 성서와 노자, 불교 그리고 유교 등에서 문제 해결의 근거를 찾아내야 한다고 본다. 인간의 문제가 자연의 문제, 신의 문제일 수밖에 없다면 우리는 인간이고 인간의 한계를 극복하기 위해서 자연과 신의 문제를 해결해야 한다. 이러한 대명제를 인간은 가지고 있다.

신은 창조와 파괴, 그 어느 것을 선택하더라도 모순일 수밖에 없다. 파괴하려고 이 세상을 창조하였다는 의미와 파괴에서 창조를 했다는 의미를 인간에 의해서라고 한다면 창조는 하나님이 하고, 파괴는 악마의 사주를 받은 인간에 의해서란 말이다. 파괴를 막는 것 또한 하나님의 계시를 받은 인간에 의해서 한다는 논리가 정당한가를 묻는다면 자연의 일부로서의 인간이 있다는 사실이다. 그렇다면 창조는 신의 도덕적 가치관인가와 파괴는 사탄의 도덕적 가치관인가, 그리고 자연의 일부로서의 도덕적 가치관은 인간주의와 종교, 인간적 자연주의가 있다는 결론에 이른다. 결국 인간주의는 신의 세계이고, 종교는 인간의 가치관이고, 인간적 자연주의는 사탄의 가치관이라는 결론을 내려야 한다.

인간주의가 인간에게 무엇을 의미하는가? 인간주의는 창조를 파괴해가는 과정을 의미하는데, 창조를 주장하는 하나님은 절대 선인가에 대한 회의를 어떻게 답해야 할지가 의문이다. 그리고 인간적 자연주의를 제시하는 것은 사탄이 결코 이 세상을 멸망시키지 않는다는 절대적 진리를 표방한다고 한다면 종교는 인간주의를 선택할 것인가, 아니면 이 세상은 결코 멸망하지 않는다는 사탄의 인간적 자연주의를 선택할 것인지를 의문으로 남긴다. 문명은 하나님이 선택한 것인가와 사탄이 선택한 것인가를 답해야 한다면 문명은 하나님이나 사탄이 선택한 것이 아니라는 사실을 도덕적 신의 세계의 답이 될 수밖에 없다는 것이고, 또 다른 의문점인 문명은 종교가 만들어왔는가에 대한 의문이 생긴다. 그 답은 '그렇다'이다. 문명이 종교적 영향이나 종교전쟁을 통해서 또는 종교를 가지고 세계를 다스렸다는 사실과 세계를 파괴하는 도구로써 종교가 사용되었다는 사실에 입각하여 그렇다는 것이다. 나는 개인적으로 예수의 광야의 사십일을 그 근거로 삼는데 신이 있다는 전제가 예수에게는 있었겠지만, 이 세상에 신은 존재하지 않는다고 생각한다. 예수 앞에 나타난 사탄이 진짜인가라는 의문에 대해서 나는 예수 앞에 나타난 사탄은 있지도 않았고, 있어서도 안 된다는 것을 말하고 싶다. 석가모니가 그렇듯 예수 앞에 나타난 사탄은 그 자신이 만들어냈다는 것이 내 개인적인 생각이다. 이 세상에는 하나님도 없지만 악마도 존재하지 않는다. 그 이유는 아이러니하게도 과학이 그것을 용인하지 않기 때문이다.

앞에서 인간적 자연주의를 사탄이 제공하였다고 한 것은 하나님이 있다는 것을 비웃는 측면에서 그것을 반박하기 위한 나의 방편이라고 말하고 싶다. 사탄이 육체적인 것이라고 한다면 이성은 그것을 구별하거나 그것을 극복해내는 능력이 있다고 할 수 있다. 마찬가지로 사탄이 이성적인 것이라면 육체는 사탄의 행위를 할 것에 대해서 그것을 받아들이거나 거절할 수 있는 능력이 있다는 것이다. 나는 개인적으로 육체의 악마성과 이성의 악마성을 동시에 믿고 있기에 만약 사탄이 이성의 잣대인지, 아니면 육체의 잣대인지를 어느 정도의 추측에 의해서 사람들이 제시할 수 있다고 본다. 가령 예수에 대한 사탄의 유혹이 이성에게 했느냐, 아니면 육체에게 했느냐를 생각해보아야 하고, 성서에서 말하는 것이 믿음에 관한 혹은 확신에 의한 것이라면 예수는 자연의 질서에 놓여 있었다는 것을 상징한다. 자연의 질서는 결코 속이지 않으며, 자연의 질서는 균일하다. 이런 자연의 질서에 대해서 예수가 인간을 선택하지 않았다고 말할 수는 없을 것이다. 나는 그 선택에 있어서 자연의 질서를 선택해야 했다는 것을 말하려는 것이다. 그리고 2000년 후의 예수가 무엇을 선택하든지 천지자연의 이치를 거부하는 것이라면 그는 십자가에 못 박힐 것이기 때문이다. 어쩌면 현대의 우리가 알고 있는 것보다도 더 잔혹하게 죽음을 맞을 가능성도 배제할 수 없을 것이다. 예수가 자연의 질서를 어지럽혔다는 결정적인 증거를 제시하라고 한다면 그는 물을 술로 만들었다는 사실과 벙어리를 말하게 만들었다는 것, 천국에 갈 것이라는 허무맹랑한 말들로 사람들을 모욕했다는 사실들 때문이다.

한 가지 짚고 넘어가보자. 역사적으로 예수라는 이름으로 얼마나 많은 사람이 죽음으로 내몰렸는가를 생각해보자. 예수의 이름으로 종교전쟁이 일어나서 수많은 사람이 죽음을 당했다. 아메리카 대륙에서는 죄 없는 인디오들을 신의 이름으로 죽음으로 내몰았고, 신을 믿지 않는다는 이유로 몰살시켰다. 또한 유럽 대륙에서 사탄을 멸망시킨다는 미명하에 예수의 이름으로 얼마나 많은 사람을 죽음으로 내몰았는가. 이러한 역사적인 사실들은 사회적인 현상과 문명을 유지하는 방법론, 종교적인 원인들에 의해서라고 말할 수는 있을지 모르지만 예수의 이름으로 죽음을 받아들인 것에서 예수는 역사적인 죄인인 것이다. 그가 사람들의 죄를 대속하였다고 한다. 그 말이 사실이라 하더라도 역사적으로 예수의 이름으로 죽음을 당한 것이 너무 많았다고 한다면 그것은 모순인지 모른다.

예수가 절대적인 죄를 범한 것이 있는데 그것은 창세기와 관련이 있다. 그것은 사탄이 아담과 이브에게 금단의 열매를 먹을 것을 유혹하면서 이렇게 말했다. "너희는 영원히 죽지 않으리라." 나는 이게 예수의 "너희가 천국에 이르리라"라는 말과 별 차이가 없다는 사실을 지적하고 싶은 것이다. 창세기가 요구하는 금단의 열매를 먹지 말 것을 요구한 것은 '보기에 좋았더라'를 상징한다고 할 수 있는데 '보기에 좋았더라'를 깨트릴 수 있는 방법은 무엇일까? 아이러니하지만 '너희는 죽지 않으리라'는 것이고, '너희가 천국에 이르리라'는 것이다. 분명히 성서는 천국을 말하지 않았고, 다만 에덴동산이 천국으로 묘사되어 있을 뿐이다. 금단의 열매를 반드시 먹어야만 인간이 번성을 이룰 수가 있는데 금단의 열매를 왜 하나님은 먹지 못하게 하였을까와 금단의 열매를 먹도록 유혹한 것은 선택의 문제인가, 아니면 믿음의 문제인가. 금단의 열매를 먹지 않았다면 카인과 아벨도 태어나지 않았다는 것을 의미한다. 그렇다면 먹지 않아야 하는 것의 원인에는 '보기에 좋았더라'에 있다는 것을 알 수 있을 것이다. 그것은 인간과 자연의 조화로움을 말하는 것인지, 인간이 자연의 일부로서 그것 자체만으로 조화로움을 완성한 것이 아닌지 개인적으로 이러한 추측을 해보면서 2000년 후의 예수가 어떠한 도움도 없이 인간과 자연의 이치를 이 세상에 구현할 수 있을지 매우 기대가 되기도 하고 궁금해진다.

필자는 상상하고 있는가와 상상되어지고 있는가에 대한 어떠한 답도 내릴 수가 없다. 단지 글을 쓰고 있다는 사실이다. 그뿐이다. 기독교도들이 상처받기를 나는 원하고 있다. 그 이유는 기독교가 이 세상을 엉망으로 만들고 있기 때문이다. 역사적으로 가장 위대한 사상가는 예수가 아니다. 예수는 이 세상을 구원하려고 이 세상에 던져진 소모품에 불과하다. 예수의 이름으로 수많은 사람의 죽음이 있어야 했고, 예수의 이름으로 가난하고 힘없는 사람들의 죽음을 정당화하거나 미화할 수 있기 때문이다. 2000년 후의 예수는 어떤 감언이설로 사람들을 죽음으로 내몰 것인지 그것이 궁금할 뿐이다.

마지막으로 이스라엘 사람들에게 행했던 나치 독일의 만행에 대해서 성서와 관련된 언급을 하지 않을 수가 없다. 나치 독일의 유대인 학살은 대단히 가슴 아프고 안타까운 일이다. 이스라엘민족의 탄압이나 거의 멸종 수준에 이를 만큼의 죽임을 당할 것이라는 사실을 안타깝게 예언해야 한다는 사실 때문이다. 그 이유는 성서에 있다고 나는 말하는데, 창세기 1장의 내용에 의해서이다. 유대인들이 진짜로 하나님에 의해서 선택된 민족이라면 창세기 1장의 실현을 위해서 무엇을 하고, 무엇을 하면 안 되는 것인지를 스스로 깨달아야 한다. 개인적으로 알고 있고 이 책에 언급한 것을 살펴보면 그 답이 나와 있다. 하지만 나는 신을 믿지 않는다. 하나님이 있다든지, 악마나 사탄이 있다든지 하는 것들을. 유대인들이 하나님의 존재가 실재한다고 믿고 창세기 1장이 원하는 것을 하지 않는 대가는 혹독할 것이다. 민족이 완전한 멸족을 당할 수밖에 없을 것이라는 게 나의 견해이다. 유대민족이 유능한 민족이어서도 아니고, 유대민족이 믿음이 약하고 강하고의 문제가 아니다. 성서가 가지고 있는 창세기 1장의 천지를 창조하시고 '보기에 좋았더라'라는 의미는 유대민족을 이 세상에 존재하게 하는 이유이며, 가치이고, 창조의 개념이다. 이것을 거부하는 것은 존재의 이유를 상실한 것이 되며, 천지를 창조하시고 '보기에 좋았더라'를 거부하는 것은 곧 민족적인 혹은 인종적인 멸종의 대상이 된다는 것을 의미하기 때문이다.

2000년 후의 예수가 이 글을 발견할 것인지, 아니면 이 글을 왜곡할 것인지 시간이, 즉 역사가 확인하게 될 것이다. 성서의 하나님이 존재한다면 말이다. 하지만 나는 신을 부정한다. 만약에 죽음에 이를 만큼의 폭력이 닥쳐서 신을 믿을까를 선택해야 한다면 나는 하나님을 믿을 것이다. 그 이유는 죽어야 한다면 죽음을 받아들이겠지만, 살아야 한다면 어떻게 해서라도 살아가려고 할 것이기 때문이다. 결코 이 세상은 이성이나 믿음이라는 이름으로 영원한 평화가 있는 세상은 존재하지 않는다는 사실과 이 세상보다 아름다우며 진실한 세계가 존재하지 않는다는 이유 때문이다.

그리고 이 세상이 멸망할지라도 나는 한 그루의 나무를 심을 것이다. 만약에 이 세상이 멸망할지라도 생명으로 살았다는 위안이 있고, 만약에 이 세상이 멸망하지 않는다면 다음 세대가 땔감을 해도 좋고, 가구를 만들거나 집을 지어도 좋다. 그것이 바로 이 세계가 멸망할지라도 내가 한 그루의 나무를 심는 이유인 것이다.

## 🌸 악이란 무엇인가

　필자는 선과 악이라는 두 가지 주제를 놓고서 '선이란 무엇인가'와 '악이란 무엇인가'를 깊이 있게 사색하고 있는 과정에 있다. 흔히들 알고 있는 선과 악이라는 개념으로 나쁜 것과 좋은 것이라는 이분법적인 분석을 한다. 그러나 그렇게 하지 않아야 한다는 입장에서 나는 글을 통해 나의 개인적인 견해를 밝히는 것이다. 내 스스로의 생각에 기반을 둔 나의 견해가 특정한 무엇을 지향하기 위해서도 아니다. 다만 인간에게 있는 고유한 능력인 언어 사용에 의해서, 즉 글을 쓴다는 행위를 통해서 모순을 극복하거나 위험 요소에 대해서 인식하는 것으로도 결과론적으로 나타낼 수 있지 않을까 하는 생각에 의해서인 것이다. 그렇기 때문에 선과 악이라는 것은 나쁜 것이라기보다는 나쁜 것의 근본에 대해서와 그와 상대성에 대한 견해, 그와 비슷한 것들을 분석함으로 해서 선과 악을 구별하는 입장을 취하려고 했다. 하지만 온전히 개인의 의식은 전체의 의식과는 다르고, 무엇보다도 인간 내면의 의미 있는 언어를 끄집어내기를 나는 내심 바라고 있는 과정에서 글을 쓴다는 것을 그나마 위안으로 삼는다.

　그리고 나는 선과 악이라는 개념을 성서적인 입장에서 바라보고 싶지는 않다는 점 또한 밝힌다. 성서적인 입장으로 바라보는 것이 아니라 자연이라는 입장에서 바라보았다는 것을 말하고 싶은 것이다. 인간의 생존은 무엇을 필요로 하는가에 대한 답이 악이 아니라, 원인이 악일 수 있다고 생각한다. 인간의 생존이 의식주로 대변된다면 의식주 그 자체가 악이라는 사실에 대해서 나는 악이라고 보는 것이다. 먹기 위해서 인간은 농사를 짓거나, 강과 바다에서 수중 생물을 잡거나, 가축을 키워 도축해서 양식을 구하거나, 단백질을 구하거나 했다. 인간은 자기의 목숨을 연명하기 위해서 이러한 행위를 하는데, 우리는 행위하고 행위의 대상은 죽는다. 여기에서 말하는 행위의 대상에서 행위를 한 것을 나는 악이라는 하는 것이다.

그리고 추위나 더위를 피하기 위해서 인간은 일련의 행위들을 한다. 현대사회에서는 문명의 발전으로 수력과 원자력, 화석연료 등의 사용에 의해서 에너지를 얻는다. 대표적으로 인간은 석탄을 파내거나, 우라늄을 캐내거나, 각종 발전소 등을 세운다. 이러한 문명의 발전에 의해서 인간은 에너지를 얻고, 동물들의 가죽을 벗겨서 옷을 해 입기도 한다. 그리고 화학에너지를 통해서 옷을 만들기도 하는데, 이러한 인간의 문명이 그리고 인간의 생존이 악이라는 것이다. 인간은 살아가기 위해서 집을 짓고 건물을 올리거나 해서 인간의 생존을 위한 방식을 결정한다. 그렇다면 인간이 집을 짓거나, 원료를 얻기 위해서 나무를 잘라서 집을 만들거나, 시멘트나 철과 같은 광물질들을 채취하거나 해서 자연으로부터 많은 것을 얻는다. 그것이 나는 악이라는 것이다. 인간이 악이라고 하는 사실을 인간의 입장에서는 필요를 위해서라고 말할지 몰라도 자연의 질서라는 입장에서는 악이라는 사실이 분명하다. 여기에 더해서 인간은 더욱 잘 먹거나, 더욱 좋은 옷을 입거나, 더욱 좋은 집에 살기 위해서 자연으로부터 더 많은 것들을 채취한다. 이러한 채취 행위에 의해서 기후의 변화 등 일어나지 말아야 할 일들이 일어나고 있다는 것 때문에 인간이 악이라는 것이다. 남극이나 북극의 얼음이 녹아서 생기는 결과들, 즉 홍수와 가뭄의 발생 빈도가 높아졌다는 것들과 남극이나 북극의 기후 변화나 생태 변화에 의해서 그곳에서 서식하는 야생 동물들의 멸종을 유발하는 것에서 인간은 악이다.

인간은 말한다. 인간의 필요는 생명의 문제로 그렇다고 굶어죽거나, 벌거숭이로 살거나, 추위에 떨면서 살아갈 수 없다는 것을 말이다. 이러한 행위를 옳다, 그르다고 말할 수는 없다. 나도 인간이고 살아야 하는 생명이다. 그렇기 때문에 먹어야 하고, 거주해야 하고, 입어야 하는 입장이지만 이러한 인간의 행위를 선이라고 말한다는 것은 옳지 않다. '자연에 대한 도전'이라고 하는 말로 오도하는 것에서부터 인간은 악이라는 사실이다. 인간의 본질이 필요한 것을 구하기 위해 무엇인가를 죽이거나 멸종에 이르게 하는 행위를 한다는 것에서 인간의 본질이 악이라는 것이다. 하지만 인간이 그러한 위치에서 행위의 정당함을 구현할 수 있을지라도 인간의 행위가 본질적으로 자연으로부터의 교환이나 조화의 과정이 아니라는 것에 의해서 인간의 행위는 악이라고 할 수 있다. 하지만 인간도 생명이라고 하는 자기 합리화의 개념에서 볼 때 인간은 자연으로부터 무엇을 얻어야 하며, 무엇을 얻지 않으려고 노력해야 한다는 본질적인 무엇이 있어야 한다. 과연 인간은 그 무엇을 언어적으로 어떻게 구현하려고 하였는가. 그것은 바로 인간의 언어로 기록해 놓은 기록물들에서 알 수 있을 것이다. 그 중에서도 노자의 언어를 통해서 그리고 성서를 통해서 그 언어를 발견해내곤 하는데 그 언어가 자연이라는 의미의 언어이고, 성서에서 밝히고 있는 '보기에 좋았더라'라는 언어이다. 자연은 재해로써 인간에게 다가가거나, 표현하거나, 표출하지 않았다는 사실이다. 인간과 자연은 현상이나 언어에 의해서 구성되거나 하지 않았다. 이러한 사실을 가지고 인간이 자연의 질서를 행위의 근간으로 살펴보아야 한다. 그럼에도 불구하고 인간의 이기적인 생각으로 인해서 자연환경이 파괴되는 결과들을 볼 때 인간이 악이라는 것이다.

또 한 가지는 악이란 달이라는 개념도 포함되어 있다. 나는 '지천선악'이라는 개념을 제시했는데 해는 선이고, 달은 악이다. 땅은 선이고, 하늘은 악이다. 하늘이 선이고, 땅이 악이 되는 경우가 있는데 이것을 이것이라고 말하기 어렵기 때문이다. 하지만 조화로운 것을 선이라고 하고, 부조화한 것을 악이라고 한다는 것은 분명한 사실이다. 나는 선이란 전체라는 측면이 선이라고 생각하는데 땅이 선이라는 것은 모든 것들의 집합체이고 인간과 더불어 산과 들, 바다와 관계된 생명체들이 산다고 하는 측면에서 선이라는 개념을 부여하는 것이다. 이러한 개념 하에서 인간은 땅에서 먹을 것을 얻고, 살 집을 만들고, 땅에서 채취한 물질을 가공하거나 해서 옷을 만들어 입는다. 바로 옷을 만들기 위해서 기계와 화학물질의 사용 등 일련의 과정이 필요하고, 원료를 얻기 위한 채취의 과정도 필요한 것이다.

또한 이 글이 전반적으로 말하고자 하는 것은 자연이라는 실체가 선이어야 한다고 생각이다. 선이라는 개념은 전체 속에서 전체를 파괴하는 것이 인간이라는 사실과 그 전체를 인간이 소유화하는 것을 말한다. 숲과 강 그리고 바다까지도 인간의 소유인 것처럼 물고기와 야생동물을 잡거나 하는 행위를 볼 때 인간의 본질이 무엇인가를 생각하게 만든다. 따라서 자연의 질서가 복원되어야 하는 과정에 인간이 참여해야 한다. 무의식이든 의식이든 선이라는 개념으로서 인간이 참여하여 인간이 악이라는 결론에서 벗어나야 한다. 그러나 현재 인류는 선을 지향하지만 선을 지향하는 것과는 다르게 나쁜 것이라고 할 수 있는 '위선(僞善)'이라는 것에 의해서 인간이 선일 수만은 없다는 것을 느끼기도 한다. 어떻게 하면 악이라는 개념에서 인간이 벗어날 수 있는가는 인간의 숙제이자 의무일 수 있다. 어쩌면 성서 자체가 악이라고 할 수 있다는 것과 불교 자체가 악이라고 할 수가 있다는 것이 그 증거이다. 인간이 선이려면 그것에 수반하는 행위를 하여야 하지 않을까…….

여기에서 중요한 개념 한 가지를 언급하지 않을 수 없다. 한 사람이 다른 사람을 죽였다. 인간을 살해했다고 했을 때 이것이 악인가 선인가. 인간의 입장에서는 악이다. 하지만 자연의 입장에서는 선이다. 그 이유는 한 인간이 없으면 그 인간으로 인하여 파괴되거나 더 소비되어지지 않기 때문이다. 여기에서 자연의 질서로부터 얻어진 총이나 칼 등에 의해서 죽임을 당하면 그것은 자연의 질서 측면에서도 선이라고 할 수가 없다. 내가 말하고 싶은 것은 자연의 입장에서 인간이 인간을 죽일 때 자연으로부터 얻어지는 것으로 살인을 하거나 학살을 하면 그것은 악이라는 것이다. 하지만 자연의 입장에서 인간을 자연으로부터 얻어지지 않는 것으로 살인을 하면 자연의 입장에서는 선이 될 수 있다. 인간의 입장에서 한 인간이 한 인간을 살려주는 것도 절대적으로 선이라고도 할 수는 없다. 죽어가고 있는 인간이 살아나서 자연의 질서를 어지럽히고 자연의 질서 속에서 부자가 되려고 자연의 질서를 파괴한다면 그것은 당연히 악이다. 하지만 죽어가는 사람을 살리면서 그가 사용할 수 있는 자연의 질서를 회복하는 방법으로 한 그루의 나무를 심는다든지, 함부로 살생하지 않는 교육을 한다든지 해서 자연의 질서를 회복하는 행위를 하거나 삶의 근본으로 삼는 것은 선이다. 인간의 입장에서 인간중심주의는 절대 악이다. 인간이 자연의 질서를 위해 행위를 하는 것이 인간적 자연주의이다. 인간중심주의를 진심으로 실현하고 싶다면 한 그루의 나무를 심고 살생하지 않는 인생을 살라는 것이 인간적 자연주의이다.

그렇다면 내가 말하고자 하는 선의 반대 개념인 악이란 무엇인가. 우선 선이란 끝없이 펼쳐지는 것을 선이라 정의하고 싶은데, 선이란 나에서 대중으로, 대중에서 세계로, 세계에서 이 지구로, 지구에서 태양계로, 태양계에서 우주로……. 여기에서 무엇을 파괴하느냐와 무엇을 복원하느냐의 차원에서 선과 악의 구별이 이루어지는 것이라고 할 수 있다.

또한 악이란 우주에서 태양계로, 태양계에서 지구로, 지구에서 세계로, 나라에서 대중으로, 대중에서 지역으로, 지역에서 나로……. 이와 같이 축소되는 것을 악이라는 개념이 되는 것이다. 어쩌면 '무엇을 위하여'라는 개념에서 그것은 나를 지향하는 것이고, '무엇을 위하여'라는 개념에서 그것은 펼쳐지는 것을 의미한다. 나는 악이지만 집단이 선일 수도 있다는 사실과 집단이 선이라고 여기지만 국가의 집단은 악이라는 것이다. 국가는 세계에 대해서 악이라는 개념으로 전제하면서 선과 악을 정의한다면 악은 나를 위한 파괴이며, 나를 위한 복원은 선이라는 사실로 이어진다. 인간에게 선과 악이 공존하는가. 바로 이러한 이유 때문이다. 마찬가지로 집단이나 국가, 세계도 이와 같은 파괴를 함으로써 악으로 변해간다는 것이고, 복원을 함으로써 선으로 변해간다는 사실을 알아야 한다. 우선은 이렇게 이해를 해야만 인간에게 맡겨진 이상과 희망, 인간의 가치를 선으로 변하게 할 수 있다.

나는 인간이 악이라고 생각하지는 않는다. 다만 개인이라는 것 때문에 악일 수 있다는 견해를 말하고 싶다. 그러나 이 말을 잘 살펴보면 인간적인 잘못이라는 개념 하에서 악을 지칭하는 것이지 악을 이해하지 못하기 때문에 나쁜 것이라는 것은 잘못된 것이라고 본다. 이러한 잘못된 편견을 나는 지적하고 싶은 것이다. 인간적인 악이란 '위악(僞惡)'이라는 용어가 타당하지 않을까 생각하는데, 위악이란 진정한 악이 아니라 악을 가장한다는 것이다. 선과 악이 같은 개념이라고 한다면 현실 세계에서 통용되는 인간적인 악이란 진정한 악이 아닌 용어상 위악인 것이다. 마찬가지로 진정한 선이란 인간과 자연이라는 차원에서는 존재하기는 매우 어렵다는 생각이다. 그렇기 때문에 선을 위한다는 명목으로 행해지고 있는 것을 위선이라는 용어로 사용하는 것이다. 인간이 악을 지향한다고 보는데, 그 이유는 인간의 내면에 잠재되어 있는 물질에 대한 욕망이나 혹은 지식에 대한 욕망으로 악해진다고 할 수 있다.

우리는 선과 악이라는 두 가지 개념의 커다란 주제 앞에서 선을 그어놓을 필요가 있다는 것에 어느 정도는 긍정을 한다. 그러나 인간적인 판단에 혼란을 가져올 수 있다는 것에 의해서 선과 악에 관한 이론적이거나 관념적인 현재까지의 수많은 입장들을 바꾸어야 한다. 선과 악이라는 주제는 시간을 많이 두고서 연구하고 결론을 내야 하는데 개인의 입장에서만 판단하지 않는 방법으로, 즉 다수결의 입장을 고려해야 한다고 나는 생각한다. 그렇기 때문에 나는 인간의 입장에서 악이라면 다른 입장에서는 선일 수 있다는 것으로 악에 대한 지금까지의 잘못된 생각을 바꾸고 선과 악을 이해를 하는 데 도움이 되기를 바란다. 그러나 나는 자연이라는 입장에서 이 글이 선과 악을 판단하는 것에 있어서 성서적인 악에 대해서도 어느 정도는 이해를 시킬 필요성을 느낀다. 성서적인 악 혹은 악마라는 개념이 어떤 결과를 낳았는지를 말이다. 성서적인 이해 속에서의 악, 즉 악마는 우리들이 살고 있는 이 세계를 멸망시키려는 의도가 있다는, 그러한 잘못된 편견을 바로잡고 싶은 것이다. 그리고 실제적으로 이 책이 선과 악이라는 개념에 혁명적인 변화가 일어나기를 바란다.

악을 이해하기 위해서는 선에 대해서 알아야 한다. 선이란 무엇인가? 선이라는 개념을 자연이라는 것으로 결론지어놓으면 어떨까 하는 것인데, 나는 선이라는 것을 자연이라는 것으로 하는 것은 어쩌면 존재라는 개념 하에서 우리들이 존재할 수 있는 근거라고도 결론을 내리고 싶다. 무엇 때문에 자연이 선인가 하는 문제는 이 글을 기반으로 인간과 자연이라는 인간의 심도 있는 사색과 관찰 등에 의해서 선은 자연, 즉 전체라고 하는 것에서 선이라고 하는 것이다. 내가 자연이 선이라고 주장을 할지라도 이것을 어떻게 받아들이고 소화해낼 지는 이 글을 읽는 사람들의 몫이라고 생각한다.

내가 자연을 선이라고 주장하는 이유가 있다면 자연이라는 것은 인간에 의해서 파괴되고 있는 현실 때문이다. 그 인간에 의해서 파괴되어지는 것이 바로 악이다. 선은 인간 본연의 역할인 인간적인이라는 의미나 자연이라는 의미를 말하는데 인간적으로 사물을 관찰할 수 있는 능력으로 환경을 복원한다든지, 함부로 동물을 멸종시키지 않으려는 의지 혹은 그와 유사한 인간적인 선한 행위를 할 수 있는 근거를 선이라고 명명하는 것이다. 그렇다면 환경 파괴와 살인은 같은 의미일 수도 있다는 사실이다. 환경을 파괴하는 그 자신이 아무리 선이라 하더라도 그것은 분명 위선이거나, 아니면 위악이라는 표현으로 사용할 수도 있을 것 같다. 이러한 유사한 개념으로 자연이란 것은 한마디로 말해서 전체라는 말로 명명하는 것이 어떨지 모르겠다. 전체는 개인에 의해서 파괴된다는 것이 무엇을 의미하는가. 전체가 개인에게 파괴된다는 것은 이 글을 쓰는 사람일 수도 있고, 이 글을 읽는 사람일 수도 있다. 자기의 입장에서는 개인이라는 사실 때문에 전체는 개인에 의해서 파괴된다는 이론이 가능하다고 하겠다. 그렇다. 악이란 개인이라는 사실을 증명한다고 할 수가 있다. 개인인 악이라는 인간은 어떤 식으로든 욕망의 동물이다. 그 욕망 덩어리의 악, 즉 개인은 자기가 무엇을 하고 있는지 생각도 하지 않으면서 환경을 파괴하기도 하고, 개인이 개인에게 거짓말을 하고, 싸움을 하고, 그리고 경제적인 다툼을 벌인다든가, 정치적인 다툼을 벌인다. 그리고 개인의 살아가는 과정들을 통해서 개인은 몇 푼의 돈 때문에 자연을 함부로 파괴하고 있으며, 그러한 일들을 멈출 수가 없다는 지극히 모순된 현실 세계를 살아가고 있다. 이러한 자연의 파괴라는 것에도 어찌 보면 악은 선을 이기려한다는 상극과 상생이라는 측면에서 필자가 바라다보았다고 생각하기 바란다. 이런 것을 일컬어서 전체 속에서 개인이라는 개념에 대해 악이라는 표현을 사용하는 것이다.

현실 세계에서 인간이라는 개인, 즉 악은 선을 바라본다는 것이 아닐까. 악은 '어떻게 할 것인가' 하는 문제 속에서 이 글을 작성하는 근거가 된다. 결국 이 세상은 현실적으로 악할 수 있다든지, 아니면 현실적으로 악이지만 전체를 생각하는 행위를 할 수 있는 근거가 바로 악이라는 결론에 이른다. 우선 생각해보자. 나는 악이지만 우리는 선이라는 말을 명심해보는 것이 어떨까. 그리고 만약 내가 어느 날 죽는다면 우리들이 살아가고 있는 현재는 나의 후손들이 살아가야 한다는 사실 때문에 우리라는 연대감의 표현을 사용한다. 나는 악이지만 우리들은 선이라는 행위를 할 수 있는 악이라는 사실을 명심하는 것에서 진정으로 인간적인 인간을 진정한 인간, 즉 진정한 악이라고 말하는 것이다. 인간이 진정한 악에 대해서 이해를 하지 못함으로 해서 위악을 행하면서도 악을 이루지 못하는 원인은 거기에 있다고 할 수가 있다. 그러한 차원에서 진정한 악은 진정한 선을 이룬다는 말이 맞는 것이다. 그리고 진정한 악이 되지 못하는 것은 정치적인 욕망 혹은 경제적으로 잘 먹고 잘 살기 위해서라는 욕망 때문에 남을 해하는 살인 행위를 하는 것을 진정한 악이라고 하기보다는 자기 자신을 위한다는 진정한 악이 되지 못하는 위악이라는 표현이 가능하지 않을까. 마찬가지로 전체적이라는 표현 속에서 인간적이든, 자연적이든 나쁜 일을 하는 것을 위선이라는 표현으로 타당하다고 할 수가 있다.

선이라는 것은 악이 포함되어 있다는 표현과 악 속에는 선이 포함되어 있다는 것이 옳다고 할 수가 있다.

다른 개념으로 현실 세계는 세 가지 시간대가 존재한다고 보는 것이 타당하다. 그것은 나의 부모님의 시각에서는 나를 오래전에 경험했던 것이라는 과거라는 시간대를 의미하고, 마찬가지로 나의 입장에서는 나의 아이를 바라보면 나의 오래전 어린 시절을 말한다고 할 수가 있다. 그것은 바로 나의 아이를 통해서 과거를 지내고 있다는 것을 의미한다. 마찬가지로 나의 입장에서는 나의 아버지를 바라보았을 때 몇 년 후에는 나도 저렇게 된다는, 미래를 살아가고 있다는 것을 알 수가 있다. 또 마찬가지로 나의 아이도 언젠가는 나처럼 나이가 먹어갈 것이라는 사실성으로 미래를 살아간다는 표현이 가능하다.

자연이라는 개념에서의 시간은 과거와 현재와 미래라는 시간을 모두 가지고 있는 것을 선이라고 할 수 있다면, 현재라는 특정한 시간은 바로 악이라고 할 수가 있다. 무엇 때문에 악인가라는 결론은 과거로 돌아갈 수 없다는 것과 미래를 기약할 수가 없다는 사실 때문이다. 그렇기 때문에 악은 자기 자신만을 생각하고 현재만을 생각하는 것이다. 어쩌면 자연이란 시간과 공간을 지배한다든지, 아니면 통제한다는 것에서 벗어난다는 것을 의미한다. 그렇다면 악이란 실시간을 통제할 수 있다고 생각한다든지, 아니면 공간을 지배할 수 있다는 생각을 가진 것을 악이라고 할 수가 있을 것 같다. 악이란 현재와 과거, 미래라는 특정한 시간을 의미하고 부모님과 나와 나의 아이가 동시에 존재하는 미묘한 동거라는 사실을 안다면, 아마도 불필요한 시간에 대한 인간의 아집은 욕심이 아닐까. 나라는 현실과 아버지라는 과거와 나의 아이라는 미래는 동시간대에 공존하는 선이라고 하는 것이다. 악이란 과거나 미래라는 개념보다는 각자가 자기의 시간대만을 보내고 있다는 것이 아닐까. 그것이 바로 악이라는 결론에 이르기도 하고 그러한 과정에서 진정한 악을 이루는 것이다. 나의 행위가 전체를 위해서 인간이라는 특정한 집단을 악이라고 한다는 것으로, 인간과 자연을 통합한 것을 선이라고 결론을 도출해낸다. 그리고 그것이 진정한 악이다.

그리고 또 한 가지가 있다면 자연이라는 개념은 선을 악이 관리하고, 지키고, 보호하면서라는 근거를 제공한다고 생각하지 않는가. 어찌 보면 선을 악이 관리한다는 것은 전체를 개인이나 개체들에 의해서 경영된다는 것이다. 그것이 인간이라는 특정한 개체에 의해서 지배를 하고 경영을 한다는 것은 인간이라는 특성 때문이기도 하다. 인간의 특성 중 바로 생각할 줄 아는 능력을 가졌다거나, 그런 것으로 인간이 환경을 파괴할 수 있는 능력을 가졌다거나, 사랑을 가지고 인간을 바라본다거나, 자연을 바라보고 선한 행위를 할 수 있는 능력을 가진 것에 의해서 인간이 선택되었다는 것이 진정한 인간이라는 표현으로 사용하는 것이다. 그렇기 때문에 인간은 진정한 악이 되어야 한다. 성서적인 측면에서가 아니라 자연의 질서라는 측면에서 악마란 어찌 보면 천지를 창조하시고 '보기에 좋았다'라는 개념에 '너희도 하나님처럼 되리라'와 '너희는 영원히 죽지 않으리라'라는 개념을 대입했을 때 전자는 하나님이 창조하였고, 후자는 사탄에 의해서라면 선언적인 의미가 된다는 사실이다. 즉, 천지를 창조하시고 '보기에 좋았다'라는 당신의 개념일 뿐 나의 개념에 의해서 경영되어야 한다는 선언일 수 있다는 것이다. 동양적인 사상 전반의 음양의 이치와 대소나 낮과 밤, 어둠과 밝음의 이치에 의한다면 그렇다는 것이다.

악이 선을 관리하고 선을 조절한다는 것을 이 세상은 성서적인 관점에서 바라보느냐, 아니면 자연이라는 입장에서 바라보느냐 하는 차이가 있다. 하지만 선과 악에 대한 잘못된 생각으로 선의 진정한 모습을 보지 못함으로 해서 선을 파괴한다거나 선이 하나님이라는 표현을 사용한다면 하나님을 악마로 사용해야 할지도 모른다는 사실을 인식해야 하지 않을까. 그리고 선이란 우리의 후손에게 대물림해야 한다는 사실을 우리가 생각하는 것 이상으로 인식해야 한다. 선을 후손에게 물려주어야 한다는 것은 자연을 후손에게 물려주어야 한다는 것과 마찬가지로 인간의 아름다운 역사를 후손에게 물려주어야 한다는 것을 의미한다고 할 수가 있다. 그러나 그렇게 되지 못하고 있는 현실을 개인으로서가 아니라 전체라는 자연의 일부로서 하는 생각이다. 이 말은 전체라는 차원에서 선이 하는, 즉 자연의 질서가 깨어지거나 황폐해졌다는 사실로 인식하는 전제가 있어야 한다. 마찬가지로 악이란 선 속에 존재하기 때문에 진정한 악은 선한 행위를 할 수가 있다는 개념을 통해서 악 속에는 선이 있다는 것으로 이해할 수가 있지 않을까.

인간의 악은 어떤 식으로든 인간을 선으로 이해를 시킬 필요가 있었다. 그렇기 때문에 종교의 필요성과 도덕·윤리의 필요성, 사회정의의 필요성, 법의 공평성, 법의 가치평등이 자연발생적으로 발생하였고, 소크라테스나 예수 그리스도, 공자 등의 사상이 발생하였을 것이다. 하지만 이것들의 약점이 있다. 인간중심주의적인 방향으로 발전과 변화했다는 것 때문에 악이라는 사실에 멈추어 있게 되었다는 사실과 인간적 자연주의의 선과 자연 질서의 선이 동시적인 현상의 지속성을 인간이 주도해야 한다는 것이 결여되어 있다는 점이다. 필자가 바꾸어야 할 필요성으로 하지 않는 것은 악이란 개념은 잘 생각해보면 엄청난 힘과 능력을 가지고 있다. 그렇기 때문에 필자가 말하는 것을 받아들이려 하지 않을 수도 있다는 사실과 이 책을 읽어는 볼 수는 있지만 강권을 한다거나 억지로 이러한 개념을 이해시키는 것을 하지는 않을 것이다. 그리고 이 글을 읽지 않고 혹은 이러한 개념을 이해하지 않고는 지금까지 알아왔던 선입견에서 벗어나지 못한다. 어쩌면 선과 악이라는 개념을 이해한다는 것은 대단히 중요하다고 할 수가 있다. 필자가 말하고자 하는 것은 인간의 자유와 인간의 이성이라는 부분이 상처를 받으면 인간은 어떠한 방법으로든 자기 합리화를 시키려는 능력을 가지고 있다는 것이다. 이 책에서 수없이 언급하고 있지만 인간은 지독히 이성적이거나 지독히 비상한 능력을 가지고 있다는 사실이다. 따라서 이 글을 이해하지 못한 사람과 이해한 사람에 따라서 비난을 자제하고 긍정할 수 있을 것이다. 이 책은 개인에게 있어서 지적인 능력을 키워줄 수도 있고, 개인의 능력을 극대화시켜줄 수도 있는 책이다. 이러한 사실 때문에 이 책의 가치는 성서만큼이나 높을 수도 있다는 것을 나는 말하고 싶다.

그리고 나는 이 책을 통해서 선과 악이라는 개념을 이해할 수 있는 계기가 되기를 바란다. 이 책은 대중들을 위해서 작성된 책이 아니다. 어쩌면 이 책이 대중들에게 읽혀지지 않는 가장 큰 이유가 성서 속에서의 선과 악으로 완전히 관념에 빠져있는 사람을 이해시키려고 하다가는 인간의 자존심에 심대한 상처를 줄 수도 있다. 그렇게 되면 그 결과는 실제적으로 사람들이 이 글을 이해를 하더라도 자존심을 건드리는 차원에서 반발할 것이다. 때문에 성서적인 관념을 가진 사람에게 있어서 지적인 문제 혹은 자연의 질서라는 차원에서라도 이 글을 작성하는 후손들만 읽도록 하려 했었다. 하지만 이 책이 출판된다는 사실 때문에 나는 두려움을 느끼고 있다. 그리고 이 책에서 말하고자 하는 것을 기존에 있는 종교 집단이나, 아니면 현실적으로 학문적이거나, 정신적인 지배를 하고 있거나, 질서를 깨트리지 않는 방법으로 이해시킬 것을 필자는 말하고 싶지만 성서의 비난을 받지 않으려거든 비난하지 말라에 저촉되지 않는다는 것을 어떻게 합리화해야 할지는 난감하다. 그래서 그 대안을 기존에서 조금도 벗어나지 않는 한도 내에서 생각해내든지 하기를 바란다. 그것은 다름 아닌 기존의 자연의 상태라고 할 수 있는 집단, 즉 선을 지향하는 집단에 의해서 선과 악이라는 개념을 이해하고 인간적인 선과 자연이 바라보는 선을 행할 수 있는 그것을 사람들에게 알려줄 수 있는 집단을 말한다. 그런 집단을 나는 종교 집단이라고 말하고 싶으며, 이것을 윤회교라고 명명한 것이다. 종교 집단이란 성서를 바탕으로 하나님이라는 유일신을 믿는 집단과 부처님을 믿는 불교 집단일 것이다. 이를 위해 인간이라는 이유 때문에, 혹은 잘살고 싶다는 욕망으로 인해서, 또는 현실적인 모순으로 인해서 인간적이지 않은 행위를 하는 것에 대한 그런 일이 일어나는 이유라든지 원인에 대해서 생각해보고, 인간과 자연의 질서에 대해서 다시금 재정립해서 사람들과 만나야 되지 않을까 하는 생각이다. 이는 전체 가운데 인간이라는 선 속에서 악이 나서야 한다는 것을 말한다. 위기를 만들지 않으면서 악에 의한 선을 이룬다는 이론이 바로 이 글을 작성하는 사람의 의도이다.

군이 종교 집단의 중요성을 말하지 않더라도 종교 집단이 행하는 인간에 대한 끝없는 애정을 나는 고맙게 생각한다. 하지만 모든 사상의 전반은 만물을 사랑하지 않는 사상이나 종교는 자연의 질서가 바라보는 더러움이며 위선이다. 그렇기 때문에 자연의 질서가 깨지는 사상과 철학, 종교가 결국에는 엄청난 대학살과 같은 현상이 발생하게 되는 것이다. 종교 집단에 의해서 인간들의 폭력이나 강자와 약자라는 양육 강식의 동물적인 행위를 하는 것에서 어느 정도는 벗어날 수 있었던 게 어쩌면 종교 집단의 영향이 컸다는 차원에서는 그렇다. 인간이 인간다워진다는 것은 인간의 이성이 지극히 순수하거나 인간의 이성이 지극히 아름답다는 방향으로 인류가 흘러온 가장 큰 이유이기 때문에 필자는 종교를 높게 평가하는 것이다. 수없이 지적했던, 자연의 질서가 깨지면 인간은 스스로 벌하게 되는 현상 속으로 깊이 빠져들게 된다는 사실을 두려워해야 한다. 어쩌면 필자 자신이 전쟁을 하는 상황이 아니기 때문에, 혹은 어려운 가운데 있지 않기 때문에 그런지도 모르겠다.

그러나 종교 집단의 한계가 무엇인가는 생각해볼 가치가 있다. 종교 집단의 한계는 무엇인가. 그 답은 인간적인 선과 자연 질서의 선이 심하게 왜곡된다는 것과 그것을 인식하지 못하는 약점이 있지만 전체 종교 집단이 문제가 있다는 것은 아니다. 그러나 전체 속에서 몇몇 욕망이 앞서있는 개인에 의해서 종교가 사유화되는 경우를 종종 봐왔다. 종교가 재산 증식을 하는 수단으로 변질된 경우를 보아왔고, 집단 이익에 의해서 종교가 이용되는 경우도 있었다. 그런 것은 분명히 잘못된 것이다. 따라서 가장 이상적이라 할 수 있는 종교 집단에서도 선과 악이 존재한다는 사실이다. 전체 속에서 악은 절대적으로 존재한다. 즉, 인간적이든 자연적이든 선과 악은 존재한다는 사실만으로도 악에 대한 이해를 시킬 필요성이 있다는 것을 지적하는 것이다. 그리고 이 책이 그들에 의해서 이용될지는 필자 자신도 잘 모르겠다.

필자는 자유를 원한다. 평화를 또한 원한다. 이 책이 나의 자유와 평화를 깨트릴 수가 있다면 하는 생각에서 이 글을 작성한다. 하지만 사람들에게는 보이지 않는 것이다. 어쩌면 장롱 속에서 오랜 시간 썩힐지, 아니면 책을 통해 많은 사람들에게 읽혀지게 될지는 아무도 모른다. 나는 종교 집단에게 이런 주문을 하고 싶다. 환경 파괴의 종식을 종교 집단이 정면으로 나서라고 말이다. 종교 집단이 환경운동을 본격적으로 나서지 않으면 우리가 살고 있는 지구는 아무도 환경을 보호해야 한다는 목소리를 내지 않게 된다. 종교 집단이 자기 것만 지키는 구태의연한 행위를 한다면 기독교가 됐든 천주교 혹은 불교가 되더라도 그 징계(懲改)할 가능성이 있다는 것을 나는 경고한다. 그렇게 되면 우리가 살고 있는 이 현실에 비전이 없을 것이다. 종교 집단에서 환경의 최우선이 무엇인가를 깊이 생각하는 계기가 되기를 바란다.

종교 집단이 왜 환경문제를 최우선 과제로 다루어야 하는지에 대해서 말하겠다. 그것은 성서를 기본으로 하기 때문이며, 윤회라는 사상을 바탕으로 하기 때문이다. 나는 성서의 창세기 1장을 끄집어내는 것을 서슴지 않는다. 우리는 '보기에 좋았더라'라는 말을 알고 있을 것이다. '보기에 좋았더라'라는 의미를 나는 이렇게 생각한다. 하나님께서 천지창조를 하신 그 상태를 '보기에 좋았더라'라는 의미로 받아들이고 싶다. 환경이 하나도 파괴되지 않은 상태를 말한다. 나는 천주교를 비롯한 기독교 계열의 신자들에게 '보기에 좋았더라'라는 것을 위해서 얼마나 노력했는가를 묻고 싶다. 나는 그들이 말하는 천국이란 것이 '보기에 좋았더라'라는 것을 하지 않고 어떻게 천국에 갈 수 있다고 생각하는지에 대한 물음을 던질 수밖에 없는 것이다.

결론은 그것이다. 천국에 가는 것은 나 자신이며 '보기에 좋았더라'는 그 이후라는 생각을 갖고 있기 때문이다. 나는 사후 이 세상이 보기에 좋든 안 그렇든, 그것은 신경 쓰지 않는다. 인간의 악마성이 그런 것에 나타난다는 결론에 이른다. 나는 권력을 잡은 사람이라면 천주교와 기독교 계통의 사람들을 박해해야 한다고 생각한다. 그들이 말하는 '보기에 좋았더라'라는 것을 위해서 노력하지 않으면서 현실 세계를 끝없이 파괴하고 있기 때문이고, '보기에 좋았더라'를 외면하면서도 천국에 가겠다는 발상을 하기 때문이다. 하지만 더 중요한 것은 모두가 인간적 자연주의 행위를 하는 것으로 조화롭게 살 수 있기를 바란다.

마찬가지로 나는 불교권의 사람들에게도 철퇴를 내려야 한다고 생각한다. 불교의 교리는 윤회라는 사상의 바탕에 서있다. 부처님께서는 윤회를 했다기보다는 성불을 했다는 표현으로 사람들에게 기억되었다면 성불과 윤회 중 어느 것을 원하는가를 선택하는 것은 불교도들의 문제인 것이다. 그러나 성불이 된다는 것이 무엇을 의미하는가. 그것은 바로 인간적인 선과 자연이 원하는 선의 행위를 할 수 있는 깨달음을 깨우쳤다는 것을 의미한다. 물론 불교도 인간적 자연주의의 행위를 하면서 조화롭게 살기를 바란다.

인간적으로 가장 높은 단계의 성불한 사람이나 다시 태어난다는 사상적인 완성을 한 사람은 이 속에서 깨달은 것을 세상 사람들이 행위를 하도록 유도할 책임을 가진 사람이라고 본다. 이게 바로 성불의 목적이라 할 수 있을 것이다. 만약 인간적인 선과 자연이 바라보는 선 행위를 하지 않고 단순하게 성불에 대한 집착만을 한다면 그는 인간이 해야 하는 인간적인 선에 대한 조그만 깨달음 정도만 이루었을 뿐이다. 그가 언제까지 깨달음을 향해서 수행을 하여야 하는지는 잘 모르겠지만 성불을 하기 위한 인간적인 선과 자연이 바라보는 선 행위를 하라고 나는 말하고 싶다.

그리고 윤회한다는 것의 연속성 안에는 무엇이 있는가? 윤회한다는 것은 내가 다시 태어난다는 가정을 항상 갖는다는 것이다. 어찌 보면 필자가 기독교나 천주교에서 생각하는 하늘나라로 간다는 사상보다도 한 단계 위의 사상이라고 하는 이유가 있다면, 필자는 다시 태어나고 싶다는 생각을 가지고 있다고 보는 것이 나을 것 같다. 그렇기 때문에 필자는 불교에 관심을 가져보고 싶다. 내가 나의 인생이 아름답다든지, 아니면 아름답지 못하다든지 하는 삶을 살았다면 다시 태어나서 다른 인생을 한 번 살아보고 싶다는 생각 때문이다. 현재는 가난한 도시의 근로자가 되어서 살아가고 있지만 다시 태어나면 현재보다도 선한 일을 한다든지, 아니면 최소한 나쁜 일을 하지 않는 인생으로 다시 태어나서 살아보았으면 하는 바람이다.

　그렇다면 다시 태어난다는 것은 우리에게 무엇인가를 해야 한다는 것이 아닐까. 불교의 큰 약점일 수밖에 없을 것 같다. 불교에서는 다시 태어날 것에 대비해서 무슨 행위를 하라고 가르치지 않는 약점을 가지고 있다고 지적한다면 나를 비난할지 모르겠다. 그러나 윤회사상을 정면으로 부정하는 결과가 된다는 것으로 함부로 이 글을 작성하는 사람을 비난하지는 못할 것 같다는 생각을 해본다. 그것은 다시 태어나 우리가 써야 되는 것을 생각해서 그것을 준비해야 하지 않을까 하는 마음에서이다. 불교권에서 한 그루의 나무를 심고 환경을 잘 보전해서 다시 태어날 때는 깨끗한 환경 속에서 살 수 있게끔 그 준비를 해야 한다. 그러나 불교권에서는 그런 것은 외면하고 있다. 그저 윤회만을 주장하고 가장 중요한 나무 한 그루를 심어야 한다는 소리를 하지 않고 있다. 이러한 모순에 대해 그들이 뭐라 말할 수 있는지, 나는 종교권의 반성을 촉구하는 바이다.

　나는 종교권에서 나무를 심는 단체를 만들어야 한다고 생각하는 사람이다. 그 단체는 무조건 왜 나무를 심어야 하는지 묻지 말고 무조건 나무를 심어야 한다. 300년 후 누군가가 나타나서 그 나무를 쓸 날이 올 것이다. 그날을 위해서 무조건 심기를 바란다. 내가 할 수 있는 말이다.

　인구가 도시로 집중되면서 자연은 되살아나게 되어 있다. 나는 인간 스스로 인구를 줄이는 방법을 생각해보아야 할 때가 지금이라고 생각한다. 인구의 증가가 666이라면, 인구 감소는 반666이다. 이렇게 생각하는 것은 인구 증가의 대안을 강구하는 것이 바로 반666이고, 반666의 대안이 바로 666이라는, 성서의 내용을 전면적으로 다르게 생각하기 때문이다. 우리는 우리나라의 전통적인 인내천(人乃天) 사상을 가지고 있다. 이런 사실만으로 후손에게 기회를 준다는 취지에서 이 언어가 사용되어지기를 바란다.

악에 관한 또 다른 제시는 악이란 지혜를 의미한다는 것이 개인적인 견해이다. 악은 지혜를 어떻게 제시해야 하는가는 성서와 그리스 로마신화를 통해서 언급할 수밖에 없겠다. 악을 무엇 때문에 지혜라고 하는가. 그리스 로마신화에서 프로메테우스가 인간에게 전해준 불의 상징이 무엇인가. 불은 인간의 손에 의해서 응용되어지거나 사용, 발전하면서 문명을 꽃피우는 데 결정적인 역할을 한 데서 지혜를 상징한다는 것이다. 프로메테우스가 인간이 추위에 떨고 있는 것을 가엽게 여겨서 인간에게 불을 주었다지만, 인간에게는 응용과 발전을 시키는 능력이 있었다. 문명의 결정적인 계기가 인간이 불을 사용하면서부터라고 한다면 불이 의미하는 것은 지혜이고, 진보나 진화의 가능성에 인간이 놓였다는 사실을 상징한다.

그렇다면 프로메테우스는 신에게 어떠한 존재였는가. 자연의 질서에 조화를 상징하는 것이 신의 생각이라면, 어쩌면 프로메테우스는 자연의 질서에 대한 반란을 상징한다고 할 수 있을 것이다. 인간은 발전과 문명을 향해서 나아갈 수 있었다면, 자연의 질서는 파괴된다는 것을 의미한다. 그렇다면 신은 프로메테우스를 용서할 수 없다는 것을 상징한다. 불이 인간에게 지혜의 상징으로 되는 것은 응용이나 발전의 방법을 제시한 것을 창세기의 '보기에 좋았더라'에 대한 물음이 될 것이다. 과연 성서가 말하는 '보기에 좋았더라'가 그리스 로마신화에서와 같다는 견해이다. 제우스는 조화를 가장 우선한다는 것이 신의 위치이고, 신의 의무가 '보기에 좋았더라'라는 말로써 상징하는 것이라고 할 수 있는 것이다. 그렇다면 '보기에 좋았더라'를 만약에 프로메테우스의 다른 표현이라고 할 수 있는 사탄은 '보기에 좋았더라'를 어떻게 받아들였는가. 프로메테우스는 보기에 좋았지만 인간이 불쌍하다든지, 인간이 사육된다는 생각이었다. 하지만 사탄은 금단의 열매를 인간에게 따먹을 것을 유혹하는 것이 '보기에 좋았더라'와 다르게 보았다고 나는 생각하는 것이다. 인간과 자연의 질서 중에서 하나님은 인간의 번영보다도 자연 질서의 조화가 우선한다는 것을 상징한다는 것으로서 인간에게 금단의 열매를 먹지 말 것을 원했다. 이러한 사실 속에서 그것을 발견할 수 있다. 과연 인간은 금단의 열매를 먹지 말고 영원한 에덴의 동산에서 살아야 하는가와 금단의 열매를 먹고 사탄의 '너희도 신처럼 되리라'라는 말이 얼마나 자연의 질서에 영향을 미칠 것인가를 알았을까. 또한 '너희는 영원히 살 것이라'는 말이 자연의 질서에 어떠한 영향을 미칠 것인가를 알았을까. 나는 이러한 의문을 갖는다.

'너희도 하나님처럼 되리라'는 말은 무엇일까. 역사를 통해서 말할 수 있는 것은 상징적으로 하나님은 인간을 줄여야만 자연의 질서가 조화롭게 된다는 사실을 본질적으로 가지고 있다는 사실이다. 하나님은 인구를 줄이는 방법을 어쩔 수 없이 하게 되는 것이 자연 질서의 측면이라고 할 수 있는 것이다. 인간에게 금단의 열매를 먹게 한 것은 한마디로 '보기에 좋았더라'를 통해서 사탄이 이 세계를 멸망시키려고 금단의 열매를 먹게 유혹한 것이 아니라, 인간에게 자연의 질서를 스스로 개척하거나 조화를 유지하게 하였다는 것을 의미한다는 것이 나의 견해이다. 여기에서 금단의 열매는 지혜나 이성을 상징하는 것이라고 할 수 있는 것이다. 과연 금단의 열매가 무엇 때문에 악이라고 하는가와 사탄의 죄가 무엇인가, 예수의 죄는 무엇인가를 논할 필요가 있는데 사탄의 인간에 대한 배려는 프로메테우스가 인간에게 한 배려와 다르지 않다. 하지만 그것은 악이다. 자연의 질서 속에서 특정한 불의 발견으로 인간은 문명을 일으키고 인간의 역사를 만들었지만 자연의 질서는 혼란에 빠져있고 파괴되어 가고 있는 것이 사실이다. 그렇다면 인간의 손으로 인간의 역사를 만들어갈 수 있는 기회를 제공한 사탄의 행위는 기회를 인간에게 주면서 프로메테우스가 제우스로부터 벌로서 심장을 쪼아 먹히는 벌을 받고 있는 것이다. 하지만 성서에서는 사탄의 죄를 믿음의 부족이나 하나님에 대한 배반에 대한 죄로써 얼버무리고 있다. 이런 사실을 통해서 하나님은 어쩌면 사탄의 죄를 물으려고 하는 것이 아니라, 인간의 역사를 열 수 있도록 할 수는 없었다는 사실을 은연중에 발견할 수 있다. 신이 사탄의 죄를 물어 겨우 발 없는 뱀으로 만들었다는 것을 통해서 하나님은 사탄의 죄를 자기 스스로 짊어져야 하지만 그렇게 할 수 없었던 것은 아닐까 하는 생각이다.

구약과 신약을 통해 보면 예수의 죄와 사탄의 죄는 같은 것이라는 것이 나의 견해이다. 성서주의자들은 사탄의 죄와 예수의 죄를 동일시하지 않고 있다. 이를 통해서 성서주의자들이 간과하고 있는 것이 있다. 그것은 인간의 죄를 인간이라는 절대적인 진리로 깨트리게 된다는 것을 모른다는 것이다. 인간의 죄는 예수의 죄와 본질적으로 다르다. 인간은 기회가 있으면 행동한다는 사실과 인간의 본질은 인간 그 자체로서 자연의 질서를 지켜가고 있거나 지켜가려고 노력하는 존재라는 사실을 간과했다는 사실이다. 즉, 프로메테우스가 인간에게 불을 가져다주지 않았어도 인간은 자연의 질서 속에서 불을 발견하게 되는 역사를 만드는 능력이 있다는 사실이다. 성서 속에서 간과하고 있는 만약 아담과 이브가 살고 있는 영원한 평화 속에서 아담과 이브가 금단의 열매를 먹지 않았다면 카인과 아벨이 태어나지 않았을 것이다. 이는 마치 인간에게 종족보존의 본능이 없는 존재인 것처럼, 혹은 믿음에 의해서 자연의 질서가 유지되고 말고의 역사가 되어야 한다는 인간의 역사를 왜곡시켜 놓았다. 그리고 인간의 이성적인 능력은 하나님이나 사탄에 의해서 좌우되는 것이 아니라, 자연의 질서를 인간은 체득하는 과정이고, 그 과정에서 법의 문제나 정치, 사회, 문화의 문제를 해결해 나갈 수 있다는 것이다.

현대의 과학 문명의 문제는 무엇인가. 환경 파괴의 문제나 인구의 문제들이 성서로부터 나오지 않았다는 것을 그리고 자연의 질서에 대한 회복의 의지나 지혜의 과정을 거쳐서 우리의 문제는 우리가 해결해나가는 것이 옳은 선택이라는 것이다. 이것이 악이다. 악은 자연 질서의 한 부분인 우주 속에서 태양계가 악이고, 태양계 속에서 지구가 악이고, 지구 속에서 하늘이 악이고, 땅이 악이고, 땅 위에서 특정한 식물이나 동물을 지정한 이름을 악이라고 하는 것이다. 여기에서 천지만물 속에서는 물이라는 정해진 물질이 악이라는 것이고, 물속에서 특정한 생명체를 지칭한다면 그것이 또한 악인 것이다. 전체 인간 속에서 특정한 인간, 가령 예수가 그렇고, 석가모니 또한 악이라고 할 수 있는 것이다. 무엇 때문에 그러한가. 우주의 역사 속에서 빅뱅이론의 대폭발을 통해서 우주가 형성되었다. 동양의 주역 이론의 무에서 유가 있으므로 유와 무가 있게 되었다는 방법에 의해서 확산되어가는 것이다. 하지만 빅뱅이 이루어지는 순간 대폭발이 일어나기 전에는 그것이 악이라는 사실이고, 빅뱅을 통해서 빅뱅이 선이 된다는 사실이다. 빅뱅이 없었다면 우주가 없게 되는 것이고, 우주가 없었다면 태양계가 없게 되는 것이고, 태양계가 없다면 태양이 없는 것이고, 태양이 없게 되면 지구나 지구에 살고 있는 생명체는 있을 수 없게 되는 것이다. 자연의 질서에 의해서 형성되어진 인간의 존재가 증명될 수 있는 사실들을 신의 존재에 의해서 인간이 자연의 질서에 역행하는 존재가 되는 것을 경계해야 한다. 이 얘기를 통해 악에 대해서 이해를 하는 계기가 되기를 바란다.

필자는 이 글을 쓰기 전 프로이트의 심리학 강의 책에서 '악마의 유혹이란 없다'는 것을 읽은 바 있다. "인간은 자기가 싫어하는 것을 진실이 아니라 비방하고 곧 그 증거를 찾아내는 것이 통례이다. 문화란 생존경쟁의 압력 속에서 본능적 욕구 충족을 희생하여 창출한 것이다"라는 말이다. 나는 기독교나 천주교, 불교 등 기타의 종교들이 문화의 한 가지라고 생각하는 것에 대하여 어떤 식으로 이 글에 대하여 반대 입장을 표방하더라도 할 말은 없다. 기독교와 천주교는 문화생활의 한 가지일 뿐이라고 생각하는 필자는 기독교, 천주교, 불교 등 기타의 종교 속에서 초월적인 존재를 염두에 두었다는 것으로서, 인간이 사후에 하나님의 나라에 간다고 하는 것을 인간의 좋은 상상이라고 생각한다. 그렇다면 이 글이 악마의 유혹인가. 필자의 이 글은 악마의 유혹이 아니다. 다만 앞에서 언급했듯이 인간은 자기가 싫어하는 것, 즉 환경의 파괴와 전쟁에 대하여 기독교와 천주교, 불교, 이슬람권에서 방관하는 자세를 갖는다는 것을 문제 삼는 것이다. 종교가 표방하는 진실을 왜곡해서 인간이 인간을 살육하는 현상이 발생하는 것을 사전에 인지하지 못한 책임을 묻는 것이다.

그렇다면 종교 중에서 필자가 생각하는 이념은 무엇인가를 우선 말해야 할 것 같다. 종교의 가장 큰 모순은 바로 인간주의에 많은 비중을 두고 있다는 모순을 가지고 있다. 인간으로서 인간주의를 표방하는 것은 당연한 것이라고 말할지는 모르지만 인간주의만을 고집한다고 하는 것은 자연의 질서가 깨져가는 사실을 종교가 가장 두려워해야 한다는 것을 인식하지 못한다는 것이다. 종교는 어떻게 됐든 자연으로부터의 경고를 최고의 가치와 이념으로 인식해야 한다는 사실을 외면했을 때 자연의 질서는 종교를 말살시키려고 한다는 사실을 인식하여야 한다. 왜냐하면 종교가 자연의 질서를 지키는 수호신이 되지 않으면 존재 자체를 부정하는 자연의 질서이기 때문이다. 인간적 자연주의를 항상 염두에 두기를 바라지만 선택은 인간이 하는 것이라는 말밖에 할 수 없다. 앞에서 언급했듯이 모든 종교를 필자는 경멸한다. 그 이유는 인간적인 선과 자연이 바라보는 선을 행할 것을 사람들에게 주문하지 않기 때문이다. 언뜻 이해하기 어려운 말이라고 생각할지는 모르지만 그것은 분명한 말이다. 우리가 살아가는 현실 세계는 나라는 존재와 자연이라는 존재로 이루어진 자연이다. 나라는 존재는 자연의 일부로서 나이고, 나의 본래의 가치는 자연의 가치로서 합당하다는 사실에서 분명하다는 것이다. 나의 가치가 자연의 질서로서 무엇을 행하며, 무엇을 생각하며, 무엇을 지향하는가에 의해서 나는 악이 되고, 선이 되고, 위선도 되고, 위악이 된다는 사실이다. 자연의 일부로서 나는 무엇을 위하여 인간으로 살 것인가와 무엇을 위하여 자연으로 살 것인가를 생각해야 한다.

악마적인 요소란 불교나 노자의 사상에서 말하듯이 인간의 갈등이나 폭력, 화를 발산하는 자연으로서의 행위를 하지 않는 것들에 대해서 항상 염두에 두어야 한다는 사실이다. 여기에 인간은 인간의 잠재적 무의식인 종족보존의 본능이나 음식물에 탐닉을 할 수 있는 유전적인 요소를 가지고 있다. 이러한 사실에 의해서 인간은 존재 자체만으로도 선과 악, 위선과 악마적 요소를 동시에 가지고 있는데, 중요한 현상은 모든 것은 바로 생명이라는 사실에서부터 시작된다는 것이다. 이것이 파괴를 할 수밖에 없는 악마적 요소와 인간과 인간의 관계를 피할 수 없다는 사실 그리고 유전적 요소와 사회, 경제적 요소를 함축하면서 행위와 존재를 한다. 파괴를 하지 않으면서 살거나, 함부로 살생하지 않으면서 행위를 하거나, 손해에 대해서 자연의 이치로서 받아들이거나, 대중의 일원으로서 자연의 질서를 복원하는 행위를 주도하는 행위를 하도록 사람들을 설득하거나, 이러한 사상을 사람들에게 행위를 하도록 하는 것이 바로 인간이자 생명이라는 사실을 자연의 질서로서 정의하는 것이 바로 선이라고 할 수 있는 것이다. 종교의 이념과 가치는 이러한 전제를 본질적으로 내포하고 있는 자연의 질서이기 때문이다.

끝으로 나는 엔트로피 법칙의 극복을 위한 방법으로 나무를 심는 것으로 이룰 수 있다는 결론에 이르렀다. 현대사회는 석탄의 고갈과 원유의 고갈의 시대를 얼마 남겨놓지 않은 시대를 살고 있다. 그렇다면 우리는 한번쯤은 생각해볼 때가 되었다. 석탄이 어떻게 형성되었는가와 원유가 어떻게 형성되었는가를 말이다. 석탄은 빅뱅이 일어났을 때 생겨난 물질인가, 아니면 나무나 나뭇가지가 쌓여서 형성된 물질인가. 나의 견해로는 석탄의 형성은 수백만 년의 시간 동안에 나무와 나뭇가지들이 쌓여서 형성되었다고 생각한다. 인간은 석탄의 형성을 과학적으로 규명하려는 시도를 지금부터 해야 하는데 나무 심는 것을 절대적 신의 섭리라고 전제해야 한다. 나무를 심는 것은 미래를 심는 것이지 현재를 위해서 심는 것이 아니다. 나무를 심는 것은 만년 후를 위해서 심는 것이다. 다음으로 동물의 사체나 그와 유사한 식물이 썩어서 형성된 원유에 대해서도 물리과학적으로 연구해야 한다.

마지막으로 엔트로피 법칙의 극복을 위한 역엔트로피 법칙의 구현에 인간의 모든 과학적인 능력을 발현시켜야 할 것이다. 과연 역엔트로피 법칙을 구현할 수 있을까가 나의 사후 이천년 동안의 과제가 될 수밖에 없을 것이다. 역엔트로피 법칙은 사용 불가능한 에너지를 사용 가능한 에너지로 만드는 과정인데 과연 실현할 수 있을까. 성서에 그런 말이 나온다. '너희는 금단의 열매를 먹으면 하나님과 같이 되리라.' 역엔트로피 법칙을 구현한다는 것은 거의 하나님과 같은 능력이 생기는 것을 의미하는데 과연 가능할까. 역엔트로피 법칙은 열과 빛, 소리를 사용 가능한 우라늄으로 환원시키는 것을 말한다. 개인적으로 우라늄의 형성은 빅뱅에 의하지 않으면 안 될 것이라고 생각한다. 빅뱅은 블랙홀에서 소리 에너지나 빛에너지가 극도로 압축되는 과정을 거쳐서 형성되는 물질이기에 우라늄을 형성하기는 어려울 것이다. 이것이 과학적으로 증명할 수 있는 말인지, 아니면 인류에 던지는 말인지 모르겠다.

그리고 현대사회는 윤회의 경제학에 대해서 이제는 눈떠야 한다는 것이 나의 생각이다. 현대사회는 건물을 짓고 파괴하면서 나오는 콘크리트와 같은 산업폐기물을 언젠가 사용할지 모른다는 생각으로 관리해야 한다. 콘크리트 폐기물을 석회석 광산에 다시 메우고, 그것이 나중에 자원이 되도록 관리해야 한다는 것이다. 그리고 모든 이치는 거의 같은 생각으로 운용되어야 한다. 가령 나무를 많이 심어서 석탄을 파낸 자리에 나무가 석탄이 되도록 메워주는 일들을 해야 하는 것이다. 마찬가지로 원유를 파낸 자리에 원유가 형성될 수 있도록 원료를 넣어주는 일을 해야 한다. 하지만 분명한 것은 이 글은 자연이 인간에게 던지는 메시지라고 생각한다. 나는 자연을 극복하는 인간이 아니라, 내 스스로 자연의 일부라고 천지자연 앞에 무릎 꿇고 받아들였기 때문이다.

# 신은 살아있다

'신은 살아있다'의 절대 명제는 성서에 기록되어 있는 '천지를 창조하시고 보기에 좋았더라'라는 절대 명제라고 할 수 있을 것이다. 이 명제는 성서의 '천지를 창조하시고 보기에 좋았더라'와 성서 전부를 바꿀 수 없다는 '신은 살아있다'가 가장 중요한 의미인 것이다. 예수 그리스도의 '내 이웃을 사랑하라'고 하는 명제와도 비교될 수 없다는 것이 이 명제인 것이다. 가령 모세가 강물을 가르고 이스라엘 민족을 약속의 땅으로 인도한 것이 이스라엘 민족의 번영을 위해서가 아니라 '천지를 창조하시고 보기에 좋았더라'를 어떻게 구현할 것인가를 위해서 그리고 여리고성의 멸망과 바벨탑의 멸망도 그 밖의 성서의 모든 파멸이나 멸망이 '천지를 창조하시고 보기에 좋았더라'를 위한 과정인 것이다. 여기에서 예수 그리스도와 마호메트의 영원하고 불멸한 세계를 향한, 혹은 그와 관련한 믿음의 세계나 영원한 평화와 자유가 있는 세계의 실현이 '천지를 창조하시고 보기에 좋았더라'와 절대적 배치가 된다는 사실을 알지는 못했다는 사실을 우리는 인식해야 한다. 이 말은 무엇을 의미하는가? 성서를 살펴보면 예수 그리스도의 믿음과 하나님의 세계, 마호메트의 이상세계가 사탄이 아담과 이브에게 금단의 열매를 따먹도록 하면서 한 말과 다르지 않다는 사실 때문에 예수 그리스도와 마호메트도 '천지를 창조하시고 보기에 좋았더라'라는 측면에서는 예수와 마호메트도 악마의 자손이 될 수밖에 없다는 것이다. 이 말은 '천지를 창조하시고 보기에 좋았더라'를 파괴하기 위한 방법으로써 사탄의 '너희도 하나님처럼 되리라'와 '너희는 영원히 죽지 않으리라'라는 말이 사용되기 때문이다. 이 언어에서 우리는 인간에게 '천지를 창조하시고 보기에 좋았더라'와 비교해보았을 때 인간에게 있어 '이성은 영원히 죽지 않으리라'는 언어 체계의 연장선상이고, '너희도 하나님처럼 되리라'라는 언어는 과학적 현상을 인간이 수학적으로 구현해 내는 결과에 의해서라는 분명한 사실이다.

인간에게 만유인력의 법칙은 '천지를 창조하시고 보기에 좋았더라'를 결과적으로 파괴하는 방법이 된다. 그런데 신과 자연의 질서는 같은 의미인가. 신과 자연의 질서는 무엇을 주관하는 존재로서의 모든 대상을 자기의 수단으로 할 수 있다는 측면과 이 세상에 있다는 것 자체가 그 자체로서 목적이 된다는 것일지도 모른다. 필자가 말하고 싶은 것은 '이 세상에 신은 존재하지 않는다' 그리고 자연 질서의 궁극적인 실체인 '자연의 질서는 바로 내 자신이 자연의 질서의 한가운데 있다'는 분명한 사실이다. 이는, 자연의 질서는 나를 위하여 있어야 한다는 사실이고, 자연의 질서를 위해서 내가 존재한다는 사실이라는 것이다. 이 세상에는 존재가 있게 될 때 나를 위하여 자연의 질서가 존재하는 것이며, 나는 자연의 질서를 형성하는 결정적인 존재일 수밖에 없다는 것이며, 내가 자연의 질서를 신과 같이 변화시킬 수 있는 능력이 있든 없든 자연의 질서는 나의 목적을 위해서 존재한다는 것에 의해서 성서의 자연의 질서를 변형시킬 수 있는, 즉 '너희도 신처럼 되리라'라는 언어와 연결한다면, 인간인 나는 자연의 질서를 수단으로 삼고 있는 생활을 통해서 생명을 죽이는 일을 줄이기 위해 실천하는 것으로서 '신은 살아있다'는 것을 실천해야 한다.

인간은 자기 자신도 모르게 생활의 편리를 위하여 파괴시켜 나가는 생활을 하고 있다. 하지만 생명인 인간은 생활을 통하여 '천지를 창조하시고 보기에 좋았더라'를 궁극적으로 파괴하고 있다는 것이 분명한 사실이다. 어쩌면 '신은 살아있다'의 절대 명제는, 창조는 자연의 질서로 환원되는 것이며, 자연의 질서는 자연으로 환원되며. 자연은 궁극적으로 스스로 그러하다는 사실로 완성되는 것이며, 스스로 그러하다는 것은 생명으로서 스스로 있게 되는 자연은 생명으로 환원되는 것이다. 바로 생명이 신이 되어야 하는 이유가 되는 것이다. 하지만 '천지를 창조하시고 보기에 좋았더라'는 사람만을 생명이라고 정의하지 않는다는 절대 명제가 내포되어 있다고 할 수 있지만 예수나 마호메트 등이 말하는 영원한 세상으로 간다든지, 영원한 평화가 있는 세상에 갈 수 있도록 인도할 수 있는 실체는 본질적으로 인간만을 위한다는 가장 위대한 모순 속에서 인간을 이 세계에 존재하는 유일한 생명으로 선포하는 것과 같은 것이라는 사실이다. '천지를 창조하시고 보기에 좋았더라'는 균형과 조화를 의미한다. 그리고 '천지를 창조하시고 보기에 좋았더라'는 자연의 질서로 환원될 때 자연의 질서는 자연이라는 의미와 질서라는 의미를 동시에 작용하는 균형과 조화의 실체를 이 세상에 구현한다는 의미이다. 그리고 균형과 질서를 내포하고 있는 자연의 본질은 생명이기 때문이다. 생명은 절대적인 진리이지만 또한 자연으로 돌아가는 존재이기 때문에 생명의 영속성이 이루어지는 것이다. '세대에서 세대로'라는 이 말은 666의 시대와 반666의 세대로 무한 순환을 스스로 결정할 수 있다는 의미이며, 인간 스스로 생명이 신이 되는 시대를 받아들이는, 즉 인간이 바라보는 선과 자연의 질서가 바라보는 선이 현상적으로 구현되는 시대의 도래를 선포하는 언어이기도 한 것이다.

'신은 살아있다'의 두 번째 절대명제 중 무엇인가를 상정해야 한다면 나는 해와 달과 땅을 신의 개념이라고 전제한다. 이것을 지천선악이라고 하는데 여기에서 하늘이라는 개념을 배제한 까닭은, 하늘은 해와 달과 땅의 작용과 환원에 의해서 이루어진 것이며, 땅위에 해와 달과 땅 스스로가 작용과 환원에 의해서 물이 생성되고 그물이 해와 달의 생성과 작용과 환원에 의해서 생명이 탄생하는 것처럼 하늘이 땅의 이치와 같다는 것 때문이다. 신이라기보다는 생명현상의 생성과 작용과 환원에 의해서 끝없이 생명현상을 재생성하는 자연의 이치라고 생각하는 것에서 신의 이치보다는 생명현상의 완성이라고 해야 할 것이다. 여기에서 신이란 태양이 양이고 달이 음이다. 하지만 전체 우주는 음이다. 이 말의 의미는 음에 양이 있으며 양에 생성과 환원의 이치인 음이 있다고 하는 것이다. 신이란 생명현상을 신이라고 하고, 그것이 신이라는 개념으로 인정할 수가 있다면 신의 개념으로 인정할 수 있다. 그렇기 때문에 하늘이라는 개념을 신의 가치로서 인정한다는 것이다. 하지만 본질적으로 하늘이 존재하는 가운데 하늘이 해의 이치와 달의 이치와 땅의 이치에 의해서 생성되었다는 것이 옳다고 생각하는 것, 즉 생명현상은 해가 없이는 이루어지지 않으며, 또한 달이 없으면 이루어지지 않으며, 땅이 없는 절대로 이루어지지 않는다는 사실을 말한다. 그렇지 않으면 신의 개념으로서 신의 존재는 불가능하다는 것을 시인하지 않을 수 없을 것이다.

인간의 이성적 능력이 언어를 만들어 내었고, 그 언어를 발전시켜서 현대의 인간이 체험하게 되는 과학과 문명의 현실화 속에는 인간에게도 그렇고 모든 해와 달의 작용과 땅의 작용과 하늘의 작용에 의해서 유전된다는 사실이다. 그래서 유전과 진화의 과정을 통해서 신의 개념을 어떻게 신앙해야 하는가를 인간의 언어와 이성은 고민하지 않을 수 없는 것이다. 하지만 인간에게 유전과 진화의 맥락과 인간이 만들어 놓은 종교적 상징들, 즉 하나님이라든지 부처님, 예수 그리스도, 알라와 같은 상징들에 대해서 어떻게 빠져나올 것인가? 그리고 과학법칙이나 현대의 정신사와 철학적 개념에 의해서 신의 개념을 어떻게 정립해야 하는가? 인간의 진화가 어떻게 신이 살아있는 시대로 정립해 나갈 것인가? 현대의 종교적 상징들이 인간의 언어 체계에 의해서 여지없이 분석되고 모순의 상태로 변해가고 있는 이 시대에 '신은 살아있다'는 명제를 어떻게 완성해 나갈 것인가? 이 문제들을 말하기 전에 인간이 진화해가고 있다면 신은 어떻게 진화해 나갈 것인가를 동시에 살펴보아야 한다는 사실이다.

인간의 진화와 유전 그리고 지구상에 존재하는 모든 생명체 또한 진화와 유전된다는 사실을 종합적으로 살펴보아야 한다면 우리는 과거로부터 인간의 진화나 모든 생명체의 유전과 진화를 살펴보면서 신이 살아있다는 것을 완성해나가야 한다. 인간의 과학이나 종교들이 유전과 진화의 길을 걷고 있는 것은 신의 본질을 지금 현실과 동떨어진 존재로부터 찾지 않았는가를 현대를 살아가는 우리는 알아야 한다는 사실이다. 신은 시대마다 상황과 조건마다 모두 다 다르다. 하지만 해와 달과 땅이 변하지 않는다는 절대적 진실을 우리는 신의 개념으로 삼아야 한다. '해가 신이다. 달이 신이다. 땅이 신이다. 그리고 하늘이 신이다'라는 말이 신이라는 증명을 위한 개념이 아니라 인간이 살아가고 있고 현실적으로 희로애락을 느낀다는 측면에서 신의 개념으로 충분하다는 것이다. 그리고 해와 달과 땅과 하늘이 신으로서 충분하다는 사실을 인간은 인정해야 한다. 그것은 생명의 존재 조건이 바로 해와 달과 땅과 하늘이기 때문이다. 지천선악은 우리들과 함께 존재해가고 있다. 기독교나 성서주의자들은 하나님이 이 땅과 해와 달을 창조했다고 하지만 인간은 빅뱅의 결과, 즉 우주의 대폭발에 의해서 형성된 우주의 나이가 백오십억 년이 되었다는 사실과 지구의 나이가 사십오억 년이 지났다는 사실을 우주과학을 통해 인정해야 한다.

하나님이 이 세상을 창조했다면 우리는 우주의 생성원인이나 지구의 나이를 몰라야 한다. 하지만 우리는 우주의 나이나 지구의 나이를 알아버린 시대를 살고 있다. 그리고 하나님의 실체가 언어적으로 증명되고 있다는 사실 때문에 우리는 신의 개념을 재정립해야 하고, 무엇보다도 인간의 본질적인 의문들에 대해서 어떻게 해서든 어느 정도의 해석이나 인간의 미래를 예견하고 준비하고 실천해나가야 한다. 인간이 어느 길을 가야 하는지를 정하기 위해서는 신의 해석을 그리고 인간이 자연의 일부라는 사실을 받아들이고 어떻게 하면 자연의 일부로서 미래를 구현할 것인가를 제시해야 하는 것이다.

신이 인간을 바라보는 것과 인간이 신을 바라보는 입장, 성서적인 측면에서 멸망해가는 세상과 멸망할 수밖에 없는 세상이 현시대에 필요한가? 멸망하지 않는 세상이 멸망하면 안 되는 세상을 선택하는 시대로 인간은 어떻게 구현하고 만들어 갈 것인가? 이렇듯 시대적인 고민이 필요하기 때문에 '신은 죽었다'는 언어에서 '신은 살았다'는 시대에서 어떻게 하면 멸망하지 않을 수 있는가를 인간은 제시해야 한다. 우주과학적으로 인간이 반드시 알아야 하는 것은 태양의 변화가 인간의 운명을 결정할 수 있다는 사실이다. 어떻게 하면 수천만 년 동안 이 땅에 인간이 그리고 생명이 살아 있을 수 있는가를 고민하고, 생각하고, 어떻게 하면 그렇게 될 수 있는가를 고민해야 한다. 인간중심주의로서 천만년을 준비할 수 없다는 사실과 하나님으로 천만년을 준비할 수 있는가를 고민해야 한다는 말이다.

하나님은 이 세상을 멸망시키지 않는다고 분명히 말했지만 예수는 이 세상이 멸망하기 전에 예수를 믿으라고 했다는 것을 어떻게 생각하는가? 말하고 싶은 것은 인간중심주의에서 자연 질서의 운용은 해와 달과 땅의 작용에 의해서 형성된다는 분명한 진실을 알아야 한다는 것이다. 즉, 자연의 질서로서 인간은 존재하고 있다는 사실을 인정하고 인간과 자연의 조율을 완성해가는 지혜를 가져야 한다. 인간은 인간의 본질로서 가치를 정하고, 정립하고, 종교로서 정립하고, 완성해야 한다는 사실을 말하는 것이다. 인간은 인간중심주의에서 인간적 자연주의를 실행하고, 행위하고, 결과적으로 인간이 스스로 자연이 되는 절차를 밟아야 한다. 이러한 실례에 대해 어떻게 해야 하는지를 한 번 생각해 보기 바란다. 그것은 현재의 수많은 사람들이 기독교를 믿는다. 기독교가 영원한 생명과 영원한 자유와 평화가 있는 세상으로 가기 위해서 사람들은 믿음을 가지고 있는데, 만약에 이렇게 말을 하면 어떻게 생각하겠는가. 믿음이 아주 신실한 사람이 있다고 하자. 그런데 그 사람을 어떤 사람이 다음과 같은 말을 하고 죽였다고 하자. "내가 너를 영원한 생명과 평화가 있는 곳으로 빨리 보내줄게"라고 하고 살인을 저질렀다고 했을 때 이것이 과연 어떠한 의미가 될까? 인간적으로 그는 살아있는 사람을 죽였기 때문에 도덕적으로 살인을 한 대가를 치를 것이다. 하지만 예수를 믿으면 영원한 생명과 평화로운 세상에 빨리 보내주는 것을 죄가 아니라고 한다면 언어적인 모순이다. 이 세상에는 모순적인 일들이 일어나고 있기 때문에 그것에 대해 기독교는 어떻게 말해야 하는가? 아마도 신이 존재한다면 그리고 그 말이 사실이라면, 즉 예수를 믿으면, 영원한 생명과 평화를 얻는 세상으로 실제적으로 간다면 그것에 대한 어떠한 해석을 해야 하는가? 일찍 영원한 생명이 있는 세상으로 보내준다고 하면서 살인을 저질렀을 때 이 살인에 대해서 어떻게 정당화가 가능하단 말인가.

이 말을 영원한 평화와 생명을 사후에 얻게 된다고 믿는 사람, 가령 이스라엘 사람들에게 적용해보자. 유태인들을 마치 인종 청소를 하는 것과 같이 아우슈비츠의 만행을 저지른 히틀러와 같은 사람이 유대인을 죽인 것을 그렇게 말을 했다면 이스라엘 사람들은 어떻게 대답해야 하며, 영원한 생명과 평화를 얻는 믿음을 가진 사람들은 또 답을 어떻게 해야 하는가? 이 말을 이슬람을 믿는 사람들에게 대입해 보자. 이슬람교를 믿는 사람들이 자폭테러를 하도록 젊은 이슬람교도들을 설득할 때 '성전'이라고 하는 말과 몸에다 폭탄을 두르고 자폭을 하는 사람들을 그런 식으로 죽음에 이르게 한다. 누군가가 누군가를 죽이면서 혹은 누군가가 누군가를 죽음에 이르게 하는 것을 정당화할 때 사용한 말이다. 인간은 신을 위한 도구로써 '인간은 있다'는 사실과 실제적으로 신이 있어서 그들이 죽음을 맞으면 신이 그런 사람들을 영원한 세상으로 인도했을 것이라는 두 가지 깊은 성찰을 해야 하는 의무를 가지고 있다.

인간이 신을 위한 도구라는 의미에서 우리는 어떠한 것을 인간을 통해 얻어야 하는가? 그리고 실제적으로 그러한 죽음(몸에다 폭탄을 두르고 자폭을 하면서 그들이 영원한 생명과 평화가 있는 세상으로 갔을 것)이라는 언어를 현시대에서 어떠한 감정으로 어떻게 표현해야 하는가? 우리는 고민해야 한다. 하지만 햇빛과 구름과 바람의 운행의 진실이 신의 가치와 같다고 하는 그러한 사상들과 현대인들이 고대로부터 기독교의 이념이나 철학적으로 발전되어온 사상들이 앞에서 말한 그러한 약점이 있다는 사실을 어떻게 극복해야 하는가를 나는 묻고 싶은 것이다.

자연 질서의 가치로 환원되지 않는 사상은 어떻게 해서든 자연의 질서가 생명의 존속을 용인하고 받아들여지는, 즉 생명은 자연의 질서에서 벗어나지 않는다는 사실과 생명 스스로 자연의 질서로서 어떻게 행위를 하여야 하는가를 제시해야 하는 것이 바로 인간이어야 한다는 사실이다. 그렇지 않고 신의 가치가 자연 질서의 가치를 부정한다면 예수 그리스도의 믿음의 승화라고나 할까. 예수 그리스도를 믿는다면 영원한 생명과 평화가 있는 저 세상으로 갈 것이라는 믿음 체계가 인간과 자연의 질서에 어떻게 작용할 것인가를 보여 주는 것과 자연의 질서가 영원한 생명과 평화가 있다고 하는 믿음 체계를 거부하는 현상이 영원한 생명이 있는 저 세상으로 빨리 보내줄 것이라는 살인이 정당화한다는 사실을 알아야 한다는 것이다. 그렇지 않고서는 이슬람 연합의 이유 없는 살육이 정당화되는 것이고, 이것이 인간 스스로 자연의 질서를 거부하는, 즉 자연의 자살현상이라고 하는 살육현상이 일어나고야 만다.

　　'신은 살아있다'는 개념은 자연의 질서로서 인간의 가치와 생활의 발견을 하는 데에서 오는 정신적인 안정화의 과정을 통해서 그리고 인간의 개념화에 의해서 이루어져야 한다는 것은 분명한 사실이다. 자연 질서로서의 죽음은 결코 영원한 생명을 얻는 데 있지 않다. 인간의 죽음은 흙과 빛과 바람과 구름의 질서로 환원되어 간다는 사실을 받아들여 질서로 돌아간다는 개념으로 이해해야 한다. 이러한 이유로 인해 나는 '신은 살아있다'는 사실로 환원되어 가야 한다는 것이다. '나는 자연이었다'라는 절대적 명제는 바로 '신은 살아있다'는 명제로 환원되어야 하는 가치이다.

　　인간적 자연주의와 인간주의를 논할 때 다음의 예를 들어보기로 하자. 그것은 '살인하지 말라'와 '살생하지 말라'의 관계성에서 '살인하지 말라'는 자연의 질서에서 인간이 악마가 되어야 한다는 사실을 실천하는 아주 중요한 의제라고 할 수 있다. 그 이유는 하늘 아래, 해 아래, 달 아래, 땅위에 모든 생명활동이 왕성하게 일어나는데 인간의 가치 만이 가장 선행되어야 한다는 방식의 생명현상에 대한 절대적인 반역 현상 때문이다. 즉, 자연의 인간에 대한 공격성이 극렬하게 일어날 수 있다는 이러한 사실을 본질적으로 인간이 인식하여야 한다는 것이다. 개인적으로 생각하건데 나는 불교신자가 아니다. 부처님의 '살생하지 말라'고 하는 것은 인간과 자연의 길을 동시에 가라고 한다는 사실의 함의(含意)가 석여있다고 할 수 있다. 그 이유를 인간이 자연의 질서에 있어서 '살인하지 말라'는 의미와 '다른 생명을 함부로 죽이지 말라'는 의미가 공존하는 것이 인간의 길이라고 제시했다는 것에 의해서 사상적으로 불교의 가치가 얼마나 훌륭한지를 보여주는 언어의 제시라고 할 수 있는 것이다. 마찬가지로 윤회교의 가치는 '살생하지 말라'고 하는 가치와 한 가지를 더해서 '한 그루의 나무를 심자'는 사상을 제시하는 것으로서 인간과 자연의 동시적인 생존을 실천하라는 말이다. 즉, 살인하지 말라고 하는 인간과 자연의 절대적인 관계에서 인식해야 한다는 점이다.

'신은 살아있다'는 사실은 해와 달과 땅의 작용이 하늘을 생존하게 하였고, 하늘은 바람과 구름과 비와 생명의 존속을 위한 질서가 인간과 자연의 질서에 생존하게 되었다는 분명한 사실이다. 인간이 생존할 수 있다는 사실과 인간이 자연의 질서로서의 역할을 할 때, 즉 생명의 존속을 공존하고 그것을 받아들일 때 신은 살아있다는 절대적 진리에 도달한다는 사실을 인간은 제시해야 하고, 그것이 자연의 질서로서 역사와 함께 흘러가야 하는 것이다. 그렇지 않고 인간의 아집이나 독선이 자연의 질서에서 인간 이외의 생명은 존속하지 못하도록 하고 그것이 역사가 된다면 안 될 말이다. 자연의 질서로서의 인간은 과학적인 행위의 능력을 가지고 있다는 사실과 엄청난 무기의 생산이나 개발을 할 수 있다는 사실이다. 그렇게 되면 강한 나라가 약한 나라를 향해서 도저히 상상할 수 없는, 즉 인간의 능력을 시험하는 행위를 서슴없이 하는 시대에서 인간이 살아가게 될 것이다.

우주시대를 맞게 되는 과학적 발전은 인간을 향해서 무기가 되어서 인간에게 얼마나 사람을 많이 죽일 수 있는가를 시험하는 시대를 살게 된다. 따라서 오직 인간적 자연주의를 실천하고 행위를 하는 것 이상은 없다는 사실에 눈뜨기를 진심으로 바란다. 화학과 공업, 미생물학이 무기화되는 시대를 살아갈 때에도 인간은 자연의 질서로서 인간이지 자연의 질서를 극복하는 인간은 절대로 있을 수 없다는 사실이다. 인간이 화학이나 미생물학으로 인간을 살상하는 시대를 피하는 길은 자연의 질서로서의 행위를 하는 방법 이상은 없다.

인간은 진화와 유전한다. 천년 후에 인간이 지구의 온도가 올라가서 인간의 피부가 빨개지거나 두뇌를 많이 사용함으로써 뇌가 커진다는 진화의 제시를 하는데 지구의 온도가 올라가지 않게 하는 방법도 나무를 심는 것 말고는 더 이상은 없다. 지구상에 나무를 심을 수 있는 조건이 되는 곳이라면 어떻게 해서든 나무를 심어서 온도의 상승을 억제해야 한다. 인간의 뇌가 커진다는 사실은 결코 좋은 현상이 아니다. 자연의 질서가 파괴되는 방향으로 뇌가 사용되어진다면 역사의 방향 선회를 할 수 있는 방법을 실천해야 한다. 인간의 역사를 고집하지 말고 자연 질서의 역사를 어떻게 성립해 나갈 것인지를 생각 있는 사람들이 행위를 하여야 한다. 신의 가치는 자연 질서의 가치로서 환원되어야 하며, 행위를 하여야 하는 것이다.

성서의 위대성이 예수가 있어서가 아니라 창조에 있다는 사실을 인식해야 하는 시대를 살아야 한다. 창세기 1장의 '보기에 좋았더라'는 인간적 자연주의를 대표하는 언어라는 사실을 또한 알아야 하는 시대이다. 예수의 영원한 생명과 평화가 있는 세계와 '천지를 창조하시고 보기에 좋았더라'의 세상과 어느 것을 선택해야 하나 하고 물을 때 전자를 선택하는 것은 인간중심주의를 선택하는 것이고, 후자를 선택하는 것은 인간적 자연주의를 선택하는 것이라는 사실을 알아야 하는 시대가 왔다는 사실이다.

인간에게 진리란 무엇일까? 진리는 소크라테스의 사상전반이나 플라톤과 같은 서양철학에서의 진리를 질문을 통한 자기의 무지함을 끝없이 발견해내는 과정이라고 할 수 있다. 나의 견해는 진리의 문제에 있어 인간이 살아있다는 그 자체가 진리라고 생각한다. 인간이 진리에 의문을 가지고 있다는 것의 본질에는 살아있기 때문에 진리가 무엇인지를 묻는다는 사실이다. 인간이 살아있기 때문에 진리 그 자체인데 진리 그 자체에서 진리를 묻는다는 것이 과연 합당하거나 타당한가의 의문이 제기된다고 할 수 있을 것이다. 진리란 그런 것이다. 인간 그 자체가 진리인데 인간 사회와 자연의 질서에 던져진 인간이 진리는 생각의 문제나 이성의 문제가 아니라 성찰의 문제가 진리이어야 한다.

인간적인 생활과 인간의 존재 근거에 대해서 인간은 윤리적, 도덕적 행위를 생활의 발견을 통해서 진리를 표현해야 한다. 생활의 발견 속에서 진리란 무엇인가? 그리고 자연의 질서와 생활의 발견 속에서 진리란 무엇인가? 살아있다는 사실이 진리이기 때문에 진리는 발견하는 것이 아니라 행위를 하는 것으로서 진리를 행하여야 하는 것이다. 내가 살아가는 행위가 진리와 동일하도록 인간에 대하여, 태양과 달, 땅, 바람, 구름, 물, 하늘 등 천지자연에 대하여 나의 행위가 합당한가? 이처럼 이 땅위에 아주 작은 미물이나, 잡초나, 풀 한 포기의 이치에 합당하게 행위하고 있는가를 성찰하면서 생활과 가치의 발견이 진리에 도달할 수 있는가의 문제인 것이다.

질문은 인간과 자연의 질서에 합당하게 행위를 하였는가를 스스로에게 질문하는 것이다. 나의 내면을 자연의 질서에 투영하는 것이 신은 살아있다는 명제와 같아질 때가 있다면 나는 자연의 질서로 환원된다. 자연의 질서로 환원된다는 것은 나의 육신이 빛의 이치인 태양의 이치에 합당해지는 것이며, 바람과 구름과 물과 불과 나무와 흙에 합당한 것이 되는 것이며, 이러한 모든 가능성과 이성적으로 합당한 것은 달의 이치에 합당한 것이 되는 것이다. 천지불인이라는 말에 담겨진 의미는, 태양은 인간을 해치기 위해서 뜨는 것이 아니며, 달 또한 인간을 해치기 위해서 뜨지 않는다는 사실이며, 땅 또한 인간을 해치기 위해서 만물을 품는 것이 아니라는 사실을 깨우치는 것으로서 '신은 살아있다'는 이치와 통한다. 자연의 질서에 대해서 믿음은 지천선악과 목화토금수의 변하지 않는 이치에 의해서만 믿음이 형성되는 까닭은 보이며, 만져지며, 느껴지는 것을 넘어서는 신은 살아있지 않다는 절대적 진리를 깨닫는 것 또한 인간의 삶의 길인 것이다. 그리고 신은 살아있다는 명제는 기적은 결코 동화나 질서의 균형들에서도 결코 이루어질 수 없는 것이다.

'신은 살아있다'는 명제는 삶의 위안을 위한 수단인가? 아니면 영원한 생명을 얻는 수단인가? 신은 씨뿌리면 싹트는 이치이지 죽은 생명을 다시 살린다고 해서, 설령 살아났다고 해서 '신은 살아있다'는 이치와 통하지 않는 것이다. 죽은 줄 알았는데 다시 살아난 것이 기적이 아니라, 자연의 이치로서 흘러가는 것이 언젠가 죽음을 당할 때 다시 살아날 수도, 다시 살아날 수 없을 수도 있다는 사실이 자연의 진실한 일이며, 바로 진리이다. 가장 큰 이유는 영원히 살 수 있는 생명이 존재한다면 그 생명이 살아가기 위해서 자연의 이치는 파괴되기 때문이다. 균등한 생명의 이치를 넘어서거나 극복해서 이루는 '신은 살아있다'로 성립되어서도 안 되는 것이다. 인간에게는 분명한 것이 있다. 가령 인간인 나의 죽음은 나의 입장에서는 이 세계가 멸망하는 것과 같은 것이라고 한다면 그것이 진실일 수도 있다는 사실이다. 그렇기 때문에 자연의 질서로 환원된다는 위안을 가질 수밖에 없을 것이다. 진리가 살아있는 것을 위한 위안이라면 진실은 죽어있는 것을 위한 위안일 수 있는 것이다. 나의 죽음이 영원한 평화와 생명이 있는 세상으로의 편입이냐, 자연의 질서로의 환원되는 것이냐를 선택해야 한다면 윤회교의 선택은 자연의 질서로의 환원을 선택하는 것이다. 그렇기 때문에 자연의 질서는 끝없이 다음 세대에게 기회를 주는, 결코 이 세상이 멸망되어서는 안 되는 자연의 질서를 유지해야 하며, 자연의 질서는 영원불멸하다는 이치에 적용하게 되는 것이다. 그렇기 때문에 십일조를 형성해서 나무를 심고, 바다의 생명들을 증대시키고, 산과 강의 생명의 다양성을 지향하는 것이다. 인간은 자연의 질서와 자연의 이치로서 '천지를 창조하시고 보기에 좋았더라'를 유지시켜야 하며, 자연의 진실한 실천으로 환원시키면서 생을 살아야 한다.

인간의 삶이란 무엇인가? 어떻게 삶을 살아야 하는가? 과연 나의 주위의 모든 사물과 생명들의 존재의 이유는 무엇인가? 그것은 나를 위하여 존재한다는 사실과 관련지어서 생각해야 한다. 다른 생각, 즉 나를 위하여 존재하는 것이 아니라, 나는 주위의 사물과 모든 생명을 위하여 존재한다는 생각을 우리는 반드시 인식하여야 하는 것이다. 나를 위하여 존재하는 것이 아니라 주위의 모든 사물과 생명을 죽이기 위해서 내가 존재한다는 것은 무엇을 의미하는 것이며, 인간의 삶과 어떻게 연관시켜야 하는가의 문제와 나의 주위의 모든 사물과 생명이 나를 죽이기 위하여 존재한다는 것이 무엇을 의미하는가를 성찰하지 않으면 안 된다는 말이다.

이러한 예가 어떻게 다가올지는 모르지만 인간이라면 반드시 인간의 본성으로 그리고 인간의 이성 속에 내재하게 하여야 하는 의무가 있다는 사실이다. 가령 이 세상에 나와 한 그루의 나무가 존재한다고 했을 때 나는 이 한 그루 나무를 베어서 땔감으로 사용할 수도 있고 집을 지을 수도 있지만, 인간의 삶이란 이 나무를 백 그루, 천 그루 증식해서 숲이 되지 않는다면 베어내어서는 안 된다는 본질적인 의무가 인간에게 있어야 한다는 사실이다. 그리고 한 그루의 나무를 베어버린다면 이 세상에는 나 이외에는 존재하지 않는다는 사실을 인간은 본질적으로 각성해야 한다. 나와 숲이 존재한다는 사실은 생명의 다양성이 형성된다는 것이므로 그러한 행위가 인간의 내면에 자리 잡고 있어야 한다는 것이다.

그리고 이러한 예를 들어보자. 이 세상에 나와 한 쌍의 짐승이 있다고 하자. 나는 이 짐승을 잡아서 요리를 해먹을 수도 있고 가죽을 벗겨서 옷을 해 입을 수도 있지만, 인간의 삶이란 이 짐승을 잡아서 먹고 옷을 해 입고도 이 세상에 짐승이 차고 넘칠 때까지 이 짐승을 죽이거나 잡아먹어서는 안 된다. 내가 만약 짐승을 한 마리 잡아서 먹는 다면 이 세상에는 한 마리의 짐승도 남아있지 않게 된다는 사실을 각성하면서 인간의 삶을 살아야 하는 것이다. '인간의 삶이란 무엇인가' 하고 물었을 때 그리고 반드시 생각해야 하는 것이 이 세계의 모든 사물과 짐승들이 나를 위하여 존재한다고 했을 때, 나는 모든 사물과 짐승들을 위하여 내가 존재한다고 했을 때, 나는 모든 사물과 짐승들을 죽일 수 있는 능력이나 자격이 있다고 했을 때 인간의 삶이란 어떠한 경우에서도 사물과 짐승들을 혹은 이웃이나, 친구나, 부모나 모든 생명과 사물들을 죽이려하는 마음을 극복해야 하는 것이 인간의 삶이어야 한다는 사실이다. 그렇지 않고 모든 사물과 생명들을 죽이거나 파괴할 수 있는 능력이 있다고 할지라도 파괴하지 않으려고 그리고 죽이지 않으려고 마음을 쓰고 행위를 하지 않는다면 그것은 인간의 삶을 사는 것이 아니라는 사실을 각성해야 한다. 그리고 마찬가지로 사물과 생명을 위하여 존재한다고 했을 때, 사물과 생명이 나를 죽이려 한다는 사실을 알고 있을 때 실제적으로 인간은 시간과 공간과 대인관계나 질병에 의해서 죽임을 당할 수 있는 존재인 것은 분명한 사실이다. 이때 인간의 삶이란 나를 죽이려고 하는 사물과 생명들에게 어떻게 하면 화해와 타협을 해야 하는가를 고민하고 반성하면서 사는 것이 인간의 삶이어야 한다는 사실이다. 이러한 생활이 종교나 정치보다 우선하지 않는다면 인간은 끝없이 갈등을 반목하고 죽이거나 죽임을 당하는 인생의 지옥에서 벗어날 수 없다.

나를 죽이기 위해서 존재하는 사물이나 생명들에게 나는 자연의 죽음의 공포를 행했거나 나를 죽이기 위해서 삶을 사는 무엇인가를 행하지 않았는지를 뒤돌아보아야 한다. 나를 죽이기 위해 존재하는 생명을 죽이기 위해 존재하는 생명을 죽인다면 이 땅에는 나 혼자만이 존재하게 될 것이라는 사실을 자각하면서 살아야 한다. 나를 죽이기 위해 존재하는 생명이나 갈등관계에 있는 인간을 죽여서 위험을 없앤다는 안도감은 또 다른 누군가가 나를 죽이기 위해서 자연의 질서가 생성된다는 사실을 자각하지 않으면 안 되는 것이다. 나를 죽이기 위해서 존재하는 생명과 사물 혹은 인간과 화해할 것인지를 노력하지 않으면 나는 자연에게 어떠한 형식으로든 살해될 가능성이 있을 뿐이다.

인간은 나와 자연 이외에는 존재하지 않는다는 사실을 본질적으로 인식하여야 한다. 만약 나는 자연을 이용하는 대상에 불과하다고 생각하고 있다면 생각을 바꾸기를 진심으로 바란다. 자연은 이용하는 대상이 아니라 바로 자기 자신이라는 사실을 본질적으로 가지고 행위를 하여야 한다. 자연을 이용하는 것이 자연을 죽이려한다는 사실을 자연은 인식하고 있다. 나는 자연을 죽이려는 대상인가, 아니면 자연이 나를 이용하는 대상에 불과한가? 이러한 인간의 삶의 중요한 생활의 발견에 대해서 실천해야 하는 것이다. 나와 아주 미약한 생명을 죽이게 된다거나 죽인다면 이 세상에 나 혼자만이 존재하게 된다는 자각을 본질적으로 가지고 있어야 하는 것이다.


지난 2015년 8월 20일 우연히 〈교육방송〉에서 하는 강의를 들었는데, 그 강의가 '신은 죽었다'라고 한 니체의 강의였다. 그 강의를 들으면서 '신은 죽었다'라고 하는 말이 뇌리를 스쳤는데 신은 죽었다라고 한 것이 무엇을 의미하는가. 신은 죽었다는 의미의 본질적인 진리를 알고 싶다면 '끝없이 질문을 하라'고 하는 철학적 물음에 의한 혹은 허무주의 시대를 살다간 철학자의 제시인가를 생각하지 않을 수 없었을 것이다. 개인적인 견해로서 '신이 죽었다'라고 하는 의미는 니체의 생존시대를 전후로 하는 상황들을 통해서 신이 죽을 수밖에 없었다는 견해와 신은 무엇 때문에 죽을 수밖에 없었는가에 대한 답을 말해야 한다. 나의 신관(神觀)은 '신은 존재하지 않는다'라는 사실과 성서에 기록되어 있는 언어와 비교를 하는 것으로 신은 죽을 수밖에 없었던 이유를 설명해야 할 것 같다.

소결론을 우선 밝히자면 '신은 죽었다'의 의미는 대지의 위함이 아닌가 하는 견해이다. 성서의 창세기 1장 천지를 '창조하시고 보기에 좋았더라'는 말과 '신은 죽었다'는 말을 연관시킬 수밖에 없을 것이다. 인류사적으로 니체의 '신은 죽었다'라고 하는 시기는 과학적으로 뉴턴의 만유인력의 법칙에 의거한 과학적 발견이나 발명들이 이루어져왔던 시기였고, 이러한 과학적 사고는 산업에 적용되는 시기였다. 그리고 그 당시에 니체 스스로 다이너마이트라는 개념을 제시했었다는 사실과 인류사적으로 비극이랄 수 있는 다이너마이트의 발명과 사용에 의해서 전쟁에 이용되거나 광물질들의 채취와 건설공사 등에 쓰이는 상황이 발생했다는 사실이다. 그리고 무엇보다도 과학사에서 니체의 사후에 상대성이론이 등장하거나 제1, 2차 세계대전의 발생 등으로 인류사적으로 신은 인간의 이성적 능력이라든지 신의 존재를 극복하는 결정적인 시기였었다는 사실이다. 이렇듯 인류사적·철학사적으로 인간의 이성이 신의 존재성을 극복하는 측면에서 '신은 죽어간다'는 사실을 피할 수 없었을 것이다.

과학사적으로 '신이 죽었다'라고 하는 이유를 다이너마이트가 성서의 '보기에 좋았다'라며 언어를 폭파시켰다고 해도 과언이 아니었다는 것이다. 무엇 때문에 신은 죽었다고 하는 의미와 성서의 '보기에 좋았다'라는 말의 결합을 애써 언급하는가? 그것은 신의 개념에 대해서 무엇이 신의 개념인가를 인간이 알아야 한다는 측면에서 말하고 싶은 것이다. 신은 존재인가, 아니면 존재하지 않는가? 그때로부터 환경파괴가 급증하는 과정을 상징적으로 보여 주는 것으로서 신의 죽음이 있었다라고 생각되는 것이다. 인류사를 보면 신의 죽음은 경제사적으로도 용인 내지 방조되었다. 경제사적으로 용인되었다는 개념은 경제발전과 번영이라는 이름으로 자연의 질서가 궁극적으로 파괴를 정당화하는 이유로서 기독교나 천주교, 이슬람교 등이 용인 내지 방조하였다는 이유에서다. 문학적·사회사적으로 용인되었다는 사실을 발견하게 되는 것은 '천지를 창조하시고 보기에 좋았더라'를 파괴시키면 안 된다는 분명한 사실을 알면서도 그들이 파괴에 앞장섰다는 사실이다. 이러한 사실 때문에 그들은 자연 질서의 파괴를 문화나 사회, 예술에 의해서 정당화하려하였다. 이는 물론 종교계가 용인해서는 안 되는 위치였으면서도 마치 그렇게 할 수 있는 것처럼 역사가 흘러왔기 때문이다. 이러한 점 때문에 기독교나 천주교, 이슬람 등이 인간의 정신적인 위로를 하는 것을 넘어서 권력으로써 사회를 다스리고 싶었던 것이 아닌가 하는 생각이 든다.

'보기에 좋았다'라는 말의 의미는 조화롭다는 말과 다르지 않은데 인류는 석탄의 채굴이나 원유의 채굴 등과 같은 활동이 급증하는 것으로 환경오염과 기후변화와 같은 새로운 문제가 발생하기 시작했다는 사실이다. 그리고 자본의 집적에 의해서 대형공사의 시행이 진행되는 계기로서 대량 생산과 소비를 통해 자본주의의 소비 혁신의 결과가 무엇을 불러왔는지를 간과하고 있었다는 점이다. 더불어 기계공업의 발달과 비행기나 미사일의 개발, 원자력 산업의 등장이 무엇을 의미하는지도 인간들이 간과함으로써 신의 죽음은 필연이었을지도 모른다. 성서에서는 하나님이라는 유일신의 창조와 창조의 과정과 창조를 통해서 무엇을 알 수 있는가와 필자 개인적으로 성서와 노자의 비교를 통해서 문명의 위험성을 대중들이 인식할 수 있도록 글을 쓰는 입장에서 신이 죽을 수밖에 없는 그리고 신은 죽지 않았다는 사실을 어떻게 증명해야 하는가? 나는 첫 번째로 신이라는 개념이 인간에 의해서 만들어졌는가? 그렇지 않으면 신은 실재하는가의 문제에서 대지의 외침으로 신을 대두시켜야 한다는 것이다. 대지의 외침으로서 신이 대두되어야 하는 궁극적인 이유는 성서의 '천지를 창조하시고 보기에 좋았더라'는 의미와 본질적인 자연의 질서가 인간에게 '너 자신을 알라'라고 하는 점에 있어서 대지가 있기 때문이다.

여기에서 신을 신으로서 인간이 받아들일 것인가? 그렇지 않고 대지는 인간의 소비 대상으로서, 즉 개발이나 에너지원의 필요로써 대지를 인식할 것인가에 대해서 생각해 보지 않을 수 없을 것이다. 개인적으로 신은 존재하지 않는다는 견해와 나의 신에 대한 개념은 대지가 신의 개념으로 인식하고 있다는 것이다. 대지가 신이 되어야 하는 이유를 말해야 한다면 내가 살아 숨 쉬고 내가 만지거나 희로애락의 상대로서 인간의 본질일 수 있으며, 인간의 필요와 유용의 대상으로서 대지는 신으로서 충분한 가치가 있다는 것이다. 성서적인 측면에서라면 창조된 피조물로서 신으로 인식되거나 신의 개념에 포함시킬 것을 반대할지 모르지만 충분히 대지는 신으로서 대접을 받거나, 존중받거나 숭상의 대상으로서도 충분하다는 것이 나의 견해이다. 그 대지가 파괴되어지는 것으로서 신이 죽었다라고 할 수 있을 것이다. 땅에서 채취하는 광물의 사용은 백년의 역사를 통해서 인류가 달성할 수 있는 최고의 문명을 건설할 수 있었지만 땅은 파괴되고, 강물은 오염되고, 바다는 생물 다양성의 고갈이라는 상황으로까지 변한 것이 사실이기 때문이다.

신의 죽음이란 인간의 능력 발전으로 인해 정치사회적으로 자본주의와 공산주의의 실험이 땅에 의해서 시현된다는 것이다. 그리고 경제학의 대두로 합리적인 대지의 약탈작업을 얼마나 진행시킬 것인가와 물리화학적으로 인간이 대지에 가한 행위가 어떠한 결과로 나타날 것인가이다. 인간은 아직도 물리화학적으로 어떤 짓을 했는지를 인식하지 못했다. 가령 물리화학적으로 상대성이론과 일반 상대성이론이 어떠한 결과를 도출하였는가를 인식하지 못했다. 이는 인간의 행위 능력과 과학적 능력을 어떻게 하면 바꿀 수 있는가를 고민하지 않을 수 없다는 점을 시사한다. 상대성이론과 일반 상대성이론이 에너지를 완벽하게 파괴할 수 있다는 점에 의미를 두지 않는 것은 문제가 심각하다. 석탄과 원유를 정제해서 태우면 열이 발생해서 그 열을 이용한 산업의 발전과 각종 물품을 대중들이 소비하고 있는데, 그것이 잘못된 것이라고 지적하지 않았다는 것이다. 석탄이나 원유가 채굴된 곳에 대해 인간은 어떠한 조치도 취하지 않았다. 원래 석탄과 원유의 채굴로 사라진 그 자리는 지구 에너지와 대지 사이의 열을 막는 적정한 순환의 완충지대 역할을 했다. 석탄과 원유가 채굴된 그 지역은 석탄 사용으로 지구의 오존층이 파괴되어 지구의 온도가 상승하듯이 태양에너지와 지구 자체에서의 열로 인해 대지에 큰 영향을 미치게 된다. 오랫동안 석탄과 원유는 지구핵과 대지 사이에서 완충제 역할을 했지만 이제는 더 이상 그 역할을 하지 못하므로 지구의 평균기온이 상승하는 것은 당연한 것이다. 그렇기 때문에 석탄과 원유가 채굴되는 곳에 무엇인가를 채워 넣어서 완충제 역할을 계속해야 한다. 그렇게 해야 지구의 온도가 제자리로 돌아올 것이다. 인간으로 태어난 이상 소비하지 않고는 살아갈 수 없는 시대가 현대문명의 사회라고 한다면 모든 에너지를 강탈당해야 하는 대지는 인간에게 무엇인가? 성서를 통해서 믿음의 보급이나 신의 절대성이 현대 정신세계를 유지시키는 입장에서 하나님께서 땅을 운영할 권리를 받았다고 주장한다면 대지는 그렇게 파괴되어지는 것이 당연한 것이라고 할지 모르겠지만, 땅이 가지는 인간의 절대적 진리는 땅이 인간의 본질 그 자체라는 사실이다. 이러한 깨달음은 '신은 위대하다'라는 개념을 초월한다는 사실과 같은 것이다. 분명한 것은 이 땅에 한 그루의 나무를 심는 행위보다 더 위대한 행위는 없다는 것이다.

성서에서 말하는 하늘에서 이루어진다는 종교적 대명제인 '보기에 좋았더라'를 어떻게 종교적으로 결론 내려야 하는가를 논의나 반성은 전혀 없었다는 사실 때문에 종교적으로 신은 죽었다는 측면에서 자유로울 수 없을 것이다. 종교적으로 '보기에 좋았더라'를 파괴하는 인간을 종교가 막지 못했다는 측면에서 신은 죽을 수밖에 없었다. 물리법칙이나 화학법칙, 상대성이론이나 만유인력의 법칙이 아무리 유용한 법칙일지라도 인류사회에 순기능만 있지는 않았다는 측면에서 에너지의 고갈을 유발하고, 무엇보다도 인간의 영역이 환경을 파괴하는 방향으로 흘러가는 데 가장 중요한 역할을 했다는 측면에서 과학법칙이 신을 죽였다고 할 수 있는 것이다. 자본주의와 공산주의의 실험과 선진국과 후진국의 에너지 소비의 실험들을 통해서 에너지 소비가 증가하는 방향으로 흘러간다는 측면에서도 물리화학의 발전이 신을 죽음에 이르게 했다는 사실은 분명하다. 그것은 하나님과 알라를 죽이는 결정적인 계기가 되었다는 사실을 의미하며, 신으로서 대지는 하나님과 알라를 믿는 사람들에게 이 땅에 '천지를 창조하시고 보기에 좋았더라'를 구현하도록 명령을 내리는 계기가 되었다는 것이다.

경제사적으로 대량 생산과 대량 소비의 이유와 원인들을 통해서도 신을 죽음에 이르게 했다는 사실을 비켜갈 수 없을 것이다. 대량 생산을 위한 원료의 수급이 가령 고무나무의 수요 증가가 밀림을 불태우거나 해서 고무나무를 대량으로 식재한다는 것을 생각해본다면 이해할 수 있을 것이다. 양이나 목축업을 위하여 숲을 태우거나 벌목을 해서 목초지를 만드는 것이 전부 정당하다고 할 수 없다는 것과 개인적으로 리카아도(David Ricardo)의 인구 증가가 식량의 증산속도보다 빠르다는 이론이 틀리다는 사실을 증명하는 이유가 되었을지 모르지만 인간의 거주의 한계를 지켜왔던 중세나 고대의 인간과 자연의 공존이 깨졌다는 측면에서 심각하게 인간과 자연의 역할이나 한계를 깨트리지 않아야 한다는 측면에서도 신은 죽을 수밖에 없다는 것이다.

존재를 규정한다는 측면에서 신은 대지가 가지고 있는 존재론적, 역사적, 철학·종교적으로 신이 죽었다는 것은 대지가 신음하고 있다는 것으로 해석이 가능하다. '신은 죽었다'는 철학적 죽음에 대해서 논하면서 현대사회는 심리학의 발전에 의해서 정신 병력의 증가가 무엇에 의해서인가를 유추해볼 필요가 있는 것이다. 인간에게는 의식과 무의식이 있다는 측면에서 신에 대한 의식이 있는가와 과연 의식이나 무의식을 통해서 신의 죽음과 어떠한 연관관계가 있는가 하는 물음이나 의문에 대한 답을 내릴 수 없을지 모르겠다. 하지만 심리학적인 측면에서 신은 육체가 가지고 있는 본질적인 개념의 신이 있는데, 그것이 하늘 아니면 땅일 수 있다는 것이 나의 견해이다. 인간이 자연으로 돌아가자는 말을 하든지 농촌에서 소박하게 살겠다는 소망들 통해서 인간이 본질적으로 추구하는 가치관은 자연의 질서에 본질적으로 내재하고자 하는 의식이 있다는 게 나의 견해이기도 하고 실제적으로도 그럴 것이다. 이처럼 심리학적인 유추들을 통해서 현대문명에서의 생활은 생활로서 편리성은 있을지 모르지만 인간의 본질적인 활동성의 제약이나 인간이 가지고 있는 폭력성 유발의 근거들이 스트레스의 유발에 의해서 발생한다는 사실을 통해서도 알 수 있다. 이렇듯 하나님과 알라만을 찾으며 영원한 생명과 자유와 평화를 찾는 현상이 계속 이어진다면 어쩔 수 없이 땅이 하나님과 알라를 죽이도록 명령하는 시초가 될 것이다. 그리고 무엇보다도 인간이 문명의 영향으로서 인간 수명의 연장과 성적인 능력의 감소, 즉 종족보존의 법칙으로서의 인간의 능력이 감소된다는 원인이 문명이라는 사실을 통해서도 알 수 있을 것이다.

원시시대에 들판을 뛰어다니면서 야생동물을 사냥하며 살았다는 사실을 통해 인간은 무엇을 발전시켰는가? 그것은 인간의 달리는 능력의 향상이나 야생돌물을 보고 냄새를 맡는 능력이었을 것이다. 하지만 문명화를 통해서 인간은 뛰는 능력의 상실이나 냄새를 맡는 능력, 보는 능력의 상실이 어떠한 결과를 낳게 되었는가? 인간이 자연으로부터 고립되거나 자연으로 돌아가지 못한다는 것을 상징적으로 '신은 죽었다'라고 결정할 수가 있을지도 모르는 것이다. 개인적으로 인간은 심리학과 유전적인 인간의 유지를 가장 선호하면서 받아들이고 있다. 그렇기 때문에 '신은 죽었다'는 언어가 가지고 있는 의미를 어떻게 해서 '신은 죽지 않았다'라고 표방할 수 있는가? 이유는 많다. 인간은 역사를 통해서 분명히 그것이 올바른 선택인지, 아니면 어리석은 선택인지도 모르면서 선택했을 것이다. 신이 죽지 않은 까닭은 신이 죽었다는 그 시대를 인간이 극복할 것인가, 못할 것인가가 관건이 될 수밖에 없을 것이다.

역사적으로 어떻게 해서 '신은 죽지 않았다'라고 증명할 수 있는가? 첫 번째 이유가 역사적으로 윤회교의 대두가 될 것이다. 윤회교의 대두가 인간이 죽음 이후 다시 태어난다는 종교적인 이념을 바탕으로 활동할 것이기 때문이다. 인간이 죽으면 다시 태어난다는 것이 가능한 것인가? 인간은 죽으면 다시 태어나지 못한다. 하지만 인간에게는 본질이라는 것이 있어야 한다는 사실 때문에 죽어서 다시 태어난다는 이념을 모토로 한다. 기독교나 천주교 등이 말하는 '인간이 죽어서 영원한 평화가 있는 세상으로 갈 것'이라는 이념이 실현 가능한가? 그것도 인간의 실존적 문제에 대해서 불가능하다. 하지만 인간의 본질적인 이념이 있어야 한다면 실현 가능한 것으로 역사적으로 증명하여왔다. 하지만 성서에서 말하고 있는 '보기에 좋았더라'를 실현하거나 실천하지 못했다는 측면에서 기독교와 천주교는 철저한 행위의 실패를 했다는 것은 틀림이 없다. 성서에서 말하는 것은 믿음이 본질이어야 한다는 사실을 성서주의자들은 발견하지 못하였다는 것으로 비난을 피할 수가 없다는 것이 그 이유이다. '보기에 좋았더라'를 실현하려면 그들이 가지고 있는 '성전이 보기에 좋았더라'를 파괴해서 만든 것이 아니라고 강변해야 할 것이다. 그리고 성서에서는 바벨탑을 파괴하였다고 기록되어 있고, 그와 유사한 파괴의 원인이 믿음의 문제가 아니라 조화의 문제라는 사실을 또한 발견해내고 실현하려는 노력을 전혀 하지 않았다는 사실이다. 더구나 그들의 성전과 권력을 버리면서까지 환경의 복원이나 자연의 복원으로 인한 법칙의 변화가 인간의 정신세계까지 변화시키고 있다는 것을 어떤 형식으로 돌려놓을 것인가를 전혀 알지 못하기 때문이다. 신의 개념에서 인간과 자연 질서의 공통분모에 접근하려는 노력이 인간에게 있어야 하지만, 기독교와 천주교는 자기들의 기득권을 놓지 않으려 할 것이 분명하다.

그 다음이 엔트로피 법칙을 극복하려는 노력이 어떻게 결실을 맺을 것인가가 관건일 것이다. 엔트로피 법칙이란 사용 가능한 에너지가 사용 불가능한 에너지로 변환된다는 이론이다. 가령 석탄을 태우고 나면 재만 남지만 석탄이란 에너지원을 다시 만들 수 있는가의 문제에 직면하게 될 것이다. 석탄의 채굴과 채굴에 의한 환경오염이 신을 죽였고, 과연 석탄을 다시 만들어 낼 수 있을까 하는 것은 인류의 당면과제일 수밖에 없다. 그래서 윤회교에서는 십일조를 걷어서 나무를 심는 것을 믿음과 연개해서 진행할 것이다.

여기에서 인류사적으로 4대 성인을 잠깐 언급해야 할 것 같은데 인류사의 4대 성인을 지금까지는 동양에서는 공자와 노자를 꼽고, 서양에서는 예수 그리스도와 소크라테스를 꼽았다. 하지만 인류사에서 4대 성인은 소크라테스를 빼던지 예수를 빼고 스피노자를 넣어야 한다는 것이 나의 견해이다. 인류사에서 인간을 위한 언어로써 '나 자신을 알라'라고 한 사람과 '네 이웃을 사랑하라'고 한 사람과 동양에서는 '인의사상'과 '무위사상'을 말한 사람들 중 어느 누구도 성서에서 말하는 '보기에 좋았더라'를 위해서 행위를 한 사람이 없었다는 점이다. 스피노자가 유일하다는 사실이다. 무슨 말이냐고 의문을 나타낼 수 있지만 우리가 살고 있는 지구상에 본질적으로 인간과 자연의 공존은 분명한 사실이다. 인간중심주의가 인간에게 필요하다고 말할 수 있을지 모르지만 인간과 자연의 공조를 말한다는 것은 인간이 자연의 일부로서 행위를 하여야 한다는 것을 상징한다는 것으로서 그렇다는 것이다.

아이러니하게도 이런 말이 어떻게 받아들여질지는 모르겠지만 인류역사에서 인간을 가장 많이 죽음에 이르게 한 사람이 예수와 마호메트라는 사실이다. 한 사람은 기독교를 있게 한 사람이고, 한 사람은 이슬람을 있게 한 사람이라는 사실을 통해서 기독교와 이슬람교가 본래적으로 종교적 순수성을 유지했다면 이러한 말을 들을 이유가 없을 것이다. 하지만 역사적으로 종교전쟁이나 예수를 믿지 않는다고 혹은 예수를 믿는다고 수많은 사람들이 죽은 것은 분명한 사실이기 때문이다. 이슬람교에서는 지금도 이슬람을 믿지 않는다고 죽이고, 종파가 다르다고 죽이고 있다. 과연 기독교가 지금은 그렇지 않다고 강변할지 모르지만 남북 아메리카 대륙에서 자행된 살육의 역사를 기억하고 있다는 측면에서 역사적으로 예수의 이념인 '네 이웃을 사랑하라'는 절대적 박애사상이 인류사에서 가장 많은 사람을 죽음에 이르게 했다는 것이 무엇 때문에 그런 것인가를 연구해 볼만할 것이다. 개인적으로 인간이 인간을 살육하게 된 것이 종교적 이념 속에 숨겨진 그 무엇이 있다면 그것은 인구의 증가로 인하여 인간과 자연의 공존의 조화가 깨지는 것을 자연 질서의 측면에서 예수와 마호메트가 이용된 것이 아닐까 하는 추측을 해보지만 그것을 증명할 수가 없다는 사실 때문에 더 이상 언급하는 것은 적절하지 않은 것 같다.

인간의 역사 속에서 가진 자가 가난한 사람을 위하여 자기의 재물을 사용했다면 역사적으로 예수의 이름으로 죽어가는 사람을 죽이지 않았을까 하는 생각에 이르러서 공산주의적인 행위가 역사적으로 사용되었어야 했다는 것이 나의 견해이다. 하지만 공산주의에서도 공동 생산과 공동 분배의 모순이 나타난다고 하는 측면에서 공산주의와 자본주의의 교대로 사상적으로 혹은 계급의 변화에 의해서 부자와 가난한 사람의 교체가 필요한 것이 아닐까 하는 생각이다. 지주계급은 세습되어 왔고 무엇보다도 지주계급이 목적론적으로 예수 그리스도의 이용에 의해서 계급의 변화를 꾀하지 못했다. 그러한 측면에서 윤회교의 이념은 지주계급의 양보가 이루어지지 않으면 본질적으로 지주계급의 멸종 수준의 학살이 이루어진다는 것과 신은 죽지 않았다는 목적으로 사용된다는 것이다. 가진 자와 가지지 못한 자의 공존이 가지지 못한 자의 양보로 조화가 이루어질 것인지, 가진 자의 양보로 조화가 이루어질 것인지 인류가 고민해야 할 문제이다. 하지만 결과론적으로 가진 자와 못 가진 자의 공존의 실현으로 전쟁이 일어나지 않고 그와 유사한 갈등이 일어나지 않기를 바랄 뿐이다.

이런 측면에서 스피노자의 인간과 자연을 아우르는 주장은 4대 성인에 포함되어야 한다는 것이 나의 생각이다. 스피노자의 언어가 가지고 있는 의미를 말하면서 신은 죽었다는 시대적인 상황 속에서도 '신은 죽지 않았다'고 해도 무방할 것이다. 모든 사람들이 철학·문화·사회사·경제사적으로 신을 죽였지만 스피노자만큼은 '이 세계가 멸망할지라도 나는 한 그루의 나무를 심겠다'고 했다. 이 사상은 결코 인간으로서 흘려들어서는 안 되는 말임에 틀림이 없다. 윤회교는 이러한 사상을 물려받을 것이다. 윤회교에서 말하는 나무를 심는 것은 에너지의 확보라는 문제와 석탄이 어떻게 형성되었는가를 확인하려 실험하려고 하는가에 있다. 나무와 나뭇잎이 썩거나 해서 석탄이 되었다면 인간은 석탄의 채굴에 의해서 생겨난 제반 문제들, 즉 석탄이 되는 원인을 실현하려고 할 것이기 때문이다. 과학사적으로 석탄의 형성이 나무와 그와 관련된 것에서 형성되었다면 그것을 하기 위해서는 나무를 많이 심어서 환경적인 측면에서 유용할 것이고, 인간의 이기에 의해서 채굴된 석탄이 형성되도록 그곳에 나무를 석탄이 될 수 있도록 구성하는 방향으로 행동할 것이다. 그리고 원유가 어떻게 형성되었는가를 윤회의 측면에서 운용할 것이다.

윤회교는 십일조를 형성할 것이다. 십일조는 수입의 십을 모아서 나무를 심는 일에 사용할 것이고, 야생동물의 번식과 야생동물의 영역을 넓히는 데 사용될 것이다. 또한 강의 오염을 해소하는 데 사용할 것이고, 바다의 생물 다양성을 위해서 사용할 것이다. 십일조는 인간과 자연의 공조를 의미하고, 조화를 이루는 데 의미있게 사용될 것이다. '신은 죽었다'는 명제에 대해서 시대적인 사실로서 과학의 발달에 의해서 산과 들과 바다가 파괴되어지고, 철학적으로 이성의 조건이 무엇이며 인간의 행위가 무엇을 위한 것인가라는 의문들을 남겼다. 경제사적으로는 대량 생산과 대량 소비에 의해서 빈부 격차의 해소와 정치사적으로 자본주의와 공산주의의 형성, 사회사적으로 인구의 증가와 인구의 증가에 의한 도시의 구조적인 확대의 필요성의 대두 등도 의문으로 남겼다. 결과적으로 '이 세계가 멸망할지라도 나는 한 그루의 사과나무를 심겠다'는 사상으로 인해 신은 아직 죽지 않고 숨만 붙어 있다가 언젠가 신은 살아야 하는 명제를 접한 것으로, 자연으로 돌아가자는 명제의 제시가 있었을 것이라는 점이다.

종교사적으로 윤회교의 대두와 과학과 물리화학적 변화들은 역엔트로피 법칙의 발견으로 인류사에서 운용될 것이다. 여기에서 종교적·물리화학적 요소로서 신이 살아나게 하였다면 생산과 소비의 감소를 유발하는 문명사적으로 인구의 감소가 있게 될 것이 분명하다. 인간에게 편리와 유용성을 가져다주지만 문명은 인간의 본질적인 욕구의 불만족이라는 문제를 안겨줄 것이라는 사실을 의미한다. 즉, 문명은 인간의 본질적 욕구인 야생동물을 잡으면서 뛰는 능력에 의해서 쾌감을 느끼거나, 멀리 보는 능력에 의해서 쾌감을 느끼거나, 야생동물을 잡기 위해서 냄새를 맡고 야생동물 찾는 능력에서 쾌감을 느낄 수가 없게 되어 인간이 절망하는 시대가 올 것이라는 사실이다.

인간의 도덕적 능력은 어디에서 파생되었으며, 인간의 파괴적 본능은 어디서 파생되었는가의 대립적 구도는 현대문명 속에서 어떻게 표출될 것인가? 인간은 스포츠를 통해서 대리만족을 느끼고 있지만, 인간이 모두 다 스포츠맨은 아닌 것이다. 뛰고, 싸우고, 피흘리고, 강렬한 땀을 흘리고 하는 인간의 욕구를 현대문명에서 어떻게 구현할 것인가는 문명의 숙제이다. 현대사회에서 연쇄살인의 문제나, 성폭행이나, 성폭력은 이러한 인간의 욕구 속에 감춰진 행위를 억제해야 하는 인간의 구조적인 모습이다. 이것이 어떻게 구현되도록 할 것인가? 윤회교는 가진 자들을 향하여 무기를 사용하지 않는 무지막지한 폭력을 용인할 수 있는 구조로 갈 것이다. 분명히 인간이 인간을 사랑해야겠지만 문명 속에서는 그렇지 않다. 문명이 주는 인간의 축소된 행위의 강요와 윤회교는 엄청난 운동의 근거와 장소를 본질적으로 가지게 될 것이다.

인간은 인간에게 자연이라는 사실을 승인받기를 원할 것이다. 그것은 총이나 칼을 사용하지 않는 야생 생활을 할 것인가의 물음이다. 그가 야생 생활을 한다는 것은 호랑이나 사자 혹은 늑대와 같은 야생동물과의 공생을 받아들일 것인가를 묻는 것이고, 야생동물에 의해서 목숨을 잃을지라도 그것을 받아들일 것을 서명해야 한다는 것이다. 인간은 야생으로 돌아가야 한다고 주문하지 않는다. 인간이 강해야 한다는 것이 화약을 사용함이나 칼과 같은 도구의 사용에 의해서 강한 것이 아니다. 자연의 질서 속에서 살아남는 것이 쾌감을 준다는 것으로서, 그것에 의해서 행복하다는 것이 야생에서의 생활을 용인하거나 받아들이는 것이다.

인간이 문명사회 속에서 산다는 것은 메카트로닉스의 개념이다. 로봇을 조종하거나, 만들거나 하는 것에서 인간의 역할은 어떤 것이 있게 될까? '신은 죽었다'는 시대에는 거대 기계의 조종이나, 거대 기계를 수리하거나 하는 것에서 인간의 역할이 축소되는 것에서 인간은 벗어나야 한다. 그런데 인간은 기계나 그와 유사한 일에 묶여 사는 존재가 아니라는 사실을 인식하는 것에서부터 인간의 본질적 욕구인 대지를 달리는 야수의 욕망을 가지고 있다는 사실이다. 그러한 자료에 의해서 어쩌면 기계 혁명에서 밀려난 인간이 단순히 기계에 종속되는 현상에 대해서 강력하게 반발할 것이라는 점이다.

윤회의 기본정신은 '자연으로 사는 것'이다. 자연으로 돌아가는 것도 아니고 자연으로 사는 것이다. 그리고 과연 자연으로 사는 것이란 어떤 것이어야 하는가는 의문으로 여길 수밖에 없을 것이다. 문명에서 사는 사람들은 우주여행을 한다. 비행기와 같은 문명이 제공하는 혜택을 누리는데 과연 이러한 문명의 이기를 모두 버리고 자연으로 살수 있을까? '신은 죽었다'라는 사실을 대변할 수 있는 것을 필자는 개인적으로 지구의 백색왜성화의 가능성을 경계해야 한다고 언급하고 싶다. 성서의 '보기에 좋았더라'와 신약성서의 666의 개념을 가지고 '신은 죽었다'와 무엇이 '신은 살아있다'로 표현할 수 있을까? 우선 '보기에 좋았더라'를 '신은 살아있다'로 대변한다면 '신은 죽었다'의 표현은 666이라는 의미를 생각해보지 않을 수 없을 것이다. 백색왜성은 어떻게 되는 것인가? 에너지의 완벽한 고갈이 백색외성이 되는 요인이다. 인간이 에너지의 사용을 최대로 끌어당기는 행위가 있게 된다면 지구에서의 에너지는 모두 고갈될 것이다. 에너지가 완벽하게 고갈되면 지구는 백색외성이 되는 것이다. 태양에너지를 사용할 수 있는 동안은 백색외성이 되는 일이 없겠지만……. 그리고 미래사회를 예측하면서 가장 두려워해야 하는 것은 인간을 에너지원으로 사용하려는 시도를 가장 두려워해야 한다는 것이 나의 생각이다.

나의 모든 역량을 다해서 글을 썼다. 나의 꿈은 이러한 글을 쓰는 것이 아니라 시인이 되는 꿈을 꾸어왔었는데 마지막으로 나의 글 하나를 기록한다.

# 삶

자연의 움직임을 거역할 수 없듯

삶 그대를 사모한다는 것을,

말로써는 할 수 없다는 것을

나는 잘 알고 있습니다

그러나 그대를 사모하여

절망 속에서조차

용기를 보이는 것은

자연의 뜻을 거역한다기보다는

삶의 지친 늪에서 벗어나야만 하는

인간적인 삶을 사랑하는 것이

자연이 바라는

진실한 실천이라

믿고 싶기 때문입니다.

# 제2부

## 성서의 자연

'천지를 창조하시고 보기에 좋았더라'는 창조는 자연의 진실한 질서로 환원되는 것을 말함이며, 자연의 진실한 질서로 환원됨으로써 모든 천지만물로 살아가는 것을 의미함이니라. 자연의 진실한 질서는 스스로 있음이며, 스스로 있음은 자연이며, 생명으로 있음으로 인함이니라. 천지만물은 지천선악의 질서에 의해서 생성되며, 이것이 창조이며, 창조된 것은 멸망할 수 없는 이치라 함이니라. 자연의 진실한 질서로 환원되었다는 것은 자연의 질서는 생명의 질서로 환원되었다는 것을 말함이며, 생명의 질서는 생명으로 생활하는 생명을 말함이니라. 생활은 생명의 살아있을 동안 이어져 오는 삶을 살아야 함을 의미하며, 살아있는 생명의 입으로 이 세상이 멸망한다 말하는 생명은 천지자연의 이치로 말하나니 멸망하는 세계로 보내주게 될지니라. 살아있는 생명의 입으로 영원한 세계가 있다 말하는 생명에게 영원한 천지자연의 이치로 말하나니 영원한 생명이 있는 저 세계로 보내어 주겠다 말할지니라. 그가 받아들이든지, 그가 받아들이지 않든지 그는 영원한 세계에 보내어져야 하는 생명이며 어리석은 생명에 불과함이나니 지천선악이 그를 용서함은 그가 생명이기 때문이며, 천지만물이 생명으로 향하는 이치에 있기 때문일지니라.

## 🌿 자연(스스로 그러하다)

태초에 천지가 스스로 있게 되었나니 이는 스스로 있음으로 인함이며, 자연이라 하나니라. 천지가 생하며, 이를 생명의 시초라 이름이라. 창조는 자연의 질서로 환원되며 자연의 질서에서 자연으로 환원되나니 자연에서 생명으로 환원되어 가는 질서라 하나니라. 첫째 날에 이루어졌나니 하늘과 땅이 이루어졌다 함이니라. 이는 땅 위에 평화와 안정이 있음을 위함이나니 모든 진리는 하늘과 땅에서 이루어짐을 진실로 받아들임이며 하루하루 살아감을 하늘과 땅에 감사함을 신실히 하니라. 첫째 날에 이루어짐은 음과 양의 조화로 이루어졌다 하며 보기에 좋았다 하니라. 둘째 날에 하늘을 뒤덮는 불이 가득하고 땅 위에 뜨거움으로 가득 찰 때에 이는 첫째 날의 하늘과 땅의 운행이 깊음으로 뜨거움과 차가움으로 조화로움을 위하여 창조되었다 함이 옳다 함이니라. 이를 둘째 날에 이루어졌다 하니 모든 살아 있는 생명들은 뜨거움과 차가움을 조화롭게 이루어가며 살아감을 생명의 본분이라 함이니 이를 조화로움으로 오래도록 이루어지는 생명이라 하니라. 둘째 날에 이루어졌다 함은 음과 양의 조화로움에 도달함으로 인함이나니 이를 보기에 좋았다 함이니라. 셋째 날에 땅 위에 깊음과 낮음을 따라 따뜻함과 차가움의 깊은 조화로움으로 낮은 곳으로 물이 생하여 모이며 이를 셋째 날에 이루어졌나니 땅 위에 차가움과 따뜻함으로 생명의 조화로움이 이루어지니라. 나무와 초목으로 생명을 잉태하게 하나니 물은 생명의 진실이며 진리이니라. 물로 인하여 생하며 물로 인하여 평화를 얻음을 신실히 하라 하나니 이를 물과 같이 하며 불과 같이 하라. 그리하면 생명이 지극히 이루어지나니 이를 넷째 날에 이루어짐을 이름이니라. 넷째 날에 이루어졌다 함은 음과 양의 조화가 이루어짐을 위함이나니 이는 보기에 좋았음이니라. 땅 위에 생명의 질서가 가득할지라도 몸을 누이며 편히 쉴 수 있음으로 모든 만물에 형상이 계곡과 물질들이 불과 물과 해의 이치와 달의 이치가 이 땅 위에 가득하니 이를 다섯째 날에 이루어졌다 함이니라. 이를 물질이 생하였다 하며 온전히 스스로 있음에 인함이라. 모든 질서가 땅 위에서 이루어졌음과 사람과 온갖 생명들이 그 스스로 있음의 이치로 있게 됨을 흙에서 나서 흙으로 돌아간다 함을 이루었다 함이니라. 다섯째 날에 이루어졌다 함은 음과 양의 이치가 조화롭다 함이나니 심히 보기에 좋았다 함이니라. 이날 여섯째 날에 이루어졌음을 이름이라. 모든 수고와 생명과 진리가 이 땅 위에서 세대에서 세대로 이어지는 생명의 날을 창조하였다 하며 이 날을 기리니 이는 해가 세상을 창조하였다 함을 묵인함이니라. 여섯째 날에 이루어졌다 하나니 이는 음과 양의 조화로움이 이루어졌다 함이며 보기에 심히 좋았다 함이니라. 이를 일곱째 날이라 함은 수고로운 행함을 행하였다 하며, 생명이 온 세상에 골고루 퍼져나가라 이르며, 스스로 있게 됨으로 생명이라 함을 축복함이 천지자연에 이루어졌나니 월 화 수 목 금 토 일로 명하느니라. 창조와 스스로 그러함의 묵인이 이러할지니 저희가 의심하지 말라 함이 이와 같기 때문이라 함이라. 창조로 이룬 것은 생명이며, 생명을 위한 창조라 함이 온당하나니라.

  태초에 천지가 스스로 있게 되었느니라. 이를 일러 스스로 창조되었다 하나니 모든 창조는 기적으로 이룸이 아니리니 천지자연의 이치는 스스로 합당하며 스스로 그러함이기 때문이라 하리로다. 이를 이르러 천지자연이라 하니라. 땅이 혼돈하며 공허하고 흑암이 깊음 위에 있으니 이를 음양으로 나눔이니라. 모든 이치가 이로 인함이리니 모든 질서와 법칙은 이러한 이치에 있다 하리로다. 창조는 생명 탄생이라 시초가 여기에 있음이며 생명으로 성장해간다 함이니라. 이 세상이 창조되었었다 말함은 누군가에 의해서 만들어졌음이 아니며 탄생과 잉태와 순환의 차이에 합당함을 창조라 함일 뿐임을 알지니라. 창조는 곧 생명 탄생이리니 모든 질서와 법칙과 모든 가치가 생명의 탄생을 위함이며, 생명을 위하여 스스로 창조되었음을 말함이며, 음양의 이치가 있음으로 완성된다 함이리니 생명이 곧 창조이며 창조가 생명이라 하니라. 이는 스스로 그러한 이치에 있음을 이름이며, 천지자연이며, 대자연이며, 스스로 그러한 이치라 칭하리로다. 모든 이치는 이와 같은 과정에서 이루어지나니. 양은 흑암 중에 생기니 이를 음 중에 양이 있다 하니라. 이를 일러 스스로 그러함이라 하니라.

생명은 천지자연과 대자연이 존재하는 증거가 됨이니 존재라 이름은 곧 생명으로 잉태됨을 앞두고 있다 함이 이와 같음이로다.

알지니라. 너의 존재는 생명이며 천지자연이 용인함으로 생명일지니 천지가 무엇이냐? 이는 생명이라 함이니라. 물이 무엇이냐? 이는 생명이라 함이니라. 나무가 무엇이며 온갖 짐승들이 무엇이냐? 이는 생명이라 함이니라. 생명으로 향해가고 있음을 창조라 함이니 창조와 생명을 망령되게 말하지 말며 생각하지 말라 함이 이와 같기 때문이라 하리로다. 모든 생명 있는 것들과 생명으로 향해가고 있는 모든 존재들에 이와 같은 질서가 몸에 근본으로 가지고 있을지니 함부로 죽이지 말며, 함부로 베지 말며, 함부로 깨트리지 말며, 함부로 말로라도 죽음을 논하지 말지니라. 이를 이르기를 스스로 존재하도다 하니. 스스로 존재함은 모든 생명의 질서와 법이 이로 말미암았나니 이를 천지자연의 온전한 질서라 이르니라. 천지자연의 빛과 어둠은 대지와 본래의 것에서부터 창조되니 이를 일러 천지자연이라 하니라. 이는 무로부터 시작하나니 이를 일러 질서가 자리잡아간다 하니라.

태초에 하늘이 생하며 땅이 생하느니라. 이러한 이치가 곧 음양이 생한다 이르니라. 땅이 또다시 하늘 생명을 있게 하니 이는 음양의 이치가 함께 있기 때문이리니 이는 하늘과 땅이 서로 생함이니라. 하늘이 또다시 생하니 물이 있음이고 물이 다시 하늘을 생하니라. 물이 생하니 또 뭇 생명이 생하니라. 뭇 생명들이 또다시 물을 생하니 이를 하늘과 땅과 생명이 서로를 생한다 함이니라. 모든 생함은 함께 생한다 하니라. 즉, 생명은 생하는 과정이 창조이며, 생명의 창조가 모두 함께 이루어진다 함이니라. 생명으로 생하는 과정을 이르기를 사람이 살아가는 것과 같이 하늘이 살아가며, 땅이 살아가며, 물과 나무와 모든 짐승들이 이와 같이 살아간다 함이나니 너희가 느끼며, 나누며, 가꾸는 존재가 돼라. 천지자연이 생명에게 축복함이 이와 같기 때문이니라. 생명이 창조됨이 아니라 생명 스스로 생함에 의해서이며, 이는 모든 생명들이 이와 같은 질서에 온전한 것만을 따르는 이치와 같다 함이니라. 모든 천지만물이 함께 창조됨이며 생명으로 향한 창조가 아닌 창조는 창조라는 허물이니 창조는 불가하다 함이 여기에 있음이로다. 이를 일러 창조라 하니 하늘과 땅의 모든 생함의 가장 소중함은 생명을 생함에 있음이라 하니라. 생명이 없는 창조는 창조라는 말에 불과함이라 할 수 있음이리니 너희가 창조되었다 이르지 말며 생명으로 생하였다 함이 합당하다 하리로다.

너희가 죽어가는 사람을 살리느뇨? 너희가 죽어가는 들짐승과 산짐승을 살리느뇨. 너희가 진실로 생명을 살리는 일에 너희가 너의 생명을 얻음과 같이하나니 너희가 축복받는 생명이 되리로다. 사람 중에 창조된 생명이라 말하면 그리함이 가하다 하니 네가 진정 신이 되고자 하는 욕망에 가득한 생명이로다 하니라. 창조는 생함의 관계와 관계에서 끝없이 나누는 진리와 무관하며 생명에 의해 그 가치가 무익함과 같이 됨이 타당하다 하니라. 그러므로 창조는 잊으라. 생하는 과정과 생함으로 또 다른 생함이 이어지는 질서에 있음을 증거함이 이와 같나니 이를 세대에서 세대로 이어지는 질서와 음과 양의 질서와 찬 것과 더운 것의 질서가 생명 가운데 있음이니라. 창조가 이와 같나니 찬 것이 창조되며 뜨거운 것이 창조되느냐, 무존재가 창조되느냐? 이와 같이 진실과 진리는 생명의 창조에 본래적이며, 창조와 같이 생한다 하리로다. 천지자연은 서로 같이 생한다 함이며, 이를 스스로 그러하다 함이라 이르니라. 스스로 존재함은 진리와 진실 위에 있다 하리니 창조가 창조를 위한 것이 아니며, 생명의 진리만이 이와 같나니 상극과 상생의 진리가 진실 위에 있다 하리로다. 흑암 중에 생명 탄생의 존재를 드러내나니 생명과 생명 없음은 천지자연의 음양의 질서와 선악의 질서가 여기에서 비롯되었다 함이니라.

선을 착한 것이라 칭하지 말라. 선은 빛으로 생함을 말함이며, 악을 나쁜 것이라 칭하지 말라. 악은 어둠에 의하여 생함을 말함이나니 모든 생명들이 빛으로도 생하며, 어둠으로도 생함을 말함이니라. 선과 악은 서로 있음으로 생하며, 멸하며, 창조되며, 창조의 뒤안길로 사라진다 함을 이름이지 착한 것과 나쁜 것으로 말을 짓지 말지로다 하니라. 너희가 선함을 너희의 말로 할 때에는 하늘에 부끄러움이 없음을 생각하고 말하며, 너희가 어둠 가운데에서도 하늘에 부끄러움이 없음을 생각하며 살아가라 이르노니 이는 선에도 진실을 행하며 악에서도 진실을 행하는 생명이라 칭함을 얻으리로다. 그러므로 천지자연의 질서를 행하는 생명이 사람이라 칭함을 얻으리로다. 너희가 선을 행함을 하늘과 땅과 숲과 나무와 바다와 강에 부끄러움이 없다 함으로 인함이라. 너희가 하늘에 맹세하라. 이는 선이 옳음이 아니라 천지만물에 부끄러움이 없음을 행하려 함을 이르나니 선은 하늘과 땅의 조화로움이며, 강과 바다의 조화로움이며, 숲과 온갖 생명의 조화로움이며, 사람과 사람의 조화로움이 있음을 일컬음이니라. 너희가 선을 위하여 행하는 그날부터 천지자연의 진실한 실천에 감사함과 항상 함을 행한다 하나니 너희가 진실로 사람의 생을 살았음을 천지자연이 증거함이니라.

너희가 진실로 악을 행하려느냐? 나쁜 것으로 생각하며 행동하는 것을 악이라 말하지 말

라. 악은 너희들 중 너만을 위한 생명의 과정을 생각하는 것이라 하니라. 악은 모든 것들 중에 너이며, 하늘 아래 너 자신이며, 숲 안에 너 자신이며, 바다 중에 너 하나임을 일컬음이니라. 이는 너 스스로를 아는 것으로 인함이며, 학습이며, 학문이며, 배움이며, 깨우침이나니 진정 너희가 악을 이르며 행하고 진정한 앎을 행하려거든 천지자연의 이치를 행하는 악으로 향함을 잊지 말지니라. 천지자연의 이치로 행하여 진실로 세대에서 세대로 이어지는 선으로 나아가는 악이 진실로 악이니라. 악은 모든 것들 중 자기라는 하나이니라. 진정한 악은 자연의 질서와 자연과 생명으로 환원됨을 즐겨함이나니 너희가 잊지 말지니라. 너희가 생명이라는 악이더냐? 너희가 생명이라는 선이더냐? 너희가 마음으로 가지는 천지자연의 오묘한 질서에 너희가 놓였음을 감사하라. 그리 행하며 천지자연의 이치대로 행하라. 천지자연 창조의 마음이 이와 같음은 근본에 있음이니라 하니라. 스스로 그러하게 있음은 존재하지 않음의 서로 바라봄을 일컬음이니라. 이는 있음과 없음의 이치가 흑암 중에 있는 이치리니 있음이란 의식도 아니며 의지도 아니도다. 이는 스스로 그러함으로 생명이라 함이라 하니라. 생명은 시간과 세월이 있음으로 생하게 되는 진리를 말함이나니 음과 양의 이치가 생명으로 모아짐을 이름이지 죽음이란 생명이 모아지는 것이 아님이 분명할지니라. 생명은 퍼져가는 지극한 질서를 넘어서려 하는 의지와 같다 하리로다. 이는 하늘의 해의 이치와 같다 함이니라. 단지 천지만물의 운행처럼 스스로 존재하는 것과 스스로 존재하지 않음의 질서가 양이 음을 이기는 것처럼 이 땅 위에서 일어나기 때문이니 스스로 있음과 스스로 있지 않음이 현상 속의 현상 때문이라 하니라. 생명 없음 위에 생명이 존재하는 이치가 이와 같다 할 수 있음이리니 이를 마치 악의 이치처럼 논하지 말라. 선은 악을 상생의 이치로 다가감이며, 악은 선을 상극의 이치로 다가감 때문이니라. 이처럼 악의 진리는 침묵하는 생명의 이치가 그 깊은 가운데 있음을 이를지니 이는 진실과 진리는 생명의 질서와 함께함이 온당하기 때문이니라.

모든 질서와 법칙은 생명을 위해 존재한다 함이리니 천지는 너를 위하여 있음을 알지니라. 만물은 너를 위하여 있음이나니 이러한 이치는 천지와 만물을 위하여 너희가 있음을 깊게 깨우쳐야 함이니라. 너희가 생명이라면 이와 같은 질서에 있다 함이 타당타 하리로다. 있음과 같이 빛을 보며 없음의 의미가 생명으로 향해가고 있는 악의 이치가 이와 같다 함을 잊지 말지니라. 있음과 있지 않음이란 이와 같은 행함을 즐겨하라 하니라. 이는 천지자연의 이치의 행함이 사람에게 있음과 생명에게 있음을 이름입니다. 존재와 존재하지 않음이란 상극의 이치이며 상생의 이치로다 하나라. 상극의 이치가 음이 양보다 성하려 함과 양이 음보다 성하려 함이 있다 하며, 상생의 이치는 음의 질서와 양의 질서가 조화로움이 함께 있다 하나니 이는 천지자연의 질서가 무로부터 생명성이 있는 질서로 옮겨가기 위한 질서가 천지자연에서 이루어진다 함이 지극하다 하리로다. 생명의 질서는 양의 이치와 음의 이치가 균등하기 때문에 생하는 질서라 하나니 상극의 질서 가운데 창조의 질서가 있다 하며 멸망의 질서가 함께 있다 하나라. 그러나 멸망의 질서는 관계에서 실패하는 언어에 불과하나니 멸망은 존재하지 않으며, 사람이 죽으면 모든 사람이 죽음을 당하지 않고 세대에서 세대로 이어지는 질서만이 있을 뿐이니라. 단지 멸망이란 말은 실패하고서 순간의 어리석음에서 생하는 언어에 불과함이 타당타 하리로다.

　창조의 질서는 생명성이 흐르는 질서에 기인함이며, 멸망의 질서는 생명성이 소멸하는 질서에 기인한다 함이 있나니라. 멸망이라는 언어가 같아지는 것은 죽음에 이르는 생명에게만이 통용되는 단 한 번의 더 큰 스스로 그러한 질서로 들어가는 순간의 언어이며, 살아있는 생명이 더 큰 스스로 그러한 질서로 되돌아가는 생명에게 할 수 있는 단 한 번의 위로의 언어에 불과하나라. 이러한 가운데 빛이 생겨났다 하는 질서가 스스로 존재함과 빛이 생명을 창조할 수 있는 조건 됨이니 스스로 그러함은 해가 생명이라는 사실을 증명함이나라. 스스로 그러함은 생명을 말함이며, 스스로 그러하지 않음은 생명으로 창조되는 과정에서 스스로 그러함으로 변함을 일컬음이라 하나라. 분명한 이치는 그러하나라. 생명의 질서가 곧 창조이며 죽음의 질서가 곧 멸망이라 함이 타당하다 하리로다. 천지만물이 이와 같은 질서에서 벗어날 수 없음은 천지자연의 질서와 음양의 질서와 선악의 질서가 오묘한 질서로서 상호 같이 있다 함이더라. 존재로서 그 의미는 완성되는도다. 이는 스스로 그러함의 진리이며, 없음으로부터 생명으로 생한다 하니 모든 생명은 존재 그 자체로 완성되었다 함이 있느니라. 이는 생명으로 향한다 하니 생명보다 창조의 본질에 가깝다 하는 것은 존재하지 않음이 크다 하리로다.　창조는 자연의 질서로, 자연의 질서는 자연으로, 자연은 생명으로 완성되는 것을 말함이나라.

　창조의 본질이 생명의 생함과 세대에서 세대로 이어지는 질서보다 위에 있지 않음은 이와 같기 때문이라 하니 음양으로 완성된 존재가 천지자연, 즉 스스로 그러하다 하나라. 양의 이치는 음 중에서 생겨난 것이라 하나라. 음은 무로서 존재하지 않음과 같으니라. 존재하지 않음도 존재로서의 그 의미는 완성되는 생명의 질서가 완성되었다 하며, 그것을 생명의 질서라 하니라. 음의 이치가 천지자연의 근본이라 하며 그 또한 스스로 그러하다 하니 이를 양이 있음에 음이 있음이도다 하니라. 빛이 있으라 하매 빛이 있으니 최초의 스스로 그러하다의 의지를 일컬음이라. 흑암 중에 빛이 있음은 빛이 없음 가운데 있음이니라. 무에서 유가 생겨났음은 음과 양의 지극한 상극의 이치에 있다 하리니 음과 양의 지극한 상극이 음양의 생명 활동이 되니라. 무릇 유란 무의 의미로서 존재가 완성하였도다 하니라. 없음이란 있음이 있어야만 없음이리니 없음이란 그 자체로서 있지 못함이니라. 최초의 창조는 무로서 무의 의지라 일컬음이며 최초의 생함이 지극하다 함이로다. 이로써 무의 질서와 유의 질서가 이루어지나니 천지자연의 온전한 질서가 있게 되었다 함이니라. 이는 있음으로 해서 없음이 있는 것과 같음이니라. 최초의 창조는 빛의 의지라 하며, 우주의 의지라 하며, 이를 유의 의지라 하니라. 빛과 빛의 의지가 충만하니 이것이 우주의 질서로 자리 잡았다 함이 가하나니 이를 빛의 의지라 하며 우주의 의지라 함이더라. 이로써 천지자연의 오묘한 질서가 펼쳐지는 이치에 합당하다 하매 빛으로 빛남을 최초의 창조이며 최초의 생함이라 하니라. 심히 보기에 좋았더라 하니 그 생함이 생명으로 향한 천지자연의 질서로다 하니라. 이는 보기에 좋음이란 의지의 관계도 아니며 의식의 관계도 아니라 생명의 질서이리니 생명의 질서란 이와 같다 함이니라. 곧 스스로 그러한 빛의 존재 그 자체가 심히 보기에 좋았음이니 생함의 존귀함이 여기에 있다 하리로다. 이를 스스로 그러함의 이룸이라 하니라. 이는 빛이 생한다 하며 천지자연의 의지가 됨과 같다 하리로다. 빛이 스스로 그러함으로 존재가 빛이 나는 진리라 하니라. 빛의 스스로 그러함의 존재로 생함으로 보기에 좋음은 이것으로 음양의 질서를 드러냄이 지극하다 하기 때문일지니 어둠 속에서 빛이 나기에 보기에 좋음이니라. 이는 마치 음양의 질서와 선악의 질서가 함께하기 때문이라 그것을 일컬어 최초의 선악의 탄생을 일컬음이니라.

　악이란 음이며 음 가운데 양이 있다 하니 이를 일러 음 가운데 양이 있다 하니라. 이를 또한 악 가운데 있는 것은 선이라 하니라. 영원히 빛난다 함은 빛이라는 생명이 영원히 빛난다 함을 말함이니 이는 생명의 일회적인 질서가 세대에서 세대로 이어지는, 즉 퍼져나가는 질서가 이와 같도다 함이니라. 빛이 그 빛을 잃으면 생명이란 빛의 소멸함을 훼손하는도다. 모든 질서의 일회적인 생명이 그 끝을 맞는다 함이 타당하리니 이는 생명의 연속성이라 하니라. 빛은 공간성을 만듦을 일컬음이니라. 빛이 빛난다 함을 증거함이 이와 같다 함이리니 이는 빛이 있다 함에 인함이니라. 빛이 생명을 잃어버림을 빛의 공간성의 한계를 느꼈다 함이리니 이와 같은 질서를 빛이 있음에 어둠이 있고, 어둠이 있음에 빛의 온전한 증거가 공간성을 창조하였음이니라. 이는 천지자연 모두 다 빛만이 있는 것이 아님을 증거함이며 빛과 어둠의 생명의 증거함이 있다 함이니라. 궁창이 있으라 하매 하늘과 땅이 있는도다. 이는 스스로 그러함이라 할지니 빛이 있음은 어둠 가운데 있음으로 인하며, 빛은 어둠과 다른 것이 아닌 빛이 있음으로 그 질서가 있다 함과 같음이라 하니라. 하늘은 우주와 통하매 그 넓음을 구분할 수 없는 질서라 함이니 우주의 질서가 비추매 빛은 하늘의 질서로 궁창에 빛이 가득하는도다. 궁창에 비추는 빛이 너무 강하매 빛을 억제하는 질서가 필요했음이니라. 달이 있으라 하매 달이 있도다. 빛은 달과 궁창의 질서에 순응하는도다. 강한 것은 약한 것으로 그 강함을 낮추고, 그 약함은 강함으로 약함을 벗어나는도다 하니라.

스스로 존재하는 질서는 빛으로서 창조의 최초의 본보기이매 그것을 첫째의 날로서 하니 이를 양이 생한다 하니라. 이는 모든 생명의 근본이 그 가운데에서 생한다 함을 증거함이기 때문이니라. 모든 질서와 법칙은 근본으로부터 생하는데 생한 것을 빛이라 하면 근본을 음이라 함이 타당하니라. 이는 모든 질서에 근본이 있었기 때문이며, 또한 생명이 탄생하는 것과 같기 때문이니라. 스스로 존재하는 질서는 빛을 경계함이 타당하고 궁창이 본보기이매 그것을 둘째의 날로서 하는도다. 모든 질서는 근본에서 음과 양으로 나뉘는데 없음이 음이며, 있음이 양이니라. 이는 곧 빛이 양이며 또한 빛을 경계함이 곧 음이니 이를 빛에 경계하는 질서라 하니라. 양이 강함은 결코 생명의 질서라고 할 수 없음이 있기 때문이리니 양이 강함을 경계하고 음이 생하여 생명의 질서로 나아감이 천지자연의 질서라 함이니라. 스스로 존재하는 질서는 빛을 받아들이는 질서이며 천지자연의 본보기이매 그것을 둘째의 날로서 하는도다. 스스로 존재하는 도는 빛을 경계하는 도를 받아들이며 천지자연의 본보기이매 그것을 둘째의 날로 하는도다. 첫째 날 모든 생명의 근본이 빛이며, 그 빛이 생명의 빛으로 있음은 빛을 받아들이며 경계하는 질서가 동시에 있음을 천지자연의 질서가 있었기 때문이니라. 그러므로 천지자연의 질서 가운데 빛을 받아들이는 공간이 있으라 하매 이것을 셋째 날이라 하는도다. 궁창의 질서 가운데 빛을 경계하는 질서가 필요하매 스스로 창조되어 그 공간이 있으라 함과 같음이나니 이것을 셋째 날이라 하는도다. 음양의 상극과 상생은 물이 생하나니 이를 넷째 날이 되나라. 최초의 생명은 초목이 되었나니 이를 다섯째 날에 이루어짐이라. 생명으로서 상극과 상생의 이치로 스스로 그러한 질서에 도달하였나니 이와 같다 하니라. 해가 있으매 달이 생하고 그 본래의 생함 속에는 땅이 있음이 해와 달이 생하는 질서보다 앞선다 함이 여기에 있음이리니 해와 달과의 상생과 상극은 땅에서 이루어짐 때문이니라.

해와 달의 상극과 상생은 물이 생하며, 해와 달과 물의 상생과 상극은 초목을 생하였으며, 모든 초목이 생하고 그 초목 가운데 해와 달과 물과 초목이 생하여 물질이 생하나니 이를 차례대로 생하는 질서 가운데 있음을 이와 같이 증거하는도다. 이는 모든 질서가 아름다운 질서라 하며 이를 심히 보기에 좋았음이니라. 이를 사람이 살피게 하니라. 모든 질서는 이와 같이 땅에서 이루어지며, 생명의 질서는 이와 같다 함이라 하니라. 무릇 없음 가운데 있음이 생기하나니 빛이 있고, 어둠이 있고, 빛을 경계하는 도가 있고, 빛을 받아들이는 질서가 있고, 빛을 경계하는 질서가 있다 한다 해도 그리고 어둠과 빛이 있음과 같이 뜨거움과 차가움이 있다 해도 천지만물을 인식하는 질서가 없다 하면 그것이 무슨 소용이 있다 할 수 있는가. 천지만물이 땅과 하늘과 해와 달과 불과 물과 땅을 위함이 있음은 모두 다 온전한 질서임으로 인함이며 땅에서 이루어짐은 온전하다 함이 지극함이니라. 스스로 그러함이라 함은 하늘과 땅의 진리에 합당하다 함을 일컬음이며, 하늘의 뜻을 닮음으로 인함이며, 땅의 뜻을 닮음으로 인함이리니 사람의 모습이 그와 같다 함이니라. 이는 지천선악의 이치에도 합당하다 함이 지극하여 온전히 자기를 알며, 하늘을 알며, 땅을 알며, 해를 알며, 달을 아나니 진리를 향하는 모습 그대로이다 함이로다. 이는 스스로 존재하는 마음으로 느끼며 스스로 존재하지 않는 생각함을 함께 함이라 할 만하리로다. 스스로 존재하는 몸과 스스로 존재하지 않는 몸을 만드나니 이는 빛을 받아들이며, 어둠을 인정하며, 빛을 경계하며, 스스로 존재하도록 하였음이라. 창조는 이로써 하였나니라.

창조 이후의 창조는 빛과 빛을 경계하는 질서와 빛을 받아들이는 질서와 빛을 경계하는 질서로서 궁창에 이름이라 하니라. 이는 세상이 혼돈한 가운데 있음으로 인함이며 최초의 창조와 최초의 천지만물 위에 생명이 있음이 서로가 같다 하지 않을 수 없으니 진리와 진실 된 법칙은 혼란과 혼돈 가운데 음양의 질서가 지극하며 선악의 질서가 지극함에 있음이니라. 이는 모든 생명의 질서가 이러하다 함을 증거함이리니 생명의 질서가 혼돈한 가운데 있음이며, 음양의 질서와 선악의 질서가 지극한 순간까지 이어지며, 선악의 질서가 지극한 순간까지 이어짐을 증거함이 이와 같다 함이니라. 너희가 진실로 하늘을 알며, 땅을 알며, 빛을 알며, 차가움을 알며, 초목을 알며, 물을 알며, 생명을 안다고 할지니라. 그러나 너희가 앎에서 멈추지 말지니 생명을 짓밟고 있지 않나 살피며 생명을 유지하라 하는 이유가 여기에 있음을 알라 하나니 생명의 질서가 하늘과 땅과 물과 불과 나무와 초목의 진실한 질서 가운데에 너희가 있음을 감사하라 하니라. 지천선악의 이치와 사람의 이치가 합당하기에 그러하다 하리니 하늘이 바라봄을 긍휼히 하며 땅이 바라보고 있음을 긍휼히 하라 함이니라. 물이 그러하며, 불이 그러하며, 모든 산천초목이 그러하나니 이는 천지자연의 이치 가운데 생하는 기운에 모두 다 그러함을 지극히 하라 하니라. 그리하면 너희가 온전히 이 대지를 살피는 일에 적합한 생명이라 할 만하리로다. 이는 사람을 탄생시키는 이유가 되리니 사람이 온전히 태어났다 함을 하늘과 땅, 산천초목이 그 진리를 기뻐함이 온전타 하니라.

최초의 사람은 빛을 받아들이며, 어둠을 인정하며, 빛을 경계하는 흙으로부터 생하였다 하리니 이를 생명의 시작이 흙으로부터 생하였다 하는 생명이니라. 이를 일러 빛과 어둠과 음과 양, 선악의 본질에서부터 생하여 그 가운데 생명의 증거가 되리니 이를 천지만물 가운데 있다 함이니라. 이를 아담이라 하니라. 아담을 최초의 땅에서 생하였다 하며, 빛을 받아들이는 자라 하며, 빛을 경계하는 자라 칭하니라. 아담이 음양의 이치에 있다 할지라도 생명으로 시작할 때부터 하늘과 땅이 있음과 같이 아담이 하늘이니라. 이는 천지자연의 지극한 질서가 아담에게도 있음을 이름이라 하는도다. 천지자연의 이치는 지극한 질서라 함이니 또한 빛을 경계하는 이를 아담이라 하며, 빛과 어둠과 뜨거움과 차가움을 상생의 극치라 하니라. 또한 이를 상극의 극치라 하니 이를 어둠을 인정하는 자라 하니라. 또한 이를 빛을 경계하는 자라 하니라. 빛은 뜨거움으로 대지에 비추니 이를 천지자연의 이치라 하니라. 대지에 뜨거움만 있다면 화의 모습으로 창조되었다 할 수 있음이리니 화에 대응함이 온당타 함이 옳으니라. 이와 같이 대지는 완전무결하게 창조하지 않음과 같으매 완전무결한 창조의 진실한 모습은 뜨거움과 차가움이 상극인 것처럼 상극이 완전한 차가움과 뜨거움을 경계하는 상생으로 불리느니라. 이를 빛을 경계하도록 하는 자라 하니 아담이라 하니라. 이게 바로 완전한 창조이며 생명으로 완성되었다 하니라.

스스로 존재하는 것과 스스로 존재하지 않는 상생의 이치가 가득하니 빛으로, 어둠으로 경계하게 하고 뜨거움을 차가움으로 경계하도록 하며 그 이치가 완전하다 하니 이를 아담의 이치라 하니라. 아담을 불모의 땅에 두고 한 그루의 나무를 심어놓으니 이를 금단의 열매라 하니라. 금단의 열매를 일러 사람에게 영원한 생명을 자연의 이치에 맡기는 것을 말하노니 땅과 하늘과 빛과 어둠을 이름이며, 생명이 세대에서 세대로 이어지는 생명이라 느끼며, 마음을 가지라 함이 금단의 열매에 있다 함이니라. 또한 스스로 존재하는 존재의 마음과 스스로 존재하지 않는 존재의 마음에 버림을 강요하는 나무니라. 사람에게 스스로 있음이라고 하는 존재의 이치를 깨달음은 스스로 있지 않음으로부터 시작됨과 같다 함이니 스스로 있음과 스스로 있지 않음이 조화롭기 때문에 그리함과 같이 생명의 진리가 그러함이라 할 수 있음이니라. 살아있음과 생명이 같음이라 함이니 생명은 앎과 깨달아가는 생명이라 함과 같다 함이니라. 앎과 깨달음은 사람이 즐겨함을 사람에게 스스로 있음을 칭함이 옳다 함이 이와 같다 함이니라. 살아가는 것과 살아가는 것을 누리는 생명에게 존재라 함을 칭함이 이와 같다 하리니 존재의 아름다움이라 함도 이와 같다 함이니라.

　스스로 있음을 누리는 사람에게 이르노니 사람에게 본래부터 이어지는 물음과 답을 할 수 있음의 과정이 이와 같다 할 수 있음이며, 네가 이 열매를 따먹으면 자연의 이치에 의함을 받아들이는 자라 하니라. 사람이 자연의 이치를 받아들이는 자라 칭함은 자연에 합당함과 자연의 질서 가운데 생명이 된다 함을 스스로 있음으로 증거함이 나타나 칭송받음을 지천선악이라 하나니 이는 사람에게 천지자연 운행의 질서가 있다 함을 인정함과 같다 하니라. 아담이 스스로 있음 가운데 스스로와 지천선악의 진리에 다가와 마음으로 경배하며 묻노니 스스로의 생명과 살아있는 생명들 가운데 아담이 있음의 물음과 답을 천지자연에 드러내놓느니라. 그러므로 진리로서 운행되는 존재자에게 묻노니 이 열매를 따먹으면 이 불모의 땅에는 생명이라고는 저 하나밖에 없나이다 하니라. 아담의 이치는 불모의 땅에 저를 두심이 무척이나 두렵나이다 하니라. 어둠이 되매 스스로를 물으며 생각함과 자연의 이치의 온당함을 받아들임을 두려워하지 않음으로 어둠이 지나감이 이와 같다 함이라.

　아담이 가로되 모든 생명들에게 짝이 있음 같이 나에게도 짝이 있음을 말함이니라. 하늘과 땅이 나뉘듯이 나에게도 나눠졌지만 하나인 짝이 있음으로 인함이며, 천지자연의 이치가 아담과 이브의 이치와 함께함이나니 생명은 본래의 이치대로 향해가는 존재라 함이 이와 같기 때문이라 하니라. 사람에게 성장이 있듯이 천지만물의 이치가 같기 때문이라 함이니라. 아담이 성장하매 그의 짝을 찾는 이치가 세상에 가득함이 이와 같기 때문이라 함이니라. 진리가 흐르는 세상이라 함이 온당하다 함이니 진리와 성장이 함께 있음이 이와 같기 때문이라 함이니라. 살아있음을 존재함이 온당하다 하리니 살아있음이 생명의 탄생과 성장의 과정과 자연으로 돌아간다 함과 같으니 이는 자연의 아름다움과 같다 할 수 있음이니라. 존재와 존재하지 않음의 대비가 있음이 자연의 이치라 함과 같다 하리니 존재라 하는 존재자가 아담이며, 존재를 발견함이 이브라 할 수 있음이니라. 이브가 아담을 향하여 있음이며, 아담이 이브를 향함이 이와 같기 때문이라 함이니라. 아담의 갈비뼈를 취해 여자를 만드니 이는 진리와 기적의 세계에 있음에 불과함이니라. 성장의 과정을 창조함이 온당하다 함에 이르는 족속을 사탄의 이름으로 지어냄이 이와 같으니 진리와 기적이 만나며 진리와 스스로 있음의 과정이 있음을 경계함을 지극히 해야 함이 이와 같기 때문이니라.

진실로 이르노니 기적의 눈으로 보지 마라. 사람의 눈으로만 보라. 사람으로 향해가는 이치와 스스로 모든 진리가 함께 있음을 알아감과 감사함을 지극히 하라 함은 지천선악의 의지가 사람과 함께함을 이름이라 하니라. 성장의 과정 중에 아담이 이브를 만나며, 성장의 과정 중에 이브가 아담을 만나며, 사람의 마음으로 사랑을 하며, 사람의 마음으로 함께 성장하는 사람으로 느끼나니 사람의 이치가 이와 같다 함이니라. 이를 일러 자연의 이치와 사람의 이치가 세상에서 이루어짐을 이름이며, 땅에서 이루어지며, 해와 달과 물과 불과 나무와 온갖 짐승들의 이치와 항상 같음을 알아간다 함을 이름이니라. 아담과 이브가 이처럼 자연의 질서 속에서의 진리의 길을 간다 함을 칭송함이 햇빛과 달빛과 불빛과 물빛과 온갖 나무와 온갖 짐승들의 진리를 누린다 함을 이름이니라. 이를 사람이라 함은 온당하다 함이니라. 사람 중에 여자라 함은 이와 같은 진리와 함께하며 그 중에 이브의 이치가 이와 같나니 아담에게 다가오는 이를 이브라 하니라. 또한 이브에게 다가오는 이를 아담이라 하니라. 진정으로 알지니 아담이 이브에게 다가감이며, 이브가 아담에게 다가감으로 가족이 되며, 사랑이 이루어지며, 모든 이치 가운데 생명이 태어나 가족이 시작됨을 알지니라.

스스로 있음과 스스로 있지 않음이 있었으니 이를 음양의 진리라 하느니라. 스스로 있음은 생명으로 인함이며, 스스로 있지 않음은 사람의 생각과 마음 중에 자리하고 있는 사탄의 마음을 이름이나니 진리를 넘어선다 함을 이름이며 윤회를 넘어선다 함을 이름이니라. 진리가 너희를 자유롭게 한다 말함을 서슴지 않나니 자유를 넘어서지 않음을 자연의 질서로서 아느니라. 진리는 자유로운 이상에서 멈추어야 함을 이르노라. 그리고 진리는 살아있는 본래의 모습이며, 자유롭게 죽음에 이르는 행함과 같다 하느니라. 진리가 평화를 넘어선다는 것은 자연의 이치로서 아느니라. 아담과 이브에게 사탄의 마음은 자유와 평화로써 유혹함과 생명에게 마음으로 느낌이 아니라 과정과 생활의 발견으로부터 얻는 것이니라. 바로 자연의 진리와 사탄의 진리가 함께 있음을 이름이라. 이는 생명이 짐승의 마음과 자연의 진리와 사람의 마음과 자연의 진리가 오묘함을 이름이나니 사람이 짐승의 마음을 가진 것이 자연의 이치이며, 사람이 사람의 마음을 가지려 성장이 있음이 자연의 이치이니라. 사탄이 이브에게 와서 말하는도다. 너희는 금단의 열매를 따먹지 말라 하니 너희는 저 열매를 따먹고 나면 스스로 있음을 잃게 되느니라. 너희가 자유로우며, 너희가 평화로움을 버림으로 인해 너희는 스스로 있음을 잃어 너희가 죽음에 이르게 되나니 너희가 나의 자유와 평화를 자연의 이치에 던지게 되리니라. 너희가 죽음에 이르는 짐을 짊어짐을 애써 하지 말지니 사탄의 저주에 임하리라 하니라.

아담과 이브가 고심하매 그때 스스로 자연의 이치가 바람소리임을 알게 되며, 자연의 이치가 사람이 땅 위에 사는 것을 알게 되며, 계절이 그것을 알게 되었으며, 성장하고 있음은 평화와 자유를 품고 있음을 마음으로 느끼게 되느니라. 아담이 이브에게 오는지라. 이를 음양의 이치라 하는도다. 아담은 이브의 생활의 발견을 위해 다가가는 것이며, 이브는 아담의 생활의 발견을 위하여 다가가는 성장의 창조라 함이 온당타 함이니라. 아담과 이브의 사탄이 또한 음과 양의 이치와 함께한다 함은 온당타 함이나니 아담의 사탄과 이브의 사탄이 자유와 평화를 포용하고 있음을 생각할 수 없다 함을 창조의 짐승이라 함이 이와 같다 함을 말함이니라. 아담과 이브가 저 열매를 따먹고 나면 이 땅에 생명이 하나도 없다 하는도다. 스스로 있음, 즉 자연의 이치는 흐르는 물이며, 하늘에서 빛나는 해이며, 달밤을 비추는 달이니 지천선악이 바람과 같다 하니라. 생명의 진리가 마음에 하는 말이 있으니 너희는 염려하지 말라 하는도다.

이브가 말하는도다. 스스로 존재하지 않는 자 사탄의 유혹을 견디기 힘들다 함이니 그 열매를 따먹으면 우리는 죽어간다 하였나이다. 스스로 있지 못한다 하였는데 스스로 있음이란 자연의 이치를 말하는도다. 그 열매는 너희들 스스로 살아가는 사람이 되게 할지니라 하니라. 사람은 자연이며, 자연은 자연의 질서이며, 자연의 질서는 창조로 나아가는 본질로 자유롭다 함이니라.

너희가 창조를 믿느냐? 사람은 자연이며, 자연은 자연의 질서이며, 자연의 질서는 창조로 나아가는 본질로 자유롭다 함이니라. 너희가 창조되어진 생명이 아니라 말하노니 너희는 살아가는 존재이며 탄생된 존재임이 자연의 이치로서 증명되었다 선포하나니라. 이는 진리이며 생활에서 너희가 알아가게 됨을 일컬음이라 하니라. 너희는 존재하지 못하는 것을 믿느냐? 너희가 탄생되는 존재라면 너희가 성장하는 존재라 함을 증명 받음을 너희가 살아가는 생활 속에서 그렇게 됨을 말하느니라. 스스로 존재하는 존재가 말하노니 아담이여, 그리고 이브여, 들을지니라. 너희는 창조도 그리고 존재도 그리고 생명도 아니다 하니라. 빛과 어둠, 뜨거움, 차가움 그리고 하늘과 땅 그 이상의 창조가 너희와 어떠한 연관도 없음이니라. 너희가 서있는 그곳이 창조되었다 하고 싶으냐? 창조는 생명을 일컬음이며 생명의 근본은 너희에게 있음이 아니라 아담과 이브의 음양의 이치가 있음으로 인하여 생명이 탄생하듯이 너희가 서있는 대지도 음양의 이치가 있어야 함이니라. 평화와 자유를 포용하는 것이 진리라 함을 진실로 믿을지니 이는 자연의 이치 가운데 생명보다 귀한 것은 있지 않음을 증명하기 위함과 같다 하니라.

이에 이브가 금단의 열매를 따먹고 아담에게 먹어보라 하니 아담이 먹는지라. 열매를 따먹는 순간 아담과 이브의 벗은 몸이 부끄러운지라 열매의 나뭇잎으로 가리니라. 스스로 존재하지 않는 존재의 목소리가 들리매 아담과 이브가 머리를 조아리자 스스로 존재하는 자 말씀하는지라.

사람이여, 너희를 사람이라 부르리니 이는 서로 의지하는 관계를 말함이며, 서로를 경계하는 자이며, 대지에서 이루어지는 모든 질서 가운데 너희만이 진리와 진실에 대한 경외를 할 것이며, 창조라는 생명의 과정을 너희만이 알게 될 것이며, 모든 것이 땅 위에서 이루어진다는 진리가 너희로 하여금 생하게 하리로다. 너희가 따먹은 선악과란 마음으로부터 일어나는 자유를 평화롭게 이룩해야 하는 운명을 가진 사람이라 함이며, 너희가 평화를 위하여 희생할 것이 있다면 그것은 자연의 이치에 있음을 알며, 행함을 위함이니라. 진실로 이르노니 땅 위에 번창할 때에 땅을 위하여 한 그루의 나무를 심으며, 함부로 생명을 죽이지 않으며, 너희가 스스로 벌하는 사탄의 질서에서 벗어나려 힘씀을 게을리 하지 말지니 이는 지천선악의 이치가 사람에게 임한다 함으로 인함이니라. 세상을 경영함은 행복하기 위하여 사랑해야 한다는 진리를 잊지 않음이 대지에 가득함이라. 이는 지천선악의 진리 중 하늘의 진리이며 사람이 행복하기 위하여 생명을 살리는 일에 힘씀이라. 너희가 이 땅 위에서 행복하려거든 가족을 사랑하며, 내 이웃을 사랑하며, 너 스스로를 사랑하라. 사람으로 아파하며 사람으로 고통 받는 생명들을 위하여 사람이 무엇을 행하여야 하는가. 물의 고통과 나무의 고통과 모든 짐승들의 고통 위에 사람이 서는 것을 지극히 염려함이 퍼짐을 사탄은 알며, 생명이 그것을 반역함과 가득함이 세상이 되리라 하니라. 스스로 존재하는 자조차도 인간인 너희가 창조한 것이라는 생각을 할지도 모르니라.

스스로 존재하는 존재 말하노라. 나는 너희들을 창조하지 않았으니 너희들 스스로 창조하는 인간이라 함이 옳을 것이니라. 너희는 창조 생각하지도 기억하지도 말지니라. 너희는 스스로 존재하는 존재라 칭함을 받게 되니라. 빛과 스스로 존재하지 않는 존재인 어둠과 스스로 존재하는 대지와 스스로 존재하지 않는 존재인 하늘과 빛의 근원과 뜨거움의 근원과 차가움의 근원에 의해서 너희는 스스로 존재함을 얻었다 할지니라. 너희는 스스로 창조하는 창조자로서가 아닌 너희 스스로 존재하는 존재라 하는 사람이라 하리니라. 너희에게 당부하노니 함부로 살생하지 말라. 대지에 있는 미물일지라도 그 생긴 것은 스스로 존재하는 자보다 더 소중한 생명을 가졌으니 함부로 살생하지 말라. 존재하는 것은 음양의 이치보다 우선하며 선악의 이치보다 우선이니라.

　하지만 진실로 이르노니 너희의 존재를 방종하지 말고, 너희가 생명을 함부로 죽이거나 베어서 너희 스스로를 죽이는 질서에 들어가지 않아야 하느니라. 사람이 사람을 죽여서 너희가 먹는 일로 스스로 벌 받으리니 진실로 존재함을 방종하지 말지니라. 이는 지천선악의 질서를 깨트림과 같아서 너희가 진실로 다음 생에서 태어나지 못하며, 죽음보다 못한 벌을 받으리니라. 즉, 하늘과 땅과 물과 불과 모든 존재 요소의 증오와 저주를 받으리로다. 너희가 스스로 존재하지 않음을 일컬을 때에 너희는 세상과 너희 스스로를 뒤돌아볼지니라. 천지자연의 이치 가운데 스스로 있다는 것과 스스로 있지 않음을 구별하는 데에는 이와 같기 때문이니라. 너희가 생각할지니 스스로 생한다 함은 하늘과 땅의 이치가 뜨거움과 차가움이 부딪쳐 물이 생기는 이치와 같다 함이니 그 물이 세상을 살리듯이 하늘과 땅의 이치대로 순환하리라. 이는 지극히 천지자연의 이치를 보여줌이니 이와 같이 너희가 존재와 존재하지 않음을 말할 때 천지자연이 사람에게 증명할 수 있음은 너희 마음과 몸이 다투는 것과 같다 함이니라. 너희가 지극히 마음을 쓰는 것은 몸이 원하는 것을 하는 것과 같으며 너희 마음이 원하는 것을 몸이 행하는 것과 같으니라. 이는 몸과 마음의 모습이 어떠하냐 물으면 몸은 생하고 있으며 마음이 생하는 것을 바라보는 생각을 할 수 있는 이치가 아닌가를 말하느니라. 물음과 의문을 몸과 마음으로 조절하라 함이 타당함이리니 진정 너희가 무엇을 사랑하느냐 물으면 너희는 너의 마음과 몸을 사랑함이라 하니라. 이는 지극히 당연함이니라. 너희 이웃과 가족과 형제들, 즉 생명을 가진 이의 진심된 마음으로 세상을 보며 마음을 보라. 그리하면 세상의 이치를 사랑함이 눈에 보이며, 마음으로 느끼며, 이러한 가운데 생애를 살아갈지니 너 스스로를 믿으며, 네 이웃을 믿으며, 이 세상을 믿으라. 그리하면 너희가 천지자연의 이치를 스스로 깨우치리니 이는 너희가 몸으로 세상을 사는 것이며,

천지자연의 마음으로 깨우침과 같이 너희가 마음으로 이 세상을 깨우치게 되리로다. 이는 천지자연의 마음과 사람의 마음과 같음이며, 천지자연의 깨우침이며, 너희가 깨우침이 있음을 지극하다 함이니라. 너희는 존재하지 않는 자의 말대로 영원히 살지는 못할지니 스스로 존재하는 것의 의미를 스스로가 알아가야 하니라. 생활은 죽음의 터널에서도 해야 하며 음부의 자리에서도 해야 함이니라. 이는 생활하는 문제를 너희들 스스로가 알아야 한다는 말이니라. 너희가 사람으로 있음은 성장과 생활이 이어짐이 되는 것이며, 이는 생활의 다툼이 있음을 말함이며, 함부로 가는 생활을 이름임이니라.

생명의 길을 서두르지 말며 가라. 너희에게 생명을 서둘러 가지 말라 함은 스스로 행복해지는 과정을 너희가 찾고 다듬으며 가꾸어 가면서 가라 함이니라. 너희들이 따먹은 그 열매로 인하여 너희는 천지만물이 고통을 당할 수 있음을 잊지 말라. 이는 너희가 살기 위하여 땅과 물과 불의 고통을 당할 수 있음을 이름이니라. 무엇을 사람에게 줄 것인가. 사람이 파괴하지 않음으로써 깨달음을 얻으리라. 또한 보존하지 못하고 생명이 사라지는 것의 진실은 천지만물이 고통을 당함과 같으며, 사탄의 마음 중 사탄의 마음이 짐승의 마음과 같은 까닭은 너희가 깊은 곳에 자리한 짐승의 마음을 알고 증오함이 있기 때문이라 함이라. 진실로 진실로 이르노니 파괴를 즐겨하지 말며, 천지만물이 너희를 죽음으로 몰아갈 물과 불의 화를 돋우며, 너희가 스스로 벌줌으로 죄를 물으니 사람이 파괴하는 존재로부터 벗어났다 함을 칭송받으라 권함은 이와 같기 때문이라 하니라. 천지만물이 고통을 당하지 않음은 평화로움으로 인함이며, 불이 고통을 당하지 않음으로 인함이며, 물이 고통을 당하지 않음으로 인함이며, 물속의 생명들이 죽음의 고통을 당하지 않음으로 인함이며, 함부로 죽임을 당하는 짐승들과 사람들이 고통을 당하지 않음으로 인함이니라. 이는 천지만물이 존중받음을 이르며 파괴되지 않음이 평화롭기 때문이니라. 그러므로 사람의 평화와 갈등의 과정이 자연의 이치에 의함을 알게 됨으로 항상 진리를 마음에 가짐을 유지하여 깨달음을 얻으리라. 지천선악의 진리가 너희와 함께 하리니 너희가 땅의 진리에 대한 깨우침을 게을리 하지 말라. 이는 땅의 진리가 해의 진리와 달의 진리보다 앞섬으로 인함이며 하늘의 진리보다 앞서있음으로 인함이니라.

너희가 온전히 사람이라면 잊지 말라. 천지자연을 어김으로 인함은 해와 달이 따지리니 진리로서 벌하며 진리로서 죽임을 당하리로다. 이는 더 사람이 지천선악으로 향함을 경계함이며 치우침으로 벌 받음을 경계함을 이름이니라. 진리를 벗어나지 말라. 진리 가운데 사람이 있음을 이와 같이 말함이니라. 사람이 먹은 금단의 열매는 나의 존재와 너의 존재를 분명하게 선을 나누게 되리니 이는 진리와 진실이 같지 않음이 해 아래에서 이루어지게 됨이고 뜨거움을 경계하는 진리가 있음으로 인함이며, 생명과 생명 없음의 경계가 불분명하기 때문이며, 어둠이 있음을 경계하는 밝음이 땅에서 이루어지게 됨이기 때문이니라. 이와 같이 사람이 진리와 진실에 관한 사실을 사람에게 알려주는 것은 사람에 관한 근본이 스스로 존재하는 나에게 있는 것이 될 수가 없다는 것을 말함이 땅에서 이루어지게 됨이니라. 인간이 하룻밤을 지내는 순간부터 스스로 존재하는 것이 오직 사람일 수 있다는 의심과 확신을 함께 가지게 될 것이며, 존재하지 않는 존재의 혼란을 사탄과 같이 사람이 가질 것이며, 존재하지 않는 자의 유혹을 거부한 것이 바로 사람일 것이니라. 이는 사탄의 마음이 천지자연의 질서를 지키는 지천선악의 사자가 될 수 있음을 말함이니라. 존재하지 않는 존재의 유혹은 땅에서 이루어지며, 사람으로 하여금 스스로 존재하지 않는 존재에게로의 의지를 가질 때도 있을 것이며, 스스로 존재하는 의미는 사람이 될 수 있다는 것과 존재하지 않는 존재가 스스로 존재하는 것처럼 느낄 수 있기 때문이며, 이 같은 일들은 생애라 일컬음이 땅에서 이루어짐이라 하리로다. 이와 같이 있을 것이다.

스스로 존재하는 자 말하노니 너희는 선이며 금단의 열매로 인하여 인간 스스로 악의 의미를 스스로가 알아가야 하는 사람으로서의 생애만이 있으리니라. 진실로 이르노니 생애를 낭비하지 말라. 그러나 사람은 시작된 것 중 완전한 진리가 선이 될 수 있음으로 인함은 완전한 악이 될 수 있음의 보여짐과 같다 하리니 사람이 되었다는 사실에 있다 하니라. 이는 너희가 창조되는 대상이 아니며 온전히 생명인 것에 충실함은 음과 양, 선과 악의 상극과 상생의 가치가 충만한 존재로 인함이니라. 따라서 창조와 탄생의 의미를 혼동하지 말라. 빛은 창조가 아니니라. 어둠은 창조가 아니라 스스로 있음이며, 사람의 마음에 사탄의 마음이 있듯 빛에게도 사탄의 마음이 있으며, 어둠의 마음에도 사탄의 마음이 있음이니라. 스스로 벌하지 않음을 위해 게을리 하지 말며, 스스로 벌함은 천지만물이 고통을 당하고 있음이 세상에 가득하기 때문에 행함을 게을리 하지 말라. 이는 진리가 평화와 자유를 포용하고 있음으로부터 시작하라 함을 이름이며, 사람의 역할을 시작하지 않음으로 존재하는 질서라 이름이라.

에덴동산은 생명이 살아있는 죽음을 누리는 곳이라 칭함이 온당타 하리니 금단의 열매는 선이며, 악이니라. 진리가 너희를 자유롭게 함은 땅에서 이루어지는 질서가 그 증거가 되리로다. 금단의 열매는 깨어있는 선과 깨어있는 악이 마주봄과 같기 때문이리니 해의 진리와 달의 진리가 성장과 균형의 고단함에 있는 것이니라. 천지만물의 균형은 조화롭기 때문에 평화롭다 함에 인함이며, 천지만물의 성장은 생명의 하루하루가 먹으며, 입으며, 누리는 것들의 충돌이 땅에 가득함으로 인함이리니 균형이 평화라고 한다면 성장은 살아가야 하는 아픔이 몸에 밴 생명의 활동이니라.

이 세상이 상극과 상생의 의미를 알게 할지니라. 사람이여, 잠에서 깨어나면 스스로 존재하는 자 하늘과 빛과 어둠과 밝음을 창조하였나니. 이것을 삼일에 창조했다 하라. 물과 불과 초목과 짐승을 창조하는 것은 선과 악, 음양의 이치에 의해서 창조하리니 인간은 불모의 땅에 존재하지 않는 존재로부터 경계하라 하니라. 너희에게 주는 것은 스스로 존재하는 자의 마지막 축복으로 받아들이라 하니라. 너희는 불모의 땅에 씨앗을 뿌려 그 씨앗에서 나온 열매와 곡식으로 주식을 삼을 것이며 불모의 땅을 쓸모 있는 땅으로 만드는 것은 너희 사람에게 있다 하니라. 그것을 일러 자연의 이치의 시작이라 하니라. 빛이 극열하게 비치면 빛을 경계하는 것으로 그것을 상극의 현상이라 하리라. 그리하면 자연의 이치에 의해 비가 내리리라. 빛을 경계하는 질서가 지나치면 인간은 빛이 필요할지니라. 그리하면 빛을 경계하는 질서가 상생의 현상으로 돌아갈지니라. 그리하여 하늘에 구름이 걷히고 빛이 비추면 땅에는 생육하는 현상이 일어날지니라. 너희는 그것으로 상극과 상생의 현상에 감사할지니라. 너희는 너희들 스스로의 의지에 의해서 에덴의 동산에서 나간 자들이라 하리라. 너희는 너희들이 선택한 대지에 대지를 가꾸는 이라 하리라. 에덴의 동산이 너희들에게 불모의 땅으로 창조한 것은 아니리니 불모의 땅이란 없다 하리라. 사람에 의해서 상상되어진 땅일 수 있음이니라. 너희가 에덴의 동산에서 나가면 이곳도 자연의 이치에 의해서 풀이 자라고, 나무가 자라고, 온갖 짐승이 생겨날지니 너희는 에덴의 동산과 그렇지 않은 곳의 차이를 느낄 수 없을지니라. 너희가 살아가는 모든 곳은 에덴의 동산일지니 자연의 이치에 감사함과 그렇지 못함은 사람의 욕심에서 그런 것이니라. 하늘에 떠있는 빛을 경계하는 상극의 현상이 일어나 사십일 동안 천둥과 번개가 치며 대지에 비가 내리는 지라. 그리하여 낮은 곳으로 물이 고이고 큰물이 낮은 곳을 채우니 이를 바다라 하매 물이 채워지지 않은 곳을 대지라 하니라. 대지에 떨어지는 물이 땅에 스며듦에 대지에 풀이 돋아나고, 나무가 자라고, 스스로 존재하는 자 말과 음양의 이치대로 대지에 날개 달린 짐승이 생겨나고, 네 발 달린 짐승이 생겨나는지라 사십일 동안 비가 내리는 중에 아담과 이브가 스스로 존재하는 자를 원망하느니라. 금단의 열매 나무에 의지해 사십일 동안을 비와 바람과 천둥을 맞으며 물위를 떠돌아다니다 작은 섬이 보여 아담과 이브가 그곳에 오르니 커다란 물고기 등위였는데 그 등위에서 사십일 동안 추위와 굶주림에 시달렸다 하니라.

사십일이 되매 하늘에 무지개가 떠오르더라. 스스로 존재하는 자, 스스로 존재해야만 하는 자가 커다란 물고기를 육지에 내려주니 커다란 물고기의 등위에 금단의 열매 씨앗을 보답으로 주니라. 아담과 이브가 땅 위에 발을 디디니 그것을 인간이 대지에 발을 디딘 첫날이라 하니라. 황량한 벌판에 금단의 열매 씨앗을 대지에 심으니 대지에 크게 자라는지라. 대지에 심은 금단의 열매 씨앗은 열매 맺는 나무와 그렇지 않은 나무로 자라니라. 또 하나의 열매를 밭을 갈고 심으니 거기에는 채소와 곡식이 자라며 열매 맺느니라. 아담과 이브가 하늘의 빛과 비와 바람과 맑은 공기가 곡식을 키우는 것에 감사한 마음이 생겨 추수한 곡식으로 제사를 지내니라. 아담과 이브가 생명으로 탄생한 것을 감사하며 대지를 경영하여 추수한 것의 이치로서의 감사함과 함부로 살생하지 않아도 살아갈 수 있음을 감사하며 제사 지냈더라.

아담과 이브가 동침하니 임신하였더라. 배가 부르고 입덧을 심하게 하니 아이를 낳을 때 하늘이 무너지는 고통을 당하며 이브가 스스로 존재하는 자를 원망하느니라. 이는 스스로 존재하지 않는 존재의 유혹을 거부한 이브에게 내리는 형벌이라 하니라. 이브가 아들을 낳으니 그 이름을 카인이라 하니라. 아담이 카인을 축복하며 너는 나의 아들이니라 하더라. 아담과 이브가 또다시 동침하매 배가 부르고 심하게 입덧을 하니 이브가 아들을 낳을 때 심한 고통으로 인해 스스로 존재하는 자를 원망하더라. 아담과 이브가 나의 아들이라 하고, 나의 자식이라 하고, 심히 불편하게 지내는지라. 카인과 이브가 심히 가슴아파하는지라. 이는 스스로 존재하지 않는 존재의 유혹을 거부한 남자와 여자에게 내리는 형벌이라 하느니라. 스스로 존재하지 않는 존재가 아담에게 이르더라. 너는 나의 형벌을 달게 받으라 하니라. 이는 너로 하여 스스로 존재하지 않는 존재를 가볍게 봄이니라. 너희가 대지에서 나오는 식물들로 생육할 때 조금이라도 게으르면 곡식을 거두는 것이 어려워 스스로 존재하는 존재를 원망할 것이라. 너희가 자식을 낳아 게으르게 가르치면 게으른 자식들로 인해 스스로 존재하는 존재를 원망할지니라. 스스로 존재하는 의미와 스스로 존재하지 않는 의미는 아담과 이브에 의해서 왜곡된 것일 수도 있음이며 선악의 열매 또한 어느 곳에서 있었는지를 찾을 수 없음이라. 스스로 존재하는 존재가 말한 대로 어느 곳에도 나무가 자라고, 어느 곳에도 풀이 자라니 에덴의 동산과 모두 같음이라. 이를 스스로 존재하는 이치와 스스로 존재하지 않는 존재의 상극과 상생의 이치라 하니라. 이 모든 이치는 땅에서 이루어지나니 땅에 생명이 자라나는 증거에 의함이니라. 이 땅은 생명의 땅이라 너희가 진정 생명이라 칭하고 진정한 마음과 생각이 있다면 너희가 진실 되게 생명을 사랑하며 생명을 살리는 일에 최선을 다하라 이르노라. 너희가 생명의 질서를 벗어나며 생명을 돌아보지 아니하면 너희 스스로를 심히 벌하며 고통 속에서 벗어나지 못하게 하니라. 이는 가혹함에서 일생 동안 벗어나지 못하며 고통 속에서 헤매게 되리라.

너희가 죄를 지었다 생각하느냐? 그리하면 너희가 죄를 씻으려 생명을 위하여 너희의 십의 일을 생명을 위하여 쓸지니 이는 너희가 생명을 살리는 존재라 천지자연으로 하여금 칭송을 받을지니라. 너희가 죄를 짓지 않았느냐? 저희가 죄짓지 않은 것은 천지자연 생명을 존중받는 존재라 너희가 믿기 때문이니라. 너희가 아주 작은 것이라 할지라도 천지자연을 위하여 너희의 일부를 죽어가고 있는 생명을 위하여 쓰라. 천지자연의 이치는 생명의 본질로 나아가는 이치에 함께 있다 함이라 이르노라. 진실로 이르나니 생명을 함부로 해하지 말라. 생명으로 나아가는 것은 함부로 죽이지 않으며, 함부로 베지 않으며, 함부로 자기 스스로를 벌하지 않으려 행함을 천지자연의 마음처럼 하라 하니라. 이는 진리이며 진실이니 믿는 것보다 행함이 진실이라 함이니라. 이는 에덴동산을 불모의 땅으로 창조하였다 함이니 에덴동산이 뜨거운 기운이 가득하여 풀 한 포기 자랄 수 없음으로 인함이며 차가운 기운이 가득하여 미물일지라도 살아갈 수 없음으로 인함이니라. 모래바람과 을씨년스러운 소리와 창조의 죽음이 가득한 곳으로, 이는 영원한 생명을 가진 살아있는 죽음이 가득한곳이라 함이 온당타 함이라. 사람으로 하여 땅을 비옥하게 하며, 그곳에 나무가 자라며, 풀이자라며, 작은 짐승일지라도 그 생명을 이어나감을 세대에서 세대로 이어지게 하려 함이 이와 같기 때문이니라 이는 땅도 사람의 일생처럼 태어나며, 성장하며, 추수함이 생명을 살찌게 함이 온전하다 함이니라. 그러니 이는 생명의 질서가 창조의 질서보다 진실 된 진리라 칭함을 받으리라 하니라. 사람으로 하여 이는 불모의 땅에서 살아가는 초목이 있으며 작은 생명체일지라도 살아감을 누리는 땅으로 변하여 가는 살아있는 환희로 향해가는 창조를 이룩하는 과정의 동산이라 하리로다. 이를 일러 생명이 있는 땅으로 만들어가는 과정의 땅이라 칭함이며, 에덴동산이라 함은 생명과 진리와 진실의 과정을 위하여 생명을 위한 땅이라 칭함이니라. 스스로 그러한 질서를 완성하기 위함이니 스스로 그러한 이치는 생명이 그 본보기이며 생명이 성장하는 땅이라 하리로다. 사람만이 생명이 아니며, 짐승이나 나무만이 생명이 아니며, 천지만물이 생명이니라. 이는 지천선악이 생명이라 함을 사람으로 하여 증명케 함이 이와 같기 때문이라 하니라. 모든 만물의 으뜸인 생명으로 하여 생명은 스스로 그러한 질서 가운데 스스로가 온전히 성장한다 함으로 완성되어지는 것이 이와 같기 때문이라 하니라. 온전히 성장되어지는 과정이라 하리로다. 생명은 멈춤이 없다 함을 증명키 위함에 있으리니 영원히 살아있는 죽음으로부터 벗어나 세대에서 세대로 이어지는 탄생의 과정과 성장의 과정과 이러한 모든 이치가 모든 땅에서 이루어짐을 감사함을 받아들이는 죽음으로의 땅이니라. 무엇을 원하느냐? 무엇을 행하였느냐? 무엇을 사랑하였느냐? 이는 사람의 길이 이와 같음을 감사함이 온전한 세상에 있음으로 인함이라. 모든 것은 땅에서 이루어짐이 진리이니라. 생명은 탄생과 성장과 소멸하는 이치로 완성되는 생명을 증명케 하고 에덴동산을 향해감이 여기에 있다 하리로다. 탄생되는 순간부터 불완전을 온전히 감사하며, 불완전을 스스로 도우며, 스스로 나누며, 그 불완전에 만족하는 이치가 보이는 동산으로 나아간다 함이로다. 생명은 파괴의 대상이 아니며, 파괴의 존재도 아니며, 살아있음과 살아가는 조건에 자연의 질서가 천지자연의 흐름처럼 흘러가는 것을 증명케 함이 여기에 있음이로다. 어리석은 사람이 완전한 파괴를 위한 조건을 가지고 있으며, 스스로가 파괴의 행위를 행하면서도 모든 행복과 진실이 마치 사람이라는 생명에게 있다 하며, 유혹하리라. 인간은 약하며, 욕심이 지나치며, 불필요한 생명을 해하는 존재이며, 사람 같지 않음이라는 악의 이성을 보이며 저주함은 그가 스스로 저주받음을 본보기로 삼으니 이는 그에게 불행의 씨앗이 있기 때문에 그리하다 하리로다. 어리석다는 것은 하늘을 두려워하지 않으며, 스스로를 두려워하지 않으며, 이웃과 친구를 두려워하는 마음으로 대하지 않음과 같음이로다. 어리석은 자여, 너 스스로의 불행을 행하여 스스로 자기를 벌하며 깎아내리지 말지니 이는 욕심과 어리석음으로 그러하니라. 이는 마음에 따뜻함이 너희 삶으로 강팍하게 되었나니 이웃은 그에게 사랑으로 감싸 안으며 그가 마음이 따뜻해질 때까지 그를 대하라. 그리하면 그가 마음을 열며 가슴이 따뜻한 사람으로 변하리라. 그 사람도 어리석음에서 현명한 사람으로 변화를 하듯 에덴동산도 불모의 땅에서 거름 주고 땅을 가꾸면 아름다운 땅이 되는 것과 같은 이치니라.

스스로 그러함의 오묘한 질서와 함께이듯 창조란 생명에게 본래적으로 생명을 살리는 것에서 창조하는 생명인 인간을 나타내려 함이 여기에 있음이니라. 이는 인간의 창조에 대한 이성의 이기와 알지 못하기 때문에 파괴하는 생명을 증명하는 것이라 하니라. 불완전한 창조가 비록 모든 고난 가운데에 있지만 천지자연의 이치와 사람 스스로의 수고함으로 사람 본연의 이성으로서의 행복과 몸이 가지고 있는 행복을 느끼는 것이 생명이며 에덴동산의 창조함에 있다 하리니 생명의 이유가 여기에 있다 함이니라. 이것을 스스로 그러한 생명이라 하는 이유가 있음이라 하리로다. 에덴동산이 완전하다면 추함과 아름다움을 비교하지 않음은 진리이며 에덴동산이 추함과 아름다움을 비교함으로 스스로 어리석어짐을 경계함을 게을리 하지 말지니 사람 되어짐이 없음이라. 추함은 추함이라는 아름다움의 모습이며, 아름다움이란 추함이라는 아름다움과 같다 함이로다. 생명이 아름답다는 언어로써 표현될 수 없다 하며, 생명이 추하다는 언어로써 표현될 수 없는 것이 이와 같다 하리로다. 생명의 동산이 에덴동산이어야 함이 이와 같다 하여도 생명에게 과정이 있듯이 생명의 가치는 말로써 표현될 수 없음을 마음에 두라 이르노니 사람이 아름다움에서 멈추지 못하고 사람이 추함에서 멈추지 못하듯 모든 이치와 동시에 에덴동산에 있다 하리로다. 에덴동산을 더욱 온전하게 만들 수 없다는 이유가 반드시 존재함이리니 또한 에덴동산과 생명의 본질이 서로 심히 충돌함이 크리라. 에덴동산에 첫 생명으로 하여금 경영하게 하되 에덴동산은 생각할 수 있는 사람만을 위한 창조라 할 순 없으리로다. 에덴동산에서의 아담과 이브가 있음은 생명을 가꾸며 생명을 살리는 본보기로 선택함이 이와 같기 때문이니라. 이를 일러, 즉 사람이라 하리니 이는 모든 생명 가운데 다친 생명을 치료할 수 있고 죽음에 이른 생명일지라도 살릴 수 있는 능력을 스스로 깨우치는 생명이 여기에 있다 함이니라. 사람이라는 이유는 생명 가운데 생명을 생명으로 바라보며 생명을 생명다움으로 대접할 수 있다 함을 여기에 기록하리니 이는 모든 생명 가운데 가장 현명한 생명이라 함이니라. 그러함 때문에 사람의 이유는 그들이 살아가는 것이 파괴의 과정이라 할 수 있음이며, 이는 사람의 생각으로 하여금 파괴 활동에 있음을 깨우치는 순간부터 천지자연을 복원하는 능력이 인간에게 있음을 일컬음이니라. 이는 사람이 생명이듯이 천지자연 또한 생명이라 할 수 있음이 여기에 있음이니 복원하는 능력을 사람이 가지고 있는 창조물로서 스스로 그러함의 능력이 있다 함으로 인함이니라. 에덴동산이 살아가는 사람의 파괴의 작용에 복원력이 있다면 그것은 완전한 창조일지니라. 그러나 사람의 창조적인 능력과 파괴하는 능력은 스스로 존재하는 존재라 함을 스스로 알며, 그러한 가운데 파괴의 활동에 창조의 활동을 동시에 행할 수 있음을 찬양하리니 이를 완전한 창조물이라 함이라. 에덴동산이 아담과 이브, 단 한 쌍의 인간에게만 작용하는 것이라면 이것을 완전한 창조라 함은 인간이 에덴동산의 질서가 함께 함이니 천지자연의 질서라 함이라 하니라. 그러나 아담과 이브가 금단의 열매를 따먹으매 그 허물로 인간이 자손을 낳아 기르게 되었는데, 이는 천지만물이 고통 받음으로 인함이니라. 에덴동산이 고통 받고 잃어감을 일러 666의 현상이라 하니라. 이를 사람이 지극히 자연의 질서보다 앞서있다 함으로 인함이리니 사람으로 하여 균형이 깨어진다 함을 증명케 함은 지천선악의 사람에게 보임이 이와 같기 때문이라 하니라. 사람의 생각과 행동함이 천지자연의 고통을 일으키게 할 수 있음은 땅의 진리가 깨어짐을 이름이며, 해의 질서가 깨어짐을 이름이며, 달의 질서가 깨어짐을 이름이니라. 이는 사람에게 대재앙이 가까이 있다 함이며 천지자연의 복원을 위한 천지자연의 질서가 여기에 오게 함이라.

아담과 이브가 카인과 아벨을 낳았고 천지자연의 고통을 줄이기 위하여 카인이 아벨을 죽임은 에덴동산의 고통 받음을 지천선악으로 하여 의심을 받음과 같음이리니 이는 아담과 이브를 에덴동산에서 내치게 됨을 말함이라 하니라. 카인이 아벨을 동물의 뼈로 쳐 죽이는 비극으로 향함은 사탄의 유혹보다 사람의 고통이 크다 함이니 천지자연의 고통을 없애는 방향으로 사람이 나아가야 함을 이름이니라. 아담과 이브가 이삭을 낳으니 이는 사탄의 유혹을 받아들임이 이와 같다 함이라. 이삭의 후손이 사람을 함부로 죽이고 살려주는 종족이라 함은 천지자연의 고통을 몰라 고통을 외면하는 민족이라 이르며 그 죄로 하늘이 벌을 내리고 땅이 벌을 내리니라. 아담과 이브가 이삭을 낳고, 카인은 누구를 낳고, 아벨은 누구를 낳고, 이삭은 누구를 낳고, 스스로 그러하다는 자연의 진리가 심하게 상처를 받을지라도 카인의 후손은 나무를 심는 민족으로 삼으며, 아벨의 후손들은 함부로 살생하지 않음을 실천하는 민족으로 삼으리니라. 이삭의 후손들이 스스로 그러한 지천선악의 축복을 받아 아브라함에 이르러서는 그들을 사막의 모래와 같이 번성하게 하리니 이는 스스로 그러하다는 자연의 복원력의 선택이라 함이라. 에덴동산에서 아담과 이브가 카인과 아벨을 낳고, 이삭을 낳고, 아담과 이브가 죽음을 맞고, 이삭이 누구를 낳고, 누구는 누구를 낳고 하는 과정에서 아담과 이브의 자손이 에덴의 동산에 있었다면 이는 에덴동산이 아담과 이브의 가족이 살아가는 것 한 가지로 에덴의 동산은 파괴되리라. 사람으로 하여 에덴동산이 파괴되었다 하니 카인이 이를 깨닫고 천지자연의 고통을 두려워하며 사람의 생애를 위하여 나무를 심으라 함은 지천선악의 선택이라 하니라.

사탄이라 함은 창조되지 않음의 의미도 될 수 없음을 증거함을 믿으라. 사탄은 천지자연의 고통과 함께 사람이 천지자연의 고통을 외면함을 죽음으로 갚으라 함과 같음이니라. 사탄이 죽음을 강요하며 에덴동산이 본래의 헐벗고 굶주린 땅으로 돌아감을 의미함이 이와 같음을 말함이리니 진정 사탄이 생명이 될 수 없음이며, 사람의 마음이 될 수 없음이며, 온갖 식물이나 온갖 짐승이 될 수 없음을 이름이며, 사악한 말에서 창조되었다 이름이라. 이는 사람의 말에서 비롯됨이며, 사람의 마음에서 비롯됨이며, 사람의 생각에서 비롯됨을 이름이니라. 진실로 사탄의 꾐에 빠지지 않으려느냐? 사람과 천지자연에 이로운 말을 하며, 지천선악의 아름다운 현상들에 감사함을 잊지 않는 생각을 하며, 해와 달의 조화로써 생하는 생명들이 탄생하는 진실한 말만을 하며, 땅의 진리와 하늘의 진리와 해의 진리와 하라 땅의 진리를 진심으로 행함으로 사탄의 말에 빠지지 않으리로다. 이르노니 마음으로, 말로, 생각으로 사탄을 만들지 말며 진실의 언어로써 마음으로부터 사탄을 벗어날지니 천지자연에 행함으로 그 죄를 벗어나라 하니라. 이는 천지자연의 용서의 마음으로 지천선악의 생명을 사랑하는 마음으로 이루어짐을 이르니라. 이것이 진리라 하리로다. 사탄의 의지는 이와 같도다. 에덴동산의 파괴와 에덴동산 이외의 곳에서 사람이 에덴동산과 같은 낙원을 만들 수 있음을 지천선악에게 보이기 위함이니라. 천지자연의 조화로움은 지천선악의 선택일지니 조화로운 창조가 사람에 의해서 파괴되는 것을 파괴라 해야 한다면 그것을 스스로 그러하다고 하는 존재는 사람에게 벌 줄 수 있음이니라. 이를 스스로 벌하는 사람이라 하며, 불완전한 사람이 살아간다 함을 이름이며, 완전한 창조를 사람에게 준다면 사람은 완전한 창조가 무엇인지 그 이치를 모를 것임이라. 창조를 사람에게 맡기는 것은 사람에게 불완전한 창조일지라도 불완전한 창조를 극복하고 완전한 창조를 하기 바라는 마음이니라. 이는 사람이 사탄을 가지고 있음을 이름이며 존재와 스스로 존재하지 않는 존재의 상생의 이치 때문이라 하리라. 스스로 존재하는 존재가 사람이라는 것과 스스로 존재하는 것을 이끄는 것을 스스로 존재하지 않는 존재의 몫이라 하니라.

인간에게 선악을 선택하라는 것이 과연 가능한 것인지를 바라보는 것을 스스로 존재하는 존재의 몫이라 하리니 이는 스스로 그러하더라. 있음과 있지 않음의 그것마저도 자연의 이치에 맡겨둠이라 하니라. 스스로 있다 함은 살아가는 과정이며 이는 빛과 어둠이, 하늘과 땅이, 물과 불이, 나무가, 발이 있는 짐승이나, 날개 달린 짐승이나, 물속에 사는 온갖 물고기나, 하찮은 미물이나 모두 다 스스로 있음에 칭송받음과 같음이니라. 살고 있다 함은 생명의 근원이기에 음양의 질서와 선악의 질서를 모두 다 창조하여야 한다는 것이 불완전한 창조의 이유라 하니라.

## 🌿 카인과 아벨

아담과 이브가 동침하매 이브가 수태를 하더라. 아담이 이를 기뻐하며 아담이 사는 곳에서 가까운 곳에 천지자연의 이치에 벗어남을 두려워함이 있으며 경건한 마음으로 나무를 심으매 땅에서 기뻐하느니라. 천지자연의 이치를 깨트림은 생각하며, 행하며, 천지만물 스스로 그러한 생명 가운데 사람만이 그리함이나, 천지자연의 이치를 깨트림을 두려워함은 사람이기 때문이라 하리니 이는 스스로 그러한 행함의 근본이며 사람이 행함은 스스로 그러함의 본보기이기 때문이라 하리로다. 하늘에 새들이 축복하더라. 이브가 출산하니 사내아이더라. 아담이 이를 기뻐하며 이름을 카인이라 하며, 아담과 이브에게 태어났으니 첫 번째 자식이라 하니라. 이를 땅의 자식으로 삼으니 모든 생명들과 더불어 살아가는 생명이라 함을 천지자연에 선언하더라. 이는 천지자연이 그를 받아들임이 있으며, 그를 땅의 아들이라 칭하노라. 천지자연의 이치 가운데 두려워함과 즐거워함이 사람의 탄생이라 할 수 있음은 천지자연의 이치를 지키며, 사랑하며, 천지자연 스스로의 이치가 사람으로 태어남과 같으며, 천지자연의 이치를 모름으로 파괴하며, 천지자연 스스로 그러한 질서를 알지 못함이 사람의 어리석음으로 비롯된 것이기 때문이라 하리로다. 아담이 심히 기뻐하며, 카인을 높이 들어 천지자연의 이치대로 자연의 아들 되게 하소서 하며 축복함이 크고 크다 하니라. 이에 이브도 심히 기뻐하는지라. 아담이 아이에게 가로되 너는 대지의 아이라 하리니 땅에서 이루어짐과 하늘의 이치와 통함이 있음이며, 이를 모든 생명과 모든 질서가 땅을 통하여 완성됨이 지극하며, 그것이 진정함이며, 아름다움이며, 진정 이를 스스로 그러함이라 하리니 이를 천지자연이 땅에서 이루어진다 함이 지극타 하리로다. 너는 대지와 함께 대지의 생육은 이와 같다 함이 본보기가 되라 하며, 대지의 생을 살아가라 하며, 축복함이 대지의 젖과 꿀이 그와 함께 하소서 함이더라. 아담과 또다시 동침하매 이브가 또다시 수태를 하더라. 아담이 이를 기뻐하더라. 아담이 이를 기뻐하며 카인이 태어날 때 심은 나무 앞에 열 그루의 나무를 심으니 이를 두고 아담은 너는 숲을 푸르게 하는 아이라 하며 축복하더라. 이는 대지를 가꾸며 대지를 키우는 아이라 하니 천지자연이 심히 축복하느니라.

카인과 아벨이 성장하면서 아담이 카인에게 땅을 일구는 일을 맞기니 하늘이 이를 축복하는도다. 모든 성장 가운데 카인과 아벨이 함께하는도다. 천지자연이 심히 기뻐함이 크고 크니 이는 풍년의 상징으로 하니라. 아담이 아벨에게 멀리 있는 초목들을 가꾸는 일을 맞기니 하늘이 이를 축복하는도다. 아담이 가로되 나의 사랑하는 아들들이여, 들을지어다. 너희는 대지의 아들이며 숲의 아들이라 너희에게 축복이 있을지어다. 아담이 이르되 카인이여, 들을지어다. 모든 생의 근본은 대지에 있나니 너는 대지를 살찌우는 이가 되라. 대지는 뿌린 대로 거두게 하며 생명의 근원이기에 세상 어느 것보다 소중하도다. 아담이 아벨에게 이르니라. 숲은 받는 것 없이 주는 것이니 대지로부터 대지까지 너는 너의 형제와 같도다 하는지라. 카인이 아담에게 묻는지라. 아버지여, 대지가 나를 고통스럽게 하나이다. 하루도 살피지 않으면 잡초가 무성하나이다. 그러나 아벨이 가지고 있는 숲은 대지와 같지 않나이다 하니라. 아담이 대답하여 가로되 아들아, 대지는 수고하여 얻는 것이기에 너의 인생을 수고하고 노동함의 기쁨을 얻게 하려고 너를 시험한다 생각하라 하니라. 아벨이 아담에게 물으매 아버지여, 숲은 살기가 너무 척박하나이다. 한 그루의 나무를 가지치고 가꾸지 않으면 하나의 과실도 얻을 수 없나이다 하니라. 아담이 아벨에게 가로되 나의 사랑하는 아들아 들으라. 숲은 너를 위해서 있는 것이 아니라 대지의 모든 생명들을 위해 있는 것이니라. 아들아, 숲이란 너의 생명을 위해 있는 것이 아닌 것처럼 필요한 양만큼의 양식만을 취해야 하며, 필요한 양만큼의 고기만을 얻어야 하느니라. 너희가 욕심을 부리는 만큼의 생명이 그만큼 배곯게 되느니라. 너희의 욕심으로 죽어가는 생명이 있다 함은 자연으로 하여 너희에게 고통을 받게 될까 두려운 마음으로 인함이니 이를 명심하고 생명 가치의 성스러움을 알고 있어야 하느니라. 생명의 가치는 진정 스스로 존재함이 바로 그것이니라. 모든 생명 가운데 너희도 그 가운데 있음으로 너희가 생명 가운데 빛나는 생명이라 칭송함을 받으리로다. 너희가 진실로 두려워해야 함은 천지만물이 고통을 당하는 일로 많은 사람들이 죽임을 당하고 많은 고통을 당하며 생명을 해치게 됨으로 받게 되는 고통을 너희의 욕심으로 모를까 두려우니라. 아들아, 너희 생활을 물질과 욕망으로 이루려 하지 말지어다. 천지자연으로부터 얻는 것이 물질만이 아니니라. 지천선악의 축복이 있으리니 마음이 부유해지며 세대와 세대가 축복받음이 항상하리로다. 아들이여, 세대에서 세대로 숲을 위해서 네가 있는 것이 아니라 숲은 그 자체로 스스로 존재하는 덕을 너희들에게 보일지니라. 이는 너희가 오래도록 행복하려 하면 모든 가치 가운데 생명의 가치가 가장 크다 함을 실천함이 가장 귀하다 함을 살피라 권하노라.

카인이 대지를 일구며 살아가는 시간이 오래더라. 그가 어느 날 꿈을 꾸었더라. 스스로 존재하지 않는 존재가 유혹하더라. 카인아, 들을지어다. 너는 너의 대지를 넓혀야 하지 않겠느냐? 숲을 잘라내고 더 많은 곡식을 얻는다면 너는 적은 일을 하고도 많은 양의 곡식을 얻을 수 있지 않겠느냐 하는지라. 카인이 말하기를 당신은 누구이냐이까 하고 물으니 스스로 존재하지 않는 이가 대답하더라. 나는 너의 이상이라 하더라. 나는 네가 살아온 시간일 수 있음이며, 앞으로 살아갈 시간일 수도 있음이며, 모든 존재를 대비함과 같다 함이며, 네가 살았고 내가 살아있음으로 할 수 있음이라 하리니 마치 존재하는 순간이라 함이라. 아벨 또한 숲을 가꾸며 살아가는 시간이 오래더라. 그가 어느 날 꿈을 꾸었더라. 스스로 존재하지 않는 존재가 유혹하더라. 아벨아, 들을지어다. 너는 너의 숲의 크기를 넓혀야 하지 않겠느냐 하더라. 아벨이 말하기를 당신은 누구이냐이까 하고 물으니 스스로 존재하지 않는 이가 대답하더라. 나는 대지를 꿈꾸는 너의 절망이라 하더라. 또한 늘려가야 하는 너의 숲이기도 하며, 땅에서 이루어지는 모든 질서의 욕망이기도 하며, 하늘의 이치가 마치 너의 살아있음으로 이루어지며, 가슴 아픈 인간의 질서에 경종을 울리는 반성과 같음이라. 꿈에서 깨어 카인이 아담에게 묻더라. 아버지여, 어젯밤에 꿈을 꾸었나이다. 아벨의 숲을 조금 얻어 곡식을 가꾸는 것이 어떨까 하더이다. 아담이 대답하기를 너는 어제 저녁에 스스로 존재하지 않는 존재로부터 유혹을 받았을 것이다. 아담이 또 대답하기를 아들이여, 선택은 너에게 있느니라. 너의 이상이 대지를 넓히는 것이라면 아벨의 숲을 지나가면 광활한 대지가 나오리니 그곳으로 가라 하니라. 그 후 카인이 짐을 싸들고 아담에게서 떠났노라.

　카인은 가꾸던 대지를 지나고, 아벨의 숲을 지나고, 광활한 대지가 나오는지라. 카인이 땅을 일구고, 씨를 뿌리고, 대지에서 대지를 이루는 경계에 나무로 표시를 하노라. 카인이 나이가 찾는지라. 어느 날 꿈속에 스스로 존재하지 않는 존재가 카인을 부르더라. 카인아, 들을지어다. 내가 너에게 아내를 주리니 너는 나를 경배하라 하니라. 카인이 말하기를 당신을 무엇이라 칭하여야 하나이까. 스스로 존재하지 않는 이가 가로되 나는 너의 창조주이며 스스로 존재하는 모든 것들의 창조주이니라 하니라. 카인이 말하되 나는 내 아버지인 아담과 이브에게서 태어났나이다. 당신이 나의 창조주라면 당신은 누구고 무엇 때문에 창조하였나이까 묻노라. 스스로 존재하지 않는 이가 말하기를 네가 스스로 존재하는 존재라면 나는 너의 이상이 만들어 낼 수 있거나 스스로 존재하는 존재와 다른 이상이라 하는 것이 너의 인생의 고뇌 너머에 있는 몸이 고달픈 것을 달래주는 믿음일 수도 있음이며, 너의 욕망을 채워줄 수 있는 악이라는 이름의 진실이라 하니라. 카인이 물으매 스스로 존재하지 않는 존재여, 진실이란 무엇이나이까. 스스로 존재하지 않는 존재가 대답하여 가로되 진실이란 너희 몸을 고달프게 살지 않을 수 있는 방법을 말하는 것이며 선을 넘어야만 이 이룰 수 있는 조건이라고 하는도다. 내가 어떻게 당신을 경배해야 하나이까. 스스로 존재하지 않는 이가 대답하여 가로되 너의 대지에 단을 세우라. 그리하고 대지의 단 위에는 네가 추수하는 곡식들과 아벨에게서 얻거나, 빼앗거나 해서 대지에서 나오는 과일과 어린 짐승들을 정결하게 잡아서 나의 단 위에 바치라 하니라. 카인이 가로되 스스로 존재하지 않는 이여, 아벨에게서 정결한 동물을 얻거나 빼앗으라 하는 것에 내 아버지 아담과 어머니 이브가 어떻게 받아들이겠나이까. 스스로 존재하지 않는 이가 말하기를 만약 네가 그리한다면 나는 너에게 얻을 수 있는 것과 얻을 수 없는 것을 줄지니라. 카인이 말하기를 그것이 진실이나이까. 내가 얻을 수 있는 것은 무엇이나이까. 나는 너에게 지식을 줄 것이며, 나는 너에게 명예를 줄 것이며, 그리고 너에게 아내를 주리라. 카인이 대답하여 가로되 나에게 지식이란 무엇이나이까. 그리고 나에게 명예란 무엇이나이까. 하늘은 복 있는 자에게 복을 주는 것과 같다는데 내가 얻을 수 없는 것을 주신다는 것은 어떤 뜻이나이까 하니라. 나는 너희에게 얻을 수 없는 것을 주리라. 스스로 존재하지 않는 이여, 인간이 당신을 무엇이라 불러야 하나이까. 대답하여 가로되 나는 스스로 존재하지 않는 존재라 하리라. 나의 이름은 절대 선과 절대 악의 이중성과 같다 하노라. 너희는 스스로 존재하는 절대 선에서 창조된 피조물이라 절대 선의 길은 어렵고 고되도다 하는도다. 그러나 나를 경배하면 나는 절대 선과 절대 악의 진리를 너희에게 주리라. 완전한 창조는 언제 끝나나이까? 그리고 완전한 파괴란 어떤 것을 말하나이까? 카인이 물으매 스스로 존재하는 존재가 대답하여 가로되 너에게 달려있도다 하니라. 완전한 창조의 길은 영원히 살아가는 아담과 이브에게 금단의 열매를 먹는 그 순간부터 너희는 죽으리라. 너는 네 아비와 어미의 영원히 살 수 있는 시간과 공간을 네가 얻는 것이리라 하니라. 스스로 존재하는 존재는 창조는 있어도 과정과 결과의 진실을 판단할 수 없으리라. 그러나 스스로 존재하지 않는 존재는 말할 수 있도다. 시작이 있으면 끝이 있도다. 완전한 창조의 끝이란 완전한 파괴를 위한 시작이라는 것을 말할 수 있지만 완전한 창조의 길과 완전한 파괴의 길이 완전한 창조의 과정이 길고도 오랜 시간과 공간성을 만들 것인지 그것은 너희 인간의 길에 달려 있음이니라. 나의 유혹은 달콤하지만 냉혹하다는 사실을 알라. 그리하면 너희는 대지에서 번성하리로다. 스스로 존재하지 않는 존재시여, 나의 말을 들으소서. 나는 스스로 존재하지 않는 존재의 말을 들을 수 없나이다. 당신은 나의 아버지와 나의 어머니에게서 금단의 열매를 먹지 말라 하였나이다. 금단의 열매를 먹지 않았다면 내가 이 세상에 태어날 수 있는 조건을 당신이 막았다는 말이 되나이다. 내가 이 세상에 태어나지 못했다면 당신은 나에게 있어 악마가 아니나이까 하니라. 스스로 존재하지 않는 존재가 가로되 카인이여, 들을지어다. 너는 대지의 아들이었도다. 너는 대지의 어떤 존재가 되고 싶으냐 묻노라. 카인이 대답하여 가로되 나는 무엇이 되려고 살아가는 것은 아니오니다. 그건 내 아버지가 영원히 살 수 없는 사실을 알면서도 금단의 열매를 먹고 나를 태어나게 하였다면 나 또한 영원히 살 수는 없다 하여도 나는 내 아비와 어미의 길을 걷겠나이다. 그리고 내 아비가 그렇게 했던 것처럼 당신이 나에게 여자를 주지 않아도 그리고 나에게 명예를 주지 않아도 나는 자연의 진리를 지키면서 살아가겠나이다 하니라. 카인이여, 들을지어다. 너는 한 가지만 알고 두 가지는 모르는 자라. 과연 네가 말한 대로 근원을 벗어나지 말라고 한 것이 너를 태어나지 못하게 하기 위해서였는가를 다시 한 번 생각해 보아라 하니라. 창조와 생명은 보기에 좋았더라를 위함이나, 세대에서 세대로는 보기에 좋았더라를 깨트릴 수 있음이니라. 카인이여, 들을지어다. 스스로 존재하는 것과 스스로 존재하지 않는 것의 구분을 하는 것은 어리석은 것이니라. 너를 태어나게 하고 싶지 않기에 그런 것이 아니라 스스로 존재하지 않는 존재의 입장에서는 인간이 불쌍하기 때문일지니라 하니라. 불완전한 창조 속에서 인간은 어떻게 완전한 창조를 이룰 것이며 완전한 창조가 어떻게 완성되는지를 모를지니라. 스스로 존재하는 것과 스스로 존재하지 않는 것을 대립하는 것으로 생각한다면 카인이여, 생각을 달리하는 것이 어떻겠느냐 하니라. 스스로 존재하는 것이 누군가에 의해서 규정된, 그리고 증명되는 것이라면 스스로 존재하지 않는 존재는 누군가에 의해서 규정되거나 증명되는 것이 아니라 누군가에 의해서 규정되는 것에 도달하는 과정이라 하고 무엇을 증명해야 하는지를 알아가는 과정을 스스로 존재하지 않는 존재라 일컬음이라 하니라. 과연 완전한 창조의 순간에 도달했을 때 너는 완전한 창조를 알 수가 있겠느뇨. 나는 너에게 있어 지식이며, 그리고 과거이며, 현재이며, 미래를 의미하는 시간의 개념이라 하리라. 스스로 존재하는 존재의 한계를 어떻게 넘기겠느뇨 하니라. 카인이여, 운명의 과정을 알아가는 것과 운명의 진리를 알 수가 없다는 것이 카인 너에게 던져진 인간의 과정인데 결단코 시간이라는 운명과 공간이라는 운명의 얄궂음을 너는 원망하겠느뇨.

스스로 존재하지 않음이여, 유대인 성서의 하나님에 대하여 내게 답하소서. 창조물로서 살아있는 생명을 재물로 바쳐야 하는 아벨과 하나님의 관계가 중요하나이까, 창조주를 위하여 살아있는 생명을 함부로 죽일 수 있는 아벨의 죄가 있음을 말함이 중요하나이까. 천지자연이 창조의 대상이며, 인간이 창조의 대상이며, 하늘이 창조의 대상이라면 과연 창조의 대상에서 벗어난 존재가 누구이나이까. 하나님이 증명하려는 창조의 대상이 아닌 것은 죽음을 당한 어린양에 있음을 증거한 아벨로 하여금 그것을 증명케 하려 하셨나이까. 천지자연으로 돌아간 어린양의 생명성이 천지자연 스스로 그러한 큰 질서로 되돌아갔다 함이 창조의 대상이 아닌 것을 내게 보이소서. 천지자연의 질서는 기적이 없으며, 우연도 없으며, 지극한 천지자연의 오묘한 질서에 있음을 증거하였듯 어린 생명이 창조의 대상이 아니었다 함은 창조의 대상이 아닌 것이 분명하나이다. 생명을 쾌락의 대상으로 규정함이 스스로 그러하지 않음의 의도가 아니라 함을 증거할 수 있나이까 이리 묻겠나이다. 내 아비와 내 어미의 생명의 탄생을 위해서 갖게 되는 것이 과연 쾌락의 결과라고 말함은 그것이 지극히 대지를 더럽히고 하늘을 더럽히니 이를 천지자연 스스로 그러함을 더럽힘과 어찌 같다고 하지 않으시오니까. 모든 생명은 음과 양의 이치의 결합이며, 여성과 남성의 결합이며, 암컷과 수컷의 결합이며, 이는 또 대지가 배려함이며, 빛이 배려함이며, 달이 배려함이며, 시간이 배려함입니다. 모든 것들 가운데 가장 아름다운 생명의 탄생은 서로 사랑하기 때문에 생겨난 남자와 여자의 배려이며, 천지자연의 배려임을 증명함이 옳은 것임이요. 이는 진정 대지에서 살아가야 하며, 대지에서 거두어들이는 이치를 흡입하여 살아가는 생명의 옳은 행함이라 함이요. 대지에 한 그루의 나무를 심고, 함부로 생명을 해치지 않으며, 사람의 행함을 되돌아보며, 생명의 가치를 항상 마음과 머리가 행함의 근본이 되게 함이 사람에게 있음은 이와 같은 이치 때문이라 함이 옳다 하리로다. 창조는 자연의 질서로 환원되어야 됨을 선언하여 주소서. 자연의 질서는 자연으로 환원되어야 살생당하지 않게 됨을 선언하여 주소서. 자연은 생명으로 환원되어야 살생하지 않으며, 죽어가는 생명을 살릴 수 있으며, 천지만물에 목화토금수의 생명현상이 충만하게끔 한 그루의 나무를 심게 됨을 선언하소서.

하나님이 창조한 것은 보기에 좋았더라 이외는 없느니라. 유무와 선과 악의 이치가 음양의 이치가 없는 것처럼 유무나 선악의 음양은 스스로 그러한 이치 때문이니라. 이는 생명의 이치로 환원됨이며, 하나님의 창조는 생명의 이치로 환원됨을 이루지 못함 때문이니라. 스스로 그러함은 모든 질서가 땅에서 이루어지며, 모든 질서가 생명을 생하는 질서로 증거함이며, 천지자연의 질서가 땅에서 이루어짐을 증명함과 같다 하니라. 그러므로 사람이 천지자연 생명의 질서 가운데 으뜸이며 생명의 질서를 지켜감도 으뜸이나니 이를 사람의 질서와 하늘의 질서, 땅의 질서가 마치 하나인 것과 같은 이치가 오래도록 이어짐이 이와 같으니라. 이는 생명과 천지자연을 하나로 이루나니 사람으로 하여 천지자연을 이룬다 함이 이와 같다 함이니라. 사람으로 하여 천지자연을 경영함이 이와 같기 때문에 사람의 생명과 천지자연의 공평으로 하나니 이를 하늘에서 이루어짐이 땅에서 이루어짐 속에 있음이며, 이는 사람에게서 이루어짐 속에 있음이니라. 하늘과 땅과 사람이 같은 이치인 까닭은 하늘이 생명을 살리는 질서로 인한 하늘이기 때문이며, 땅이 모든 생명을 생하며, 그 생을 오래도록 살게 함의 질서로 인한 땅이기 때문이며, 생명의 질서가 곧 천지자연의 진실한 자연임을 증거함은 오직 사람만이 할 수 있기 때문이며, 사람이 생명의 질서를 어지럽히는 것은 하늘의 뜻과 땅의 질서를 어지럽힌다 함이 이와 같기 때문이며, 사람이라 하면 생명을 살리는 생명을 이름이며, 사람이란 말 속에는 생명이 생명을 살리는 질서와 같다 함으로 이와 같이 하니라. 사람이 곧 하늘이다 하니 이는 하늘이 하느님이 아니며, 존재로서 표현함이 아니라 하니 이는 곧 천지자연의 이치에 있음을 일컬음이니라. 이는 선악의 의미와 음양의 의미로 인함이며, 이는 생명의 근본이며, 생명의 세대에서 세대로 이어지는 이유와 원인이며, 끝이라 하며, 생명이 이어지는 선이며, 생명이라고 부르는 신이라 함과 같다 하리로다. 이는 퍼져가는 질서와 모아지는 질서가 함께 일어남이며, 질서로서 이어지는 선과 같다 하리로다. 이는 우주에 있어 태양계로의 모아짐과 같고 우주로 가는 퍼지는 질서가 이와 같다 함이니 이는 모아지는 생명의 결과로 인함이니라. 우주로 퍼져가는 것은 천지자연의 무한함과 그 오묘함이 이와 같다 하니 이를 천지자연의 모습이며, 그 실제라 하리로다. 퍼져가는 질서와 모아지는 질서가 만나는 것이 바로 생명의 질서가 진실로서 드러남이니 이와 같다 함이라 하니라. 나눔은 이와 같음이라. 우주에 있어 태양계라 함은 거대함 속에 있음으로 인함이며, 이를 선 속에 악이라 함이니라. 이러한 이치는 여기에서 멈춤이 아니라 우주가 음이라 칭할 수는 없으나 만약 우주가 음이라 하면 그 속에 있는 태양은 양이라 할 수 있음이니라. 음과 양의 비교는 비교를 할 수 있는 언어에 의함일지니라. 또한 선악의 비교도 이와 같음이니라. 항상 선은 악 속에 있음이며, 또한 악은 선 속에 있음이니라. 이러한 이치는 태양계에 있어 태양계가 선이라 함은 인간의 있음과 없음의 언어에 의한 분별이니라. 음의 본질은 축소됨으로써 선이 되고, 양의 본질은 확대됨으로써 선이 됨이라. 선과 악은 하나라 할 수 있음이니 선에서 악으로, 음에서 양으로 비록 인간의 구별 언어의 한계일지라도 이러한 이치에 두는 것은 인간 언어의 본질이 인간의 머리에서 만들어짐과 같이 인간의 언어에 의해서 구성된 것을 따를 수밖에 없음이니라. 이는 무에서 유로, 무는 본질이로되 그러나 유가 없이는 무라는 의미가 없기 때문이라 하니라. 무라는 의미가 유를 만듦도 아니고 무와 유는 서로가 관계있음으로 한정된 결론에 만족함으로 상극과 상생의 이치를 이렇게 함축함이라 하니라. 하늘이 너희가 살고 있는 세상의 머리라 하면 너희가 사는 땅이 몸이라 할지니라. 그러므로 너희에게 너희의 몸과 머리는 같다 함이라. 너희가 사는 세상이 선이라면 머리는 악이라 할지니 이는 음과 같음이라 할 수 있음이라. 너희가 사는 땅 또한 악이라 할지니 세상이 선이며, 음이리니 선이라 함은 스스로 그러함의 이치에 있음이며, 하늘이 스스로 그러함의 머리이며, 스스로 그러함의 몸일지니라. 이는 하나의 이치에 있지 않음이며, 하늘과 땅을 모두 합하여 스스로 그러함이라 하니라. 스스로 그러함이라고 하는 이치에서 하나의 선을, 혹은 하나의 악을 지칭함은, 그것이 비록 인간의 언어로써 구별되어지는 것이라 할 때 그것은 자연이라는 이름으로써는 존재함이 아니며 하나의 악과 하나의 선으로 구별함일 뿐이니라. 이는 인간의 언어로써 판별하는 그 순간 스스로 그러함의 이치와 점점 멀어짐과 같음이라 하니라. 인간인 너희가 온전한 인간으로서만이 스스로 그러함의 이치에 합당할지니 이는 너희의 몸과 너희의 머리가 각기 다른 이치에 서는 스스로 그러함이라 할 수 없음이라 하니라. 이는 온전한 몸과 마음이 하나가 되었을 때 스스로 그러함에 있음이니라. 하늘이 너희의 머리와 같다 함은 이와 같다 함이라. 하늘은 세상의 이성이며, 너희의 온전한 육체의 바른 이성이 너희 몸에 복종함은 온전한 이성이라 할 수 없음이니라. 너희의 이성이 너희의 몸을 온전히 바른 길로 가지 못하게 할 적에는 너희가 스스로 그러함의 이치에 있지 않음이라 하니라. 하늘도 또한 이와 같음이라. 땅의 이치와 하늘의 이치가 온전히 스스로 그러함의 이치에 있지 않음은 이것을 온전한 음양의 질서와 선악의 질서에 있지 않음과 같음이라 하니라.

바른 마음으로 하늘을 보느냐, 천지자연의 마음으로 세상을 보느냐의 이치는 같음이라. 너희가 하늘을 바라봄은 어떠한 마음이더냐? 너희가 세상의 즐거움과 행복함을 위해서 하늘을 바라보느냐? 하늘이 너희에게 합당함을 주기를 바라느냐? 그렇다면 하늘은 너희를 어떻게 바라보아야 하느냐? 너희에게 이르노니 하늘에 너희의 합당함을 바라려거든 하늘이 바라는 합당한 일을 하였느뇨 하니라. 너희가 온전히 너희에게 있는 몸과 이성으로 천지자연 스스로 그러함을 행하였느뇨 하니라. 너희에게 묻노니 너희는 너희에게 있는 이성을 얼마나 정당하게 행하게 하였느뇨. 너희가 얼마나 많은 살육을 행하였으며 얼마나 불필요한 살생을 저질렀느냐? 너희가 너희의 필요에 의해서였다고 할지라도 너희는 너희가 사는 세상의 질서를 얼마나 해쳐 왔느냐? 너희가 얼마나 많은 나무를 잘랐으며 너희가 얼마나 많은 바다의 생명을 끊어놓았느뇨. 인간이 곧 하늘이라는 말을 너희는 왜곡하고 있으니 하늘이 너희를 바라보면서 무엇을 생각하고 있겠느냐? 그리고 하늘은 무엇을 생각하겠느뇨. 너희가 하늘을 보면서 모든 것을 보느냐? 너희는 하늘을 보기 이전에 너희 주위를 먼저 돌아보라. 너희가 얼마나 많은 죄를 범했는지를 알면 너희는 죄스러워할지니라. 그렇지 않음은 너희가 인간이라 할 수 없음일진저. 너희는 하늘을 우러러 한 점 부끄러움 없음이 아니기 때문에 너희가 용서받을 수 없음이라 하니라. 너희가 하늘이라면 너희는 무엇을 어떻게 하겠느뇨. 이는 너희가 하늘의 이치를 알아야 함이며, 하늘이 무엇을 어떻게 하기를 바라는가를 알고 너희가 그것을 행함에 있음이며, 이를 사람이 곧 하늘이라는 말에 접근할 수 있음이라 하니라. 하늘이 사람이라면 하늘은 천지자연의 질서에 순응할지니라. 너희가 생각하는 천지자연을 넘어서는 것이 너희들에게 유익하다 할지 모르지만 그것은 결단코 가장 어리석은 생각이라 할 수 있음이니라. 이는 너희가 천지자연이면서 너희가 천지자연을 너희들의 소유물로 생각함이 온당치 않다 함과 같음이라 하니라. 하늘 스스로도 생각하기를 천지자연을 하늘의 소유물로 생각한다면 결단코 하늘은 있지 않음이며, 이는 천지자연의 생함으로 하늘이 있음을 부정함과 같기 때문이라 함이니라. 천지자연의 생함의 조건으로 하늘은 될 수 있을지언정 천지자연의 생함의 결과는 땅에 있음을 알지니라 하니라. 천지자연은 모두가 스스로 그러함에 있음이니 스스로 그러함이 하늘에서 이루어짐이니라. 이는 땅에서 그 결과가 나타남이라 함이라. 그러함으로 천지자연이 하늘과 땅이 생하고 생하여 물이 있음이며, 물과 하늘이 생하고 생하여 생명이 생함이며, 생명과 땅이 생하고 생하여 세대가 생함이라 하니라. 이를 일컬어 생명과 생명이 생하고 생하여 생명이 생함이라 할 수 있음이니 이의 본보기가 인간이라 함이니라. 생명과 생명이 생하고, 생명과 땅이 생하고, 땅과 하늘이 생하고, 하늘과 물이 생하고, 천지자연이 생하고 생하듯이 그 근본에는 생명에 있음이라 할 수 있음이니라. 이러한 이치를 천지자연의 이치라 할 수 있음이니 시작과 끝이 얼마나 아름다우며 얼마나 고귀한지를 판단할 수 있는 자연은 인간뿐이라 하니라. 이는 천지자연의 이치에 인간이 있음이라 하리니 하늘이 곧 인간임과 인간이 곧 하늘이라 할 수 있음이라 하니라. 너희가 무엇을 하느뇨. 너희에게 있는 생명을 너희가 너희들의 필요로 파괴할 수 있겠느뇨. 이는 너희의 필요로 너희 스스로 너희를 파괴함과 같으니 천지자연의 중심에 인간이 있음을 망각함과 같음이라 하니라. 너희가 가슴을 치며 통곡할 것이고 너희가 스스로 너희를 벌함과 같음이라 할 수 있음이리니 이는 천지자연이 천지자연을 벌함과 같음이라. 이는 하늘이 하늘 스스로를 벌함과 같음이리니 너희가 하늘과 같은지를 판단하는 것은 너희의 몫이라 할 수 있음이라. 너희가 천지자연을 생각하느뇨. 너희가 하늘을 생각하느뇨. 너희가 물을 생각하느뇨. 너희가 땅을 생각하느뇨. 너희가 진정 생명을 생각하느뇨. 너희가 진정 너 자신을 생각하느뇨. 너희가 너희들의 말로써 너희의 생각만을 하며, 너희에게 유익함만을 생각하며, 너희에게 이익이 될 것들만을 생각하며, 만약 하늘이 하늘의 생각만 한다면 너희는 이 땅에서 한 사람도 생명으로서 살아갈 수 없음을 너희가 아느뇨. 진실로 너희는 천지자연의 작은 이치와 같음을 너희가 알아야 하느니 이는 하늘이 하늘의 생각만을 고집하지 않음이며, 비록 대지의 작은 생명일지라도 자기 자신만을 생각하지 않음이며, 물이 자기 생각만을 고집하지 않음일지니라. 너희가 너희의 생각만을 고집함은 생명으로서, 천지자연의 이치로서, 하늘의 이치로서 가장 어리석은 자연과 같음이라 할 수 있음이니라. 너희가 무엇인가를 진정 생각하라 하리니 이는 하늘이 너희에게 내리는 축복이니라. 그러므로 결코 땅이 너희 것이 아님이며 시간이 너희 것이 아님을 알라 하니라. 시간은 생명으로 세대에서 세대로 환원되는 진리를 말하니라. 환원되는 생명은 살생하지 않음을 말함이며 살생당하지 않음을 말함이니라.

하늘이 곧 사람이다. 이는 천지자연의 질서이고 너희가 순종하고 따를지니 천지자연의 율법이니라. 이는 너희가 지켜서 되는 것도 아니며, 너희가 지키지 않아도 되는 것이 아니니라. 너희가 순종하고 하늘에 감사하며 순종하는 것이 같음과 같이 너희는 하늘의 이치를 행함에 있으리니라. 너희는 순종하고 감사하며 따르라 하니라. 너희가 생명인 것이냐? 너희가 생명을 지킴은 천지자연의 생명을 지킴과 같음이라. 너희가 땅인 것이냐? 너희가 땅을 지킴은 천지자연의 땅을 지킴과 같음이라. 너희가 물인 것이냐? 너희가 물을 지킴은 천지자연의 물을 지킴과 같음이라. 너희가 스스로 그러함이더냐? 너희가 스스로 그러함을 지킴은 천지자연을 지킴과 같음이라. 너희는 너 스스로가 스스로 그러함이리니 너희가 감사함을 생각하며 실천함과 같음이니 이는 가장 아름다운 인간이라 할 수 있음이니라. 그러니 너희가 뭇 생명과 함께 너희가 하늘이며, 너희가 땅이며, 너희가 물이며, 너희가 천지자연이라 하리니 너희가 감사함이 여기에 있음이라 하니라. 너희가 생명으로 이 땅에서 살아갈 때에 너희 스스로가 천지자연을 짓밟음은 너희 스스로가 나 자신을 벌함과 같으니 이는 너희가 천지자연의 가장 두려운 벌을 스스로 내림이로다. 이로써 천지자연에 죄지음은 너희 스스로가 벌하고 너희가 질서를 유지하듯 천지자연도 그러하리니 너희와 천지자연의 질서가 이루어짐과 같음이라 하니라. 너희 마음에 새겨두라 하니 이는 너희가 세대에서 세대로 이어가며 지켜야 하는 율법이리니 이 율법으로 말미암아 너희가 뭇 생명들보다 우월하다고 말미암음이며, 그리고 인간에 의해 뭇 생명의 질서를 무너뜨리려 함을 경계함이라 하니라. 너희의 근본을 살펴 그것을 행하리니 그것은 나무를 심는 것이며 함부로 생명을 죽이지 않는 것이니라 하니라. 이 율법은 어느 법보다도 앞서리니 너희가 경계하고 경계함을 가슴에 새겨두라 하니라. 율법은 마음으로 음양, 선악, 대소와 같이 생명의 질서도 환원된 이치를 행함이나니 살생하는 율법은 율법이 아니며, 살생당하는 율법도 악마와 같느니라. 인간이 곧 하늘이라는 것처럼 가장 아름다운 질서는 죽어가는 생명을 살림으로 해서 그 죽음에서 벗어난 생명이 생명으로서 자연의 질서와 인간의 질서를 지켜가는 가장 아름다운 진리이며, 질서라 칭하라 하니라. 이는 천지자연의 가장 보배로운 질서이며, 인간의 가장 아름답고 보배로운 질서라 함이며, 천지자연의 질서인 스스로 그러함이 땅에서 이루어진다는 율법이라 하니라. 인간이 곧 하늘이라는 질서 중에 두 번째 보배로운 질서는 너희가 행복하려면 천지자연의 질서가 행복함을 행함에 있음을 알지니라. 너희에게 선이 생명이라면 너희가 살아가며 먹고, 마시며, 입는 그 과정에 벌어지는 자연의 파괴라고 할 수 있음을 알라. 너희가 무엇을 파괴하며, 무엇을 없애는지를 살피고, 너희가 그 질서 중에서 행복과 천지자연의 행복을 동시에 행함이 가장 아름다운 질서가 될지니라. 그러니 이것이 천지자연과 인간이 곧 하늘이라는 굴레를 씌운 근본이라 함이니 너희가 무엇을 행하겠느뇨 하니라. 너희가 너희 마음의 평화를 얻으려 하고 있느냐? 너희가 너희 마음의 자유를 얻으려 하느냐? 너희가 인간이 곧 하늘이라는 말을 명심하고 명심하여 행할 지리니 너희에게 평화가 있으며 자유가 있으리로다 하니라. 너희가 인간이 곧 하늘이라는 질서를 외면함은 이러한 벌을 받음이라 하니라. 너희는 스스로 너 자신을 벌하리로다 하니라. 너희가 너 자신을 알지 못하면 너희는 인간도 아니며 뭇 생명도 아니리니 너희가 금수만도 못한 생명이라 낙인찍히리로다. 너희가 천지자연의 질서를 지키지 않음으로 해서 너희는 스스로를 벌하게 될지니라. 사람이 스스로를 벌함은 천지자연의 이치를 벗어남, 즉 생명을 함부로 해침으로 인해 자기보다 강한 생명이 자기를 해치지 않을까 하는 두려움 때문에 사람의 마음이 어둠으로 가득 찬 모습으로 살아감을 이름이니라. 이럴 땐 생명을 소중히 하며, 이웃과 가족이 마음을 열고 무엇이든 나누면 마음에 평화를 가져오게 되느니라. 이는 천지자연의 이치를 사람의 몸과 마음에 본래적으로 가졌기 때문이니라. 생명이라면 진실로 마음이 생명의 아름다움으로부터 출발하며 몸이 항상 생명성을 가지고 항상하리로다. 이는 생명을 사랑하는 마음으로부터 시작되는 사람의 도리이기 때문이라 하리로다.

## 🌿 스스로 그러한 이치

스스로 그러함과 스스로 그러하지 않음은 이러하니라. 태초에 음과 양으로 나뉘며 하늘과 땅으로 나뉘어 모든 이치에 스스로 그러한 이치가 있다 하리니 스스로 그러하지 않음은 스스로 그러함의 전단계라 명확히 정의함이니라. 이는 모든 생명과 모든 질서와 모든 이치 이전의 상황을 일컫는 것으로 모든 현실 이전이라 함이 가장 가하다 하리로다. 이는 생명 이전을 일컫는 것이며 생명의 후회스러움과 모든 창조의 혼란함에 기인함이 크니라. 스스로 그러하지 않음이 이러하니 아담과 이브로 하여금 생명의 열매를 먹지 못하게 하니라. 너희가 생명의 질서를 감당할 수 없음은 명확하다 하리니 이는 천지만물의 질서대로 있게 함이 가장 합당하다 하니라. 너희가 생명의 질서를 감당할 수 없고 생명의 질서가 심히 왜곡되며, 생명의 질서가 모든 천지만물의 오묘한 질서대로 이루어짐 없는 너희의 어리석음은 생명의 질서를 심히 파괴하리로다. 그래서 너희가 그 열매를 먹으면 죽으리라. 너희는 스스로 그러한 존재에서 죽음의 나락으로 떨어질 것이기에 열매를 먹지 못하게 하니라. 너희가 죽음 가운데 두려움을 느끼며 생명의 오묘한 질서를 스스로 부정함이 크다 하리로다. 이는 너희가 생명의 열매를 몸이 원하는 욕심 때문에 너희가 알지 못하며, 너희가 어리석은 질서에 있음을 스스로 극복하지 못함이 있기 때문이라 하니라. 스스로 그러한 존재를 너희가 절대로 넘어서지 못하며, 스스로 그러한 이치를 넘어선다 하여도 너희는 심히 두려움으로 일생을 살아 갈 것이니라. 그러니 너희가 그러한 생명의 질서를 통하여 스스로 존재하지 않는 존재로 하여금 생명으로서 다시 태어나려 함이라 하니라. 스스로 존재하지 않는 존재 가로되 아담과 이브에게 금단의 열매를 먹지 말라 유혹한 것은 스스로 존재하는 존재보다 강함을 과시하기 위한 방편으로 너희가 생명의 질서 위에 있음이니 이는 너희가 모든 생명의 질서 가운데 가장 강한 생명인 너희 스스로 모든 질서 가운데 가장 위에 있는 질서로서 만들기 위함이니라. 그러나 너희가 천지자연의 모든 이치 가운데에 가장 강한 생명이라 할지라도 그것은 그렇게 될 수 없음이니라. 너희가 얼마나 어리석은 생명이 되어야 하는지를 너희는 모르기 때문이니라. 이는 강함과 약함의 이치일지니라. 그래서 이를 '스스로 그러하다'의 심판이라 하니라. 금단의 열매를 에덴의 동산에 심어놓으심은 아담과 이브로 하여금 완전한 창조를 향해서 가는 인간에게 자연의 질서대로 살아가는 것을 허락하심이니라. 이를 막은 것은 스스로 존재하는 존재에게 사탄이라 하는 것과 같음이라. '스스로 그러하다'의 심판은 이러하니라.

너는 인간을 인간이 되지 못하게 하려 함이니라. 너는 인간에게 인간이 되지 못하게 하려 함의 징벌로서 인간을 인간답게 하도록 할 것이며, 이를 어길 시에 너는 스스로 존재하지 않는 것과 스스로 존재하는 존재의 모순에 빠지리라. 너는 인간에게 지혜를 주어야 할지니라. 지혜는 인간을 인간답게 하는 방법이니라. 인간을 인간답게 하는 것을 인간에게 줄 것이니라. 그리고 이브는 스스로 존재하지 않는 존재로 하여 유혹을 받는 여자라 하리라. 여자는 자식을 낳을 때 하늘이 무너져 내리는 고통을 당할지니라. 너는 남자에게 복종할 것이며, 이를 지키지 않을 시 너는 여성이 되리라. 여자와 여성은 다르니라. 여자는 어머니를 일컬음이며, 여성은 어머니로서는 부족하리로다. 그 말은 옳다 함이라. 아담과 이브가 그 열매를 먹으면 그들은 인간으로서 대지에 서리라. 시간이 지나면 너의 몸과 마음은 노회하리니라. 그리하여 너희는 너희 인간으로서의 수명을 다한다 함이라. 이는 너희로 하여금 자연의 질서는 존재하는 질서라고 하리로다. 존재하는 질서 위에 인간은 대지의 들꽃이나 한 마리의 짐승과 같이 생명을 얻고, 또 생명을 소비하며, 생명을 잃으리로다. 생명의 한계가 두렵다고 말하지 말지니라. 생명은 너희들에게 주어진 살아있는 것에 대한 경외를 너희 스스로 찾아야 하는 제시이며 기회라 하니라. 나는 모두 기록하지 않으리라. 나는 스스로 그러하다 하는 것을 이해하는 인간주의다움과 인간적 자연주의를 알며 행하는 인간만을 기록하리로다. 이는 천지자연의 이치와 대지에서 이루어지는 생명의 진실한 실천과 그 안에서 인간에게 짐 지어진 자유를 알며, 자유의 달콤한 유혹을 극복할 줄 알며, 윤리와 도덕을 스스로 깨우치고 행하는 가운데 생의 즐거움과 행복을 알며, 인간의 진실한 진리에 순응하는 그러한 존재를 기록하리로다. 또한 스스로 존재하지 않음의 존재를 신이라 하지 않으며, 천지자연과 하늘과 땅과 사람이 하나 됨을 행하며, 스스로 존재함을 생명의 질서라 하리로다. 스스로 존재하지 않는 존재는 나의 이성일 수 있다고 기록하리로다. 나의 머릿속에서 인생의 깊이와 인생의 고뇌로 짜인 언어에 의해 기록되어진 진리처럼 보이며, 진실처럼 보이는 인간의 한계를 넘어서고자 하는 인간으로서, 또한 생명으로서 생명의 길을 열심히 가서 행복하고자 하는 보이는 인간을 이해하라. 그리고 바라보라. 스스로 존재하지 않음이란 현실의 어두움과 타협함을 즐겨함이며, 미래의 어두움을 가슴 깊이 간직하면서도 인간답다는 것이며, 그런가 하면 이러한 인간답다는 것을 거부한 것이니라. 이는 순간순간을 아름다운 질서로 창조해 나갈 수 있는 생명의 질서를 인식하며, 이러한 천지자연의 질서를 지극한 질서로 인식하며, 스스로를 생명이라 함을 알며, 생명성을 인식해가는 인간다움을 아는 인간을 기록함이로다.

나를 창조한 존재가 스스로 그러한 이치라 함은, 이것은 선이로다. 인간의 질서와 자연의 질서가 조화를 이루며, 인간다움과 자연의 질서가 합당하다 함으로 인함이니라. 이러한 자연의 질서 속에서 이것은 악이라는 상대적인 것을 전제하기 때문이라는 사실을 모든 질서가 선이라 강권함을 하지 않으며, 선이라 함을 자연의 질서로서 바라보며 단지 인간의 질서로서만 바라보지 않으려 함에 있어서 선이니라. 그렇지 않고 자연의 질서만을 고집하며 또한 인간의 질서만을 고집함은 이것이 바로 악이라 할 수 있음이리니 이것을 천지자연의 질서이며, 천하 만물의 질서라 하리라. 그리고 그것은 나의 눈과 마음에 절대적인 신이라고 할지라도 또 다른 눈과 마음에는 악이라고 한다면 나의 마음과 다른 상대의 마음이 서로 맞지 않기에 이를 악마의 마음이라 하며, 악마와 같은 마음에서는 서로가 큰 다툼이 있을지니 이는 인간의 마음에 상처를 주리로다. 진실로 행복하려거든 서로 주장하는 바를 멈춤을 아는 것이라 하리로다. 선의 이치가 빛의 이치이다. 이 말이 맞다 할지니 또한 악의 이치가 달의 이치이다. 이 말이 맞다 할지니 생명의 질서가 이러한 이치 가운데 스스로 그러한 이치와 맞물려 생명성과 생명 활동의 증거가 되리로다. 천지만물의 이치가 이러하리로다. 땅이 몸이라면 하늘은 땅의 본질을 정하며 몸을 다스릴 수 있는 이치에 있다 함과 같다 하리로다. 근본이 몸이 되면 그 근본을 다스리는 이치가 바로 하늘이니 이는 천지자연의 이치와 가장 합당한 질서이기를 바라기 때문이라. 천지자연의 이치가 절대적인 완성이 될 것 같은 상황에 항상 있으려 함이 여기에 기인함이라. 또한 몸이 나이가 먹으면 생각은 성숙되는 이치가 천지자연에 가득함도 여기에 기인함이라. 어리석은 생각이 몸을 망치고, 어리석은 마음이 몸을 힘들게 함도 여기에 있음이며, 몸과 마음은 하나의 온전한 질서 가운데 운행하여야만 가장 아름다운 질서가 이루어짐도 이와 같나니 모든 천지자연의 이치가 땅 위에서 이루어지듯 몸과 마음의 질서는 몸에서 나오며, 땅 위에서 이루어짐과 같으니라. 생명을 가진 사람이면 이러한 이치에 항상 눈뜨려 하라 권하노니 멈추지 않는 생명의 질서와 멈출 수 없는 생명의 질서가 땅 위에 가득하며, 스스로 그러한 질서가 생명으로 하여금 스스로 그러한 질서를 지켜나가며, 현명하면 천지자연의 질서에 순응하려할 것이며, 어리석으면 천지자연의 질서가 그에게 덤벼 그를 죽음에 이르게 하며, 세대에서 세대로 그의 자손에게 벌주며 징계하리로다. 스스로 그러한 존재 또한 기록하지 않으리라. 빛과 어둠은 선과 악의 이치가 아니리니 빛은 빛의 질서를 이름이며, 어둠은 어둠의 이치에 이름이라. 빛은 어둠으로 존재하며, 어둠은 빛으로 존재함과 같다 함이라. 빛이 생명을 키우는 질서라 하면 어둠은 생명의 질서를 다스리는 질서라 하니라. 이는 마치 사람이 살아갈 때에 해 아래에서 수고하며 생명의 질서를 바라본다면 달 아래에서 온전한 평화와 평온한 잠을 자는 것과 같은 이치라 하리로다. 마치 빛이 우선이고, 어둠은 나중이라 함은 가장 어리석은 판단이며 결정이니라. 그러니 너희가 빛과 어둠을 하나의 질서로 바라보며 인정하려 함이 온당타 할지니라. 너희가 진실로 생명이라면 이 진리에 눈감아서도 안 되며, 진정한 질서에 너희가 스스로 그러한 생명의 질서로 살아 함께 간다 하며 감사함이 있음이라. 이러한 이치는 따뜻함과 차가움이 그러하며, 이는 너희가 살아가는 이 대지에 질서라는 증거로써 너 스스로가 되며, 한 그루의 나무와 한 포기 풀들이 물과 산, 계곡이 스스로 존재하는 존재라 기록하게 되리로다. 따뜻함과 차가움은 생명을 키우며 땅에서 이루어지는 모든 질서와 함께하리로다. 너희가 스스로 그러하며 그것이 따뜻함과 차가움의 증거가 되느니라.

　나는 아벨을 사랑하리로다. 또한 카인을 사랑하리로다. 아벨과 카인이 스스로 그러한 질서 가운데 활동하며, 천지자연의 이치에 감사함을 항상하며, 천지자연의 온전한 질서 가운데 천지자연을 위하여 생명의 질서에 경외를 행하며, 함부로 살생하지 않으리니 이는 스스로 생명의 질서를 지켜나가는 과정에 있음을 알기 때문이라 하니라. 완전한 창조물이 되고자 하는 것은 영원한 행복함을 바라는 것이라 할지라도 생명은 그리되지 않을지니 세대에서 세대로 이어지는 질서가 그 답이 되리로다. 이는 생명으로 있으며, 생명으로 살아왔으며, 생명에서 자연으로 돌아가는 질서가 그 답이 되리로다. 이는 완전한 창조에 다가가고자 하지만 세대에서 세대로 이어지는 질서에 그 욕망을 버림이 바로 자연으로 돌아가는 생명이라 하리로다. 아담과 이브가 불완전한 창조로 되돌아감을 후회하지 않으리라고 기록하리라. 아담과 이브가 스스로 그러한 질서 가운데 세대에서 세대로 이어지는 질서를 뒤로 하며 자연으로 돌아가는 질서가 추하다 하지 말지니라. 또한 아름답다 하지 말지니라. 자연으로 돌아가는 것은 천지자연의 질서이며 생명의 질서이기 때문이니 천지자연과 융합하겠느냐 하면 그리하겠다 함이 생명의 본분이라 할 수 있음이라 하니라. 유대의 성서에 카인이 아벨을 살해하는 것은 슬프고 가슴 아픈 이야기로만 들으리라. 살인하지 말라 함은, 사람은 법 앞에 평등하라 함이며, 살생하지 말라 함은, 사람은 만물 앞에 평등해야 함이나니라. 또한 살해와 상해함이 나타나는 것은 인간과 인간의 법질서에 있음으로 인함이니라. 아벨이 어린양을 잡아 신께 바치는 것 또한 슬프고 가슴 아픈 이야기로 들으며 기록하리로다. 살생은 그와 그의 자손이 살생당하기 위한 최초의 악이 됨이기 때문이니라. 가장 추악하고 가장 어리석은 질서를 가장 아름답고 가장 우매함으로 그 지탄을 세대에서 세대로 받고 받음이며, 함부로 생명을 죽이는 질서에 들어감을 슬퍼하며 저주하는 질서가 이 때문이라 하리로다. 아벨로 하여 어린양을 죽여도 되는 질서를 가르쳤느냐? 유대의 하나님이 세대에서 세대로 죽어가는 사람의 하나님을 죽이리니 저희가 그 죄로 인하여 형제를 죽이며, 부모를 죽이며, 자식을 죽이는 질서에 들어감이니라. 아벨을 죽이는 카인의 질서는 이 때문이니라. 진실로 권하노니 함부로 생명을 죽이지 말지라. 이는 대명천지에 변하지 않으며 변할 수 없는 불변하는 진리이니라. 어린양을 제물로 바친 것이나 카인이 아벨을 살해한 것이 모두 다 같은 인간에게 완전한 창조와 불완전한 창조의 작은 차이라 기록하리라. 아벨이 어린양을 죽이는 것이 선이라고 한다면 카인이 아벨을 죽이는 것이 악이라 할지라도 어린양의 마음이 없다고 한다면 그것은 아무것도 아니니라. 그러나 어린양이 생각이 있다면 결코 아벨은 죄를 씻을 수 없음으로 마찬가지라 할 수 있음이며, 살생하는 진리는 하나님을 욕함이며 살생당하는 진리는 그의 조상과 부모가 욕 먹음과 같을지니라. 이 세상에 한 포기의 풀이라도 함부로 뽑아서 없앴다면 이는 결코 선이라고 할 수 없음도 마찬가지라 할 수 있음이리로다.

유대의 하나님과 악마에게 그리 말하리라. 인간의 일은 인간에게, 신의 일은 신의 세계에서라고 말이다. 인간과 신의 결합은 결국 인간에게 도덕론과 권력론을 안겼나니 하나님과 악마에 얽힌 신성론의 결합은 인간과 신의 갈등과 인간과 인간의 갈등을 가져올 것임이니라. 이는 신을 창조한 인간에 의해서 인간이 갈등하리니 너희가 신을 언어로써 너희 가운데에서 가장 전능하다 말하지 말지니라. 생명이 가장 전능하다 함을 너희가 가함을 알게 되는 때에 생명의 경외와 진실의 경외를 함께 알게 되리로다. 신이 있다면 나는 신을 폐하고 그것을 묻고 싶음이니라. 아담과 이브가 아름다운가, 세상이 아름다운가 하고 그런 물음을 던지고 싶음이니라. 아담과 이브가 아름다운 것은 생명이 생명을 살리는 이치가 그들에게 있음으로 아름답다 함이니라. 세상이 아름답다는 것은 창조가 자연의 질서로 환원되며, 자연의 질서가 자연으로 환원되며, 자연이 생명으로 환원되어 이 세상에 생명이 충만함으로 아름다우니라. 하나님 자신이 아름다운가, 아담과 이브가 아름다운가. 이 물음은 역사나, 정치나, 윤리가 아니라 스스로 존재하는 의미와 스스로 존재하지 않는 의미의 물음일 수가 있으며, 생명과 생명을 담고 있는 근본이 중요한가를 묻는 것과 같은 것일 수도 있을 것임이라. 하지만 나는 나 자신에게 그것을 묻는다면 나는 나도 아름답고, 세상도 아름답다고 말할 수 있을 것임이라. 그 이유는 내가 세상을 바라보고 있는 순간이 가장 아름답기 때문이라고 나는 말하고 싶나니라. 그러나 내가 세상을 볼 수 없다면 세상은 아무런 쓸모가 없는 것이라고 말할 수밖에 없음이니 세상은 나를 위해서 존재하는 것이며 또한 나는 세상을 위하여 존재함이더라. 그 세상에서 바라보며 바라봄을 당하는 나는 인간이라는 사실을 잊지 않으려 할 뿐이니라. 세상을 바라보는 눈을 가진 사람, 그 중에 나라는 인간도 각기 다른 눈으로 세상을 바라보나니 내가 그를 보고 그가 나를 보니라. 그리고 신의 존재도 또한 나와 타인을 바라보느니라. 유대의 하나님은 아담과 하와와 소돔과 고모라를 바라보고 있고, 여호수아와 그의 군사들과 여리고성을 바라봄이니라. 나 또한 소돔과 고모라를 바라보고 있고, 여호수아와 아브라함과 여리고성을 바라보고 있느니라. 소돔과 여리고성은 유대의 성서에만 있는가. 여호수아는 유대의 성서에만 있는가. 아브라함은 성서에만 있는가. 아브라함은 여리고성의 모든 사람들이 악에 물들어 있다고 할지라도 유대의 하나님 또한 소돔과 고모라성의 사람들은 악에 물들어 있다 함이니라. 그럴지라도 악은 선해 가려는 증거에 인함이며, 선은 악해질 수 있다는 증거에 있음에 불과할 뿐임을 알지 못함이 있다 함이니라. 천둥과 벼락으로 여리고성을 소금 기둥으로 만들어버림은 보이지 않는 반666의 질서에 있음을 기록함이며, 여리고성을 무너뜨리며 입성하는 666의 상황을 기록함에 있을 뿐임이라. 그것을 바라보는 나라는 인간은 역사를 말하는 사람이며, 인간과 인간을 말하는 사람이며, 강한 것과 약한 것을 말하는 사람이니라. 신은 소돔과 여리고성을 멸망시킬 권리가 없었다라고 말하느니라. 창조는 자연의 질서로 환원되었나니 자연의 질서가 그리하였다 함은 온당하다 하나니 이와 같이 신의 일은 신의 세계에서만이, 인간의 일은 인간의 세계에서만이 모든 질서가 이렇게 깨졌다 함을 증거할 뿐이니라. 아담과 이브가 그러하며, 카인과 아벨이 그러하며, 아브라함과 여호수아가 그러하도다 하니라. 신이 사람 위에 있으려면 생명으로서의 권능과 인간으로서의 권능을 보이라 하니 그것은 사랑이라 하니라. 신은 사랑으로 사람을 보지 않음을 그 증거가 이러하다 하리로다 하니라. 그리고 여리고성의 여러 사람들이 신에 의해서 평가를 받는 것을 원하지 않았다 함은 천지자연의 이치에 있음을 생명이 모두 다 앎이 지극하다 하니라. 악은 선해질 수 있는 가능성으로 악이며, 선은 악해질 수 있는 가능성으로 악이라 함은 천지자연의 이치와 조금도 다르지 않느니라. 그 첫 번째가 인간의 일은 인간에게, 신의 일은 신의 세계에서이니 우리는 세대에서 세대로 조금씩 발전과 쇠퇴를 반복하느니라.

여리고성은 윤리가 없었고, 하나님의 윤리가 살생하지 말라 하지 않음은 여리고성의 윤리는 살인하지 말라에 멈춤이며, 정치가 없었고, 악이 있었고, 정의가 없었느니라. 그러나 그곳에는 인간이라는 생명이 있었고, 인간이라는 도덕론과 권력론을 만들어 가는 와중이었다고 함이 어찌 들리느냐 하면 너희가 역사와 신이라는 피를 너희가 스스로 만듦과 같다 함이니 너희가 세대에서 세대로 자식과 아비가 다투며 형제와 형제가 다투게 되는 증거로 삼게 되리로다. 카인이 아벨을 살해하고, 이삭과 그의 딸들이 동침을 하고, 그곳에서는 천륜을 어기는 것을 신은 그럴 수 있다 하고, 신성론으로 발전을 했다면 소돔과 고모라성은 강한 것과 약한 것의 조율이 정치와 비정치의 조율을 하는 중이었고, 야만과 문화의 조율을 하는 중이었고, 인간과 인간을 조율하는 중이었다라고 한다면 신은 어떻게 답할 것인가를 말해야 함이라. 하늘이시여, 답하소서. 답하지 않는다면 그것은 천지자연의 질서에 우리가 멸망하였다 하며 그것을 받아들인다 기록하소서 하니라. 소돔과 고모라성에는 의인이 한 사람도 있지 않다는 것은 소돔과 고모라성에서 강하고, 약하고, 정치와 비정치 야만과 문화를 통한 자연의 섭리에 의해서 조율하는 방법을 선택한 것뿐이었음이라. 만약 그렇게 말한다면 신이시여, 답하소서. 답을 하지 않음은 신이 선택한 민족으로 하여 세상이 멸망을 당할 기회를 그들에게 주어짐으로 인함이라 하니라. 금단의 열매를 따먹은 것은 완전한 창조였다가 아니라 완전한 창조를 완성하기 위해서였다는 것과 소돔과 고모라성에서 그와 같이 불완전한 창조 속에서 인간이 찾아야 하는 인간의 길을 찾기 위해서였다는 사실과 같지 않나이까. 인간들은 누구든지 소돔과 고모라성에서 살아온 인간들의 후예이나이다. 도덕이 없었기에 살인하는 것이 강한 것처럼 보이는 살아남기 위한 인간의 후예였음이라. 정치가 없었기 때문에 양보와 희생의 의미를 깨달아가는 중이었음이라. 문화가 없었기에 야만을 통해서 인간의 문화를 꽃피웠음이라. 소돔과 고모라성에서는 어떤 일이 일어났는가와 소돔과 고모라 성에는 세대에서 세대로 도덕의 필요성을 느끼는 세대가 기다려지는 그 기다림은 길고도 길었음이라. 소돔과 고모라성에는 세대에서 세대로 정치의 필요성을 느끼는 세대의 기다림이 길고도 길었음이라.

도덕론이 먼저인가? 신성론이 먼저인가? 신성론은 금방 사용할 수 있는 칼과 같으나, 도덕론은 금방 사용할 수는 없으나 반드시 사용을 기다리는 방패와 같으니라. 그러나 도덕은 사용하는 그 순간 칼이 되리라. 그러나 신성론은 사용하려는 순간 방패가 될지니라. 도덕론은 죽이는 것이 목적이 아니라 인간이 동물로부터 방어를 하는 것이 목적이니라. 그러나 죽음의 위협을 느끼면 어쩔 수 없이 칼을 사용할 수밖에 없을지니라. 신성론은 동물을 우선 죽이고 나서 동물의 위협이 사라지는 순간 방패가 되리라. 그러하므로 인간에게 도덕론의 첫 번째가 살생유택일지니라. 그러나 신성론에서는 믿지 않으면 죽이는 나 이외의 신을 섬기지 말라가 되는 것이리라. 도덕론자들은 신성론에 대항해서 믿는다 하는 것이며, 신성론은 도덕론의 위장을 하는 것이리라. 스스로 그러한 이치가 있어 그 이치대로 탄생하며, 성장하며, 또다시 더 큰 스스로 그러한 이치로 돌아가리니 이는 모든 천지신명의 증거가 생명성에 의함이니라. 이를 신이라 칭함을 증명함이 이와 같나니 신은 생명성의 축소와 생명성을 지극히 확대해가는 질서와 같다 하니라. 이는 모든 천지만물이 정하여진 이치대로 흐름을 이르나니 모든 질서가 신의 질서와 같다 하리로다. 신명이 천지에 있음은 하늘로부터 내려오는 생명성이 대지에 이르러 대지의 생명성과 하나가 되나니 이는 모든 이치가 이와 같이 이루어짐을 증거함이라 하리로다. 모든 생명이 이와 같음은 하늘의 이치와 땅의 이치가 하나 됨으로 그리되나니 사람이 그리하며 물과 불과 나무와 바다와 강과 산과 대지가 이와 같으니라. 마치 천지만물이 음양의 이치와 함께함이 조화롭다 하리로다. 모든 보기에 좋았음은 이와 같기 때문이나니 마치 하늘이 있으려 하면 그 증거가 대지가 되며, 불이 있으려면 그 증거는 물이 됨과 같으니라. 남자가 있으려면 그 증거는 여자가 됨이 지극히 조화롭다 함이 이와 같나니 마치 생명성이 지극하다 함으로 신명이 되며, 그 지극함이 대지에 펼쳐지나니 물이 미치지 않는 곳이 없음으로 그 증거가 되며, 불이 미치지 않음이 없음으로 증거가 됨과 같다 하리로다. 이는 하늘과 땅과 사람이 하나이나니 이를 일러 신명이라 하며, 천지만물의 질서를 증거함이나니 이를 일러 스스로 그러한 질서이며, 자연이라 하리니라. 이는 모든 생명을 일컬음이며, 모든 생명 없음을 일컬음이며, 산과 바다와 물과 나무와 모든 짐승들과 물고기를 일러 천지만물에 생하는 질서에 있음이니라. 그러므로 모든 질서가 하늘 아래 이루어짐을 증거함이 생명이라 할 수 있으며, 생명이 없음은 천지만물도 없음과 같다 함이 옳다 하리니 생명의 질서가 진정 있음을 이르러 스스로 그러함이라 하리로다. 하늘과 땅을 신이라 하며, 사람의 생각하는 것도 또한 신과 같다 함이 옳다 함이며, 바다와 산이 마치 생명을 머금고 있음으로 마치 생명의 질서가 온천지에 가득하다 함은 땅의 질서와 바다의 질서와 생명의 질서가 하늘 아래 이루어짐이니라. 이처럼 모든 질서가 땅에서 이루어짐을 신의 이치와 다르지 않음이라 하니라.

신을 부르짖음은 천지자연을 운행하는 질서에 감사함을 표함이 이와 같다 하리로다 하니 저희가 스스로 그러한 질서 가운데 생명성을 잃어가는 존재를 두려워함을 항상 함에 있음으로 의심하지 말지니라. 생명성은 생명이 죽음에 이르는 순간에서도, 죽음에 임하여서도 더 큰 천지자연으로 돌아가 생명성을 유지함과 같나니 진정 살아있음을 의심하지 말며, 살아가고 있음을 의심하지 말지니라. 이 생명성은 의미와 같이 정하는 것이 아닌 물이 높은 곳에서 흐름과 같으며, 봄이 지나면 여름이 오듯이 흐르는 질서이며, 성장하는 천지만물이 언젠가는 추수를 하듯이 하는 질서라 하니라. 그러므로 이는 천지만물의 질서가 멈추지 않으며, 영원히 이어지는 각기의 생명들에게 세대에서 세대로 이어지는 질서가 이와 같다 함이 지극하고 지극하다 하리니 진정 생명을 가진 것을 의심하지 말며, 진정 생명이거든 생명성을 훼손하는 일에서만은 벗어날 것을 권하노라. 이는 천지자연이 스스로 그러한 이치에 있듯이 살아가는 너 스스로도 스스로 그러한 질서 가운데에서 스스로 그러한 질서로 서있음을 훼손하지 않음을 증명함과 같나니 진정 생명이거든 생명을 경외와 천지만물의 흐름으로 보라 하는 것이 이 때문이니라. 천지만물이 저희를 축복함이 대지에서 이루어지는 것이라 하리니 진정 너희가 생명이냐 물으면 생명이 오니이다 답하라. 그리하면 생명을 보는 마음과 눈이 떠지며 대지에서 이루어지는 모든 살아있음의 축복을 누리는 것이 이와 같기 때문이라 하리로다.

천지만물이 있어 모든 생명성을 신이라 칭하리니 생명이 생명으로 나아가는 이치가 이와 같다 하니라. 신이라 칭하는 이치는 자연의 이치 가운데 생명이 지극하다 함이 이와 같다 함이라. 생명은 함부로 해할 수 없음이 크다 하며, 생명은 생명 그 자체만으로 존중을 받아야 함이 크고도 크다 하리로다. 모든 천지만물 가운데 가장 선하다 함이 크고도 크다 하리니 이를 신이라 하리로다. 이것을 일컬어 신이라 함이 타당타 함이 이와 같으리니 너희가 생명 가운데 있다 함은 신이 밝다 함이 이와 같다 하니라. 이를 신명이라 함이 타당타 하리로다. 이는 천지만물이 있음으로 생명이 있으며 존재와 모든 것들의 가능성으로 인함이라 함이리니 천지만물이 스스로 그러함의 이치에 가장 합당하다 하니라. 그러므로 모든 질서와 모든 진리의 모습이리니 이는 스스로 그러함의 이치 곧 자연이라 하리로다. 신이 있어 땅이 있으라 하며, 땅이 생겨났다 하며, 이를 일러 최초에 대지에 신명이 있다 함이 이와 같다 하리로다. 신이 있어 해가 있으라 하며, 해가 있기 이전에 스스로 그러한 질서의 운행이며, 질서의 운행은 생명의 탄생으로 향하는 질서가 있기 때문이니라. 이는 해가 있어 스스로 그러한 이치 가운데 또다시 생명의 질서로 나아가는 이치가 가득하다 하며, 이를 생명의 탄생 속에서 생명의 탄생이 지속되는 것과 같음이며, 스스로 그러한 이치의 세대에서 세대로 이어지는 생명 탄생의 과정에 있음을 증거함이라 하니라. 마치 생명은 멈추지 않으며, 마치 생명은 씨앗의 발아와 같이 씨앗이 대지에 심어져 많은 결실을 맺듯이 하는 이치에서 생성되어지는 질서가 바로 신이라 함이라 하니라. 이는 증거이며, 바로 너 자신이 그 증거가 되며, 천지만물의 증거가 되리로다. 진정 생명이거든 이러한 질서에 있음을 감사하며, 경외할지니 신의 이치보다 생명의 이치라 부름이 이와 같기 때문이니라. 생명의 이치보다 더한 더 큰 질서는 없으며, 더 큰 도덕이 없으며, 더 큰 창조는 없다 함이 이와 같기 때문이라 하리로다. 최초의 생명의 이치가 천지만물에 생하였다 함이 이와 같다 하리로다. 이를 해가 생겨났다 함이 진실로 그러하다 믿는 것이 신이 있다 함이라고 할 수 있다 함이로다. 이것이 창조의 본질이니라. 창조의 본질은 스스로 그러한 생명이 우주와 대지에 생하는 질서가 지극하다 함이리니 이는 진리이며 진실이로다. 이것을 진실이 아니다 말하는 자는 생명의 신명이 없다 말하는 것과 같다 하리니 이는 생명의 질서에서 벗어남이 어리석다 함이 크도다 하리로다. 우주와 대지에 생한다 함은, 모든 이치는 홀로 흐르는 질서가 아님을 말함이며, 최초라 말함은 생명이 있다 함으로 인함이며, 최후라 말함은 최초의 생명과 종말이라 말하는 최초가 함께 생하는 것으로 인함이니라. 시작은 항상 그 앞의 종말이 있었기 때문으로 인함이며, 종말이라 함은 종말이라 말하는 순간에 생하는 최초가 있기 때문에 그리하다 함이 이러하리니 이는 천지만물의 질서가 이러한 생하는 질서가 있기 때문에 이러하다 하니라. 너희가 천지자연의 질서 가운데 있음을 심히 생하는 생명성이 가득한 생명이라 함이 크고도 크다 하리로다. 생명은 그 생명이 있으라 하며 생명이 생겨난 것과 같이 생명이 생겨나야 함이 당연하다 함이로다. 스스로 그러함은 이와 같다 함이 당연하다 하리니 너희가 함부로 의심하지 말라. 스스로 그러한 이치는 신명의 이치라 할 수 있으리니 신이 스스로 그러한 이치와 자연의 이치, 아름답다는 것과 추한 것, 고귀한 것, 천한 것들을 모두 다 스스로 그러한 이치에 있기 때문에 그러하니라. 추한 것과 아름다운 것은 너희가 마음으로 바라보는 신명에 병이 들어서 그러할 수 있음이리로다.

신은 아름다운 것도 추한 것도 없다 함이 맞다 하리로다. 스스로 그러한 가운데 생명이 평가하는 것에 불과함이로다. 신은 있거나 존재하지도 않지만 생명이니라. 그러므로 신은 너희가 사용하는 가장 어리석은 언어에 불과하다 말함이니라. 천지자연이 무엇 때문에 존재하게 되었는지 말하지 말라. 천지자연은 존재 그 자체에 머물 뿐이라 천지자연이 시초가 있다 함이 스스로 존재한다 함의 질서와 같다고 말할 수도 없고 스스로 존재할 수 없음의 질서와 같다고 말할 수도 없음이니라. 창조는 너희가 통용하는 언어의 교환에 불과하니라. 천지가 창조의 대상이거나 모든 생명이 창조의 대상으로서 있음은 모든 죄악의 시초에 불과하다 함이라 말함이니라. 천지를 창조하신 하나님과 알라를 해와 땅과 선과 악이 죽이리니 하나님과 알라를 믿는 자연의 질서 속에서 생명의 자격을 회수하리니 살생하지 말라를 믿으라. 이 땅에 생명이 번창하도록 죽어가는 생명을 땅과 하늘에 풀어주는 믿음과 한 그루 나무를 심는 믿음을 가질지니라. 너희가 생명의 존중함을 가볍게 여긴다 함을 질책 받으리로다. 너희에게 영원한 생명이 있다 하며 너희를 욕되게 하려는 사람을 너희가 경계하리로다. 영원한 생명이 있다면 얼마나 많은 생명에 대한 욕심이 생기겠느뇨. 너희에게 이르노니 가장 아름다운 결과가 나타나는 것은 바로 너희가 생명으로 태어나는 그 순간이지만 생명의 소멸이 있음 때문이니라. 만약 생명만이 있고 죽음이 없다면 결코 너희가 사는 세상은 질서나 진리, 진실도 없어야 함이니라.

신이 인간과 생명만을 사랑한다면 결코 신은 천지만물의 이치와 음양의 이치와 선악의 이치 가운데 선만을, 혹은 악만을 아는 존재라고 할 수 있음이라. 이는 너희가 멸망의 순간만을 기다리는 어리석은 생명이라는 것을 알아야 함이니라. 이 세상이 멸망할 때 너희가 무엇을 하겠느뇨. 이 세상이 멸망할 때 신을 믿는 사람만이 영원한 복락에 들어갈 것이라는 말을 진실로 믿는다면 너희가 이 세상이 어떻게 하면 멸망하지 않을 것인가를 먼저 알아야 함이니라. 너희에게 권할지니 신의 언어를 어리석게 사용함은 세상에 재앙이 곧 올 것이라고 말하는 어리석은 행동을 하기 때문이니 생명으로서 신을 이야기할 때 생명의 신비에 감사함을 너희가 잊지 말지니라. 너희가 생명으로서 신을 말하겠느뇨. 신의 입장에서 생명을 말하겠느뇨. 저 멀리 멸망이 다가 올지라도 이 세상은 멸망하지 않을 진리가 가득찼다 믿으며 한 그루 나무를 심으라. 신의 입장에서의 생명은 과거를 기준으로 말함이며, 생명의 입장에서 생명은 현재이니라. 더구나 너희가 진정 생명이라면 과거를 소홀히 하지 않아야 함에 있음이며, 생명이 생명을 바라보는 현재를 바라보는 생명의 눈을 떠야 함이니라. 너희가 신을 선택하며 말하기를 영원한 복락이 있는 세상을 예비한다 말하겠느뇨. 이는 곧 생명은 창조가 아니라는 것을 증명하는 것이로다. 또한 생명은 악하기 때문에 멸망이 온다 말하는 것은 너희가 멸망을 말하는 마음으로 세상을 조롱함과 같음이니라. 너희가 지혜로운 언어를 사용한다 말하지만 세상을 멸망한다 말하는 것이 결코 지혜로운 인간이라고 말할 수는 없다 함이 여기에 있음이리로다. 만약에 천지자연이 신이라면 인간에게 모든 생명을 귀히 여기라 말하리로다. 한 그루의 나무와 하늘을 나는 한 마리의 새나 물속의 물고기조차도 생명의 질서와 생명의 진리를 함께 가지고 있나니 함부로 생명을 빼앗으려 하지 말라. 대지의 식물과 동물을 해하는 것은 너희가 생명을 잃어버리지 않기 위하여 그리할 것이지만 그렇더라도 불필요한 생명을 함부로 죽여서는 안 된다는 것을 인지하여야 함이니라. 너희가 생각하며 행하기를 너희 스스로의 생명을 느끼면서 그렇게 행하라. 생명의 신비로서 살아가는 진리로 하루하루를 살아감을 너희가 깊은 감사와 은혜를 입은 것처럼 하라.

　너희가 사는 세상이 무엇이뇨. 신의 세계로 가기 위한 일련의 단계에 불과하다고 말하겠느뇨. 그렇다면 이 세계보다 복된 세상은 없다 말하는 생명이 있다면 너희가 진정 이 세계를 사랑하여야 함이 너희에게는 없는 것은 아니냐 물으리니 이는 영원한 생명이 귀함이더냐 말함이니라. 너희를 영원한 생명이 있는 세계로 가라고 말하면 영원한 세계로 가기 위해 너희가 생명을 버려야 함은 당연한 이치가 아니더냐? 이 세계보다 아름다운 세계가 있다면 그것은 심히 어리석다 말하리로다. 또한 우매하기가 천지자연의 진노함으로 그 화가 닥치리로다. 천지자연의 질서와 진리는 생명의 활동이라 하리니 함부로 생명을 해치고 그 또한 생명의 해침을 당하기를 빠른 날에 그렇게 되리라. 이는 너희 스스로가 스스로의 생명을 벌하며 스스로의 생명을 죽이는 것을 서슴지 않음이라. 영원한 생명을 얻으려 할 때 너희가 살펴보아야 함은 무척 많을 것이니라. 신이 만들어 놓은 이 세계가 너희에게는 필요한 것이 아니라 말하겠느뇨. 아니면 영원한 생명이 있는 세계에 가기 위한 단계에 불과하다 말하겠느뇨. 너희가 인간이라는 생명 질서의 존귀함을 먼저 살피라 권하리니라. 너희가 마음에 상처를 받으며 살아왔음을 내가 아니 너희가 진정 신을 경배하기 전에 너희 마음의 상처를 치유하는 것부터 행하여야 하니라.

신이 이 세계를 창조하였다고 믿고 본래 창조의 상태를 유지하지 못하면서도 신의 말씀을 순종하며, 신이 만들어 놓은 영원한 복락의 세계에 간다고 신을 믿는 것은 그것이 절대적인 위선이며, 죄악임을 너희가 아느뇨. 너희는 너희가 만들어 놓은 신으로부터의 저주를 받으리로다. 신으로부터 부여받은 것이 무엇이뇨. 생명을 사랑하라고 신은 말하였을 것이며, 창조된 창조물을 파괴하지 말라 말하였을 것이로되 너희가 그 말을 행하였더냐? 창조된 그 순간부터 너희가 행함의 근저에는 파괴가 행하여졌으며, 신의 이름으로 살인하지 않았다고 말하겠느뇨. 생명을 살리는 것에 마음을 쏟으라 말하였을 것인즉 너희가 생명을 살리는 것에 마음을 쏟았느뇨. 신을 우롱하며 너희가 언어로 만든 허수아비를 일컬어 진정 신이 있다고 말하겠느뇨. 너희가 도덕과 신의 결합으로 모든 생명이 변화하며, 천지만물이 변화함과 같이 신의 의지와 도덕의 결합으로 사람을 속이며 기만하기 위함이 아니더냐? 도덕적이지 않은 것을 도덕을 가장하며 인간다움을 벗어버리도록 너희가 속이지 않았다고 말하고 싶은 것은 아니더냐? 도덕의 찌꺼기를 너희가 도덕이라고 말하며, 신이 인간을 사랑한다 말하며, 결코 신은 인간을 사랑하는 것이 아니라 생명을 사랑한다는 사실을 너희가 숨기지 않았더냐? 생명을 사랑하는 것은 생명이지 신이 아니라 말하는 천지자연의 이치를 너희가 먼저 깨우쳐야 함이 여기에 있음이로다. 천지자연의 이치는 생명이 생명을 사랑하는 질서이지 신이 인간을 사랑한다는 것이 아니니라. 너희가 진실로 사람을 사랑하며, 한 그루의 나무를 사랑하며, 대지에 피어나는 풀 한 포기라도 소중히 하며, 생명이라 여기는 마음을 진정 가졌느뇨. 역사 속에서 그리고 너희가 살아가며, 호흡하며, 이익을 가장 커다란 목적으로 해서 살아가는 지금에도 결코 그렇게 하지 않으면서 살아왔음을 너희가 용서를 구함이 마땅하다 하리로다. 신은 무엇 때문에 생명을 만들었을까를 전하나니 생명은 스스로 그 존재가 이 세상에 태어났다 규정하며 규명함이 타당하다 하리로다.

## 🌸 카인의 증명

카인이 오랜 여행을 하고 어느 곳에 다다라 잠이 들었더라. 스스로 존재하지 않는 존재가 카인에게 오더라. 카인아, 들을지어다. 카인이 가로되 무슨 일이오니까 물으니 스스로 존재하지 않는 존재가 가로되 카인아, 너는 어느 곳으로 가라 이르는지라. 그곳에 가면 가시나무가 있으리니 너는 그 가시나무를 하나도 없이 잘라 불사르라 이르니라. 그리하고 한 사람을 기다리라 하시는지라. 그리하면 어떤 이가 아이 하나를 결박하여 오니 너는 그에게 무슨 일인가를 물으라. 그리하면 그가 아들을 제물로 바치라는 하나님의 명령으로 아들을 제물로 바치기 위해 왔도다 하리니 너는 그에게 스스로 존재하지 않는 이의 뜻을 전하라 하니라. 카인이 가로되 스스로 존재하지 않는 존재여, 아들을 제물로 바치라는 명령을 누가 하였나이까 하니라. 스스로 존재하지 않는 이 가로되 아담의 창조자이며 그 후손들의 하나님이라 하는지라. 카인이 가로되 자기의 아들을 제물로 바치라 하는 명령을 할 수가 있는 것이오니까 하고 물으니 스스로 존재하지 않는 존재가 가로되 창조되었다 믿는 인간에게 너 자신을 우선 생각해보라. 너는 스스로 존재하는 자에게 창조되어진 피조물에게 있어서 창조주와 피조물의 관계를 생각해보라 하는지라. 카인이 가로되 아브라함은 스스로 존재하는 이가 아니나이까. 그리하면 아브라함은 스스로 존재하지 않는 당신의 종이 아니오니까 하니라. 스스로 존재하지 않는 이 가로되 아브라함은 나의 창조물이 아니니라 하니라. 아담을 창조하였다 함도 창조주 하나님의 관계이지 스스로 존재하지 않는 존재와는 상관이 없다 하는도다. 이에 카인이 아브라함은 그의 아버지로 인해서 창조된 것이 아니나이까 하고 물으니 스스로 존재하지 않는 존재 가로되 아브라함에게 있어 존재의 문재가 아니라 아브라함에게 있어 존재는 신성론의 연장선에 있나니 아들을 제물로 바침도 그와 같도다 하노라. 카인이 가로되 인간은 스스로 존재하는 완전한 창조이오니 아브라함 또한 스스로 완전한 창조물이라 하지 않았나이까 하니라. 카인이 또 말하되 아담과 이브는 완전한 창조가 아니나이까 하니라. 한 그루의 나무를 심고, 싹이 나고, 나무가 자라고, 식물이 자라나는 가운데 쓸모 있는 식물들을 찾아내 인간으로 하여 사용하는 것과 완전히 창조되었지만 금단의 열매를 먹음으로 인하여 불완전한 창조물이 되었다 하여 자식을 제물로 바치는 것은 완전한 창조와 불완전한 창조의 대비가 아니리요 하니라. 카인이 말하여 가로되 스스로 존재하지 않는 이여, 아브라함이 자식을 제물로 바치려는 곳의 나무들을 불로 태워버리면 아브라함이 자식을 제물로 바치지 않는다는 증거를 내게 보여주소서. 그리하지 않으면 나는 스스로 존재하지 않는 이의 명령을 따를 수 없나이다 하니라.

스스로 존재하지 않는 이여, 한 번도 이성적으로 당신을 느끼지 못하였나이다 하니라. 스스로 존재하지 않는 이 가로되 카인아, 들으라. 가시덤불을 불태우면 아브라함은 네가 알고 있는 한 마리의 산양이 가시덤불에 걸려 아들을 대신해서 제물로 바쳐지리라는 것을 너 자신도 알지니 너는 가시덤불을 모두 없애 아브라함으로 하여 아들을 제물로 바치게 하라 하니라. 카인이 가로되 스스로 존재하지 않은 존재여, 내가 알고 있는 모든 것을 말하여도 아브라함은 가시덤불에 걸린 산양을 발견할지니라. 그리고 그 산양을 잡아서 아들 대신 제물로 바치리이다. 나는 미래의 과거라는 현재로 되돌아와 있었던 일을 다시 하지 못하게 한다 해도 그것은 헛된 시도이니라 하니라. 나에게 아브라함의 신성을 깨닫게 하라는 명령과 같다 하리니 아브라함의 신성을 깨트리기 전 그의 창조주를 설득함이 나을 것이라 하니라. 스스로 존재하지 않는 존재 가로되 아브라함은 미래이거나 과거이거나 한 것이 아니니라. 카인 너에게는 미래의 일을 과거라는 현재로 되돌아와 하지 못하게 함이 아니라 아브라함에게 스스로 존재함을 말하려 함이니라. 스스로 존재하는 것은 누구도 알려주지 않으며 인간은 인간의 길에서 인간의 법을 만들고 규칙을 만들지니라. 그것이 좋은 것이다 나쁜 것이다 하는 것은 세대에서 세대로 불완전한 창조물들이 넘겨야 하는 의무처럼 아브라함의 신성에 의한 세대에서 세대로 이어지면서 그것이 좋은 것이다 나쁜 것이다 하는 판단에 의한 것이니라. 아브라함의 자손들은 나쁜 것은 악마 탓이고 좋은 것은 하나님의 은혜라 할지니 선악의 판단에 의해서 절대적인 선과 절대적인 악은 인간의 저주를 받으리니라. 인간은 절대 선과 절대 악의 저주를 받으리니 창조물로서 음양의 질서보다 더 앞서있다는 것은 인간 스스로 신성을 모독하는 것이니라. 절대 선과 절대 악은 인간의 표현으로 하면 안 될 일인데 아브라함이 아들을 제물로 바치는 것 그 자체가 절대 선에 대한 신성 모독이기 때문이니라. 아들을 제물로 바친다면 아브라함의 입장에서는 하나님에 대한 제물을 바쳤다 할지 모르나, 제물로 태어난 아들에게 있어서 하나님에 대한 평가가 스스로 제물이 되는 것을 기쁘게 받아들일지라도 그것은 그의 의지의 결과일 뿐이니라 함이라. 마찬가지로 어느 날 어느 골짜기를 거닐다가 가시나무에 걸려서 어쩔 수 없이 제물이 된 산양에게 있어서 완전한 창조물이며 완전한 생명을 가진 하나님은 절대적인 악일 수밖에 없다 하지 않겠느냐 하는지라. 산양이 사람처럼 생각을 하든 못하든 상관이 없이 생명은 반항하니 아브라함의 아들이 아브라함의 예리한 칼에 심장이 찔리면 하나님의 제물이기에 기쁘게 받아들인다 할 수 없으리니라. 마찬가지로 산양도 기쁘게 제물이 되는 것을 받아들이지 않음이라. 스스로 존재하지 않은 존재여, 묻겠나이다. 제물을 바치라 명령하는 창조물에 대한 권리가 나쁜 것이오니까, 아니면 창조물로서 제물을 바치는 것이 나쁜 것이오니까, 또 창조물로서 짧은 생을 살다가 제물이 되는 것이 나쁜 것이오니까, 또 먹기 위해서 살아가는 생각 없는 생명이 나쁜 것인지 대답하여 주소서. 스스로 존재하지 않는 존재 말하노니 나쁜 것도 없고 또한 좋은 것도 없다 하니라.

아브라함은 아브라함의 생각이 아들을 제물로 바치고 싶지 않은 마음이지만 창조주의 명령을 거역할 수 없음이라. 아들도 마찬가지니라. 제물로 바쳐지는 것을 원하지 않으나 자기를 낳아준 아버지의 명령을 거역할 수 없음이라. 또한 산양에게도 인간에게 접근하면 두려워해야 하고 광야에서 살아가도 언젠가 강한 짐승에게 잡혀먹힐 것이라는 사실 앞에서 인간에게 잡혔음이라. 카인이 가로되 스스로 존재하는 존재여, 묻겠나이다. 아들을 제물로 바치고 싶지 않은 마음을 그러지 않겠노라고 창조주에게 청하면 안 되나이까. 절대 진리와 절대 진실의 차이가 시간이 지나면 보고 싶은 아들을 볼 수 없는 것과 아들은 금방 잊혀진다는 것과 그러나 인간이나 제물로 사라져가는 산양이나 죽음을 맞을 수밖에 없다는 절대 진리 앞에서 창조주와 피조물의 관계가 그리 중요한 것이나이까. 카인이여, 들으라. 진실은 아브라함이 아들을 창조주에게 제물로 바치려고 한다는 것이며, 아들은 아비의 마음을 거부하면서 인생을 살아가야 할 명분이 없다는 것이며, 산양은 그러한 모든 상황 앞에서 제물로 바쳐졌다는 사실관계일 뿐이니라. 무엇을 바꾸고 무엇을 계획하는 것은 의미가 없고 일어난 것에만 일어나지 않도록 해보는 방법 이상은 없다는 사실에 있을 뿐이라 하니라.

제1계명, 살생하지 말라. 살아있는 어떠한 생명도 존재 그 자체로 소중하게 인정해야만 인간을 창조한 이유와 원인을 스스로 존재하는 존재의 선한 존재라는 사실을 알게 될지니라. 살생을 하지 않음으로 해서 얻는 득이 생명에게는 더 값있음이라. 진실로 진실로 권하노니 함부로 살생하지 말지니라. 한 그루의 나무 심기를 진실로 게으르게 하지 말지니라. 제2계명, 자기 자신을 스스로 벌하지 말라. 살아있는 인간은 불행하기 위해서 탄생하는 것이 아니라 행복하기 위해서 태어나는 것이고 태어나면서부터 행복할 권리를 가지는 것이니 함부로 살생하여 스스로 벌을 받음을 경계함이라. 너희는 너희들의 아픔 가운데에서도 너희는 행복함을 잊거나 행복함을 버린 것은 아닌가를 먼저 헤아리라. 그리하면 너희는 아픔 가운데에서도 행복할 수 있음이라. 스스로 벌하지 않으려면 너희가 살생하지 않음의 근본에 충실함을 잊지 말지니라. 살아있는 생명을 위하여 한 그루의 나무를 심으면 그 나무는 다음 세대에게 주는 축복을 전한다 하리니 구원받으려거든 나무를 심고, 이 세계를 구원하려거든 나무를 심는 행함을 잊지 말지니라. 제3계명, 하늘은 스스로 돕는 자를 돕는다는 것을 명심할지니라. 살아있는 인간은 행복하려고 태어나는 것이며 인간은 태어난 그 순간부터 행복함이니라. 태어난 그 순간부터 인간의 길에 행복함을 너희는 스스로 만들며 마치 너희가 불행하다는 길만을 고집하는 것은 아닌가를 헤아리라 하니라. 너희는 인간으로서의 의무를 다하려 힘쓰라. 너희가 인간을 잃으면 너희 스스로 하늘을 두려워하며 하늘 보기를 두려워하리라. 진실로 진실로 권하노니 하늘을 우러러 한 점 부끄러움 없는 인간의 길을 가라 권하노니 너희는 너희의 가슴에 깊이 새겨놓으라. 스스로 존재하지 않는 존재로부터의 유혹은 너무도 가혹하리라. 살아있음과 살아가는 길에 인간을 버리지 말고 자기 자신을 버리지 말지니 하늘은 스스로 돕는다는 사실을 명심할지니라. 너희에게 진정 인간의 길을 가려 하거든 결코 살생하지 말지니라. 자기를 사랑하듯 나무를 심으라. 제4계명, 간음하지 말지니라. 인간은 인간의 길이 있듯이 간음이란 인간으로서 동물의 길을 걸음이라. 너희는 간음으로 너희의 가정이 깨지는 것을 두려워하고 두려워함을 명심하라. 너희들의 길에서 가장 아름다운 길은 가정에서 찾을 것이며 가장 행복함은 가정에서 찾으리니 너희가 간음으로 너희의 가정을 깨트리고 너희의 가정을 불행케 함은 용서받지 못함을 알라. 너희가 간음으로 잃어버리는 것이 얼마나 크고 큰지를 항상 헤아릴지니라. 간음할지라도 스스로 벌하지 않기 위하여 한 그루의 나무를 심을지니 그리하면 스스로 벌하지 않게 됨을 알지니라. 제5계명, 하늘을 우러러 한 점 부끄러움 없음을 실천하라. 스스로 존재함이라 함은 하늘일 수 있고, 땅일 수도 있으며, 인간 스스로일 수 있음이라. 한낮 미물일 수도 있음이며, 한 포기의 풀일 수도 있음이며, 흐르는 강물과 같음이며, 내가 마시는 맑은 공기일 수도 있음이며, 하늘 아래 살아간다는 것은 선의 길이자 진리의 길임을 명심할지니라. 하늘이 너희를 바라볼지니 인간의 길과 자연의 길에 부끄러움이 없게 항상 가라 하리로다. 제6계명, 내 이웃과 형제와 친한 사람들과 다투지 말지니라. 가장 가까이에 있는 인간에게 가장 상처를 많이 받고 가장 가까운 사람에게 가장 상처를 많이 줄지니라. 음양의 이치는 아름다운 것이며 선한 것이니 가장 가까운 인간이 가장 아름다운 것이며 가까운 인간이 가장 선한 것이니라. 제7계명, 도적질하지 말지니라. 내 이웃과 친한 사람들을 위하여 나무를 심을지니 그들이 먹고 마시며 살집을 위하여 나무를 심을지니라. 제8계명, 내 이웃의 어느 것도 탐내지 말라. 내 이웃을 위하여 나무를 심을지니라. 그들이 먹고, 마시고, 살집을 위하며 살아가기 위하여 죽이지 않는 방법은 한 그루의 나무를 심어 이루어지는 것이라 하니라. 제9계명, 인간임을 잊지 말지니라. 인간은 인간적인 선과 자연이 바라는 선을 행하여야 할 의무를 가지고 태어날지니 매일 인간으로 태어난 것에 감사할지니라. 또한 자연의 질서를 행하게 살아간다 함을 행할지니 그것이 나무를 심는 것일지니라. 제10계명, 과거를 후회하지 않으며 미래를 두려워 말지니라. 인간과 자연은 공존할지니라. 내일 지구가 멸망할지라도 한 그루의 나무를 심는 것과 자기를 사랑하듯 남을 사랑하라는 것은 과거와 현재와 미래를 사랑하는 데서 생길지니라. 이는 스스로 존재하지 않는 존재가 인간에게 내리는 진리를 행하는 길이라 함이니라. 이는 또 인간이 에덴의 동산에서 금단의 열매를 따먹지 말라 한 스스로 존재하지 않는 존재의 권함을 거역함에 의함이라. 이것은 가장 불행할 때 죽음을 맞는 것이 가장 행복인 것처럼 착각함과 같으며, 가장 행복할 때 죽음을 맞는 벌을 말함이나니 에덴의 동산에서 금단의 열매를 따먹음 때문이니라. 천지자연은 그렇지 않나니 노쇠하여 죽음을 맞는가와 스스로 죽음에 이르는가와 병이 들어 죽음을 맞는 것 이상은 생명에게 있지 않느니라. 가장 행복할 때 행복을 누리는 것이 천지자연이 사람에게 권함이며, 가장 불행할 때 그 불행에서 벗어나 행복함을 얻으라 함이 천지자연의 권면함이니라. 이러한 이치가 세대에서 세대로 이어짐은 천지자연이 그리하기 때문이니라. 스스로 존재하지 않는 존재가 완전한 창조를 가장 빠르게 할 수 있음이라 하리라. 너희에게 권하노니 너희들이 얻는 수입 가운데 백의 일은 나무를 심는 데 쓰기를 당부하노라. 이는 너희들의 세상과 후손들의 세상 모두 다 스스로 그러함 가운데 이어지기를 위함이라 하노니 너희들이 아름다운 판단을 하기를 바라니라. 그리고 너희에게 권하노니 너희들이 얻는 수입 가운데 백의 오는 너희들의 조상들이 살아가기 위해서 행했던 파괴를 복원하는 데 쓰기를 당부하노라. 이는 너희들의 세상과 후손들의 세상은 모두 다 스스로 그러함 가운데 이어지기를 위함이니라 하니. 이 가운데 바다를 위하여 백의 삼을 사용하며, 육지를 위하여 백의 이를 사용할지니라. 또한 백의 이는 이 세상을 위해 사용하기를 권하노니 이는 너희와 너희들의 후손들의 세상이 스스로 그러함으로 이어지기를 위함이라 하니라. 말하노니 너희에게 너희 스스로를 벌하지 말라 함은 너희들의 죄를 스스로 그러함이 벌하려 함이 아니라 너희들의 죄는 너희들 스스로의 마음으로 다스리라 함이니라. 너희가 죄를 범하는 것은 너희들의 질서에 의해서 너희를 구속하게 하리니 이는 너희가 따로 따로 있는 것이 아니니라. 이는 서로가 깊은 관계가 이어지며 살아가는 것을 말함이니라 하니. 너희에게 진실로 말하노니 함부로 살생하지 말지니라. 너희가 살생을 하는 이유가 무엇에 있느뇨. 너희는 너희들의 가슴으로 너희들의 현실에 대해 함부로 결정하지 말라. 너희들의 아픔은 이 세상 누구든 다 가지고 있는 아픔이니 너희들의 아픔을 사랑과 믿음으로 바라볼지니라. 그리하면 너희는 너희의 소망을 이룰지니라. 너희는 너희 자신에게 손가락질을 하거나 손가락질을 받지 말지니라. 다시 한 번 더 너희에게 이르노니 스스로 존재하는 존재와 스스로 존재하지 않는 존재를 너 자신이라 생각하라. 그리하면 너희는 스스로 존재하리라 하니라.

너희에게 이르노니 스스로 존재하는 존재와 스스로 존재하지 않는 존재를 하늘이라 생각하라 하니라. 그리하면 너희는 스스로 존재하리라. 너희에게 이르노니 스스로 존재하는 존재와 스스로 존재하지 않는 존재를 한 송이 꽃과 한 그루의 나무나 대지에 퍼져있는 이름 없는 들꽃이라 생각하라 하니라. 그리하면 너희는 스스로 존재하리라. 너희에게 이르노니 스스로 존재하는 존재와 스스로 존재하지 않는 존재를 바다와 강물과 그 속에서 생육하는 모든 생명이라 생각하라 하니라. 그리하면 너희는 스스로 존재하리라. 너희는 스스로 존재하는 존재와 스스로 존재하지 않는 존재의 진리를 알리라 하니라. 이 대지에서 나서 이 대지에서 소멸해가는 진리에 너희가 있음을 알라. 이는 너희가 스스로 깨닫기 위해서 이 세상에 탄생한 것이 아니라 너희가 생명으로 태어났기에 진리라 하나니 살아가다 너희들의 아름다운 흔적이 이 세상에 함께하리라 하니라. 너희가 스스로 존재하는 존재와 스스로 존재하지 않는 존재의 진리와 진실은 이것보다 더한 것은 없음이라. 깨달음을 향해서 구도자의 길을 간다 해도 너희가 너희들의 인생의 영원한 생명이 있다 믿으며 그 길을 간다 해도 너희는 자연의 진리를 한 발자국도 벗어날 수 없음을 마침내 깨닫는 것 이상은 할 수 없음이니라.

너희는 진리를 너희들의 머리로서가 아니라 인간의 길을 가다 자연으로 돌아가는 길이 진리라 함을 잊지 말지니라. 십계명의 계명들을 행하기를 바라는 것은, 천지자연의 진리는 너희가 생명을 잉태하면 대지에 한 그루라도 나무를 심어서 자손들이 그 나무를 사용할 수 있게 하기 위함이며, 십의 일조를 자연에 되돌릴 마음이 있다면 그것은 자연의 이치를 파괴하지 않으려는 마음에서 그리함이니라. 자연에서 잡혀온 짐승이 있다면 십의 일조로서 그 생명을 사서 자연으로 돌려보내며 파괴되는 자연을 십의 일조로서 사서 스스로 그러한 질서를 지키라. 자연의 이치로서 살다가 자연의 이치로 돌아가는 것으로 생명이 아름답다 칭함을 받으리로다. 사람으로 태어났으며 본래 사람이 가지고 있어야 하는 마음이 생명을 귀하게 여겨야 하나니 생명의 귀함을 알지 못하는 것은 살아있어야 하는 근본을 모르는 것과 같다 할 수 있으리니라. 사람이 사는 것은 생각하며 바른 행함을 할 수 있다 함을 항상할 수 있음과 같음이니라. 마치 사람이 미물로서 대지에서 이루어지는 복락만을 받으려함은 천지자연으로 하여 그 노함이 크다 하리로다. 사람으로 태어났으면 천지자연과 대지에서 생명으로서 생하는 생명의 귀함을 우선 알아야 하나니 이는 천지자연에게 사람이 할 수 있는 최소한의 마음이며, 최소한의 규칙이어야 함이 이와 같기 때문이라 함이니라. 사람이 생명을 유지하기 위해서만 대지를 파헤치는 것은 세대에서 세대로 이어지는 스스로의 생명을 조금씩 조금씩 해치는 것과 같다 하니라.

　사람에게 이르기를 십의 일을 천지자연으로 돌리는 것으로 모든 생명의 질서와 법칙이 되며, 죽어가는 생명을 살려 모든 생명을 살리는 진리를 대지에 펼침으로 땅에서 이루어짐이 하늘에서 이루어진 것과 같이함이 십의 일을 그 의미로 삼노라. 이는 모든 사람이 나아가야 하는 바른 길 중 한 가지가 되며, 천지자연 스스로의 생명도 그 혜택과 은혜를 받고 있음을 깨닫는 일이니라. 이는 사람이라는 생명의 의무이리니 사람이 생명을 산다는 것만으로 천지만물의 생명활동의 중심에 있음을 살아있음으로 증명함이니라. 사람으로 태어나 사람으로 살아가는 것은 천지자연에 되돌려야 하는 것이 있으니 이를 자기 수입의 십의 일을 천지자연에 돌려야 하는 것이 생명된 도리라 할 수 있음이니라. 이와 같은 이유로 십의 일을 천지자연으로 돌리라 함을 규정함이니라. 그러나 이것을 지키는 것은 이 대지에서 살아가는 사람의 의무이며, 생명의 의무라 함을 규정함과 오랫동안 생명의 질서를 지키는 힘으로 천지자연에 영향을 미치는 것이니라. 사람이 사는 것은 무고한 생명에 위해를 가함과 불필요한 낭비를 일삼음으로써 대지가 파헤쳐지고, 바다의 생명들이 생명으로 있음으로 해서 천지자연의 질서가 유지됨이 심히 어지러워지며, 사람의 생명을 빼앗게 되는 결정적인 이유가 됨을 심히 염려되는바 되느니라. 이는 생명이 생명을 해치는 어리석음과 무모함으로 함께 행하는 생명이 사람 이외에는 없다 함이 지극히 염려되느라.

　생명이 오랫동안 이어지는 곳이 아니라 생명을 해치는 것, 즉 생명이 없는 땅이 되어가는 것은 지극히 어리석어 사람이 나아가면 안 되는 길이라 규정함이 이와 같기 때문이라 하니라. 사람이면 천지자연의 이치에 감사함과 은혜로움에 생명의 가치와 대지의 가치가 같아야 하는 절박함이 이 땅에서 이루어지나니 이보다 어리석으며, 이보다 참담함이 어디 있다 하느냐 하니라. 천지자연이 스스로 그러함의 질서로 보이나니 이는 천지자연 스스로 자신을 죽이는 질서가 창궐함으로 일어나는 천지자연의 소리이니라. 들을지니라. 오래도록 생명이 있으며 살아있는 생명이 천지자연을 살리는 존재가 되는 도다 하니 이를 죽어가는 생명을 살림으로 그 죽어가는 생명이 모든 생명을 살리는 생명의 진실이 이 땅 위에서 이루어짐을 지극히 바람이니라. 이는 생명의 모든 은혜가 땅에서 이루어짐이 천지자연의 오묘한 이치와 같기 때문이라 하느니라. 들을지니라. 너희가 얻는 십의 일을 천지자연에 돌리면 너와 너희 자식과 너희 후손들이 너희가 천지자연으로 돌린 십의 일로 영원한 행복과 복락을 얻고, 그로 인함이라 칭함을 받으리로다. 이렇듯 모든 생명이 함께 칭송함이 오래도록 이어지니 이처럼 천지자연의 이치와 생명의 이치가 함께 행하는 생명의 질서라 함이 지극하게 되리로다.

　너희가 생명이거든 십의 일은 천지자연을 위하여 쓰라. 그리하면 너와 너희 집안이 오래도록 복락을 얻으며, 그 복락이 천지자연의 모든 이치에 합당케 되며, 그 모습이 보기에 심히 좋게 되리니 너희가 생명이라면 이것을 반드시 따르라. 비록 너희에게 영원한 생명은 줄 수는 없을지라도 천지자연의 절대 진리인 세상은 결코 멸망하지 않으며, 세대에서 세대로 이어지는 생명은 끝없이 태어나며, 자연의 이치로 돌아가리니 생명은 끝없이 대지에서 이루어지는 모든 복락을 조금씩 조금씩 경험하게 하리라. 이는 생명이거든 살아있음을 조금씩 조금씩 경험하는 것과 같나니 이를 세대에서 세대로 이어지게 하리라. 이는 태어나는 생명에게 축복을 하는 이유가 되리로다. 세대에서 세대로 이어지는 천지자연의 이치에 너희가 있게 됨을 항상하리로다. 그리하여 너희가 아름다우며, 너희가 행복하며, 너희가 복되다 칭송을 받으리로다. 이는 너희가 스스로 그러함의 큰 본보기가 되며, 영원히 이어지는 세대에서 세대로 복과 행복함으로 너희의 후손들이 스스로 그러한 질서 가운데 생명을 경외하며, 이 대지를 빛내며, 이 대지의 영원한 생명성 가운데 대지에서 이루어지는 모든 복을 함께 하리니 이는 너희가 십의 일을 천지자연에게 돌리는 것만으로도 그리되리로다.

　천지자연 스스로 그러한 질서 가운데 십의 일을 천지자연에게 돌려주는 규정은 이와 같나니 모든 생명을 위하여 십의 일조는 있으며, 마치 사람만이 행하는 것 같지만 이것은 모든 천지만물이 스스로 그러한 질서 가운데 항상 십의 일조를 천지자연에게 되돌리나니 천지자연 스스로 그러함같이 하니라. 사람만이 천지자연에게 보여지는 것에 구속받나니 사람이 사는 것은 파괴에 의해서 뭇 생명들의 불필요한 희생이 많음으로 사람의 십의 일이 묻혀버리는 것 때문이니라. 사람에게만 두 배의 희생을 강조하는 것은 파괴하는 능력과 파괴를 생명의 가치처럼 행하고 생각함을 심히 두려워하는 천지자연의 염려가 이러하기 때문이라 하나니 천지자연의 이치가 보기에 심히 좋게 됨은 사람으로 하여금 이러한 규정을 풀게 되리니라. 이는 천지자연이 살아나는 순간까지 이어지는 규정이라 하리니 너희가 천지자연 스스로 그러함과 사람이 스스로 그러함의 질서가 같음이니라. 너희가 행하는 것은 천지자연이 행하는 바와 같게 되나니 이는 생하는 질서가 이와 같기 때문이며, 너희가 생명이라는 신령을 갖게 되는 본디부터 규정하는 것이라 하리로다.

십의 일조 가운데 십분의 일은 천지자연에 나무를 심는 것으로 하라 하는데, 이는 나무가 천지자연 스스로 그러한 질서를 지켜가는 가장 중요함 때문이니라. 그것은 나무가 666의 이치와 반666의 이치 가운데 오묘한 질서를 지켜가는 것 때문이라 하리로다. 너희가 죽어가는 생명을 살리려면 최소한 한 그루의 나무는 심으라 명하나니 이는 어느 법보다도 우선하니라. 그리고 모든 생명의 시초는 나무가 되는데 나무로 인하여 생명이 오래도록 살아갈 수 있기 때문이라 하리니 이는 천지자연의 질서가 나무로 인함이 지극하다 함을 증거하기 때문이라 하리로다. 또한 십의 일조 가운데 십 분의 삼은 대지에서 살아가는 짐승들과 초목들을 위하여 돌리라 하리로다. 생명은 사람만이 그 관계를 맺으면서 살아간다 하나, 그것은 반드시 그리한 것만은 아니니라. 사람이 사람을 생각함과 사람이 천지자연을 생각함의 다른 것은 십의 일을 천지자연으로 되돌림으로 사람의 파괴하는 마음을 중지시키기 때문이니라. 천지자연의 그 오묘한 질서에 사람도 있음이라. 그러함으로 세대에서 세대로 이어지는 진리 가운데 생명이 있음을 증명함이 이와 같기 때문이라 하리로다. 이는 파괴의 모습인 666을 멈추며, 사람이 대지에서 살지 못함의 결과인 반666을 경계함으로 인해 사람과 모든 생명이 세대에서 세대로 이어지는 생명의 영광을 위하여 십의 일의 사용을 규정함이니라. 이를 지키는 생명은 지극히 생명다움을 칭송받으리니 이로써 생명의 영원한 윤회의 축복을 받으리로다. 이는 천지자연이 생명에게 하는 약속이니라. 이는 스스로 그러함의 질서가 진실하기 때문이며 스스로 그러한 질서가 자연이리니 너희가 이러한 자연이거든 서슴없이 너희가 벌어들인 십의 일을 이와 같이 사용하라. 십의 일조 중에서 삼은 바다와 강을 위하여 사용하리니 이는 666의 결과에 의해서 바다가 사람의 파괴의 결과로 죽어가는 것을 안타까워함이 천지자연에 가득하기 때문이라 하리로다. 바다와 강이 죽으면 사람은 살 수 없음이 분명함을 사람이 알면서도 고치지 못함은 천지자연의 이치와 인간의 이치가 같음을 어리석음으로 알지 못하기 때문이니라. 천지자연의 죽음은 곧 사람의 죽음이며, 바다의 죽음은 곧 사람의 죽음이니라. 스스로 그러한 이치의 또 다른 이치인 스스로 그러하지 못함의 이치와 같나니 이는 세상이 멸망한다는 이치를 세상에 제시함 때문이라 하리로다. 너희에게 진실로 세상을 멸망으로 이끌고 싶은가 하고 묻는다면 윤회의 이치를 묻는 사람은 대답하라. 대지가 있고, 하늘이 있고, 해가 있고, 달이 있는 이상은 결단코 세상은 멸망하지 않노라. 왜냐하면 세상은 멸망할 수 없는 영원불멸한 이치와 함께하기 때문이라 답하라. 영원불멸한 이치는 자연의 이치이자 질서이나니 그것은 자연의 질서 가운데 사람과 생명이 세대에서 세대로 이어져 나가기 때문이니라.

세상이 멸망한다 말하는 사람이 있으면 멸망하는 세상으로 가라 말하라. 그에게 죽음의 이치와 함께하는 저주가 그와 함께함과 같음이니 모든 생명의 질서보다도 멸망이 우선하며, 어리석음으로 인해 멸망이 마음과 머리에 가득하기 때문이니라. 그는 생명을 포기한 생명이니라. 그는 세대를 멈추며 이 대지에서 다시는 생하는 질서와 접하지 못하리로다. 이는 천지자연의 이치가 그러하기 때문이라 하리로다. 너희가 진정 생명의 질서가 오래도록 이어지는 것을 원하거든 반드시 대지에 한 그루의 나무를 심으라. 절대 함부로 생명을 해치지 말라. 이것은 세상이 멸망한다는 말로써 사람을 현혹하는 사람에게도 같다 함이니라. 그가 마음을 바꾸며 생각을 바꾸도록 하는 것이 생하는 질서에 함께하며 영원한 윤회의 질서에 함께함이니라. 저희가 진정 생명이거든 십일조의 삼 할은 파괴된 스스로 그러한 질서를 복원하는 데 사용하라 하니라. 이는 흙을 메우는 것을 말함이 아니며 스스로 그러한 질서에 있음으로 인함이니라. 이는 마치 사람이 흙으로 돌아가는 이치와 같으며 흙에서 양분으로, 양분은 생명에게로, 생명은 세대에서 세대로 이어지는 윤회의 질서와 함께함이니라. 이는 너희가 무엇을 먹으며, 무엇을 입으며, 무엇을 행하느냐의 진정한 답과 과정이 함께 하는 것과 같나니 진정 너희가 생명이거든 십의 일조 중 세대에서 세대로 이어지는 윤회의 질서를 위하여 너희가 파괴한 대지를 복원하라. 이는 너희가 생명의 질서와 나무와 물과 흙과 함께하는 복원을 의미함이며, 나무를 이용함이며, 흙과 돌과 그리고 생명을 이용함이 지극하다 하리로다. 이는 너희가 심는 한 그루의 나무에 의함이니라. 이는 진정 너희의 후손을 위하며 생명을 위하는 윤회의 질서에 너희가 마음과 생각을 다할 수 있어야 함이 있어야 함이라 하니라. 이는 천지자연의 권함이며, 생명이 권함과 같으며, 사람이 권함과 같나니 너희가 진정 하늘과 땅과 사람이 생명이라는 사실을 알게 됨이 이와 같기 때문이라 하리로다. 생명으로 살아간다는 것이 바로 666의 질서이며, 사람이라는 것은 666의 상황을 살아가는 것이며, 이처럼 666의 질서가 이와 같기 때문에 나무를 심으라 하는 것이니라. 이는 십의 일로 하여 대지에 생명의 질서가 가득하여야만 가능한 일이고 666의 질서가 이와 같기 때문에 가능함이라 하리로다.

너희가 진정 생명이거든 대지를 위하여 십의 일 중 삼을 대지를 위하여 되돌려주라 함은 천지자연이 맹세하며 세대에서 세대로 복 주려 함이 이와 같기 때문이라 하리로다. 천지자연은 이와 같이 생명에게 권함과 또한 명함이 함께함은 사람이 스스로 그러함의 이치이며 천지자연이 스스로 그러한 이치인 까닭으로 하늘과 땅과 사람이 이러한 질서에 함께함이 지극할 수 있음이 이와 같기 때문이니라. 너희가 진정 생명이라면 십의 일의 규정은 반드시 지키라 하니 세대에서 세대로 이어지는 복이 항상함은 이에 의해서만이 가능하다 하리로다. 십의 일을 천지자연에 되돌림은 스스로 이어지는 질서의 본보기이니 마음에서 일어나지 않으면 그리하지 않아도 된다 하리로다. 천지자연을 향해 생명으로서 천지자연에게 고 마음을 모르는 생명에게는 그것을 받지 않으리라. 천지자연은 마음에서 일어나지 않은 사람을 위하여서 있음이 아니라 스스로 천지자연의 질서를 경외함을 알아야 하는 이치에 합당하기 때문이니라. 이는 천지자연의 마음이 사람의 마음과 같다 하기 때문이나니 천지자연의 마음이 아니라면 그는 어리석은 생명에 불과하니라. 십의 일 이외에는 그 어떤 것도 천지자연을 위함이 아니며, 그것은 사람이 사람에게서 받아내는 것이 될지니라. 이는 단지 사람과 사람의 거래이며, 사람과 사람의 관계에 불과하리로다. 이는 300년간만 사람과 천지자연의 계약일지니 사람의 일과 천지자연의 일은 변하며 멈추지 않는 천지자연의 질서에 순응함이 이와 같기 때문이라 하리로다. 천지자연의 질서는 사람만을 위해서 있음이 아니며 모든 생명과 물과 한 그루의 나무와 대지에 뿌리를 내리고 사는 모든 식물의 가치와 같다 함이 타당하다 하니라. 그러므로 이는 사람에게 생명 있는 마음을 가지고 있기 때문에 십의 일을 천지자연에게 돌리라 함을 규정함이로다 하리로다. 이는 천지자연의 마음과 사람의 마음이 같기 때문이며, 모든 생명의 마음과 사람의 마음이 살아있는 질서이기 때문이라 하리로다. 사람에게 있어 십의 일조의 규정에 반드시 그리하지 않아도 되는 경우에는 이러한 것이 있노라. 굶주림에 있는 사람에게는 그러한 규정을 정하지 말지니라. 십의 일조보다도 생명을 유지시키며 그 생명을 스스로 살리는 일도 십의 일이 천지자연에게 되돌리는 것보다도 중요할지니 생명이 우선임을 천지자연의 이치와 합당하다 하리라. 모든 질서의 첫번째는 생명을 살리는 일이며, 스스로 살아남는 것도 이에 부합하다 하리로다.

너희가 무엇을 배우려 하느뇨. 너희가 살아가는 것은 모두 다 배움이니라. 배움이란 살아있음을 즐거이 하는 생명의 가치를 배우는 것이며, 인생을 사용하는 방법을 배움이며, 생명을 사용하는 배움이며, 생명의 행동을 배움에 그 뜻이 있음이니라. 그리하여 배움은 너 자신에게 있는 욕망으로 파괴되어 가는 것을 막기 위함이며, 생명을 함부로 파괴함으로 일어날 것과 스스로 벌하는 것을 막으려 함에 그 뜻이 있음이라 하니라. 너희가 배움으로 생명을 살리는 일에 앞장섬을 가슴 깊이 마음으로 언약하는 배움이 될지니 이는 천지자연의 생하는 질서 가운데 가장 아름다운 생명만이 할 수 있음이라. 진실로 너희가 생하는 생명이라 칭송받으려 하거든 생명의 질서와 생명의 법칙을 가슴과 마음으로 그리고 너희가 행하고 있는 가운데에서 배움을 게을리 하지 말지니 이를 일러 생명의 생하는 것을 배운다 함이라. 이는 생하는 생명이 배움으로 만들어지며, 생하는 생명이 질서 가운데 가장 아름다운 질서를 만들며, 질서를 유지함이 있음이라 하며, 생하는 생명이 생명다움의 모습을 가지며 삶을 살아가리니 생명을 배움은 모든 것을 배움과 같다 하니라. 그 배움을 너희의 언어로써 기록할 것이며, 그것을 오래도록 너희가 배움에 앞서 생명을 배우라 권면함이 크리로다. 너희가 살아가는 모든 것을 안다 하더라도 생명을 알지 못함은 너희가 그 배움의 배면 중에 너희의 이익을 우선하는 추함을 너희가 배움과 같음이리로다. 너희가 비록 선을 행한다 하더라도 생명을 모르면 악을 행함에 있음이리로다. 이는 너희가 생명으로서 생명을 배우지 못함으로 인함이며 모든 질서 가운데 생명의 질서가 너희를 인간의 거울 됨이 배움을 지극히 함에 있으리로다. 너희가 진정 너희의 삶과 인생을 알려거든 너희가 자신의 생명과 내 이웃의 생명과 네 주위의 모든 생명에 대하여 경외함을 우선하라. 그리하면 기쁨을 항상 얻으리로다. 너희에게 권하는 것은 너희가 살아가는 인생 중에 지극한 질서 가운데 있으며, 행위 가운데 너희가 인간됨을 기뻐함이 크다 하리로다. 스스로 그러함의 존재함과 스스로 그러하지 않음에 권면하노니 이는 어느 질서보다 우선한다 함을 너희가 생활에서 지키고 따르라 하니라. 배움의 목적이 너희가 원하는 것을 얻으려 함에 있음이더냐? 너희가 무엇을 얻으려는 마음은 평온한 가운데 있음이 지극하며 대지가 너희를 위하여 너희가 원하는 모든 것을 주리로다. 대지는 진정 생명을 살찌우는 질서에 항상함이 크며, 대지는 생명을 키우는 질서에 항상함이 크며, 대지는 생명을 거두어들여 질서가 세대에서 세대로 이어지는 질서를 증거함이 이와 같다 하니라. 그러므로 이는 배움의 질서 이전이며, 배움 앞에 있는 질서이며, 배움 이후의 질서리니 너희가 배움에 충실하려거든 천지자연의 질서에 너희가 있다 함을 마음과 몸으로 배우지 않아도 알게 될 것이니라.

결국은 너희가 무엇을 얻으려 하느뇨. 얻으려 하면 너희가 얻지 못함이 있으나, 대지를 위해 너희가 천지자연의 질서를 행하면 너희가 원하는 것을 대지가 값있게 주리로다. 너희가 어떠한 죄악에 빠지는지를 너희가 모르면서 얻으려 함이 염려되도다. 이는 천지자연의 이치를 너희가 모르며 너희 스스로가 스스로 그러한 이치로부터 얻어지는 진리를 모름으로 너희가 죄에 빠지는 것과 같음이리로다. 너희가 스스로를 알게 되리로다. 인생의 행복함과 즐거움을 위하여 배우려 하느뇨. 행복함은 너희의 몸과 마음을 정결히 할 때 너희에게 진정 행복함이 있으리로다. 이는 너희가 천지자연의 질서를 이익으로 무너뜨리려 하지 않음과 같지 못함이며 진정 가지고 있는 욕심에서 그것을 얻으려 함은 얻는다 하여도 그것은 즐거움이 되지 못하리로다. 아름다운 것을 마음으로 행하려 함이 배움의 진정한 즐거움이니라. 앎과 배움은 스스로 함정에 빠지려 함을 스스로 경계함이 커야 하느니라. 스스로 그러함의 이치에 의해서 배움을 향하려 하는 때에 너희에게 당부하노니 진정으로 앎과 배움의 즐거움을 위한 배움을 너희가 찾으라 함이니라. 이는 천지자연의 진정한 질서에 의해 너희가 진정으로 천지자연의 이치를 깨닫는 데 있나니 힘쓰며 힘쓰라 하리로다. 너희가 선을 배우리니 이는 한 가지 선으로 많은 복이 따르리라. 이는 복이 항상 있다 함이 가득하다 하리로다. 너희가 백 가지 선을 베풀면 너희가 백 가지 복을 받으리로다. 부모와 형제와 너와 너의 자식을 위하며 모든 생명을 위한 가족과 가정을 위하여 너희가 선을 행하리니 이는 너와 너의 집안이 너희의 진실한 선으로 오래도록 천지만물의 복을 받으리로다. 이는 천지만물의 이치에 가장 합당함에 인함이리니 진실로 천지만물의 복을 받고자 하면 너희가 선을 행하면 되리로다. 너희가 선을 행하면 저절로 복이 들어오고, 악을 행하면 저절로 화가 들어오리니 이는 생명의 이치 가운데 가장 생명다움에 기인함이라. 선은 살생하지 않음이 가장 큰 선물이며, 살생당하지 않음이 두 번째 선이며, 죽어가는 생명을 살피는 것이 그 다음 선이며, 죽어가는 생명을 살피는 것이 그 다음 선이니라.

생명으로서의 선에 무엇을 행할 때 너희가 마음에 담아두고 행하라. 선으로 인한 복의 유래와 악으로 인한 화의 유래가 너희의 생애를 따르며, 선한 마음과 행동이 너희의 자손에게 복의 유래가 되리로다. 또한 너희가 행한 악으로 말미암아 너희와 너의 자손에게 화의 유래가 되리로다. 이는 생명에 기인함이리니 너희가 생명을 가졌거든 생명의 선을 너희가 쌓으리로다. 악으로 말미암아 화의 유래가 되어서 너희의 자손들이 살생당하지 않도록 하라 이르노니 이는 천지만물의 선이라고 하는 생명의 영원함 때문이라 이르니라. 선과 악의 갚음이 너희에게 모르게 다가오리라. 선이 너희에게 오지 않으면 너희의 자손에게 오리니 너희가 생명을 지키듯이 생활에 선을 쌓아 너희의 자식과 자손에게 복의 유산을 남기라. 너희가 악을 행함으로 그 화가 너희에게 오지 않는다면 이는 너와 너의 자손에게 화를 쌓아 남기리니라. 이 땅은 조화와 균형의 땅이나니 사람이 죽어 그 사람이 먹고 마시는 이유로 또 다른 생명이 죽지 않음을 깨우치리니라. 그러한 이유로 너희의 자손이 그 화로 고통 받으니라. 진정한 생명의 질서를 너희의 자손에게 남겨 세대에서 세대로 그 복을 누리려 함을 너희가 힘쓰고 힘쓰리로다. 너희가 악함으로 오래도록 자손들이 너희를 증오하며 원망하리니 천지만물의 생명성을 너희가 유지하려 함을 애쓰고 애쓰리로다. 이는 너희가 살아있는 동안 계속되리니 너희가 생명의 으뜸인 생명이라 함이더라. 너희가 하루라도 선하려 함을 잊지 않으려 함이 여기에 있음이리니 이는 너희가 생명이기 때문이니라. 생명은 서로의 이익에 너희의 마음을 쓰려 하기 때문이니라. 너희가 생명이라는 이유로 너희의 작은 이익으로 분노하며, 너희가 너희의 마음을 해치며 남을 해하리로다. 서로가 원망하며, 서로가 분노하며, 너희가 서로의 생명성에 상처를 입히며, 서로가 악으로 물들지니라. 너희가 그 악의 구렁텅이에서 벗어나려 하면 너희가 지나온 시간들을 너희 스스로 원망하며 한탄하리니라. 너희가 하루하루를 선의 마음을 쌓아야 함이 여기에 있음이더라. 하루라도 선을 생각하지 않으면 모든 악이 스스로 모두 일어난다 함이 여기에 있음이더라. 이는 천지만물이 생명의 이치와 생명의 질서에 항상 같이하기 때문이니라. 너희가 생각하는 생명이라 칭하며, 너희가 지나온 시간을 생각할 줄 알며, 다가올 시간에 대해서 너희가 생각할 줄 아는 것은 생명이기 때문이니라. 이는 천지만물이 선함과 악함의 질서 속에서 선의 본연에 항상 두기 때문이라 하리니 천지만물이 선하고 생명이 모두 선하려면 선의 마음을 하루도 잊지 않으려 하는 생명의 마음 때문이라 하리로다. 너희가 눈으로 선과 악을 구별하리니 지혜 있는 생명은 마음으로 그것을 판단하며 선을 선택하는 마음의 눈이 항상 밝게 빛나야 함이 있어야 함이라. 마음의 눈을 항상 밝게 빛나게 하리니 이익의 눈으로 세상을 보면 스스로 상대에게 이익의 대상으로 보이지 않을 수 없음이니라. 너희가 이익으로 보지 않으면 상대도 너 자신을 이익의 대상으로 보지 않으리로다. 이는 너희 마음의 눈으로 세상을 보라 함과 같으리로다. 너희가 너희의 입으로 선과 악을 말하리니 너희가 내뱉는 언어가 너희가 생각하지 않은 악을 만들고 선을 해치리니라. 이는 너희가 입으로 먹으며, 말하며, 화를 부르며, 선을 행함의 그 근본이리니 너희가 진정 너희의 살아있는 생명의 입과 너희가 지켜야 하는 선의 언어를 너희 입에서 항상 내뱉게 하리니라. 모든 선은 정성스러우며, 진실하며, 그러한 가운데 선을 가리며, 그러한 가운데 악을 멀리하는 행동을 기르나니 선은 진실 될 것이라 할 수 있음이라 하리로다. 그러므로 선은 살생하지 않음이 최고의 선이니라.

너희는 말한다. 끝없이 선을 말하고, 인간과 생명을 말한다. 너희가 살피지 않으면 너희가 말하는 선을 입으로 뱉지 않음과 같을지니 이는 너희가 보여지는 입으로만 선을 말함과 같을지니라. 육체에서 뱉어지는 입과 생명성의 근본에 대해 너희가 진실 되게 행하라 강권함이라. 배움의 마음이란 본시 너 자신을 닦음에 있음이니라. 너 자신을 닦음은 결국 너희가 너희 스스로를 아는 것과 같음이라. 자신을 안다는 것은 너희가 천지자연의 만물이며, 생명의 가치를 아는 생명이기에 생명의 가치를 지킬 줄 아는 생명이라 할 수 있음이니라. 생명의 가치를 지키려는 마음을 너희가 스스로 깨우치며 그것을 실천하는 데는 배움과 깨우침이 그 근본이라 함이리니 진실로 생명을 행함에 있어 진실하여라. 이는 너희 모든 생애의 근본인 너의 가족의 부양과 너희가 진정으로 사랑하는 사람과의 교분과 사랑과 정과 희망의 근본 주체가 될지니라. 또한 너 자신을 닦음은 너희 가족의 행복과 평화와 연결되었다 하리니라. 이것이 바로 배움을 위한 너희의 마음이 되리로다. 만약 너 자신이 배움이 완성되지 않았다고 하는 것은 너희가 너희 가족의 따뜻함이 없으며, 너 스스로가 자신을 부정하는 것이니라. 네 인생의 가치를 상실함은 너희가 배움의 진정한 가치를 정하지 못함이리니 진정 너희가 알아야 하는 것이 무엇인지를 우선 알아야 함이 여기에 있음이니라. 배움의 으뜸은 살생하지 않기 위해 검소와 검약을 배우는 것이며, 배움의 차선은 살생당하지 않기 위하여 천지자연의 이치인 죽어가는 생명을 살리는 생활의 발견에 의해서 이루게 됨이며, 살생당하지 않기 위해서 사람과 사람의 이치에 충실하며, 한 그루 나무 심기를 게을리 하지 않음이니라.

너 자신을 알지니라. 이것을 깨우치는 것이 배움의 진리를 깨닫는 것이며, 배움의 진실을 깨닫는 것이 됨이나니 해와 달이 너희에게 너 자신을 알라 할 때에 무엇이라 답해야 함이며, 하늘이 너 자신을 알라 할 때에 무엇이라 답해야 함이며, 땅과 바다가 그리고 온갖 생명들이, 나무나 한 포기 풀들이 너 자신을 알라라고 했을 때 진정 그에 맞는 답을 하리니라. 그것이 배움의 이유가 되어야 하니라. 사람이 사람을 사랑하지만 만물이 만물을 사랑한다는 이치에서 사람이 만물을 사랑하는 행함을 깨우침이 진실한 학문이 되느니라. 성인과 성인이 되지 못함은 이와 같음에 의해서 갈리리니 살생과 만물은 함께함이며, 만물을 사랑하지 않는 성인은 대지에 찢기어 새와 들판의 짐승이 밥됨이며, 물가나 바다에 버려져 물고기밥이 됨은 이와 같기 때문이니라. 만물을 사랑하는 것은 자연의 이치가 사람을 받아들임이며, 자연이 사람에게 흙으로 나서 흙으로 돌아감을 받아들임은 이와 같기 때문이니라. 너희의 마음속에 가장 소중한 것이 너희의 마음에 있다 함을 너희가 알아가는 것이 배움의 근본이라 하리니라. 너 자신의 닦음과 가족의 행복이 있음은 너희가 학문의 근본을 조금 깨달았다 함이리라. 네 자신과 네 가족만이 이 세상에 산다고 알고 있는 것은 아니 될지니 너와 네 가족과 함께 사는 세상의 여러 사람과의 관계를 만들어 가야 함이라. 이를 위해서는 배움을 통해 너희가 속한 사회를 알아가야 할 것이니라. 이는 곧 너희가 인생을 사는 동안에 너희가 앎을 위한 중요한 것이 되리로다. 배움은 너 자신에서 끝나는 것이 아니라 이 사회 속에서 너와 네 가족과 여러 사람과 관계함으로써 사회를 위해 존재하는 것임을 알라. 인생에서의 배움은 너희와 함께 가는 인생과 같다 함을 일컬음이니라. 너희가 이와 같은 이치를 알았다 함은 네 자신과 가족과 사회와 그리고 모든 목적이 몸과 마음을 닦음에 의해 이 세상을 경영함과 같으니라. 나와 가족과 이웃과 나라와 세상은 치국평천하로 이루어지는 이치와 살생하지 않는 이치와 살생당하지 않는 이치와 함께 일어나고 함께 다가오리라. 이와 반대로 나와 가족과 이웃과 세상이 혼란해짐은 살생하며 살생당하는 이치가 함께 일어나고 함께 다가오기 때문이니라.

너희가 이 세상을 경영함은 결국 너희가 속한 너희의 나라만을 위하는 마음의 편협함으로 극복된다 하니라. 이 세상을 경영함의 근본에는 너의 마음을 진실과 열린 마음으로 자신을 닦음에 있으며, 너의 가족과 이 사회를 경영함이며, 이러한 커다란 질서의 순환과 이러한 질서의 깨달음과 너의 마음에서 우러나오는 너 자신과 가족만을 위한 사회가 극복됨 뒤에 비로소 이 세상을 경영할 수 있음이니라. 너희가 이 세상을 경영하려거든 네가 너 자신의 마음을 닦으면 비로소 이루어지노라. 이는 너와 관계된 모든 사람의 마음과 같기 때문이니라. 이는 너의 마음으로 세상을 바라보는 것이 비로소 모든 이치에 합당함이 있어야 함이라 할 수 있음이리니 네가 이 세상에 있음은 결코 생명이 아닌 것이 없다 함에 인함이라 하니라. 이는 모든 사람들이 자기가 갖고자 하는 것을 스스로 사양함을 너희가 먼저 살피는 것과 같음이라 하리니라. 너 자신이 일어서려면 너 자신으로 일어서지 못하는 사람을 먼저 살펴보며, 그를 일어서게 함과 같음이라 하니라. 모든 질서는 화해로부터 시작함이며, 모든 평화는 자기의 것을 사양함에서 시작함이며, 모든 천지만물의 관계의 화해에서부터 시작함이니라. 이는 결코 너희가 머리로서 생겨남도 아니며, 너희 행동의 선의 근본이 서있지 않음으로써는 되지 않음과 같음이라 할 수 있음이니라. 너희가 마음에서이든지 살아가는 관계에서이든지 서로의 약속의 과정이라고 할 수 있는 행하는 말 속에서 서로에게 상처를 주지 않으려 함은 지극한 너희의 믿음을 잃어버리지 않아야 함을 말하는 것이니 너희가 믿음이라는, 즉 약속이라는 말일지라도 결국은 너희 스스로가 말로써 서로에게 믿음을 주는 약속이라 할 수 있음이니라. 너희가 살아가는 모든 관계는 모두 다 약속이라 할 수 있음이니라. 이는 의로움에 가까워야 함을 의미함이며, 너희가 약속한다는 것은 너희가 너희 속에서 실천될 수 있는 것이라 할 수 있음이니라. 그러므로 너희가 공손함과 너희 스스로가 지켜야 하는 약속은 관계의 질서이리니 진실로 너희 스스로가 경멸당함과 조롱당함을 받지 않으리로다. 너희가 가까운 사람들에게서부터 관계가 소원한 사람들에게까지 그리함은 비록 너희가 바라는 시간과 과정이 아닐지라도 서로가 믿는다는 마음과 서로가 성실히 공경한다 하는 마음으로 그리할지라. 너희가 경멸과 조롱당하지 않고 선택할 수 있는 가장 좋은 방법은 너희가 정한 질서로 다 할 수 있음이로다. 사람이 사람을 사랑하고 만물이 만물을 사랑하는 것은 이치라 하니 사람이 만물을 사랑하는 행함을 깨우침은 진실한 학문이 되나라.

　너희가 말을 관계의 기술로서 사용함은 너희 스스로 말 잘하는 기술을 가졌다 평함을 받으리니 이는 너희가 말함에 있어서 스스로 삼가야 함을 반증함이로다. 너희가 진실로 지혜를 가졌거든 지혜로써 말하거나 지혜로써 관계를 만듦을 힘쓰라. 너희가 구하는 모든 것들 속에서 행함의 진리를 힘써 구하며 그 진리가 진리라고 생각한 그 순간 그것은 진리가 아닐 수 있음을 스스로 깨우치며 행하리로다. 이는 진리라 말하는 순간 그것은 결코 관계의 이익에 의해서 진리가 되지 않음이며, 진리가 아니라 말하는 순간 그것은 진리가 될 수가 있음이니라. 관계의 이익에 관한 너희가 정한 약속에 불과함과 스스로 깨우침을 곧 배움의 질서라 칭하리로다. 이는 천지자연의 질서와 인간의 질서가 함께 있기 때문이라 하리니라. 너희가 살아가는 것은 비록 소망하는 모든 것들이 소박하며 작다 할지라도 그 결과는 너희가 생각한 소망도 아니며, 너희가 정한 절망에 불과한 것을 너희가 발견함과 같음이로다. 이는 소망이라 말하는 이익에 너희가 집착함이 더 크다 함이며, 너희가 정한 절망을 너희가 정한 희망이나 소망이 이루어진 것이 지극히 작다 하며, 너희가 불평함에 그 진정한 모습이기 때문이라 함이더라 하니라. 이는 먹되 배부름을 구함과 같음이며 살아간다 하되 편안함을 구하기 때문이라 하리니 너희의 생활이 곧 욕심이 가득하다 할 수 있음이니라. 그러므로 너희의 생활에 있어 솔직하고 정직하게 바라보며 항상 신실함이 있어야 함이니라. 이는 너희가 정한 너희의 언어를 스스로 삼갈 줄 모르는 데서 생겨난 함정 속으로 빠져버림에 너희의 언어로써 생겨난 결과일 뿐이라 할 수 있느니 하는 말과 행함이 조용하며 균형 잡힌 말을 하려 함을 힘쓰고 힘쓰라 함이 지극히 크다 함이니라.

 너희가 살아가는 모든 것의 중심이 되는 것을 바라느뇨. 살아가는 것이라고 하는 것이 그 것을 증명할 수 없는 존재일지라도 너희가 말하고, 받아들이고, 쉽지 않은 자연의 불변하는 질서에 불과함을 정하고, 만들어가는 문화와 언어의 질서를 너희가 깊이 애씀과 같다 함이 더라. 너희가 인간의 삶이라는 양식과 천지자연의 스스로 그러한 이치에서 얼마나 벗어나 있음인가를 신실하게 살펴보아야 함을 아는 증거라 할 수 있음이리니 천지자연 질서의 이 치를 먼저 살펴보지 않은 인간의 우매함이 천지에 가득하여 어인 일인가 하나니라. 인간의 시간 속에서 하늘과 땅이 하나가 되는 곳을 너희가 파괴하며 살아가는 대지에 서있는 인간 의 상황이라 할 수 있음이리니 너희 생활의 본래적인 것에 너희가 힘써야 함을 증거하는 것 이니라. 너희가 살아가는 시대와 아는 것들에 대해서 너희가 정직하였느뇨. 진실로 말하노 니 너희가 살아가는 세계는 너희 스스로가 실패함을 드러내나니 자연의 이치가 심히 분노 함이 가득하다 함이로다. 천지자연의 이치는 이러하니라. 하늘과 땅은 이치가 지극히 이루 는 것에 있다 함이니라. 이는 천지자연의 본래적이고 인간의 본래적이니라. 그 본래의 이치 를 따라 천지자연의 이치에 충실함은 천지자연의 질서이며, 인간에게는 인간의 길을 바르게 간다 함이니라. 천지자연의 이치와 생명의 이치는 항상 같은 형상이며 같은 모습의 생명 활 동이기 때문이라 함이 크다 하니라. 천지자연의 이치도 또한 인간이라는 것은 무엇이냐 하 는 물음과 같다 함이니라. 천지자연이 스스로 그러함의 이치에 충실하며, 그러한 이치가 인 간에 의해 이루어짐이며, 사람에게서 인간의 바른길을 가는 것과 같다 함에 인함이니라. 인 간의 본성은 곧 천지자연의 본성이고 인간이 바르게 가고자 하는 인간의 길이라 하니 인간 의 살아가는 순수한 과정이 곧 천지자연의 순수한 과정과 같다 함이니라.

 인간이여, 너 자신이라고 하는 존재가 너희가 살아가는 세상에 무엇을 행하며, 무엇을 지 키며, 무엇을 버려야 하는지를 한시도 시름함을 천지자연 또한 그러하다 함이 가득하다 함 이니라. 인간이여, 살아가며 숨 쉬는도다. 천지자연 또한 살아가며 숨 쉬는 이치로다. 생명이 여, 한시도 멈추어서도 아니 되며 멈출 수도 없음이라. 이는 천지자연의 이치와 항상 같나니 끊임없이 흐르는 생명의 이치여, 천지자연의 신실한 이치도 이와 같도다. 생명이라는 것은 천지자연 스스로 그러함과 같이 함이니 너희가 이와 같이 끊임없이 천지자연의 이치처럼 행하면 인간의 바른길이 형성되고, 인간의 바른길이 형성된 근본은 이와 같다 함이니라. 너 희가 스스로 몸을 닦으며 마음을 바르게 닦나니 이는 너희가 천지자연의 이치를 너희 몸이 알며, 너희 마음으로 알게 된다 함이니라. 이는 천지자연이 그러함과 같다 함이니라. 너희가 알고 있음과 몸과 마음을 닦아 천지자연과 너 스스로 인간의 바른길을 정할 때에 이를 천지자연을 배우며 인간을 배운다 함에 인함이라 하리니 이는 생명 스스로의 존재와 천지자연의 존재를 동시에 행함에 있다 함이라 하리로다. 이는 천지자연의 이치를 따라간다 함이며, 찰나의 시간도 천지자연이며, 찰나도 인간의 바른길에서 벗어날 수 없음이라 함이더라. 천지자연이 보이지 않는 곳에서 있으며, 그리고 없어질 수 없으며, 천지자연이라 칭하고 천지자연이라 칭하지 않음 속에서도 너희가 너희 몸과 마음으로서 하루하루를 살아가는 이치와 항상 같음에 있음이라 함이더라. 이는 너희가 홀로 있으나 없으나 항상 삼가는 것을 게으르게 하지 않음이며, 항상 너희 마음속에 깊은 성찰의 문화를 버리지 않음이며, 너희가 살아가는 관계 속에서조차도 항상 홀로 깨우치려 함이 항상 있음이라. 천지자연의 불변하지 않음의 이치와 천지자연 또한 생명의 현상과 같은 이치에 있음은 생명의 질서와 천지자연의 이치와 같다 함이라 하니라. 저희가 기뻐하며, 성내며, 슬퍼하며, 즐거워하며 살아가는 모습이라 하리니 이는 천지자연의 이치와 같다 함이니라. 이를 천지자연의 조화로움이 이루어졌다 함으로 인함이며 천지자연의 이치가 이러하다 함이라 하니라.

인간에게 진심으로 이르노니 결코 마음의 신을 만들지 않으려 함을 너희가 힘쓰라 하니라. 너희가 신을 만듦이란 너희 인생의 선택에 있어서 아름답게 살 수 있는 삶을 스스로 버리려 함이 염려스러움이라 하니라. 천지자연의 질서에 있음을 너희가 아느냐 모르느냐의 문제와 결부됨을 염려함이며 천지자연의 가장 보편적인 질서보다 더 높고 더 이상적인 질서를 너희가 신에게서 찾으려 함을 심히 염려스러움에 있음이라 하니라. 너희에게 진심으로 이르노니 너희의 몸을 위하여서 신을 만들지 말라. 너희가 신을 만듦이란 신이라고 하는 너희의 언어에 너희가 깊이 빠져듦을 염려함이라 할 수 있나니 진심으로 너희가 인간으로서의 바른길을 스스로 만들라 함이 여기에 있음이라 하니라. 이르노니 너희가 따르고 신에 우선할 수 있음을 스스로 찾으라. 이는 진심으로 인간임을 기쁨으로 여길 지며 아름다운 인간임을 너희가 찾으라 하니라. 이것이 너희가 스스로 인간의 길을 간다 함의 명제가 되어야 함이로다. 천지자연이 너희의 삶이며, 너희의 길이며, 너희의 가장 인간적인 너희가 찾으려 하는 길에 너희가 있음이로다. 너희가 걸어가 스스로 찾아야 함이 여기에 있음이라. 배움과 배움의 길에 들어서려 함에 있어서 가장 천지자연의 질서와 길의 유용함에 우선 너희가 있어야 함이 여기에 있음이니라. 배움의 길에 있음은 너희가 살아있음에 인함이리니 너희가 살아있음을 진실로 마음에 담아두어야 할지니라.

　너희 마음의 욕망으로 배움의 진리를 잃지 않도록 하라. 너희가 천지자연의 질서를 스스로 판단하지 못하리니 너희 스스로 천지자연의 한 가지 방편의 질서로 향하리로다. 너희가 스스로를 얼마나 두려운 존재인가를 스스로 느낄 때까지 방황하리니 천지자연 가운데 가장 악한 생명이로다 하니라. 이는 너희가 스스로 이익의 대상으로 인간을 바라보리로다 하니라. 너희가 천지자연의 질서 중에 선을 이야기하며 천지자연의 질서 속에서 악을 이야기하므로 너희가 스스로 너희의 언어의 무덤에 빠지리로다. 너희가 선에 관한 마음과 눈으로 바라보지 말라 함과 같으리로다. 이는 행위의 근저에 너희가 알지 못하며 비록 그것을 알지라도 너희가 스스로를 용기와 신념으로 스스로 악의 존재를 밝힘과 같으리로다. 무엇을 먹든 무엇을 행하든 너희가 알아가는 과정이 곧 배움이로다 할 수 있음이노니 너희가 행하고 살아가는 악에서 벗어남이 곧 선이라 하니라. 선이란 인간의 길에서의 선과 자연의 질서로서의 선을 이름이니라. 악이란 인간의 길에서의 선만을 위한 행함이 악일지니 악에서 선으로 나아갈 때만이 인간이니라. 너희가 진정 악에서 벗어나려 함이 배움의 진정한 길이라 함이니라. 너희가 살아가는 것은 그 가운데에서 필요함에 의한 세계를 통해서만이 모든 근본과 본질이 생겨나며 그 본질 가운데에서 너희가 진정 선이라는 본질을 깨우치리라. 너희가 진정 인간이라 칭하고 싶거든 진실로 생명을 배우라 하리니 가장 아름답게 깨우치는 길을 찾으라 하리로다. 선한 행위를 통해서 선과를 얻고 악한 행위를 통해서 악과를 얻는 이치는 너희가 본질적인 선과 본질적인 악의 이치를 모르면서 행함이 너희의 본질이 되리니 선의 마음과 선의 행위 속에서 심히 방황함이로다. 너희 마음과 행위를 통해서 심히 방황함이리니 너희가 배움의 근저를 밝게 비춤과 같으리로다. 너희가 우주를 배우려 하느냐? 너희가 인간의 본질과 자연의 본질 등 이러한 근본적인 것에 열중한다면 그것이 너희에게 마음의 병을 갖게 하리로다. 살아가는 과정 속에서 찾아야 하는 본질에 가까이 다가가는 것은 너희가 이 세상에 던져져버린 생명이라는 사실의 중요한 증명이 되리라. 대자연의 질서를 극복하고 행하며 가야 하는 길처럼 너희가 생명을 배우며, 생명의 경외심을 항상 가져야 할 것이니라. 주위의 모든 생명들에게 경외심을 갖는 것이 바로 너희가 삶의 근본으로 삼아야 함이로다.

　심히 경계함이 배움에 있으니 너희가 죽음에 이르러 다른 세상이 있다고 미혹에 빠지며 세상을 속이지 말라. 또 다른 세상에 갈 수 있다 함을 사람들에게 말하지 말라 함이니 이 세상보다 아름다우며 진실한 세상이 없음을 너희가 알라. 살아있는 그 순간과 그 세상을 위함이 너희가 받아들여야 하는 배움의 이치를 깨우침이라 하니라. 너희가 심히 약하고 나약한 생명일지라도 생명으로서의 시간을 가졌다 함과 기뻐함을 깨우침, 즉 배움의 근본으로 삼으라. 영원히 세상이 있다 함은 너희가 만들어 놓은 언어에 불과함이니라. 마음에서 끝없이 생겨나는 번민함을 달래려는 것을 너희의 의지에 불과함이니라. 너희 삶의 인간적인 선함과 악함을 깨우치려 함은 배움의 이치로서 너희가 바라보아야 함이 여기에 있음이리로다. 너희 스스로 생명의 자존심을 깨트리려 하지 않으려 함이 너희에게 있고 스스로 존재하는 절대적인 진리를 벗어나려 하지 않았음을 너희가 밝히려 함이라. 이러한 진정한 용기를 너희가 실천하였다 함을 칭송함이라. 너희가 신이라는 언어와 귀신이라는 언어에 천지자연 스스로 그러함의 질서와 비교하거나 귀신으로 하여 천지자연을 지배하는 것을 만들어서는 안 될지니라. 만약 그렇게 되면 생명이 심하게 훼손됨이 있으리니 너희 스스로가 생명의 질서보다 앞서있는 것이 귀신이라 함과 같을까 함으로, 그 근심이 너희로 하여 크게 하리로다. 하나님 또한 같나니 천지자연은 생명을 지향하며, 하나님은 믿음을 향해서 가는 것이기 때문이니라. 너희의 언어에 빠지지 않도록 하는 것이 너희에게 선행하여야 함이 여기에 있음이로다. 생명의 근본이 너희가 아니고서는 그 가치를 누구도 깨닫지 못하는 자, 곧 너희가 인간이라 하니라. 생명은 자연의 질서이며, 하나님은 믿음이며, 창조가 자연의 질서로 환원되지 않음은 스스로 그러하지 못하게 됨이니라.

너희에게 천지자연이 있다 함과 인간이 있다 함이 진정 무엇이뇨. 진정 너희가 생명의 길과 인간의 길을 동시에 행하며 간다는 것은 생명과 선을 신실히 행함을 기뻐하며 생활의 양식으로 삼으리니 이것을 인간이 배움을 이룬다 함과 같으리로다. 너희가 행하지 않고 생명의 의미를 버리면 살아있음만으로도 아름다운 생명의 가치를 너희 스스로 가로막는 것이 되리라. 언젠가는 너희 스스로가 정한 인간의 질서에 그 생명이 위험에 스스로 빠지며 그 늪에서 벗어나지 못하게 되리로다. 너희가 몸을 닦고, 마음을 신실히 하며, 그 복을 스스로 얻으며, 스스로 즐거워함이 항상 가득하다 함이로다. 인간의 길은 생명의 무한함에 항상 기뻐함이며 항상 즐거워함이리니라. 그러함으로 한시라도 그 길을 벗어나지 않음을 경계함이 항상함이로다. 너희가 항상함으로 오래도록 진리가 몸에 배어있게 되리로다. 그러하므로 너희가 진정 생명의 증거를 보이리로다. 천지자연이 이를 인간이라 칭송하며 그 칭송이 영원하리로다. 너희가 숨어있는 것처럼 드러나는 것이 없음을 항상함과 같이하며, 미세한 것처럼 깨끗하게 한 것이 없다 하며, 생명 본연의 마음을 가졌다 함을 칭송받으리로다. 너희가 생명이라고 한다면 진정 생명이란 항상 그 위선을 경계하며 항상 보이지 않는 것을 경계함을 게을리 하지 않음이 이와 같다 하리로다. 모든 배움의 목적이 너희가 만들어낸 언어의 신에 의해서나 너희가 만들어놓은 귀신에 의해서 그것이 정당화되게 해서는 절대로 안 될지니라. 생명의 목적은 영속성의 한계를 받아들임으로 해서 스스로 존재하는 이치와 맞게 행함이 있어야 함이 여기에 있음이라 하리니 삶의 과정에 있음을 너희가 생명으로서 만들어가야만 곧 배움을 완성하였다 할 수 있으리니라. 진정 선한 행위와 선한 마음으로서 너희 삶의 과정을 만들라 함을 너희에게 강권하리니 이는 어느 것보다 우선하는 선이라 하니라. 너희가 하늘을 경외하듯이 가까이에 있는 모든 사람을 경외하리라. 이는 너희가 하늘의 이치와 하늘의 커다란 질서에 함께 있음이니라. 진실로 하늘을 경외하며 스스로의 질서를 따르면 너희가 스스로 만물의 질서에 순응하는 것이니 이는 하늘과 인간이라는 하나하나의 질서가 속한 모두의 질서가 함께하는 만물의 질서와 너희가 관련이 있음이로다. 만물을 경외함은 인간답고, 하늘답고, 만물답고자 하는 이치가 너희에게 있음이로다. 이는 천지자연과 함께하는 질서로서 절대적인 너희의 의무가 여기에 있음이더라. 함부로 바라보며, 만져보며, 생각하는 모든 것들은 무엇보다도 생명의 이치가 얼마나 고귀한 것인지를 알 수 있는 인간이기 때문이라 하리로다. 모든 것의 우선은 생명이라 함을 너희에게서 증명 받음을 질서의 이치라 함이기에 인간이 생명을 지켜가는 질서야말로 너희에게 짐 지어진 너희의 의무라 하리로다.

너희에게 또 하나의 강권함은 말세적인 감정으로 너희의 마음이나 몸으로서 이 세계와 이 세상이 멸망한다 말하지 말며, 생각하지 말라는 것이니라. 멸망한다는 것은 너희의 마음과 몸이 단순한 생명의 소멸일 뿐이니 생명의 소멸로 인한 마음의 고통으로써 이 세상을 바라보지 말라는 말이니라. 이 세계와 이 세상이 멸망한 것과 같이 생각함은 너희가 이 세계가 단명의 생명으로 단 하나의 미물의 생명처럼 말하고, 생각하고, 느끼는 것을 경계함이 우선함이니라. 마음이 극진하면 너희가 생명으로서의 질서에 감사함이 배여 있어 스스로 깨우치라 하리로다. 이는 곧 천지만물이라는 너희의 언어에 갇혀 있게 되는 현상에 너희가 마음을 쏟으며 생명이라는 질서를 벗어나지 못함이 여기에 있음이니라. 천지가 너희의 마음이며, 천지와 인간의 마음은 곧 만물의 마음이라 할 수 있음이니 인간의 모든 모습이 천지자연의 질서이며, 천지자연의 진리이니라. 모든 배움은 인간이 인간답고자 하며, 하늘은 하늘답고자 하며, 천하 모든 만물은 천하 만물답고자 하는 마음이니라. 이는 곧 하늘을 경외함이며, 인간을 경외함이며, 만물을 경외함이라 하리니 어떤 경우에도 생명을 배워 그 배움으로 생명을 함부로 해치지 않아야 함이니라. 너희 인간이 생명으로 살아간다는 것은 모든 것을 파괴함이 수반되느니라. 그러므로 먹고, 마시고 하는 것들을 너희가 얼마나 절제해야 하는지를 알고 있어야 함이니라.

너희가 생명을 먹고 그 먹은 생명으로 인하여 생명을 다시 태어나게 함은 너희가 살아가고 있는 이 세계가 생명의 일체감으로 생성되며 소멸되는 것이기 때문이니라. 생명이 생명을 잃으면 다시 태어나지 못하며 영원한 생명으로 옮겨가지 못하나니 생명의 씨앗을 생명으로 생성되게 함이니라. 이것을 세대에서 세대로 이어지는 질서이게 하느니라. 생명을 먹는 것은 생명을 가꾸는 질서라는 윤회가 전제됨이며, 이는 일체된 생명 속에서 너희의 질서를 찾는 것이라 함이리니 지키고 소중히 가꾸어가라 함이라. 너희가 거짓 생명과 거짓 질서로서 인간의 생각과 행동만으로 결국 모든 생명을 짓밟고 파괴함이 마치 생명의 질서를 지키는 것처럼 거짓으로 꾸미리니 너희 스스로를 벌함이 거기에서부터 출발하리로다. 배움을 통하여 인간만을 위한 세상으로 만드는 것을 경계하여야 함을 너희가 알지어다. 천지만물을 위한 생명의 질서를 위한 배움을 너희가 따르라 명하노니 천지만물의 생명의 질서가 무엇이냐 물으면 천지만물이 하나의 탯줄에서 생하기 때문이라 말하리라. 태가 어머니라는 대지에서 모든 생명이 같은 생명으로 태어난다 함이리니 이는 모든 생명 하나하나가 천지만물에서 같은 생명 공동체, 즉 같은 탯줄에서 태어난 한 생명이라 하리로다. 이러한 이치를 깨닫는 이가 곧 인간이어야 하고, 너희가 마음으로 생각하며 몸으로 실천할 수 있는 생명이라 하리니 이는 천지만물의 선택이라 하리로다. 천지만물이 너 자신을 알라고 함은 살생하지 않기 위하여 너는 어떻게 행할 것인지를 묻는 것이니라. 이는 너의 지혜를 알기 위해 너 자신을 알라는 어리석은 언어로 파괴와 살생을 저지르게 됨을 경계하라 함이니라.

너희는 결단코 말로써 사람을 현혹시키지 말지니라. 천지만물에게 버림을 받으며 천지자연의 두렵고 고통스러움으로 너희 생명을 이어나갈지니 너희가 진지하고 진실하게 배우며 실천함이 천지만물이 선택한 축복된 생명이라 여김을 받으리로다. 천지만물은 결코 신비함이 아니니라. 천지만물은 저희가 살아가는 그 순간이며, 생명이 죽음을 맞으며 새로운 생명이 탄생하는 그 순간이라 함이니 이는 인간의 언어로 만들어진 사실과 천지만물의 질서가 함께함이 있음이니라. 천지만물은 너희가 바라보는 것처럼 강하며 신비한 것이 아닐지니라.

천지만물은 과거에 있거나 미래에 있는 것도 아닌 살아 숨 쉬는 그 순간을 살아가는 생명 현상과 같음에 있을 뿐이니라. 천지자연은 너희의 순수한 마음에 있음이리니 진실로 천지 만물의 이치에서 너희의 이치를 함께 운용함에 있음뿐이니라. 천지만물을 경외함은 인간의 생명으로서 살아가듯이 천지만물도 역시 하루하루를 살아감을 깨달아야 함에 있음이리니 너희가 진실로 생명으로서 생각함과 같음이리로다. 천지만물이라 함은 작은 미물과 같은 인간이 하나의 생명이듯이 천지만물도 큰 가운데 생명이라 하리니 생명은 큰 속에 작은 것 이 있듯이 작은 생명을 구성하고 있는 큰 생명이 있다 함과 같으니라. 너희가 스스로의 근 본에 충실하지 않음은 너희 삶의 과정이 모든 파괴의 과정이라는 사실을 스스로 느낄 수밖 에 없음이라. 너희 스스로가 느끼지 못하면 스스로의 욕망과 욕심은 결코 인간에게 이롭다 할 수 없음이 천지자연의 이치로서 드러나리라. 천지만물의 질서는 조화롭다 함이며 순수 하다 함이로다. 천지만물은 그 본래의 근본인 생명에 충실하다 함을 이름이리니 천지만물 의 생명성과 그 근본은 생명성과 전혀 다르지 않는 증거로써 실천하는 생명이라 함이 그 이 유라 함이로다.

배움이란 배움 그 자체에 있음이 아님이라. 배움은 배움 속에서 큰 배움으로 나아가나니 가장 큰 배움은 살생하지 않음이니라. 그 다음 큰 배움은 살생당하지 않음이니라. 그 다음 큰 배움은 다음 세대를 위하여 한 그루 나무를 심음이며 죽어가는 생명을 돈으로라도 살려 다시 스스로 그러한 자연으로 돌려보냄이니라. 배움은 인간과 자연과 인생과 생명의 질서 를 알게 되며, 인간의 이치와 자연의 이치에 도달하게 하며, 생명의 진실과 진리를 알게 됨 으로 진정 천지자연 앞에 무엇 때문에 인간이어야 하고 인간다움을 유지하여야 하는지를 알게 됨이니라. 배움의 끝자락에서 천지자연과 인간과 천하 만물에 감사함을 느끼는 것이 바로 배움의 끝자락인 것이니라. 배움을 통하여 천지만물에 감사함을 느끼지 못하고 인간 다움에 감사함을 잊거나, 망각하거나 할 때에는 배움의 과정 속에서 즐거움과 기쁨을 배움 을 통하여 얻지 않고 명예를 위한 배움과 권력과 부를 위한 배움에 눈멀었던 것은 아니었나 를 반성해야 하느니라. 모든 배움은 천지자연의 모습에 인하며, 대지의 모습에 인한 스스로 그러한 질서에 부합하느니라. 이는 하늘에서 천지자연의 이치가 인함이며, 대지에서 천지자 연의 이치가 인함이기 때문이니 모든 질서의 아버지와 모든 질서의 어머니가 스스로 그러 한 질서에 있음이라 하니라. 천지만물이 너 자신을 알라고 함은 죽어가는 생명을 위해 너는 무엇을 바쳐 살릴 것인가를 묻는 것이니라. 너 자신은 천지만물의 이치를 어떻게 행하여야

만이 생명의 이치를 깨트리지 않을 것인가를 사람에게 던지는 말이니라. 이는 모든 생명을 사랑하는 생명은 만물을 사랑해야 하는 의무를 가졌다 함을 선언함이니라.

하늘 아래서 살아갈 때에 한 점 부끄러움 없이 살아가게 하옵시며, 땅 위의 모든 생명들이 스스로 그러하게 살게 하옵시며, 생명을 생명 되게 하옵시며, 하늘에서 이루어지고 생명의 땅에서 생명이기에 복 받음이 한결같게 하옵시며, 오늘날 우리에게 일용할 양식을 거두시게 하시고, 오늘날 우리에게 생명을 사랑하게 하옵시며, 죄짓지 않음을 항상하게 하옵시며, 우리를 스스로 그러한 길에서 벗어나게 하지 마옵시며, 모든 질서 가운데에서 벗어나지 않게 하옵소서.

카인이 스스로 존재하지 않는 자를 부르더라. 스스로 존재하지 않는 존재시여, 나에게 응답하소서. 스스로 존재하지 않는 존재 가라사대 나를 찾았느뇨 하는지라. 카인이 가라사대 스스로 존재하지 않는 존재시여, 나의 물음에 답하여 주소서. 나는 성서를 알고 있나이까. 스스로 존재하지 않는 존재 가라사대 카인이여, 너는 나에게 무엇을 말하려고 하는지 나는 전부 아는도다. 내게 말하는 것이 하나님의 소돔과 고모라성의 응징이 옳았는가 그른 것인가를 나에게 물을 것이라는 사실을 나는 알고 있도다. 인간에게 있어서 너의 기준과 하나님의 기준은 다르다는 것을 너는 아느뇨. 너는 성서를 읽었다는 사실로서 너의 판단을 말하려는 것은 절대 아닐지니 카인 네가 바라보는 하나님의 존재와 가치를 너는 너의 시간과 너의 공간에서의 판단이 또 다른 현실과 이상을 다른 눈으로 볼 수 있다는 것을 나는 잘 알고 있느니라. 스스로 존재하지 않는 존재가 인간에게 유혹을 한 것인지, 아니면 너의 이성의 깊은 곳에서부터 생겨나는 인간과 하나님의 왜곡을 위한 것인지 그것을 판단하기는 아직 이르리라. 너는 선과 악의 구별 능력과 음양의 이치를 어느 정도는 알고 있지만 음양의 이치나 선악의 이치를 너의 작은 머리로서만 이해를 하고 있을 뿐이니라. 선악을 경험하거나 선악의 직접 당사자가 아닌 것이 그 증거일지니라. 너는 음양을 머리로서는 알고 있지만 음양의 이치에 직접적으로 경험하지 못하였기 때문에 너 스스로가 음양의 이치에 있음과 음양의 이치를 실천하고 있음도, 천지자연의 이치가 너로 인하여 행하여지고 있음도 무엇이 진리이며 무엇이 천지자연의 질서인지를 모르는 것이니라. 나는 너로 인하여 천지자연의 이치를 발견하려 함이 있음이며, 너는 너의 저속한 언어 속에 스스로 존재하지 않음이 있음이니라. 시간과 존재의 철학으로 비쳐지지 않기를 바라나니 너는 스스로 그러한 이치에 있음이며, 나는 너의 언어에 의해서만 스스로 존재하지 않음의 기록에 불과함으로 답을 줄 수가 없음이로다. 너는 생명이라 불리는 신이라 칭함을 받으리로다. 너 스스로가 신이라 칭함과 다르지 않음을 증거함이 있게 되나니 이는 생명이며 스스로를 신으로 만들기 위하여 스스로 존재하지 않음의 가치를 만들어 내는 것이니라. 너의 물음에 너는 너 스스로가 원하는 답만을 얻게 될 뿐인데 네가 생명이기 때문에 그리하다 함이니라. 소돔과 고모라성의 멸망은 생명이라는 신의 멸망과 조금도 다르지 않음을 증거함과 같으니라. 그러므로 하나님의 판단을 너의 머리로서 판단한 것을 내게 묻는 것일지니 너는 너의 현실에 너무 많은 것을 알려고 하지 말지니라. 너에게 스스로 존재하는 존재에 의해서 창조된 것인지를 너는 의심하고 있고 스스로 존재하는 존재의 진정한 의미의 금단의 열매를 따먹도록 한 이유를 너는 너의 생이 다하는 순간까지 알 수 없을 것이니라. 너는 나의 유혹으로 스스로 존재하지 않는 존재에 대해서 끝없는 물음과 의문으로 너의 삶을 소비하고 있도다. 너는 나의 유혹을 유혹이라 하는지, 아니면 너 스스로의 의문의 함정에 빠지지 않은지를 판단할 수 없을진저. 너의 원대로라면 스스로 존재하지 않는 존재의 창조의 목적대로 너의 삶으로 돌아가게 하리니 나를 기억하지 말며, 나는 너의 의지대로 대지로 돌아갈 기회를 주겠노라. 카인이여, 행할지니라. 스스로 그러한 이치를 행하면서 살지니 영원한 생명을 위하여 그리하지 말며, 다음 생을 위하여 그리하지 말, 살아가는 동안에 천지자연의 이치를 행하는 것에 마음과 몸을 쓸지니라.

　카인이 가로되 스스로 존재하는 존재여, 당신은 나를 유혹하였나이다. 당신이 나를 유혹한 것이 무엇인지를 명확하게 답하지 않으면 나는 잔인한 습관이 되겠나이다. 스스로 존재하지 않는 존재 가로되 카인이여, 들을지니라. 너는 잔인한 습관이 되겠노라고 나에게 말을 할지 모르지만 어쩌면 너는 잔인한 습관의 노예가 스스로 되었지 않았는가. 너는 지금 누구에게 너의 의지의 실험이나 너의 본능에게 주어진 것들을 망각하고 있나니 너는 스스로 존재하지 않는 존재와 스스로 존재하는 생명 사이에서 이성이라는 너의 자만심에 정복되어 있는 것은 아닌가를 우선 생각할지니라. 너는 네 아비의 원대로 대지의 아들로 돌아갈지니라. 카인이 말하니 스스로 존재하지 않는 존재시여, 나의 의문과 나의 내면에 있는 하나님에 대한 의심이 풀리지 않고 있나이다. 하나님은 아담과 이브더러 금단의 열매를 따먹지 말라 명령하였고, 당신 또한 금단의 열매를 따먹지 말라 하였나이다. 그렇다면 스스로 존재하는 존재가 불완전한 창조를 선택했다면 하나님은 완전한 창조를 하는 차이밖에는 없는데 스스로 존재하는 존재는 인간에게 어떠한 언약도 하지 않았나이다. 그런데 스스로 존재하지 않는 존재인 당신은 내게 무엇인가를 언약했는지 묻겠나이다. 스스로 존재하는 존재와 스스로 존재하지 않는 존재 사이에는 어떠한 관계이나이까. 당신이 하나님과 같은 존재이나이까? 아니면 스스로 존재하는 존재가 하나님이나이까. 스스로 존재하지 않는 존재 가로되 카인이여, 금단의 열매를 따먹으라 한 스스로 존재하는 존재와 스스로 존재하지 않는 존재의 비교는 인간이 생각하는 가장 어리석은 물음인 줄을 알라 하니라. 하나님과 악마는 상대적인 관계인가, 아니면 보완적인 관계인가를 묻는 것 또한 어리석은 인간이나 할 수 있느니 너는 인간의 길에서야 인간의 길 이외는 돌아보지 말지니라. 너는 스스로 존재하는 존재와 스스로 존재하지 않는 존재의 혼동을 극복하지 못할지니라. 스스로 존재하지 않는 존재가 신성으로 인간에게 다가가면 인간은 스스로 존재하는 존재에게 무엇으로 다가오고 무엇으로 멀어지는지를 너 인간은 알지니라. 금단의 열매를 인간에게 먹지 말라고 한 것은 창조의 결과가 완전무결한 창조였기 때문에 하나님께서 그 의미를 창조하시고 보기에 심히 좋았다고 하셨던 것이니라. 그러나 완전한 창조에 의문을 가지던 악마의 생각으로 무엇인가를 변형을 가하면 보기에 좋았다고 할 수 있을지 모르지만 창조란 하나님 스스로의 의지든, 아니면 자연 스스로의 의지든 완전한 창조는 그것으로 완전한 것이라 하여야 한다는 것이니라. 스스로 존재하는 존재에 의해서 창조된 불완전한 창조라고 하는 것이 과연 불완전한 창조였는가, 아니면 완전한 창조였는가. 그러나 금단의 열매를 따먹지 말라고 한 스스로 존재하지 않는 존재의 유혹을 거절한 아담과 이브가 하나님의 인간에 대한 영향력에 의해서 완전한 창조를 향해서 인간이 행위를 하여야 한다는 것이라면 카인 너는 불완전한 창조였음을 증명해야 하는 인간의 길에 있을 뿐이니라. 천지만물은 음양의 이치를 어지럽히며, 선과 악의 이치를 어지럽히는 하나님과 알라를 죽이리니라. 하나님과 알라는 믿음의 이치를 말하지만 천지만물의 이치는 생명으로 환원되는 이치일지니 세대에서 세대로의 증거가 일어날지니라. 예수의 후손들은 마호메트의 후손들을 쳐 죽이고 또한 어느 때에는 마호메트의 후손들은 예수의 후손들을 쳐 죽일지니 이는 천지만물의 이치와 음양의 이치와 선과 악의 이치에 어긋나기 때문이니라. 천지만물이 이르나니 살인하지 말라 하였더냐. 너희와 다른 생각을 하는 사람을 향하여 살인하지 않음이 아니라 하나님을 믿지 않는 생명은 짐승과 같음이나니 그리하여 끝없이 쳐 죽이게 되리라. 진실로 이르나니 살생하지 말라. 죽어가는 생명을 살리는 것에 너희의 이익을 사용하라. 이 세상은 멸망하지 않음을 위하여 너희의 이익을 사용하라. 그리하면 너희가 천지만물의 저주에서 벗어나게 될지니라. 한 그루 나무를 심어 먼 훗날에도 천년만년, 수백억년이 흘러도 이 세상은 멸망하지 않음을 너희의 후손들에게 증명을 받음이 바로 사람이 행할 바가 되느니라.

스스로 존재하지 않는 존재시여, 그렇다면 당신은 카인에게 무엇이오니까? 인간이 당신에게 경배하기를 원하나이까. 아니면 하나님의 신성론과 스스로 존재하는 존재의 자연의 질서 속에서 도덕론을 완성하려 하는 의지에 반역하는 것이나이까. 카인이여, 들을지니라. 인간에게 완전한 창조를 할 수 있는 기회를 주려는 것도, 그렇다고 기회를 빼앗으려는 것도 아닐지니라. 스스로 존재하는 존재가 실체라면 스스로 존재하지 않는 존재는 너의 이성일 수도 있고, 너의 이상일 수도 있고, 그리고 너의 미래일 수도 있느니라. 그러나 스스로 존재하지 않는 존재는 현실을 말함은 아닐지니 어쩌면 스스로 존재하는 존재와 상생의 관계로 나는 나 스스로를 의지할 뿐이니라. 스스로 존재하는 존재가 나와 같이 스스로 존재할 수 없다는 사실을 거역하는 것이 스스로 존재하는 것이라면 나는 스스로 존재하는 것을 거역하였다 할 수 있음이라. 그러나 스스로 존재하는 것과 스스로 존재하지 않는 것은 상대적인 것이라 의심하기 이전에 스스로 존재하는 것은 스스로 존재하지 않는 것이라고 이해를 하는 것이 인간에게는 좋을 것이니라. 그 이유는 인간에게 있어서 악함은 악이라는 언어의 의미 이상은 아니니라. 하늘과 땅이 인간에게는 무엇인가. 그리고 나무가 그리고 풀이 무엇인가. 하늘과 땅 모든 존재는 인간에게 있어서 존재를 위한 조건이라 하리라. 그러나 스스로 존재하지 않는 존재는 그 조건에 대한 방향이나 모습 그리고 그것이 운동인지, 아니면 진리인지, 진리가 아닌지 하는 의문에 의해서 스스로 존재하지 않는 현실에 존재할 수 없는 너의 깊은 내면의 또 다른 인간의 모습이라 할 수 있으리라. 그러나 스스로 존재하지 않는 존재가 아담에게 금단의 열매를 따먹지 말라 한 것은 너의 현실에서의 모든 조건들이 완전한 창조가 아니기에 인간에 의해서 완전한 창조를 위한 기회를 주려는 의지인지, 아니면 불확실한 창조를 완전한 창조를 바꾸기 위해서일지는 나 자신도 알 수 없느니라. 하나님께서 완전한 창조에 반하는 불완전한 창조를 아담과 이브에게 제시할 수가 없었고, 그것이 하나님에 의해서 창조된 피조물의 장난에 의해서라면 카인아, 너는 어떻게 하겠느뇨. 너는 언젠가는 알 것이니라. 너는 완전한 창조인가, 아니면 네가 혼인을 하고 너에게 그 상태가 완전한 창조였는가를 말이다. 그리고 네가 혼인을 해서 너의 자손을 낳으면 그것이 완전한 창조인가를 너는 의문을 가질 것이니라. 아담과 이브가 완전한 창조였다면 악마는 아담과 이브에게 불완전한 창조의 반역을 하도록 한, 즉 인간과 신의 관계 설정이 하나님이 악해질 수 있다는, 그리고 악마가 선해질 수 있다는 권력관계로 변질될 수 있다는 것을 알 수 있음이라.

카인이여, 들을지어다. 너는 도덕적인 인간을 위해서 아마도 철저하게 나 스스로 존재하는 존재를 이용할 수도 있을 것이로되, 나는 스스로 존재하는 존재에 대한 대항력이 없다는 사실을 우선 알아두는 것이 좋을 것이니라. 스스로 존재하지 않는 존재의 이상과 꿈이 현실이 되면 그것을 스스로 존재하는 것이 아니라 스스로 존재하는 실재가 된다는 사실을 알기 바라느니라. 스스로 존재하는 존재와 같이 너는 스스로 존재하지 않는 존재로 하여 스스로 존재하도록 할 것이니라. 그러니 스스로 존재하는 존재의 무능력함과 스스로 존재하지 않는다 하여도 스스로 존재하는 능력을 가지는 능력의 관계로다 하니라. 카인이 묻는지라. 스스로 존재하는 존재여, 카인과 아벨의 관계가 아벨이 선한 존재이나이까. 그리고 카인이 악한 존재이나이까? 카인아, 들을지어다. 너는 무엇을 가지고 선과 악을 판단하느뇨. 카인이 아벨을 살해한 것이 너의 기준과 하나님의 기준과 악마의 기준에 따라서 선악은 달라질 수 있나니 하나님께서 바라보는 악이 무엇인지를 안다면 카인은 악인이고, 아벨은 선인이라고 할 수 있도다. 그러나 악마의 눈으로 바라볼 때에 선악의 기준은 바뀐다 할 수 있으리니 하나님의 입장이 하나님께 제물을 바치는 것에 소홀한 인간에게 노하였다면 그것이 하나님의 기준에서, 그리고 카인이 아벨을 살해한 것이 선한 것인지, 아니면 악한 것인지 그것을 판단하는 데에는 인간의 시각이나 악마의 시각이 아니라 하나님의 시각일 수밖에 없음이라. 또 한 가지 카인이 아벨을 살해한 것이 아담과 이브가 금단의 열매를 따먹음으로 해서 응징의 차원이라고 한다면 아마도 아벨의 죽음은 하나님의 인간에 대한 응징의 수단으로 할 수 있음을 보여주는 것이라고 할 수 있도다. 그러나 악마의 차원이 하나님과의 생각과는 다르다고는 할 수 없도다. 인간에게 금단의 열매를 따먹게 한 이유가 무엇인가에 달려있도다. 만약에 악마가 하나님의 힘과 그 의미를 침범하려 하였다면 악마는 수단을 강구하려 했을 것이고 그것이 금단의 열매를 따먹음으로 해서 인간을 이용하려는 하나님에 대한 대항의 수단이라고 한다면 하나님은 인간에게 첫 번째의 배반을 당하였다고 할 수 있도다. 그것은 카인이 아벨을 죽이는 순간 하나님에 의해서 창조된 창조물이 창조물을 살해했다는 상징은 악마에게 있어 인간을 이용한 최초의 파괴라고 할 수 있도다. 그러나 나는 악마를 그렇게는 보지 않노라. 스스로 존재하는 것과 스스로 존재하지 않는 창조의 균형은 스스로 창조된 창조와 스스로 존재하지 않는 존재의 결합에 의해서 불완전한 창조에서 완전한 창조를 향해 나가려는 인간에게 너의 시간과 너의 공간에서 네가 너의 동생 아벨을 살해하려고 할 것인가는 전적으로 너와 너의 동생에게 달려있다는 것임이라. 나는 네가 너의 동생을 살해를 하건, 그렇지 않건 그것은 스스로 존재하는 존재의 투쟁의 시작일 뿐이라는 평가절하 이상은 아니라고 생각하기 때문이니라. 그러나 구약의 카인과 아벨의 살해에는 인간의 해석과 하나님의 해석과 악마의 해석은 각기 다르다는 사실일 뿐이니라. 신성론의 입장과 도덕론의 입장은 분명히 유사하도다. 그러나 살해를 한 것과 당한 것의 명백한 해석의 차이는 있는 법, 그것이 신성론의 입장에서라면 특히 그러하도다. 스스로 존재하는 존재의 인간에 대한 어떠한 형태의 간섭을 하지 않으려는 의지에서 그것을 읽을 수 있음이니라. 하나님은 판단을 하는 존재가 아니라는 것만은 틀림이 없도다. 카인 네가 의심의 눈초리로 바라보는 소돔과 고모라성의 비극이 그것일 수도 있노라. 과연 소돔과 고모라성의 일들이 비극인지 아닌지는 너의 생각과 하나님의 생각과 악마의 판단은 다르다는 사실이니라. 스스로 존재하지 않는 존재에게는 의미가 없기는 하지만 스스로 존재하지 않는 존재에게는 소돔과 고모라성을 멸망시킬 수 있는 능력이 없기 때문에 멸망시킬 수 없었을 것이니라. 하지만 하나님의 존재의 무한한 힘이 나에게 있었다면 나는 고모라 성을 멸망시키지는 않았을 것이라는 사실이라 할 수 있음이라. 하나님이 소돔과 고모라성을 멸망시킨 근거가 소돔과 고모라성의 인간들이 하나님을 믿지 않았고, 인간적으로 퇴폐하고, 거짓 증거하고, 자기 이웃의 것을 탐했기 때문일지니라. 이러한 수많은 인간적인 죄를 가지고 단죄를 했다는 것은 하나님의 권능이라고 할 수밖에 없을지 모르니라. 인간이여, 너의 생각을 말해보라.

카인이 말하느니 스스로 존재하지 않는 존재여, 소돔과 고모라성에서 일어난 일과 소돔과 고모라성을 멸망시킨 것에 대해 나는 하나님의 위선이라 생각이 되나이다. 인간은 인간에게 그리고 신의 일은 신에게라는 말은 인간과 신은 구별해야 한다는 사실을 위반한 것이 첫 번째 이유이나이다. 만약에 악마가 그런 지적을 한다면 하나님은 어떤 변명을 할지 모르겠나이다. 하나님은 아브라함에게 그런 약속을 해주었나이다. 아브라함에게 "너의 후손을 사막의 모래와 같이 많게 하리라" 라는 말이나이다. 만약에 하나님께서 사막의 모래알과 같이 아브라함의 자손을 퍼트리기 위해서 소돔과 고모라성의 사람들을 멸망시켜야 만이 소돔과 고모라성 사람들과의 분쟁이 일어나지 않을 가능성이 첫 번째이나이다. 과연 하나님은 소돔과 고모라성의 사람들을 멸망시키고 그 자리에 다시 하나님의 성전을 짓는 아브라함의 자손들이 번성한다면 그곳이 도덕적인 아브라함의 자손들이 있다 하더라도 아브라함은 비난을 면치 못할 것이나이다. 첫 번째 이유가 아브라함의 자손들이 늘어나면 드넓은 땅이 있어야 하고, 그리고 더 많은 성을 쌓아야 하고, 그리고 결국에는 아브라함의 자손들이 번성하려는 곳마다 하나님은 그곳을 멸망시켜야 한다는 문제를 분명히 가질 것이오니다. 그리고 언젠가는 아브라함과 하나님의 약속이 밝혀진다면 아마도 아브라함의 자손들은 언젠가 인간은 해석하는 능력과 하나님과 아브라함의 약속의 의미를 알게 될 것이나이다. 아브라함과 하나님의 약속으로 하나님을 믿지 않는 인간들은 결사적으로 아브라함의 자손들과의 힘의 갈등 관계가 분명히 생길 것이나이다. 과연 그때 아브라함이 인간의 자연의 질서의 거대한 파도 앞에서 그 물결을 멸망이라는 방법으로 성취할 수 있겠나이까. 그것은 불가능하나이다. 그리고 무엇보다도 인간의 성장과 발전의 과정을 무시했다는 비난을 분명히 받게 될 것이나이다. 소돔과 고모라성의 사람들은 모두 다 악하다는 말은 소돔과 고모라성의 사람들의 생각으로도 자기 자신이 악하다는 생각을 했나이까. 아니면 인간이 살아가는 하나의 과정이라고 생각하였나이까. 그러나 소돔과 고모라성은 멸망을 당하였나이다. 아브라함은 소돔과 고모라성에 한 사람의 선한 사람이 없다 해도 멸망시키면 안 된다는 소원을 왜 하나님에게 말씀드리지 못했나이까. 인간은 자연의 질서처럼 인간의 질서를 잡아가는 이성을 소유한 존재라는 것을 무엇 때문에 아브라함은 하나님에게 말하지 않았나이까. 하나님은 왜 인간을 함부로 죽이는 신이어야 했는지를 스스로 존재하지 않는 존재여, 알고 있나이까?

스스로 존재하지 않는 존재 가라사대 카인이여, 나는 하나님을 비난하지 않을 것이다. 만약 도덕과 신성이라는 두 가지 현상을 현재에서 미래까지 인간화가 이루어질 것이라는 것은 모두 다 가정일 뿐이니라. 소돔과 고모라성의 사람들이 영원히 그렇게 살 수 있는지 없는지 그것은 카인 네가 판단할 것이 아니니라. 또한 아브라함이 판단하거나 하나님과 동등한 힘을 가진 존재가 있다 하더라도 인간에 대한, 그리고 소돔과 고모라성의 죄 많은 인간에 대한 판단은 하나님 자신밖에 할 수 없다는 사실이니라. 들을지어다. 카인이여, 만약에 하나님의 힘을 가지고 있다면 나는 힘을 증명하기 위해서라도 그렇게 했을 것이니라. 그리고 스스로 존재하는 존재는 카인 너에게, 그리고 너의 가족에게 무엇 때문에 힘의 상징성을 가지고 있으면서도 그렇게 하지 않은가를 우선 묻는 것이 우선이 아닐까 하노라. 하나님의 힘과 스스로 존재하는 존재의 차이가 인간화의 과정을 상정한 때문이라고 해도 그것은 스스로 존재하는 존재의 선택이지 하나님의 선택은 아니라는 사실이니라. 그것만으로도 너의 눈에 하나님은 힘의 상징을 말하는 것일 수도 있고, 인간에 대한 영향력을 가지고 있다는 상징을 표시하는 것이리라. 카인이여, 들을지어다. 소돔과 고모라성의 이야기가 현실인가 아닌가만을 판단하라. 그리고 미래로서 판단하거나 하지 않아야 한다는 사실을 나는 네게 충고하고 싶도다. 너에게, 그리고 인간에게, 그리고 모든 생명에게, 그리고 이 세상에, 그리고 너의 모든 상념과 이상과 희망 등 모든 것에 대해서 하나님과 연관시키거나 그렇지 않고는 모두 다 너의 선택이니라. 그러나 하나님의 역사가 기적인지, 아니면 파괴인지, 아니면 인간에 대한 절대적인 살인 행위인지, 아니면 하나님의 힘을 보이기 위한 것인지를 말이다. 스스로 존재하지 않는 존재가 할 수 있는 것은 카인 너에게 그것이 과거이거나 또 다른 세계의 것으로 생각하는 방법이 너의 선택 중에는 가장 현명한 선택이라고 말할 수밖에 없다 하니라.

카인이 스스로 존재하지 않는 존재에게 다시 묻더라. 소돔과 고모라성의 사건들이 나에게 일어날 수 없는 일이거나, 아니면 과거나, 아니면 미래에는 일어날 수 없는 일이라 선택하라는 말을 알아듣겠나이다. 그러나 현실에서는 어느 곳에도 소돔과 고모성이 아닌 곳이 없나이다. 그 이유는 인간이 도덕적인 환경과 그렇지 못한 삶을 살아가는 사람들에게는 강한 것에 고개를 숙여야 하고 아부를 해야만 삶을 살아갈 수 있는 현실 때문에 그랬나이다. 나는 아브라함이 소돔과 고모라성의 사람들 중에 의인이 한 사람도 없다는 단정을 한 것이 과연 인간으로서 인간적인 선택인지를 묻고 있나이다. 신과 인간의 교류가 일방의 생각과 일방의 판단에서 과연 옳은 것이라고 결론 내리는 것인가를 아브라함에게 하고 싶은 말이나이다. 과연 아브라함은 의인이었는지를 판단할 수 있겠나이까. 과연 소돔과 고모라성을 구하지 못한 인간을 의인이라고 하나님이 그렇게 결론을 내렸다면 아브라함은 인간에게 강하고 신에게 악한 단면을 보이는 것인지도 모르나이다. 그러나 소돔과 고모라성의 많은 사람들에게는 아브라함도 하나님과 같이 악마로 보일 수밖에 없나이다. 스스로 존재하지 않는 존재여, 소돔과 고모라성에서는 어떤 일이 벌어졌나이까. 진정 소돔과 고모성의 사람들이 그렇게 악하였나이까. 인간은 본시 선하게 창조되었다는 논리와 본시 선하게 창조되었지만 금단의 열매를 따먹고 악하게 되었다는 논리가 과연 맞나이까. 그렇다면 무엇 때문에 에덴의 동산에 금단의 열매를 심어놓고 악마로 하여금 유혹하게 만들었나이까. 인간에게는 원인을 거부할 수 없는 이유 때문에 그랬나이까. 인간은 결과만을 가지고 소돔과 고모라의 성처럼 멸망할 수 있는 조건의 존재이나이까. 과연 인간이 그렇게 하찮은 존재였나이까. 아브라함이 소돔과 고모라성의 사람들과 같이 죽음을 함께하지 않은 까닭이 과연 하나님이 두려워서였나이까. 아니면 하나님과 약속한 모래알처럼 많은 후손들에게 기회를 주기 위해서였나이까. 과연 자기의 후손들이 모래알처럼 많아지면 아브라함은 그가 하나님에게 언약의 궤라고 한 십계명을 받은 이유와 연관이 있는 것은 아니나이까. 십계명이 과연 인간의 인간다움을 훼손한 것은 아니나이까. 내 이웃을 사랑하라는 말이나, 내 이웃의 물건을 훔치지 말라고 한 말이나 과연 하나님이 그렇게 시켰기 때문에 그리하지 않는 것이나이까. 만약에 인간이 악하기 때문에 그런 언약을 하나님께 받았다면 그건 하나님 스스로가 인간에 대해서 악하게 보는 것이 아니겠나이까. 인간의 역사가 하나님이 시켰기 때문에 내 이웃을 사랑한 것이 아니라 인간의 천성이나 본성이 선하다는 사실을 절대 부정한 것이라는 사실을 하나님 스스로가 시인하는 것이 아니나이까?

카인이여, 들을지어다. 인간의 머리로서 판단하지 말라. 신의 눈으로 볼 때 인간은 미물에 지나지 않는도다. 그 이유는 인간과 땅에서 살아가는 모든 생명은 한가지니라. 그러나 인간은 스스로 인간의 도리와 자연의 도리를 지켜야 하는 분명한 차이가 있을지니라. 인간이 도덕적이지 못하고, 짐승과 같이 타락하고, 간음하고, 도둑질하고 하는 것들이 짐승이라는 것과 다를 바가 없을지니라. 소돔과 고모라성의 사람들이 타락하고, 싸움하고, 도둑질하고 하였다면 분명한 멸망의 조건이 된다 할지니라. 만약 카인 네가 소돔과 고모라성의 사람들과 같다면 카인 너 자신도 스스로 존재하지 않는 존재의 언어로써 인간에게 말하지 않고, 인간의 내면에 기억되지 않을지라도 인간은 스스로 알아가지 않으면 안 될 것이니라. 소돔과 고모라성의 사람과 같이 너 자신도 타락한다면 스스로 존재하는 존재는 너에게 너 스스로 벌하는 방법으로 응징을 할 것인즉 너는 인간답게 행위하고, 생각하고, 바른 삶을 살아가는 것이 가장 옳은 선택이라 할 수 있음이니라. 소돔과 고모라성의 사람들처럼 하나님의 응징이 있다면 도덕적인 삶을 살아가지 않을 때 너도 반드시 그만한 응징을 받을 것임을 명심하기 바라노라.

카인이 말하는지라. 스스로 존재하지 않는 존재여, 당신은 스스로 존재하는 존재와 어떠한 관계에 있나이까?

스스로 존재하지 않는 존재 가로되 카인아, 너는 스스로 존재하지 않는 존재와 스스로 존재하는 존재 사이에는 어떤 관계이기를 바라는가. 스스로 존재하는 존재와 스스로 존재하지 않는 존재 사이에는 상대적인 차이도 있고 반목하는 관계도 있음이라. 그 이유는 스스로 존재하는 존재가 스스로를 나타내서 생기는 문제를 해결하는 능력이 나에게 있음이며, 나의 스스로 존재하지 않는 존재의 능력은 항상 선이거나 항상 악일 수가 없음이니라. 자연의 질서란 무궁무진 하여 내 스스로가 감당할 수 없음이라. 결국에는 스스로 존재하는 존재로서 인간과의 거리를 두지 않으면 스스로 존재하지 않는 존재로서의 인간에게 악으로만 인식될 수 있음이니라. 그러하기에 카인 너에게 나는 어느 존재도 아니며 존재로서 너에게 말하는 것이 아니니라. 그리고 너는 아담과 이브가 에덴의 동산에서 스스로 나오기 위해서 악마라는 형상을 만들고 그 악마의 힘에 의해서 하나님의 의지를 시험하였다는 논리가 생기는 것이니라. 무엇보다도 너 자신이 하나님의 행위를 부당하다고 지적하는 것은 만약 에덴의 동산에 금단의 열매를 심어놓지 않았다면 아담과 이브는 영원히 에덴의 동산에 있을 것이라는 막연한 인간으로서 최악의 생각을 하는 것일 뿐이니라. 너는 아담과 이브가 에덴의 동산에서 나온 이유가 세대에서 세대로 너의 생명의 한계를 정하고, 너의 생명의 한계를 스스로 만들고, 카인과 아벨을 출생시키고, 그의 후손들을 남기는 결심이 본질적으로 하나님의 명령을 어기는 방법으로 악마를 만들고 하였다는 너의 생각이 옳다, 그르다를 나는 말할 수가 없음이니라. 인간의 머리에서 어떠한 방법의 자기 합리화는 생기는 것이며, 인간 개개인의 개성은 너의 생각과 또 다른 생각의 충돌이 생기는 법이니라. 너는 너의 이성의 힘으로 하나님에 대한 평가를 하는 잘못을 저지르고 있는 것임이라. 어떻게 그러한 자기 편협한 시각을 극복할 수 있는지는 카인 너의 문제가 아닐진저. 근본적으로 스스로 존재하는 존재가 인간을 에덴의 동산에서 내보내면서 이성적인 선택의 폭을 주는 대신 인간으로 하여금 대지를 살리는 운명을 짊어지게 하는 것이었노라. 인간이란 생각하는 능력과 생각을 기억하는 능력 그리고 기록해서 다음 세대로 이어지며 너희는 죽지 않으리라는 논리를 적용, 너희가 신처럼 되리라는 능력을 주었다고 할 수 있도다. '너희는 죽지 않으리라는 것'은 어쩌면 너희에게 주는 독약과도 같도다. 죽지 않으란 것은 이성과 본능의 불균형을 반드시 만들어 갈 것이며, 그것은 인간과 다른 여타의 생명과 다르지 않은 차이니라. 너희는 대지에서 번성하지만 대지의 다른 경쟁자를 만날 것이고, 그 경쟁자를 물리치면 경쟁자의 또 다른 경쟁자를 만들지니 너희는 스스로 벌하는 조건을 그곳에서 느낄 것이니라. 그리고 인간과 인간의 경쟁은 너희도 신처럼 되리라는 말에 어느 정도는 자연의 질서 속에서 필연적으로 생명이라는 사실을 새삼 깨닫게 되리니라. 너희는 스스로 존재하는 존재가 인간에게 내려준 인간의 길에서 인간으로 살다가 자연으로 돌아가는 것의 아름다움을 스스로 느끼게 하심이라. 소돔과 고모라성의 멸망이 주는 의미는 하나님이 어떠한 조건에서도 인간에게 인간다움을 잊지 말라고 하는 경고로서 기록하였느니라. 그러므로 도덕이란 인간의 생명과 같이 존재하는 필요조건이라 할 수 있음이라. 카인 네가 말하는 것에도 일리가 있을지 모르지만 너는 우선 그것을 깨달아야 한다. 스스로 존재하는 존재는 너에게 주장하라고 하지 않을 것이라는 사실을 우선 생각하기를 바라나니 그 이유는 스스로 존재하는 존재 스스로도 주장을 하는 것은 아니라. 인간에게 창조주를 주장한다면 인간에 대한 인간의 두려움에 의해서 언젠가는 인간이 스스로 존재하는 존재와 같이 무엇인가를 주장할 수가 있다는 사실이니라. 스스로 존재하는 존재는 주장을 하는 것이 아니라 조건을 제시하는 것과 같다고 할 수 있음이라. 인간인 너와 너의 가족 모두가 주장이 앞서있다면 너의 가족들은 각기 다른 주장으로 스스로 존재하는 것에 대한 타인의 입장은 생각하지 않는다는 사실일 수밖에 없음이라. 스스로 존재하는 존재는 무엇인가를 제시함으로 해서 조건에 맞추든지, 아니면 다른 조건을 제시함으로써 너의 조건과 스스로 존재하는 존재의 조건에 중용의 선택을 할 수가 있다는 것을 의미한다 할 수 있음이라. 그러나 하나님의 선택은 인간에게 어떠한 주장을 함으로 해서 소돔과 고모라성의 멸망을 주장했다고 하는 비판을 피할 수 없음이라. 그러나 스스로 존재하는 존재의 조건에는 인간에 의해서 소돔과 고모라성이 파괴될 수는 있어도 자연의 질서 이상은 원하지 않을 것이니라. 과연 자연의 질서가 스스로 존재하는 존재의 의지인지 아닌지는 그것을 판단할 수는 없음이라. 자연의 질서 또한 거대한 자연의 흐름일진대 그것이 스스로 존재하는 존재의 영향에 의해서라고 한다면 그럴 수밖에 없음이라. 만약에 스스로 존재하는 존재와 인간의 능력 모두가 스스로 존재하는 존재의 영향에 있다고 한다면 그것 또한 가능한 것이로다. 단지 인간과 자연의 관계에 대자연이라는 본질이 있듯이 끝없는 물음의 끝에는 말로써는 할 수 없는 상황에서 멈추는 것이 가장 현명하다 할 수 있음이니라.

카인이 스스로 존재하지 않는 존재에게 다시 묻더라. 스스로 존재하는 존재여, 나의 이름이 카인이오니다. 나의 현실에서 카인과 아벨이 존재하고 있나이다. 카인은 아벨을 반드시 살인하는 설정이 맞나이까?

스스로 존재하지 않는 존재 대답하여 가로되 카인이여, 카인이여, 너는 살인과 인간적인 죽음 사이에는 무엇이 있느뇨. 카인이 대답하여 가로되 살인이란 내가 누군가를 죽인다는 것이라면 인간적인 죽음이란 죽음을 받아들이는 입장의 문제가 아닐까 하나이다. 스스로 존재하지 않는 존재 대답하여 가로되 그렇다면 너는 무엇을 선택하겠느뇨. 살인을 하는 것은 너 자신에게 엄청난 자기 자신에 대한 형벌을 스스로에게 가하는 것이라고 할 수가 있도다. 성서 속의 카인이 살인을 저지르고 나서 카인은 어떤 인생을 살아갈까를 생각해 보았는뇨. 카인은 인간으로서 가장 비참하게 살아갈 수밖에 없도다. 인간이 인간을 죽인다는 것이 이성적으로는 불가능하다고 할 수 있도다. 인간에게 욕을 하고, 저주를 할 수는 있을지라도 이성으로서 인간을 죽음에 이르게 할 수는 없도다. 이성이 인간을 죽일 수 없다는 것과 있다는 것의 사이에는 과학적인 접근과 윤리적인 접근의 문제가 있을 수 있느니라. 그리고 인간이 인간에 대해서 위협을 한다는 사실은 인간의 이성이 그것을 판단하고 그것에 대해서 위험성을 이성이 느꼈을 그때서야 본능이 타인으로부터의 방어를 하는 순서가 되느니라. 그렇다면 성서의 카인은 아벨에 대한 증오와 미움 때문에 살인을 하였다고는 할 수가 없도다. 그 이유는 카인과 아벨은 형제이기 이전에 어린 시절부터 형과 아우라는 관계에 의해서 인간적인 정과 이성적인 정에 의해서 형성된 관계이기 때문이니라. 카인이 아벨에 대한 미움이 아무리 크다고 할지라도 그것은 이성적인 것일 뿐이니라. 아벨을 향해 무기를 들어 내리치려는 그 순간까지 카인은 이성의 증오와 본능이 그것을 행할 때까지 그런 일이 일어날 수 있는 일인가를 상상할 수 없었을 것이로다. 카인이여, 무기를 들어 아벨을 내려치려고 하는 순간, 아벨과의 과거를 뒤돌아보지 않는다면 너는 아벨을 내려칠 것이로다. 하나님이 아벨보다 중요하다든지 아벨에게 있어 카인 너보다 하나님이 위대한 존재이고, 하나님보다 카인 네가 소중하지 않은 존재인가를 생각해보기를 바라노라. 카인이 아벨을 죽이는 장면이 사실이었는지, 아니면 과거를 뒤돌아보도록 해야 한다는 것 사이에는 네가 아벨에게 무기로 내려칠 수도 있지만 그렇지 않을 수도 있음이라. 그러나 카인아, 네가 아벨을 죽이는 순간, 네 스스로에게 벌을 내리는 형벌을 받을 수 있는 마음이 있다면 너는 아벨을 내려칠 것이로다. 죽은 자는 말이 없도다. 그렇다 할지라도 너는 죽은 자를 죽이는 순간을 영원히 잊지 못함이라. 아벨을 살인하는 순간, 너는 스스로의 벌을 내리는 인생을 살리니 너는 소돔과 고모라성으로 향할지니라. 너 스스로가 너 자신을 벌하는 것과 살인을 하는 순간을 기억하며 그 고통을 잊기 위해서 너는 타락할지니라. 타락한 인간에게 있어 죄란 도덕적인 행위를 하지 못하는 것이 아니라 도덕적 행위에 대해서 용기가 생기지 않음이니라. 결국 도덕적이고 인간적인 인간의 힘에 의해서 너는 벌을 받으리로다. 성서 속에서의 카인은 과연 실제인가 아닌가를 너에게 묻노라. 아벨을 살해할 것인가를 고민할 것은 부질없는 너의 착각이노니 너는 아벨을 향하여 너 스스로 벌을 내리는 일을 하지 않으리라. 너 자신도 성서의 카인과 같이 되기를 바라느뇨. 카인이여, 너는 카인이 아니로다. 너는 스스로 존재하는 카인 이로다. 스스로 존재하는 카인과 하나님에 의해서 창조된 카인과는 다르노라. 스스로 존재하는 존재의 창조와 하나님의 창조는 다르리로다. 너의 자손들 중에는 아브라함도 없을 것이며, 이삭도 없을 것이로다. 그리고 모세도 없을 것이로다. 카인아, 들을지로다. 스스로 존재하는 존재는 창조는 있으나 창조된 창조물들은 아담과 이브 이상은 없을지로다. 카인 너는 탄생되었음이니라. 너는 창조물이 아니라 너의 아비인 아담과 어머니인 이브가 지극히 사랑하는 결과로 탄생된 것이니라. 성서의 카인이 하나님과 악마의 보이지 않는 대립의 결과라면 너는 스스로 존재하는 존재로부터 스스로 존재하는 능력을 얻었음이며 스스로 존재하지 않는 존재로부터 스스로 존재하지 않는 능력을 얻었음이라. 너는 세상에 나아가 너의 존재를 숨길 수 있음이며 너의 존재를 스스로 나타낼 수 있음이라. 너는 자연이며 너는 비자연이로다. 너는 선이며 악이로다. 선과 악은 서로가 대등한 조건을 가지고 있는 탄생의 조건이며, 또한 선악은 서로 필연의 조건을 가지고 있는 탄생의 조건이며, 음양의 필연의 조건을 가지고 있는 조건의 탄생이로다. 창조와 탄생의 본질은 다르며 또 같으니 너의 창조자는 스스로 존재하는 존재가 아니라 네 부모의 지극한 사랑에 의해서 탄생된 탄생 자로다. 창조는 과거이며, 탄생 또한 과거이로다. 창조가 자연의 근원이라면 사람으로 태어나는 탄생은 너의 근원이로다. 존재는 말이 없는 것이 아니라 존재는 탄생의 근원을 발견하는 것이고 근원을 누리는 것임이라. 존재는 앞서나가는 것이 아니리니 존재에 대한 지극히 감사함을 말하는 것이며, 존재는 소돔과 고모라성의 타락하는 존재와 인간의 길을 통한 너 자신을 알아가는 시간 위에 있다 할 수 있음이로다. 네가 무엇을 내리치는 그 대상이 아벨이 아니라 대지를, 즉 생명의 근원을 향해서 내리치리로다. 그것이 스스로 존재하는 자연에 대해서 내리치는 것인가, 아니면 스스로 존재하지 않는 존재인 이성에게 내리치는 것인지 네 스스로 알아가야 하노라. 스스로 존재하지 않는 존재 말하노라. 나는 스스로 존재하는 존재 위에 있는 스스로 존재하지 않는 존재이리니 스스로 존재하는 존재인 카인 네가 죽으면 나 또한 죽으리라. 그러하기에 스스로 존재하는 존재의 의미는 너 자신의 본질을 말하노니 스스로 존재하는 또 다른 아브라함과의 짧은 만남은 카인에게 아쉬움을 남겼음이라. 카인이 아쉬운 것은 아브라함이 산짐승을 죽여 제물로 바치고 내려올 때에 만났음이라. 만나기 전 카인은 아브라함에게 산짐승의 생명을 제물이라는 이름으로 죽이지 말라고 하여야 했음이니라. 왜냐하면 천지자연의 모든 질서는 행위와 결과 이상은 없음에 인함이니라. 결과를 예상함은 아브라함이 산짐승을 죽이지 않았을 수도 있었음이더라. 카인이 아브라함더러 아들이나 산짐승을 제물로 바치지 말고 너 자신을 제물로 삼으라고 했다면 아브라함은 스스로의 목에 칼을 댔겠는가?

카인이 말하길 아브라함이 제물이 되는 것과 아브라함의 아들이나 산짐승을 제물로 바치는 것 가운데 어느 것이 옳은 것이오니까?

스스로 존재하지 않는 이 답하여 가로되 너는 어떤 것이 가장 옳으냐?

카인이 가로되 나는 하나님이 제물을 바치라 하지 않음이 제일 옳다 생각함이요. 스스로 존재하지 않는 존재여, 당신은 어느 것이 옳은 것이나이까? 대답하여 주소서.

스스로 존재하는 존재 대답하여 가로되 나는 아브라함에게 아들을 제물로 바치라 말한 것이 가장 옳다고 보노라. 아브라함이 제물로 바치기 위해 아들을 골짜기로 데려가 그곳에서 불을 피우고 제물을 바치려고 할 때 하나님의 마음이 변했다면 그것도 옳다고 생각되느니라. 그때 마침 풀숲에 산양이 한 마리 있었고 아브라함에게 이르되 아들을 대신해 산양을 대신 제물로 바치라 한 것이 옳다는 것이로다.

카인이 가로되 스스로 존재하지 않는 존재여, 그것은 궤변이나이다. 아들을 제물로 바치라는 명령을 하나님이 하셨다면 아브라함을 시험함이기 때문이요. 그렇다면 하나님은 인간을 시험하는 존재이나이까. 금단의 열매를 먹지 말라 한 것도 그랬나이다. 또한 제물을 바칠 때 누구는 성의가 있다고 흡입하시고 누구는 성의가 없다고 흡입하지 않으시면 카인과 아벨 중의 하나는 성을 내리니 카인이 아벨을 죽이게 된 것은 결국 하나님이 그 원인이라고 할 수도 있는 것 아니오니까. 이렇게 하신 하나님이 선한 하나님이 맞나이까. 또한 아브라함이 아들을 제물로 바치는 것이 그렇게 하나님에게는 중요한 것이오니까? 한 마리 산양의 생명과 아브라함 아들의 생명과 아브라함 자신의 생명 중에 어느 것이 소중하나이까. 끝없이 제물을 바칠 수 있는 종이 필요하심이나이까. 아니면 선악과를 먹음으로 해서 악마의 유혹, 즉 "너희는 죽지 않으리라. 너희는 하나님처럼 되리라" 라는 인간이 하나님과 같이 되는 것이 두려운 것이오니까?

스스로 존재하지 않는 존재 가로되 바로 그것이로다. 하나님께서 천지를 창조하시고, 인간을 창조하시고, 금단의 열매를 심어놓고 따먹지 말라 한 것이 내가 말한 모두 때문이었다 할 수 있도다. 카인아, 들을지어다. 스스로 존재하는 존재인 너는 스스로 존재하는 이가 될 수 있다 하며 한 그루의 나무와 한 마리의 짐승, 한 줄기의 물, 한 포기의 풀, 빛, 어둠, 바다, 산 그리고 내게 무엇인가를 묻는 너 자신이 스스로 존재한다 하는 창조주의 허위를 세대에서 세대로 이어가면서 밝혀내야 할 진실을 향한 너의 의문 때문에 그리하였다 하셨느니라.

카인이 가로되 스스로 존재하지 않는 존재여, 내가 스스로 존재하는 인간이면 당신은 무엇이오니까? 당신이 하나님이오니까? 아니면 스스로 존재하는 존재이오니까? 카인이 말하나이다. 당신은 스스로 존재하지 않는 존재라 하였나이다. 스스로 존재하지 않는 이란 불가능함을 말하오며 존재하지 않는 존재라 함은 존재보다 두려운 의미이오니다. 스스로 존재하는 존재이시여, 카인이 다시 말하나이다. 스스로 존재하는 존재라 함은 당신보다 존재의 의미가 더욱 크게 내게 다가오니이다. 스스로 존재하는 존재라 함은 음양의 이치를 일컬음이며, 선악의 이치를 말하는 것이오니이다. 그러면 스스로 존재하지 않는 존재인 당신은 선이거나, 악이거나, 음이거나, 양이라는 의미가 되나이다. 결국 그것은 당신의 의미대로 나의 머릿속에 들어있는 의미가 아니나이까?

스스로 존재하지 않는 존재 가로되 인간이여, 추측하거나 예측하지 말라. 선악의 끝은 어디인가. 음양의 끝은 어디인가. 선악이 하나가 되는 것은 시간과 공간적 의미가 없음이라. 시간이라는 시간은 선악의 이치이며, 공간이라는 공간은 음양의 이치이니라. 너의 작은 머리로 그렇게 유추하지 말고 추측하지 말라 하시는지라. 스스로 존재하지 않는 존재 가로되 너는 이제 또 다른 카인을 만날지니라. 카인아, 너는 알고 있으리니 카인과 아벨은 살해를 하고 살해를 당하는 인간이라는 것을 말이다. 무엇을 말하고 무엇을 말하지 말아야 함을 너는 알리니 카인이여, 카인을 만나리니 그에게 가라 하시는지라.

카인이 물가에서 세수한 사람을 보는지라. 카인이 가까이 가매 알지 못하니라. 카인이 머리를 숙여 세수를 하는 옆에 서는데 물속에 카인의 얼굴은 보이지 않는지라. 카인이 심히 놀라 뒤돌아서서 스스로 존재하지 않는 존재를 부르는지라. 스스로 존재하지 않는 존재시여, 내게 답하소서. 카인이 머리를 들어 물속에 비친 자기 모습을 보는지라. 카인이 가로되 인자여, 인자여, 두 번을 부르는지라. 카인이 머리를 들어 카인을 바라보는지라. 카인이 말하는지라. 나그네여, 나를 부르셨나이까. 카인이 다시 물속을 보는지라. 나그네의 모습이 비치지 않더라. 카인이 놀라며 당신은 사람이오니까? 카인이 가로되 나는 카인이로다 하니라. 나는 너이고 물속에 비친 그림자도 카인인지라 나는 스스로 존재하지 않는 이에 의해서 여기까지 왔다 하니라. 나그네의 모습이 물속에 비치지 않나이다. 그래서 그렇게 물었나이다.

카인이여, 나는 당신의 미래이며, 당신의 과거이며, 그리고 당신의 현재입니다. 내가 당신을 만나려한 것에 대해 당신은 조금 있으면 무슨 일인가를 할 것입니다. 내가 당신에게 그것을 말해주어도 당신은 그 일을 해야 하고, 말을 해주지 않아도 그 일을 할 것입니다. 그건 당신이 거역할 수 없는 당신에게 운명 지어진 필연이기 때문입니다. 당신의 미래에서 당신에게 달려온 것은 당신이 그 일을 하고나서 고통스럽고 괴로워도 가족에게서 떠나가지 말라고 하려 함입니다. 당신의 아버지와 어머니는 하나님께서 명령하신 금단의 열매를 따먹지 말라 하심을 어겼나이다. 에덴의 동산에서 영원한 생명과 영원한 행복을 포기하신 당신의 아버지와 어머니께서는 무엇 때문에 영원한 생명을 버리면서까지 그렇게 하였겠나이까. 그것은 당신의 탄생과 아벨의 탄생을 위해서였나이다. 에덴의 동산에서 영원한 생명을 누리는 것이 당신의 아버지와 어머니의 운명이었다면 그 운명을 버리고 당신과 당신의 동생을 태어나게 했다는 것은 인간으로서 가장 아름답고 가장 값진 것을 버린 것과 같나이다. 그런데 창조주 여호와 하나님께서는 금단의 열매를 따먹지 말라는 유혹과 금단의 열매를 따먹으라고 했던 사탄의 유혹 중에서 어느 것을 따른다 해도 인간에게 내려진 저주를 피할 수가 없었을 것입니다. 금단의 열매가 당신과 당신의 동생을 태어나게 했다면 금단의 열매는 당신에게 있어 생명의 꽃이고 악마의 꽃이라 할 수가 있나이다. 당신이 이곳을 떠나 자식을 낳고 그 자식이 또 다른 자식을 낳으면 당신의 아버지와 어머니에게서 낳은 당신의 형제들과 끝없는 싸움을 피할 수 없음이라. 아벨의 죄는 최초의 보기에 좋았음을 깨트렸음이라. 대지에서 생하는 모든 생명을 귀하게 여기지 않음은 천지자연의 가장 위대한 질서에 죄를 짓는 것으로 아벨 스스로 죄의 대가를 치르려는 질서에 들어섬을 알라 함과 같음이요. 아벨이 천지자연의 이치를 거스름으로 죄를 진 최초의 사람이라 하리니 이는 어린양을 죽여서 자기를 태어나게 한 질서를 비난함과 같음이며, 스스로 그러한 질서를 어긴 최초의 사람이라는 말이라. 대지에서 천지자연의 이치대로 살아가야 하는 생명을 제물이라는 이름으로 죽였나니 이는 스스로를 벌하지 않을 수 있음을 스스로 벌함의 길로 들어섰음이요. 천지자연의 이치 가운데에서도 아벨은 있음을 증거함과 같나니 카인이 아벨을 죽이는 것도 아벨이 어린양을 죽이는 것과 다르지 않음을 스스로 그러한 질서에 있음을 증거함이요. 카인이여, 나의 카인이여, 카인이 카인의 얼굴에 손을 대자 그 얼굴이 손에 닿아지지 않더라. 카인이 그의 손을 들어 카인의 손을 잡으려 하자 카인의 손이 닿아지지 않더라. 카인이 가로되 나는 이제 가야 하나이다. 카인이여, 명심하소서. 당신은 당신의 가족을 버리지 마소서 하며 뒤돌아 가더라. 남아있던 카인이 무슨 소리인지를 알아듣지 못하더라. 그때 저 멀리에서 한 사람이 어린양을 이끌고 카인에게 다가오더라.

카인이 서둘러 그 자리를 떠나며 스스로 존재하지 않는 존재를 부르더라. 스스로 존재하지 않는 존재여, 나의 말에 답하소서. 스스로 존재하지 않는 존재 가로되 카인아, 나를 불렀느뇨 하더라. 카인이 가로되 스스로 존재하지 않는 이여, 왜 하나님은 아벨을 카인으로 하여금 살해하도록 하였는지 묻겠나이다. 스스로 존재하지 않는 존재 가로되 하나님은 카인에게 아벨을 살해하도록 한 적이 결코 없도다. 스스로 존재하는 존재가 무엇에 의해서 조정되고 무엇에 의해서 예정되어진 함정에 스스로 빠져 스스로 존재하는 존재의 모든 것이 완전하게 창조되지 않은 것이 그 증거로다 하니라. 너는 너의 자유의지와 존재 의지의 근원에서 혼란하다 하니라. 카인이 가로되 그렇다면 묻겠나이다. 왜 카인으로 하여금 카인을 만날 때에 한마디 말만을 하도록 하였나이까. 카인에게 너의 동생을 살해할 것이니까 너의 이성으로, 그리고 너의 본능으로 넘기라고 말할 수 있지 않았겠나이까. 스스로 존재하지 않는 존재 가로되 너는 성서의 내용을 알고 있도다. 너는 카인이 아벨을 죽이는 것을 기다리거나 즐기려는 마음은 없었느냐 하니라. 성서의 모든 내용들에 대한 너의 생각과 너의 모든 행동은 현실적이니라. 나는 너에게 아벨을 죽이지 말라고 말할 시간을 뺏은 것이 결코 아니었노라. 그것은 너의 마음이 카인에게 그 말을 해주고 싶지 않은 것이 아닌가를 너는 스스로에게 물어보는 것이 나을지니라. 스스로 존재하는 존재의 한계와 너의 아버지와 어머니에게 금단의 열매를 따먹지 말라 한 이유가 거기에 있음이니라. 나는 카인으로 하여금 아벨을 살해하지 않을 수 있도록 기회를 주었다고 생각하고 있도다. 그러나 너는 너의 운명이 아니거나 운명이거나 둘 중의 하나일 것이니라. 성서의 내용을 바꿀 수 없다는 것이거나 성서의 내용을 현실적으로 바꿀 수 없었노라고 너는 그렇게 생각한 것은 아닌가 너의 가슴에 대고 생각해보라. 카인에게 그의 미래를 이야기해주고 싶었도다. 그것이 가능한 것인지 불가능한 것인지 모르지만 카인으로 하여금 카인에게 말해주고 싶었노라. 그러나 카인에게 가족에게서 멀어지면 안 된다는 말만을 하였도다. 하나님의 자손들은 여러 민족으로 나뉠 것이니라. 그러나 그 속에는 카인의 후예로 하여금, 그의 형제들로 하여금 형제를 살해하는 운명의 고리를 끊을 수 있는 방법을 아담과 이브의 자식들로 하여 미연에 막을 수 있다고 나는 믿노라. 그리하여 그리하였노라.

스스로 존재하지 않는 이여, 내가 카인을 만나긴 만났나이까. 아브라함을 만나긴 만났나이까. 이 모든 것은 스스로 존재하는 존재의 아픔을 알고 있는 스스로 존재하지 않는 존재의 이성 속에서 이루어진 일이나이까? 스스로 존재하지 않는 존재시여, 답하소서.

존재하지 않는 존재 가로되 천지자연의 이치가 멸망이라는 말에 갇혀버리며, 멸망하는 세상에 살고 있음을 두려워하며, 그 두려움으로 생명성을 죽이며, 천지자연의 저주가 사람에게 전해짐과 같이 사람에게 물들게 함은 천지자연의 이치가 결코 아님을 전하느라. 모든 예언은 천지자연의 조화로움을 위함이나니 기적이 생명의 이치이니라. 신의 이치는 결코 있지 않음을 전하라. 모든 천지자연의 이치가 생명을 살게 함이 온당하다 하리로다. 생명이 대지에서 이루어지는 모든 질서의 증거가 됨은 천지자연이 스스로 그러한 이치에 있음이니 그 가운데 스스로 그러한 이치에 생명이 있음이며, 스스로 그러한 이치에 사람이 있음이니라. 모든 천지자연의 이치는 생명성의 이치에 있음이나니 이 세상이 멸망한다 말하는 생명은 저주를 스스로 받겠나이다 함과 같다 하니라. 이 세상이 멸망한다 말하는 자, 천지만물의 이치 가운데에서도 저주하라 하리니 천지자연의 절대 진리는 결코 천지만물은 멸망할 수 없음을 증거하라 하니라. 예언이 이루어짐은 하늘에 해가 뜨고 밤이 되면 달이 뜸과 같으며, 바다가 푸르며, 나뭇잎이 푸르며, 생명이 성장함이 그 증거가 되리로다. 영원한 이치 곧 천지자연의 이치가 하늘과 땅에서 이루어짐이 그 증거가 됨이니라. 그 모든 증거가 예언이 이루어짐의 증거가 되며 생명이 이 대지에서 살아있음으로 예언의 증거가 되리로다. 이를 사람의 말과 증거로써 삼나니 모든 생명 가운데 이 세상이 멸망한다 말하는 생명에게 내리는 경고와 같다 하니라. 너희가 이 세상이 멸망하지 않는다 함의 문제가 아니라 이 세계가 멸망해야 한다는 마음이 있음이라 할 수 있음이나 이 세상이 멸망해야 한다는 생각을 가진 생명이 없어짐으로 그 소원을 이루게 됨과 같다 하리로다. 그러나 이 세계에서 죽음을 맞은 사람이 있을지라도 이 세상은 해가 뜨고, 해가 지고, 달이 뜨고, 달이 지고, 또다시 해가 지는 질서는 결코 멈추지 않음을 예언하노라.

천지자연의 이치로서 생명이 살 수 없게 하고 싶으냐 묻나니 생명성이 이 대지를 떠나지 않음이 그 증거가 예언이 되리로다. 그 예언을 이룸은 천지만물의 지극한 이치니라. 대지를 어머니로 하면 태어나며, 성장하며, 더 큰 자연으로 돌아가는 이치는 멸망할 수 없음을 스스로 증거함과 같다 하리니 이를 멸망할 수 없는 천지자연이라 하리로다. 만약 누군가가 이 세계는 멸망한다 하며, 이 세계가 더럽다 하며, 이 세계가 타락하여 생명의 이치가 실현될 수 없다 말하며, 행하며, 생각하는 사람이 있으면 천지자연의 이치대로 그는 사람도 아니며, 생명도 아님을 증거하고, 생명 가운데에서 살아감을 거부하는 생명이라 낙인찍으리니라. 너의 삶이 곤고하더냐? 너의 마음에 어둠이 가득하더냐? 너의 생각에 조금도 아름다운 생각을 할 수 없더냐? 생명의 질서는 다가옴으로 행복하지 않음이 없음이라. 멀어져가는 것들 속에서 너의 마음이 행복하지 않더냐? 사람은 오래도록 기억하기 위해서 살아감이 절대 아닐지니 멀어져 감은 마음과 기억에서도 멀어짐이니라. 천지자연의 지극한 질서가 사람의 마음에서, 그리고 생각에서도 그리됨이 천지자연의 질서니라. 천지자연의 질서가 되돌아갈 수 없음과 앞서갈 수 없음으로 이것을 조화롭다 함이 그 증거가 됨이라. 천지자연의 질서가 만약 멸망하는 질서라면 생명은 결코 이 대지에서 있어서는 안 되는 것과 같다 함이 온당타 하리로다. 결코 천지자연은 멸망이라는 말로써 사람에게 위협할 수 없음이니라. 현 세상에서 일어나고 있는 일들은 사람이 무모하고 어리석은 일 아니겠느냐? 사람이 함부로 땅 위에 사는 짐승과 하늘을 날아다니는 짐승과 물속에서 살아가는 모든 짐승들의 생명을 함부로 빼앗는 것 하며, 땅 위의 초목을 함부로 자르거나, 불사르거나, 파헤침으로 천지자연의 질서가 심히 깨어짐을 말이다. 이를 바꾸어야 하노라. 사람이 살아온 시간들을 뒤돌아보며 죽어가는 생명을 되살리는 일을 사람의 의무로서 하고, 메마른 대지에 한 그루의 나무를 심어 천지자연의 이치가 사람으로 하여 푸르러지게 하고, 사람으로 하여 숲의 이치의 완성이 이루어졌다 함을 칭송받아야 하느니라. 바다와 강에서 함부로 생명을 죽이거나 바다와 강을 더럽히거나 바다와 강을 메우거나 해서 사람의 이익만으로 삼지 말란 말이니라. 다시 새와 짐승이 뛰어노는 생명이 가득한 곳으로 세상을 만들어야 함이니라. 이는 천지자연의 진리이니라. 그리하지 않으면 세대에서 세대로 죄지은 생명이 두려움에 떨며 온전한 생명으로 살아갈 수 없도록 천지자연이 진노하리로다. 이는 사람에게 내리는 진리의 말씀이라 하리로다.

   말로써 세상이 멸망한다 함을 사람에게 전하는 것은 사람의 크나큰 수치라 하리니 이는 천지자연이 마치 사람의 말에 가둠과 같으니라. 천지자연은 멸망할 수 없는 질서이며, 멸망시킬 수 없는 이치가 가득함을 사람은 모르나 생명은 알리니 모든 만물의 표상인 사람으로서 어찌 그리할 수 있겠는가. 사람이 할 말이 아니라 함이 옳다 하리니 다시는 세상이 멸망한다 말하는 사람과는 말로써 대화를 나누지 말지니라. 세상은 멸망의 대상으로서 있음이 아니며 어찌하면 멸망하지 않을 것인가의 대상일지니라. 생명이라면 세상이 멸망한다 말하는 사람은 사람과 사람의 사이에서 미혹함으로 이익을 얻는 방법으로 멸망하지 않는 세상에서 살아가는 것과 같다 하리로다. 천지자연의 이치와 천지자연은 스스로 그러한 이치에 있음이 오래며, 영원한 질서로 이어짐을 증거함이 가장 생명답다 함을 증거함이 이와 같기 때문이니라. 세대에서 세대로 이어지는 말로써 이어지는 이치가 어떠한 경우에도 멸망은 있지 않음을 말하며, 멸망의 언어가 세상을 혼미하게 하여 혼란스럽게 할지라도 그리고 사람이 죽을지라도 세상은 결코 멸망치 않으리로다. 이는 사람이 아무 생각 없이 증거를 말로써만 하는 어리석음으로 하늘과 땅을 노하게 할지니 그가 세상으로부터 저주를 받으며 하늘과 땅으로부터 저주를 받을지니라. 그가 말하는 것은 세상의 어느 누구도 믿지 않아야 함이 어찌 사람들로 하여금 믿게 되었느냐 묻나니 사람이 마음으로 살아가는 사람으로 되었다 함이 옳은 답이 되었느니라. 하나님을 선과 악이, 음과 양이 단죄할 날이 가까운 날에 올지니라. 그러므로 세상 사람들로 하여 그 말에 저주를 가함이 옳으나 그리하지 않음은 세상 사람들 스스로가 멸망을 향해가는 생명으로 변해가 때문이니라. 그러나 이는 생명의 어리석음을 말로써 표현함에 불과할지니라.

어리석은 생명이여, 말로써 함부로 세상을 어지럽히지 말라 말하라. 부끄러워하지 않으면 그는 생명이 아니며, 그는 이 세상에서 살아져야 하는 이치를 사랑하는 이라 함이 가하리로다. 이는 어리석은 사람 몇 사람으로 그리되었다 하나니 시간을 되돌리며 마치 창조 이전의 세계가 가장 아름답다 말함과 같다 하리니라. 창조라 함은 너와 너희 부모가 지극히 사랑하며 신뢰하여 너희를 탄생시킴이 어찌 창조라 하지 않겠는가. 이는 창조가 모든 이치 가운데 가장 아름답기 때문에 창조되었다 함을 일컬음이며 탄생이란 천지자연에 의해서 스스로 그러함의 이치에 너희가 있음을 일컬음이니라. 이는 너희가 생명이며 그 생명으로 너희가 생명의 신이라 칭함을 받을 수 있음이라 하니라. 그리하므로 너희가 어리석다 하더라도, 아무리 착하다 할지라도, 아무리 스스로 현명하다 할지라도 결코 이 세상은 멸망의 대상이 되지 않음이라. 이 세상은 결코 멸망이라는 말의 저주에 갇힐 수 없음이며 멸망이라는 말과 공존할지라도 그 말은 결코 말에 불과함을 보게 될지니라. 너희가 진정 생명을 생각하며, 생명을 말하며, 세상 사람들로 하여금 멸망시키지 않을 방법을 말함이 생명의 의무이며, 생명이 행하여야 함이더라.

너희가 생명이더냐? 이 세상이 멸망하기를 바라느냐? 그리하면 세상이 멸망한다 말하라. 그의 자손과 자식과 그의 세대에서 세대로 그 화가 이어지며 실제로 멸망이라는 말에 목숨까지도 걸게 될지니라. 그러한 이치에 있음으로 인해 증거함이 혼란하며 혼미함이 있으리로다 하리로다. 사람이 싸우며 천지자연의 이치를 어지럽게 함은 지극히 어리석은 생명으로 되돌아가려는 질서가 세상에 가득하기 때문에 그리하니라. 이는 천지자연이 원함도 아니며, 생명의 질서가 원함도 아니므로 결코 세상은 멸망치 않으리라. 생명의 이치는 멸망의 대상도 되지 않으니라. 멸망시킬 질서라 증명함이 가득함으로 사람은 그 의미에 멸망의 두려움을 기도하며 죽음의 두려움을 기도하나니 항상하며 음양의 이치와 선악의 이치가 멸망시키지 않으려는 마음으로 가득하다 함은 항상함을 맹세함이 이와 같다 하리라. 이는 모든 생명이 땅에서 이루어지는 천지자연 스스로 그러한 법칙 가운데 생하는 질서에 충실함으로 생명이 있다 하리로다. 어떻게 하면 이 세상을 보기에 좋게 할 수 있는지를 힘쓰는 것은 생명의 진실한 행함이며 이것이 세대에서 세대로 이어져 가니라. 이는 진리이며 진실이리니 생명이 진리이며 진리임과 같으니라. 그리고 이는 천지자연이 진리임과 같다 하니라. 모든 생명의 신이 가득한 곳이 세상이기 때문에 멸망하지 않으리라는 확신이 가득한 땅이니라. 스스로 멸망하지 않으려 함을 항상하며, 생명의 질서가 스스로의 질서와 같다 함을 항상하며, 생명이 스스로를 사랑하는 질서에 있음으로 항상함을 천지자연의 이치와 같기 때문이라 하리로다. 이는 멈추지 않은 질서에 사람이 있음이니라. 사람으로 하여금 천지자연의 질서가 있음을 알게 함이 예언이니라. 이는 예언으로 사람에게 혼란과 두려움을 심어 주려 함이 결코 아닐지니 사람에게 천지자연의 마음으로 일생을 살게 하려 함이니라.

천지자연은 스스로 예언을 말하지 못하느니라. 이는 사람의 마음이 천지자연의 마음이라 함을 증거함을 분명히 하나니 사람의 마음에 천지자연의 마음이 무엇인가를 알리는 것이니라. 천지자연의 마음 중에 첫 번째는 사람의 마음으로 함부로 생명을 해치지 말라 함을 이르니라. 사람 이외 생명의 죽음으로 사람만이 천지자연에 가득한 것 또한 바른 천지자연의 마음이라 할 수 없나니 사람을 위하여 생하는 질서 가운데 사람의 편함으로 사람을 심히 해치는 것을 경계함에도 그 뜻이 함께 있다 할 수 있음이니라. 그러므로 예언을 사람의 말로써 기록하여 남기니라. 두 번째는 사람이 하늘과 땅의 증거가 됨을 알리려 함이니라. 하늘의 마음이 곧 사람의 마음이며 땅의 행함이 이와 같기 때문에 사람의 말로써 남기니라. 행하는 가운데 땅의 행함으로 땅에서 이루어짐이 이와 같으며 하늘의 마음이 사람의 마음으로 땅에서 이루어지니라. 이는 땅에서 하늘과 땅과 사람이 이루어짐을 이와 같이 사람의 말로 남김이니라. 축복받으려거든 사람을 사랑하며, 하늘을 사랑하며, 땅을 사랑하듯이 행하며, 생각하기를 가벼이 하지 말지니라. 이는 너와 너의 가족과 가까이 있는 사람으로 하여 그 복을 받게 됨을 천지자연이 행하는 것과 같음을 증거하려 함이니라. 예언은 이와 같나니 세상은 멸망치 않으며, 세상은 힘이 들고 고뇌스럽다 할지라도 생명의 가치는 고뇌와 고통보다 크다 함이 옳은 것이니라. 생명의 가치가 오래도록 이어짐의 의미는 너희가 한 목숨을 오래도록 살아감이 아니라 너희로부터 이어지는 세대에서 세대로 이어지는 질서가 바로 복받을 수 있는 기회를 가졌다 함으로 인함이며 너희가 비록 오늘 어렵고 힘이 들지라도 생명으로 살아왔음을 감사하는 순간을 느끼기를 바라는 마음으로 하는 예언이라 할지니라.

예언을 행하라 함은 진실로 세상과 사람에게 하고자 함이 이와 같다 함이로다. 예언은 죽이는 생명의 잉태로서가 아니라 생명을 살리는 예언을 실현함이 천지자연적인 예언의 이유이리니 생명으로서만이 은혜를 느끼며 생명으로서만이 천지자연의 은혜를 감사함이 이와 같다 하리로다. 천지자연에 너희가 살아간다는 것은 예언을 살아가는 순간순간에 행함을 맹세함과 같다 하니라. 예언은 스스로 그러한 질서의 완성이며 천지자연의 영원한 질서가 마치 세상이 멸망한다 하는 질서에서 생명이 가득함으로 천지자연에 감사함을 세상에 가득하게 하기 위함이 그 뜻이라 하리로다. 예언이 너희를 오래도록 행복하게 하기 위함이라고 원하느냐? 천지자연은 너희에게 행복을 주려 함이 아닐지니 생명의 가치를 발견해가며, 그 가치를 빛나는 생명의 옥과 보석으로 만들라 함이 생명에게 내리는 축복일지니라. 행복하지 않다 말하며 행복하지 않으려 행하는 불행함은 천지자연 생명의 가치를 제시하는 한계일 뿐이니라. 그러나 불행하다 해도 그것이 행복한 것이라는 사실을 너희가 깨닫는 것이 생명이 갖는 의무라 말할지니라. 천지자연은 행복의 가치를 모두 다 갖도록 하였으며, 그 가운데 예언이 항상함이며, 생명의 활동이 가득하다 함을 증거함이 이와 같다 하리라. 이는 천지자연의 생명에 대한 은혜가 가득하기 때문에 살아있음을 가진 것이며, 너희가 진실로 머리 숙여야 함이 이와 같기 때문이니라. 이 세상이 존재함에 감사함을 항상해야 하는 이유가 이와 같도다. 너희가 윤회의 가치와 천지자연의 가치, 생명의 가치가 같다 함은 예언을 실행함이 항상함인데 이는 너희가 사람이기 때문이라 하니라. 이는 진실이며, 진리이며, 스스로 그러한 질서에 있음이라 하기 때문이니라.

카인이 길을 거닐 때에 스스로 존재하지 않는 존재 말하나니 카인이여, 들을지니라. 너희는 이삭의 자손, 아브라함의 자손이 창조해낸 바벨탑이 만들어지는 곳으로 가리니 그곳으로 가서 나의 말을 전하라. 가까운 날에 바벨탑을 부수게 되며 먼 훗날에 그와 같은 탑이 싸여질 때에 또다시 부수게 될 거라 전하라. 카인이 사방을 돌아볼 때 멀리서 구름 속에 기둥이 서있는 것을 보고서 그쪽으로 발길을 돌려 기둥이 더욱 크게 보이는 곳에 이르렀노라. 사람들이 땅을 파고서 무엇인가를 캐내는 것을 보고서 카인이 사람들에게 다가가 묻나니 그 중 한 사람들이 답하기를 우리는 영원한 생명과 평화를 주는 하나님의 나라에 가려고 이렇게 땅에서 돌을 캐내고 있는 중이라고 답하노라. 그렇다면 저 탑은 당신들이 캐내서 지은 집이라는 말씀이며, 저 탑은 하나님 나라에 갈 수 있다 믿으며 쌓는 것이란 말씀이시네요 하고 묻노라. 한 사람이 말하기를 당신은 하나님을 믿으시나이까 하고 묻나니 카인이 대답하기를 나는 하나님을 믿지 않나이다. 나는 땅을 신앙하며, 하늘을 우러러 부끄러움 없이 생활을 하고 있습니다 하고 답하느니라. 그 사람이 말하나니 당신도 하나님을 믿으시오. 하나님께서 영원한 생명과 영원한 평화를 줄 것을 말이요. 카인이 말하나니 당신은 셋의 자손이나이까 하고 묻노라. 한 사람이 말하니 우리는 아담의 자손이며 셋의 자손이라 답하니라.

카인이 말하되 사람들이여, 들을지니 당신들이 쌓고 있는 탑을 쌓지 마시오. 당신들이 쌓고 있는 탑은 영원한 생명이 주어지거나 영원한 평화가 있는 곳으로 가기 위한 탑이 아닐 것이요. 이 탑은 당신들을 창조한 창조주의 창조물을 파괴하지 않으면 안 되는 탑일지니 그 탑이 사람들을 강퍅하게 하고 죽이거나 배척하게 될 것이요. 바벨탑은 창조된 창조물을 파괴하지 않으면 이룩되지 않게 됨이나니 결단코 하늘은 당신들을 용서하지 않을 것이요. 바벨탑을 쌓기 위하여 가까운 곳에서 나무와 돌, 흙을 가져다 벽돌을 만들며 쌓게 될 것인데 나무와 돌, 흙 등 창조된 창조물을 가지고 바벨탑을 쌓게 되면 당신들은 하나님께서 창조한 '보기에 좋았더라' 는 것을 파괴하게 되는 것이니 그리하지 말라는 말입니다. '보기에 좋았더라' 라고 한 까닭은 이 세상이 조화를 이룬다 함이나니 진정 하나님은 당신의 조상과 당신의 후손들에게 저주를 내리며, 역사가 당신의 후손들을 심판받게 됨이며, 죽음 위에 죽음을 내리며, 민족이 멸족을 당하며, 멸족 당한 위에 또 멸족되리니 진정 내 말을 들어야 함이요. 창조된 것을 파괴함으로 하나님의 영원한 생명과 영원한 평화가 있는 세상에 간다는 것은 궤변 중의 궤변이리니 가까운 날에 바벨탑이 파괴될 것입니다. 바벨탑을 쌓는 민족은 세대에서 세대로 저주가 이어지게 됨을 알지니 당신의 후손들 누군가가 또다시 바벨탑을 쌓게 되며 또다시 그 바벨탑을 파괴하는 사람이 생기게 될 것이요. 바벨탑이 완성되어 바벨탑에 들어갈 때에 당신과 당신의 후손을 죽이게 됨을 알게 될 것인데, 그것은 바벨탑은 조화를 깨트리지 않으면 지을 수 없는 물건이기 때문이요. 조화가 깨어지면 깨어진 조화가 당신은 물론 당신의 후손, 또 그 이후 후손을 끝없이 죽이게 되리니 결단코 용서받지 못할 죄를 멈추소서. 진실로 말하나니 바벨탑을 쌓는 것을 멈추고 당신 주위에 한 그루의 나무를 심으시오. 한 그루의 나무는 시간과 세월이 지나면 숲이 되며 숲에 당신들이 말하는 창조된 생명들이 모여들게 될지니 그 모습이 보기에 좋았다 함을 인정받을 것이요. 바벨탑을 쌓는 파괴를 통해서 증명을 받을 것인지, 아니면 보기에 좋았더라를 행하여 증명을 받을 것인지 하늘만이 알 것이요. 나의 말은 하나님의 소리가 아니며 하늘과 땅이 하는 소리이나니 이 소리를 듣고 행하는 생명은 농부라 부르게 되며, 땅을 살리는 이라 칭송받게 되며, 하늘을 우러러 한 점 부끄러움 없이 사는 생명이라 칭송을 받을 것이요. 바벨탑은 농부에게서 생명을 키우는 땅을 빼앗지 않으면 이루어지지 않음이며, 농부에게서 땅을 빼앗아 땅을 죽이게 됨을 이름이며, 농부는 하늘을 우러러 부끄러움 없이 살지 못하며, 바벨탑을 부수고 바벨탑을 지은 사람을 향하여 목숨을 파리 목숨처럼 버리는 사람이 되게 하리니 창조된 땅에서 불모의 땅으로 그리고 생명이 사는 땅으로 만드는 행함은 농부와 같은 행함을 행하는 사람이라 칭송을 받을 것이요. 그러니 바벨탑을 쌓는 것을 멈추고 당신이 서있는 땅에 나무를 심어서 성장시킬 수 있으면 한 그루의 나무를 심으시오. 그렇지 않으면 곡식과 채소를 심어 그 땅에 생명이 살 수 있는지를 먼저 시험하시오.

그 중에 솔깃해 하는 사람이 있어 바벨탑을 짓는 곳에서 떠나는 사람이 있노라. 카인이 하늘을 바라보며 혼자 말하나니 땅은 뜨겁고 하늘은 메마르도다. 이곳에 비가 내리면 좋겠다. 그리고 카인이 바벨탑에서 멀리 떨어진 곳에 이르자 하늘에서 벼락이 치며 바벨탑이 부서지고 바벨탑이 무너지는 것을 보게 되노라. 카인이 말하나니 천지를 창조하시고 보기에 좋았더라. 또한 스스로 존재하지 않는 존재 말하나니 파괴된 것은 또다시 복구되며, 또다시 파괴는 시작되며, 이것 또한 보기에 좋았다 하니라.

예언의 첫째는 나무를 많이 심으라. 그리하면 그 복이 오래도록 가까이에 있으며 그 복으로 세대에서 세대로, 그 복으로 행복과 축복으로 가족이 항상 복되게 되리로다. 천지자연의 복 중에 가장 큰 것은 마음이 따뜻하며 몸이 편안함이 항상하며, 이는 배움보다 앞서있음을 증거가 됨이니라. 너희가 마음이 있다 하며 그 마음 씀을 천지자연의 이치와 천지자연의 이치이면서도 사람이라는 이유로 하늘과 땅과 사람이 하나임을 천명함과 같으니라. 그러함으로 천지자연의 이치를 지켜가게 함은 천지자연이 그 행함의 기본으로 사람이 그리함이 맞다 하리로다. 사람으로 하여 천지자연의 이치를 지켜가게 함보다도 사람 스스로 천지자연의 이치와 사람의 이치가 같음을 사람 스스로가 깨달았음으로, 그 증거로써 사람이 천지자연의 이치를 지켜감과 같다 함을 이르니라. 이러함으로 예언은 천지자연의 이치에 의함이 아니라 사람의 도리를 지켜 감을 이름이며, 사람이 천지자연의 이치를 지켜 감은 사람이 오래도록 천지자연 안에서 사람의 도리를 하며 살아감을 천지자연에 빌어 행함을 천명함과 같다 하리로다. 그 첫 번째가 대지에 사람의 생명과 사람의 행복을 위해 나무를 심는 일을 게을리 하지 않음을 전함이며, 나무를 심는다 함은 사람이 사람의 행복을 위하여 행함을 항상함과 같다 함을 이르니라.

두 번째는 함부로 대지와 바다와 공중에서 살아가는 짐승을 죽이지 말라 하리로다. 너희가 대지와 바다와 공중의 짐승을 함부로 살생한다면 대지와 바다와 하늘이 사람을 위하여 있음을 거역함과 같다 함이라. 사람이 평화롭다면 천지자연의 이치도 또한 평화로워야 함이 옳다 함이나니 사람의 평화와 천지자연의 평화는 공존하기 어렵다 함이 비록 있다 할지라도 사람이 욕심을 부려 대지의 나무와 풀과 온갖 짐승들을 해치면서까지 그리하여야 함은 사람의 도리가 아닐 것이라 함이 크다 하리라. 사람이 천지자연의 질서를 심히 해침은 천지자연에 살아가는 사람뿐만 아니라 대지와 바다와 하늘에서 그 생명을 이어가는 질서가 심히 사람으로 인해 멸망의 단계까지 가게 됨을 뜻하는 것이니라. 모든 이치처럼 사람의 일은 사람에게 있음을 말함이며, 천지자연의 일은 사람까지도 포함되었다 함으로 인함이니라. 사람이 스스로 천지자연의 이치를 충실히 지켜가고 있음을 사람 스스로 증명하지 않음은 사람의 말을 빌려 멸망의 시간을 경고함과 같다 함에 그 의미가 있다는 것을 사람으로 하여금 증명하기 위함이라 하리로다. 진정 너희가 사람이라는 천지자연의 이치 가운데 있음을 인정한다면 이 경고를 가벼이 보지 않아야 함이라. 사람이 사람을 사랑하며 천지자연의 이치를 지켜가는 마음이 있음을 보이기를 게을리 하지 않아야 함이 이와 같은 경고로서 보이니라. 사람의 일은 사람에게, 천지자연의 일은 천지자연에게 있음을 말함이니 이는 사람이 사람만을 징계함을 위하여 있음과 같다 하리로다. 사람이 사람을 징계함에 있어 가장 추한 것은 사람을 함부로 살생함이며, 가장 어려운 것은 생명을 잉태하지 않음과 잉태하지 못하게 함이니라. 천지자연의 이치 중 천지자연에 의해서 생명을 잉태하지 못함은 천지자연의 저주를 받음도 사람의 저주를 받음도 아닌 세대에서 세대로 내려왔던 대로임이니라.

천지자연은 모든 생명에게 기회를 주는 것과 사람이 사람의 기회를 만들어 감이 사람의 번성 그 이유에 있음이라 하니라. 천지자연의 번성은 사람의 번성도 아닌 생명의 번성이 있음에 인함이나니 사람은 천지자연의 조화와 질서를 깨트릴 수 있음을 오늘에서 증거가 나타남이라. 이와 같이 사람을 경계하는 천지자연의 질서가 나타남이 천지자연의 이치에 의함이니 사람으로 하여 두려움을 갖고 천지자연의 질서를 왜곡하지 말라 함은 살아가며 고통과 죄악에 두려워하며 살아가지 말라 함이니라. 이는 사람의 마음이 하늘의 마음이며 땅의 마음이기 때문이라 함이니라. 사람으로 하여 천지자연에 일어날 일을 말함은 사람의 행함이 파괴를 경계하기 위하여 그리함이며, 사람이 행함이 악으로의 질서와 선으로의 질서를 구분하지 않으려 함이 크다 하리로다. 악의 질서는 천지자연 파괴의 질서에 항상 인간이 이익으로 바라봄이며, 천지자연의 온전한 질서에 항상 인간이 생의 가치와 인생의 이익으로 바라보라 함이 천지자연의 마음이듯 사람의 마음이라 하기 때문이라 하리로다. 천지자연에서 일어날 일들은 이와 같은 천지자연의 마음에 의함이며, 이는 사람의 마음이 천지자연의 온전한 질서를 바라는 사람이 있음으로 예언으로서 비록 가치가 없을지라도 천지자연의 마음으로 바라보라 함을 이와 같이 예언함이니라. 예언은 사람의 파괴에 의하여 일어날 일들에 불과함이며, 사람의 어리석은 마음으로 인하여 일어날 일들에 불과함이며, 사람이 천지자연의 마음으로 바라보지 않음으로 인하여 일어날 일들에 불과함이며, 사람이 온전한 마음으로 천지자연과 사람을 바라보지 않음으로 일어날 일들에 불과하다 함이 옳다 함이라. 그러니 사람의 마음이 하늘의 마음이며, 천지자연의 마음이며, 사람의 마음이 같다 함을 증거함에 불과하다 하리로다. 너희가 어리석은 마음으로 행함으로 인하여 그 어리석음은 곧 스스로가 스스로를 벌하는 것에 불과하다 함이라. 너희가 진정 사람이면 사람의 마음과 천지자연의 마음과 땅의 마음으로 행하라. 그리하면 어떠한 경우에도 불행과 고통이 비켜나갈 것이니라.

예언 가운데 첫 번째는 이러하니 사람이 나무를 함부로 베어버리고 그 땅 위에 너희가 살아갈 집을 지으면 모든 불행의 시초가 되리라. 이는 천지자연의 마음이 해의 마음으로 변한다 하리로다. 해의 마음은 달의 마음과 음양의 이치가 일어나며 땅 위에 이루어지는 일들은 물의 마음이 극성하게 되리니라. 음양의 이치에 불과한 이것은 사람이 함부로 베어버리는 나무에 의함이나니 온전한 질서가 깨지는 것은 사람에게 불행을 스스로 불러들이는 것과 같음이니라. 해의 마음은 온전히 스스로 일어나는 일들에 불과하나 사람이 온전한 질서 가운데 있는 사람의 이익으로 베어버리는 나무와 땅 위에 번성하는 온갖 질서가 깨어짐으로 땅 위에는 생명의 질서가 사라짐이라. 그 가운데 빛의 질서와 찬기 운의 질서가 음양의 이치로 운용됨이니 이는 사람이 생명을 중히 여기지 않음으로 일어남이며, 그 질서는 음양의 이치로 땅에서 생명들이 다시 생겨나게 될 때까지 오래도록 사람의 질서가 사라지며, 황폐함과 사람으로 하여 나무의 일과 바람과 물의 일을 대신할진저. 이는 사람이 생명의 창조를 할 수 없음을 증거함도 아니며, 사람으로 하여 시간을 경영하게 함도 아니니라. 이는 사람으로 하여 스스로 그러한 질서 가운데 생명을 해침으로 하여 사람 스스로를 벌하게 하는 질서가 있다 함으로 그리됨이니라. 사람의 마음이 어리석으면 어리석은 만큼 스스로를 벌하게 되리라. 스스로가 악하여 천지자연에 악행을 행함으로 천지자연은 사람으로 하여 스스로를 벌하는 그 시간이 오래도록 그리되게 하리라. 이는 사람이 얼마나 천지자연의 이치를 살피며 살아가야 하는가를 증거하기 때문이라 하리로다. 진정 사람이 생명으로 살아가며 행복하려거든 천지자연의 이치를 중히 여김을 사람이 사람을 사랑함과 같이하라 권하노니 이는 천지자연이 권함이며, 하늘이 권함이며, 대지가 권함이며, 바람과 물과 사람 스스로가 권함이니라.

사람과 천지자연은 생명으로 연결되어 있음이라 하리로다. 땅에서 이루어지는 질서는 하늘의 이치와 땅의 이치가 음양의 이치와 같으며, 사람에게 있어 남자와 여자의 이치와 같으며, 수컷과 암컷의 이치가 항상 같다 함이니 이는 사람의 마음에 있는 음양의 이치와 천지자연의 음양의 이치가 마치 맞물려 돌아가듯 항상 같으며 변하지 않는 질서가 천지자연에 가득하기 때문이라 하리라. 그러므로 이는 사람의 마음에 있으며 사람의 마음에 싹트는 천지자연의 마음이 통하기 때문이라 하리니 진정 사람이라면 천지자연의 질서를 살피며 그 질서가 온전하게 운행하도록 하라 이르니라. 사람이 사람에게 전하라 하니 이는 진리를 전함과 같으며, 생명을 죽이지 않으며, 생명을 살리는 질서로서 변화되게 하리로다. 생명을 죽이며 자기의 이익을 구하는 자, 천지자연의 이치대로 스스로를 심히 벌하게 되리라. 천지자연의 이치가 생명의 마음으로 가득 차있음을 증거하기 때문이라 하리니 세대에서 세대로 변하지 않는 진리의 길을 말함과 같다 하리로다.

온전한 천지자연의 마음으로 대지를 보라. 그리하면 천지자연이 사람으로 하여 오래도록 대지에서 생명으로 살게 하며 세대에서 세대로 이어지는 질서가 이어지리로다. 대지에 있는 돌 하나와 한 그루의 나무와 풀 한 포기라도 생명의 질서가 가득하며 온전한 평화와 영원할 수 있는 기적을 가지고 있다 하리니 너희가 천지자연의 질서와 진리를 깨트리지 말지니라. 이는 사람의 마음에 생하는 파괴의 마음을 항상 경계함을 항상 하라 하리니 하늘의 이치와 땅의 이치가 사람의 어리석은 이익으로 깨어짐을 항상 경계함을 이름이라. 대지에서 나는 결실로 배를 불리며, 바다에서 나는 생명으로 배를 불리며, 너희가 병이 들어 너희가 돌아갈 대지를 함부로 베지 말며, 함부로 이익의 대상으로 삼지 말지니라. 그리하면 세대에서 세대로 그 땅에서 배부르게 하는 곡식이 나오며 생선이 나오니 너희가 함부로 대지를 베며 함부로 바다의 생명을 죽임은 너희 다음 세대가 배를 곯게 되고 다음 세대가 바다에서 나는 생선을 먹지 못할 것이니라. 그러므로 먹을 만큼의 진리를 마음에 새기고 배부른 돼지를 지향하지 말라. 이는 온전한 마음을 항상 가질 것을 권하는 대지의 마음이며, 항상 스스로를 천지자연의 마음으로 다듬으며, 너희가 행하는 것들 가운데 대지의 마음으로 행하며, 하늘의 마음으로 행하라 하니라. 이는 사람이 하늘의 마음을 가졌다 증거함을 위함도 아니며, 땅의 마음을 가졌다 증거함도 아닌 너희가 대지에서 살아간다 하며, 너희가 세대에서 세대로 이어지는 질서와 같이 사람이 살아간다 함을 증거하기 위함이니라. 천지자연의 미움을 받으면 이어지는 다음 세대에게도 미움을 받으리니 이는 하늘의 마음과 땅의 마음과 사람의 마음이 이어지는 것 모두가 생명의 마음을 가졌음이라. 이는 모두 다 땅에서 이루어지는 일들이 하늘과 땅과 바다와 물과 바람이 생명의 마음이기 때문이니라.

땅에서 이루어지는 모든 일들은 천지자연의 조화로움에 의함이며, 결코 사람에게 해를 주거나 불행을 주기 위함도 아니라 할지니라. 이는 차고 뜨거움의 이치에 의함이며, 흩어지며 모아지는 이치에 의함이니라. 진정 천지자연의 마음은 변하지 않는 질서와 함께함이나니 마치 천지자연의 이치가 사람을 불행하게 한다 함은 천지자연의 이치 가운데 골고루 뿌려짐으로 자연의 질서가 오묘함을 멈춘다 함과 같다 하니라. 저희가 바라보며 생각하는 마음 가운데 천지자연의 이치에 반하는 마음으로 행하지 않는가를 생각하라 권하노라. 천지자연의 이치 가운데 사람의 행함이 천지자연의 이치에 합당하다 함을 증거가 되라 함은 오래도록 세대에서 세대로 이어지는 질서 가운데 사람이 있다 함이 너희와 이어지는 생명들의 질서가 오래도록 이어져나간다 함에 인함이라 하리로다. 사람이 말하며, 행하며, 생각하는 것들로 이루어지며, 이것을 사람이 천지자연의 이치에 미치는 영향이 크기 때문이라 하리니 사람은 천지만물의 이치를 깨트림으로 일어나는 일들로 인하여 고통을 당하며 괴로움으로 신음할지니라. 이는 천지만물의 질서가 사람으로 하여 운행되는 질서이기도 한 것과 같다 함이리니 진정 천지자연에 오래도록 사람으로, 또한 생명으로 살아감을 이와 같음의 이치에 합당하게 하라 함이니라. 천지자연 중에 사람의 행함으로 사람이 고통을 당하는 일들은 이와 같으니라. 또한 사람의 이익으로 베어지는 나무로 인하여 하늘과 땅이 더워지나니 물이 세상을 어지럽히며 물로써 사람들이 많은 고통을 당할지니라. 생각을 하는 사람이라면 물이 사람에게 없어서는 안 되는 천지만물의 이치의 증거가 되나라.

　나무를 심는 사람은 천지만물을 살리며 사람을 살리는 일로서 그 칭송함이 천지간에 가득함이 이와 같기 때문이라 하리로다. 나무를 베어냄은 천지만물의 이치를 어지럽히나니 그 죄가 얼마나 큰 지는 그가 어리석음으로 알지 못하지만 세대에서 세대로 이어지는 저주를 피할 수 없음이니라. 이를 천지는 알고 있음이니라. 천지자연이 멸망할 수 있는 대상으로서 바라보는 생명이라 이름도 틀리지 않음이 그의 행하는 가운데 항상 있음이니라. 이는 사람의 탈을 썼다는 사실에 있을 뿐이며, 그는 생명을 파괴하며, 그 생명을 연장시키는 존재라 칭함을 받으리로다. 그가 사람이냐 물으면 그는 사람이나 사람답지 않은 사람이라 칭함을 받으며, 생명이냐 물으면 그가 생명답지 않은 생명이라 칭함으로 죽음에 이르리로다. 그 칭함에서 벗어나려거든 대지를 위하여 행함을 행하라 권하노라. 이는 대지에서 이루어지는 천지자연의 질서를 위함이며, 생명을 위함이니라. 저희가 생명이라면 생명의 권리를 위함으로써도 생명을 가졌다 함에 있으리니 진정 대지를 위하고, 사람을 위하고, 생명을 위하고, 천지자연에서의 오묘한 질서를 위해서라도 그리함이 옳다 함을 이르니라. 이는 모든 생명 가운데 사람만이 천지자연의 오묘한 질서를 이해하고 거행함도 천지자연의 질서 가운데 있음을 증거함이 이와 같기 때문이라 칭송을 받으리로다. 예언이 사람으로 하여 그 마음에 던지는 마음의 반성으로서와 행함을 용기 냄을 위함이기 때문에 천지자연의 이치가 땅에서 이루어진다 함으로 완성되는 질서가 이와 같다 하니라.

　모든 땅에서 이루어지는 질서 가운데 가장 어리석은 것은 이 세상이 멸망한다 함이며, 세상은 멸망할 수 있거나 멸망시킬 수 있거나 하는 대상이 될 수 없다 함을 증거함이 사람의 의무라 하리로다. 이 세상이 멸망한다 함을 사람과 사람의 입으로 전함은 그 행함으로 유익치 않음을 깨닫는 것이 사람이 행함의 으뜸이나니 해가 없어지고 달이 없어지고 너희가 살아가는 땅이 없어진다 함이 과연 옳고 진실함인지를 너희가 살피라. 시간이 있으며, 살아가는 곳이 있으며, 이 가운데 어려움이 생기며, 고난이 생기며, 생명의 덧없음으로 너희가 비록 생명의 유한함에 있을지라도 과연 너희 생명을 가진 사람으로서 행함과 생각함의 증거가 되느뇨. 생명이란 짧든 길든 생명으로 태어난 것은 자연의 질서와 천지자연의 질서와 땅에서 이루어지는 질서의 가장 아름다운 질서이기 때문에 생명으로 있음을 깨우치는 것이 사람의 행함의 기본이며, 사람으로서 행하는 으뜸생명으로 태어난 것은 모든 가치 가운데 으뜸이며, 소중한 것이니라. 가치는 생명의 가치가 천지자연의 질서이기 때문에 생명의 가치가 모여 땅에서 이루어지며, 소중한 것들 가운데에서도 소중하기 때문에 땅의 가치를 발견함이며, 생명의 가치를 발견함이니라. 이는 천지자연의 질서가 생명이 있음으로 이보다 소중하고 가치 있음을 발견할 수도 없고 만들 수도 없음이니라. 시공간과 생명이 있음이나니 이보다 아름다운 가치가 있을 수 없음이며, 의미 있음도 없음이니라. 진정 사람이고 생명이라면 그리고 생각할 수 있다 하면 천지자연이 곧 나임을 느끼며 천지자연의 이치에 거스르지 않으려 함을 항상하라. 질서에 내가 있음을 항상하며 그것을 느끼며 행함을 지표로 삼을지니 이는 생명이기 때문이며, 땅에서 이루어지는 모든 증거가 되기 때문이니라.

사람이 행하는 일들 가운데 가장 어리석은 일들은 땅에서 이루어지는 모든 일들이 땅에서 이루어지지 못하게 함이라. 이는 천지자연의 이치가 어긋남을 이르나니 땅에서 이루어지는 생명의 질서가 윤회의 질서에 항상 있음을 이름이라. 이는 천지자연의 이치가 모든 질서의 윤회로 말미암아 천지자연 스스로 그러한 질서의 진정성 때문이라 할 수 있으리니 땅에서 이루어지지 못하도록 하는 생명에게 오래도록 두려우며 무서운 천지자연의 공격을 받으리라. 이는 사람으로 하여금 사람을 죽음에 이르게 할 수 있음이며, 사람이 사람의 생명을 해치는 것을 함부로 함과 같다 하리로다. 천지자연이 사람에게 내리는 형벌은 이와 같이 일어나리로다. 땅에서 생하는 생명의 질서가 파괴되며 그 생명의 질서로 인해서 사람이 생명을 유지함은 천지자연의 질서 중에 가장 아름다운 질서이기 때문이니라. 사람이 천지자연 스스로 그러한 질서를 이어나갈 수 없게 함은 그에 버금가는 형벌을 사람이 스스로 만들어감과 같다 하리라. 이는 사람이 생명의 질서를 깨트리는 존재가 되었다 함을 이름이며, 사람의 질서가 천지자연의 질서가 우선한다 함을 사람의 어리석은 행함으로 나타남과 같다 함과 같음이라. 이는 사람의 어리석음이 천지자연의 질서를 깨트렸다 함을 이르고, 사람이 원하는 계절이 오지 않음을 이름이며, 사람이 원하는 과실과 채소가 결실을 맺지 않음을 이름이며, 사람이 기다리는 꽃이 피지 않음을 이름이며, 사람이 원하는 비가 내리지 않음을 이름이라. 천지자연의 질서 중 짐승이 사람을 해치지 않음을 사람이 기뻐함은 그것은 결코 천지자연의 이치 중에서 사람이 짐승의 생함과 죽음의 과정이 없다 함을 이름이나니 이는 짐승이 사람을 해치는 일이 없듯이 사람이 짐승을 해칠 수 없음과 같다 하리라.

사람에게는 즐거움과 행복이 있다 함을 이르러 사람이 어리석기 때문에 생각할 수 있다 하리니 이는 사람이 생명을 유지함과 짐승이 생명을 유지함은 항상 같은 것이라 할 수 있음이라. 사람이 살 수 없는 세상은 짐승도 살 수 없으며 짐승이 살아가지 못함은 사람이 이 땅 위에서 살아갈 수 없다 함과 같다 하리니 사람이라 하는 생명이 이 땅 위에서 살아감은 온전한 천지자연의 질서가 가득하다 함과 같으니라. 만약에 하찮은 생명의 줄기가 사라짐은 그 자리를 사람이 차지하였다 함을 이름이며, 사람이 그 생명의 줄기를 해치고 빼앗았다 함을 이름이니라. 사람이 천지자연의 이치를 해치며 파괴하는 생명이라는 소리를 듣지 않으려해야 함은 천지자연의 이치와 같은 사람의 의무라 하리라. 사람이여, 들을 지어다. 함부로 생명을 해치지 말라. 너희와 너희의 후손에게 이어지는 생명의 진리로서 생명을 지켜나가리니 그리하라. 그리하면 천지자연의 이치가 사람에게 가득하여 사람의 이치와 천지자연의 이치가 함께 땅에서 이루어짐을 오래도록 보리로다. 그리하지 않음은 땅에서 이루어지는 천지자연의 질서와 사람의 이치가 끊어지며 생명의 가치로서 이 땅 위에 존재함이 아니며, 사람들 스스로 스스로를 벌하게 됨을 오래도록 보게 되리로다. 이는 천지자연의 이치가 사람에게 있음을 증거함과 같음이 이와 같기 때문이라 하리로다. 사람이 땅을 거칠게 하면 사람이 이와 같이 변하며 천지만물이 이와 같이 된다 함이라. 사람의 마음이 하늘의 마음으로 이어지며, 하늘의 마음이 땅의 마음이 되나니 이는 사람의 마음과 땅의 마음과 하늘의 마음이 마치 부모와 자식과 그리고 그에 이어지는 세대에서 세대로 이어지는 후손들과 하나가 됨을 하늘과 땅이 증거하기 때문이라 하리로다. 진리와 진리만이 땅 위에서 살아감은 온전한 이치가 땅 위에 있음을 이름이며, 진리와 진리만이 하늘에 가득하기 때문이라 이름이며, 진리와 진리만이 하늘과 땅과 사람의 마음에 있기 때문이니라. 이는 온전한 이치 가운데 사람이 살아가며 하늘과 땅과 사람의 겸손함이 마치 부모가 자식을 사랑하는 마음과 자식이 부모에게 효를 다함과 같기 때문이니라. 이러한 이치가 세상에 가득하다 함은 우주의 질서가 그러하며 천지자연의 질서가 이와 같은 이치 가운데 있음을 천지자연이 증거함을 항상하기 때문이라 하리로다.

윤회는 천지자연을 운행한다 함을 일컬음이나니 윤회가 스스로 그러한 이치의 증거와 같으며, 사람으로 태어나 성장하며, 또다시 스스로 그러한 이치에 합당하다 함을 증거함과 같다 하리로다. 이는 윤회의 질서 이전과 윤회를 살아가고 있는 지금, 윤회 시간의 정점과 윤회의 또 다른 시작이 흐르는 물과 같으니라. 해가 떠서 세상을 비추다 새로이 밤이 되고 달이 세상의 모든 질서의 으뜸임을 보임과 새벽과 더불어 해가 떠오르나니 밤이 지나면 낮이 되고 해가 떠오르는 질서가 마치 끝없이 흐르는 물과 같으며, 해가 뜨고 해가 지고, 달이 뜨고 달이 지나니 이러한 질서가 어찌 윤회의 질서가 아니라 하리. 마치 사람이 이와 같다 함과 사람은 이와 같지 않다 함을 말함은 의미 없음과 같나니 어제의 해와 어제의 달이 오늘 살아 숨 쉬는 생명을 동시에 세상에 있음 이외에는 더 이상의 의미를 가지고 있지 않음과 같다 하리로다. 처음 세상이 시작됨과 세상이 오늘에 이르기를 이와 같이 하였다 하리니 이는 생명의 질서가 증거함이 항상함의 결과가 되리로다. 윤회가 마치 있음과 없음의 교차를 말함도 아니며, 윤회가 없음에서 생명을 얻음을 말함도 아니며, 생명을 가지고 있다가 죽음에 이른 것을 말함도 아니며, 이는 생명으로 살아있음을 온전한 자연의 질서로 이름을 말함이니라.

마치 언어에 갇혀지는 질서에 있음을 경계하기 위하여 윤회 계시록을 남기나니 이는 천지자연의 질서가 어느 것도 윤회 아닌 것이 없음을 증거하기 위함이며, 윤회하는 생명이니라. 윤회의 질서 가운데 생명의 할 일과 자연의 할 일, 사람의 할 일을 윤회 계시로써 기록하나니 이는 천지만물의 이치가 이리도 아름다우며 그 아름다움을 찰나의 어리석은 파괴로써 이익을 얻지 않으려 함을 항상하라 하노라. 사람의 마음으로 세상을 보는 것과 천지자연의 마음으로 천지자연을 보는 것은 같다 함이리니 사람의 마음으로 천지자연의 질서를 지키며, 그 질서를 어지럽히지 않으며, 그 질서를 온전히 지켜간다 함을 윤회의 온전한 계시를 완성한다 함을 이르느니라. 더구나 이는 천지자연의 이치와 사람의 이치가 온전히 땅에서 이루어진다 함을 이르기 위함이니라. 윤회의 계시를 이르러 사람이 나아가며 행하여야 하는 바를 이름도 있으며, 천지자연의 오묘한 이치 가운데 사람도 있다 함을 증거하기 위함이 이와 같다 함이 옳다 하리로다. 사람으로 살아가는 것은 사람의 행함 가운데 사람의 이치를 잃어버리지 않아야 함이라. 그러나 천지자연이 사람으로 하여 파괴를 당한다 함은 지극히 어리석음도 아니며 단지 알지 못함으로 이러한 일이 일어남과 같다 하리니 앎을 온전히 하기 위함이 윤회 계시록을 기록하는 것이라 함이라. 사람이 나아가는 길과 사람이 행하여 가는 길, 그것이 역사와 현실과 깊이 관련지어서 행하여야 함이 지극히 지당하다 할 수 있음이리니 너희가 진정 사람이거든 사람의 행함이 천지자연의 지극한 이치와 함께 있다 함이리로다.

진실로 말하노니 윤회의 계시록을 알아갈 때에 너희가 기적으로 세상을 보지 말며 기적을 이루려는 마음으로 행하지 말라. 이는 사람의 살아있음보다 더 큰 기적은 없다 함에 있다 하리로다. 살아있음으로 기적은 이루어졌으며 그 살아있음의 기적 가운데에서 생명의 역할을 하라 함이 이와 같기 때문이니라. 조금씩 행하여야 하는 것이 생명의 길이며 생명이 하루하루를 살아가며, 그 가운데 생명의 이치를 느끼며, 생명의 이치를 깨닫는 것과 같나니 이러한 이치는 기적을 행함이 아니라 생명의 가치를 보이는 것이라 함이 옳다 함이라. 진정 생명이거든 생명의 가치를 가지고 행하라 함이 바로 기적을 보이는 것과 같다 하리니 진정 생명의 가치를 잃어버리는 순간보다 참혹한 실패와 파괴는 없다 하리라. 이는 천지자연이 그 행함을 지극히 경계함과 같이 행하라 함이 이와 같기 때문이라 하리로다. 하늘 아래 살아간다는 것과 하늘 아래에서 행하여지는 모든 생명으로서의 모든 가치와 의무는 함부로 생명을 해치지 않음으로부터 시작되어야 하느니라. 만약 생명의 가치가 무너진 대로 오래도록 그렇게 살아간다면 사람의 행함이 파괴와 거짓과 위선이 가득한 것보다 사특한 것은 없다 할 수 있음이니라. 저희가 세대에서 시대로 이어지는 생명의 가치를 깨닫는 것보다 위대한 질서는 없으며, 이는 천지자연의 가치와 같다 함이로다. 사람이 기적을 바라려거든 천지자연의 지극한 질서 가운데에서 생명의 아름다움을 마음으로부터 느끼는 가운데에서 얻게 됨이 본래 가지고 있는 생명의 온전한 얻음이라 할 수 있음이니라. 생명과 천지자연의 질서는 같다 함을 증거함으로 그리됨과 같다 하리니 이는 세대에서 세대로 이어지는 온전히 멸망하지 않는 질서가 되며, 천지자연의 멸망하지 않는 질서가 됨과 같다 하리로다. 천지자연 생명의 마음이 사람의 마음과 같아짐으로써 온전한 천지자연의 사람이라 함이 이보다 가치 있다 말하는 것은 그보다 어리석음이 있지 않다 하리로다. 이는 천지자연의 질서와 사람의 질서가 같아짐과 같으며 천지자연의 축복을 받음보다 더 아름다움은 없다 함이니라. 이는 온전한 질서가 세대에서 세대로 이어지며 멸망하지 않는 질서로서 증거됨과 같으며, 만약 사람의 입으로 세상이 멸망한다 하고 행하고 말함은 그가 사람의 구실을 할 수없는 생명이라 비난받아야 함과 같다 할 수 있음이로다. 사람의 죽음이 천지자연의 온전한 질서 가운데 있음과 온전한 질서를 벗어나 영원한 생명이 있는 세상으로 갔다는 그 말이 비록 옳고 맞다 할지라도 그것은 천지자연의 질서 속에서 벗어난다 함과 같으며, 온전한 질서 속에서 태어나 이 세상에서 살다가 죽음을 맞는 것이 생명으로서 감사함이 아니라 말함과 같다 하리로다. 죽음은 곧 천지자연의 질서를 파괴하기 위하여 생명으로 태어났다 함과 같으며, 만약 이 세상과 천지자연이 동시에 있음이 분명하지 않다 말함과 같다 하리로다.

영원한 생명의 저 세상보다 이 세상이 추하며 거짓으로 가득하다 할지라도 사람은 사람

의 마음으로 온전한 바른 마음을 갖기 위하여 행하며 교육함이 본래 생명의 이치라 함이
라. 어리석다 하는 생명은 없으리니 진정 사람이거든 이 말에 마음을 쓰지 말며, 하루를 살
아도 사람으로 살았음에 감사함을 잊지 말며, 비록 윤회의 질서 속에서 눈에 보이는 이익이
없을 지라도 생명의 가치를 소중히 하며, 그 가치 가운데 행함을 항상한다 맹세하라. 이는
생명의 질서이며, 윤회의 질서가 그리하라 말하며, 천지자연의 이치가 너희 사람으로 이어
지는 다음 세대에게 온전한 질서와 온전한 사람으로 되어지는 질서가 되리라. 이 세상은 사
람으로 하여금 파괴되어지도록 예정된 질서가 아니며, 이 세상은 멸망되려고 스스로 그러
한 이치가 되지 않음을 증거하며, 그 증거로 사람의 마음에 천지자연의 온전한 바라봄과 행
하여짐이라. 이 세상은 세대에서 세대로 이어지며 생명의 기운으로 생명이 천지자연의 온전
한 질서 가운데 살아있음을 누리게 됨이라. 이는 사람과 하늘, 대지가 공존하며, 파괴되어지
지 않으며, 천지자연의 질서가 온전하며, 사람의 마음이 평화로움으로 천지자연의 이치와
합당함이 지극함이며, 세대와 세대로 이어지는 질서와 이치가 지극히 합당하다 함을 이름
이니라. 천지만물은 파괴당하지 않음으로 그 이치가 사람에게까지 이르나니 이는 천지자연
의 이치가 사람의 이치와 같다 함을 이르나라.

  파괴의 마음을 버리며 천지자연 스스로 그러한 이치가 사람이 숨 쉬며 사는 것을 증거함
과 같다 함을 이와 같이 이르나니 윤회가 사람에게 사람으로 살아가는 분명한 이치를 합당
하게 하리라. 이는 자유와 평화를 이름과 같으며, 천지자연의 이치에 합당함이 함께 이루게
됨과 같음이니라. 사람의 이치가 천지자연의 이치와 합당하다 함을 사람에게 비유하여 사
람의 마음에 생명의 자존심이 있음으로 증거가 되리라. 사람에게 생명의 자존심을 가지고
있다 함은 함부로 하늘의 이치와 땅의 이치를 거스르지 않으려 함이 그 증거가 되는데, 이
는 사람의 이치를 거스르지 않는 것과 같다 함을 이른다 함이니라. 생명의 자존심은 스스
로를 벌하는 질서에 들어서지 않으려 함이 지극한 천지자연의 이치와 같기 때문에 그리함
이며, 천지자연이 모든 질서의 운행을 생명 중심으로 운행한다 함의 그 증거로 사람이 되기
때문이니라. 물론 천지자연의 이치에 항상 같이 있기 때문에 그러함인데, 이는 천지자연이
생명의 이치와 합당하기 때문이라 하리로다. 너희가 진정 사람이라면 천지자연의 마음으로
행하며 생각하라 함은 이와 같기 때문이라 하리니 사람이 모든 생명의 증거가 되나라. 이는
천지자연의 증거가 됨에 그리함이나니 사람이면 이러한 이치에 감사함을 항상 하라 함과
같으니라. 항상 열려있음으로 천지자연 운행의 질서가 사람의 생각과 행함으로 그리되나니

사람이 천지자연의 모든 가치와 하나가 되기 때문이라 하리로다.

사람이여, 자성할지니 이는 사람이 사람으로 태어난 것으로도 모든 삶의 파괴를 시작함과 같음이라. 파괴의 가치와 생명의 가치가 같아짐을 항상 기억하며 항상 행함의 근본으로 삼을지니라. 이는 생명의 가치와 어느 것과도 바꿀 수 없음을 행함의 근본으로 삼아야 함을 말하노라. 이는 천지자연이 말함이며, 하늘이 말함이며, 땅이 말함이며, 또한 대지에서 이루어지는 모든 진실과 진리가 말함과 같다 함이라. 이는 또 진리의 길이며 진실로 이루어진 사람 관계의 결과라 할지니라. 진정 사람의 길을 가느냐 하고 물을 때에 너희가 마음이 괴롭고 살아있으면서도 그 몸이 부서지는 죄를 지었음을 하늘에서도, 대지에서도, 그리고 천지자연과 사람에게서도 피할 수 없음이라. 그리하여 세대에서 세대로 이어지는 천지자연의 노여움 속에서 살게 되리니 사람의 노여움과 생활의 노여움과 스스로 벌하는 노여움으로 그의 자손들이 살게 될 것임이라. 이는 사람의 가치와 생명의 가치를 동시에 느낌으로 이루어지는 천지자연을 향한 생명의 의무라 할지니 사람이면 그 가치를 잊지 않으려 함을 항상하여야 함이 이와 같기 때문이라 할지니라. 사람이여, 명심할지니 생명의 자존심과 생활의 자존심이 같음같이 살아갈지니라. 그렇지 아니하면 파괴를 통해서 얻어지는 모든 가치는 가족의 파괴와 스스로 벌하는 가치로 변하게 되며, 사방에서 그것을 빼앗으려 달려드는 천지자연의 노여움으로 그 생명이 살아있음의 가치를 상실하게 되리라. 천지자연은 생명을 죽이면서 운행되는 질서가 아니라 생명을 살림으로써 운행되어지는 질서이기 때문에 항상 마음에 새겨두라. 이는 진리이며, 진실이며, 생명이 오래도록 이어지는 사람의 도리가 이와 같다 함이니라.

## 🌿 지천선악

지천선악(地天善惡)의 질서는 이러하니라. 지(地)라 함은 땅을 일컬음이며, 땅이라 함은 온전히 모든 것들을 굳건히 살아있게 함을 이름이나니 온전한 질서라 함이며, 영원한 질서가 있다 함이 지극하다 하리로다. 땅은 모든 생명이 충만함으로 살아있음이며 살아간다 함이니라. 이는 생명으로 살아가는 시간의 질서와 죽음이라고 하는 흙에서 나서 흙으로 돌아가는 시간의 질서가 있음이 지극히 높으며 지극히 완전하다 하리로다. 이는 또 생명으로 살아가며, 생명의 존속을 가지고 있는 시간과 공간을 말함이니라. 지라 함은 땅을 일컬음인데 어느 것보다 먼저임도 없으며 나중임도 없음이라 하리니 사람이 생명이며, 만물도 생명이며, 생명의 질서가 온전한 질서와 진리로 나타나고 사라지고 형성되어지고 흩어짐을 이름이라 하니라. 사람이 말하기를 세대에서 세대로 이어져간다 함과 살아있는 것은 살아있는 생명을 잉태함을 멈추지 않는다 함이니라. 대지는 생명이 온전하게 완성되는 순간으로 남겨지며, 생명이 생명을 잉태하며, 생명이 생명을 느끼며, 만물의 이치가 행하여지는 것에 인함이며, 생명의 과정이 순환되나니 그것 자체만으로 땅이라 함이니라. 모든 것은 땅에서 이루어진다 함이 지극하다 하리로다. 지극함이 하늘과 해와 달의 이치가 온전히 이루어짐으로 생명의 공간이라 함도 온당함이니라. 잉태된 생명의 과정은 생명이 자라는 것에 인함이니라. 잉태는 천지자연에 스스로 있게 됨으로 인함이며 생명이 탄생되는 것이나니 생명은 창조가 아니라 조화가 완성되어서 생명이 되었다 하니라. 생명을 땅 위에 스스로 있게 함은 땅의 질서가 충만하기 때문이고, 땅 그 자체에 생명이 가득하기 때문에 만족함이 크다 함이니라. 땅이 있음은 하늘이 있음의 근본이 되며, 땅이 있음은 선과 악이 있음을 증명함과 같다 함이리니 선과 악으로 다투는 어리석음에서 벗어나야 하는 곳 또한 땅에서 이루어짐이니라. 이는 생명이 모든 것의 증거가 되리로다 함이더라.

땅에는 불이 있음이며, 이 불은 생명의 근원임을 증거하기 때문이니라. 땅이 불 위에 있음이며 불로써 땅이 이루어짐은 땅의 질서와 해의 질서는 같다 함으로 그리함이니라. 땅이 증거함은 해의 이치를 따름이 지극하다 함이니 불로써 생명의 질서가 땅 위에 있음은 진실한 질서가 있기 때문이라 하리라. 진실로 이르나니 불로써 성하며 불로써 멸망함을 경계하라. 불이 멸망의 징조에 이를 때 생명들이 몸을 떨며 두려워 땅 위에 있지 못하고 멸망의 구덩이에서 빠져 나오지 못하리니 진실로 멸망에 이르지 말라. 생명을 구하는 질서가 불로써 멸망당하지 않으리니 땅에서 이루어지는 진리가 멸망을 막으리로다. 너희가 땅의 불을 위하여 수입의 백의 이를 사용하라 함이나니 이는 불로써 평화를 지킴을 이름이며 불로써 살생하지 않음을 말함이라. 불은 뜨겁다는 것으로 사람을 죽음에 이르게 하며, 생명을 죽음에 이르게 할 수 있노라. 불의 이치는 물과 상극과 상생으로 생명을 기르나니 불의 이치로서 사람의 이치를 삼으라 함은 물과 상극과 상생의 이치로 생명을 키우는 이치에 합당하라 함이니라. 이는 지천선악의 진리가 사람에게 있다 함을 증명함과 같다 하리로다. 그리하면 오래도록 불로써 멸망하지 않으리니 진리 속의 진리가 사람에 의하여 행하여진다 칭찬받음이 있으리로다. 땅에는 물이 있음이나니 물로써 세상을 구하며 세상을 멸한다 함은 온당하다 하리라. 물이 생명이라 함은 해의 질서와 달의 질서가 땅 위에 가득 함으로 이루어짐을 이름이며, 땅 위에 번성하는 생명들은 모두 다 물로 인함이리라.

물이 뜨거워지고 차가워지는 것의 두려워함을 진심으로 하라. 이는 뜨거움과 차가움으로 인하여 생명이라는 것을 잊지 말라 함과 같다 하리니 온전히 너희가 멸하지 않으려거든 물을 천지자연의 은혜로써 대하라. 그리하면 멸망의 때를 비켜가리로다. 물에서 생하는 질서를 너희가 함부로 취하지 말라. 취하게 되면 오래도록 저주를 받으며 세대에서 세대로 스스로 벌함을 받으리로다. 진실로 이르나니 사람이 번성할 때에 물이 사람의 마음으로부터 멀어짐이 있고 물이 사람을 저주함이 항상할 때가 오리니 진실로 두려워하라. 진실로 이르나니 물의 생명의 질서를 빼앗으려 하지 말라. 물에서 생하는 질서를 사람의 마음으로 생각하라. 사람의 욕심으로 물을 대하면 물에서 생하는 질서가 사람을 죽이게 되리라. 사람을 저주함은 이 세상이 멸망의 터널로 들어섬과 같음이리니 진실로 물을 두려워하며 함부로 물에 생하는 질서를 깨트리지 말지니라. 너희가 물을 위하여 수입을 얻을 때 백의 오를 사용하라. 그리고 바다와 강에서 생하는 생명들을 키워 바다와 강으로 돌려보내는 것에 힘쓰라. 이는 바다와 강이 사람을 번성하게 함을 오래도록 이어지게 함이나니 진실로 땅을 사랑하는 마음으로 바다와 강을 사랑하라. 이는 지천선악의 축복이 있음을 오래되게 하려 함이니라. 육지의 물을 위하여 수입을 사용하라. 진심으로 생명을 대하는 마음으로 땅의 물을 살피라 당부하나니 땅이 온갖 축복으로 사람에게 복 주리로다. 땅에는 온갖 나무가 생하리니 생명의 마음으로 대하라. 이 세상에 온갖 나무가 있음은 사람이 생하는 질서가 아직도 있음을 말함이며, 온갖 나무들은 온갖 짐승들이 생함을 증거함이고 사람이 함께 살아있음을 이름이니라. 사람이 번성할 때 온갖 나무들이 잘려져 사람이 살 집이 되었고 화목으로 쓰였을 때 그 숲 속 나무로 생명을 유지하는 생명을 돌보지 않는 저주를 너희가 진심으로 두려워하라. 하늘이 사람을 죽이며, 그 절규가 땅에 가득 하리로다. 저희가 진실로 멸망의 질서에 들어서는 것을 경계함은 땅 위에 번성하는 생명이 존귀하고 아름답기 때문이니라. 숲은 한 그루의 나무가 모여 이루어지며 숲은 온갖 짐승이 모여 숲이 되나니 사람의 욕심으로 함부로 베어내서 그 숲의 짐승을 쫓아내지 말라.

진실로 물의 질서와 함께 이룩됨을 생명의 외침으로 들을지니라. 땅의 광명이 이와 같이 비춤이나니 땅이 오래도록 생명의 보물인 것이 이와 같기 때문이라 하리로다. 너희가 수입의 백의 일을 사용하라. 나무를 자르는 것보다 나무를 키우고 가꾸어 온갖 짐승들과 온갖 생명이 살아있음으로 해서 사람이 사탄의 마음을 극복함이 지극하다 칭송받음이 땅에 가득하리로다. 너희가 수입의 백의 일을 사용하라. 그리하면 숲은 사람을 많이 살리고 죽음에서 구해줄 것이로다. 숲을 살리는 것은 생명을 살리기 위함이며 우주와 생명의 관계를 대비함과 같음이로다. 하늘과 생명의 관계는 이러하니라. 생명이 하늘로 인함이며, 궁극으로 정의함이며, 생명성을 부여함이니라. 하늘이 있기에 생명이 있고, 땅이 있어 생명이 있다 함과 그 생명이 하늘을 앎이며, 하늘이 그 생명을 앎이니라. 사람이 말로써 그 의미를 나타냄이 있기에 그 의미는 하늘과 생명이 서로 알며, 서로 느끼며, 그 의미가 동일하다 함이 있다 함이라. 이는 하늘 아래 생명이 있다 함이며, 생명이 그 하늘을 바라보며 하늘이라 칭함이니라. 생명이 만들어낸 것이 하늘이며, 그 하늘 아래에 생명이 살아간다 함은 진리이자 진실이나니 어느 것이 먼저인지를 밝힘은 그 어리석음이 크다 함이니라. 이는 그 우주에 땅이 있음으로 인함이며, 온 우주에 태양이 있다 함이며, 온 우주에 모든 것이 있다 함에 인함이니라. 생명이 하늘을 우러르며 생명성의 광대함과 우주의 광대함을 동일시함이 여기에 있음이로다. 하늘이 생명과 대비된다 함은 이치로서 하늘이 인간의 가능성에 의한 표현이라 함이니라. 인간의 생각 속에 그려지거나 생각 속에서 만들어 내진 허상이라 할 수 없음은 생명의 시각과 생명의 생각에 의해서 우주가 있다 함이 우주 속에 인간이 있다 함이며, 그 인간이 우주를 생각함은 생명과 우주는 동시적인 사태가 있다 함에 인함이니라. 그 우주 속에 하늘의 의미와 대지의 구별은 생명에 의해서만 구별되느니라.

우주와 하늘의 이치는 사뭇 다르니라. 이는 천지자연의 이치가 생명의 질서이기 때문이니라. 우주는 생명의 탄생과 소멸의 질서에 의하여 생성된다 함이 진리니 생성된 우주의 그 생명과 우주의 존재에 의해서 드러남이 있음으로 우주가 생명에 의해서 존재한다 함과 같다 하니라. 우주에 생명이 있지 않음은 우주라 하지 않나니 우주에 생명이 있지 않다 함은 생명의 이치와 맞지 않음이 분명히 있기 때문이니라. 생명이 없는 우주는 우주라 하지 않느니라. 이는 대지에 어떠한 생명도 존재치 않는 순간으로부터 새로운 생명이 탄생되는 진리를 스스로 생명이 있게 됨을 말함이며, 우주는 우주 자신의 질서에 의하여 생명을 또다시 탄생시키는 능력이 있음에 인함이니라. 땅은 생명이 있게 되는 질서로 변하여 가며, 하늘은 생명이 있게 하는 질서로 변하여 가며, 하늘과 우주는 생명이 있게 하는 질서로 변하여 가는 것이 생명의 진리이기 때문이라 하니라. 생명을 죽이는 것은 진리를 죽이는 질서라 함이 온당하니라.

선이라 함은 해를 이름이라. 해는 양이라 함이 타당하리니 이는 생명을 향해 간다 함에 인함이며 생명의 근본이니라. 음양의 관계는 어느 것으로도 대신할 수 없나니 천지자연의 질서는 음양에 의함이 지극하다 함이라. 이 가운데 양은 뜨겁고 온난하며, 물은 생명을 향하기 위함이리로다. 양의 질서가 지극히 성함보다 음의 질서가 막아서나니 이를 음양의 이치라 하며 상극과 상생이라 하니라. 이 가운데 양의 질서가 천지자연의 질서와 진리보다 앞선다 하지 않기에 양의 이치라 하니라. 해가 생명으로 나아간다 하며, 생명을 탄생시킬 수 있다 하며, 만물의 생성을 위하여 있다 함은 온당하고도 온당하나니 해는 생명의 가능성을 품고 있다 하니라. 해가 음의 이치와 상극과 상생에 의하지 않음은 생명으로 나아 갈 수 없기 때문이니라. 모든 만물이 조화롭기에 생명으로 나아가며, 조화롭지 못한 것은 양이 강하다 할 때 해의 빛이 강하다 함이라. 그래서 결코 해만으로는 생명이라 할 수 없느니라. 땅과 대지의 상생의 이치가 생명의 탄생과 관련이 있다 하면 빛의 근원이 생명이다 함을 인정치 못함이 그 한계에 있음이리니 생명으로서 빛은 선이라 함이니라. 선이 해의 질서라 하는 것은 결코 생명의 질서와 동시적인 작용에 인함이며, 땅의 질서와 동시적인 작용이며, 차가운 것과 동시적인 작용이라 함이 크다 하리니 해의 질서는 동시적인 질서의 증거라 하리로다. 이는 대지에서 빛이 비추는 작용의 결과이고 시작이리니 빛으로 모든 생명의 질서가 온전하다 하리로다. 빛이 생명에게 생명수라 하면 그것 또한 진리의 표식이 됨이로다. 이는 생명이 해를 향하는 마음이 지극하여 해를 신이라 칭함도 있음이니라.

신을 극복하고 조화로운 것이 생명이라 함은 온당하고도 온당하니라. 신이라 함은 빛을 악보다 못하는 진리로 깎아내리는 것과 같음이리니 빛은 음과 양, 땅과 조화롭게 이루는 질서이니라. 해의 본질은 따뜻함을 넘어서면 생명을 빼앗아가는 무서운 독과 같이 되는 것을 이르니라. 너희가 질서와 진리의 독을 마신다 함이 여기에 있음이로다. 악이라 함은 달이라 함이리니 달이 땅과 빛의 오묘한 작용의 중심에 있다 함이 분명하다 할 수 있음이라. 이는 생명의 이치의 오묘함이 지극하고 지극한 데서 있다 함을 이르니라. 빛에 의한 낮과 어둠에 의한 밤의 작용은 모두 다 땅에서 이루어지리니 이는 모든 증거가 땅에서 이루어진다 함을 이르니라. 달의 진리는 누구도 알지 못하며 마치 신과 같이 칭함을 받나니 모든 생명이 생명이다 하는 순간과 유사함이 여기에 있느니라. 찬 기운이 천지자연 본연의 질서가 아니고 달의 분명한 질서라면 달과 해와 땅이 그 고유한 질서와 상생, 상극 중 생명이 그 생명의 빛이 다되어 흙과 자연으로 되돌아가는 순간이리라. 생명에게 차가운 것이 극에 이르면 뜨거워지며, 뜨거워지는 것이 극에 이르면 차가워지는 이치를 달에게서 근원에 있다 함이라. 그럴 때에 사람은 받아들이는 사람과 의심하는 사람이 있는 까닭으로 빛의 기운과 차가운 기운, 땅의 기운이 서로 상극과 상생의 이치에 인함이라 할 뿐 의심과 받아들임은 생명의 본질이 땅에도 있음이니라. 땅에서 이루어지는 모든 질서는 생명이 오묘하게 작용하는 질서의 증거가 되리로다. 이는 모든 생명의 이치와 죽음의 이치가 함께 작용한다 함이 크다 하리로다.

천지자연의 이치가 모두 다 지천선악에 의하여 이루어지느니라. 그 오묘함과 진리가 여기에 인함이라 함이니 너희가 지천선악의 이치에 충실함을 증명하는구나. 천지자연의 신비는 생명의 평범함에 항상 깃들어 있으며 생명이 그윽하다 함이리니 생명 이외의 신비가 있다 함은 그 진리가 심히 거짓되었다 할 수 있노라. 생명의 거짓이란 나의 생명은 존중하지만 나 이외의 생명을 적대하며, 나 이외의 생명을 존중하지 않고 사랑하지 않음이라. 그로 인한 생명으로서의 미혹함에 빠져 있다 함이니라. 이는 지극히 미혹함으로 항상 생명 현상의 반대 방향으로 작용하려 하니라. 생명 현상의 반대 현상은 생명을 죽이려 하며, 자살하게 하려 하니라. 이는 오로지 상극으로 나아가거나 오로지 상생으로만 나아간다 함에 인함이며 상생과 상극의 이치가 오묘하게 작용하여야 생명이 탄생하는 이치에 반한다 하니라. 이를 죽음의 작용에 있다 함을 증거하리로다.

지수화풍(地水火風)의 이치는 또한 이러하니라. 모든 작용은 땅에서 이루어진다 함이니 땅이 모든 것의 근거이리니 천지자연 스스로 그러한 이치에 의함이 지극하다 함이 있으리라. 이는 생명의 모든 원천이 물에 있다 함과 같음이리니 물은 모든 생명의 젖줄이니라. 생명이 있다고 하는 것은 성장하는 이치와 번성함을 위함이나니 물은 생명을 성장시키며 번성케 하기 위하여 있음과 같다 하리라. 물은 생명의 연장과 순환으로 천지자연에 나타내어짐이며 천지자연의 증거로써 물이라 하는데, 이는 땅과 물의 작용이 어느 무엇보다도 생명의 진리가 있다 함이니라. 화라 함은 불이라 칭함이며, 그 근본에는 해의 이치와 같으니라. 화는 태우는 것에 근본을 두지 않고 땅과 물과 함께 작용하느니라. 하늘에 이르기를 따뜻해지는 것으로 생명이라 함은 근본에는 불이 있기 때문이라 하니라. 불은 생명의 신비함과 초월적인 것으로 있다 함이니라. 불이 불로써 존재하면 생명이 아니며, 차가운 이치에 더하지도 못함이니라. 덜지도 못하는 생명의 이치가 생성되는 것은 하늘과 땅의 축복에 의하지 않으면 탄생할 수 없음이리니 생명을 함부로 죽이거나 생명을 미혹함은 그 불의함의 끝이 없음에 인함이며, 생명을 죽일 때에 불이 꺼지는 것과 다르지 않으며, 물에 의하여 불이 꺼지는 것과 다르지 않음이니라. 생명이 죽어가는 느낌이 있게 됨은 나 자신도 물과 불과 땅의 작용에 인하여 이루어졌음에 인함이나니 이는 나도 곧 그리됨을 내 안에 있는 물과 불과 땅의 작용이 알려주기 때문이니라.

너희가 촛불을 끄듯이 생명을 죽일 때 나의 촛불을 지천선악이 끄려 하노라. 이를 화의 작용이라 하니라. 지천선악의 질서는 지수화풍으로 이어지며, 만물로 나아가며, 생명에 도달하였나니 한 생명, 한 생명이 스스로 그러하니라. 땅에 바람이 이는 것은 지천선악의 작용에 인함이니 땅에 불을 날리고 물을 날리게 됨은 바람의 이치가 있기 때문이니라. 또한 바람의 이치는 땅과 물과 불의 작용이니라. 바람이 멈추지 않는 것은 바람이 물의 흐름과 다르지 않으며, 불길이 멈추지 않고 번져나가는 것이 다르지 않은 이치라 함이라. 사람이 바람처럼 살고 싶다 하고 바람처럼 떠돈다 함은 사람에게도 바람의 마음과 이치가 있다 함이니라. 바람은 자연이고 자연의 이치라 함은 만물을 작용하는 이치에 항상하기 때문이며, 황폐해진 것을 푸르게 함은 바람의 이치에 인함이며, 푸르게 됨이 황폐하게 됨은 천지자연의 이치에 상극과 상생의 이치가 본래의 이치에 충실함과 같다 하니라. 이는 자연의 이치로서 바람이며 천지자연의 이치 가운데 바람이니라. 바람은 번성하기 위하여 바람이니라. 환원은 흙에서 나서 흙으로 돌아가는 것과 같이 흙이 있는 곳에 환원의 이치로서 바람이 있으며, 물이 있는 곳에 환원의 이치로서 바람이 있게 됨이니라. 불이 있는 곳에 바람이 있게 됨은 환원의 이치로서 바람이 있게 됨이니라. 바람이 또한 자연의 이치로서 자연이라 하며 한 생명, 한 생명이 생명으로 있게 됨이니라. 생명은 만물로 되돌아가며, 지수화풍의 근본으로 돌아가며, 지천선악의 질서에 환원됨을 이르나니 만물에서도 자연이며, 지수화풍에서도 자연이며, 지천선악에서도 자연이라 하니라. 자연은 상생과 상극이 지극하며, 질서와 환원이 지극하다 하였나니 이것을 지극한 자연의 질서라 하고 흐르며, 작용하여 또다시 흐름이라. 자연의 질서는 사람의 질서와 항상 대립되며 순환하나니 순환이 이르는 것은 생명의 질서로서 흐름이니라. 또한 그 질서가 함께함이리니 생명의 탄생은 생명의 소멸과 항상 함께함이니라. 생명의 소멸은 항상 생명의 탄생과 함께하나니 가장 지극한 천지자연의 질서라 이르니라. 이로써 모든 생명은 땅에서 이루어지며 땅에서 소멸하는 이치에 있음이라 하니라.

천지자연의 질서와 생명의 질서는 항상 같다 함을 경건히 하라. 이는 모든 질서가 생명을 위하여 있음이니라. 생명의 질서는 양육 강식의 질서와 상생의 질서를 아우르는 질서가 있음이라. 이러한 질서가 사람의 질서 속에 있나니 사람이 경영하며, 사람이 보호하며, 번성함을 주관하느니라. 사람이 주관하여 번성하게 하고 천지자연과 만물의 이치를 성실하게 행한다 하여 사람이라 이름이니라. 이는 천지자연이 사람을 믿으며, 신뢰할 수 있기 때문이니라. 사람이 천지만물을 경영하고 번성하게 하는 것은 천지자연이 행하고 사람이 행하게 됨을 말하노라. 해가 비추며, 비가 내리며, 생육의 질서를 주관하듯 사람이 살생을 두려워하고 땅 위에 생명이 번성하게 하려 함은 사람과 만물의 이치를 사람이 행하게 하려 함이니라. 사람의 질서가 생명의 번성을 위하여 있듯 천지자연의 질서는 생명의 번성을 위하여 나아감이니라. 이는 사람의 질서와 지천선악의 질서가 생명을 향하는 질서라 하지 않을 수 없음이리니 사람이 지천선악의 이치를 행하기를 생명의 질서가 어느 것보다 우선한다 함이니라. 살생을 함부로 하면 그 화가 세대에서 세대로 이어지리니 이는 천지자연의 질서를 사람이 행하게 됨을 잊었기 때문이며, 위반함이나니 모든 생명의 질서에 역행한다 함이 크다 하리로다. 이는 또 사람의 명심함이 있게 함이며 생명을 살리는 방향으로 행하게 하려 함이니라.

천지자연의 질서 가운데 가족의 질서와 집단의 질서, 국가와 모든 인간 세계의 질서가 천지자연 질서의 작은 모습이니라. 이는 모든 생명의 질서 가운데 사람의 질서가 어지러워지고 혼탁할 때, 사람의 생명이 가벼이 만물에 내동댕이칠 때에 만물이 스스로 자연의 이치를 행함과 같나니 이를 스스로 죽음의 길로 가려 함은 만물의 이치가 혼란해짐과 같음이라. 만물이 스스로 자살함은 천지자연의 이치가 심히 왜곡되며, 부패해졌다 함과 같다 하리니 천지자연의 이치 위에 사람이 맡겨두려 함이 온당하다 함이니라. 사람의 생명과 모든 만물의 생명이 같다 함을 잊지 말지니 그러하지 않고서는 사람이 이 세상에 살아남지 못하게 되리로다. 천지만물이 사람의 생명을 살생함을 멈추지 않기에 그리됨을 알라. 천지만물은 멸망의 이치가 아니라 생명의 이치로 나아가는 것으로 천지만물이라 하니라. 사람이 생명이더냐? 이는 천지만물의 이치에 합당하다 함이니라. 살생하느냐? 이는 너희가 천지만물의 이치에 합당하지 않음에 인함이니라. 생명의 질서와 천지자연의 질서가 동일하다 함을 인정받으려거든 지천선악의 이치와 지수화풍의 이치, 나의 생명과 너의 생명이 동일하다는 것을 행하고 깨우치리니 해가 비추며, 달이 비추며, 하늘이 바라보며, 땅에 번성하며, 흙으로 나서 흙으로 돌아감이며, 물의 이치에 있음이며, 불의 이치에 인함이며, 바람의 이치에 인함이니라. 그리하여 살아있는 여기에 있음이리로다. 너희가 생명의 질서를 지키며, 천지자연의 질서를 지키며 살려 하면 너희 이웃과 모든 생명의 아름다운 공유를 어떻게 하면 이룰 것인가를 항상 생명의 질서로 다루듯 지극하게 해야 하느니라.

너희가 모든 생명 가운데 으뜸이게 함은 조화로움을 완성하게 하려 함이니라. 이는 너희가 천지자연 가운데 있다 함이며 너희가 천지자연의 이치를 행하며, 천지자연의 이치 그 자체이나니 다른 모든 생명이 모두 그러하니라. 작은 짐승이 먹이를 먹으며 자연의 이치를 행하며, 큰 짐승에게 잡아먹히는 천지자연의 이치 그 자체가 이루어지나니 사람이 천지자연의 이치를 행하는 것은 살생하지 않고 천지자연의 이치를 행함을 스스로 찾을 수 있음으로 사람이라 이르니라. 사람이 짐승을 잡아먹나니 천지자연의 이치를 행하지 않는다 비난받음은 필요하지 않은 살생을 하기 때문에 그리하니라. 존중하라. 생명을 존중하라. 보잘것없는 생명이지만 너희를 이를 때 생명을 번성시키는 행함을 할 수 있는 생명은 사람이기 때문에 생명 가운데 으뜸을 사람이라 함이니라.

너희에게 이르노니 너희의 근본이 무엇이냐? 너희는 너희의 근본에 감사할지니라. 너희가 감사할 때에 어떤 채소나 어떤 짐승을 죽여서 제사를 지내지 말라. 이 세상에 너희가 있음에는 땅과 하늘과 해와 달이 있음에 인함이라. 너희가 짐승으로 제사를 지내거나 이웃이 짐승을 죽이려 할 때에 그 짐승을 사들여 그 짐승을 풀어주는 감사의 제사를 받아들일지니라. 너희가 채소를 땅에 심는 제사를 받아들일지니라. 어떠한 경우에도 죽이는 제사를 받아들이지 않을 것이며, 살리는 제사를 받아들일지니라. 진실로 살생하여 제사 지내지 말며 살려주는 제사를 지내 천지만물에 기쁨을 선물하라. 절대로 살아있는 생명을 죽이지 말고 죽어가는 생명을 살리는 제사를 지내면 천지만물이 기뻐하리라. 이는 너희에게 부모가 있고, 너희를 살아가게 하는 땅이 있으며, 하늘은 너희를 부모의 마음으로 바라보나니 너희가 사람으로 바르게 행하며 살아가는 것을 기뻐함이니라. 누군가와 관계를 맺을 때에 다투거나 천지자연의 이치를 해치면서 살아감을 기뻐하지 않음은 하늘에 부모의 마음이 있다 함이니라. 만물의 모든 생육과 번성을 위하여 해가 너희를 비출 때에 너희의 생육과 번성을 기뻐하리라. 해는 다른 모든 생명의 생육과 번성을 막거나 살생하라고 비추지 않음을 너희가 알라. 해는 온전히 만물이 생육하고 번성함을 기뻐하며 비추나니 너희가 해의 빛을 입어 생명으로 살아갈 때에 이러한 이치를 버리지 말지니라. 생명은 특권이 아니라 환원과 조화를 행할 때 생명이라 함을 너희가 깨우칠지니라. 해가 살생하라고 이 세상을 비추는 것이 아니라는 것을 알지니라.

땅은 너희와 모든 생명을 키우리라. 빛이 생명을 키우는 이치를 행하기 위하여 땅이 있음이라. 이는 생명을 키우는 것을 땅에 심는다 함이니라. 이는 또 땅에서 이루어진다 함이며, 땅에서 이루어지는 모든 이치는 진리이며 진실이니라. 땅에서 이루어진다 함은 해가 비추는 것이 진리이며 진실이니라. 하늘이 땅과 조화를 이루어 비를 내리며, 바람이 불며, 모든 초목을 살리는 생명으로 향하는 것은 진리이며 진실이니라. 농부가 땅을 일구고 하루의 노고를 기뻐하며 지천선악의 이치가 생명의 이치라 함을 알게 함을 달로써 하나니 이것을 진리라 하며 진실 되다 하니라. 하늘이 말하나니 달을 향하여 망령되이 생각하지 말지니라. 그믐달이 뜨면 악한 기운이 생기고 일식에 흉한 일이 생긴다 말할지라도 지천선악의 어느 것도 사람에게 해를 주려고 있지 않음이니라. 천지만물은 스스로 그러하게 있음으로 조화를 이룬다 함을 알지니 사람이 말하는 사탄의 이치도, 악마의 이치도 이 세상을 멸망의 이치에 이르게 하지 않음이라. 망령되게 생각하고 망령되게 행하는 것은 사람의 마음에서 살생하고 살생당하는 고통으로 그리 생각하는 것이니라. 하늘이 달을 말하는 것은 사람이 달을 부정하게 말하고 망령되게 말하는 것을 기뻐하지 않기 때문이나니 달이 아무것도 하는 것이 없다 말하지 말라. 달의 쓰임이 조화를 위하여 있음을 너희가 알지니라. 지천선악 중 어느 것 하나도 있지 않으면 땅에는 생명이 있지 않게 되나니 달이 있음은 사람이 땅과 하늘과 빛을 경계함을 잃지 않도록 함에 있음을 알지니라. 강하면 약해져 가는 이치로 변하게 되며, 약하면 성숙해지는 이치에 이르게 하며, 어린아이는 성장하여 어른이 되는 이치를 달의 이치라 하나니 밀물과 썰물의 이치가 그 증거로 되나니라. 이는 가장 쓸모없음처럼 보이는 것이 변하여서 가장 쓸모 있게 되는 것과 같음이리니 살아있는 것은 짐승이더냐? 사람이더냐? 달은 짐승에서 사람으로 향하게 한다 함이며 사람에서 짐승으로 향하게 한다 하나니 생각해 보면 짐승이더냐? 사람이더냐? 달은 짐승에서 사람으로 향하게 한다 하며, 사람에서 짐승으로 향하게 한다 하나니 살아있음이 있다면 너희는 짐승의 행함을 무엇을 위해서 쓰느냐? 사람의 생각함이 거행함을 정하게 됨이나니 사람의 행함을 짐승의 생각으로 거행함을 정하게 됨이나니라.

천지자연이 본래의 것에도 작용함은 사람에게 천지만물이 작용됨을 말함이니라. 너희가 몸이 배고픈 것과 마음이 배고픈 것을 가지게 됨이니 어느 것을 어떻게 먹으면 좋은 음식인가, 나쁜 음식인가를 판단하듯이 몸과 마음이 판단하게 됨이며, 너희가 손과 발로써 음식을 찾을 때 눈과 코와 귀로도 음식을 찾는 것처럼 너희의 마음으로도 마음의 양식을 찾게 되리라. 음식을 생으로 먹을 것인가, 익혀서 먹을 것인가 선택하듯 너희는 마음의 선택을 하게 되나니 생명은 나쁜 것이냐, 좋은 것이냐의 선택이 아니라 지천선악의 선택처럼 미세하지만 지천선악의 선택을 하게 됨이라. 이는 너희가 지천선악의 이치를 합하여진 생명이기 때문이라 하니라. 해의 음과 양이 있으며, 달의 음과 양이 있으며, 하늘의 음과 양이 있으며, 땅의 음과 양이 있게 됨은 나쁜 것과 좋은 것으로 나누는 것이 아니며, 선과 악으로 나눔도 아니니라. 모든 만물은 탄생의 이치에서 성장하는 이치로 변하여 가는 이치를 말하는 것이니라. 해는 뜨거운 것에서 점점 식는 이치가 나타날 것인데, 달이 차가운 것에서 해의 이치와 만나서 작은 변화 뒤에 따듯해지는 이치가 있기 때문이니라. 하늘의 이치는 해와 달과 땅의 이치가 섞이나니 어느 때는 뜨거우며, 어느 때는 차가워지며, 어느 때는 차가운 것도 뜨거운 것도 없듯이 변함이니라. 땅의 질서는 해와 달의 이치와 본래 땅의 이치가 섞여 하늘의 이치에 다다라 땅에 그 이치가 퍼져 나감이니라.

지천선악의 흐름이 사람에게도 나타나게 되는 것은 지천선악의 질서가 사람의 질서와 같기 때문에 그러하니라. 지천선악의 진리가 사람에게도 나타나게 되는 것은 지천선악의 진리가 사람의 진리와 같기 때문이나니 이는 사람의 생각함이 그것을 하니라. 몸과 마음속에서 지천선악의 오묘한 질서가 그렇게 하게 됨으로 인함인데 어떠한 행함을 하든 지천선악의 행함을 하는 것이라 할 때에 잊지 말지니라. 지천선악은 생명으로 향하는 행함을 위하여 지천선악이라 하며, 어떻게 행하든 지천선악의 이치에 의해서 형성된 지수화풍의 이치대로 행하게 됨을 잊지 말지니라. 지수화풍의 행함은 생명을 향하여 행하게 됨을 말하노라. 지천선악의 이치는 조화를 이루었기 때문에 생명을 이루었으며, 만물을 이루었나니 스스로에게 갇히지 말라. 스스로 갇히는 것이란 해와 달, 하늘, 땅의 이치를 고집하며 갇히는 것이라 하니라. 지천선악의 이치 중 한 가지만을 따르면 생명으로 태어나지 못하며, 생명으로 살아가지 못하며, 생명으로 살아갈 수명을 다 채우지 못하니라. 지천선악이 유연하고 조화롭기 때문에 생명으로 있게 되나니 그 행함을 행할 때 하늘을 우러러 부끄러움 없이 해의 뜨거운 가슴과 달의 차가운 머리와 하늘의 상체와 땅의 하체를 굳건히 하고 행하라. 이는 지천선악의 행하는 바를 행하기 위함이니라.

또 어느 때에 무엇을 어떻게 먹을 것인가를 판단하라. 너희에게 무엇을 할 것인가를 결정하는 순간의 마음이 너희들의 마음이라 한다면 이는 달이 이와 같음이니라. 살아남거나 살아가기 위한 선택이 달의 선택이라 함은 해와 달의 이치와 땅의 이치가 충돌할 때 가장 약한 것이 달의 이치이기 때문이니라. 달은 작고 미약하나니 해의 이치를 선이라 하며, 달의 이치를 악이라 함은 이와 같기 때문이니라. 사람의 몸에서 생각하는 이치는 몸의 이치에 대하여 작고 미약하나니 이러한 이치에 의함이니라. 조화로움이란 뜨거운 것과 차가운 것 사이에 생명으로 있게 됨을 조화라 하며, 거대한 것과 작은 것 사이에 생명으로 있게 됨을 조화라 하니라. 뜨거운 것이 강하여 생명이 있지 못함과 차가운 것이 강하여 생명이 있지 못함은 조화롭지 못하다 함이니라. 만약 생명에게 생명을 잃게 됨과 생명을 잃지 않음 사이에 생명을 이어나가지 못하는 것은 조화가 깨어짐과 같나니 생명을 위한 조화를 위하여 행하기를 뜨거운 물을 조심조심 하여 마시고, 차가운 물을 조심조심 하면서 마시듯 하라 함이 이와 같기 때문이니라. 또한 어느 때에 너희는 너희 자신에게 무엇인가를 물을지니라. 나는 무엇을 생각하며, 무엇을 행동하며, 무엇을 먹으며, 무엇이 진리인지를 묻게 되나니 너희는 물음 뒤의 물음을 끝없이 하리라. 이는 생각할 수 있는 능력에 인함이기보다는 생각하는 생명이 너희에게는 우선한다 하니라.

너희에게 이르나니 너희는 하늘을 경배의 대상으로 생각하지 말라. 너희는 스스로 존재하는 생명이니라. 너희가 그것이 진리라고 믿음과 같이 하늘도 너희와 같이 스스로 그러하다는 동격으로 생각할지니라. 하늘을 위하여 생명을 빼앗는다 하지 말며, 하늘을 위하여 나의 생명을 바친다 하지 말라. 그러나 너희에게 이르나니 너희가 악함의 길에 있으면 너희들의 질서와 사람의 법에 의해서 너희가 가두어질지니라. 이러한 이치는 사람의 법을 두려워하는 사람 사이에 스스로를 벌하는 이치가 있기 때문이니라. 천지자연과 사람 사이에게 죄가 있게 되면 사람 스스로 천지자연의 죄를 어기게 되어 벌하게 됨이 사람에게 있기 때문인데, 이는 하늘이 너희보다 힘이 강해서도 아니고, 약해서도 아니니라. 이는 너희들의 근본과 대지에 너희 생명의 질서로서의 모든 것이 하나의 법으로 이루어진 것과 같으니라. 그러나 이는 생명의 질서가 하나의 법으로 된 것이 아니듯이 너희들의 근본인 대지와 너희들을 바라보는 하늘의 질서 때문이라 함이라.

사람에게 이르나니 사람이 자연이라 하는 것은 천지자연에 스스로 있게 됨이며 사람에게나 천지자연에게나 죄를 지으면 스스로 벌을 내리는 것이 자연의 이치라 함을 잊지 말지니라. 스스로 있게 됨은 모든 만물 중에 나는 혼자이며, 나의 생명은 하나이며, 나의 이름도 하나이며, 모든 생명들이 이와 같기 때문이나니 살생은 스스로를 죽이는 칼이 되어 자기의 몸과 마음을 상하게 하게 되리라. 살생을 금하기 위하여 도망친다 함이 옳은 것이며, 살생하지 않기 위하여 숨는다 함이 온당함이니라. 지천선악은 사람을 사랑함과 함께 대지의 모든 생명이 있는 생명과 생명이 없는 모든 것을 사랑함 때문이라 할 수 있음이니라. 너희가 생육하는 땅은 너희의 근본이라 할지라도 생육의 질서는 오묘하리니 이는 하늘로서만이 이루어질 수 없음이며, 빛으로서만이 이루어질 수 없음이며, 차가움으로 이루어질 수 없음이니라. 따라서 이는 대지에서 우주의 모든 질서가 동시에 일어나기 때문이라 할 수 있음이라 하니라. 그리하여 생명의 질서는 결코 한 가지로서 이루어질 수 없음이니라. 끝없이 모여드는 질서와 흩어지는 질서가 동시에 함께 작용함이 천지자연의 질서이자 생명의 질서라 하며, 칭송받음이 크고 크다 하여도 부족함이 없으리로다.

너희가 생명이뇨. 칭송받음이 있으리로다. 너희가 천지자연의 질서를 성실히 행하느뇨. 저희가 칭송받으리로다. 너희가 너희의 법을 지키고 행하느뇨. 저희가 칭송받음이 여기에 있음이리로다. 경배하고 경배하라. 너 스스로 생명의 질서와 그 생명의 질서를 존중하며 존중함을, 생애의 크나큰 기쁨과 나누는 그 모습을, 너희는 땅과 바람과 구름과 물을 소중히 여겨야 함이리니 이는 땅과 하늘과 빛과 차가움이 모두 다 오묘한 진리를 동시에 대지에서 이룸이니라. 사소한 것 하나도 오묘한 진리의 길이리니 질서를 잃으면 너희는 진리와 너희가 만들어 놓은 인간이 말하는 진리를 모두 잃으리라. 이는 진리와 질서를 너희로 하여금 지키게 함이라. 너희가 너희 스스로 멸망의 길로 접어들게 하지 않음이리라. 너희는 천지자연의 진리를 깨트리려 하지 않음을 너희 몸을 사랑하듯 하라. 너희에게 이르노니 너희의 아름다운 마음은 하늘의 마음이며 너희의 추한 마음 또한 하늘의 마음이니라. 너희가 생각함이 아름다우면 하늘의 마음도 아름다운 모습으로 너희와 함께하며, 너희의 마음이 추하면 하늘의 마음도 추하리라. 이는 하늘의 마음이 너희의 마음이리니 너희가 하늘을 아름답게 만드는 존재라 함이며 너희가 하늘을 추하게 만드는 존재라 하리로다. 너희가 먹는 것, 입는 것, 마시는 것들 모두 다 천지자연의 질서에 인함임을 알라. 너희는 하늘과 물과 불과 바람의 진리일지니 소중하게 여김을 받으려면 너희가 모든 생명을 소중히 여기라 하니라.

지수화풍은 극복하는 질서에 있음도 아니며 너희를 망령되게 하는 질서에 있음도 아니니 너희는 하늘과 땅과 빛과 차가움으로 생성된 지수화풍의 질서에 있음과 같음이라. 너희가 하늘의 마음을 가지고 있으니 너희는 하늘의 마음으로 살아가리라. 너희는 또한 땅이 아니라 하나, 땅에서 나고 땅에서 생육하리니 너희가 땅으로 돌아가리라. 너희에게 진실로 이르나니 너희는 땅의 질서에 경건하라. 하늘과 땅의 질서가 바람과 구름의 질서로 되리니 바람과 구름의 질서를 너희가 가지고 있다 함은 너희 마음에 바람과 구름의 질서에 인함처럼 너희도 그러하리라. 땅의 질서는 아름다운 질서로다 하니라. 하늘의 질서는 너희가 언어로 만들어 놓은 시간의 질서와 같지 않나니 사람이 만들며, 사람이 정하여놓은 공간의 질서는 사람에 한함이니라. 하늘의 질서는 사람의 과거와 사람의 미래와 지금 이루어지는 질서가 합하였나니 땅의 질서는 생명의 질서라 할 수 있음이니라. 이는 너희가 모든 생명과 함께하는 질서이니라. 사람을 위하여 파괴되어지고 사람에 의하여 생명의 질서가 어지럽혀지는 것을 하늘이 바라지 않느니라. 해가 비추는 것은 생명의 질서를 어지럽히려 비추는 것이 아니며, 땅에서 이루어지는 모든 질서와 진리는 사람이 함부로 베거나 함부로 살생하기 위하여서 하는 것이 아닐지니 사람의 생각이 이 땅에 사람 이외의 생명이 없게 하려는 사람은 아닐지니라. 달이 사람의 생각과 다르지 않을 때 땅 위에 고요한 달빛과 숲에서 들리는 풀벌레 소리와 긴 밤을 우는 숲의 새소리가 있음으로 사람이 사는 것이니라. 진실로 이르나니 이 땅에 희망을 갖고 용기를 가지려거든 살생하지 말지니라. 너희가 사람이니 생명을 향해서 나아가는 질서를 거스르지 말라. 너희가 살생하지 않으며 생명으로 나아가는 질서를 행할 때 자연은 스스로 죽지 않으며 너 또한 스스로 죽지 않게 되느니라. 천지자연은 생명이며, 생명으로 나아가는 질서이며, 진리이기 때문이니라.

살생이란 너희가 언어로 구성한 공간의 질서와 같다 함이 여기에 있음이라 하리로다. 생명이란 너희가 하늘의 질서가 위에 있다 하고 하늘의 질서가 영원하다 할지라도 결코 생명의 질서는 하늘의 질서보다 고귀하고 위대할 수 있기 때문이나니 너희가 생명이라면 하늘의 질서보다 더 큰 질서가 땅의 질서라 함을 선언함이 당연하다 여길지니라. 너희에게 이르나니 마치 천지자연이라 할지라도 천지자연의 질서는 결코 하늘의 이치에 충실하려 함이 아닐지니 천지자연조차도 생명의 질서에는 미치지 못할 지니라. 모든 질서와 모든 법칙은 모두 다 생명을 위한 근본이라 여기라 함이 여기에 있음과 같다 하리로다. 생명의 질서는 결코 사람에게만 생명이라 하지 않으며 땅에서 이루어지는 모든 생명 활동에 경외와 경배의 마음으로 바라보며 행하게 됨이니라. 하늘과 땅과 해와 달은 생명을 위하여 있음이나니 하늘과 땅과 빛과 차가움은 너희의 과거에도 생명을 위하여 있다 함이 온당함이니라. 생명을 위하여 사람의 현재도 있느니라. 생명을 위하여 너희의 미래에도 있느니라. 이는 지천선악질서의 오묘한 진리와 지수화풍도 그러하니라. 이는 너의 아비와 너희 자식이 모두 함께 이러한 진리에 함께함이며, 이보다 아름다운 진리가 없음으로 인함이며, 이보다 아름다운 진실이 없음이니라. 이는 지천선악과 지수화풍으로 생성된 모든 생명에게 은혜이며 빛이라 하니라. 너희가 무엇을 먹으며 무엇을 생각할지라도 너희는 이러한 진리와 진실에 있음을 은혜롭다 함을 경배함이라 하니라. 너희가 모든 생명의 영장이라 함은 생명으로 향하는 마음이 사람에게도 가득하기 때문이며, 너희가 너희의 마음과 가슴으로 이를 사랑함에 있음이며, 그로 인한 생명의 영원성에 너희가 감사함이라 하니라.

　사람은 자연을 법도로 삼으라 함은 너희가 자연이기 때문이니라. 너희에게 진실로 이르나니 너희는 자연을 법으로 삼으라. 이는 너희로 인한 파괴의 질서와 다시 되돌아가는 복원의 질서가 인간의 손에 있음 때문이라 할 수 있음이니라. 너희가 살아있는 것이 파괴의 질서라고 하며 너희가 파괴하는 질서 속에서 살아있음은 너희가 알지 못하는 복원의 질서가 그곳에 있다 함을 그 질서와 법칙이 생명의 질서라 함이리니 이는 모든 생명이 찬양함이라 하니라. 너희가 땅을 법으로 삼으라 함도 이와 같음이니라. 너희가 이 땅에서 나서 이 땅에서 생육하며, 이 땅에서 살아가며, 이 땅에서 울고 웃고 함은 너희가 미워서나 싫어서도 아니리니 이는 너희가 파괴의 길에 있음으로 너희에게 파괴의 길에서 벗어나 복원의 길에 있음을 함께 일깨우려 함을 알라. 너희가 파괴함은 마음을 파괴함으로 인함이며, 너희가 살아가는 이 세상을 파괴함으로 인함이니라. 살아가는 그 순간 너희가 무엇을 파괴하며 살아가는가를 자인하라. 너희가 진정으로 인간임을 말하려거든 너 자신을 뒤돌아볼지니라. 그리고 너희가 진정으로 인간임을 말하려거든 너희 자신을 알라. 너희가 진정으로 인간임을 밝히려거든 너희가 자연임을 깨치라. 너희가 자연이라는 인간임을 밝히려거든 너희 마음에 인간의 길을 새겨두라. 자연이라 함은 자연의 질서에서 벗어나려고 하는 인간이 아니라 자연의 질서로서 살다가 자연으로 돌아가는 사람일지니 '나는 자연이었다' 를 행할지니라.

　스스로 존재하는 존재 이르노라. 스스로 존재라 하였나니 스스로 존재함이란 해이며, 달이며, 땅이며, 하늘이며, 지수화풍이며, 물과 나무와 온갖 짐승이며, 사람일지니라. 스스로 존재한다 함은 생명이 생명에게 묻는 것이니라. 너희가 스스로 존재하는 존재라면 너희는 너 자신을 뛰어넘으려 함이 아니라 너희 자신이 자연임을 느끼며 행함을 말하는 것이니라. 너희는 자연으로 삼으며 스스로 자연이 돼라. 하늘이 너희들 마음에 생명으로 들어갈지니 온전히 생명을 살리는 행함으로 자연의 진리와 사람의 도덕으로 삼을지니라. 땅을 너희의 마음으로 삼을지니라. 빛을 너희들 마음으로 삼을지니라. 차가움을 너희들 마음으로 삼을지니라. 그리하면 너희는 자연이 되리라. 너희는 물이고, 바람이고, 구름이고, 땅이 될지니라.

너희에게 하늘이 무엇이냐 묻노라. 너희는 하늘을 두려워하며 바라보는 대상으로 만들지 말지니라. 너희는 사람이며, 자연이며, 스스로 존재하노라. 하늘이 생명을 살리는 방향으로 나아가듯 너희도 그리하며 하늘을 바라볼지니라. 너희가 하늘을 바라보면 마찬가지로 하늘도 너희를 바라보고 있음이라. 너희가 하늘을 바라보면 하늘도 너희를 바라봄이니라. 그 속에는 너희가 진정으로 인간의 길을 가야 하는 용기를 내는 것임이니라. 너희가 하늘을 바라보면 하늘도 너희를 바라보는데, 그 속에는 너희가 진정으로 자연의 질서에 순응함이 있음이니라. 너희가 하늘을 바라봄 속에는 너희가 환원의 질서에 순응함이라 하니라. 너희는 하늘이 하나라 하느냐? 너희가 얼마나 어리석은지를 알라. 하늘은 하나도 아니고 둘도 아니니라. 하늘은 너희와 같은 존재라 함이니라. 하늘은 생명으로 나아가는 하늘일지니 너희가 생명을 죽이고 파괴함을 안타까워하는 하늘일지니라. 하늘은 무한이라는 생명으로 나아감이니라. 하늘은 단지 존재에 만족하는 아름다움이라 할 수 있음이니 깨달음으로 이룰 수 있음을 너희가 알지니라.

너희는 먹으면서 생명을 죽인다는 것을 모르노라. 너희는 입으면서 생명을 죽인다는 것을 모르노라. 너희가 따뜻한 집에서 살면서 생명이 죽다는 것을 모르나니 생명으로 나아가는 자연의 이치와 자연의 질서를 알지 못하면서 깨닫는다 말하지 말라. 한 그루의 나무를 심어보라. 숲이 파괴되고 숲에서 잡혀 나와 떨고 있는 짐승들을 너희가 가지고 있는 재물을 사용해서 그 짐승을 다시 숲으로 보내보라. 너의 재물을 사용해서 강과 바다의 하찮은 짐승의 생명의 다양성 확보를 행하여 보라. 이는 너희가 원하는 일과 머릿속에 그려지는 것도 아니며, 너희가 사용하는 무한의 언어로 이룰 수 있음도 아니니라. 하늘은 생명을 향하여 있다 하였나니 생명으로 향하기 위하여 비가 되며, 생명으로 향하기 위하여 바람이 되며, 생명으로 향하기 위하여 공기가 됨이 하늘일지니라. 너희에게 이르나니 결단코 하늘은 너희의 일부분일지니라. 너희가 생명이라면 천지도 또한 생명이니라. 하늘은 존재하는 사실임을 너희에게 이르나니 너희가 숨 쉬고, 마시고, 울고, 웃으며 너희의 존재를 느끼듯이 하늘 또한 느끼느니라. 너희가 천지자연의 이치에서 한 치도 벗어나지 못하듯이 하늘 또한 천지자연의 이치에 있느니라.

너희에게 묻노라. 너희에게 생명의 가치가 무엇이냐 물으면 너희는 감사함이라 답하라 하니라. 너희가 진리이며, 진실이기 때문이니라. 너희가 진리와 진실로 살고 있기 때문이니라. 이는 너희에게 생명의 감사함을 알리려 함이니라. 너희에게 진리라 물으면 너희는 감사함이라 답하라. 너희에게 묻나니 진리가 무엇이냐? 진리는 큰 것이며 또한 작은 것이라 하리라. 진리는 너희가 바라보고, 너희가 생각하고, 너희가 만지고, 너희가 너희의 입으로 말하고, 너희가 먹으며, 너희가 입으며, 너희가 살아가는 모든 것을 진리라 함이라. 너희의 모든 것이 진리에 인함이니라. 이는 너희에게 진리라는 것으로 말할 수 있는 것이 한 가지도 없음과 같음이니라. 그리고 오직 생명에 감사하라 함이니라. 너희는 과거에 감사하며 미래에 감사하라. 이는 너희가 살아 온 것에 감사함으로 인해 너희가 살아있는 현재를 뜻있게 살 수 있음이니라. 너희의 생명이 이 세상에 살아있음을 감사할 수 있음과 같으라. 너희가 과거를 불신하고, 현재를 불신하고, 미래를 불신하는 것은 생명에 불신함과 같음이라 할 수 있음이니라. 그때에 너희가 한 그루의 나무를 심어보라. 그리하면 알지니라. 너희가 입고, 마시고, 자기 위하여 파괴된 숲에서 잡혀온 짐승을 너의 재물을 사용하여 숲으로 다시 돌려보내보라. 그리하면 알지니라. 너희가 먹고 마시기 위해 죽이는 강과 바다의 생명들을 너의 재물을 사용하여 다시 강과 바다로 돌려보내보라. 그리하면 알지니라. 이는 너희가 너희의 가치를 높임도 아니며, 너희의 가치를 낮추는 것도 아님이니라. 생명은 생명 그 자체로 진리의 가치에 충실함이니라. 너희가 생명의 가치를 버림은 너희 스스로 도태되는 산물이라 자학함과 같다고 할 수 있음이니라. 너희는 자연의 이치대로 살아왔으며, 자연의 이치대로 살아가며, 자연의 질서대로 그렇게 되리라. 너희가 인간들 사이에서 살면서 가지고 있는 저속함과 고귀함을 저울질하며 살아왔다면 너희 스스로 자신을 벌하며 살았음과 같음이니라.

'하늘이 곧 진리요' 라고 말하지 말지니라. 너희의 하늘이 진리라고 말하는 순간 하늘의 무한한 생명의 질서를 너희의 언어 속에 가둬버리리니 진리는 너희가 말하고 있는 진리가 될 수 없음이니라. 진리는 너와 관계된 것들과 통용되는 언어에 불과함이라. 진리는 증명이 아니며, 진리는 진실도 아니며, 진리는 존재하는 생명에게 있어 존재로 살아가는 그것 이상이 될 수 없음이니라. 너희는 땅에서 나서 땅으로 돌아가는 인간이라 함을 알라. 너희가 생명으로서 인간의 의미와 인간으로서 생명의 끝이 있음의 그 의미를 어떻게 받아들이겠느뇨. 너희가 생명으로서의 시작에만 감사함을 갖기보다는 죽음에 이르렀을 때에도 감사함을 갖기를 바라노니 이는 너희가 이 세상에 존재해왔음에 대해 감사함과 같으리라. 한 그루의 나무를 심어보라. 천년이 지나서 생명으로 살 수 있음은 네가 한 그루의 나무를 심었기에 가능함이니라. 한 그루의 나무를 심어 천년 후에도 생명으로 살아있듯 너의 부모가 너를 낳지 않았다면 생명이 무엇인지 모를 것이니라. 생명 그 자체가 진리이며, 진실인지를 알지 못할 것이니라. 너희가 한 그루의 나무를 심어야 생명으로 향하는 하늘의 뜻과 해, 땅, 달의 뜻을 알게 됨이니라. 너희가 생명의 끝을 맞을 지라도 천지자연의 이치에 의한 것뿐이니라. 죽음을 맞이하더라도 장사지내면 너희가 흙에서 나서 흙으로 돌아가는 이치에 순응함이며, 환원되었다 함이니라. 이는 진정 생명의 시작과 과정과 마지막으로서의 영원한 생명 갖기를 바라는 마음에 불과할지니라.

자연의 질서를 지배하기 위하여 사람이 죽는다 하느냐? 자연의 질서에 돌아가기 위하여 죽는다 하느냐? 자연의 질서를 극복하기 위하여 자연의 질서가 있다 하느냐? 왜곡하지 말라. 자연으로 돌아가는 것이 아니라 더 큰 자연이 된다 하라 하나니 그것이 생명의 질서 동안 자연의 질서가 나를 위하여 있다 함이며, 그 자연의 질서를 파괴하며 살아 온 것에 생명의 온당함으로 자연의 질서를 대하리니라. 사람의 도리를 행하는 것은 하늘이 바라봄이며, 해가 바라봄이며, 땅이 바라봄이며, 달이 바라봄이니라. 이는 너희가 생명의 감사함을 왜곡함과 같으리로다. 이는 또 생명으로 살아온 것을 후회함이 크다 함이며, 생명으로서 살아온 날들에 어떠한 고통이 있었다 할지라도 생명과 생활은 별개로 하지 않았느니라. 땅으로 돌아가는 것은 너희 스스로 그러함의 이치에 있음과 너희 스스로 그러함에 있다 함일 뿐이리니 너희가 진실로 천지자연으로 되돌아갔다 함을 스스로 외면함과 같다 함이니라. 너희가 육신을 땅에 장사 지내며 그리고 영혼이 있다 하여 영혼을 위하여 제사를 지내는 것을 천지자연의 이치에 있다 함은 아니리라. 제사를 지내므로 해서 무엇을 얻고 무엇을 잃어버리는 가는 너희 스스로의 마음의 판단에 불과할지니라. 이는 죽음 이후 천지자연으로 돌아감에 있어서 너희가 대지를 능욕하고 대지를 너희의 가치로 판단함의 잘못을 행하고 있지 않은 가를 알아야 함이니라. 그러므로 이는 오래도록 대지를 아프게 행했던 생명의 파괴를 멈추라 함과 같다 하니라.

너희가 진정으로 인간임을 알 수 있음은 땅과 같은 이치를 사는 것임이라. 땅은 너희에게 생명의 증거가 되고 하루하루를 살아가는 생활과 생명의 근거이리니 너희가 죽음과 함께 땅으로 돌아가는 것은 지극히 당연한 것이니라. 너희가 생명의 영원함은 가질 수 없노라. 생명의 영원함은 너희의 자손들이 영원토록 생명으로서의 영원함과 영속성의 과정에 있다 함이니라. 이는 세대에서 세대로 이어져 나가는 것일 뿐이니라. 너희가 머리로서 받아들이며 진실로 생명으로서 대지를 바라보았을 때 대지는 너희를 위한 생명 사상과 같다 함이리라. 너희가 진정 대지로 돌아가는 것과 대지를 너희 육신을 위한 파괴의 대상으로 삼지 말아야 함이 같음이로다. 너희가 대지에 묻히는 것을 심히 경계하고 받아들여야 함과 같으니라. 이는 너희 죽음 이후 절대로 너희를 위한 크고 화려한 대지를 차지하지 말아야 한다는 것을 강하게 강권하는 이유가 될지니라. 너희의 죽음으로 대지에 생명을 살생하여 무덤을 꾸미지 말라. 그것이 비록 약한 짐승이든 약한 풀 한 포기라 해도 대지에 상처를 주는 것은 천지자연에 죄를 짓는 것과 같을지니라. 땅에 육신을 묻는 행위는 바로 너희가 대지를 소유함과 같은 것으로, 이는 결국 살아가는 모든 대지가 너희의 무덤으로 만들어질 것임이니라. 이는 시간의 문제로 천지자연의 이치에 가장 위배된다 함과 같을지니라. 천지자연은 모든 생명의 근본인 인간에 의하여 그렇게 됨을 바라지 않을 것이니라.

너희가 제사를 지내는 것은 동서남북 지천선악에 감사하는 것 이상은 행하지 말지니라. 왜냐하면 제사를 지내기 위하여 살생하여 제를 받는 하늘이 없으며, 해도 없으며, 땅도 없으며, 달도 없기 때문이니라. 너희가 제사를 지내는 것이 생명을 지속할 수 있는 근거에 감사고 후손의 생명 지속에 감사한다 함과 같기 때문이라 하지 말지니라. 선은 사람의 선과 천지자연의 선을 행하는 것만이 선이라 할 수 있나니 한 손으로는 살생하고, 한 손으로는 가난한 이웃에 적선하는 것을 선이라 하지 말지니라. 너희가 조상의 묘를 잘 쓰면 너희 자손들이 복을 받는다 믿지 말지니라. 심히 천지자연의 이치에는 맞지 않음을 너희가 알리로다. 천지자연의 이치는 생명의 이치니 생명의 이치와 스스로 그러함의 이치에 들어간 죽음은 결코 생명으로서의 멍에를 계속 짊어지라 함과 같으리로다. 너희가 조상에게 제사를 지내는 것과 조상의 무덤을 계속 고집하는 것은 합당하다 할 수 없으리니 제사를 지내는 것은 용인된다 할지라도 너희가 생명의 지속을 위하여 땅을 사용함은 안 되는 일이니라.

너희가 생명으로서 바라보는 대상 중에서 천지자연의 이치를 주관하는 절대적인 힘과 권력의 신을 만드는 어리석음을 행하지 말라. 절대적인 존재인 신을 만듦의 결과가 무엇이냐? 너희에게 묻는다면 너희가 살아가는 모든 현상이나 모든 질서, 법칙, 관계와 너희가 말하고자 하는 이치에서도 그것을 결코 증명할 수 없으리로다. 그것은 보이지도, 만져지지도, 느낄 수도 없는 지천선악의 이치에 온당하지 않나니 생명이 아닌 것은 신도, 귀신도 아닐지니라. 어두운 밤에 너희가 신과 귀신이 있다 생각하는 것은 너희의 머릿속에 망령되게 신과 귀신을 만드는 것에 인함이니리 이를 무시하며 멸시할지니라. 너희가 천지자연의 이치 속에서 마치 이것을 신이 행하는 것이라 사람들을 꾀며 너희의 이익을 얻으려 함과 같으리로다. 이는 신이 이익이 되는 존재로서만 너희를 바라보게 함과 같으리로다. 신을 믿는다는 것은 너희가 처하고 있는 고통을 잊기 위하여 만들어낸 언어의 미학이거나 너희가 행할 수 있는 지식의 척도로써 만들지니라. 너희가 말하거나 증명하려고 하며 혹은 영원한 생명을 바라거나 또다시 생명으로서 이 세상에 태어난다고 하는 것이 얼마나 어리석은 일인가. 이는 사람들을 속이는 것으로 정신의 황폐함이 깊고 깊으며, 너희 스스로 정신의 죽음과 자연의 죽음과 자연의 자살을 행하는 것이리라. 나는 자연이기를 바라며, 생명으로 향하는 지천선악의 질서에서 벗어나지 않는다 맹세할지니 너는 생명인 것을 행할지니라.

너희가 만드는 것을 신에게 바치지 말며, 너희가 만드는 것을 신과 관계시키지 말지니라. 너희가 만든 것은 땅 위에서 얻은 것이며, 그것은 생성과 환원된 것들로부터 얻은 것이나니 생성과 환원은 생명의 질서에 의한 것이니라. 절제와 근검으로 얻는 것은 생명으로 향하는 지천선악의 이치에 합당하게 행하는 것으로 사람의 도리니 가족의 생활을 벗어나게 얻으려 하지 말지니라. 크게 얻으려거든 지천선악의 이치를 동시에 행하여 얻으라. 하늘과 땅이 조화롭게 행하는 것은 사람이기 때문에 그리하며, 생명이기 때문에 그리 행하는 것이니라. 결코 너희는 신을 만들지 말라. 이는 너희가 언어로써 만든 신의 이름이 신이라는 언어를 만든 인간을 숭배함과 같음이니라. 신이라는 언어를 통하여 생명과 죽음을 깨우친다 할지라도 너희가 신이라는 언어를 만들고 그것을 숭배함은 신의 이름을 사용하는 사람에 의하여 조롱당하는 것에 불과할지니라. 신이 생명으로 향하는 이치에 합당하면 신이 아니라 생명이니라.

너희가 살아있는 나무에 절하는 것은 생명을 존중하는 표시이며, 지나가는 소와 사람에게 절함은 생명의 소중함을 표시함이기에 용인하노라. 하지만 죽은 나무에 절하는 것은 생명으로 향하는 이치에 합당하지 않기에 용인하지 않노라. 지나가는 짐승과 사람 형상을 만들고 재단을 쌓아놓고 절하며 신과 같이 제사지내는 것은 온당하지 않노라. 생명에게 절하는 것은 생명을 존중해서 함이니라. 하늘과 땅에 절하는 것은 온당하나 살생하여 얻은 재물로써는 하지 말지니라. 살아있는 것은 나에게도 축복이니라. 온갖 나무와 짐승, 새, 물고기도 살아있기에 존중받아야 하니라. 짐승을 죽여 음식으로 먹으려 함은 온당하리라. 다만 먹을 수 있는 짐승만 먹어야 하느니라. 그럴더라도 숲에서 사는 생명은 잡지 말라. 숲의 짐승을 잡아서 먹지 말라 하는 것은 숲이 파괴되고 생명의 다양성이 깨어지는 것 때문이니 먹지 않음이 온당하느니라. 다만 생명이 번성할 때 숲에서 사람의 손만으로 잡는 것은 용인하노라. 짐승과 사람이 같은 조건에 있으므로 짐승을 잡을 수 있다 함이니 총이나 칼, 활로써 그리고 올무로는 잡지 않아야 하느니라. 짐승에게서 목숨을 잃어도 좋다 하며 계약할 때는 숲에서 짐승을 잡을 수 있음이니라. 야생의 인간으로서 그 행위는 당당히 짐승의 세계에서도 살아감을 맹세함이니 그리함이 온당하다 하리라. 이렇게 한 까닭은 이를 바라보는 하늘의 뜻이며, 해의 뜻이며, 땅의 뜻이며, 달의 뜻이며, 지수화풍의 뜻이니라.

사람에게 이르나니 짐승과 사람의 처지가 바뀌어 짐승이 사람을 총과 칼로 죽인다 할 때 하늘은 짐승들에게 사람을 함부로 살생하지 말라 명령할지니 진실로 생명을 존중하기를 천년의 세월 동안 행하라. 생명의 다양성이 땅에 가득할 때까지 행하라 함은 조화가 이루어질 때까지만이라도 살생하지 않음을 행하리니 이는 하늘이 강권함이며, 하늘이 소원함이며, 하늘이 생명의 근본에게 말함이니라. 그리하지 않으면 그 화가 결코 작지 않으리라 하니라. 하늘이 명령하였으나 행하지 않을 때에 너희는 스스로가 신이라 함과 같으리로다. 그 행함을 하지 않을 때 너희를 죽이려는 사람 사냥꾼이 생길지니라. 사람을 사냥하는 것은 함부로 살생하는 신을 사냥함이지 사람을 사냥하는 것이 아니니라. 너희에게 말하노라. 너희가 살생하여 스스로 너희 죽음의 결과로 살생한 것을 후회함이 있으리라. 진실로 생명의 다양성이 확보되는 숲이 될 때까지만 참으라. 그리하지 않으면 너희가 믿는 신과 너희가 믿는 가족이 너를 짐승처럼 죽이리라. 이는 하늘이 맹세함이니라. 하늘이 행하라 하는 것은 모든 생명을 같은 생명으로 바라봄과 같으며, 너희가 탄생하듯이 모든 생명들도 탄생하나니 함부로 살생하는 것은 행복과 행운을 너희가 스스로 버리는 것과 같으니. 이는 하늘의 질서보다 앞선 질서라 함과 같나니 너희가 하늘을 우러러 부끄러움 없이 사는 생명이란 칭송을 들을지니라.

너희는 머리를 숙여 땅에 감사의 입맞춤을 함과 같이 살생을 하지 말지니라. 너희가 무엇을 생각하느냐? 살생하지 않음을 생각하라. 너희가 무엇을 원하느냐? 나는 자연이었음을 원할지니라. 너희가 사랑하는 것이 무엇이더냐? 죽어가는 생명을 살리는 것이 사랑이며, 이 땅에 한 그루의 나무를 심는 것이 사랑일지니라. 너희가 무엇으로 사랑받느냐? 생명의 호흡이 세상에 가득한 것으로 사랑받는다 할지니라. 너희가 땅에서 이루어지는 것이라 할 때 생명으로 땅에 가득한 것을 땅에서 이루어진다 함이니라. 땅이 어머니인 것은 생명의 자손이 번성함을 말함이며, 너희의 아버지이며, 사람이 숲과 강과 바다의 생명이 번성함을 행하기에 아버지라 하며, 너희의 형제와 자매이며, 너희와 함께하는 동무라 함이라. 하늘이 아버지라 하며, 하늘로 돌아간다 하며, 하늘이 모든 것의 진리라 할 때 생명은 하늘로 향하지 않나니 생명이 땅에서 번성할 때 땅 위 생명의 조화는 하늘을 위하여 생명을 바치지 않노라. 또한 해를 위하여 생명을 바치지 않으며, 땅을 위하여 생명을 바치지 않으며, 달을 위하여 생명을 바치지 않나니 이것은 진리 중의 진리니라. 진정한 진리는 살생하지 않는 것이므로 함부로 살생하지 말라. 너희가 살생할 때 스스로 벌하게 되며, 살생하는 사냥꾼이 너희를 사냥하여 죽이게 되리라. 생명으로 살아가는 순간까지 너희는 생명의 근본이 하늘에 있다 할 때 해와 달과 땅과 하늘의 조화에 인함인 것을 깨우치리라. 하늘에 너희의 근본이 있다 할 때 땅이 없어도 너희가 살아갈 수 있다 함과 같음이며, 땅이 없어도 너희는 빛이며, 땅이 없어도 우주에서 살아갈 수 있다 함과 같음이니라. 하지만 생명은 해와 달과 땅과 하늘의 조화에 의하여 생명으로 향하는 생명의 질서에 의한 생명이리니 더하지도 말며, 덜지도 말지니라.

너희에게 이르노라. 너희는 땅으로 이루어지는 생명이리니 그러하기에 땅을 생명의 근본이라 하니라. 하늘에서 비와 빛이 내리는 이러한 질서로 인해 땅에서 번성함은 생명의 아름다움이 땅에서 이루어지는 것과 같음이라. 너희는 땅과 바다가 있으며 강과 나무와 온갖 짐승이 있음이 아름답다 함을 칭송하라. 땅은 너희에게 생명을 이어나갈 곡식을 아무 대가 없이 주노니 이보다 더한 아름다움은 없으며, 이보다 더 큰 희생이 없음이라. 너희에게 이르나니 땅은 너희와 함께 더불어 살아가는 생명이 넘쳐 남을 일컬음이니라. 이는 너희의 눈에 보이고, 냄새를 맡고, 더불어 너희의 생명이 끝날 때까지 이어지리니 생명이 끝날지라도 너희의 후손과 더불어 이어지리라. 이는 또 너희가 너희의 자손과 대대로 이어지는 생명의 줄을 소중히 여기는 것과 같이함을 말함이니라. 땅이 너희에게서 무엇을 빼앗아간다 생각하지 말라. 땅은 너희를 살찌우다가 너희가 온전한 마음과 온전한 정신으로 충만할 때까지 희생함이니라.

너희에게 이르나니 지천선악(地天善惡)과 지수화풍(地水火風)의 이치를 깨치라 하니라. 이는 인간이 땅에서 생존하든 그렇지 않든 지천선악과 지수화풍은 너희의 근본보다 앞서있음을 알라 하니라. 처음 천지가 생함은 이와 같이 스스로 그러함이라. 스스로 그러함 속에서 빛이니라. 그것이 생명이며, 생명을 위하여 모든 것은 존재하게 됨이니라. 넓고 큰 속에서 빛이 있음이니 이는 모든 근원이 빛에 있음이라 하니라. 빛은 어둠에 있어 빛이며, 빛은 어둠을 밝힐 때 생명만이 증거로 삼으며, 생명만이 하늘과 땅을 증거하며, 생명만이 해와 달을 증거할 수 있느니라. 증명하거나 증명되어지는 것 또한 생명만이 할 수 있으며, 모든 것은 음과 양으로 이루어졌나니 뜨거운 것에도 음양이 있으며, 차가운 것에도 음양이 있으며, 작은 것에도 음양이 있으며, 큰 것에도 음양이 있느니라. 땅이 음양의 이치에 있듯 그 이치를 알 수 없는 것은 생명을 잃어 음양을 잃음과 같나니 그 자신의 본질이 죽었기 때문에 음이니라. 이는 스스로 존재할 수 없으나 양이 발현하여 스스로 존재하려 함이나니 이것을 음과 양의 이치라 하니라. 음양은 생명을 향하는 이치의 근본이며, 생명으로 향해가는 이치라 하며, 흙에 비가 내려 싹이 트는 것과 같음이니라. 흙에서 싹이 나며, 빛으로 생육하며, 열매를 맺나니 생명은 질서를 가진 진리이니라. 이는 누구나 그 무엇도 거역할 수 없는 이치라 함을 말함이니라.

  너희는 물음 속의 물음으로 정신을 낭비하지 말지니라. 대지에 작은 씨앗이 빛과 물로써 싹이 나는 것에 대해 묻는다면 생명 앞에 너희가 무릎을 꿇으며 그 물음을 멈추는 것은 생명에게만 있는 권리라 하리라. 이 권리는 사람에게만 있지 않음이니라. 사람이 하늘과 땅, 해, 달에 무릎을 꿇게 됨은 지천선악의 이치에 의하여 탄생하였기 때문이라 하니라. 무엇이 필요하냐 하고 물으면 너희는 너희가 스스로 존재하는 존재 너머의 물음으로 너희의 정신을 상하게 하지 말지니라 하니라. 빛이 너희 땅을 관장할지니 이는 스스로 존재하는 이치니라. 생명으로 향하는 이치라는 것을 알지 못하면 정신을 상하게 하며, 궤변을 만들며, 사람을 현혹하리라. 그리하여 얻는 것은 너희의 정신이 썩어가게 됨을 알지니라. 한 그루의 나무를 심으라, 죽어가는 생명을 살려보라, 강과 바다에 생명을 번성하게 하라. 자연이 너에게 다가와 생명으로 향하고 있음을 알게 되리니 이는 말로써 이루어지지 않으며, 마음으로 이루어지지 않으며, 기도로써 이루어지지 않으며, 희망으로 이루어지지 않느니라. 들과 산으로 나가 나무를 심으며 강과 바다에 나아가 생명의 다양성을 행하라. 그리하면 생명으로 향하고 있는 나를 발견하리라. 그것은 네가 스스로 행하여 깨우쳤다 함이니라. 너희가 스스로 그러한 이치를 밝혀냄도, 스스로 그러한 이치를 극복함도 너희에게는 커다란 시련일지니 이는 너희의 짧은 생명으로 너희와 너희의 자손들이 빛의 이치를 알지라도 빛의 이치를 너희들의 말로써 기록하는 것 이상은 될 수 없을지니라.

  무엇이 너희에게 필요한지를 알라. 너희의 말로써 빛을 기록하고, 너희의 말로써 어둠을 기록할지라도 너희는 빛과 어둠으로 너희를 성장시키리라. 이는 너희가 스스로 그러한 이치를 살고 있기 때문이니라. 또한 어둠이 오면 너희를 쉬게 하며 너희는 빛의 이면을 보게 되리라. 이는 너희가 빛의 이치와 빛의 배면의 이치에 항상 감사함을 가지라 함을 이르니라. 빛의 이치에 너희가 성장하면 어둠의 이치에 너희는 성장의 고뇌를 위로받을지니라. 너희가 빛이 있음으로 어둠이 필요한 것과 같이 너희는 어둠이 있음으로 빛이 필요함을 함께 알리라. 빛의 배면을 어둠이라 하면 너희는 어둠 속에서 달을 보니 이는 너희와 땅에서 나는 모든 생명에게 감사함을 받을 이치에 있음을 알리라 하니라. 땅의 이치에는 스스로 그러함의 질서에 있음을 알 수 있음이라. 빛은 너희의 성장을 위해 있음이니라. 빛을 받는 이는 너희 성장의 위로함을 이름이라 하니라. 너희가 땅에서 나고 땅에서 살아갈 때 너희의 근본을 땅으로 삼으며 하늘의 이치에 감사하라. 하늘과 빛, 어둠 그리고 땅을 일러 지천선악이라 이르나니 무엇이 너희에게 필요한 것인지를 알리라 하니라.

너희에게 이르나니 하늘에는 빛이 있으며 어둠이 있으니 이를 하늘이라 칭하리라 하니라. 너희에게 하늘의 이치와 빛과 어둠의 이치 그리고 땅의 이치가 조화를 이루니 이를 하늘의 이치와 빛과 어둠, 땅의 이치에 생겨난 지수화풍이라 하니라. 이는 너희가 미워함도 아니니라. 지수화풍은 너희가 미워하기 위하여 지수화풍이 아니니라. 또한 너희를 죽이기 위하여 지수화풍이 아니며, 선을 위하여 지수화풍이 아니며, 악을 위하여 지수화풍이 아니니라. 게다가 너희가 좋아서도 아닐지니 이는 너희들의 질서와 스스로 그러한 질서가 있다 함일지니라. 너희는 알지니라. 하늘과 땅이 서로 생하고 생하여 물이 생할지니라. 또한 하늘과 땅과 물이 생하고 생하여 바람이 생할지니라. 빛은 화를 생하고, 어둠은 냉을 생하는 이치에 있다 함이라. 그러나 이는 스스로 그러한 이치의 극치라 함이라. 선은 화를 생한다 할지라도 이는 어둠 속에 빛이 있음이라. 그러나 빛이 있음에 어둠을 알 수 있음과 같은 이치라. 이는 화가 냉을 이길 수 없음과 같음이며 결코 냉이 빛을 이길 수 없음과 같음이니라. 빛과 어둠이 스스로 있기에 서로 생하고 생하여 물이 생하는 이치는 또한 스스로 그러한 이치의 극치라 함을 이르니라. 너희 중에 빛은 어둠을 극한다고 말하는 자 있고, 너희 중에 어둠은 빛을 극한다고 말하는 자 있으리니 이는 너희의 정신을 혼란하게 하는 자라 할지니라. 이는 또 너희의 말 속에 대립과 싸움을 생하게 할지니 너희 스스로 그러한 이치에서 멈추는 지혜로움을 가지라 하니라.

너희에게 이르노니 빛은 어둠을 이기는 것도 아니며, 어둠은 빛을 이기는 것도 아님을 알지니라. 빛은 빛으로 스스로 그러한 이치에 있음이며, 어둠은 어둠 스스로 그러한 이치에 있음이라 하니라. 빛은 결코 어둠을 이기는 것이 아니며, 어둠이 빛을 이기는 것도 아닐지니 빛이 어둠에서 빛나는 것은 어둠에서 빛이 나는 것일 뿐이니라 하니라. 또한 빛이 어둠에 가려진다 함도 이와 같음이니라. 빛은 어둠을 이긴다 말하는 자 있으리니 너희는 그에게 대꾸도 묻지도 말라. 이는 그의 말일 뿐일지니라. 그가 빛의 이치와 어둠의 이치를 그의 말로써 말하는 것일 뿐이니라. 만약 그가 선과 악이라는 판단과 결과가 모두 옳은 것이라 여긴다면 그것은 그의 말이 맞으리라. 그러나 그의 말에는 모든 반박과 비판을 받아들여야 하는 마음가짐을 가져야 할지니 이는 모든 진리는 그의 말 속에 있음도 아니며 그의 생각하는 생각 속에 있음도 아닐지니라. 그가 말하고 생각하는 것이 분명히 진리일지라도 진리는 가만히 정지해 있을 수 없음도 인정해야 함이니라. 진리는 시간과 같으며 공간과 같음이라. 진리가 시간과 같다면 진리의 길은 흘러가는 강물과 같은데, 이는 흘러가는 것을 느끼는 시간이기 때문일지니라. 진리라고 말하는 순간 그것은 진리라는 시간을 따라 흐름과 같을지니라. 또한 진리가 공간이라면 진리는 모든 공간에 자리할 수가 있어야 함일지니 이는 우주와 무한 공간과 유한공간에 모든 생명과 존재가 진리라 함을 말함일지니라. 이는 공간에 있는 그어느 것도 진리를 거부하지 못함과 같으리로다. 진리가 너희를 시간에 복속시키고 너희를 공간에 복속시킬지니 너희가 진리의 눈으로 모든 것을 볼 수가 있다면 그것은 진정한 진리가 될 수 없음일지니라. 왜냐하면 공간은 멈추어있는 것이 아니기 때문이니라. 또한 시간은 멈추어있는 것이 아니기 때문이니라. 너희가 무엇이 진리라 단정하는 것은 시간과 공간이 멈추어야 하는 너희의 욕망과 같으며, 이를 죽음의 공간이라 할 수 있음이니라.

음과 양의 이치 중에서 가장 고귀한 것은 물의 이치니 너희가 살아갈 때 가장 고귀한 것이 물의 이치라는 것을 명심하라 하니라. 너희가 물을 하나님이라 칭하면 하나님이 될 것이며, 물이 천지자연의 모든 것이라 하면 물이 천지자연의 모든 이치의 근본이 될 것이라 하니라. 물이 빛보다 더 근본이라 하면 그리될 것이며, 물이 어둠보다 더 근본이라 하면 그리 될 것이며, 물이 생명이라 하면 그리될 것이로다 하니라. 물은 너희가 가지고 있고, 생각하고 있는 가장 아름다운 그 어떠한 것보다도 소중하며 아름다우리니 이는 물이 곧 너 자신이기 때문이니라. 너희가 물을 소중히 하면 너희는 무엇보다도 소중한 존재가 될 것이며, 너희가 물을 하찮게 하면 너희는 무엇보다도 하찮은 존재가 될지니 이는 물이 가장 너희에게 필요하기 때문이라 하니라. 물로써 세상이 멸망함에 이르며, 세상이 구원받는 것 또한 물 때문이라 함도 온당할지니라. 빛이 너희에게 필요하며, 어둠이 너희에게 필요하며, 사랑이 너희에게 필요하며, 친구가 필요하며, 자식이나 부모가 필요할지라도 물보다 너희에게 더 귀중하고 필요한 것은 없을 것이노라.

너희에게 이르나니 너희에게 진정한 진리는 물이라 하니라. 천지자연의 모든 결과가 여기에 있음이라. 뜨거움과 차가움과 빛과 어둠이 운용하는 질서가 바로 너희와 함께함에 있다 하니라. 이러한 이치의 질서가 너희의 인생을 운명이라고 말할 수 있음이라. 너희에게 천지자연이 스스로 그러함의 이치대로 존재한다면 그것은 바로 천지자연은 인하다 함을 너희가 깨우치라 하니라. 너희에게 이르노니 존재를 실존과 실재의 문제로 구별되거나 판단하지 말라. 존재는 존재 너머의 극복의 마음이나 눈이 아니라 너희가 그것을 생각하거나 행위의 근거로써 삼지 말아야 함이라. 존재는 단지 존재이며, 그 존재는 너희가 스스로 그러함이라는 천지자연의 이치를 표시한 그러한 상태에서 만족함에 있다 함을 너희가 알아야 함이니라. 너희에게 이르노니 너희는 땅을 경배하고 경배하라. 땅이야말로 너희를 탄생시킨 친어머니와 같으니라. 네 어머니가 너희를 고통 가운데 탄생시켰고, 생명의 젖으로써 키웠음이니 너희가 이 대지에 있음과 같이 대지를 경배할지니라. 땅이야말로 너희를 낳고 키우는 만물의 본래 근원이며 생명의 근원이니라. 이 축복받은 땅으로 행복함을 맛보리니 너희가 땅을 행복한 땅이라 칭하리로다. 땅은 모든 생명이 태어나는 것이니라. 그러므로 너희와 이어지는 세대에서 세대로 이 세상 그 무엇보다도 소중하게 너희가 가꾸어야 하며, 사랑해야 하는 땅이니라. 모든 생명이 이 땅에서 태어나며 모든 생명이 이 대지에서 뿌리를 내리리라.

너희가 하늘과 땅을 아름답다 하느냐? 너희가 하늘과 땅을 추하다 하느냐? 하늘과 땅을 아름답다 하면 너희는 하늘과 땅을 아름답게 바라볼 것이며, 너희의 존재에 매사에 감사하며, 매사에 경배하리로다. 하늘과 땅을 보며 추하다 하면 너희가 스스로 추악하게 변하리로다. 그러면 너희의 인생 속에서 아름답게 바라 볼 수 있는 마음이 생기기까지의 세월이 지극히 길고도 길리라. 하늘과 땅이 아름답다 느끼지 못함은 너희가 인간으로 살아간 것이 아니라 금수와 같이 살았다 함이 여기에 있음이라 하니라. 살생당하는 방향으로 살아온 것은 하늘과 땅이 바라지 않나니 생명을 사랑하는 방향으로 살아보라. 그리하여 행복을 구하라. 그것이 사람일지니라. 선과 불선, 아름다움과 추함, 어리석음과 현명함이 모두 하늘과 땅의 이치라 하지 말지니라. 생명으로 나아갈 때 사람이 천지자연이 행한다 하지 말지니라. 너희의 근본은 사람을 향하여 이루기 위함이나 모든 생명을 향하는 근본이 하늘과 땅이라 하리로다. 천지만물의 질서와 너희 인간이 바라보는 모든 사물을 바라보는 질서와 법칙에는 그 다름이 있느니라. 너희가 너희의 언어로써 약속을 하고, 너희가 정한 법칙을 정하며, 너희가 정한 법칙으로 너희가 사는 세계에서 수로써 약속을 하며, 사물을 표현하는 약속을 함은 인간의 질서라 하는 약속이니라.

너희의 언어로 만든, 질서로서 윤회하는 질서를 결코 바라보지 말며 행하지 말지니라. 살생과 살인은 다르니라. 살생은 모든 생명에게 적용함이며, 살인은 사람에게만 적용함이라. 이렇게 할 때 숲과 강과 바다를 죽이는 것을 용서하는 것이 옳지 않다는 것은 지천선악의 뜻이니라. 아무리 작은 생명일지라도 죽이는 것을 용서하지 않고, 살생당하는 이치에 넣으며 반드시 살생당하게 함은 지천선악의 뜻이니라. 살생하지 말라. 살생당할 날에 사냥하는 사람에게는 그가 사냥감이 될지니라. 함부로 살생하는 것을 벌주려 하는 것은 천지만물이 죽음으로 향하는 질서가 되었기 때문이니라. 살생을 멈추고 천지만물의 질서로 되돌아가라. 그것이 선이며, 진실이며, 진리이며, 천지만물의 질서를 살리는 것이니라. 그것은 사람이 살생을 멈추고 한 그루의 나무를 심을 때 이루어지며, 강과 바다의 생명성이 살아날 때만이 천지만물이 살아날지니라. 그리하지 않을 때에는 천지만물이 죽으리라. 천지만물의 질서 속에서 너희가 언어로 만든 질서를 버리고, 살생하지 않는 이치를 행하여 사람이 번성함과 같이 모든 생명이 번성하게 할 때만 사람이 칭송받게 될지니라.

너희에게 이르나니 너희가 천지의 질서를 우선 행하는 것은 살생하지 않음에서 이루어지며, 너희가 살핌은 천지만물의 질서 속에서 가장 상위의 질서로 만들 수 있음이니라. 이는 천지만물 중에서 너희가 가장 우수하고 가장 아름다운 생명이라 칭함을 받으리로다. 너희의 머릿속에서 생각난 것들을 너희의 생각하는 법칙과 틀에 맞추며, 그 법칙과 틀에 의하여 결국은 너희가 파괴됨을 알아야 하느니라. 한 그루의 나무를 심으며 산과 강과 바다에 생명의 다양성을 회복하게 하는 것도 사람의 행함에서 이루어지나니 천지만물이 사람의 행함에 달렸다 하리라. 살생함도, 살생당함도, 사냥함도, 사냥 당함도 사람에게 달렸느니라. 이 땅에 사람과 문명만이 있는 것은 생명을 함부로 죽여서 이룩된 증거이며, 그 증거를 사람이 사람을 죽여서 먹고, 사람을 죽이는 놀이로 삼게 될지니라.

너희에게 전하노라. 사람이 떡으로만 살 것이 아니고, 너희가 만들어낸 지천선악이라는 말씀과 천지자연의 이치대로 살 것이니라. 너희가 영원한 생명을 믿으며 땅에서 나고 땅에서 살아왔느냐? 영원한 생명으로 돌아갈 때 한 그루의 나무를 심으라. 이 땅이 멸망하지 않게 한 그루의 나무를 심으라. 영원한 생명으로 가지 않는다 할지라도 이 땅에 한 그루의 나무를 심으라. 그리하면 그 숲에 다양한 생명이 살게 될지니라. 너희가 영원한 생명을 바라며 너희의 재물을 산과 강과 바다 생명의 다양성을 회복하기 위하여 사용하라. 그리하면 세상이 멸망하지 않을지니라. 영원한 생명을 얻어서 갈 때 이 땅이 멸망하는 것을 바라만 보고 있지 말라. 진정으로 지천선악이 빌 것이니라. 사람이 위대하고, 용감하고, 진실되다 함은 한 그루의 나무를 심으며 너의 재물로 생명의 다양성을 이루는 것에만 있다 할지니라. 너희 스스로의 언어 속에서 너희가 무엇을 말하려느냐? 인간이 산다는 것은 너희 스스로의 가치관이 있음으로 인함이니라. 천지만물의 이치는 결코 영원한 생명을 위함이 아니니라. 그것은 생명의 가치를 너희 스스로가 만들어 감을 바랄 뿐이고, 너희가 스스로의 언어의 미혹에 빠짐일 뿐이니라. 그리고 인간의 가치와 생명의 가치를 동시에 가질 수 있음에 기인함일지니라. 이는 또 결코 인간이 아니면 가질 수 없는 천지만물의 선택과 같음이니라.

너희가 무엇으로 살아야 하는가? 이는 너 스스로의 마음을 다스림을 의미함이니라. 너희가 항상 변하는 천지만물 속에서 영원할 수밖에 없는 질서와 영원할 수밖에 없는 인간의 질서, 곧 생명의 질서가 동시에 행함을 항상 마음에 간직하며 살아야 하는 불문율이 되리라. 천지자연의 질서와 인간의 질서와 함께함을 천지자연의 이치라고 너희가 받아들이며 행하라. 천지만물에 가족이 있다면 천지만물 모든 것이 가족이라 할지니라. 이를 생명의 가족이라 칭하리라. 너 스스로가 있다고 생각한다고 해서 너희가 존재하는 근원이라고 하지 말라. 생명으로 향하는 행함이 있지 않고서는 결코 너희는 존재의 근원이라 할 수 없음이라. 살생하는 것을 행함으로 해서 하늘이 사람을 살생하는 생명이라 낙인찍나니 이를 하늘이 용서하지 않으며, 스스로 벌하게 하여 반드시 죽음에 이르게 하리로다. 천지만물이 있음으로 너희가 있고, 너희가 있음으로 너와 너희가 사랑하고 아끼는 사람이 있음을 알지어다. 천지만물이 너희 스스로인 것을 너희가 먼저 알지 못 하고서는 결코 그것을 인간의 권리라 할 수 없음도 여기에 있음이리로다.

천지만물의 효와 너희의 효는 결코 다르지 않고 각기 다른 시간과 공간에 있음도 아닐지니라. 이는 너희의 효가 천지만물을 함부로 해치지 않음을 너희가 천지만물에게 행하는 효라고 할 수 있음이니라. 너희가 부모를 공경하며 친한 사람과 친하게 사귐과 같음이리니 천지만물을 향하여 너희가 이웃과 같이 친함과 같이함이 여기에 있음이니라. 천지만물이 너희에게 친함과 따뜻함으로 다가옴을 너희가 알지어다 하니라. 이는 사람에게 이르는 행복

중에서 가장 크며, 더 아름다운 것은 사랑하는 것 이상은 없을지니라. 그것은 천지자연의 이치는 서로 나누며, 공존하며, 생명으로 향하는 과정이기 때문이니라. 하늘의 빛과 밤하늘의 달빛 그리고 대지의 나무들이, 물속의 모든 물고기들이 서로 공존하며 생명으로 나아가는 과정으로 있음이라. 이것이 천지만물의 사랑이며, 지천선악의 공존함이니라. 그리고 보이는 자연의 이치로서 사랑이니라. 너희가 그것을 대지에서 꽃처럼 피게 함은 생명이기 때문에 행하여야 하는 진리이니라. 지천선악이 사람에게 행하라 권하노니 이것은 사람에게 전하는 생명을 사랑하라는 땅의 외침이니라.

## 🌿 지혜의 서

사람으로 살아가며 지혜 있음은 사랑이라 함을 항상 느끼며, 깨우치며, 행함을 할 수 있음이라 하리니 이는 모든 생명에게 살아있음의 진정한 의미가 행복하게 살아감이기 때문이니라. 생명의 이치는 행복하게 살아가기 위함이라 함과 같다 하리니 이는 천지자연의 이치가 그러하기 때문이라 하니라. 너희가 진정 행함과 입으로 내뱉어지는 모든 말들이 너 스스로가 행복해짐과 같이 너에게 다가오며 멀어지는 모든 사람과 생명에게 행하리니 이는 천지자연의 이치가 그리하기 때문이라 하니라. 이는 사람의 행함과 모든 짐승과 나무와 온갖 짐승들이 살아가며 모든 것들이 이루어지는 땅이 그리하기 위하여 있음과 같다 하니라. 너희가 모르는 것 가운데 선의 이치는 착함을 위함이 아니며 천지자연의 큰 이치를 이름을 너희가 알라. 선의 이치는 착함이 아니라 진실로 천지자연의 이치 가운데 무엇이 천지자연을 위하여 행하여야 함을 일컬음이나니 진정 마음을 다듬으며 몸을 다듬으라. 그리하면 너희가 선의 이치 가운데 선의 행함을 행하게 되리라. 선이란 천지자연의 이치 가운데 선의 이치가 생명을 태어나게 하는 이치와 다르지 않으리니 선의 이치를 행함을 항상하라. 선의 진리를 행하는 너희를 하늘이 살피리로다.

너희가 악의 이치를 깨우치리라. 악의 이치는 나쁨을 이름이 아니니라. 악의 이치는 큰 것 가운데 작은 이치를 이름임을 너희가 알리라. 마음을 다스리고 몸을 다스리면 천지자연의 이치가 악의 이치를 깨우치게 되리로다. 악의 이치는 더럽거나 마음이 악하다 함의 이치를 넘어서야 이룰지니라. 진정 너희가 악의 이치를 깨우치려 하면 하늘이 너희를 도우며 평화를 얻음과 같게 되리라. 진정 하늘이 너희를 지혜롭게 하리라. 선의 이치가 따뜻해지는 이치라면 악의 이치는 따뜻함을 받아들여 물을 이루는 이치가 되리라. 진실로 너희가 그리되려 하라 권하노니 이는 사람과 땅의 이치가 함께함을 이룸을 말함이니라. 이는 선의 이치가 사람과 함께하여 생명을 탄생시키는 진리이고, 악의 이치가 선의 이치와 함께하며, 이 땅의 모든 생명을 이루는 물의 이치를 세상에 넘치게 함이니라. 진실로 이르나니 천지자연의 이치가 땅에 가득하기 때문에 지천선악의 이치는 지혜의 길이라 함이니라. 마음의 아픔과 분노, 증오가 있음을 너희의 언어로써 뱉어내는 것은 불행해지는 것이니라. 너희는 이를 모르니라. 이는 순간과 순간의 이치에서 너희가 있음과 너희가 다른 생명의 질서와 다르지 않을 때문이라 하리라. 그것은 너희가 세대에서 세대로 이어지며, 참으며, 행하며, 행복해지는 방법을 터득해가는 생명이기 때문이라 하니라. 이는 모든 생명의 이치가 그러하기 때문이니라.

너희에게 이르노라. 살아있다는 것은 생명에게 생명이 누리는 가장 큰 복이리니 이는 생명인 너희가 그 생명을 누리기 때문이라 함이라. 생명은 너 자신의 근본이며, 이 세상의 근본이니라. 비로소 생명이라 함은 살아있음을 일컬음이며 이 세상 무엇보다 귀한 것이로다. 그 귀함을 생명의 은혜라 하며, 은혜로운 생명이라 하며, 그 복이 오래도록 있음이니라. 그 가운데 생명의 기운이 너로 하여 그것을 증명함이 있음이리니 그것은 그 생명으로서 생명의 깨우침을 얻었기 때문이며, 그가 생명으로서 있기 때문이며, 생명으로서 생명의 질서를 지켜가기 때문이니라. 진실로 생명은 생명의 법이 있음이라 하리니 그 법은 너희가 속한 인간의 법을 지켜가기 위함이며, 생명의 법은 스스로 그러하다 함에 인한 천지자연 질서의 법을 지속시켜 가기 위한 생명이라 하리로다. 생명의 지극한 질서가 서로 필요할지니라. 이는 생명이 복이 있다 함이며, 너희가 그 복을 가질 수 있음이며, 너희가 그 복을 가꾸며 지켜나가야 함이 생명의 지극한 지혜 있음을 근본으로 가지고 있음이라 하리로다. 죽어가는 생명을 너희의 재물로써 살리며, 한 그루 나무를 심는 실천을 천지만물이 사람에게 행하라 함은 오직 사람만이 천지만물의 생명과 지혜를 받아들일 수 있는 생명이라 여기기 때문이니라.

생명의 마음과 생명의 몸으로 너희기 살아간다 말하라. 이를 물을 때 너희가 나는 생명이요 하고 답할 수 있음을 마음으로 경배할지니라. 너희가 정한 법에 의함이란 천지자연으로서 생명의 진리는 아름답다 함이라. 이를 생명의 아름다운 법이라 칭함이 너희가 정한 지극한 질서로다 하리라. 너희가 그 복을 생명이 다하는 날까지 지켜나가야 하노라. 너희의 마음과 너희의 실천에 천지만물 질서의 선을 쌓으리라. 그래야 오래도록 너희가 복을 지킬 수 있음이니라. 비록 아무리 작은 악이라 할지라도 너희는 절대로 행하지 말고, 너희 마음에 싹 트게도 하지 말라. 너희가 생명의 자존심을 지켜가면 가장 큰 복을 얻으리로다. 이는 천지 자연이 너희에게 주는 가장 큰 복이니라. 이는 또 생명을 가진 것을 가장 큰 복으로 하며, 그 복을 지켜가는 것이니라. 그리고 생명의 근본을 알며, 그 생명의 근본에 경외하며, 생명 의 눈으로 볼지니 생명의 경외함으로 너희가 사는 세상에 꿈이 가득하다 하리로다. 이는 스 스로 그러함의 이치에 너희가 지극함이 있다 것이 심히 크기 때문이라 하리로다.

생명의 복이 영원함을 너희가 바라지 말며, 너희가 너희의 이치를 버리지 말며, 거부치 말 지니라. 이는 천지자연의 이치와 같다 함이라. 천지자연의 이치가 영원함을 구하지 않음은 흐르는 물과 같으며 천지자연이 계절의 이치에 순응하듯이 너희가 그리함이 여기에 있다 함이로다. 이는 생명의 질서와 천지자연의 이치가 서로 다르지 않음이 생명의 질서라 천명 함이니라. 천지자연의 이치가 그러하듯이 세대에서 세대로 조금씩 조금씩 양보하며 다음 세대에게도 영원한 이어짐을 너희에게 준 커다란 복이라 하리로다. 영원한 생명이 없다 함 을 원망하는 순간, 너희는 오래도록 불행에 빠지고 말 것이니라. 그로 인해 다툼이 커지면 살생이 일어나고, 간음함이 창궐하고, 거짓말이 늘어나서 너희를 지극히 불행하게 할지니 라. 따라서 너희가 생명의 질서를 지키는 데 마음 쓰기를 지극히 하면 아름다운 봄날에 나 비가 날며, 새가 울며, 작은 씨앗이 줄기를 피워내며 성장하는 것과 같음이로다. 그리하면 너희가 복 받을 수 있음이니라.

큰 복을 너희 스스로 만듦이라. 너희가 가까이 있는 사람과 다툼을 가벼이 하여 그 다툼 으로 더 큰 다툼을 만들지 말라. 불행하기 위하여 스스로 다툼을 지극히 함이 있다 하리니 이는 너희가 불행하기 위하여 다툰다 함이리라. 상생의 이치보다 아름다운 것이 없음이니 라. 상극의 이치는 지극히 경계하며 행하여야 하는 질서가 있음이라. 이는 너희가 살아있는 동안에 경계함이 지극하여야 함이라 하니라. 너희에게 이르는 악까지도 그 속에 함께 있음 이리니 악함으로 화를 당함이라. 이는 너희가 스스로를 벌하며 고통에 빠트림과 같음이리 니 무엇을 생각하든지, 무엇을 행하든지 너희가 정한 악함을 경계하고 경계하리라. 천지만 물의 악은 너희에게도 악이라 할지며 또한 천지만물의 선도 생명에게도 선이라 함이니 이 는 너희가 생명의 질서를 함부로 해치려는 마음이 있다 함이더라. 너희가 선을 행함이 백가 지 복을 창조해냄과 같으며 악을 행함으로 백가지 화를 창조해냄과 같으리로다 하니라. 선 을 쌓음은 인간의 선과 천지자연의 선을 쌓는 데 있으며 너희에게 복이 가득하리로다. 악을 쌓음은 너희에게 화가 가득하게 하리로다. 복은 살생하지 않으며, 죽어가는 생명을 살리며, 한 그루 나무를 심는 것으로 복이 있음이니라. 함부로 생명을 죽이고 땅과 하늘을 두려워하지 않으며, 그 가운데 한 그루 나무를 심으려 하지 않음은 화가 가까이에 다가 왔음을 이름이니라.

천지만물의 질서는 하나에서부터 출발함에 있노라. 아주 작은 시작에서부터 시작하여 크고 장대한 과정을 만드는 생명의 질서와 같음이로다. 너희가 선을 행함은 천지만물이 지극히 선함이니라. 그 복은 따뜻한 봄볕이 너희의 옷을 벗기는 이치와 같다 함이더라. 너희가 악을 생각하며 악을 행함은 천지만물 또한 그리하여 그 화가 너희에게 미침이 불과 같이 함이로다. 이는 선으로 선을 쌓음으로 너희 마음이 따뜻해짐이며 악을 쌓음으로 너희 마음을 너희가 강퍅하게 함이니라. 천지만물의 이치는 하나의 생명 안에 각기 다른 선과 악으로 행복과 불행을 가름이리니 너희가 생명의 질서를 지켜감으로 복을 받음과 생명의 질서를 어지럽힘으로써 스스로 화를 받기를 두려워함이 너희의 생명을 지켜가는 가장 큰 지혜라 함과 같으리로다. 지혜로운 자는 사랑을 생각하며 사랑을 실천하는 자라 함이리니라. 어리석은 자는 미움을 생각하며 미움을 실천하여 그 화가 그 몸에 닥치기 때문이라 하니라. 이는 상극의 이치에 마음을 둔 까닭이며 상생의 이치에 담겨있는 가치를 너희가 바라보지 못함 때문이라 하니라. 너희가 지혜롭다면 착한 행실로써 생명의 보람을 찾으라. 천지자연의 질서는 하늘의 뜻과 인간의 뜻과 천지만물의 뜻과 같음 때문이니라. 무엇을 생각할 때 진실과 지혜는 기쁨과 행복한 마음을 주리니 그러한 가운데 너희가 말과 행동으로 믿음이 있다 하며, 마음이 깨끗하다 하며, 몸이 깨끗하다 하리라. 이는 하늘이 그러하며 천지만물이 그러함이리니 결코 이러한 질서보다 큰 것은 더 이상 없으리로다. 가장 큰 질서는 살생하지 않음이며, 그 다음 질서는 살생당하지 않음이며, 한 그루 나무를 심는 질서이니라.

너희에게 이르노니 지천선악이 너희에게 이해시키고자 할지라도 너희는 행복을 위한 삶에 열중하라. 너희 생활 속에서 수입의 일부를 죽어가는 생명을 위해 사용하기 위하여 근검하며 검약할지니라. 한 그루 나무를 심기 위하여 시간과 노력을 들여 생활 속에서 생명의 의무라 생각하며 행할지니라. 생명의 모든 근본이 땅에 있음을 너희가 알리로다. 이는 근본에 충실하였다 칭송받음이 있으리라. 하늘은 빛으로 낮과 같이 세상을 밝히며 생육을 도우니라. 이는 그 속에 생명의 양분이 있다 함이 크다 함이로다. 선은 너희가 정한 태양을 일컬음이며, 악은 너희가 정한 달이라 함이 무척 크다 하리니 이는 땅과 하늘에 천지자연의 지극한 질서인 태양과 달의 이치와 천지자연의 질서가 땅에서 이루어진다 함이리라. 선과 악의 구분이 합당하지 않다 할지라도 이는 천지자연의 이치를 너희가 정한 질서를 증거함이 옳기 때문이라 하리로다. 수많은 말들은 결국 너희의 언어에 불과할지니 너희가 행함을 위한 마음이 아직도 준비되지 않았기 때문이라 함이니라. 행하려거든 나무를 심으라. 천년 후에 또 만년 후에도 이 땅에 생명이 되돌아옴을 증거함이니라. 너희가 진정 행복하려거든 이러한 이치를 알 수밖에 없음이니라. 너희의 인생 동안 존재할 모든 생명은 지천선악 가운데 생명이 있다 함이 그 증거로다 하리니 이보다 더한 이치가 있다 함은 너희가 만들어낸 언어에 불과할지니라. 모든 질서를 끝없이 나누고 합치는 너희의 생각하는 틀 속에 너희를 스스로 가두기 때문이라 하리로다. 생명의 질서가 이보다 더 넓지 못하며 이보다 좁지 못함이라. 이는 인간에게도 유익하며 천지자연에게도 유익한 것이기에 간곡히 당부하고 당부하노니 너희가 원하는 영원한 복이 있는 세계로 가기를 원하거든 이 세상을 보기에 좋았더라를 위해서 그리하라. 이는 너희가 사는 대지에 한 그루의 나무를 심으라 하니라.

너희가 생명의 고귀함을 안다면 너희의 이익으로 생명을 함부로 해치지 말지니라. 너희의 인생과 천지자연의 이치를 거스르지 않으려 너희가 힘쓸지니라 하니라. 지혜는 너희 스스로 인간의 길을 밝힘과 같음을 이르노니 너희가 인간의 길과 자연의 길을 행함에 어느 것이 지혜로운 길을 갈 수 있는가를 제시하기 위함이라 하니라. 너희가 지켜야 함을 말하고 싶으나 너희가 올바른 것을 선택함에 우선임을 말하노라. 너희는 스스로 그러함의 존재이기 때문이라 하리니 너희가 무엇을 선택하느냐 말하지 않으리로다. 천지자연이 스스로 그러함에 있듯이 지천선악이 스스로 그러함에 이르렀으되 또한 인간이 스스로 그러함에 있음에 인함이니 너희 스스로가 인간이며 스스로 그러함에 있는 자연임을 교훈으로 제시함이니라. 이것이 진리이며 또한 진리라 하지 않음은 인간에게 그리고 천지자연에게 그리고 지천선악에게 스스로 그러함에 있음으로 인함이며, 결코 선과 악을 구별함에 있지 않음이니라. 선과 악은 인간의 머리에서 나왔지만 결단코 자연은 인간의 머리에서 나온 것이 아님을 말함에 우선이라 하니라.

너희가 너희의 몸을 무엇이라 하느냐? 천지자연은 말하노니 너희의 몸은 천지자연과 같은 자연이니라. 너희가 너희의 몸으로 천지자연을 실천함에 있음이라. 너희가 천지자연으로서 자연의 이치에 있음을 일컬음이니 이는 진리요 진실이라는 말에 불과하다 함일지라도 마음의 빛과 육신의 빛이 되기를 지극히 바라는 바가 있다 함이니라. 이는 너희가 몸과 마음을 다스리며 너희 마음의 고요와 평화를 스스로 다스림에 인함이라 하니라. 너희의 몸을 교화하리니 이는 너희의 몸에 있는 마음이며 마음에 있는 몸이니라. 너희가 마음을 어떻게 쓰겠느뇨 물으면 너희가 몸과 마음을 다듬는 마음을 가지라 하리로다 하니라. 너희 몸은 두 가지니 몸의 몸과 몸의 마음이며 마음의 몸과 마음의 마음일지니라. 너희 몸이 한 가지라 말할지라도 너희의 몸은 편함과 습관에 젖어있는 몸으로 나뉘니라. 너희 몸이 편한 것은 너희에게 인간의 길을 열심히 살아가면서 맞게 되는 꿀맛과 같은 평안을 맛봄이니라. 몸이 고되고 고단하여 너희가 너희 몸을 도피할지니 너희의 몸에게 너희 스스로 인간의 길을 열심히 살아가는가와 너희의 인생이 고단함에서 벗어나려 함에 있느냐 함이라. 이는 너희가 행복함의 욕심과 행복함의 상태를 즐김에 불과할지니라.

  너희에게 본보기를 말하노라. 몸이 편안할 때 진정 행복하다 할 수 있느냐 물으면 그것은 결코 너희가 행복하다 할 수 있음이 아니리라. 반면 몸이 고되고 피곤이 항상 있다 하지만 마음이 평안할 때 이것이 행복하다 할 수 있느냐 물으면 너희가 어떻게 답하겠느뇨. 결코 너희는 마음과 육신이 고되고 피곤함이 항상 있음을 바라지 않을 것이니라. 그럴지라도 마음의 평화와 육신의 평화를 얻기가 결코 쉽지 않은 까닭은 너희가 생명의 질서에 항상 있기 때문이라 하리니 결국은 최선의 길을 스스로 찾아야 함이 너희에게 인생의 숙제가 되기 때문이니라. 너희의 몸은 너희 몸의 주인이 아니라 생명이 너희의 주인됨이니라. 생명은 창조로부터 자연의 질서로 환원됨이며, 자연의 질서는 스스로 있게 되는 자연이며, 자연은 생명으로 환원됨이나니 생명은 너의 몸으로 이루어졌음이니라. 그러므로 마음으로 다스리며, 마음으로 사랑하며, 몸으로 지천선악을 행할지니라. 마음의 주인은 너희의 몸일지니 너희가 마음으로 행복함과 너희의 몸과 행복함의 가장 커다란 기준이라 함이 여기에 있음과 같다 함이라. 그것은 생명의 지극한 질서라 하리로다. 몸이 행복하다면 정신의 행복하기 위해서 너희가 무엇을 행해야 하는가. 몸이 행복하기 위해서는 너희가 무엇을 행하여야 하는가. 이는 너희가 평화로운 것에 조그만 행복도 욕심이 될 수 있다는 사실에 인함이며 몸의 작은 평화를 바랄지라도 욕심이 될 수 있다는 사실에 인함에 있음이니라.

  권하노니 너희가 마음속에 항상 행복한 마음과 행복할 수밖에 없는 인간이라 생각하라 권할 뿐이라 하니라. 인간은 본시 탄생이든 창조된 생명이라는 조건이든 존재 그 자체가 행복할 수 있는 조건이 부여된 존재라 하리니 행복하다면 너희가 그것에 만족할 수 있는 전제를 하여야 하며, 불행하다는 생각이 얼마나 잘못된 생각인지를 너희가 우선 판단하라 하니

라. 이는 천지자연이 그러하며, 지천선악이 그러하니라. 만약 너희가 스스로 그러함에 있지 않다면 너희는 진정한 바라봄에서는 불행하다 할 수 있으리니 이는 너희가 스스로 그러함에 있지 않기 때문에 그리함과 같음이니라. 진정 죽음조차도 행복하기 때문에 죽을 수 있다는 생각에 도달할 수가 있음인지 너희가 판단하리로다. 지혜롭다는 것은 생각을 달리하는 부분과 생각을 같이 하는 것과 같다 함이니라. 이를 기록함은 너희가 말을 하며 그 말을 생활에 얼마나 많이 행함의 기준으로 정했느냐와 같기 때문에 그러하다 하니라. 이는 인간의 머리에서 나온 언어이거니와 언어로 인하여 행복해질 수 있다는 사실과 인간의 언어가 마음을 움직이고 몸을 움직일 수 있는 가능에 있음에 인함이니라. 이는 결코 한 구절 한 구절에 인간의 언어로써만 기록함이 아니며, 스스로 그러함의 언어에 의해 기록함이리니 결코 진리와 진실을 판단하는 도구로써가 아님을 말하노라. 이는 너희가 마음을 평화롭게 함이며, 너희의 몸이 인간의 언어와 자연의 언어와 같음이로다.

선과 악은 결코 같은 것이라 할 수 없음이니라. 이는 인간의 언어와 자연의 언어 모두에서 선함을 이끌기 위함에 있음이라 하니라. 마음은 모든 천지자연을 바라보는 인간의 마음과 스스로 그러함으로 인한 천지자연 마음의 눈이라 하리니 천지자연이 선하다 하면 선할 것이며 악하다 하면 악할 것이로다. 때문에 몸은 자연이며, 마음은 자연을 움직이게 하는 생명의 눈과 같음에 있음이라 하리라. 마음은 인생의 주인이며, 천지자연은 너희의 마음으로 바라보는 진리의 눈이자 지천선악의 이치를 바라보는 마음의 눈일지니라. 이는 인간의 길을 갈 것인가 아니면 인간으로서 금수의 길을 갈 것인가를 판단하리니 마음이 인생의 주인이 되는 길을 밝히는 근본이라 할 수 있음이라 하니라. 마음이 주인이 된다 할 수 있음과 마음이 지배를 한다 함은 나쁜 생각을 마음에 품고 말하고 행동하면 천지자연의 이치는 생명이 원하는바 대로 된다 함이 여기에 지극한 현상으로 있다는 것이라 하니라. 지극한 현상은 살아있는 그 순간 자기에게 다가오고, 고통은 그의 마음에 상처가 되니 이는 그가 생각하고 행한 대로 돌아온다 할 수 있음과 같다 하리로다. 현실에서 숨 쉬며, 그것만으로도 너희가 얼마나 아름다운 인생을 살아가고 있느냐. 마음으로 기뻐함과 너희가 삶의 고단함으로 스스로 저주하면 실제로 너희의 삶에서 그대로 나타나는 것과 같음이라 하니라. 마음이 생각하는 대로 몸이 따라감이니 마음을 아름답게 쓰며 평화롭게 쓰라 함은 이와 같음 때문이니라.

마음이 나쁜 생각을 하면 자연의 이치는 그렇게 되도록 하는 힘이 사람에게 가해지니라.

또한 좋은 생각을 하면 자연의 이치는 그렇게 되도록 하는 힘이 사람에게 가해지는 이치에 있음이라 하니라. 이는 자연에게 선하면 인간에게 악하다 함과 같음이니라. 자연에게 선하다 하면 자연은 인간이 결코 자연에게 해가 되지 않아야 함과 같음이라. 어느 사람이 다른 사람을 해하려고 마음을 먹으면 다른 사람을 어떻게 해칠 것인가를 생각할 것이며, 마음은 강팍해질 것이며, 이것을 실제로 행동하면 인간들끼리의 법의 질서를 깨는 것이며, 단지 생각만을 가지고 있다면 마음이 강팍해지고 결국에는 자기 스스로를 벌하는 마음이 생겨 마음이 불안하고 악한 마음이 끝없이 생길 것이로다. 이는 자기 생각이 자기를 괴롭히는 것이 되리니 마음에 평화가 생기도록 하는 것과 마음에 궁핍함을 스스로 그렇게 만드는 것이라 할 수 있음과 같음이니라. 이는 자기를 평안하게 함을 일컬음이며 어떻게 하면 자기 스스로를 벌하지 않을 것인가를 선택하여야 함이니라. 결코 악함은 악함이나 선함을 이기는 것이 아니라 자기 스스로를 벌하여 천지자연의 이치에서 벗어나지 못하는 이치에 스스로 그러하다 함이라 하니라.

너희에게 이르노니 악은 결코 선을 이기는 것이 아니고, 선은 악을 극복하는 것이 아니라 하니라. 선과 악은 서로 싸우는 것이 아니라 선 속에 악이라는 생각과 원인이 있다 하며, 그러한 이치는 선과 악의 모순으로서가 아니라 천지자연의 질서가 지극히 오묘하기 때문이니라. 이는 생명의 약속으로 되어 있기 때문이라 하리니 악 속에 선이 내재되어 있다 함이 옳을지니라. 선은 결코 악을 이기거나 극복하는 것이 아니로되 너희가 선과 악의 상대성에 무지함을 너희 스스로 무지에서 벗어나야 함과 같으리로다. 상대가 악하다고 생각하거나 바라보지 말라. 이는 상대방이 악하거나 선한 것이 아니고 자기 스스로도 악하거나 선한 것이 아니니라. 자기 스스로 마음의 평화와 평안이 악보다 혹은 선보다 강하다 함이라 하니라. 자기 스스로의 선과 악은 악 속에 선이 있으며 선 속에 악이 있음을 마치 안개가 피어나는 것과 같이 알고는 있으되 선과 악의 이치에서 너희의 존재가 더 중하다 함이 너희에게 있음과 같음이라 하니라. 이는 너희가 생명의 끝없는 연결의 한가운데에 있기 때문이니라. 너희에게로 끼어드는 모든 생명에게 너희의 거짓된 마음과 거짓된 몸으로 바라봄이 항상 있으리니 너희가 지혜로운 생명인지를 알리로다. 악은 결코 벗어나는 것이 아니니라. 악은 너희의 이익을 우선함에 있음이며 또한 선은 행하는 것이 아니라 천지자연 상극의 이치에 빠지지 않음이니라. 악은 천지자연 이치의 상극이 이치로써 바라봄이며, 선은 상생의 이치로써 바라볼 뿐이라 할 수 있음이니라. 그 가운데에 생명이 있으며, 그 생명의 답은 너희에게 있음이니라. 이는 천지자연의 선과 생명의 선이 같이하며, 진리와 위선이 함께하며, 지혜와 무지가 같이하며, 생명과 생명, 무생명과 무생명이 함께 있다 하니라.

　너희가 고통을 당할 때 너희에게 행복과 기쁨이 오리라는 것을 잊지 말고 가슴에 새겨둘지니라. 이는 고통 속에는 기쁨과 행복한 시간이 다가올 것이라는 마음을 너희가 잊지 말라는 말이니라. 고통 속에서도 행복과 기쁨이 찾아올 것이라는 믿음을 갖지 않으면 너희는 스스로 불행한 행동을 하고 말지니라. 사람으로 태어나서 행복해지려는 마음을 가져보라. 그리하면 몸과 마음이 행복해지려는 행동으로 너희가 가까운 날에 행복을 맛보게 되리라. 또한 기쁨과 행복한 시간일 때 고통의 시간이 다가올 것이라는 것을 너희는 잊지 말지니라. 고통과 기쁨과 행복이라는 한 가지 마음과 눈으로 보지 않으려 함을 너희가 깨달아야 함이 여기에 있음이라 하니라. 너희가 고통의 시간일 때 천지자연의 질서와 이치에서 벗어나지 않았는가를 살펴봐야 함이 여기에 있음이라. 기쁨과 행복한 시간일 때 너희가 천지자연의 이치를 거스르지 않음으로 기쁨과 행복을 지키는 것은 인간으로서의 아름다움과 자연으로서의 아름다움을 힘써 지켜내려 함이니라. 너희가 선하지 않은 마음과 행동으로 너희 자신을 벌하지 않으려 힘쓰고 행동할지니라. 마음은 천지자연을 바라보는 현실의 눈이리니 이는 생명의 의무와 자연의 의무를 행함에 있음이라. 마음이 주인이 되어서 현실을 긍정하는 마음과 현실을 부정하는 마음의 근본이 되리니 생명이 생명을 해하려 하면 천지자연은 그렇게 하도록 하는 힘이 그에게 행하도록 하려 함에 있으리니라. 이는 인간이 인간을 해하고 뭇 생명들을 해하려 함을 경계함에 있음이라 하니라. 인간이 인간을 해한다 함은 인간이 자연이며, 자연을 해함과 같으며, 자연은 스스로 자기 자신을 해함과 같음이라. 이는 천지자연이 어찌하여 너와 나에게 해를 가하느뇨 하며 비난을 받음과 같음이라. 이는 결코 인간에게 절대 악이니라.

　너희에게 이르노니 너희의 몸을 청정하게 하라. 이는 너희가 인간이기 때문이며, 너 자신과 타인이라는 존재의 관계 성립이니라. 너희가 스스로 나의 몸은 청정해야만 하는 것이라고 하는 것과 모든 감각기관의 욕구를 다스려야 함은 인간이라는 생명의 윤리와 질서에 있음으로 인함이니라. 생애 동안 게으르고 겁 많은 사람은 그릇된 것에 지배당할 수 있음을 너희가 항상 마음에 담고 살아야 함이니라. 바른 생각에 따라 행동하면 너희가 기쁨을 얻음과 같음이라. 이는 마음이 밝아짐이 너희에게 있으리니 너희가 시기하는 마음을 갖지 않음으로 좋은 말을 받아들이고 기쁨을 얻으리로다 하니라.

너희는 주위에 있는 사람과 원한을 맺지 말라. 원한이 있는 사람에게 화를 낸다면 이 세상에는 너희와 원한을 맺지 않은 사람이 한 사람도 없음을 너희가 알게 되리라. 이는 모든 화가 시작됨에 있음과 같음이며 화가 너희를 생명의 변방으로 몰아내게 됨이 있다 함이로다. 너희가 화를 내지 않고 원한을 맺지 않으며, 생명을 죽이는 모험 속으로 너희 스스로 빠지지 않으려 함이 지극히 하여야 함이 크도다. 생애 동안 너희가 원하는 것이 평화를 원하면 너희가 평화를 얻을 것이며, 자유를 원하면 너희가 자유를 얻을 것이리로다. 너희가 평화가 무엇인가를 아느뇨. 너희가 자유를 아느뇨. 평화는 원한을 맺지 않음을 일컬음이며 다른 사람의 눈에 눈물 맺히게 하지 않음이며, 너와 가까운 사람에게 손을 내밀어 행복하게 살자고 하는 다가섬을 이름이니라. 평화롭게 살고 싶거든 마음에 평화롭고자 하는 숲을 만들며 평화롭고자 하는 강과 바다를 마음에 만들지니 그리하면 바다에서, 강에서, 숲에서 너를 위하여 평화를 주리로다. 평화는 타인의 이익이 되는 길에 끼어들지 않음이며, 타인의 생명에게 너희의 언어로써 설득함을 하려 하지 않음이니라. 자유는 화내지 않음이며 시기하지 않음이리니 평화가 없는 자유는 자유도 아니며, 평화도 아니니라. 평화와 자유는 같기 때문에 아름다운 이치라 할 수 있다 하니라. 생명으로서 그것은 아름다우며 마음이 깊은 이치에 항상함이 있다 함이라 하리로다.

인간으로 온전히 살아가려면 너희가 지켜야 하는 것이 있노라. 그것은 지극한 생명의 질서라 할 수 있음이니라. 너희 마음의 더러운 것이 무엇이뇨. 이는 자기를 다스리지 못함이 있다 할 수 있음이라. 이는 생명의 윤리를 더럽힘이며, 생명의 고귀함과 마음의 청량함을 알지 못함이니라. 너희가 마음의 감각과 몸의 감각으로 욕심과 욕구를 다스리지 못한다면 즐거워한다고 해도 그것은 진정한 즐거움이라 할 수 없음이니라. 생명의 윤리와 이성의 고귀함과 청량함이 그릇된 것에 흔들리지 않아야 하느니라. 그렇지 않다면 천지자연의 이치는 너희가 마음의 평화를 깨트려 평화를 깨트리기 이전으로 돌아가려 하는 가운데 너희 스스로를 벌하는 것을 모른 채 심하게 스스로를 벌하게 됨이니라. 너희가 아름답지 못한 생활에서 벗어나지 못하고 아름다운 생활로 되돌아가려 스스로를 벌하며, 욕심과 욕망을 마음에 가지고 있으면서 욕심과 욕망을 가지지 않은 때로 되돌아가려 스스로를 벌하게 되리라. 스스로 억제하지 못할 것이로되 너희는 스스로 억제하는 때로 되돌아가기 위하여 스스로를 벌하게 되리라. 이는 너희가 가장 경계해야 하는 인간의 자존심을 스스로 버림과 같음이라. 아름다운 인간의 길과 자연의 진실한 질서, 진리, 윤리를 지키고, 마음을 누그러뜨리고, 다스릴 수가 있으면 이는 인간의 자존심을 잃어버리지 않음이며, 인간의 자존심을 지킨 사람이라 할 수 있음이며, 고요함에 있다 함이라 하니라. 그러므로 스스로를 벌하지 않기 위한 생활에 힘쓸지니라.

너희는 진실한 것을 진실하게 바라보는 마음의 눈을 잃지 말지니라. 진실은 자연의 질서로서의 진실을 향하라 함이며, 마음의 눈은 자연의 질서로서 생명을 가진 마음의 눈을 뜨라 함이니라. 진실한 것을 진실한 것으로 바라보며, 거짓된 것을 진실이라 생각하고 바라보지 말지니라. 거짓된 것을 진실 된 것이라 하는 것은 혼란과 위선을 행할지니. 진실을 거짓으로 행함은 생명이 스스로를 벌하면서 조화와 균형을 이루는 자연의 질서인 빛과 물과 바람과 공기와 흙의 행함이라 하니라. 진실과 거짓의 선택이 아니니라. 이는 인간의 자존심이라 할 수 있음이며, 천지자연의 가장 으뜸인 하늘의 이치가 곧 인간 세상의 이치라는 사실을 왜곡함과 같다 함이니라. 진실 된 것을 진실이라 여길 줄 알고 진실 된 것을 지키는 것은 평화와 자유의 길이며, 거짓된 것을 거짓이라 할 줄 알면 거짓된 것을 진실 된 것으로 고치는 일이 되느니라. 스스로 벌하지 않음은 생활로부터 이루어짐이니라. 진실 된 것을 위한 삶은 곧 평화와 자유의 질서이리니 가장 인간적인 인간으로서 바른 길을 갈 수 있는 척도가 되리라. 이는 인간이 바른 길을 가려는 의지가 있다 하리니 축복받으리로다. 거짓된 행동을 스스로 억제하여 그것을 멈출 수 있음은 너희가 가려는 인간의 길에서 너희가 찾는 인간의 양심의 길이라 하리니 양심은 너희 스스로의 모습을 발견하며 그것으로 기뻐하며 즐거워하리로다. 양심의 길이 무엇인지를 아는 것이 너희가 진실 된 인간임을 알게 하는 척도라 하리로다. 굳센 양심으로 살아가는 것과 그렇지 못한 길의 차이는 크도다. 하나는 인간의 길에서 선의 길이라 칭함이며 또 하나는 인간의 길에서 악의 길이라 칭함이니라. 너희가 악의 길에 있음은 너희 스스로의 마음을 벌하고 현실을 범함에 있음이라 하니라. 너희 인생을 선하게 하지 않으면 너희는 탐욕으로 몸과 마음을 해치며 너희가 인생을 너희 스스로 벌하리로다. 선하지 않으면 너희는 스스로 악하다는 것이요, 악하지 않으면 너희는 선하다는 아름다움과 즐거움을 알 수 있음이라 하니라.

너희에게 이르노니 하루아침에 너희가 선하리라고 생각하지 말라. 이는 너희가 오래도록 선함을 행함을 권면함이며 너희가 하루아침에 악함도 아닐지니 너희의 일생을 통하여 선하려 해야 함을 일컬음이니라. 이는 너희가 인간이기 때문이라 하리니 오늘은 너희가 선하고 내일도 또한 선하려 하는 너희가 가지고 있는 아름다운 마음을 항상 힘쓰기를 권면함이라 하니라. 오늘은 선하고 내일도 또한 선하려면 너희가 오늘의 선에 만족하지 않음이며 너희가 오늘은 선하고 내일에는 악해질 수 있음이니라. 선하려고 항상 마음을 쓰지 않음은 너희가 내일의 악함을 알지 못하며 악해질 수 있음을 항상 경계함을 일컬음이니라. 일생 동안 너희가 마음 가득히 담아두어야 하는 마음의 보배가 되리니 너희가 인간의 숭고함을 위하여 힘써야 하는 인간일지니라. 인간의 숭고함은 모든 생명과 가축과 모든 천지자연의 생명을 생명으로 여기는 것에 의함이 크기 때문이라 하리니 너희가 마음과 정성을 다하여 힘쓰고 힘쓰라 하니라. 생활은 마음을 닦는 일들로 하며 정성을 다하는 일들로 할지니라. 선해야 함은 너희가 존재하는 인간이기 때문이라 할 수 있으니 인간을 잃어버리지 않으려 너희가 쌓아야 하는 것은 가장 아름다운 존재를 발견함이니라. 가장 아름다운 인간을 발견함은 너희가 얼마나 아름다운 인간인가를 알아가는 것이니라. 너희가 곧 하늘의 심성을 가졌다 하며 천지자연의 가장 위대한 생명이 너희로 인함이다 함이리니 너희가 너희의 마음에 인간을 새겨놓으라 권함이라 하니라.

오늘 도둑질하지 않았다면 너희는 도둑질하지 않을 만큼의 일을 하며 너희 가족을 부양하는 데 너희 마음과 몸을 사용함이 여기에 있으리라. 너희가 곤궁함은 너희 스스로가 인생을 나의 생명은 나의 것이라는 마음을 가지지 못함이라. 이를 꾸짖으리니 내일 인생의 고난이 왔을 때 너희가 무엇을 할 것이뇨. 인생의 고난이 왔을 때 그것은 결코 너희의 고난이 아닐지니라. 너희에게 고난이란 너희가 스스로 마음의 병을 스스로 만듦과 같음이라 하니라. 너희에게 물으면 너희는 어찌하겠느뇨. 오늘은 투전을 일삼지 않았다 하더라도 너희가 내일 투전을 할 수 있음이니라. 이는 너희가 너희의 마음과 몸의 욕망을 가지지 않도록 하라 함이니라.

너희에게 권하노니 아름다운 일들에 너희의 몸과 마음을 쏟으라 권함이라 하니라. 아름다운 일이란 자연의 이치를 행함이며, 자연의 이치는 살생하지 않음이며, 한 그루 나무를 심음이나니 생활로부터 행하라 하니라. 아름다운 일은 생명을 위하여 너희가 가진 아주 작은 것을 내놓아 사용함이 크고 큰 축복을 너희가 받으리로다. 스스로 복 받음은 살생하지 않음으로 그 생명이 나의 생명을 살리는 것과 같음이며, 한 그루 나무를 심어 그 나무로 나의 생명을 살리는 것과 같음이니라. 생명을 위한 너희의 수고는 모든 생명의 근본인 이 땅에서 이루어지며, 너희가 살려낸 생명으로 대지에 가득하며, 너희가 그 주인 됨을 만들었다 함이 크고도 크도다 함이더라. 이것은 너희가 너희 스스로의 마음의 언어에 선함과 악함과 인간이라는 언어와 자연이라는 언어의 행함에 온힘을 쏟으라 함이니라. 너희가 탐욕하려 하느냐? 탐욕이 너희의 몸과 마음을 너희 스스로 해침을 너희가 아느냐? 탐욕은 너희 마음의 형벌을 너희에게 내리는 것을 너희가 아느냐? 탐욕은 너희가 경계해야 하는 너희 인생의 선택이며 너희가 인생의 길에 극복해야 하는 너희 인생의 길이라 하리니 너희의 가정이 얼마나 행복해질 수 있는가를 가늠하는 척도가 되리라. 이는 너희가 탐욕을 위하여 가정과 몸과 마음을 너희 스스로 벌함이리니 너희 선택의 잘못으로 너와 너희의 자식들과 부모가 가슴 아파함을 그렇게 보고 싶으냐 하니라. 너희 가족이 가슴 아파함은 하늘이 가슴 아파함이리니 하늘이 가슴 아파함을 너희가 아느냐 하니라. 하늘이 가슴 아파함은 생명의 가슴 아파함이라 함을 너희가 아느뇨 하니라.

권하노니 너희가 너희 스스로의 뜻을 다스려야 함을 일컬음이니라. 이는 너희 자식과 너희 아내와 너희 부모가 뜻을 다스려야 함을 일컬음이니 천지자연의 모든 이치가 여기에 있음을 일컬음이니라. 너희가 악인에게서 물들었다고 생각하느냐? 악인이나 선한 사람은 본래부터 있지 않았노라. 생활에서 악이 되며 생활에서 선한 사람이 됨을 너희가 알라. 함부로 살생하거나 나무를 베고, 낭비함이 크고, 스스로를 검소와 검약하지 않음으로써 악인이 되느니라. 절제하고, 검약하고, 검소함으로 선인이 되느니라. 이런 이치는 그것이 사람의 선함과 천지자연의 선함을 행하는 것이라 하니라. 너희가 스스로 마음을 다스리지 못함을 생각하지 않았더냐? 이는 너희가 선의 즐거움을 알지 못하며 악이 순간의 즐거움에서 벗어나려 하지 않음을 알지 못함이라 하니라. 선은 너희에게 마음의 행복을 느끼는 것을 일컬음이니라. 한 그루의 나무를 심으라. 수입 중 백의 십을 사용하여 천지자연에 돌려주라. 무엇 때문에 그것이 선이 되는지를 알게 되리라. 악은 마음의 관성을 너희가 멈추지 못하며 마음의 관성으로 즐거움의 유혹을 너희가 알지 못함이라 하니라. 너희는 스스로 뜻을 다스리지 못함으로 너희에게 권하여진 선택은 너희가 선이었다고 생각하는 악이라 함이리니 이처럼 악이 무엇인지 선이 무엇인지를 너희가 깨닫지 못함과 같으니라. 너희가 악의 유혹에 넘어간 것이 아니라 스스로 악을 받아들이는 선택을 함이리니 너희가 사는 세상은 선과 악의 구별을 하기 어렵다 함이라 하니라.

분명한 의도로써 명하노니 너희가 생명을 죽임으로 얻을 수 있는 것과 생명을 살림으로 얻을 수 있는 것의 분명한 차이가 있음이니라. 생명은 모든 것의 상위에 있다 함이 가득하기 때문이라 하니라. 선이란 비록 아름답고 좋은 말일지라도 너희가 너희의 마음에 위선을 가지고 언어로써 선을 말한다 해도 너희의 마음에 아름다운 생각이 있거나 좋은 생각이 있지 않으면 결코 말이 선이라 해도 그것은 선이라 할 수 없음이니라. 선을 이야기할 때 너희의 마음을 깨끗이 하라 하니라. 선을 말하면서도 선을 행하지 않음도 또한 선이라 할 수 없음이니라. 선을 말하거나 선을 보고, 선을 행함은 너희가 진정 선하다 함이라 하니라. 선을 보고도 따르지 않으면 너희가 생각하는 것과 선이라 말하는 것에 멈추는 악을 행함이라 하니라. 이는 오히려 선을 말하지 않으며 너희가 선을 행동하지 않음보다 못함이라 할 수 있음이니라. 너희는 깨달으라. 너희가 한 사람의 생명을 살리며, 한 그루의 나무를 심으며, 필요에 의해 생명을 취하지 않음과 불필요한 생명을 취하지 않음이 진실로 선이니라. 너희가 한 사람의 생명을 해치면 이는 천지자연의 이치 속에 한 사람의 생명이 없어짐으로 생기는 이익을 결코 천지자연의 이치라고 할 수 없음이 명백하다 함을 너희가 가까운 때에 알게 되리로다.

한 그루의 나무를 심지 않거나 나무를 베어내면 가까운 날에 너희가 생명의 가장 비참함으로 그 갚음을 당할까 그것이 두렵다 함이니라. 가축 한 마리를 생명으로 여기지 않고 취하면 생명으로서 어떠한 질서가 너희에게 다가오리라는 것을 가까운 날에 그것을 보리로다. 이는 너희가 생명의 가장 비참함으로 그 갚음을 당할까 그것이 두렵다 함에 권면함이 크고도 크다 하리로다. 살생으로 얻는 것은 작지만 살생으로 잃는 것은 크고도 크다 하니라. 살아있는 동안 자연의 질서로부터 저주를 받음에 있음이나니 살생당하는 고통을 당할 살생을 하였다 함이 있음이니라. 선을 보고도 따르지 않으며 오히려 악한 마음을 따르게 되면 너희가 바르지 않은 것으로 너희의 말의 즐김과 생각을 즐기는 것과 같다 할 수 있음이라 하니라. 이것은 너희가 그릇된 음탕함과 욕심을 즐기는 것과 같다 하니라. 너희 부모가 너희에게 생명을 준 그 순간부터 너희는 생명과 인간이라는 동시적인 존재이리니 너희가 죽어가는 것을 살려 그 생명으로 하여금 또 다른 생명에게 은혜를 베풀도록 하여야 함이 너희 생명에 내린 하늘의 뜻이니라. 너희가 악이라 함은 너희의 생각과 마음에 너희가 생명이듯이 모든 뭇 생명에게 선을 행함이 가장 커다란 선을 행한다 함에 있으리라. 너희가 악이라고 하는 것은 결코 작은 것도 아니며 큰 것도 아니리니 악이란 너희의 마음에 너희가 갖고자 하는 작은 이익에 불과하니라. 작은 이익에 매달릴 때 너희가 선을 행하지 않음은 너희가 작은 이익으로 큰 이익을 놓치는 것과 같다 함이니라. 이는 너희가 악을 즐기는 것과 같다 하리니 너희가 악을 즐기기 이전 너희가 누려야 하는 선의 아름다움과 행복함의 큰 것을 놓치는 것이 안타깝다 할 수 있음이니라. 악을 행하고도 스스로 깨닫지 못함은 너희에게 악의 독이 무성하게 퍼진다 함이리니 너희가 경계하라 하니라. 너희에게 독이 무성하게 퍼진다 함은 너희가 흉악한 인간이 될 수 있다 함이니라. 그리함으로 인해 너희가 잔인하게 행동하며 점점 그 행동에 빠져들면서 흉악함과 잔인함을 즐기는 마음으로 행위를 하리니 결국에는 스스로 너희를 벌하게 되리로다.

너희가 착한 마음으로 착한 사람이 되고 덕을 행하면 서로 따르며 그 행동이 쌓여가면서 즐거운 마음과 행동으로 실천하리니 너희 스스로 너 자신이 행복하게 하리로다 하니라. 악을 행하면서도 재앙을 받아야 할 사람이 복을 받는 것을 너희가 두려워해야 함에 있음이라. 이는 악의 구렁텅이에서 벗어나지 못하게 하는 이치라 할 수 있음이 여기에 있음이라 하리니 그것은 악행의 열매가 무르익지 않았기 때문이니라. 악한 행위의 열매가 무르익으면 너희가 악의 구렁텅이에서 벗어나려고 하더라도 인간으로서도 그리고 스스로 그러함의 자연의 이치에 있어서도 너희는 스스로 자기 자신을 심하게 벌하며 스스로의 생명을 죽이려 하리로다. 너희가 이런 말을 아느뇨. 망하게 하려면 일시적으로 흥하게 하라는 말을 말이다. 너희가 악을 멸하게 하려면 이와 같도다 하니라. 악을 벌하기 위해서는 악이 일시적으로 흥하게 함으로써 그 악이 종말을 보게 하려 함이 자연의 이치라 할 수 있음이니라. 너희가 진정으로 오래도록 행복하려거든 악한 마음을 씻어버리고 선하려 함이 너희가 할 수 있는 가장 올바른 선택이라 함이라. 이는 너희가 행복하기를 바라는 마음이 천지자연의 마음과 같다 함이라 하니라. 어진 사람이 사람을 행복하게 하려면 사람에게 희망을 가져라, 용기를 가져라 하며 말을 하지 않느니라. 어진 사람은 사람에게 인간의 자존을 힘써 가르치며 너희가 인간이고 하늘이라 하니라. 천지자연의 질서는 생명의 질서가 가득하며 가득함이더라. 이는 좋은 향기를 가까이하며, 힘써 진실과 진실한 마음으로 좋은 것을 익히게 하며, 깨끗하고 아름답게 행하는 습성이 몸에 배도록 함이 어진 이의 마음가짐이라 하니라.

너희가 이 세상과 다음 세상에 대해서 어떻게 받아들이겠느뇨. 진실로 이르노니 이 세상은 너희가 마음으로 받아들이는 아름다운 세상에 살고 있음을 말하며, 다음 세상은 몸 속에 뿌리 깊은 분노와 증오를 떨쳐버릴 때만이 다다를 수 있는 마음의 소망이니라. 마음의 소망은 살생하는 마음을 다스릴 수 있는 소망이며, 다음 세대에서 현재 내가 살고 있는 세상과 같아지도록 한 그루 나무를 심는 행함을 말함이니라. 너희가 다음 세상을 바라거든 이 세상에 충실히 하며, 증오와 분노를 없애며, 천지자연의 이치에 합당하도록 행하라. 진실은 진리의 길로 인도하리니 살생하려는 마음을 다스림으로 인도됨이며, 한 그루 나무를 심는 행함으로 인도됨이니라. 이는 사람이 흙으로 돌아감 때문이니라. 이 세상이 가장 아름답다는 마음이 너희에게 있느뇨. 왜 이 세상이 가장 아름다운지를 너희가 망각하고 있는 것은 아닌지 묻노니 너희가 힘써 너희의 삶에 아름다운 마음으로 바라보며 행복한 마음으로 이 세상을 바라보라 권함이라. 너희는 다음 세상이 있다고 생각하느뇨. 너희에게 다음 세상이 절대로 없다고 말하면 진실은 절대로 다음 세상은 없게 됨을 이르며, 다음 세상이 반드시 있다고 말하고 믿으면 다음 세상은 반드시 있음이니라. 천지자연의 이치는 행복한 마음을 가지면 행복해지며, 불행한 마음을 가지면 불행해지는 이치와 같기 때문이니라. 생명을 믿느냐? 진리를 믿느냐? 나는 생명을 믿는다 말함이 이와 같기 때문이니라. 그리고 너희에게 영원한 복락이 있는 천국이 없다고 말하면 너희가 가슴 아프겠느뇨, 아니면 천지자연에 다음 세상과 영원한 복락이 왜 없느냐 묻겠느뇨? 너희가 살고 있는 이 세상이 가장 아름답다는 생각과 다음 세상이 있다는 것의 차이는 다음 세상에 대한 욕심도 아니며 영원히 복락이 있다는 마음도 또한 욕심이 아니니라. 그것은 너희가 살고 있는 이 세상이 얼마나 아름다운지를 잊고 있음이며 이 세상이 너희가 너희의 생명이 다하는 날까지 너희가 할 수 있는 가장 아름다운 삶을 살아야 하는 당위성을 찾지 못함이라 하니라. 이 세상은 생명의 질서가 가득하여 생명의 질서를 깨달을 때 너희가 생명의 질서 속에서 가장 인간다움과 인간의 자존으로 이 세상을 아름답게 만듦으로써 이루어지는 것과 같은 이치라 함이라 하니라.

너희에게 말하노니 너희가 다음 세상에 태어나고 싶으냐? 현재 살아가고 있는 생활에서 사람이 바라는 선과 살생하지 않는 생활을 하며 한 그루 나무를 심으면 천년 후에나 만년 후에도 생명이 가득한 땅이 되어 생활해 나갈 수 있음이니라. 너희가 영원한 복락이 있는 세상에 가서 영원한 복락을 누리고 싶으냐? 현재 이 세상에서 죽어가고 있는 모든 생명을 귀하게 여겨 살리며 그 귀한 생명이 세대에서 세대로 이어나가 영원한 복락의 때에 함께 하리니라. 살고 있는 세상에서 너희가 열심히 살지 못한 것이 아니더냐? 천지자연이 너희에게 이르노니 다음 세상은 너희에게 있음과 너희의 후손에게 있다고 생각해봄이 어떠하냐 묻노라. 진정으로 다음 세상이 있다고 믿는다면 너희는 다음 세상에 태어날 때를 위해서 무엇을 하여야 하는지를 생각해본 적이 있느냐? 이 세상에서도 근심하고 다음 세상에서도 근심한다는 말을 너희가 명심할지니 이 세상에서 근심함이 없이 인간의 담백함을 가져야 함이 여기에 있음이라 하니라. 재물을 쌓아두려거든 죽어가는 생명을 살리는 덕을 쌓으며 한 그루 나무를 심는 덕을 쌓으라. 너희가 이 세상에서 악을 행하고 다음 세상에서 선을 행하 겠노라고 맹세하느냐? 너희에게 이르노니 선과 악은 같음을 너희가 알라. 너희가 선이라 말 하고, 행하고, 증명되었다면 그 배면에 대해서 너희가 아느뇨? 여기서 우산장수와 짚신장수 의 이야기를 하노라. 우산장수는 비가 오면 신이 나고, 짚신장수는 눈물을 흘려야 함이니 라. 우산장수는 비가 오면 기뻐하는데, 이러한 배면에는 대지의 초목들이 자라남으로 초목 이 생명수를 얻음이니라. 그리고 농사를 짓는 농군은 가뭄 뒤의 비가 얼마나 소중한 것이겠 느냐? 산과 들에는 대지를 박차고 올라오는 온갖 식물과 물고기와 온갖 짐승이 얼마나 기 뻐하겠느뇨. 그러나 짚신장수는 짚신을 팔지 못하여 하늘을 원망할 것이니라. 그럼에도 불 구하고 짚신장수는 비가 오는 날이면 비가 오지 않는 날을 대비해서 짚신을 짓는 것을 너희 가 아느뇨. 비가 오는 날 하늘을 원망하겠느뇨? 너희 어미가 우산장수와 짚신장수를 하는 자식을 두었다 하여 그 어미가 하늘을 원망하는 것이 합당치 않음을 너희가 깨우쳐야 함이 여기에 있음이라.

  무엇을 얻으려고 자연의 이치를 원망하는 짓을 너희가 하여야 하느뇨? 너희가 힘써 일하 는 것이 아름답다면 몸과 마음을 편히 쉼도 너희가 감사함을 심히 왜곡하니 이는 얼마나 마음을 강퍅하게 가지고 있는지를 스스로 깨우치라 하니라. 너희는 몸과 마음을 청정히 하 라. 너희가 알고 있는 것이 부끄러워해야 함이 여기에 있노니 진리로 이끌어 들일 수 있는 사람이 됨을 너희가 힘써야 함이 여기에 있음이니라. 너희는 결코 좋은 말에 채찍질을 하지 말라. 너희를 살려줄 말이니 칭찬하며, 멀리 가며, 함께 가는 생명이라 여기라. 말이 생명이 기 때문이라 함은 이와 같은 이유에서 인함이니라. 믿음으로 인간의 바른 길을 가면 너희는 진리를 받아 지니고 지혜를 성취하리로다. 그리하면 너희가 인간인 것을 기쁘게 생각함으로 다. 또한 너희가 생명인 것을 감사함이 생명으로서 자연의 이치로 되돌아가는 날까지 이어 져야 함이 여기에 있음이니라. 생명은 감사해야 하는 가장 아름다운 인간이 됨을 기원하는 바와 같다 함이라 하니라. 비가 오는 날 짚신을 팔지 못한다 하여 하늘을 원망함과 오래도 록 비가 오지 않는다 하여 하늘을 원망하는 우산장수의 어리석음은 너희가 은혜를 배우지 못함이 여기에 있다 하리니라. 이 세상 모든 것이 죽음을 두려워하고 이 세상 모든 것이 원 망과 감사함을 잊고 살면 스스로를 벌하는 고통의 구렁텅이에 밀어 넣는 것과 같나니 너희 는 이 세상 모든 것에 두려움의 매질을 함과 같음이니라. 자신의 마음에 자신을 비추면 알 수 있으니 너희는 하고자 하는 작은 이익으로 너 자신을 매질하지 말라. 너희가 차지할 이익이 큰 것이든 작은 것이든 너희가 항상 마음을 편안히 하며 스스로 너 자신에게 고통을 주지 않으면 이 세상에서 해로운 것을 불러들이지 않으리로다. 너 자신을 궁박하게 하면 스스로 너희 자신을 해칠 수 있는 해가 너희에게 빨리 오라 재촉함과 같음이라 하니라. 남이 듣기 싫은 소리를 너 자신에게도 하지 말라. 내가 듣기 좋은 소리로써 남을 고통스럽게도 하지 말지니라. 그렇게 말하면 재앙이 너희에게 오리라. 너희가 타인에게 악을 보내면 그 화가 너희에게 돌아오듯이 너 자신에게조차도 악을 말하거나 행하지 말라. 그저 마음과 몸을 힘써 깨우치며 너희에게 다가올 일들을 힘쓰고 성실히 행하라. 그리하지 아니하면 칼과 몸뚱이가 되어 다시 너희에게 돌아오리로다 하니라.

너희는 듣기 좋은 착한 말만을 생각하고 말하라. 생명이 무엇인가를 너희가 알리로다. 맑은 종소리와 같이 생명이 마음에 울려 퍼지면 너희가 기쁨을 얻으며 맑은 물소리와 같이, 봄바람과 같이, 가을바람과 같이 이 세상 어느 것도 천지자연의 이치보다 더 나은 것이 없다 함을 알리로다. 그리하면 너희가 시비의 논의를 없애며, 스스로 그러함의 자연의 소리에 스스로 그렇게 됨을 얻으며, 몸과 마음이 편안해지리라 하니라. 착한 사람을 매질하지 않고 죄 없는 사람을 모함하지 않듯이 너희도 너 자신을 매질하지 말고 모함하지 말지니라. 착한 사람을 매질하면 반드시 그 화가 되돌아오듯이 너 자신을 매질하면 그 화가 스스로 매질하며 가까운 곳에서 다시 너희에게 오리로다. 죄 없는 사람을 모함하면 그 화가 다시 오듯이 너희는 너 자신을 모함하지 말라. 너 자신을 모함하면 가까운 날에 스스로 매질하며 너희에게 그 화가 반드시 오리로다.

너희에게 이르노니 이 세상이 가장 아름답다 여기고 행동하며 생각하라 할 수 있음은 너희의 선택이 아니라 실천이라 함이라. 너희가 진실로 인간다움의 길을 찾으며 인간다움의 길을 가고 싶으냐? 너희에게 진정 이르노니 살아있음에 충실함으로 아름다운 인생에 최선을 다하라. 다시 태어나지 못한다 하여도 또 다른 생명은 다시 태어남이라. 너희를 미혹하는 것은 결코 합당치 않음이라. 너희가 한 번 태어나서 인간으로 살다가 자연으로 돌아갔다 하는 것은 가장 아름다운 모습이라 할 수 있음이니라. 이렇게 한 번의 기회를 너희에게 준 것은 스스로 그러함의 이치이니라. 너희가 태어남으로 인해서 다른 생명이 태어나지 못한다 함이라. 이는 진실로서만 천지자연을 바라봄이니라. 천지자연 진리의 눈으로 바라볼 때 너희가 한 번의 기회를 가졌다면 다른 생명에게도 기회를 주어야 함을 나는 아느니 깊은 인간다움의 길에서 사색하며 행하라 하니라. 너희가 희망으로 남겨놓는 것과 반드시 그러함에 연연하면 윤회의 독을 너희가 먹음과 같다 함이니라. 너희가 진실로 인간이라면 한 번의 생명으로 살다가 자연으로 돌아감을 감사해 하며 진리와 진실의 눈을 혼동하지 말지니라. 이 세상에서 즐거워하며 다음 세상에서도 즐거워한다 함은 결코 합당하다 할 수 없음이리니 너희가 다음 세상의 환상에 빠져 정신을 심히 어지럽히며, 다른 사람의 마음을 미혹하며, 그 가운데에서 재물을 빼앗으며, 그 가운데에서 인간다움의 자존심을 스스로 버리려 하지 말라. 이것은 너희가 범하는 가장 인간다움의 죄악이므로 그 벌이 가까운 날에 가혹하게 있으리로다. 이 세상에서 인간으로서 너희의 바른 길을 갔다 함을 우선 기뻐하며, 이 세상에서 즐거워하고, 다음 세상에서도 기뻐하니 스스로 지은 복이 있어 마음이 편하다 함이라. 인간다움의 자존심을 너희가 내팽개치려할 때 너희가 알지 못하는 화와 죽음이 너희 가까이에서 너희를 벌하리니 생명의 자존을 버리며, 가까운 날에 생명으로서의 벌이 기다린다 하며, 자중하고 자중함이 여기에 있음과 같다 함이니라.

　너희는 이 세상에서 기뻐하며 감사하라. 너희는 다음 세상에서도 기뻐하며 감사하리니 한 번의 생명을 가졌음은 이 세상에 태어났음과 살생하지 않으며, 생명을 살리는 것을 기뻐함이며, 세대에서 세대로 나의 생명이 이 세상을 기쁘게 산 것처럼 다음 세대를 위하여 한 그루 나무를 심어 다음 세대에서 기뻐하며 감사함이 이와 같음이니라. 너희를 미혹하지 말라. 그리하면 너희가 인간다움의 자존을 가졌다 하며 생명으로서 아름다운 인간이라 칭함을 받으리로다. 선을 행하며 그 기쁨으로 너희가 스스로를 돕고 복을 받아 기뻐하리로다. 너희가 이 세상에서 근심하고 다음 세상에서도 근심한다 함은 근심하는 생명으로 이익을 취함이 극에 달한다 함이 가득하리로다. 다음 세상을 미끼로 너희가 생명의 정신을 조금씩 근심으로 물들게 하면 이것도 또한 악 중의 악이니라. 이처럼 인간의 생명을 가지고 장난하며, 악을 행하여 마음을 궁핍하게 하며, 다음 세상에서도 근심에 빠질까 하는 두려움으로 이익을 취함을 경계함이 마땅하니라. 이는 세상에 던져진 돌멩이와 같이 산다 함이리니 이 세상에서 인간의 길과 자연의 진실한 진리의 길을 모른다는 이치가 너희에게 있음이니라. 이는 또 무지함으로 너희 스스로를 벌함이 너희에게 일어남이로다. 이 세상에서 근심하고 저 세상에서 두려워하니 내가 살고 있는 이 세상에서 살생하며, 스스로 벌하는 이 세상을 원망하며, 근심함이 있음이며, 다음 세대를 위하여 한 그루 나무도 심지 않으면서 다음 세대가 현재의 나처럼 고심하고 근심하는 것과 같다 하니라. 이는 생명의 질서 가운데에서 그 죄가 무겁고 무겁다 하지 않을 수 없음이니라. 너희가 진실로 희망을 가지려면 이 세상에서 죄지은 것에 대해 진실과 진리의 마음으로 너희의 죄를 씻으라. 그리하여 이 세상에서 아름다운 삶으로부터 벗어나려는 너희의 마음을 가지런히 하라. 죽어가는 생명을 살리고 다음 세대를 위해서 한 그루의 나무를 심어 그리하라 하니라.

너희의 삶을 인간의 아름다운 길과 자연의 아름다운 길을 두려워하는 마음으로 너희가 세상의 아름다움을 버리지 않았느뇨? 너희가 지나치는 마음으로 세상을 살고 있으며 두려운 마음속에서 스스로를 벌하는 마음으로 세상을 살지 않았느뇨? 스스로를 돌아보며 아름다운 세상에서 살아왔고, 앞으로도 살아갈 것이라는 것을 너희가 스스로 깨우치라. 천지자연이 이르노니 너희가 마음으로 세상을 살피며 지혜의 마음으로 살피라 하니라. 이 세상에서 후회한다면 너희는 이 세상에서 악을 행하여 그리되었다 함이 크고도 크다 하리로다. 이 세상에서 두려움을 너희가 가졌다 함이 있으니 이는 너와 너의 부모와 너의 형제와 너의 이웃으로부터 생명의 진실 된 말을 귀담아 듣지 못함이며 생명의 진리를 마음과 몸으로 깨우치지 못함이니라. 이는 그 말로써 선과 악을 모두 다 버리는 것이 생명의 존귀함보다 더 소중하다 함이니 너희가 유혹을 받음과 같음이로다. 세상에서의 모든 것을 버리는 것만이 진정한 평화를 얻는 것이라고 너희를 유혹함으로 너희가 더욱더 우매해지고 생명의 진리를 진정 모르는 생명으로 자라났다 함이 크고도 크도다. 이는 진정한 행복과 사랑의 모습이 너희를 비켜나갔다 함이 증명됨이며 너희가 우매한 선택을 한 것이기 때문이로다. 이는 너희가 살아가는 세상과의 이치를 스스로 우매함으로 그 유혹에 빠져들었다 할지니 그 유혹이 심히 지독하고도 지독하도다. 후회스러운 일로 스스로를 해쳤으며 스스로 벌을 내림과 같으니 너희가 고뇌에 허덕인다 함이니라.

진리의 눈으로 돌아가라고 이르노니 너희가 가련하고 가련하다 함이로다. 생명의 진리를 가르치면 너희가 기뻐할 수 있다 함이 여기에 있음이라 하니라. 인간의 말을 많이 읽었으며 인간의 언어의 선을 너희가 들었을 것이로다. 너희의 아비와 그 아비의 아비로 이어지는 선이라는 언어를 너희가 한쪽 귀로 듣고 한쪽 귀로 흘려버리지 않았느뇨. 스스로를 벌함은 여기에서부터 시작하는 스스로 벌하기 위함이 아니더냐 하니라. 너희는 기뻐하며, 아름다운 마음의 눈으로 세상을 보며, 삶을 사랑하며, 선한 행동이 행복한 마음으로 다가가리라는 것을 진정 알지 못하였다 할 수 있음이리니 이는 가슴 아프고 가슴 아프다 하지 않을 수가 없음이니라. 이르노니 너희가 기뻐할지니라. 선을 마음과 머릿속에 숨겨놓고 선을 행하였느뇨 하고 물으면 너희가 어찌하겠느뇨? 선은 마음을 강퍅하게 하지 않고 스스로 자기를 벌하지 않음으로 시작되며, 세상은 아름답다 생각하며, 생명이 살아있음으로 선의 시초가 되니니 세상은 결코 악하다 하는 세상이 아니다 하며 그 마음속에 따뜻한 마음이 항상 있음이니라. 너희가 그것을 찾으며 누릴지니라 하니라.

선의 이치는 생명이 생성하는 지극한 이치에 있음이니니 너희가 스스로가 자라고 있음과 그 자라는 가운데 생명의 마음으로 너 자신을 바라봄이니라. 그러면 마음에 평화가 찾아오고, 이것으로 선의 고귀함을 알게 되리라. 악을 알면 악을 행하지 않으려는 마음으로 굳게 다짐할지니 이는 진실로 마음이 살아있는 생명성이 가득한 것이라 할지니라. 이를 천지 만물과 모든 생명의 법칙이라 하리로다. 선을 모르면 행복과 평화가 찾아와도 그것을 모르며 스스로 악의 무덤에 빠지리니 그 악의 구렁텅이에서 벗어나지 못하고 인생은 고뇌와 고통만이 있다 함이 오래도록 이어지리로다. 악을 모르면 악한 것을 벗어나도 생명의 행복을 찾으리라는 것을 모르나니 이는 심히 고뇌하고 고통 받으면서도 벗어날 줄을 모르는 우매함이 생명이 다할 때까지 이어지리라. 그러함으로 행복하려거든 선을 벗 삼으며 선으로 양식으로 삼을지니 이는 인생을 안다 할 수 있음이 오래도록 이어지리로다. 오래도록 고통 받으면서도 그 고통에서 벗어나지 못하는 것은 그 마음에 사랑함으로 행복할 수 있음을 모르나니 그 모습이 가련하다 하리로다. 자연의 질서를 해치는 것의 가장 첫 번째가 어리석음에 있으며 선함을 행하려 해도 선의 상태로 아름다운 생을 살아갈 수 있음을 모르기 때문이니 너희가 진실로 선함을 행하려거든 선함을 행할 수 있는 상태에 깨어있는 마음으로 항상 있으려 하라. 이는 모든 생명이 우매함으로 더러움과 수치스러운 상태에서 깨어있지 않음으로 벗어나지 못함이 그 이유가 되리라. 너희가 진실로 깨어있는 마음을 가지며 항상 두렵고 더러운 상태에 빠지지 않으려 힘쓰고 힘쓰리니 이를 지혜 있는 자라 하리로다. 최상의 지혜는 살생하지 않고 한 그루 나무를 심는 지혜가 최상의 지혜이며, 그 다음의 지혜는 살생하는 모습을 보고 살생을 막기 위하여 자기의 재물을 쓰는 지혜이며, 그 다음의 지혜는 한 그루 나무를 심는 지혜라 하니라.

너희의 방탕함이 너희를 병들게 하리로다. 방탕은 너희에게 순간의 쾌락과 순간의 욕망으로 너희를 진정 수치스럽게 할 것이니라. 순간의 쾌락과 순간의 욕망은 너희 육신이 병들며 너희 마음이 인간다움을 상실한 상태로 스스로 벌하려 함이 오래도록 이어지리로다. 이르노니 결단코 작은 행복과 작은 기쁨에 너희가 만족함을 가지라. 때가 이르지 않아 작은 재물에서조차도 큰 화가 되며, 작은 이치조차도 소홀히 하지 말지니 나의 행함이 자연의 질서에 큰 파문이 되며, 자연의 질서가 크게 노함에 인함이니라. 이것은 어려운 가운데에서도 인간다움을 잃지 않음으로 너희의 희망과 용기가 너희 마음에 피어나리니 이는 욕심 부리지 않음으로 이루어지리로다. 또 인간다움의 도리를 잃지 않은 생명이라 칭송함이 가득하다 하리로다. 너희가 밝은 지혜를 얻는 것은 인간다움의 생명성을 잃어버리지 않음으로 지극한 삶에 충실함이 오래도록 이어짐으로 너희가 천지자연의 이치에 가장 합당한 생명이라 칭송받으리로다. 방탕하지 않으며, 욕심내지 않으며, 인간다움의 도리로서 비록 그것이 인생이라는 고뇌 속에서 누리는 작은 기쁨일지라도 너희가 진정 인간다움의 인간이며 천지자연의 질서와 인간의 질서를 충실하게 행하였다 함이 있으리로다.

너희에게 항상함이 있으리로다. 마음속 깊이 바른 인생을 가기를 주저하지 않으며 바른 인간의 길을 가기를 주저하지 않으니 너희가 강한 의지를 가졌다 함이 스스로에게 있으리라. 그러므로 너희가 항상 바르게 행함을 칭송받으리로다. 생명의 질서를 행함으로 너희에게 천국이 있다 하며, 너희에게 또다시 생명이 있으리라는 유혹들 앞에서 너희가 진정 원하는 것은 인간다움으로 인간애를 보이는 것이리라. 천지자연이 영원한 생명이 아닐지라도 인간애가 가득하였다 하며, 다시 태어날 수 없을지라도 인간애로서 생명의 기원으로 너와 너의 가족과 이웃과 행복한 미소를 기억할 것이니라. 그러므로 이 세상을 아름답게 하려고 하였다 함의 증거가 바로 생명이니라. 생명은 생명으로 만족하는 것으로도 생명의 가장 고귀한 의무라 함이 너희를 기억하리로다. 영원한 생명이 있다 하며, 너희 정신을 흐리는 것에 마음이 가며, 영원한 윤회가 있다 하며, 어리석은 사람은 집착함이 크며, 탐욕스러움을 버리지 못함이 있으며, 음란한 마음을 숨기기에 급급한 인생이라 할 수 있으리라. 그런가 하면 지혜로운 사람은 천지자연의 가장 위대한 질서인 생명의 질서에 충실함이 있음이라. 생명은 생명으로서 만족하는 것으로도 생명의 가장 고귀한 의무를 다한 생명이라 칭함을 받으리로다. 생명은 인간다움 안에서 꽃피워지며, 생명은 생명다움 안에서 진리를 깨달으며, 생명은 진리 안에서 지극히 높은 천지자연의 생명으로 화함이 되리로다. 너희가 그 안에서 지극한 인간다움을 오래도록 유지하도록 하는 것으로 생명의 진리를 깨닫게 될 것이니라. 그러므로 인간 가운데에서 너희가 아름다운 생명의 진리를 가졌다 함이 지극하리니 바른 행위와 바른 생각으로 스스로 벌하지 않으려 하는 생명으로 열심히 하였다 칭함을 받으리로다.

방탕하지 않으며, 인간의 도리를 행하며, 스스로의 마음의 평화를 얻나니 이를 지극히 지혜로운 생명이라 하니라. 세상을 살아갈 때에 그 지혜로움으로 빛나리니 너희가 큰 복을 항상 가슴에 품었음을 이르노라 하니라. 너희가 지극히 청정하기를 힘쓰라 권면하노라. 어리석다 하는 사람은 자기 자신의 이익에 심하게 집착함이 크다 하리니 그 모습은 탐욕이 자신의 생명을 줄이며 음란함으로 그 마음을 스스로 죽임을 서슴지 않는 인간이라 함이니라. 그가 있는 곳에는 항상 다툼이 끊이지를 않을 것이니 지혜로운 사람은 그러한 모습을 보며 자기를 청정하게 하기를 항상 게을리 하지 않는 사람이니라. 어리석은 사람의 몸과 마음에서는 탐욕으로 심하게 물들어 인간적인 냄새가 나지 않으며 스스로를 손가락질함과 같도다. 지혜로운 자는 마음과 몸을 청정하기를 항상 지켜가며 칭송받으리니 어리석은 사람에게 그 영향을 미쳐 마침내 어리석음에서 벗어날 수 있다 함이라. 탐하지 말고 다투지 말라. 그 자신이 하고자 하는 욕망이 크면 그 복이 자신에게서부터 멀어지나니 마음을 청정함에 힘쓰고 힘쓰라. 그리하면 스스로가 즐거움을 만들어갈 것이며 방탕함을 물리치면 인간다움의 커다란 기쁨을 얻으리로다. 인간다움의 심오한 지혜는 모든 위험을 만들지 않으며 마음이 편안하니 그보다 기쁘며 아름다운 인생이 어디 있겠는가. 살아있을 때 한 그루 나무를 심는 것은 다음 세대에게 보여지는 나의 생명이 이어지게 함을 보임이니라.

악함을 행하지 않으려 하는 마음은 몸을 바르게 하는 사람이니 마음을 청정히 하라. 그 기쁨은 천지만물이 오묘하며 위대한 질서에 다가감이 심히 크다 하는 사람이리니 이는 인간의 지혜와 천지자연의 지혜가 넘쳐나는 사람이라 함이라. 사람의 지혜는 죽어가는 생명을 살릴 수 있음을 증거하는 지혜이며, 한 그루 나무를 심는 것은 자라나는 것과 세대에서 세대로 이어짐과 같은 지혜를 증거함이니라. 서로 다른 시각의 모순을 극복하며, 서로 다른 이치에서도 바른 질서를 항상함이 깊고 깊으며, 높고 높은 이치에 그 생명의 가치가 아주 높다 하며, 이를 이르러 진실과 지극한 선과 아름다움에 도달한 생명이라 하리로다. 삶의 고통이 세상에 가득하다 하고 인생의 질곡으로 자기 자신을 짓누르며 어리석음으로 그러한 이치에 갇혀 벗어나지 못함은 그가 어리석음의 터널에서 갇혀 괴로운 것이 무엇 때문인지도 알지 못하는 사람이니라. 그러니 너희가 진정 이와 같은 사람이 되지 않으려 청정함과 생명의 가치를 스스로를 뒤돌아보며 지혜 있는 이에게 묻고 배워 스스로 그 어리석음의 질곡에서 벗어나기를 힘쓰고 힘써야 하느니라. 너희는 결코 자연의 진리와 천지자연의 커다란 이치와 너희 스스로에게 존재하고 있는 지혜를 배우고 익히는 것을 게을리 하지 말지니라.

권하노니 한순간의 시간이라도 너희는 소중히 하라. 너희가 가지고 있는 생명은 순간순간이 이 세상 무엇보다도 소중하기 때문이라 하리니 죽어가고 있는 생명이 살아남기 위해서 절실함으로 생명을 바라볼지니라. 한 순간이라도 생명을 위하고 너 자신을 움직이고 있는 자신의 마음을 위해서라도 바르게 행하기를 권하노라. 이는 스스로의 고뇌가 끝없이 생겨남을 경계함이 크기 때문이라 하리로다. 그리하면 스스로 그러함의 지극한 이치에 너희가 이를지니라. 너희가 인간다움의 이치와 자연의 지극한 질서를 마음에 깊이 새겨 행함을 극진히 하면 바른 마음과 청정한 인간다움을 너희가 알게 되리라. 그러면 너희가 거친 세상에 던져진다 해도 인간다움이 가득한 세상으로 바꿀 수 있으리로다. 그런 바른 마음을 가져야 세상의 이익과 인간다움이 동시에 너희에게로 다가오리라. 이는 천지자연의 이치 중에서 천지자연의 바름과 너희 생명의 바름이 같기 때문이라 하리로다.

너희가 인간의 도리와 자연의 도리를 지키면서 산다는 것이 결코 어렵거나 두렵지 않도록 하리로다. 인간의 도리를 깨트리는 것을 두려워하면 자연의 도리를 깨트리는 것을 두려워하리로다. 인간의 도리는 너의 부모와 가족의 화평이 항상 있도록 힘써야 함 가운데 천지만물 속에서 너희가 생명을 함부로 해치지 않으며 생명을 살리는 이치를 행하며 이루어지느니라. 그리하면 결코 천지자연은 너희의 삶을 희생하면서 천지자연의 이치가 먼저라 하지 않을 것이니라. 너희가 생명이며, 선하며, 귀하고 귀한 것은 결코 너 자신이 우선이기 때문이라는 것을 천지자연이 알기 때문이니라. 그러한 가운데 너희가 천지자연을 위하여 선한 행위를 행하라 하며, 그러한 가운데 너희가 인생을 즐기며 행복하게 살아가라 하리로다. 이것은 천지자연이 생명이라는 이치에 있음을 너희가 깨달아야 하기 때문이니라. 너희 스스로가 깨어있는 생명이라 함이 천지자연과 인간은 하나의 이치에서 벗어나지 않음이니라. 이는 세상에 인간다움을 찾아야 하는 생명의 귀중한 의지이며 생명이 가지고 있는 가장 본연의 이치를 깨달아가려는 마음이 있다 함이니라. 인간다움으로 나아가는 데 다시는 방탕하지 않는 마음이 생명에게 있다 함에 인하리니 지혜 있는 생명이 그를 바르게 가르치리라. 그리하여 그를 천지자연의 바른 이치인 선과 생명의 바른 이치인 선을 행하는 데 바른 길을 일러주리라. 그리하면 그가 천지자연 가운데 생명으로서의 인간다움을 완성하리로다. 한 그루 나무는 최소한의 지혜를 행함이며, 다음 세대와 천지자연과의 화해함을 이름이니라.

잘못을 저지르지 말라 말하지 말지니라. 생명다움의 차례를 어긋나게 걸어간다 하여도 생명은 결코 생명의 질서를 스스로 깨달아가는 과정에 있음이리니 그를 깨닫게 하려 하면 그에게 인간다움의 질서를 말하며, 인간의 길을 말하며, 그가 스스로를 인간다움과 천지자연의 바른 이치를 깨치도록 권할 뿐이니라. 생명의 선택의 몫은 그에게 있음이 우선이기 때문이니라. 대지가 가물다가도 비가 내릴 날이 있으며, 그 비로 하여금 대지에 새싹이 돋아나며, 구름이 걷히면 빛이 내려쪼여 생명이 돋아나듯이 천지자연의 이치는 이러한 질서에 있기 때문에 인간에게도 또한 그러한 질서가 있음이니라. 모든 질서 속에서 생명의 질서를 빨리 아느냐 아니면 우매한 생명으로서 가치 없이 쓰러져 가는 생명으로 남을 것인가는 그 자신에게 달렸음이리니 삶은 괴로운 것도 아님이라. 삶은 행복하기 위하여 사랑하며, 인자하며, 따뜻한 마음씨로써 이루어진다 함을 알아가는 것이 결국은 생명이기 때문이리니 저희가 스스로 자신을 벌하며 그 두렵고 가여운 인생길을 가는 생명이 가엽고도 가엽도다 함이 천지자연에게도 있음이로다. 인간다움이 이 가운데 있음은 그가 탕아로서 세상을 떠돌다가 마음이 행복해지는 방법을 알며 그 길에 서있게 되는 시간까지 계속됨이 가슴 아프다 하지 않을 수 없음이라 하리로다. 너희 중에 삶은 괴로움이며 죽음의 유혹에 쉽게 빠지는 생명이 있다면 너희가 다가가 위로를 해준다 해도 그것은 그냥 건네어지는 언어에 불과함일지니라. 마음을 굳건히 하라 권하며 인생을 살아가는 데 열심히 사는 것이 생명의 의무라 하며 위로를 할지라도 그 또한 그에게 권해지는 언어에 불과할지니라. 이는 그가 생명의 이치를 알지 못함이 있음이며 생명의 고귀함을 모르기 때문일지니라. 이는 또 그를 위로함에 인함이 아니라 그가 무엇으로 기쁨을 얻을 수 있을까를 우선하며 마음의 문을 열 수 있게 함이 우선일지니 그가 인간임을 일깨우기를 게을리 하지 말라 하리로다. 또한 인간다움의 이치와 천지자연의 이치를 깊게 일깨우기를 힘쓰라 하리로다. 그를 평화로운 곳으로 데려가 몸과 마음이 평화롭게 한 후에 한 그루 나무를 심게 하며, 살생하지 않으며, 죽어가는 생명을 살리는 기쁨에 눈뜨게 할지니라.

　삶을 괴로워할 때에 너희가 진실로 생명을 느끼며 생명의 고귀함을 깨달았다면 너희는 다시는 삶의 고뇌를 갖지 않으리라. 또한 죽음에 대한 두려움조차도 천지자연의 지극한 이치라 함을 깨달을 때 너희가 진실로 마음이 평안해지며, 눈이 맑아지며, 천지자연의 이치에 맞게 살게 되리로다. 너희가 영원한 세상을 꿈꾸며 마음과 몸을 거기에 의존해서 죽음에 더 두려워 떨 것이며 삶의 고뇌를 벗지 못하여 죽음에 이르기까지 그리되리니 너희 스스로가 천지자연의 이치와 인간의 고귀한 이치로 하여 진정한 평화와 자유로 너희 생을 충실히 살리로다. 마음이 강팍하여 마음의 병으로 몸을 망치며, 그 마음 또한 심하게 해치며, 생의 가장 고귀한 시간을 낭비하리니 너희가 고귀한 시간을 낭비함은 마음을 가볍게 여기고 욕망이라고 하는 감옥에 스스로 빠져들며 헤어나지 못함이니라. 마음은 살아있는 그 순간까지 아주 작은 행복까지도 깊이 감사하며 그 감사함으로 생명의 빛줄기가 생애 동안 이어지도록 너희가 힘쓰라 함이 심히 지극하도다. 이는 너희가 행복하기 위하여 사랑하라는 진리에 항상 생명이 있음을 감사함이 있다 함이니라. 행복은 행복하다 함을 마음으로 느끼며 그것으로 즐길 줄 아는 지혜 있는 사람이라 하리니 너희가 마음을 평안히 하며 자신의 생명성을 믿고 그 믿음에 항상함이 있으라.

너희 마음이 멀리 떠나갔느냐? 너희가 가지고 있는 작은 행복은 행복하지 않다 하며 멀리 있는 행복에 마음을 두면 너희 마음을 스스로 망치게 되리라. 너희가 가장 가까이에 있는 작은 행복을 보듬고 그 행복을 크고 크게 만듦을 가득히 하라. 마음을 다스리지 못함보다 더한 것은 마음이 멀리 있음으로 인해 행복을 잃어버림이니 마음속에 행복의 불씨가 항상 꺼지지 않는 불꽃으로 남아있음을 너희가 진실로 알지니라. 이는 천지자연의 생명에게 모두 다 해당함이 지극하다 할 수 있음이니 너희가 진실로 행복하려면 사랑을 마음에 두라. 너희가 생명을 가장 소중한 것으로 여기며 살아간다면 그것은 지극한 인간다움에 이름이니 비록 영원함을 얻지 못한다 할지라도 주위에 있는 생명이 너희가 행한 생명의 활동으로 인해 너희를 기억하며 칭찬함이 오래도록 이어지리로다. 사람에게 하고자 하는 말을 함에 있어서 너희가 마음을 지극히 헤아려 하라. 그리고 마음에 담아두고 있는 말을 할 때 너희가 진실로 마음과 몸을 정결히 하라. 너희가 건넨 말은 깊은 생각과 사려에서 나온 말이라 할 수 있음이리니 웃고자 하며 한마디 말을 건넬지라도 마음을 정결히 하며 성심을 다해 건네야 듣는 이가 너희의 진심 어린 마음을 받을지니라. 이는 너희가 생명을 믿는 가장 좋은 방법이며 남이 너희를 의심하는 일이 없도록 지극해야 함을 이름이라.

진실로 이르노니 너희가 뱉은 말과 행한 행동은 의심하는 일이 없도록 하라. 너희가 생각하지 않았다 하며 뱉어진 말 한마디와 잘못된 행동은 진심이 아닐지라도 실수한 것이니 너희가 이를 당연시한다면 스스로를 속임이 크고도 크다 함이라. 사람은 본래 선한 의지를 가졌다 함인데 선은 생명일 때 전체 생명을 선이라 하며, 자기만을 생각하는 한 생명을 악이라 하며, 선이 땅이라 할 때 모든 대지가 선이라 하며, 한 생명이 이익의 대상이 되는 땅을 악이라 하며, 선이 물이라 할 때 모든 생명을 살아가게 하는 물을 선이라 하며, 한 생명 한 생명을 죽일 수 있는 물을 악이라 함이니라. 그로 인함은 그릇됨이 없기 때문이니라. 바른 마음은 본래 진실하고 진실하여 거짓이 없다 함 때문이니라. 잘못된 행동은 너희가 스스로의 마음을 추스리지 못함으로 해서 몸에서 잘못함과 실수함으로 나타난 것이리니 그러한 것에 빠르게 그 잘못을 고치려는 생각을 아니하면 죄를 행함이니라. 너희가 잘못된 말, 잘못된 행동인 줄 알면서도 그것을 남에게 따르기를 바란다면 그것은 너희 스스로를 벌하는 것이고 남을 속이는 것이라 하리로다. 이렇듯 너희가 마음과 몸을 정결히 하지 않고 바르게 하지 않음으로 해서 스스로 자기를 벌하는 날이 더 빠르게 나타나리로다. 어리석은 사람은 스스로 어리석은 줄 모르니 마음을 정결히 하며 그 허물을 바르게 하려는 마음을 가지지 않으면 오만과 방자함이 극에 달해 되돌릴 수 없는 상태로 발전하게 될지니라. 생명의 법칙에 있어 그 잘못은 비로소 무지한 사람이라 함이 크고도 크다 하리로다.

너희에게 이르기를 하늘은 때를 낳으며, 땅은 재물을 낳으며, 사람은 그 아비로 인해 자식을 낳으며, 너희를 이러한 가운데 있게 함이 심히 사람의 생각 가운데 있다 함이 크고도 크리로다. 사람이 살아가는 진리가 모두 다 너희가 정한 언어에 인함이 크다 함의 증거이리니 그 언어로 인한 마음이 움직이며 너희의 몸이 거기에 따라 움직이게 함이 크도다. 이는 너희가 천지만물의 이치에 접근하였다 할지라도 그것이 천지만물의 진리라 말할 수가 없음이니 모든 진리가 거짓된 진리가 될 수가 있음이 크다 하리로다. 땅보다 하늘이 우선하며 땅이 모든 것을 받아들이는 이치에 있음은 곧 너희가 그것을 증거하는 생명이라 함이 크다 하리니 너희가 진실로 앎에 진실하라 이르느니라. 진실이 비록 모든 이치 가운데 진리라는 증거로써 자리 잡을 때까지 심히 너희의 정신과 마음을 지혜로 가득 채우라 이르노니 이는 너희가 용맹해짐에 인하라 함과 그렇게 하지 말라 이르는 것과 같다 함이니라. 너희가 용맹하게 삶을 살아갈 때 모든 근본이 하늘에 있음도 아니며, 재물에 있음도 아니니라. 모든 근본은 너 자신이라고 하는 생명이 있음을 너희가 깨우침을 알게 되리로다. 생명이 바라보는 것이 하늘이며, 그 생명의 질서를 지켜가기 위한 것이 학문이며, 그것이 바로 네 인생의 스승이리니 너희에게 하늘이 때를 낳는다 함이 지극하다 함이라. 너희가 생명을 진실로 느낄 때 비로소 하늘은 생명으로 다가오리로다. 하늘이 살아있음을 느낄 때 비로소 자신의 생명과 모든 천지만물의 모든 생명을 생명답게 생각하며 거행함의 본질로 행하리로다.

모든 생명이 땅에서 이루어진다 함은 지극한 질서이며 진리이로다. 이 세상에서 가장 아름다움이 땅에서 이루어지며 그 아름다움이 생명의 질서라 이르노니 이는 땅과 생명이 축복받는다 함이니라. 생명은 축복받기 위함이며, 생명은 행복하기 위하여 생명이라 칭함이며, 생명은 사랑받기 위하여 있다 함이 여기에 있음이로다. 모든 근원은 생명의 질서가 지극하여 축복받으며, 사랑하며, 사랑받는 가운데 있다 함이 오래도록 이어지리로다 하니라. 생명이 있는 중에 너희가 생명이거든 사랑하라. 너희가 진정 생명이거든 생명을 진실로 사랑하라. 이는 천지만물 가운데 가장 아름다운 진리이며 가장 고귀하고 소중한 질서로 이어나가야 함이 여기에 있음이로다. 사람이 사람만을 사랑하는 것은 악이며 저주받음이 있다 하리로다. 예수가 그리하며, 마호메트가 그러할지니라. 그들의 자손이 서로를 쳐 죽이기를 그들이 말하는 세상이 멸망할 때까지 이어지리로다. 천지만물을 사랑하지 않는 사람은 서로가 쳐 죽이기를 그들이 말하는 멸망에 이를 때까지 이어지리로다. '천지를 창조하시고 보기에 좋았더라'를 잊지 말지니라. 천지를 창조한 것은 자연의 이치로 환원됨을 말함이며, 자연의 이치는 자연으로 환원됨을 말함이니라. 그러므로 자연이 생명으로 환원되어 세대에서 세대로 이어짐을 잊지 말지니라. 만물을 사랑하는 것은 선이며 땅에서 이루어지는 모든 복을 누릴 수 있다 함이니라. 만물을 사랑함은 하늘에서 이루어지는 복을 누림에 있음이며 땅에서 이루어지는 모든 복을 누릴 수 있음이니라. 천지만물이 말하나니 영원한 세상이 있다 하는 하나님과 알라를 천지만물이 단죄하여 그를 믿는 생명에게 생명을 얻지 못하게 하리로다 하니라. 그리고 지혜가 있다 하며 행하는 가운데 세상의 더러운 것에 물들지 말아야 하느니라. 너와 세상은 말과 행함 가운데에서 스스로의 이익과 너의 자존심으로 더러운 것에 물들며 세상 가운데 더러운 것에 깊이깊이 빠질지리니 지혜 있다 함은 더러운 것을 피해 혼자서만 깨끗하다 하는 것은 아닐지니라. 지혜 있음은 모든 것들이 언어와 행위의 바름이 몸에 배어있게 함이니라. 그러므로 세상은 결코 벗어나거나 도망칠 수 없는 존재의 명확한 질서가 있음을 아는 것이리니 세상을 알기 이전에 스스로의 어리석음을 깨달으며, 스스로의 이익에 집착해 있음을 깨달으며, 작은 이익에 마음과 몸을 혹사하지 않았는가를 살피는 것이니라. 그리고 결코 그러한 길에 지혜로움으로 세상에 다가가며, 그 속에서 진리와 진실을 행함을 게으르지 아니하며, 인간다움을 행하는 데 주저함이 없는 이를 지혜 있는 이라 칭하리로다.

마음을 청정하게 하라. 세상은 끝이 없이 변화하나니 세상의 변화에 맞추려 함은 너의 이익이 아닌가를 살펴보라. 세상은 끝없이 변하는 것이 아니라 너의 이익을 위하여 너의 마음이 움직이지 않는가를 살펴보라. 방탕한 것과 마음이 청정한 것 중에 어느 것이 더 큰 이익을 가져다주느냐? 너희가 방탕한 것이 큰 이익을 가져다준다고 믿느냐? 결코 진정한 인간다움의 이익은 방탕이 아니라 청정한 마음이니라. 방탕은 인간다움의 위선이며, 청정함은 인간다움의 자존심이리니 인간다움의 방탕은 너와 같은 마음을 가진 사람을 모으는 것이며, 인간다움의 청정함은 너와 같은 마음을 가진 사람을 모으는 것이니라. 방탕한 사람을 모으는 것은 작은 이익을 위해 너의 커다란 이익을 잃을 것이며, 청정한 사람을 모으는 것은 큰 이익을 위해 너의 작은 이익을 잃을 것이니라. 어느 것의 이익이 크더냐? 지혜 있는 사람은 청정함으로 작은 이익을 버리고 크고 큰 이익을 취하리로다. 그 가운데 인간다움의 자존심이 있으리로다.

사람은 지혜를 배우는 생명이니라. 이는 과실나무가 싹이 나서 성장하고 과실을 맺는 것처럼 질서를 인함이며, 한 떨기 꽃을 피우기 위해서 온갖 시련 가운데 생명으로서 그 본연에 충실하며 천지만물의 진리에 충실함으로 아름답고 고운 꽃을 피움이니라. 생명으로서 사람은 지혜를 배우는 생명이라 대지에 뿌리내려 약하고 약해도 모든 어려움과 고난을 극복하여 생명으로 피어나는 진리에 충실해야 함이 여기에 있음이로다. 배움의 길은 이와 같다 하니라. 배움은 대지에서 어떻게 하면 풀 한 포기라도 함부로 뽑아내지 않으려 함과 같으니라. 배움은 마음이 편안해짐으로 인함이며 몸이 평화로워짐으로 인함이니 이는 모든 생명이 이와 같은 마음을 가지고 있다 함이 진리이니라. 배움에 의해서 대지에 한 그루의 나무를 심는 마음을 알아지니라. 어떻게 하면 대지에 피어나는 풀 한 포기를 베어내어 이익을 얻을까를 고민함은 모든 생명들 가운데에서 살아있는 생명을 죽음으로 몰아넣고 자기의 이익을 얻을까를 고민함과 같음이라. 게다가 서로가 이와 같은 마음을 가지고 있으면 서로의 이익을 위하여 어떻게 해할까를 고민하는 것과 같으니라.

생명을 가진 이여, 명심할지니 모든 생명을 죽이는 가운데에서 이익을 얻을까를 고민하지 말고 어떻게 하면 죽어가는 생명을 살려서 그 생명으로 많은 이익을 얻을까를 고민할지니라. 이는 생명의 고귀함에 배어있는 생명다움의 의무일지니라. 진실로 지혜 있다 하며 살아가고자 하면 너희가 인간다움의 지혜를 얻어야 하느니라. 진실로 이르나니 세상의 지혜가 모두 다 허망한 것도 아니며 위선으로 만들어진 세상도 아닌 것만은 분명하다 할지니 결국 세상은 위선과 선이 뒤엉켜있음이니라. 세상이란 너와 내가 바라보는 선이 있기 때문이며 너와 나의 이익이 다르기 때문이라 말할 수밖에 없으리니 이는 서로가 서로를 모르며 서로에게 공격하는 마음을 가지고 있음이리라. 서로를 사랑하며 마음을 헤아림은 생명의 근본이 선하다 함이 여기에 있느니라. 그러나 선하다는 마음이 나의 마음이라면 다른 이의 눈에는 그것이 악으로 비쳐지리라. 같이 악이라 느껴질 때 이것이 바로 악이니 악이 지극한 것은 선이라는 사실과 선이 지극하면 악에 이르는 이치가 여기에 있음이라 하니라.

지혜로운 이여, 생명을 귀히 여기는 생명이 됨을 살아가는 가운데에서 행하라. 그리하면 너희에게 큰 복이라는 이익이 오리라. 그 복은 생명을 느끼며 생명으로 행복하리니 살아가는 것은 성장하는 것이니라. 살아가는 것은 한 떨기 꽃이 가장 아름답게 피었다가 근본인 자연으로 돌아가리니 이는 모든 생명이 가지고 있는 진리니라. 성장하는 것은 자신의 자존을 발견하는 지혜를 위함이며 가장 아름답게 피었다가 지는 것은 곧 자기 자신이 자연임을 발견해가는 지혜를 위함이니라. 두려워하며 맞이하고, 분노하며 맞이하여 두려움 속에서 지혜를 잃어버림이 크리니 이는 얼마나 인간 세상의 더러움만을 보는 눈에 의해 살아왔나를 알아가는 지혜롭지 않음인가. 자연을 발견해가는 길을 마다하며 분노로써 죽음이 빨리 왔으면 하는 어리석음이 극에 달하였다 함인가. 진정 지혜롭다면 행복하기 위하여 사랑하라. 진정 알아가는 인생이기를 기도하라. 이는 생명의 탄생만을 기뻐하며, 생명이 자연으로 돌아가는 것을 두려워함이니라. 분노함은 천지자연의 아름다운 질서를 외면하며, 불행한 생명이었노라고 외침이 지극히 불쌍타 하지 않을 수 없음이니라. 탐욕은 마음의 병을 쌓아가는 것이며, 욕심은 몸의 병을 쌓아가는 것이나니 탐욕으로부터 벗어나 뭇 생명의 소리를 귀기울여보라 권하노라. 이는 자기 생명의 외침이라 할 수 있음이니라. 생명은 모든 어려움과 고난 가운데 행복함을 찾으려 탐욕과 욕심을 버리면 이루어지게 되느니라. 그리하여 평화롭게 되어 행복이 곧 찾아오리라. 대지에 아름다운 꽃 한 송이가 피어있는데 이를 보고 꽃에서 향기가 없다고 사랑스러워하지 않음보다 어리석은 마음은 다시 없으리라. 가난한 이웃을 도와주거나 죽어가고 있는 생명을 살리는 마음을 가지고 향기가 난다라고 하는 것은 마치 이것이 생명의 가치라고 주제넘게 행하고 생각하는 것과 같은 것이라고 할 수 있음이니라. 이는 상황에 닥치면 누구든지 선한 행위를 할 수 있는 인간이라는 사실을 마치 자기 자신만이 어려운 이웃을 도와주고 죽어가는 생명을 살린다는 잘못된 생각에 사로잡혀있는 것과 같으니라. 생명은 모든 생명에게 측은한 마음을 가지고 있기에 생명이라고 하는 것이니라. 따라서 모든 인간들 중에서 자기 자신만이 생명을 소중히 여기는 생명이라고 자랑하지는 말아야 하느니라.

아름다운 꽃에 향기가 있든 없든 자연의 질서를 지켜가고 있다는 사실을 명심할지니 이는 모든 생명은 생명 그 자체로 생명답다는 것에 인함임을 명심할지니라. 진리는 걸어가고 있는 길 위에 피어있는 이름 없는 꽃의 생명을 보면서도 느끼고 걸어온 길에서 발견하지 못한 것에서도 알 수 있음이니라. 진실로 이르노니 말로라도 생명을 죽이지 말라. 이는 진리위의 진리리니 행함을 천지자연처럼 행하라. 이는 또 윤회하는 진리를 행하는 생명에게 주어지는 명예라 하리로다. 지혜 있음이란 윤회의 나눔을 따름이 가장 크다 할 수 있음이니라. 윤회의 나눔이란 너희 수입의 일할을 천지자연이 파괴됨을 지극히 염려하여 천지자연의 고통을 없애줌을 이름이니 이는 사람의 이치와 천지자연의 나눔을 위하여 자기의 이익을 천지자연을 위하여 씀을 이름이라. 너희가 진실로 천지자연의 이치 가운데 살아있음에 감사한 마음을 가지고 있다면 그리하라. 나무를 심으며, 바다와 강의 생명을 위하여 수입을 사용하면 그 복이 오래도록 하늘이 기억하여 복 주심을 항상하리로다. 사람만을 위한 사랑은 하늘과 땅이 저주하며 천지만물의 이름으로 쳐 죽이리니 만물을 사랑하는 생명만이 이 땅 위에 살게 될지니라. 살인하지 말라 하며, 자기의 생각과 다른 생각하는 사람을 짐승이라 여기고 쳐 죽이듯 만물을 사랑하지 않는 생명은 하늘과 땅의 이름으로 반드시 죽이리로다. 지혜 있음이란 천지자연의 이치와 같이 기다림과 다가감을 현명하게 할지니라. 기다림은 계절 가운데 곡식을 심으며, 기르며, 거두는 가운데 살아가는 진리에 충실함을 일컬음을 말함이니라. 다가감이란 곡식을 거두는 것을 이르나니 천지자연이 베풂에 온전히 감사하고 계절의 질서에 감사함을 이름이니라. 이는 천지자연의 이치로 인한 기다림과 다가감을 소중히 하라 함이니 사람과 사람, 사람과 숲, 사람과 바다, 사람과 강, 사람과 온갖 짐승 사이에서도 이처럼 기다림과 다가감의 이치가 행하여짐을 긍휼히 여김이라. 결국 사람의 이치와 천지자연의 이치가 땅에서 이루어짐을 기다림과 다감으로 온전히 이루어짐을 이름이니라.

지혜 있음이란 윤회의 진실에 눈떠가는 것을 이름이나니 윤회의 진실은 영원한 생명을 얻음을 위함도 아니며 다시 태어나 천지자연의 이치를 다시 경험함도 아닐지니라. 윤회의 진실이란 태어남을 지향하는 마음을 일컬음인데 이는 사람에게 태어남을 지향하려는 것이 아님을 알라 하니라. 온갖 식물과 동물과 곡식이 탄생되는 진리가 윤회의 진실이니라. 천지자연이 생명 탄생의 지향함을 사람에게 보임을 윤회의 진실이라 하리니 사람이 그것을 증거하며 증명하기 위함이니라. 진실로 너희가 사람이거든 윤회의 진실을 위해서도 함부로 생명의 진리를 짓밟지 말라. 윤회의 진실은 땅의 진실이라 함을 온당타 하리로다. 윤회의 지혜는 다시 태어나는 지향이 아니라 사람의 완성을 위함이리니 천지자연의 이치가 악하다고 말하지 않는 것은 천지자연의 지혜가 모든 땅 위에서 번성하는 생명을 위한 지혜를 이름이니라. 땅 위에서 번성하는 생명 가운데 사람의 번성이 위험한 번성이라 경계함을 천지자연이 아나니 사람에게 자연의 진실로 돌아가라 말하노라. 사람의 마음이 천지자연의 이치와 합당함을 지향하라 함은 이 때문이라 하리로다. 자연의 진실로 돌아가라 말하는 것은 천지 자연의 고통에 있음이니라. 천지자연의 고통은 사람의 어리석은 마음이 커져 땅이 파괴되는 것 때문이니라. 사람에게 지혜 있음은 윤회의 용기를 가지라 하는 이유가 되리라. 땅에서 번성하는 모든 생명들과 다르게 사람은 파괴하는 방향으로의 감정이 전염되기 때문이리니 너희가 온전히 땅에서 번성하며 땅을 일구는 생명이라는 사실 때문에라도 파괴의 감정만을 갖지 않으려는 윤회의 용기를 가지라 권하노라. 너희가 진실로 사람이더냐? 그러면 윤회의 용기를 잃지 말고 땅의 질서에 충실하여라. 이는 땅이 벌주려 함을 비켜가게 할 땅의 선물이 되리니 윤회의 용기로서만 이루어짐을 말하노라. 윤회의 용기는 땅의 질서에 충실히 하는 것만으로도 충분하다 하리로다.

## 🌸 윤회의 서

윤회는 천지자연이 운행한다 함을 일컬음이나니 스스로 그러한 이치의 증거와 같으며, 사람으로 태어나 성장하며, 또다시 스스로 그러한 이치에 합당하다 함을 증거함과 같다 하리로다. 이는 윤회의 질서 이전과 윤회를 살아가고 있는 지금과 윤회의 시간의 정점과 윤회의 또 다른 시작이 흐르는 물과 같음이라. 해가 떠서 세상을 비추다 새로이 밤이 되며, 달이 세상의 모든 질서의 으뜸임을 보임과 새벽과 더불어 해가 떠오르나니 밤이 지나면 낮이 되며, 해가 떠오르는 질서가 마치 끝없이 흐르는 물과 같으며, 해가 뜨고 해가 지며 달이 뜨고 달이 지나니 이러한 질서가 어찌 윤회의 질서가 아니라 하리. 마치 사람이 이와 같다 함과 같지 않다 말함은 의미 없음과 같나니 어제의 해와 달이 오늘 살아 숨 쉬는 동시에 세상에 있음 이외에는 더 이상의 의미를 가지고 있지 않음과 같다 하리로다. 이는 처음 세상이 시작됨과 윤회의 시작으로 인함이니라. 모든 자연의 질서가 윤회의 질서와 윤회의 진실 가운데 있음이라. 해가 뜨고 지는 것이 윤회의 질서이며 길이나니 무릇 천지자연이 이와 같이 흘러가며 사람의 질서가 이와 같이 흘러가리로다.

해가 뜨고 지는 것을 선의 길이라 하노라. 이것은 생명을 키우는 길이니라. 생명의 길 가운데에는 해가 뜨고, 생명이 태어나고, 자라듯 사람이 죽음에 이름은 윤회의 질서에 다다름이니라. 이와 같이 해가 뜨면 이것을 선이라 칭하고 또한 선 가운데 악이 있음을 이르나니 해의 시간이 지나면 달이 뜨는 것이 윤회의 길이니라. 생명은 살아감으로 지치나니 너희가 마음과 몸을 편히 하라. 너희가 자연의 이치로 생육함을 감사하라. 해가 뜨는 시간에 일하고 사람과 사람 사이에 살아감을 감사하라. 이는 너희가 윤회의 질서 가운데 있음이로다. 너희가 해 뜨는 시간에 일하고 천지자연의 질서에 온전히 순응하며 살아감에 감사함을 잊지 말라. 그리고 달뜨는 시간에 쉬며 반성함을 잊지 말라. 이와 같이 행함은 천지자연의 오묘한 질서가 이와 같다 함이니라. 윤회의 질서가 지극하다 함을 천지자연은 증명하나니 해가 뜨는 것은 사람을 생육하는 것을 상징하고, 달이 뜨는 것은 사람에게 고단하게 살아온 하루를 편히 쉬게 하려 함인데 이는 천지자연의 질서가 있기 때문이니라. 이러한 질서 가운데 생명이 태어나며 또 다른 생명이 죽음에 이르나니 이는 해의 질서와 달의 질서 가운데에서도 생명의 질서가 멈추지 않는 것이로다. 모든 것은 천지자연의 질서와 생명의 질서가 땅에서 이룸이 지극하고도 지극하기 때문이라 하리로다.

달의 질서가 지극한 악의 질서라 하니라. 악의 질서가 땅에 있나니 너희가 대지에 행하며 살아가는 생명이라 칭함을 받음은 지극하다 하리로다. 천지자연의 지극한 질서가 윤회의 질서라 이르며 천지자연이 윤회의 지극함에 이르나니 윤회의 질서를 살아가는 생명이거든 함부로 생명을 죽이거나 할 수 있는 생명이 진정 없음을 천지자연에 맹세하며 살아갈지니라. 그 가운데 사람이 있다 함을 해와 달에 맹세하라 권함이 이와 같기 때문이니라. 사람이 태어나서 성장하는 것이 윤회이며 땅과 하늘에서 살아가는 모든 생명들은 윤회의 길을 가고 있다 하리니 그 중에서 사람만이 천지자연의 온전한 질서를 지킬 수 있음이니라. 윤회의 질서를 서로 나누고 천지자연의 질서를 지켜나가는 그 짐을 사람에게 지우리니 천지자연의 질서를 지키며 윤회의 질서를 사람이 행하여야 하는 길이라 하니라. 윤회의 계시를 사람이 퍼트리니라. 그러므로 천지자연의 질서와 윤회의 질서를 행함을 두려워하지 말라. 천지자연의 질서를 사람의 말과 행함으로 퍼트리고 사람에게 스스로 벌하지 않는 마음을 담았나니 사람이라면 천지자연의 이치를 성실히 지키기를 바라니라. 이는 천지자연의 마음이 세상에 가득하기 때문이라 하리로다. 세상이 오늘에 이르기를 이와 같이 하였다 하리니 이는 생명의 질서가 증거함이 항상함의 결과가 되니라.

윤회는 생명으로 살아있음을 온전한 자연의 질서로 이름을 말함이라. 또한 생명으로 윤회의 질서에 항상 있음과 같이 마치 언어에 갇혀지는 질서에 있음을 경계하기 위하여 윤회계시록을 남기노라. 이는 천지자연의 질서가 어느 것도 윤회 아닌 것이 없음을 증거하기 위함이며, 윤회하는 생명이며, 윤회의 질서 가운데 생명의 할 일과 자연의 할 일과 사람의 할 일을 윤회 계시로써 기록하노라. 천지만물의 이치가 이리도 아름다우며, 그 아름다움을 찰나의 어리석은 파괴로써 이익을 얻지 않으려 함을 항상하라 하나니 이는 천지자연 이치의 명령이니라. 천지자연 이치의 명령은 절대 신의 목소리가 아닌데 스스로 파괴하고 있는 생명의 마음에 경외로써 그 마음을 돌리기를 바라니라. 이는 살아가고 있는 질서로서 바라보라 함이며 스스로 존재해가는 생명의 눈으로 세상을 보라 함과 같다 할 수 있음이로다. 사람으로서 사람의 마음으로 세상을 보는 것과 천지자연의 마음으로 천지자연을 보는 것은 같다 함이리니 이는 사람의 마음으로 천지자연의 질서를 지키며, 그 질서를 어지럽히지 않으며, 그 질서를 온전히 지켜간다 함을 윤회의 온전한 계시를 완성한다 함이니라. 이는 또 천지자연의 이치와 사람의 이치가 온전히 땅에서 이루어진다 함을 말함이니라.

윤회 계시는 사람이 나아가며 행하여야 하는 비를 일컬음이며, 천지자연의 오묘한 이치 가운데 사람도 있다 함을 증거하기 위함이라 하리로다. 사람으로 살아가는 것은 사람의 행함 가운데 사람의 이치를 잃어버리지 않아야 함과 천지자연이 사람으로 하여금 파괴를 당한다 함이 지극히 어리석음도 아니니라. 그것은 단지 알지 못함으로 이러한 일이 일어남과 같다 하리니 앎을 온전히 하기 위함이 윤회 계시록을 기록하는 것이라 함이라. 사람이 나아가는 길과 사람이 행하여가는 길과 그것이 역사와 현실과 깊이 관련지어서 행하여야 함이 지극히 지당하다 할 수 있음이리니 너희가 진정 사람이거든 사람의 행함이 천지자연의 지극한 이치와 함께 있다 함이니라. 진실로 말하노니 윤회의 계시록을 알아갈 때에 너희가 기적으로 생각하거나 행하지 말라. 이는 사람이 살아있음보다 더 큰 기적은 없기 때문이니라. 살아있음으로 기적은 이루어졌으며, 그 살아있음의 기적 가운데에서 생명의 역할을 하라 함이니라. 조금씩 행하여야 하는 것이 생명의 길인데 그 생명이 하루하루를 살아가는 가운데 생명의 이치를 느끼며, 생명의 이치를 깨닫는 것과 같나니 이러한 이치는 기적을 행함이 아니라 생명의 가치를 보이는 것이라 함이 옳다 함이니라. 진정 생명이거든 생명의 가치를 가지고 행하라 함이 바로 기적을 보이는 것과 같다 하리니 생명의 가치를 잃어버리는 순간보다 더 참혹한 실패와 파괴는 없다 하리라. 그것은 천지자연이 그 행함을 지극히 경계함과 같이 행하라 함이 이와 같기 때문이라 하리로다.

하늘 아래 살아가며 행하여지는 생명으로서의 모든 가치와 의무는 함부로 생명을 해치지 않음으로부터 시작되어야 하노라. 생명의 가치가 무너짐 속에서 오래도록 사람으로 살아가는 것은 사람의 행함이 파괴와 거짓과 위선이 가득한 것보다 사특한 것은 없다 할 수 있음이니라. 그러므로 세대에서 세대로 이어지는 생명의 가치를 깨닫는 것보다 위대한 질서는 없고 천지자연의 가치와 같다 함이로다. 기적을 바라려거든 천지자연의 지극한 질서 가운데에서 생명의 아름다움을 마음으로부터 느끼는 가운데에서 얻게 됨이 본래 가지고 있는 생명의 온전한 얻음이라 할 수 있음이니라. 저희가 진정 사람으로 태어났음을 비난받지 않는 것으로서도 사람의 마음과 천지자연의 마음이 하나 된 것과 같음이라. 이는 생명과 천지자연의 질서가 같다 함을 증거함으로 그리됨과 같으며, 세대에서 세대로 이어지는 온전히 멸망하지 않는 질서가 됨과 같다 하니라. 생명의 마음이 사람의 마음과 같아짐으로써 온전한 천지자연의 사람이라 함이 이보다 가치 있다 말하는 것은 그보다 어리석음이 있지 않다 함이로다. 이는 천지자연의 질서와 사람의 질서가 같아짐과 같으며, 천지자연의 축복을 받음보다 더 아름다움은 없다 함이며, 온전한 질서가 세대에서 세대로 이어져 멸망하지 않는 질서로서 증거됨과 같음이라. 만약 사람의 입으로 세상이 멸망한다 행하면서 말함은 그가 사람의 구실을 할 수 없는 생명이라 비난받아야 함과 같다 할 수 있음이로다. 이는 사람의 죽음이 천지자연의 온전한 질서 가운데 있음과 온전한 질서를 벗어나 영원한 생명이 있는 세상으로 갔다 함이 비록 옳고 맞다 할지라도 그것은 천지자연의 질서 속에서 벗어난다 함과 같으니라.

죽음은 곧 천지자연의 질서를 파괴하기 위하여 생명으로 태어났다 함과 같으며, 이 세상과 천지자연은 동시에 있음이 분명하지 않다 말함과 같다 하리로다. 온전한 질서로서 영원한 생명의 저 세상보다 이 세상이 추하며 거짓으로 가득하다 할지라도 사람은 사람의 마음으로 온전한 바른 마음을 갖기 위하여 행하고 교육함이 본래 생명의 이치라 함이니라. 저 세상으로 가고자 함은 세상에서의 생명과 죽음으로써라도 지켜 내 가려 함이 옳은 것과 같이 생명과 죽음은 세대에서 세대로 이어지는 질서 속에서 윤회의 가치와 윤회의 질서로서 생명의 가치가 함께 있음이로다. 진정 사람이거든 하루를 살아도 사람으로 살았음을 감사함을 잊지 말며, 비록 윤회의 질서 속에서 눈에 보이는 이익이 없을지라도 생명의 가치를 소중히 하며, 그 가치 가운데 행함을 항상한다 맹세하라. 이는 생명의 질서이며, 윤회의 질서가 그리하라 말하며, 천지자연의 이치가 너희 사람으로 이어지는 다음 세대에게 온전한 질서와 온전한 사람으로 되어지는 질서가 되느니라. 이 세상은 사람으로 하여금 파괴되어지도록 예정된 질서가 절대 아니니라. 사람의 마음에 천지자연의 온전한 바라봄과 행하여짐으로 이 세상은 세대에서 세대로 이어지니라. 그로 인해 사람이 생명의 기운으로 천지자연의 온전한 질서 가운데 살아있음을 누리게 되며, 사람과 하늘과 대지가 공존하며, 파괴되어지지 않으며, 그리하여 천지자연의 질서가 온전함이라. 사람의 마음이 평화로움으로 천지자연의 이치와 합당함이 지극함이며, 세대와 세대로 이어지는 질서와 이치가 합당함이 지극하니라. 천지만물은 파괴당하지 않음으로 그 이치가 사람에게까지 이르러 사람의 이치와 같다 함을 이름인데, 윤회가 사람에게 사람으로 살아가는 분명한 이치를 합당하게 하리라. 이는 자유와 평화를 이름과 같으며, 파괴를 추스르고 천지자연의 이치에 합당함을 항상하기 위함이니라.

사람의 이치가 천지자연의 이치와 합당하다 함을 사람에게 비유하여 사람의 마음에 생명의 자존심이 있음으로 증거가 되니라. 사람에게 생명의 자존심을 가지고 있다 함은 함부로 하늘의 이치와 땅의 이치를 거스르지 않으려 함이 증거가 되며, 이는 사람의 이치를 거스르지 않는 것과 같다 함을 이른다 함이니라. 생명의 자존심은 스스로를 벌하는 질서에 들어서지 않으려 함이 지극한 천지자연의 이치와 같기 때문에 그리함이나니 천지자연이 모든 질서의 운행을 생명 중심으로 운행한다 함은 그 증거가 사람이 되기 때문이니라. 너희가 진정 사람이라면 천지자연의 마음으로 행하고 생각하라 함은 이와 같기 때문이라 하리니 사람이 모든 생명의 증거가 되느니라. 천지자연의 증거가 됨에 그리함이나니 사람이면 이러한 이치에 감사함을 항상하라 함과 같으니라. 사람이 천지자연의 이치와 항상 열려있음으로 천지자연 운행의 질서가 사람의 생각과 행함으로 그리되나니 이는 사람이 천지자연의 모든 가치와 하나가 되기 때문이라 할 수 있다 함이라. 윤회의 진정한 모습은 천지자연의 치유하는 마음으로 항상 있다 함으로 그리된다 하리로다. 사람이 사람으로 살아가는 것은 하루하루가 치유하며, 쓰다듬으며, 용기와 희망으로 그 가치가 천지자연에 보여지기 때문이니라. 천지자연의 질서는 멸망의 질서가 아니며, 치유의 질서가 본래적으로 가지고 있다 함이 옳다 함이나니 멸망의 능력과 치유의 능력 가운데 사람만이 치유의 능력을 가지고 생명의 가치와 희망의 가치와 공유함이라. 천지만물 스스로 그러함은 치유의 능력 가운데 생명이기 때문이니라. 천지자연의 질서는 멸망의 질서에서 치유의 질서로의 변화의 능력 때문이라 할 수 있나니 생명이거든 치유함으로 생명을 누리며, 그 생명을 누리는 것은 천지자연의 이치를 누리는 것이라 하니라. 이는 생명을 치유함으로 항상한다 하기 때문이라 하리로다.

사람이여, 자성하라. 사람으로 태어난 것으로도 모든 삶의 파괴를 시작함과 같나니 파괴의 가치와 생명의 가치가 같아짐을 항상 기억하며 행함의 근본으로 삼으라. 이는 생명의 가치와 그 어느 것과도 바꿀 수 없음을 행함의 근본으로 삼아야 함을 말하니 천지자연이 말함이며, 하늘이 말함이며, 땅이 말함이며, 또한 대지에서 이루어지는 모든 진실과 진리가 말함과 같다 함이니라. 이는 또 진리의 길이며, 진실로 이루어진 사람 관계의 결과라 할지니라. 너희가 진정 사람의 길을 가느냐 하고 물을 때에 너희 마음이 괴로우며 살아있으면서도 그 몸이 부서지는 죄를 지었음을 하늘에도, 대지에서도, 천지자연에게도 그리고 사람에게도 피할 수 없음이라. 그리하여 너희는 세대에서 세대로 이어지는 천지자연의 노여움 속에서 살게 되리니 사람의 노여움과 생활의 노여움과 스스로 벌하는 노여움으로 자손 대대로 살게 되리라. 이는 사람의 가치와 생명의 가치를 동시에 느낌으로 이루어지는 천지자연에게 향한 생명의 의무라 할지니라. 사람이면 그 가치를 잊지 않으려 함을 항상하여야 함이 이와 같기 때문에 이르는 말이니라.

사람이여, 명심하라. 생명의 자존심과 생활의 자존심과 같음같이 살아갈지니라. 그리하지 아니하면 파괴를 통해서 얻어지는 모든 가치는 가족의 파괴와 스스로 벌하는 가치로 변하며 사방에서 그것을 빼앗으려 달려드는 천지자연의 노여움으로 그 생명이 살아있음의 가치를 상실하게 되리라. 게다가 그 기간이 오래될 것이라 하리니 천지자연의 이치 속에서 살며 무엇으로 어떻게 살아야 할 것인지 마음속에 담아두라. 이는 사람이면 모두에게 생명을 함부로 해치지 않음으로 해서 생기는 이치라 하리니 천지자연은 생명을 죽이면서 운행되는 질서가 아니라 생명을 살림으로써 운행되어지는 질서라는 것을 항상 마음에 새겨두라. 이는 진리이며, 진실이며, 오래도록 이어지는 사람의 도리가 이와 같다 함이라 하리로다. 대저(大抵) 사람이 땅을 운영함은 땅의 진리와 질서를 지켜가야 하는 생명이라 칭함을 위하여 살아야 함이나니 저희가 이익을 위하여 모든 생명을 자기의 이익의 근본으로 삼지 말라. 이는 천지자연이 사람에게 명함이며, 선이 사람에게 명함이며, 악이 사람에게 명함이며, 땅이 사람에게 명함이니라. 너희가 사람의 질서와 땅의 질서와 선의 질서와 악의 질서를 절묘하게 운영하라 명하노니 그리하지 않음은 이 땅 위에 사람이 살아갈 날이 멀지 않음이 사람 때문으로 저주를 받으리로다. 천지자연의 오묘한 질서를 운영해갈 때에 너희가 마음의 평화가 가득하며, 지천선악이 복을 주며, 세대에서 세대로 땅의 유익함과 선의 유익함과 악의 유익함과 하늘의 유익함을 스스로 얻게 되리니 이는 천지자연의 이치대로 흐르는 것이며 지천선악의 이치대로 흐름을 이름이니라.

# ✿ 윤회 게시록

천지자연의 질서는 항상 스스로 그러하나니 이는 모든 생명의 잉태와 소멸의 질서이며, 천지자연의 무한한 이치를 이름이며, 천지자연의 이치를 사람에게 하는 말씀이니라. 이를 스스로 그러한 이치, 즉 자연이라 하리로다. 생명의 잉태와 소멸의 질서가 사람과 모든 생명이 있음으로 스스로 그러한 이치로서 빛을 발하나니 그러하기 때문에 생명이 모든 것 가운데 가장 아름답다 말함을 모든 생명이 살아가는 이치 가운데 가장 아름다운 이치라하니라. 또한 가로되 생명의 잉태가 가장 아름답다 말함과 함께 생명의 잉태가 세대에서 세대로 이어지며 땅 위에 생명의 질서가 가득하다 하나니 이는 사람으로서의 생명과 물과 불과 나무와 온갖 땅 위에 살아가는 생명의 축복이 가득하다 함이니라. 생명의 소멸은 생명이 천지자연에 감사함을 표함이 있어야 함에 있음을 말함이니라. 생명의 소멸이 곧 죽음이라는 질서로서 말하지 말라. 죽음이란 다음 세대로 잉태된 생명이 소멸해가며 다시 이어서 살아가는 질서라 이르노라. 이는 생명의 잉태와 소멸이 천지자연의 모든 질서 가운데 가장 아름다우며 감사해야 하는 생명으로 이루어진, 생명력 강한 세대에서 세대로 이어지는 역사와 진리의 길이라 함이 타당타 함이 옳으니라.

진실로 너희가 생명이며 땅에서 이루어지는 모든 이치 가운데 스스로 내가 있음으로 땅이라 함과 같이 마음으로 천지자연과 땅에서 거하라 하니 사람이 그를 빛내리로다 하니라. 세대에서 세대로 이어지는 질서가 해와 달 아래에서 지천선악의 질서와 함께함이 땅과 하늘에서 이루어짐을 지극한 질서와 함께하나니 찬양함이 지극타 함이로다. 하늘을 찬양하며, 땅을 찬양하며, 물과 불을 찬양하며, 나무와 온갖 짐승의 살아감을 찬양하며, 사람의 살아감을 찬양함은 이와 같기 때문이니라. 땅을 숭배하라 하지 않았으며, 해를 숭배하라 하지 않았으며, 물과 불을 숭배하라 하지 않았으며, 온갖 짐승을 숭배하라 하지 않았느니라. 사람을 숭배하라 하지 않았으니라. 온갖 이치가 물처럼 흐르고 하늘의 구름처럼 흐르듯 땅의 온갖 이치가 흐르고 있음만을 느끼라. 진실로 바라봄을 지극하게 하라 함은 이와 같기 때문이니 진실로 사람이 돼라. 이러한 가운데 진실로 자연의 이치에 합당한 눈과 마음으로 지천선악의 이치가 사람에게 미치고 사람으로 하여금 지천선악을 찬양함은 생명으로서의 가치를 이름이며 살아있음을 이름이나니 사람이거든 오묘한 이치와 질서 속에 사람으로 있음을 감사하라. 사람으로 하여금 천지자연의 이치를 밝히는 생명이라 칭송받으리니 생명이 그를 따르며 땅에서 이루어지는 모든 복을 얻으리로다. 이는 사람이 하늘과 땅의 이치와 지천선악의 이치에 있음을 이름이니라.

　사람이 해 아래에서 생명으로 태어나며, 성장하며, 세대에서 세대로 이어지는 성장을 바라보며, 사람이 달 아래에서 생명의 휴식과 안정을 취하며 천지자연의 이치로 되돌아가나니 생명이 부질없음으로 생명의 가치를 잃어버리지 말라. 너희가 생명으로 살아있음보다 더 가치 있음은 지천선악의 이치 가운데에서는 찾을 수 없나니 모든 생명이 가진 아름다운 근본이 천지자연에게 있다 함에 인함이니라. 천지자연은 스스로 그러하다 함을 이로써 증명함이 오래이며 영원하다 함을 증거함이 이와 같다 함이로다. 너희가 영원토록 살아있지 않다 함은 모든 생명의 이치 가운데 너로 말미암아 이어지는 생명이 가치 있음으로 보이나니 이를 윤회의 질서에 있음을 증거함이라 하니라. 사람이 생명에게 스스로 천지자연의 이치가 그러하며 땅의 이치가 그러하나니 땅에서 이루어지는 질서가 멈추지 않는 질서라 하니라. 이는 생명의 질서가 죽음의 질서로서 멈추어 서지 않음을 이름이니라. 죽음이 또한 생명의 질서와 온전한 질서라 함은 생명을 감사함과 값있음으로 마음에 항상 감사하며 살아감을 죽음으로 귀함을 알게 하려 함과 같음이로다. 생명의 값있음이 나의 생명의 값있음을 위하여 앞 세대는 죽음으로 생명을 찬양함이나니 이를 사람의 생명과 죽음에 바치는 시와 같으며 죽음에 바치는 사람의 가치를 이와 같이 증거함과 같다 함이니라. 이는 생명과 생명으로서 자기 자신에게 무엇이 유익함을 앎으로 인함이나니 해가 뜨고 해가 지는 질서가 모든 생명의 질서와 함께 함이 지극하다 하니라. 따라서 해가 자기의 유익에 있지 않으며, 달이 자기의 유익에 있지 않으며, 사람이 자기의 유익에 있지 않아야 함이 여기에 있다 함이로다. 해는 달에게 유익함을 위함이며 사람에게 유익함을 위함이 이와 같기 때문이니라. 이는 해의 질서와 달의 질서와 사람의 질서가 마치 사람이 밥을 먹듯이 성장하는 질서에 감사함과 같다 하나니 해와 달이 그 안에 있다 함은 생명의 질서가 사람의 입으로 들어간다 함이 이와 같음이니라.

　해가 지고, 달이 뜨고, 바람이 불고, 바다와 강이 흘러 그 끝자락과 시작에는 항상하는 생명이 살아가는 질서를 가로지르는 질서가 맞닥트리니라. 이는 해가 떠서 생명으로 자라는 시간이라 하는데 해가 지고 달이 뜨면 모든 질서가 안정함과 평화로움으로 공정한 질서가 여기에 있다 함에 기인함이니라. 이 가운데 바람이 불며 강과 바다가 스스로 그러한 질서 가운데 운행함이 지극함은 그 안에 성장하며 휴식하는 생명으로 가득하다는 질서에 인함이리니 이는 운행 중에 시작과 과정과 결과를 말함이니라. 모든 물은 높은 곳에서 낮은 곳으로 흘러 바다로 모이는데, 이는 생명이 생하는 과정과 같음이라 하니라. 너희가 탄생하고 성장하고 죽음으로 소멸함을 원망하려 함은 너희 스스로가 생명으로 살다간다는 것이 얼마나 감사해야 하는 질서인 것인지를 너희의 어리석음에서 기인한 것이라 하리라. 너희가 진실로 세대에서 세대로 이어지는 질서를 믿고 성장하는 자식을 바라보며 감사함이 있다면 너희가 죽음에 이르는 것조차도 마음으로 그리고 머리로서 감사함을 잊지 말라. 이러한 이치가 만물이 차고 만물이 기운다 하는 질서이니라. 만물은 생하는 가운데 사람이 말로써 다할 수 없는 큰 질서 가운데 사람이 있다 함을 지칭함과 같음이니라. 눈으로 보고, 손으로 만져보고, 입으로 맛을 보고 이치를 가름함과 같음이니 이는 모든 생명의 가치가 가장 실현하는 순간과 맞닥트릴 수 있다 함을 이름이니라.

눈으로 모든 것들을 볼 수 없음은 이 세상이 생명이 넘쳐나는 곳이기 때문이고 너의 눈에 들어오는 생명과 가슴과 손으로 만져지며 느껴지는 생명의 밖에도 생명이 있음을 너희가 알지 못함이기 때문이니라. 생명은 생하는 능력과 반발하는 능력에 기인함이 이와 같기 때문이니라. 무엇을 가름하며, 무엇을 정하며, 무엇을 너희 가슴에 들이든지 이는 스스로 그러한 이치와 스스로 그러할 수 없는 이치가 동시에 있음 때문이니라 생명 가운데 너 스스로의 생명 없는 것과 같은 능력이 함께 행하는 것과 같음이니라. 이는 또 세대에서 세대로 이어지는 질서와 같음이며, 높은 곳에서 낮은 곳으로 흐르는 질서와 같음이며, 세대에서 세대로 기억함이 없음과 같다 하니 흘러간 세대와 다가올 세대에게도 이와 같다 함이니라. 천지 자연의 질서는 이와 같은 질서 가운데 항상함으로 사람들과 나누리니 이는 마음과 지혜를 행하는 가운데 땅에서 모든 것이 이루어짐이 항상함이로다. 해와 달 아래에서 행하는 모든 일들이 마치 덧없다 말할 수 있음이지만 생명의 질서 가운데 살아있음의 결과라 하는 것에 너희가 진실로 감사함을 항상 가슴에 새겨두라 하니라. 이는 해 아래서 행하는 모든 일 가운데 감사함과 수고할 수 있다는 생명의 기회를 가진 것을 너희가 진실로 감사함을 잊지 말라고 말함이며 스스로 그러한 질서로 인한 생명의 질서를 축복함이 가득하다 함이 크기 때문이리로다.

진실로 사람의 마음에 권하노니 해 아래에서 행하는 모든 일로 모두 헛되므로 바람을 잡으려는 이치가 되지 않으려 너희가 진실로 생명을 사랑하는 이치에 눈뜨라 함이라. 구부러진 것은 곱게 펴려고 하지 말고 구부러진 것은 구부러진 대로 쓰임에 합당함을 찾으라. 구부러진 것을 곱게 펴있지 않다 마음으로 스스로 벌하는 어리석음의 이치에 빠지지 말라. 너희가 행하지 않으려 하지 않음을 가슴으로 아파함이 생명의 이치에 항상함과 같다 함이 있느니라. 큰 지혜를 얻었다고 어리석은 이치에 빠지지 말라. 어리석음과 파괴를 위한 지혜는 결코 지혜 없음이나니 천지자연의 질서를 깨트리지 않고 세대에서 세대로 이어지는 질서를 파괴하지 않아야 할 것임이라. 이는 또한 있음을 아는 것과 같나니 마음으로 찬양함이 있어야 함이로다. 생명 가운데 가장 위험한 지혜에 빠지지 않음을 감사함과 같이 가장 어리석은 지혜로 인간의 마음에 고뇌하게 하는 죄에 빠지지 말라. 마음이 가난한 자는 가난한 것으로 파괴를 생각하며 인생의 길을 가고자 하는데 마음이 따뜻함으로 채우려 함이 타당타 하리로다. 이는 생명이 없음에서 가득한 것으로 변하는 이치와 가득한 것에서 없음으로 향하는 생명이 될 수 있음으로 인함이나니 너희가 진실로 천지자연의 질서에 있다 하는 생명이라면 천지자연의 진실한 질서에 눈뜨라 함이 맞노라. 생명을 가진 것으로 죄를 일으키지 않고 생명을 가진 것으로 파괴를 행함을 경계하고 경계할지니라. 또한 모든 질서 가운데 무엇을 행하여야 생명의 질서에 순응하고 무엇을 행하여야 관계를 사랑으로 만들 것인가를 고민하라. 천지자연의 이치는 스스로 그러함에 인함이며, 생명이 그 안에 있음이며, 관계 또한 스스로 그러한 이치로 인함 때문이라고 너희가 가슴에 새기는 것을 게을리 하지 말지니라.

　너희가 지천선악의 지혜를 바라느뇨? 너희가 지혜의 골짜기를 스스로 헤맨다 해도 지혜를 얻기가 어려우리라. 왜냐하면 모든 질서를 알고 모른다는 두려움에 너희가 있기 때문이니라. 지혜를 얻을 수 있는 것은 너희가 인간의 따뜻함 가운데 있을 때만이 가능함이니라. 생명의 질서를 지키고 그 질서에 순응하며 진실로 지혜를 얻으려거든 너희가 살아가는 모든 것에 감사함으로 행하면 얻으리로다. 지혜의 골짜기에서 지혜만을 보지 말고 지혜의 골짜기를 보라. 그리하면 너희가 지혜를 알게 되리라. 모든 생명이 스스로 그러한 질서 가운데 살아간다는 질서를 아는 순간 너희는 지혜의 눈을 뜨고 생명의 지혜로운 인생을 살아가리로다. 너희가 진실로 지혜롭기를 원하려거든 천지자연의 지혜의 눈을 뜨라. 이 말은 지혜를 바라보는 천지자연의 지혜를 함께 느끼는 지혜를 가지라 함이니라. 더불어 하늘의 이치 가운데 무엇이 흐르고, 무엇이 천지자연을 운행시키는지를 배우며 느끼라. 그리하면 천지자연의 진실한 지혜를 너희가 얻으리로다. 그리하면 땅의 질서에 순응함을 항상하며 대지에 뿌리내리는 모든 생명들의 지혜를 너희가 얻게 되리라. 지혜 있음은 해에게 감사함과 땅에게 감사함과 모든 초목들에게 감사함으로 얻어지는 것과 같다 하리라.

지혜는 모든 질서를 통하는 지혜를 얻음과 같으며 또 지혜는 지혜를 얻음으로 행하는 가운데 지혜로우리로다. 너희가 지혜와 번뇌를 가름하리로다. 지혜는 인생을 즐기며 인생을 나누려 함이 있음이로다. 너희가 번뇌가 많으냐? 그러면 너희가 번뇌하리로다. 그것은 인생을 두려워함이 있기 때문이로다. 너희가 번뇌하리로다. 그것은 인생을 모으려고만 하기 때문이로다. 땅을 모으며, 사람을 모아 우두머리가 되려 하며, 돈을 모아 부자가 되려 하며, 온갖 어리석음을 모으려 하니 너희가 번뇌하리로다. 인생을 열지 못하는 곳간에 집착하기 때문이리로다. 너희가 가슴과 얼굴에 항상 웃음이 가득하기를 바라지 말라. 지혜와 번뇌는 결코 너희를 자유롭게 하지 못하며 인생 또한 너희를 자유롭게 하지 못하리로다. 지혜로 기뻐함과 지혜로 고통스러워할 수 있음은 항상 같이 가는 동반자가 있다는 것이 진실이기 때문이니라. 이는 고뇌로써 기뻐함과 고뇌로써 고통스러워할 수 있는 것이 진실이기 때문이니라. 그러한 가운데 생명이 있고, 그것이 바로 진실이기 때문이니라. 이러한 진실을 벗어던지는 것이 신의 지혜를 일컬음이며, 초월하는 진리를 제시하는 자의 유혹에 불과하다는 것을 아는 것이 진정한 자연의 질서로서의 지혜라 하리로다. 너희가 신에게 순종하면서 웃는 웃음과 초월하는 질서에 의해서 웃음을 얻고 싶으냐? 신을 순종하는 순간 너희가 신을 파괴함을 알지 못하리라. 그리고 신을 순종함으로 신이 되고자 하는 욕망으로 향하는 것을 너희가 알게 되리로다. 초월하는 웃음을 웃는 순간 초월하고자 하는 모순에 빠지는 것을 너희가 알게 되리로다. 자연의 질서를 초월하면 초자연으로의 다가감을 너희가 얻을 수 있다고 믿느냐? 진실로 자연의 질서로서 멈추지 않는다면 너희는 생명이 아니니라. 그리고 스스로 그러한 질서에 머물지 못하면서 너희가 죽음이라는 신을 보게 되리로다.

자연의 질서로서 너희가 기뻐함에 최선을 다하는 선택을 보이라 권할지니 이는 생명의 질서가 가지는 최고의 가치와 목적으로서 너희를 키우며 성장케 하리로다. 생명의 지혜를 파괴의 지혜로 혼동하지 말라. 지혜는 번뇌가 많으며 지식을 더하는 근심을 더함에 있느니라. 생명의 질서를 마음에 담아두면 너희들 마음에 짧은 시간 동안의 즐거움이 있을지라도 즐거움은 생명과 파괴의 혼돈에 의해 헛된 즐거움이 되고 낙이 되리로다. 너희가 웃음을 지으면서도 생명의 질서와 파괴의 질서를 혼동하여 희락을 말하고, 생각하고, 나누는 것에 불과함이니라. 너희가 무엇을 논하며, 생각하며, 행하였는지를 모르게 되리로다. 너희가 가족을 바라보며 세대에서 세대로 향하여 있는 나 자신으로부터 부모와 자식의 마음처럼 구하라. 네가 어떻게 생각하며, 네가 어떻게 나누며, 어떻게 논하여야 진실로 지혜로운가를 말이다.

그리고 어떻게 하면 생명의 질서를 알고 그로 인하여 육신과 정신을 지혜롭게 하는지를 너희가 구하라. 이는 모든 생명의 질서에 의하는 것에 의해서만이 되리로다. 모든 생명들은 스스로 그러함에서 구하리라. 생명의 질서 가운데 가장 어리석은 소유로 인해 지혜롭다 하고, 풍요롭다 하고, 뭇 생명들의 죽음의 표적이 된다 함을 너희가 간과함에 두려워할지니라. 많은 것을 소유한 생명을 질투하는 것이 바로 또 다른 생명이기에 너희보다 많은 소유를 구하는 생명을 너 스스로가 파괴의 대상으로 삼게 됨을 스스로가 만듦에 있느니라.

  파괴의 지혜를 구하는 자 이러하니라. 사람으로 태어난 것은 결코 소유를 위한 것이 아니라 하늘과 대지와 사람과 천지자연의 스스로 그러한 질서 가운데 태어난 것이나니 소유가 하늘에 부끄러움을 숨기지 못하며 대지에 죄를 짓는 것 같은 일을 행함이 어리석다 질책 받음이 여러 세월 동안에 이니라. 이는 대지로 성장하며 대지로 생활을 이끄는 생명들에게 손가락질 받음으로 그가 부끄러운 짓을 하였다 지탄을 받는다 함이니라. 스스로가 커다란 재물을 얻는 데만 마음을 쓰며, 땅이 거칠어지도록 대지를 사용하려고 마음을 쓰며, 입을 즐거이 하기 위하여 하늘 아래 대지에서 입에 풀칠하기 어려운 사람의 것까지도 빼앗으려 마음을 쓰며, 종신토록 생활할 동안 필요한 만큼의 안식할 거처를 마련함이 없이 대지를 함부로 파괴하며, 하늘 위로 안식할 거처를 위하여 대지의 피와 대지의 살을 태워 하늘을 더럽힘을 두려움 없이 하려 마음을 쓰며, 여러 동산과 과원을 만들고 그 가운데 각종 과목을 심으나 하늘로부터 저주를 받으며, 대지로부터 부끄럽다 지탄을 받으며, 그곳에는 짐승과 새가 찾아들지 못하도록 하는 데에 마음을 쓰며, 수목을 기른다 하지만 수목이 자라는 것을 부끄러워만 하더라. 이는 생명을 위하는 마음이 없기 때문이며 생명이 질서 가운데 살아갈 수 없도록 함이 크기 때문이니라. 이는 또 하늘과 대지와 생명의 소유를 많게 하려고만 하기 때문이니라. 금과 은의 소유를 기뻐함은 금과 은이 본래의 위치에 있어야 하는 천지자연의 불변하는 질서를 파괴하려 함이 크기 때문이니라. 이로 인해 너희가 하늘과 대지의 저주를 받으리로다. 저주를 피하려면 너희가 어떻게 해야 하는지를 하늘과 대지에 용서를 구하고 물어라. 세대에서 세대로 되돌리려 하는 저주를 피하지 못하면 너희 자손들의 피와 살로서 그 죄를 끝없이 갚아야 할지니라. 하늘 아래 땅 위에 사는 모든 생명의 법은 무엇이든지 내 눈이 원하는 것을 스스로 자제하거나 금해야 하노라. 그렇지 아니하면 무엇이든지 내 마음을 즐거워하는 것을 스스로 막을 수 없음이로다. 그러함이 지속되면 너희 삶이 고통으로 가게 됨이 빠르게 되리라. 스스로 존재하는 모든 것은 이러한 멈추지 않는 질서이기 때문이라 하리니 너희가 인간의 견실한 질서를 세우려 함에 노력할지니라.

오래도록 지속되는 지혜가 되려면 방종과 어리석음은 지혜로 변화됨을 경계하고 조심하여 너희가 견실한 지혜를 세우려 노력할지니라. 무엇이든지 내 마음과 내 눈과 내 손과 내 발이 원하는 것에 너희가 정한 도덕과 윤리로서 행하라. 그리고 조상과 아비와 형제들이 걸어가며 슬퍼함을 살피고 어리석음을 한탄함을 살피는 것으로 스스로를 금하여라. 현명한 사람으로부터 배워서 비로소 깨달음으로써 너희가 온전한 스스로 그러한 질서 가운데로 가라. 그리하면 즐거움이 무엇인지 알게 되고 인생을 알게 되리로다. 또한 그러한 질서 가운데 금하여야 하는 길을 알게 되고 나아가는 길을 스스로 알게 되리로다. 나의 모든 수고를 내 마음이 깨어있다 하며 기뻐하게 되리라. 나의 모든 수고가 스스로 그러한 질서 가운데 행하였다 함을 너희가 기뻐하게 되리로다. 이는 너희의 자손에게 남기는 유익한 길을 가게 되는 지표가 되며 시금석이 되리라. 이는 결국 세대에서 세대로 이어지는 인간의 역사가 되리라. 너희가 인간의 길을 가는데 잉태하며, 성장하며, 자연으로 되돌아가는 것이 마치 해 아래에서 부질없이 행하는 인간이라 하며 한탄하지 말라. 잉태의 질서와 성장의 질서와 자연으로 돌아가는 질서가 잉태의 기회와 성장의 기회와 죽음의 기회라 할 수는 없느니라. 하지만 너희가 이것만은 깨우치라. 그것은 생명의 기회가 나에게도 왔으며, 그리하여 생명으로 살아왔음을 말하노라. 그리고 생명을 얻은 것을 깨닫지 못하는 어리석음에서만은 진실로 벗어나고 자연으로 돌아가는 질서에 감사함을 잊지 말라.

너희에게 권하노라. 나는 생명이었으며 자연이었도다. 그러면서 자연으로 돌아감을 진정 감사하라 권하노라. 그리하지 아니하면 너희가 해 아래에서 무익한 생명이 될 것이며, 스스로 그러한 질서로서 생명이자 기회이며, 감사이며, 은혜임을 알지 못해 죽음에 임하게 될까 안타깝다 하리로다. 해 아래에서 생명이 있음으로 해서 대지가 있음이 증거가 되며 해 아래에서 사람이 있음으로 해서 대지가 증거가 되느니라. 이러한 모든 질서가 있음으로 해서 해와 달의 증거가 되느니라. 이 모든 것들의 증거를 말로써 기록하나니 이는 내 손으로 행한 모든 일과 마음과 눈과 귀로 행한 일의 모든 수고가 다 헛되도다. 해 아래 생명이 있음으로 대지가 있고, 그 증거가 되고, 스스로 그러한 질서 가운데 있음을 기뻐함이니라. 모든 것에 있어 무익한 것은 결코 없느니라. 세대에서 세대로 이어지는 질서가 있고 해 아래에서 살아가는 생명만이 있을 뿐일지니 돌이켜 지혜와 망령됨이 무엇인지를 헤아리는 것에 게을리 하지 말라. 지혜 있음으로 해와 달 아래 대지에서 너희의 이웃과 가족과 아비와 함께 인간의 길과 자연의 스스로 그러한 질서의 길을 견고히 가라. 어리석음으로 해와 달 아래 대지에서 너희 가족과 이웃이 어리석음으로 성내며 간교한 지혜로 사는 것은 무익하고 어리석으며 생명의 덧없음이니라. 스스로 자기를 괴롭히고 스스로를 벌하지 말라. 이는 모든 천지자연이 원하는 것도 아니며 해와 달이 그리고 대지가 너와 너의 이웃과 가족이 원하는 것도 아니며, 너희가 외로움과 고통 가운데 있음을 이름이로다.

지혜가 우매함보다 뛰어남은 빛과 어둠의 질서가 오묘하기 때문이며, 하늘과 땅의 질서가 오묘하기 때문이며, 물과 불의 질서가 오묘하기 때문이며, 생명과 무생명의 질서가 오묘하기 때문이니라. 이는 지혜가 빛과 어둠의 질서에 다가가는 지혜로 인함이며, 하늘과 땅의 질서에 다가가는 지혜로 인함이며, 물과 불의 질서에 다가가는 지혜로 인함이니라. 이는 또 사람과 사람의 질서에 다가가는 지혜로 인함이며, 산과 바다의 질서에 다가가는 지혜로 인함이니라. 지혜로운 자는 해의 질서와 달의 질서에 분노하지 않으며 하늘과 땅의 질서에 분노하지 않노라. 천지자연의 눈으로 지혜롭다 함이 이와 같으니라. 지혜로운 자는 마음의 눈이 맑고 깨끗하며, 우매한 자는 마음의 눈이 어지러우며 혼란스러우니라. 지혜로운 자는 마음의 눈이 맑고 깨끗하기에 천지자연의 질서에 항상하며 인간의 질서에 항상함으로 살아있음을 즐기며 항상함을 행하느니라. 우매한 자는 천지자연의 질서를 어지럽게 바라보며 혼란스럽게 바라보기 때문에 천지자연의 질서에게 비난을 듣게 되며, 천지자연의 질서를 마음으로 보지 않고 이익으로만 보게 되느니라. 그 죄로 인하여 그와 그의 자식은 세대에서 세대로 이어지며 죽음과 고통을 받게 되리로다. 심중에 지혜로운 자와 우매한 자는 그 행하는 바가 사뭇 다르니 천지자연을 위함이 생명을 위함같이 하고, 우매한 자는 그 행하는 바가 자기의 이익으로 성내며 교활해지리니 그 시간들이 스스로 그 죄를 벌하며 죽음에 이르게 되느니라.

생명을 지키는 질서는 아름답다 칭송을 받으리로다. 이는 생명의 가치가 소중함을 아는 사람이라 하리니 너희가 진정 모든 생명 가운데 진실로 천지자연의 질서에 소중한 가치를 품었다 하리로다. 생명을 해치지 않고 생명의 가치를 존중하는 질서를 아는 이는 진실로 천지자연에 오래도록 남을 수 있기에 또다시 생명을 받을 사람이라 칭송받으리로다. 산다는 것은 생명으로 산다는 것이니라. 사는 것이 비록 스스로 진실한 질서가 짧게 느껴질지라도 너희가 세대에서 세대로 이어지는 너희들의 가업이 오래도록 이어지리라. 이는 천지자연의 축복이 그 집에 가득하기 때문이니라. 그러한 반면 천지자연의 질서로 보지 못함은 그의 마음에 스스로를 사랑하는 마음이 없기 때문이니 이는 스스로를 벌하는 질서에 항상 있음이니라. 무엇보다도 그를 천지자연의 질서가 생명을 사랑하는 질서임을 깨우치기를 게을리 했기 때문이리니 이를 아는 이는 그를 바른 생명의 질서에 눈뜨게 하여야 하리라. 생명의 질서는 모여지고 퍼져가는 질서에 그 근본에 있기 때문이라 하리로다. 천지자연의 질서는 해와 달과 대지의 스스로 그러한 질서의 융합과 스스로 그러한 질서가 퍼져나가는 참다운 질서에 있음이며, 모든 생명이 함부로 이를 어리석은 마음으로 바라보아서도 안 되는 질서라 함이 타당타 하리로다.

너희가 진정 생명이거든 천지자연의 질서에 나 스스로가 함께 모이며 퍼져가는 질서에 있음을 감사함이 타당하다 하리로다. 이는 너희의 스스로 그러한 질서가 아름다우며, 정성스러우며, 용기 있음이며, 진실로 마음이 따뜻해지는 질서라 하리로다. 모이면 나누고 모이면 생명의 정이 넘쳐 퍼져나가는 질서는 나누는 질서의 완성을 위함이니라. 퍼져나가는 질서는 생명의 정이 넘쳐 온 세상을 완성해가는 질서라 하리니 이를 천지자연의 본래의 질서라 하리로다. 하늘 아래 수고하며, 그 수고가 천지자연의 질서와 함께하며, 하늘 아래 감사하며, 그 감사함이 천지자연의 질서와 함께하여야 함이 여기에 있음이로다. 하늘 아래 수고함을 원망하는 이치에 눈뜨지 말라. 하늘 하래 살아 숨 쉬고 평화와 평온한 하루를 너희가 수고함을 원망하는 마음으로 변하여 평온한 하루를 스스로 깨게 되리니 도리어 생명의 질서를 원망하게 되리로다. 이로 인해 스스로를 벌하는 마음으로 변하게 되리라. 스스로 마음에 깊은 감사함을 우선 가지라. 그리하면 하루하루를 감사함 속에서 살 수 있을지니라. 그것으로 네 생명의 지혜가 싹트고, 너희 스스로 행복해지는 방법으로 만들어 갈지니라. 대지 위에서 행하는 수고가 천지자연의 질서에 합당하며, 대지의 질서에 합당하며, 해 아래 행하는 질서가 합당하며, 달 아래 행하는 질서가 합당하기를 너희가 스스로의 마음으로 행하여 합당하기를 노력하라. 이는 대지 위에서 수고하여 얻은 것들을 감사하게 받아들이고 범사에 기뻐하라 함이니라.

사람이 해 아래서 수고하는 것이 슬픔뿐이라 그 마음이 밤에도 쉬지 못하나니 이것도 헛되도다 하는 사람이 있으리라. 이는 마치 그 말이 모두 합당한 것과 같이 들릴지니라. 이는 또 사람으로 태어난 것에 스스로를 벌하기 위함이리니 진정 생명으로 태어난 것을 비난받을 사람이라면 너희가 그의 말을 믿어도 가하다 하리로다. 그러나 생명이 태어난 것이 기쁨이고, 죽음은 비극이라고 말하는 것은 너희의 어리석음이로다. 세대에서 세대로 이어지는 생명의 질서를 위해서라도 너희가 맞게 되는 죽음에 대해 감사함을 가져야 함이로다. 그리하지 않으면 너희가 가지고 있는 저주를 세대에서 세대로 전해주게 되리니 이는 어리석은 마음의 헛된 생명이니라. 그리되면 세대에서 세대로 이어지는 질서를 파괴시키는 일에 너희가 앞장서게 됨을 보게 되리니 다음 세대를 위해서 진실로 하여야 할 일인가를 너희가 판단하게 될지니라. 모든 것은 천지자연의 질서가 스스로 그러한 질서에 있음을 너희가 알지 못함 때문이라 하리로다.

사람으로 태어나서 너희는 먹고 마실 것인데 그러한 가운데 감사함을 잊지 않아야 하느니라. 너희가 먹는 것으로 욕망이 되지 않게 하려 함이 있어야 하느니 이는 수고하는 생명으로 살아감이 있어야 함과 같음이로다. 대지에 피고 지는 한 그루의 풀과 한 떨기의 꽃도 모두 다 생명의 질서가 흘러가는 과정에 있음을 너희가 알게 되리라. 그리므로 한 방울의 물일지라도 마시는 가운데 욕망이 되지 않게 하려 함이 있어야 함이니라. 모든 생명의 질서는 이와 같이 하늘과 해와 달 아래에 피어나며 생성하는 모든 질서가 대지에서 이루어짐이 어느 것 하나 생명의 질서가 아닌 것이 없음을 알아야 하느니라. 이는 너희가 마음을 움직여 생하는 질서를 지극히 경외하는 마음으로부터 시작하는 것이리라. 생명이 아닌 것도 한번쯤은 뒤돌아보며 마음에서도 생명의 마음을 가지라. 그러면 스스로 생하는 생명이 귀함을 알 수 있으리로다. 너희가 교만해지고 어리석어지려면 천지만물로 고통을 당하였다 생각하게 되며, 너희가 얻는 이익이 가장 소중하며 고귀한 것처럼 행할지니니 이는 모든 파괴의 순간에 너희 스스로를 파괴시킴을 모르게 되리라. 그리고 너희는 그 가운데 기쁨을 느끼는 어리석음에 빠지고 말리라. 천지만물은 너희가 지극히 검소하며 겸손함이 항상하여야만 이루어지는 것이니라.

범사에 기한이 있고 모든 목적이 이룰 때가 있나니 탄생되어질 때가 있으면 죽음에 이를 때가 있으며, 심을 때가 있으며, 그 심을 것을 가꾸어 지극한 때 쓰임이 있으며, 그것이 베임이라는 순간에 있을지라 하여도 그 베임과 연하는 죽음은 항상 신중하여야 하느니라. 죽음이란 진정 신중한 선택에 우선하여야 하며, 그 행함은 진실로 마음에서 행하며, 몸으로 행하는 정결함으로 행하여야 하느니라. 세울 때가 있으면 그것이 천지자연의 이치에 합당한 질서로서 세우라. 허물 때는 천지만물의 이치에 합당한지를 항상 살피라. 울어야 할 때가 있다 보면 스스로의 마음에 웃을 때가 있으며 춤출 때가 있을지니 모든 것을 던져버리고자 할 때가 있으면 모든 것을 보듬어 안고자 할 때가 있음이니라. 또 찾고자 할 때가 있으면 잃어버릴 때가 있으니 일하는 자가 그 수고로 말미암아 무슨 이익에 있음을 생각함이 이와 같다 함이니라. 이는 수고하는 인생들에게 노고를 생애의 중요한 일상처럼 행하는 것과 같다 함이 크고도 크다 하리로다. 인생들의 노고를 스스로 애쓰는 것을 천지자연 아래에서 행하며, 울며, 고통 받으며, 행복해 하며 인생을 사나니 천지자연 아래에서 이 모든 것이 행하게 됨을 땅 위에서 이루어진다 할 수 있다 하리로다. 이는 계절의 질서에 따라 아름답게 변하는 질서에 있음이며 또 사람들에게 세대에서 세대로 이어지는 보이지 않고 느껴지지 않는 듯이 흐르는 질서에 인함이라. 이는 또 천지자연의 변하지 않는 질서에 순응하는 인생이 있음을 증거함이 이와 같다 함이니라. 세대에서 세대로의 질서가 너의 생명과 너희의 자식과 후손들의 질서가 물처럼 흐르는 질서와 같음이며, 봄이 오면 여름이 오며, 여름이 지나면 가을이 되며, 가을이 지나면 겨울이 오는 질서가 사람이 사는 인생의 모습과 같다 하리니 이는 영원을 사모하며 세대에서 세대로 이어지는 질서가 천지자연의 영원한 질서와 함께 이 땅 위에서 이루어짐을 지극타 함이 생명으로서 증명함이로다.

천지자연의 질서는 보이는 질서와 보이지 않는 질서가 동시에 행함에 인함이라. 이는 사람으로 측량할 수없는 질서가 있다 함이며, 사람의 마음과 사람의 머릿속에서 일어나고 있는 질서와 유사하다 함이더라. 생명은 하나의 생명으로 유지됨이 아니며, 동시에 일어나고 있는 생명의 흐트러지고 모여드는 질서가 땅 위에서 이루어진다 함이 이와 같다 함이니라. 사람이 사는 동안에 기뻐함이 세대에서 세대로 이어지는 생명의 질서에 인함이며, 생명 그 자신의 가치를 발견하는 마음과 생각으로 인함이니라. 이는 기뻐할 수 있는 증거가 되며, 선을 행하는 것보다 나은 것이 없는 줄을 알아가는 것이 이와 같다 함이니라. 사람마다 먹고 마시며 수고함으로 낙을 누리는 것이 천지자연의 질서 속에서인데 생명이 가지고 있는 생명의 선물과 같음이 이와 같음이니라. 또한 천지자연의 보이지 않는 순응하는 질서와 생명 본연의 반발하는 질서의 오묘함이 여기에서 일어나니라. 이는 자연의 선물이며 스스로 그러한 질서에 순응하는 생명의 복락이 이와 같나니 땅에서 이루어지며 모든 질서는 이와 같으니라. 천지자연의 질서가 운행함은 스스로 경외하며 천지자연의 질서 속에 있음을 생명으로서 순응함이 이와 같다 함이 크고도 크며, 천지자연의 모든 것들의 으뜸 된 진리는 생명의 질서가 이와 같다 함이 증거함이니라.

생명이 있어왔던 것은 옛적에도 있었고 앞으로 다가올 시간 속에서도 있을 것이니라. 천지자연은 이미 지난 것을 다시 생하는 질서 가운데 생하며, 일어날 질서 가운데 일어나리

라. 이는 사람이 해 아래에서 재판하는 가운데 분별에 의해서 악이 있게 되며 공의를 행하는 가운데 분별에 의해서 악이 있도다. 천지자연의 운행 가운데 이르기를 의인 가운데 어리석은 의인이로되 의인된 이는 의인의 탈을 쓰지 않는다 함이 있다 함이라. 이는 악인이 마치 자기가 의인이라 함과 이와 같다 하리니 악인은 악인이라 하지 않으며 의인이라 함이 이와 같으니라. 의인은 악인의 길에 있지 않고 천지자연의 질서와 운행 가운데 있노라. 마치 천지자연의 오묘한 질서 가운데 자연의 모습과 가장 닮아있는 이라 하리로다. 의인이라 부르는 악인의 마음을 가진 자 스스로 벌하리니 천지자연 스스로 그러한 이치의 운행이 이와 같음이로다. 모든 목적과 일이 이룰 때가 있음이라. 천지자연의 운행 중에 인생의 일에 대하여 악인은 스스로를 시험하며 짐승과 다름이 없는 줄을 깨달으려 하니라. 악인의 죽음과 짐승의 죽음도 모두 다 같은 죽음에 이르는 스스로 어리석은 길에 임하게 되는 일이니 사람이 흙으로 돌아가는 것은 천지자연의 스스로 그러한 이치에 있음을 증거함과 같음이니라. 사람의 영혼이 하늘과 땅으로 돌아간다 함은 악인 스스로 악인이 아니라고 항변함과 같으며, 자연으로 돌아가는 이치에서 땅과 하늘로 돌아가는 것으로 위안을 삼는 것과 같다 함이니라.

스스로의 이치에 얼마나 충실하냐는 물음이 아니라 너희의 죽음에 임하는 마음이 생명으로 살아온 것에 대한 감사함으로 천지자연의 이치에 하나 되었다 함을 감사하라. 너희가 죽으면 영혼이 있어서 하늘로 올라가며 짐승은 땅으로 내려간다 함을 너희가 부끄러워해야 함이 여기에 있음이라. 영혼은 너희에게 있느냐? 영혼이 있다면 너희가 천지자연에 저지른 죄에 용서를 구하라. 그리하면 너희에게 영혼이 있다 함을 믿겠노라. 하늘 아래에서 너희가 얼마나 많은 생명을 죽였으며 얼마나 많은 파괴를 행하였느냐? 너희가 진실한 마음으로 용서를 구하라. 그리하면 너희에게 영혼이 있다 믿으리라. 천지자연의 질서에는 사람이 자기 일에 즐거워하는 것보다 더 즐거운 것을 찾나니 그것이 바로 생명을 해치지 않으려 함이니라. 해 아래에서 행하는 모든 학대를 보았도다. 학대받는 자가 눈물을 흘리나니 마치 파괴를 하는 자와 파괴를 당하는 것이 모두 다 고통을 받음과 같으니라. 이는 세대에서 세대로서 그 증거가 되어 나타나리라. 지금 학대하는 자의 손에는 천지자연 질서의 권세가 없느니라. 마치 권세가 있는 것처럼 행하는 자의 고통은 스스로 멸망하는 질서에 합당함이 이와 같으니라. 학대당하는 자에게는 위로하는 자가 없나니 이는 천지자연의 질서 가운데 저희가 사람의 생각으로만 살아왔음을 단죄하는 것과 같음이니라. 학대하는 자와 학대받은 자의 출생이 해 아래에서 행하는 흘러가는 것들이 이와 같다 하리니 탄생하지 않은 자가 더 낫다 함이 이와 같으니라.

천지자연의 질서 가운데에서 사람이 모든 수고와 여러 가지 교묘한 일로 인하여 이웃에게 시기를 받나니 이것은 사람들이 서로 선하지 않은 원인들로 있음과 같다 함이라. 이익은 시기를 일어나게 하며 그로 말미암아 이웃으로부터의 나눔과 베풂의 마음을 나누라 말함이 이와 같다 함이라 하니라. 어리석은 자는 스스로 자기를 벌하는 길을 마다하지 않으며 이웃을 자기를 벌하는 도구로 삼으리니 저희가 진정 어리석지 않으려거든 스스로 벌하는지를 살핌이 살아가는 자의 진정한 지혜라 함이니라. 진정 행복과 평온의 긴 여정에 있고 싶다 하면 사람이여, 진정 스스로 벌함에 지극히 멀리하며 스스로를 평화롭게 다가가는 지혜로움으로 가득하라 하리로다. 너희는 해 아래에서 헛된 것을 보지 아니하며 달 아래에서 헛된 것을 욕심내지 말라. 마치 해와 달 아래에서 헛된 것에 마음을 빼앗기는 스스로를 벌하는 길에서 벗어나라 권하나니 이는 진리요, 평온이며, 사람이 사는 길이라 하니라. 사람으로 살아가는 것은 세대에서 세대로 이어지는 생명의 끈을 이어가는 것과 같음이로다. 어떤 사람은 자녀나 형제도 없이 홀로 있으니 이를 천지자연에 살아가는 가장 고독한 것이라 할 수 있음이니라. 마음이 있으면 그들에게 다가가는 마음을 항상하라.

윤회를 받아들이는 사람이여, 돌아보라 권하노라. 대지와 하늘과 해와 달 그리고 물과 나무가 모두 다 유익한 노고로 위로받음이 있으리라. 유익한 노고는 혹시 넘어지면 손을 내밀어 손잡아 일으켜 세워주는 것이니라. 차가운 대지 위에서도 두 사람이 누우면 서로가 온기가 됨이니 한 사람이 누우면 이것이 따뜻한 온기가 되어 세상에 무익한 노고처럼 퍼져나가야 하느니라. 한 사람이 대지를 경영하고자 하느냐? 대지에 따뜻함을 모르는 생명이 있을까 함이 심히 마음 쓰이나니 대지의 스스로 그리한 질서는 따뜻한 질서가 있음이 이와 같음이로다. 무릇 생명은 하나로서는 있을 수 없음이나니 서로 있음을 증명함이 이와 같으니라. 스스로의 같아지는 질서는 대지에 생명을 심는 일이며 함부로 생명을 해하지 않음으로 이와 같이 됨이나니 저희가 복 받으리로다. 이는 대지에 심는 생명에 의해서이며, 함부로 해치지 않는 생명에 의해서 이와 같이 되며, 세대에서 세대로 이어지는 복을 누리리라. 따라서 이는 천지자연의 질서에 가장 큰 복을 받았다 함과 같으니라.

윤회를 믿는 자여, 들을지니라. 지혜롭다는 것을 마음으로 들으며 항상 행하지 못할까를 부끄러워할지니라. 지혜가 있음은 생명의 길과 인생의 길을 거침없이 가는 마음으로 부름을 스스로 기뻐하며, 스스로 사람으로 살아감을 행복으로 느끼며 살지니 이를 지혜 있음의 작은 본보기로 하라 하노라. 해 아래에서 살아간다는 것은 생명이며, 질서이며, 선하려 하는 마음으로 항상함이 있으리니 지혜롭다는 것을 윤회의 질서처럼 행하라 권하노라. 해와 달 아래에서 행하는 모든 것들을 윤회의 질서와 생명의 질서와 지혜 있음의 윤회로서 너희가 살아갈 날보다 앞서는 마음으로 바라보고 행함에도 천지만물의 모든 이치가 대지에서 이루어지니라. 진정 생명으로 지혜 있음의 윤회를 행하라 권하나니 이는 저희가 생명의 자존심을 잃지 않음을 항상하며 인간으로서의 자존심을 지키는 것과 같으니라. 너희가 윤회를 의심하며 거부하는 것이 아닌 너 스스로의 인간의 길과 자존심으로 바라보라 하노라. 이는 저희가 생명이기 때문이며 너희의 마음과 머리로부터 나오는 모든 질서가 대지에서 일어날 수밖에 없는 질서에 있기 때문이니라. 천지자연은 윤회의 질서를 멈추는 것과 같나니 진정 생명으로 태어난 것을 기뻐하며, 생명의 질서를 소중히 가꾸며, 그 질서 가운데에서 생명인 스스로의 마음으로 감사함을 항상하여야 하는 것이 진정 윤회하는 생명의 진실 된 마음가짐이라 하니라. 너희가 대지를 바라보며 대지의 질서를 행하는 자격이 이와 같다 함을 증거하라 하니 이를 진정한 윤회하는 질서의 법칙이라 하리라. 지혜의 길이 사람의 길이며, 생명의 길이며 그리고 태어나며, 성장하며, 소멸해가는 뭇 생명들의 길이니라. 이는 높은 곳에서 낮은 곳으로 흐르는 물의 길이며, 사계절이 오고 밤낮이 오는 질서가 이와 같다 하니라. 저희가 윤회의 질서가 아닌 것이 없으니 윤회의 질서를 극복해가는 질서를 만들며, 그것이 신과 언약된 것이라 행하는 어리석은 생명들에게 심히 그들의 인생과 생명에 천지자연의 저주가 내리리라. 이는 모든 생명의 질서를 신에게 있는 것처럼 만들며, 힘 있는 것처럼 속이며, 사람에게 재물을 빼앗으며, 땅과 마음까지도 빼앗아 생명의 자존심을 짓밟으며, 천지자연의 질서를 우롱하는 것과 같음이로다.

진정 천지자연의 윤회의 질서를 믿는다면 생명들이여, 속지 말라. 이를 지극히 지혜 있다 하지 않을 수 없음이 이와 같다 하리로다. 만약 천지자연의 질서가 윤회의 질서가 아니라고 한다면 저희가 천국으로 간다는 말 속에 윤리와 도덕과 생명과 질서를 맡기는 것과 같을지니 천지자연의 질서가 윤회하기 때문에 생명이 나며 생명이 소멸하는 것과 같이 생명으로서 세대에서 세대로 이어지는 질서가 바로 그 증거가 됨을 윤회라 하리로다. 천지자연의 질서는 영원불멸하는 질서이니 저희 스스로도 영원불멸하는 질서인 자연이니라. 저희가 스스로 그러한 질서이니 이를 윤회의 질서 가운데 천지자연과 함께 생각하며, 행하며, 마치 사람들이 모여서 투표하여 모든 방향과 행위를 정하듯 하니라. 생명에게 생명의 질서가 있듯이 사람에게는 사람의 질서가 있노라. 봄바람에 모든 생명이 기지개를 펴며, 생명이 탄생하며, 여름 햇빛에 성장하며, 가을바람에 추수를 하는 질서와 모든 대지가 겨울 동안 보충하는 것이 어찌 계절의 질서가 아니라고 하겠는가. 이는 윤회의 질서이며, 사람의 질서이며, 천지자연의 질서이며, 해와 달의 질서리니 이를 천지자연 스스로 운행하는 질서라 이름이니라. 창조는 멸망이나 소멸의 대상이 아니며 생명의 대상이니라. 창조가 과정에 있을 뿐 소멸은 너도 나도 천지자연도 더 큰 스스로 그러한 질서에 있음을 증거함과 같음이니라. 창조가 세대에서 세대로 이어지는 질서이듯 너희가 죽음에 임하며 너희의 아들과 후손들이 생명을 이어나가는 것처럼 창조의 과정만 있을 뿐이라는 절대 진리에 항상 눈떠 있음을 권하리니 유혹에 마음 빼앗겨 마음과 정신이 혼미해짐을 경계함을 항상하라 하리로다. 이는 천지자연의 질서로부터 오는 음성이리니 천지자연이 너희 스스로의 모든 마음에 있다는 것을 증거함과 같음이니라. 천지자연의 음성은 너희 누구에게나 오느니라. 비록 어리석은 생명에게도 오고 지혜로운 생명에게도 오리니 이게 바로 천지자연의 생명력이니라. 이를 윤회의 질서와 증거라 하리니 생명이거든 행하는 거울로 삼고 생각하는 거울로 삼으라.

모든 질서와 모든 생명은 윤회와 함께하니 진정 생명으로서 윤회의 마음으로 바라보며 행하라 또 권하노라. 너희의 말 한마디와 사소한 행동 하나가 모두 천지자연이 말하는 것이리니 천지자연은 생명 가운데 운행함이 항상함이며, 생명의 관계에 항상함이며, 말하는 가운데 천지자연이 운행함과 같다 함이니라. 모든 행동과 무의식, 무의지까지도 서로에게 전하는 윤회의 질서를 말하는 것이로다. 저희가 찬양하는 모든 언어가 천지자연 소통의 증거이며, 언어이며, 생명의 가장 작은 것에서부터 가장 소중한 것에까지 이르나니 저희가 천지자연을 증거하는 생명들이라 함이로다. 윤회가 너희를 기쁘게 하며, 슬프게 하며, 행복해함이리니 저희가 생명이거든 선택하라. 이는 천지자연의 선택과 같나니 이보다 천지자연 스스로 그러한 운행하는 질서의 증거함이 세상에 가득하다 함이 이와 같으니라. 윤회의 질서는 천지자연을 위하여 생명을 해치는 질서가 아님을 이와 같이 증거하리니 저희가 진정 천지자연의 질서라는 증거를 믿거든 천지자연을 위하여 생명을 해치지 말라. 생명을 함부로 해침으로 해서 얻는 이익보다 생명을 살림으로써 얻어지는 이익이 천만 배가 넘는 이익이 되기 때문이니라. 천지자연의 질서는 죽어가는 생명을 최선을 다해 살려서 대지에서 이루어지는 질서가 되는데 이를 진정한 윤회의 질서라 하니라. 천지자연 스스로 그러한 질서 가운데 함부로 헤쳐지는 생명 중에 나 스스로가 그리하지 않으려거든 진정 함부로 생명을 해침으로써 스스로를 벌하는 생명으로의 전락을 피하라 권함이 이와 같다 함이니라.

생명을 해치므로 인해서 스스로를 벌하는 증거가 일어나게 됨을 보게 되리로다. 생명의 문제는 하늘의 벌주는 기준이며, 대지가 벌주는 기준이며, 생명이 벌주는 기준이 이와 같기 때문이라 하리니 진정 권하고 권하노라. 생명이거든 이 법은 항상 마음이 따뜻하고 욕심 부리지 않으리니 살아가는 질서가 이와 같으며, 작은 행복이라도 지켜나가려는 노력이 이와 같으며, 거리에서 굶주리고 배곯는 이가 있으면 그에게 작은 마음을 베푸는 것이 이와 같으니라. 생명의 절서는 온유와 사랑과 은혜가 항상하는 것이 이와 같으니라. 너희가 진정 선택할 때가 오거든 윤회를 기억하며, 이 세상이 비록 어렵고 인간의 질서와 인간의 길이 괴롭다 하여도 이 세상에서 다시 태어나 생명으로서 최선을 다해서 살고자 하라. 생명은 윤회를 선택할지니 영원한 생명을 위함도 아니며, 인간의 어리석음에 경종을 울림도 아니며, 한 번의 생명을 가지는 것에 대한 생명의 경외를 다시 체험하고자 하는 마음과 몸이 하는 축복을 받아들이겠다 함을 맹세하는 것과 같으니라. 진정 저희가 이 세상에 태어나 천지자연의 질서와 인간의 질서와 천지자연의 조화로움으로 생명이 생하는 질서 가운데 있음을 믿음과 이것이 생명의 최고의 가치 있음을 믿음과 같다 하리로다. 영원한 생명을 얻고자 한 것이 이 세상을 파괴함에 있지 않으며, 세대에서 세대로 물려주어야 하는 질서의 복원이 윤회의 가야 할 길이며, 세대에서 세대로 생명을 생명답게 사랑하며, 질서의 윤회에 있음을 증거하기 위함이 있다 함이니라. 그렇기 때문에 진정 생명의 경외를 잊지 않으며, 그 향기가 다시 태어나고자 하는 마음이 충만하게 하였다 하니 천지자연에 축복받은 생명이라 칭송받으리로다. 저희가 이를 따르는 것이 생명에 대한 축복의 보답이며, 천지자연이 내리는 보답이 이와 같다 경외하리로다.

천지자연을 위하여 전을 만들지 말라. 생명이 생명을 위하여 제사를 지내는 것은 죽은 자를 위하여 제사를 지내는 것과 같고 함부로 생명을 파괴함을 제사지냄과 같으니라. 제사지내며 악을 행하는 것보다 제사를 지내지 않고 천지자연의 파괴를 하지 않음이 더 나음이니라. 천지자연 안에서 함부로 천지자연 질서의 파괴에 대한 방법을 논하지 말라. 입을 열어 급한 마음으로 말을 내어 천지자연에서 일어나고 있는 오묘한 질서에 대해 법칙으로 대적치 말라. 이는 너희가 함부로 말로써 천지자연의 질서를 법칙화 해서 깨트림을 경계하기 위함이니라. 따라서 말을 적게 하고 대지에서 생하는 모든 질서 가운데에서 생육의 질서를 흡입하라. 꿈을 이루기 위하여 파괴를 하는 생명은 그를 지키려는 꿈을 가지는 생명에게 저주를 받으며 꿈이 스스로의 벌하는 증거 됨이 있으리라. 이는 마치 꿈이 많음을 말로써 하는 것과 같으며 우매하여 말이 많음과 같다 함이라. 천지자연은 꿈을 이루는 장소이며 시간이 되리니 우매한 자의 소리를 귀담아듣지 않음이 이와 같음이니라.

꿈이 많으면 헛된 것에 꿈을 두고 말이 많아도 이와 같나니 너희가 진정 천지자연의 경이로움을 너희 스스로가 지켜가야 할지니라. 이는 너희 스스로가 천지자연의 경이로움을 지키며 행위를 함이 지극하다 할 수 있음이니라. 너희는 어디에서든지 빈민을 학대하거나 눈앞에 보이는 이익을 위하여 생명을 박멸하는 것을 참으면서 너희가 가지고 있는 힘없음을 한탄하지 말지니라. 그 힘없음이 비록 잡초와 같을지라도 대지에서 살아가는 생명의 질서를 굳건히 지키는 생명이라 칭송받으리로다. 너희가 천지자연의 질서를 지키는 것보다 높은 지위가 없다 하리니 이는 뭇사람들의 마음으로 일어나고 있는 염려와 천지자연의 염려가 같기 때문이니라. 천지자연의 질서를 파괴하는 것보다 천지자연의 질서를 지키고 유지하여 세대에서 세대로 이어지는 생명의 지속을 위함이 더 크도다. 이렇듯 대지로부터 살아가는 생명의 질서보다 유익한 것이 없고 힘과 권세 있는 자들의 이익보다 더 큰 것이기 때문에 너희가 진정 천지자연을 지키는 생명이라 칭송을 받으리로다.

윤회함을 믿는 생명들이여, 들을지니라. 천지자연이 샘물처럼 흐르는 질서 속에 말하노니 어느 것이 사람의 생명과 연결되지 않은 것이 있느뇨. 어느 것이 사람의 마음의 질서와 연관되지 않은 것이 있느뇨. 마음으로 바라보아도, 눈으로 바라보아도, 손으로 만져보아도 진실로 한 줌의 흙과 한 방울의 물과 네가 숨 쉬는 공기가 너와 같이 숨 쉬는 생명의 질서와 공유하는 질서가 지극함을 저희가 알 수 있을지니라. 하늘 아래 함께 살아가는 질서를 진심으로 감사하며 공유함을 감사할지니 너희가 대지의 가장 아름다운 생명의 질서를 지켜가는 생명이라 칭송을 받으며 천지자연의 질서를 지켜가는 은혜 받은 생명이라 칭송을 받으리로다. 천지자연의 질서 가운데 살아가는 생명의 질서가 이와 같나니 너희는 너희 스스로 그러한 질서 가운데 있음으로 네 육체로 죄를 범케 하지 않음을 마음에 깊이 새기며 행하는 가운데에서도 그리하라 하노라. 생명을 해치는 것을 실수로 하였다 하는 기회조차도 만들지 말며 스스로를 심하게 벌하는 기회조차도 만들지 말라. 천지자연의 스스로 그러한 질서로 인하여 너희는 스스로를 심하게 벌하게 될 것이기 때문이니라. 천지자연의 질서를 행하다 잘못과 잘함을 스스로가 심판하게 될지니 잘못은 스스로를 멸하고, 잘한 것은 스스로 세대에서 세대로 사랑과 평화로 이어지는 축복을 받으리로다. 파괴를 향한 헛된 꿈을 꾸려 하지도 말고 행하는 가운데 마음의 지옥에 빠지지도 말라.

높은 자는 그보다 높은 자가 있음으로 인함이나니 모든 생명의 질서가 하나이듯이 그것은 천지자연의 질서가 하나인 증거가 되리로다. 땅은 모든 생명들에게 나누어지라고 하는 질서에 인함이며 천지자연이 꽃피고 생명이 살찌게 하는 곡식이 되는 증거가 이와 같기 때문이라 하니라. 이러한 가운데 땅에서 나는 모든 이익들 가운데 다른 생명들로부터 빼앗으며 마치 은을 사랑하는 자는 은으로 만족함이 없고, 풍부함을 사랑하는 자는 소득으로 만족함이 없는 것과 같나니 생명을 해치며 얻어지는 은과 재물이라 칭하리로다. 이는 반드시 천지자연의 질서 가운데 있음으로 스스로 멸하는 질서 가운데 들어감을 서슴지 않는 생명이라 칭함을 받으리로다. 다른 생명으로부터 빼앗은 것들 중에는 먹는 것으로나 입을 것으로도 그 차이가 없음은, 생명에게는 먹을 만큼의 몸이 있기 때문이며 입을 만큼의 몸이 있기 때문이니라. 이는 가난한 자의 먹는 것과 가난한 자의 입는 것이 차이가 없음과 같음이니라. 또한 가난한 자는 잠을 달게 자지만 부자는 배부름과 좋은 옷으로도 잠을 달게 잘 수 없노라. 왜냐하면 큰 재물을 소유하더라도 그것을 지키는 것이 해가 될 수도 있기 때문이니라. 그리고 그 재물로 인해 불행의 증거가 될 수 있음인데 함부로 생명의 질서를 깨트린 죄로 인함 때문이니라 하니라.

너희가 어미의 모태에서 태어났을 때 함부로 생명을 해치는 마음을 손에 쥐고 태어났느냐? 죽음에 이르렀음에서도 재물을 죽음과 바꿀 수 없나니 세대에서 세대로 이어지는 저주가 오게 되리라. 이는 천지자연의 질서가 이와 같기 때문이라 하리로다. 수고하면서도 생명의 질서를 해치지 않았는가를 되돌아보며 수고하고 얻은 것들 중에서 생명의 질서를 해치고 얻은 것은 아니었는가를 살필지니 어미의 모태에서 태어나서 이와 같이 살지 않아도 너희는 충분히 사랑과 평화 가운데 살 수 있느니라. 그러므로 죽음과 새로운 생명의 질서인 윤회가 자연의 진실한 질서인 것을 믿거든 천지자연에 살아있음을 감사하며, 생명으로 오래도록 이어나가는 것을 감사하라. 윤회가 천지자연의 진실한 질서인 것을 믿거든 그리하지 말라. 저희가 천지자연의 질서 가운데에서 아름다운 생명으로 거듭날 수 있음이 이와 같으며 천지자연이 복을 영원토록 누리도록 하리로다. 모든 질서가 그리하듯 이는 스스로 그리하는 가운데 있음이 이와 같기 때문이니라. 일평생을 두려워하며, 고통스러움 속에서 먹으며, 번뇌가 스스로의 인생을 갉아먹으며, 분노로 인하여 그곳으로부터 벗어나지 못함이 있나니 사람으로 살아가는 윤회의 질서에 있음으로 인함이니라. 대지의 생하는 것으로부터 생명을 영위함과 해 아래의 모든 수고들 중에서 스스로가 천지자연의 질서 가운데 낙을 누림은 지극한 생명성이 있기 때문이니라. 그로 인해 천지자연으로부터 재물과 부유함을 누리나니 수고함으로 즐거워하며, 이 가운데에서 너 스스로가 생명이라는 칭함을 받음과 같으니라. 이는 천지자연으로부터 생하는 스스로 그러한 질서가 이것이라 하리니 저희가 생명과 신이 함께함이 천지자연 스스로 그러한 질서 가운데 있음 때문이라 하리로다.

생명의 질서 가운데에서 폐단이 있음을 경계하라 권하노라. 이는 생하는 질서와 멸하는 질서가 동시에 일어나는 질서가 대지에 가득하다 함이 이와 같다 함이니라. 어떤 사람은 마음으로부터 생하는 질서 가운데 소중히 받아들이는 마음이 있다 하나, 어떤 사람은 마음으로부터 생하는 질서를 심히 무시하고 비웃으며, 모든 소원에 부족함을 전제하나니 이는 모든 파괴를 통한 부유를 그것이 생하는 질서 가운데 가장 강한 생명이라 우쭐대는 것과 같음이라. 천지자연의 질서 가운데 윤회의 질서는 생명을 살림으로 인한 가장 강한 것을 구하나니 이보다 더 아름다운 것은 없다 하리로다.

사람이 비록 세대에서 세대로 이어진다 할지라도 윤회의 질서를 받아들이지 않는 생명은 이 대지에 존재하지 않아야 하는 것을 의미함이니라. 이 대지가 그들에게 절대적인 저주로 인하여 세대에서 세대로 이어질 수 없는 저주에 인함이 가하리니 너희가 영원한 생명이 있는 곳으로 간다 하였으나, 이는 파괴를 일삼음이라. 파괴는 생명의 신의 가치와 절대로 조화로울 수 없는 그들의 혀로부터 나오며, 그들의 머리로부터 나오며, 그로 인해 가장 어리석은 파괴를 일삼게 되리로다. 자기의 죄를 감추기 위하여 거짓을 일삼으면서 자기 죄를 감추기 위하여 이 세상에 멸망시키는 행함을 하면서도 죄의식 없이 행하나니 그 죄로 인하여 윤회의 질서로부터 추방을 당하리라. 그리고 진정한 생명의 신으로 부활하지 못하리로다. 그 죄를 알지 못함으로 인해 자기의 생명성과 생명을 스스로 해치는 행위를 서슴지 않나니 그가 윤회의 질서로부터 벗어나 생명 없음의 증거와 세대에서 세대로 나에게 이어져 영원히 생명의 신으로부터 벗어나게 되리라. 저희가 진정 생명의 신과 생명의 질서인 하늘과 땅의 질서에서 벗어날 날만을 기다리는 어리석음을 행하면서도 어리석음을 모르니라. 죽음은 생명의 가치를 바라보아야 하는 의무마저도 버리나니 이는 죽음과 함께 생명의 신으로부터 추방당하고 말리라. 그러므로 결코 영원한 생명도 얻지 못하며 천지자연의 영원한 생명 탄생의 기회마저도 어리석음으로 버리고 말지니 그들은 영원한 생명도 아니며 자연의 이치

속에서 영원한 윤회의 질서에서도 추방당하리라. 이는 가장 어리석은 생명만이 할 수 있는 행함이라 하리로다.

　너희가 생명이라 느끼며 생명을 생각하느냐? 오래도록 생명이기를 원하느냐? 죽음도 천지자연 스스로 그러한 이치의 운행에 생명의 흐름으로 너희가 그곳에서 항상하리니 이는 너 스스로가 천지자연의 이치를 함께함을 말함이니라. 네가 살아가는 것은 이와 같은 이치의 끝없이 멈춘 것과 같이 되리니 이는 세대에서 세대로 이어져 나에게 이르렀음으로 인한 영원한 생명으로 대지와 함께하는 복으로 누리게 될지니라. 해 아래에서 너희가 빛이며, 달 아래에서 너희가 달빛이며, 너희가 대지에 흐르는 공기와 대지를 적시는 물이니라. 이는 생명을 가진 것과 윤회의 질서에 온전히 있음으로 인함이 지극하기 때문이고, 너희가 천지자연의 축복과 영원한 질서로서 있기 때문이라 하리로다. 이는 진리이며 스스로 그러한 이치의 증거가 이와 같기 때문이니라. 스스로 그러한 질서 가운데 가장 아름다운 것은 해 아래에서 대지를 가꾸는 것으로부터 시작하는 것이니 천지자연 가운데 가장 생명답다 함을 칭송받으리로다. 달 아래에서 생명의 아름다움을 감사함을 항상하나니 이는 생명이 가져야 하는 천지자연의 이치에 감사함을 항상함으로 이러하니라. 바람과 물의 이치에 감사함을 항상하나니 이는 윤회의 이치에 항상 감사함이 이와 같이 함이니라. 윤회가 너희로 하여금 사람의 행하는 바를 바르게 할지니 이는 생명으로 태어남 때문이 아니며, 영원한 복을 누림도 아니며, 사람으로 태어난 것을 감사함도 아니니라. 사람의 마음이 하늘의 마음이며, 사람이 행하는 것이 땅의 행함과 같으며, 모든 것이 땅에서 이루어짐을 천지자연의 질서가 이와 같기 때문이나니 복 받으려거든 윤회를 믿는 것이니라. 천지자연의 질서가 변하지 않음과 같다 함을 너희가 행한다 함이 이와 같기 때문인데, 이는 사람이기 때문에 그리하니라.

　땅 위에서 이루어지는 모든 것들이 사람으로 하여 이루어짐이 많은 가운데에서 결코 사람의 행함 가운데 대지를 함부로 파헤치며 비록 사람보다 어리석다 할지라도 함부로 살생하지 말라. 대지는 모든 생명으로 하여 번성하도록 하는 이치가 바로 그것을 증거함이기 때문이니라. 사람이 가장 강한 생명이라 할지라도 함부로 대지를 파헤치거나 짐승과 나무라 할지라도 함부로 해서는 아니 될 것이니라. 대지가 건강하여야 하는 이유는 천지자연이 조화로움으로 건강하다 할 수 있음이니라. 이는 천지자연이 그러하며, 하늘이 그러하며, 모든 것이 땅에서 이루어지는 것이라 할 수 있으리니 진정 대지에서 살아가며 해 아래, 달 아래 그리고 물과 바람과 숲과 공기가 가득한 이곳이 사람의 어리석음으로 죽음과 파괴가 가득한 곳으로 만들지 말라는 말이니라. 천지자연이 파괴의 대상이 아님을 사람 스스로 증명하여 나가야 함인데 이는 천지자연의 음성이며, 해의 음성이며, 달의 음성이며, 대지에서 이루어지는 모든 질서의 음성이며, 사람과 사람 사이에서 들려지는 음성이니라. 그러므로 이를 어기는 자는 생명의 권한으로부터 영원한 저주를 받을지니라. 그 생명은 대지에서 이루어지는 모든 질서 가운데 뽑아버려야 하는 잡초보다 못함으로 그 생명의 권리를 뺏으리로다. 이는 천지자연의 응징함이며, 해의 응징함이며, 달의 응징함이며, 대지에서 이루어지는 모든 질서로부터의 응징함이로다. 그를 사람으로서 생명을 뺐음을 천지자연의 질서를 지키는 질서라 함이니 사람의 법이 이와 같이 변화되리로다.

생명의 권리는 생명의 질서를 죽이며, 빼앗으며, 파괴함으로 얻어짐이 아니니라. 파괴보다 아름다우며 진실한 것은 천지자연의 오묘한 질서에 의해 생하는데 그 생하는 질서를 온전히 지켜가는 것으로 그 오묘함이 있다 함이니라. 천지자연의 질서는 온전히 지켜감으로써 온전한 천지자연의 질서인데, 이는 사람의 맹세와 천지자연의 맹세가 이와 같다 함이니라. 사람으로서 천지자연을 살아감은 지극히 축복받음을 근원으로 가지고 있음이니 그것은 온전히 천지자연의 이치 가운데 사람이 있으며, 그 중에서도 생명의 이치 가운데 있음이니라. 이러함으로 사람은 천지자연의 지극한 이치 가운데 스스로 있음으로 인한 생명다움에 근본의 마음으로 바라보며, 생각하며, 행하라 함이 이와 같은 이치 가운데 있음이니 저희가 스스로를 축복함과 그 스스로 축복하는 마음으로 천지자연의 이치를 행하라 함이 이와 같은 이치가 사람에게 있음이로다. 그러함으로 사람은 스스로를 벌하는 마음에 항상 있음도 이와 같다 하리니 사람으로서의 욕심으로 스스로를 벌하지 말라 함이니라. 사람은 사람의 관계를 통하여 스스로를 벌하게 하노니 이는 질책 받음을 스스로를 벌함으로 이루어짐과 같다 하니라.

이러한 가운데 사람이라면 천지자연의 한 포기 풀과 한 그루의 나무와 한 방울의 물과 한 줌의 흙이라도 사람에게는 천지자연의 마음과 공유하노니 이것들에게 사람의 욕심으로 하는 행함은 스스로를 벌하게 하는 마음이 이와 같기 때문에 생긴다 할 것이니라. 천지만물은 욕심으로 인한 재앙을 생명 스스로의 판단에 의하며, 그 죄 또한 스스로의 행함으로 이루게 하노니 욕심이 생기면 그 욕심을 천지만물 이치의 욕심으로 나타나게 하라 할지니라. 이는 욕심을 욕심으로 천지만물 스스로 그러한 이치의 욕심이라 할 만하리로다. 사람의 마음은 육신의 지극한 변화와 함께 살아가고 있는 순간의 변화에 민감하다 할 수 있나니 이는 욕심을 더 큰 욕심으로 천지만물 스스로 그러한 이치로 변화시킴을 일컬음이라 할 만하리로다 하니라. 사람은 무엇인가라는 물음에 살아있으며 윤회의 갈 길을 가고 있다 함에 너희가 신심을 다하리니 생명의 길을 다함이 있다 하리로다. 너희가 살아있는 사실을 감사하라. 그리하여 너와 함께 살아있는 사실들을 바라보라. 그리하면 너와 같이 살아있음을 나누게 되리라. 이를 일컬어 관계를 맺는다 하며, 한 하늘 아래 살아있음을 이름이며, 한 땅에서 살아감을 이름이니라. 너희가 하늘을 우러러 한 점 부끄러움 없이 살아갈 것이라 마음을 쓰라. 그리하면 하늘이 그 마음을 알게 되리라. 죽어가는 생명을 살리는 일과 살아있는 생명을 함부로 살생하지 않고 살리라 맹세하리니 너희가 진정 사람이라 여김을 받으리로다. 맹세하리니 살아갈 때에 너희의 즐거움과 기쁨을 위하여 한 그루의 나무를 심으며 살아가면 땅은 너희에게 기쁨과 즐거움을 줄 것이로다. 그것은 바로 땅의 풍요함과 안락함을 세대에서 세대로 이어지게 하는 것이니라.

  하늘이 명백한 사실로 일곱 색의 무지개를 너희에게 한 해 한 해 보이리라. 하늘이 너희를 사랑함이 이와 같다 하리니 하늘은 무엇으로도 사람을 사랑함이 무지갯빛같이 함이더라. 사람 스스로의 물음을 던져보라. 땅이 너희와 함께함을 보일 것이니라. 너희의 죽음을 소중히 받아들임을 오래도록 하며, 너희가 억울함으로 생명을 빼앗으려 하지 않으며, 너희가 진실로 땅을 사랑하듯 땅도 너희를 사랑함을 세대에서 세대를 이어가며 보이리라. 땅에 씨를 뿌리면 그 열매로 답할 것이로다. 너희가 게으르지 아니함을 사람이기 때문에 땅이 게으르지 아니함을 보이는 것과 같음이로다. 너희가 살아야 하는 명쾌한 답을 원하면 땅이 살아야 하는 명쾌한 답을 보일 것이로다. 그러므로 너희가 게으르지 않게 생명으로서 살아가는 모습을 땅에 보이라. 그러면 땅이 답하며 힘을 주리로다. 허세 부리지 말라. 씨 뿌리지 않고서 수확을 바라지 말라. 하늘의 이치는 땅의 이치와 맞닿아 있음이 진리이리니 씨도 뿌리지 않고 풍성한 수확을 바라지 말라. 성실한 생명으로서 살아가면 당연히 풍성한 곡식의 맺음이 있으리니라. 사람이더냐? 하늘을 믿고 땅을 믿으라. 그러면 모든 것이 땅에서 이루어짐을 너희가 알게 되리니 그것을 해와 달이 증명할 것이로다.

## 🌸 십일조에 관한 윤회교의 교리

  윤회를 믿는 사람들은, 자기 수입의 90퍼센트는 사람을 위하여 사용함을 용인함이며, 10

퍼센트는 천지만물의 이치를 위하여 사용함을 말함이나니 90퍼센트의 수입이 죽어가는 사람을 살리며, 가난한 사람을 도우며, 어려운 이웃을 돕는 데 천지만물이 용인함이니라. 하지만 수입의 10퍼센트를 사용함은 사람들이 입고, 마시며, 놀이를 하며, 여행을 할 때에 파헤쳐지며, 나무가 잘려나가며, 바다의 생명의 다양성이 죽어가며, 기계와 기계를 만드는 공장을 지을 때 파괴되는 자연의 이치를 되살리기 위하여 사용함이니라. 이는 사람과 자연의 이치와 조화와 균형을 위하여 그리하여야 함이며, 사람이 천지자연에 손 내밀어 화해를 함과 같으니라.

진실로 이르나니 생명을 위하여 100을 사용함은 온당함이니라. 사람을 위하여 90퍼센트를 사용할지라도 10퍼센트만이라도 천지만물을 위하여 사용하라. 이는 666의 이치가 사람을 살리는 이치에 머물지 않음이니라. 사람이 사람을 죽이는 흉폭함이 사람에게서 일어나지 않게 함은 사람만을 위한 세상이 결코 아름답거나 풍요롭지 않기 때문일지니라. 반666의 이치는 사람이 천지자연에게 양보함이 크기 때문에 이루어짐이나니 천지자연은 천지만물의 이치에 의해서 생명으로 생하여진 모든 생명을 사랑함이 온당하다 함이니라. 사람을 위하여 90을 사용하며 천지만물의 이치 가운데 사람을 제외한 생명을 사람이 살리는 것은 사람도 만물의 이치를 행하기 때문일지니라. 천지만물을 위하여 사용하는 10퍼센트의 비용은 사람이 사람을 살리는 일로도 사람에게 나타나게 될지니라.

사람에게 당부할지니 사람이 죽을 때에 모든 사람들은 이와 같이 유언을 남길지니라. 나의 전 재산의 90퍼센트를 자식들에게 남기거나 이웃 또는 가난한 이웃을 위하여 유산을 남기려면 그렇게 할지니라. 하지만 유산의 10퍼센트는 천지자연의 죽어가는 것을 살리는 비용으로 사용하라고 유언하라. 그리하면 숲에 나무가 번성하며, 들판에 불필요한 생명이 남획됨을 막을 것이며, 바다자원이 남획됨을 살리리니라. 만물은 사람에 의해 변화를 하여 파괴된 것이 복원되게 될 것이니라. 모든 생명의 활동은 사람과 공존함으로 이루어지게 되나니 이 세계가 사람만이 사는 땅이 아닌 만물이 공존하는 땅이 됨을 알지니라.

아느냐? '천지를 창조하시고 보기에 좋았더라'를 위하여 너의 유산의 10퍼센트를 사용함을 승낙하라. 그리하면 죽음에 이를 때 하늘이 복 주기를 세대에서 세대에게 이를 것이며 땅이 너의 육체를 받아들여 온전한 평화와 온전한 자유를 땅에서 누리게 됨을 땅과 하늘과 물과 바람과 구름과 온갖 생명이 너의 육체를 용인함이 있으리로다. 이는 지천선악과 지수화풍의 약속이나니 그리하지 않고 사람만을 위하여 너의 유산을 사용할 때는 너의 자손이 번창한다 장담하지 못하며 지천선악과 지수화풍의 온전한 축복을 받지 못할지니라. 진정 생명의 명예로써 행하라. 그리하면 너희가 천지만물에 조화와 균형을 위하여 행하였다 칭송을 받을지니라.

'천지를 창조하시고 보기에 좋았더라' 를 이렇게 나아가는 이치라 정하리니 사람들은 가슴에 새기라. '천지를 창조하시고 보기에 좋았더라' 는 자연의 질서로 온전히 환원됨이며, 자연의 질서로 환원된 모든 이치가 생명의 이치로 태어남이며, 환원됨이며, 균형을 이룸이리니 이것을 자연이라 함이 온당하다 할지니라. 자연은 죽어가는 나이며, 태어나는 나이이며, 죽어가는 온갖 짐승이며, 태어나는 온갖 짐승일지니 바다와 산과 들에서 생명이 태어나며, 바다와 산과 들에서 생명이 죽어갈 때 자연으로 태어나며, 자연으로 돌아간다 할지니라.

사람이 태어나면 스스로 생각하고 스스로 행동하는데 모든 짐승도 그리함이며, 바다와 산과 들과 강에서 태어나 스스로 살아 움직이는 것 또한 자연이니라. 이와 반대로 자연을 생명임을 부정하며 나만의 편리의 대상으로 할 때에는 창조가 자연의 질서로 환원되지 못함이니라. 자연의 질서로 환원되지 못함은 생명의 질서로 환원되지 않음이나니 창조는 자연의 질서로 환원되지 못하기에 멸망함이며, 자연의 질서로 환원되지 못한 생명이기에 또한 멸망함을 맞으리니라. 그것을 하늘이 원치 않으며, 땅도 바다도 온갖 생명들도 원하지 않으며, 지천선악이 원치 않으며, 지수화풍 또한 원하지 않음이니라. 이는 하늘이 생명이기 때문이니라. 하늘은 창조로부터 자연의 질서로 환원됨으로 인함이며, 창조로부터 환원되었기에 생명의 질서로 환원됨을 이름이니라. 땅이 그리함이며 바다와 강과 들과 온갖 짐승과 물고기 등 생명을 가진 모든 미물이 그러함이니라. 이렇듯 생명의 질서로 환원되었기에 모든 이치는 살아있는 자연이라 함이며, 살아있는 생명이라 이르며, 살아가는 이치라 함이 이와 같기 때문이니라.

십일조는 하늘이 선언함이며, 땅이 선언함이며, 지천선악이 선언함이며, 지수화풍과 목화토금수가 선언함이니라. 이를 지키는 생명은 이 땅 위에 번성하기를 지천선악이 용인함이니라. 그렇지 않고 수입의 모두를 사람만을 위해 사용하는 생명은 저주받고, 벌 받고 죽기를 서슴지 않으리라. 이런 생명을 하늘과 땅이 벌하며, 너희 자손이 벌하며, 너의 아내와 자식 그리고 이웃이 벌하기를 멈추지 않을지니라. 가난한 자는 가난한 만큼을, 부유한 사람은 부유한 만큼을 지켜나가라. 하늘이 사람에게 이르기를 십일조의 실천은 사람이 행함이며, 생명을 위해 세대에서 세대로 이어지는 천지만물과 지천선악의 행함으로 이어질지니라.

# 제3부

## 노자의 서

## 🌸 노자의 서

　노아와 노자가 있었느니라. 노아는 아담과 이브의 후손이라 하며, 노자는 카인의 후손이
라 하니라. 이는 노아가 하나님에게 선택받은 자라하며 오래전 카인이 바벨탑을 짓지 말라
말할 때에 그곳을 떠난 사람의 후손이라 함도 합당할지니라. 하지만 노아는 모르는 사람이
라 칭함을 받게 되리니 카인이 말하기를 자기가 살고 있는 곳에서부터 생명이 살 수 있는지
를 시험하며 차츰 생명이 살 수 있는 땅을 넓히라 하였느니라. 그럼에도 불구하고 노아의 조
상들은 그리하지 않았나니 물로써 세상을 멸망하려할 때 숲에서 나무를 베어서 방주를 만
든다 하며 그것이 하나님의 뜻이라 헛소리를 하는 자라 하니라. 노자는 카인의 후손이니라.
카인은 숲을 살리는 행함으로 이 땅에 비가 많이 내려도 숲이 많은 물을 받아들이며, 강의
둑을 견고히 하는 방법으로 물을 다스려나가는 사람이라 하니라. 노아는 산과 들에서 나무
를 베어내서 홍수를 불러들이는 자 이르며, 노자는 홍수를 다스리는 사람이라 하니라.
노자는 천지자연의 이치를 행하며, 다스리며, 하늘의 뜻을 행하려 노력하는 사람이라 하나
니 노자가 기록한 것이 세대에서 세대로 이어지며 천지자연의 도리를 사람에게 전하려 함
이 온당하며 하늘이 용인함이니라.
　하늘이 사람에게 이르나니 하늘이 사람에게 전하는 진리를 따르는 생명으로 살아가라
함이 있으리로다. 사람이 사람을 바라보느냐? 사람이 하늘을 바라보느냐? 사람이 물을 바
라보며, 사람이 나무를 바라보며, 사람이 새를 바라보느냐? 너희가 말하길 사람이며, 하늘

이며, 물이며, 나무이며, 새라 말하느뇨. 진실로 사람에게 말하나니 너희가 바라보는 것은 사람이라는 자연이며, 하늘이라는 자연이며, 물이라는 자연이며, 나무라는 자연이며, 새라는 자연을 이름이니라. 자연이 너를 바라봄을 깨우칠지니 사람이 바라보면 자연도 또한 바라봄이니라. 사람이 바라보지 않아도 자연은 바라보니 하늘이 바라보며, 땅이 바라보며, 바람과 구름과 물과 나무와 새가 너희를 바라보느니라. 사람이여, 아느뇨? 모르느뇨? 바라봄은 바라보는 상대로 인함이 아니면 바라볼 수 없음과 같나니 눈으로만 바라보냐? 말로써 바라보냐? 진실로 이르노니 하늘은 천지자연의 생각할 수 있음이며, 땅은 천지자연의 몸이며, 산과 들과 나무와 온갖 생명들은 천지자연의 온갖 느낌과 촉감과 같다 하니라. 진실로 이르노라. 천지자연으로부터의 다가섬을 알지니 천지자연이 다가옴을 화로써 받아들이지 말며, 천지자연의 경계로 받아들임을 신중히 하라 이르니라. 자연으로부터의 다정히 손 내미는 것을 받아들임을 항상함은 천지자연의 이치를 받아들임으로 인함이니라. 사람이 그리하면 스스로 복을 얻음이 항상하므로 칭송받으리로다. 이는 하늘의 약속함이며 땅이 약속함이니라. 모든 약속은 자연의 질서인 무지개로 답하나니 스스로 복 얻음이 세대에서 세대로 이어지니라.

순자가 말하기를 물을 저축하여 만들라. 하늘을 따르며, 이를 칭송하기보다는 천명을 만들며, 이를 활용하라 하였음이라. 그러나 하늘은 사람에게 이르니라. 하늘은 크지도 작지도 않느니라. 너희가 크다고 하기에 큰 것이며, 너희가 작다고 하기에 작은 것이니라. 너희에게 이르나니 너희의 마음이 큰 것이냐, 아니면 너희의 마음이 작은 것이더냐? 하늘은 너희 마음을 음직이나니 천지자연의 흐름을 실천함을 너희가 모르노라. 하늘과 땅과 모든 만물의 뜻이 너희로 하여 행하게 함과 같다 하리니 순자가 말하는 것이 옳다 함도 없고 그르다 함도 없음은 하늘과 땅과 만물이 그리하라 함과 같다 하리로다. 하늘을 우러러 숨을 곳을 만들지 말라. 하늘은 하늘과 땅과 만물의 뜻이 사람으로 행하게 함으로 나타날지니라. 하늘의 일이 하늘에서 일어날 수 없음이며, 땅의 일이 땅에 나타날 수 없음이며, 만물의 일이 만물에게 일어날 수 없음이며, 하늘과 땅과 만물의 행함이 사람으로 하여 하늘과 땅과 만물의 뜻이 땅에서 이루어짐을 이르느니라. 너희가 진실로 행하리로다.

너희가 물질을 저축하느냐? 너희가 제어하느냐? 너희는 진실로 사람을 많이 죽음에 이르게 하니라. 너희가 천명을 만들며, 천명을 활용한다 하였느뇨? 천명은 땅에서 이루어지는 천지만물의 지극함이 있음을 이름이니 너희가 사람을 많이 죽음에 이르게 하거나 이득을 얻음을 위함이 아니니라. 땅에서 이루어지는 생명이 살아감을 위함이 천명이니라. 사람은 죽음에 이르기를 두려워함이 크도다. 너희가 하늘을 아느냐? 너희가 하늘을 보았느냐? 너희가 하늘을 안다고 할 때 너희는 하늘을 알지 못하리로다. 너희가 하늘을 모른다 할 때 너희 마음에 두려움이 커질 것이로다. 땅을 두려워하고 만물을 두려워하면 너희가 하늘을 알게 될지니 그것은 땅에서 이루어지는 모든 진리를 간직하기 때문이며, 만물이 운행하는 진리를 간직하고 있기 때문이니라. 이는 하늘과 땅과 해와 달의 이치가 땅에서 이루어짐이 지극하기 때문이기도 하니라.

너희가 하늘을 보았느냐? 그래서 하늘이 푸르더냐? 하늘이 푸른 것은 사람만이 보기에 좋고자 함이 아니니라. 땅에서 나는 한 포기의 풀들과 한 그루의 나무들, 즉 그 안에서 살아가는 모든 생명들이 보기에 좋음 때문이니라. 하늘은 사람만의 하늘이 아니니라. 물과 바람과 구름과 흙과 온갖 생명들이 자랄 수 있는 것들의 하늘이니라. 너희가 하늘의 이치와 땅의 이치를 지극히 행함을 하늘이 바라보고 있음이니라. 그러므로 지극히 하늘과 땅의 이치를 행함을 즐겨야 하느니라. 결코 너희가 원하는 것을 얻기 위해서만은 하지 말라. 사람의 마음이 하늘과 땅의 마음을 가진 생명이라는 마음을 가지라. 그리하면 너희 마음이 아름다워질지니라. 노자가 기록함을 하늘이 답함은 천지만물의 조화와 균형을 잃어 감을 염려함이며 사람의 욕심으로 천지만물의 생명성을 잃어가고 있기 때문이니라. 사람에게 하늘이 자연의 이치로 행하게 하려 답하나니 천지만물이 말함은 너 자신을 알라 함이니라.

**노자가 하늘과 땅의 이치를 말하노라. 사람의 말은 하늘과 땅의 이치와 같음도 다름도 또한 없음이나니 하늘과 땅의 이치는 사람의 말로써 느낌에 불과할지니라. 하늘은 땅에서 이루어짐으로 인함이며, 하늘과 땅과 만물의 이치에 합당함을 위함이니라. 노자가 이르길 도라고 알 수 있는 도라면 그것은 절대 불변하는 도는 아니니라. 이름으로 표현하는 이름이라면 그것도 절대 불변하는 이름이 아니니라.**

하늘이 사람에게 이르길 하늘과 땅과 만물은 도도 아니며, 이름도 아니나니 너희의 말로써 하늘과 땅과 만물을 도로써 말하지 말아야 함이라. 또한 하늘과 땅과 만물은 이름이라 칭하지 말라. 하늘과 땅과 만물은 이루어짐이 아닐지니라. 생하느냐? 땅이로다. 생하느냐? 만물이로다. 이 모든 생함을 하늘과 함께 생함으로 인함이나니 너희가 생함일 뿐이니라. 한 포기의 풀도 생함이며, 한 그루의 나무와 강가를 흐르는 물도 생함이나니 너희가 생함이면 하늘을 말하며, 땅을 말하며, 만물을 말함이니라. 너희가 무엇을 죽이려 말하느뇨? 너희가 죽이지 않으려 말하느뇨? 너희가 생함을 위하여 행함을 극진히 함을 권하노니 세상을 위하여 죽어가는 사람의 생명을 살리며, 또한 죽어가는 짐승을 살리며, 한 그루의 나무를 심으며, 살아감을 행하라. 하늘과 땅과 만물이 이르나니 땅에서 생함이 이루어지면 너희가 이루어짐이 있나니 생함을 우선하며, 생함을 위함을 생활로 하라. 그리하면 너희가 평안을 느끼며 관계를 너그럽게 하게 되리니 하늘이 이처럼 이름이니라. 또한 땅에서 빛처럼 이루어짐이 가득하다 하리로다.

**노자가 이르기를 천지의 시작을 말하나니 천지를 말하기 이전에 너희가 지천선악을 행함을 항상하였느냐? 하늘은 무궁하기에 하늘이 아닐지니라.**

사람이여, 알지니 너를 빼고 모두 다 하늘이며, 모두가 땅이며, 모두가 만물임을 알지니라. 네가 없음은 하늘도 없음이며, 땅도 만물도 없음이며, 너의 친구와 부모와 형제도 없음을 너희가 알지니라. 천지는 너를 위하여 있음은 분명할지니 너를 위하여 해가 있음이며, 너를 위하여 달이 있음이며, 너를 위하여 하늘이 있음이며, 너를 위하여 땅이 있음이며, 너를 위하여 부모와 형제가 있음이나니 이와 같이 땅이 없음은 생명이 없음이며, 하늘이 없음은 생명이 없음을 이름이며, 해가 없음도 생명이 없음이며, 달이 없음도 생명이 없음이니라. 지천선악은 너를 위하여 생함이 있음이나니 너희가 진정 살피라. 하늘과 땅과 물과 바다와 나무와 모든 천지만물은 너를 위하여 있음이니라. 이처럼 너를 위하여 있음은 한 그루의 나무를 위하여 네가 있음을 이름이며, 비록 미물일지라도 한 마리의 미물을 위하여 네가 있음을 이름이니라. 이러한 이치를 행하려는 자가 사람이며, 생명이며, 하늘 아래 땅에서 이루어지는 자라 이르니라. 사람이 사람에게 너 자신을 알라 함은 지혜를 얻기를 바라는 것일지 모르나, 천지만물이 너 자신을 알라 함은 살생하여 살생당하는 화를 깨달으라 함으로 인함이며, 천지만물의 생명활동을 어떻게 보장할 것인가를 깨달으라 함이니라. 노자가 이르길 천지의 시작은 말에 지나지 않으리니 천지의 시작은 이처럼 말에 가두기 위함이 있음이니라. 진정 천지의 시작을 말하려거든 스스로 생명의 행함을 어찌 행할 것인지를 먼저 정하라 함이라. 천지는 나중이며, 땅도 나중이며, 만물도 나중이나니 진정 하늘을 바라보며 땅에서 살아가고 만물의 이치를 알려거든 먼저 생명을 살피라. 그러면 너를 살리고, 이웃을 살리고, 미물일지라도 생명을 살리고, 한 그루의 나무를 심고, 천지의 시작을 말할지니라. 왜냐하면 지천선악의 이치가 천지의 시작보다도 앞서있음과 네가 무엇보다 앞서있음이 이와 같기 때문이니라. 또한 진실로 사람의 이치를 지천선악의 이치처럼 함이 이와 같기 때문이니라. 너희가 느끼는 것이 생명이거든 천지의 시작이라 함이 지극한 이치라 여겨라. 진실로 지천선악이 이르나니 말로써 구하지 말며, 말로써 행하지 말라 함이 이와 같기 때문이니라. 진리의 본 모습은 생명으로 살아있음을 이름인데 살아있음은 진리 중의 진리라 깨달음을 넘을 수 없느니라.

**노자가 말하길 무와 유, 현묘(玄妙)함을 묻더라.**

하늘이 이와 같이 답하노라. 너희가 사람이더냐? 너희가 무이면 천지는 유이니라. 너희가 유이면 천지는 무이니라. 천지는 너희가 있음도 없음도 땅이며, 땅에서 이루어지는 생명에 불과함은 지극함이니라. 너희가 천지가 있다 함은 천지가 있음을 말할 수 없는 생명에 불과함이나니 너희가 네 이웃에게 천지를 말하느냐? 땅에 천지가 있음을 말하느냐? 물에게 천지가 있음을 말하느냐? 나무에게 천지가 있음을 말하느냐? 너희가 천지가 있음을 말하느냐? 천지가 언제 시작되었느냐? 천지는 시작이 아니며, 끝도 없음이니라. 너희 선조의 또 선조의 또 선조의 일을 너희가 지금에 말함이 온당하다 함을 말하느뇨? 너희 후손의 또 후손의 또 후손의 일을 말함이 온당타 함을 말하느뇨? 지금 사람에게 말하노니 너희가 지천선악의 이치에 합당함에 있음을 감사하게 행함을 잊지 말라. 너희가 죽음을 두려워하느냐? 너희의 자식들에게 이르길 생명을 살리는 일에 힘쓰라. 그리 말하며 죽음에 임하라. 그리하면 하늘과 땅과 만물이 너를 거두리라. 땅에서 나서 땅으로 돌아가는 생명으로 땅이 받아줄 것이며 천지만물이 받아주리로다. 그것은 영원한 생명을 위함도 아니며, 다시 태어남이 없을지라도 사람의 일로 행하여 땅의 은혜를 갚으며, 사람의 일로 행하여 하늘의 은혜를 갚음을 땅에서 받아주리로다. 너희가 천지를 말하는 순간 천지가 있음도 아니며, 천지가 없음도 아닐지니 천지는 말함에 있음도 아니며, 존재도 아닐지니라. 천지는 사람을 위함도 아니며, 천지만물의 이치를 위함도 아닐지니 천지만물은 현묘함도 아니며, 신기함도 아닐지니라. 지천선악과 천지만물은 생명과 함께 있다 함을 이름이니라.

**노자가 다시 말하길 세상 사람들은 모두 아름답게 보이는 것을 아름다운 것이라고 여기고 있지만 그것은 추한 것일 수도 있다.**

이 말에 하늘이 답하나니 너희가 무엇을 보느냐? 사람을 보느냐? 천하 만물을 보느냐? 너희가 아름답게 보이는 것은 너희의 마음과 눈이니라. 너희가 아름답다고 하는 것은 천하만물을 파괴하면서 해치는 것을 말하기 때문에 너희를 추하다 말함이니라. 지천선악의 눈으로 사람을 볼 때 진정 하늘에 죄짓지 않음을 성심껏 하라. 너희가 선을 말하고 악을 말하느냐? 선을 말하고 선을 행하느냐? 너희가 악을 말하며, 악을 행하느냐? 사람으로서 사람을 구하느냐? 그렇다면 무엇으로 구하였느냐? 하늘이 이르길 그것은 선이 아닐지니 천지만물의 이치를 해치면서 그것을 선이라 이르면 그것은 악이라 할 수 있음이니라. 천지만물의 이치를 해치지 않으면서 사람에게 행하는 것을 선이라 하니라. 너희가 악을 말하느뇨? 너희가 악을 행하느뇨? 악이란 너희가 무엇을 행할 때 사람을 해치는 것이나 생명을 빼앗는 것을 악이라 할지니 하늘이 그를 벌함이니라. 그를 스스로 벌하게 함이 세대에서 세대로 이어지게 할 것이로다. 너희가 다시 태어남을 원하느뇨? 너희가 영원한 복락에 이를 수 있음을 바라느뇨? 사람과 사람의 관계를 해치지 않음을 악이라 행하지 않으며, 천지만물의 이치를 해치지 않음을 악이라 행하지 않음이로다. 다시 태어남을 얻음이 세대에서 세대로 이어짐인데, 하늘이 그를 복주며, 스스로 복 얻음을 항상함에 있음이로다. 사람에게 이르나니 악으로 행하지 말며, 악으로 말하지 말라. 스스로 벌주는 생명으로 살지 말고 스스로 복 얻음의 생명으로 살라. 이는 하늘이 사람에게 하며, 땅이 사람에게 하며, 천지만물이 사람에게 하는 권면함이니라. 너희가 유와 무를 말하느냐? 하늘이 이와 같이 답하나니 유를 말할 때에 살아있음을 유로 하며, 유를 해침을 무로 하라 하니라. 천지가 있음은 생명이 있음으로 유로 하며, 천지의 생명이 죽어가는 것을 무로 할지니라. 너 스스로의 존재가 있지 않음에서 스스로 존재하게 됨을 이름이라 할지라도 그것은 사람의 이치와 천지자연의 이치의 갈림을 말함에 불과하리니 있음의 진리와 없음의 진리는 같음이니라. 있음은 없음에 인함이며, 없음은 있음을 서로 바라봄이니라. 너 스스로를 복 있게 행함을 즐겨하라. 그리하면 진실로 하늘의 이치에 행함을 게으르지 않게 할 수 있음이니라. 하늘 아래 숨을 곳을 만들지 말라. 그리하면 너희가 죽음의 고통을 스스로 짊어짐이며, 하늘의 이치를 거스르는 미물보다도 못한 생명을 이어감이로다.

**노자가 이르길 현명함은 천지자연의 합당한 이치를 따르는 것을 이름이니라. 현명함은 하늘의 이치에 합당함이며, 땅의 이치에 합당함이며, 산과 들과 나무와 물과 모든 생명의 합당한 행함을 말함이라.**

하늘이 말하길 사람을 사랑하느냐? 사람을 증오하느냐? 사람을 사랑하면 한 그루의 나무를 심었느냐? 그렇다면 그것이 진리이니라. 산과 들에서 짐승을 함부로 죽이지 않으려 하였느냐? 산과 들에서 한 그루의 나무와 한 포기의 풀마저도 함부로 죽이지 않음을 행하였느냐? 그렇다면 천지자연의 이치 가운데 가장 현명함이로다. 이를 행함은 하늘과 땅과 천지자연의 칭송을 한없이 받을 것이며, 하늘과 땅과 천지자연으로부터 복을 얻으며 세대에서 세대로 이어지리라. 천지자연은 생명으로 살아가는 진리를 따르라 하니. 천지자연의 바라보는 죄는 살생함과 살생당함이나니 세대에서 세대로, 생명의 경외로써 살아갈지니라. 그러므로 큰 복이 세대에서 세대로 이어질지니라.

**노자가 말하길 얻기 어려운 재물을 귀하게 여기지 않으면 백성들은 도둑질을 하지 않게 된다.**

하늘이 답하나니 얻기 어려운 재물은 천지자연의 몸이며, 천지자연의 팔이며, 천지자연의 몸으로부터 도둑질을 하는 것과 같음이니라. 들판의 질서를 지키는 짐승을 죽여서 가죽을 얻고 바다와 강을 파헤쳐 진귀한 보석을 얻음은 천지자연의 심장과 천지자연의 간을 꺼내는 것과 같은 이치니라. 이는 하늘이 용서하지 않음이며, 땅이 용서치 않음이나니 바람과 구름이 모든 생명 있는 미물이 달려듦을 두려워하라. 그렇지 않으면 천지자연이 용서하지 않는 저주가 세대에서 세대로 이어지며, 살육과 죽음이 그 뒤를 따르리로다. 이는 하늘과 땅이 맹세함이며, 사람에게 전함이니라. 진실로 이르나니 재물을 두려워하며, 천지자연의 이치에서 재물을 얻으려 하지 말라. 물로써 멸망함이 있으며, 뜨거운 지옥으로 멸망을 당할지니라. 그리고 얻기 어려운 재물로 몸이 갈가리 찢기어 땅에 버려지며, 땅의 저주로 흙에서 나서 흙으로 돌아가는 천지자연의 받아들임마저도 얻지 못할지니라. 부모에게 물려받은 몸을 소중히 함과 같이 하라 권하노니 이는 하늘이 권함이며, 땅이 권함이며, 바람과 구름과 나무와 물과 온갖 짐승이 권함이니라. 너희가 마음이 가난하며, 가난한 마음으로 천지만물의 행함을 바라는 바를 행하면 진실로 천지만물의 이치에 지킴을 이루리로다.

**노자가 이르길 도는 텅 비어있지만 거기에 작용을 가해도 절대로 차지 않는다.**

이에 하늘이 답하나니 도는 사람의 이치를 넘어서는 천지자연의 이치를 이름에 있음을 도라 이르노라. 이는 천지자연이 가야 함을 이르며, 어디에 이르렀음을 이름이며, 천지자연이 이 이치에 합당함을 입어 도달해있음을 이름이니라. 너희가 사람을 보았느냐? 사람이 본 것은 사람이라는 자연을 이름이며, 하늘이라는 자연의 이치를 바라봄이며, 땅이라는 자연의 이치를 바라봄이라 함을 알라. 천지자연의 이치는 사람의 말로써 채울 수 없음이며, 천지자연의 그 무엇으로도 채울 수 없음이니라. 사람의 이치는 천지자연을 향해가는 사람의 길에 불과하니 천지자연의 이치로서 생각하라. 어리석은 생각으로 천지자연을 채우려 함이 지극히 어리석음 있다 하리니 땅에서 이루어지는 진리는 하늘과 땅과 천지만물이 함께 이루어지는 생명이 가는 진리라 하였느니라. 생명이 어찌 가느냐? 생명이 어찌 도달하느냐? 생명이 무엇을 얻느냐? 사람이 지켜야 함은 바라보는 것들에서 있으며, 다가오는 것에 있으며, 떠나가는 것에 있음을 알지니 함부로 살생하지 말라. 살생을 하면 스스로 벌함을 평생토록 하며, 스스로 죽음에 이르러 용암과 같은 뜨거움을 먹게 되는 벌을 받으리로다. 땅은 생명의 어머니니라. 어머님의 품이 좁으냐? 어머님의 마음이 성내고 있느냐? 어머님의 마음이 땅의 이치와 같다 함은 이와 같기 때문이니 어머니를 위하여 너희 수입의 10의 1을 사용함을 게으르게 하지 말라. 그리하면 어머님은 너희에게 어머님이 가지고 있는 모든 것을 주려한다는 사실을 잊지 말지니라. 하늘이 그리하며, 산과 바다가 그리하며, 사람 스스로 복이 있어 기뻐함을 어머님이 알게 되며, 땅이 알게 되리로다. 하늘이 권하노니 어머니를 대하듯 땅을 대하며, 하늘을 대하며, 산과 들을 대하라. 그리하면 복이 크고도 크다 하리로다.

**노자가 말하기를 하늘과 땅은 어질지 않기에 모든 만물을 짚으로 만든 개처럼 여긴다. 성인 또한 어질지 않아 백성을 모두 짚으로 만든 개처럼 버려둔다 하였다.**

하늘이 답하나니 천지를 말함은 옳지 않느니라. 지천선악을 일러 천지를 말함이나니 사람에게 이르노라. 하늘과 땅과 해와 달의 운행으로 땅에서 이루어짐은 지극하다 함을 알라. 하늘은 생명의 머리이며, 땅은 생명의 몸이며, 해는 생명이 자라게 하는 양분이며, 달은 생명이 자라게 하는 지혜라 할지니라. 하늘이 생명의 머리라 함은 하늘이 생각하며, 사색함이 있음이니라. 하늘은 생명을 벌주리라 생각하며, 하늘은 생명을 은혜로써 대하리라 생각하며, 하늘은 사람을 생명이라 칭할 수 있음에 인함이니라. 땅은 생명의 몸이라 칭함은 모든 진리가 땅에서 이루어짐에 인함이며, 땅은 모든 생명을 자라게 하며, 땅은 모든 생명을 품는다 하며, 모든 생명이 땅에서 나서 땅으로 가게 함이 지극하기 때문이라 하나니 땅은 생명에게나 죽은 생명에게도 안식처가 됨을 이르니라. 땅에서 이루어짐은 하늘의 이치와 함께함이며, 하늘은 땅에서 이루어짐에 인하여 하늘에서 이루어짐이 있다 하니라. 땅은 몸이며, 태어나는 생명을 위하여 있음이니라. 그리고 죽음에 이르는 생명을 위하여 있기 때문이니라. 하늘은 생각함이며, 땅은 생활함이 있음이리니 해가 생명을 자라게 하는 양분인 것은 모든 생명이 빛으로 인하여 생명이 잉태되어지며, 생명으로 성장함으로 인함이니라. 해는 빛이라는 양분으로 인함이며, 너희가 먹고 생명을 유지함은 해로 인함이니 감사함을 항상하라 함이 이와 같기 때문이니라. 달은 생명을 위한 지혜이며, 생명을 위한 두려움과 같다 하리니 두려움은 찬 기운을 가지고 있음에 인함이니라. 지혜는 두려움으로 인하여 생하게 됨을 이르나니 천지만물의 생함은 빛의 이치와 달의 이치가 상극과 상생하며 땅에서 이루어짐이니라. 생명은 상생의 희생으로 이루어짐이 있으며, 상극의 희생이 생긴다 함으로 천지가 인하지 않음을 이르느니라. 상극은 빛과 차가움의 이치가 땅에서 이루어지면서도 생명에게 해를 끼치는 것에 인함이며, 상생은 빛과 차가운 이치가 생명을 키우는 것에 인함이나니 해를 끼치는 이치가 사람에게 나쁘기 위하여 상극이 아닐지니라. 상극은 모든 이치가 한쪽으로 치우침을 이름이며, 빛이 차가움보다 강함에 있으며, 차가움이 빛보다 강함에 있음으로 인함이나니 생명이거든 상극을 경계함이 이와 같기 때문이니라. 이러한 이치 가운데에서 빛이 강한 이치에 합당한 생명으로 있으며, 차가운 이치에 합당한 생명으로 있으며, 생명은 살아가려고 선택한다 함이 여기에 있음이니라. 생명이거든 천지를 감동시키듯 하라 함이 여기에 있음이니라. 상생은 함부로 조화롭다 함을 경계함에 근본이 있다 함을 알지니 상생은 생명이 생명을 죽이는 이치가 함께 있다 함으로 인함이니라. 상생은 보기에 좋은 작용으로 흘러감을 이르니라. 생명을 살아가는 것은 먹기 위한 작용이 있음이며, 먹히지 않으려는 작용이 있음임을 명심할지니라. 먹는 것과 먹히는 것의 상생이라 하는 것은 생명의 이치가 하늘의 이치에 합당함으로 인한 생명의 질서라 하니라. 사람이 하늘의 이치와 합당한 까닭은 생명을 살리는 것을 행하는 마음과 같기 때문이라 하며, 달의 이치와 합당한 까닭은 생명을 죽음에 이르는 이치에 합당함에 인함이 있기 때문이니라. 땅에서 나서 땅으로 돌아가는 이치는 모든 생명에게 받아들여야 함을 천지자연이 증거함 때문이라 하리니 하늘은 조화를 이루는 이치에 합당함이 있음이며, 땅은 조화를 생육하는 이치에 합당함이 있음이며, 해는 성장시키는 이치에 합당함이 있음이며, 달은 지혜와 두려움과 차가움의 이치에 합당함이 있다 함이니라. 생명은 이 가운데에서 생명의 합당한 이치에 있으려 함을 이르나니 생명이여, 명심할지니라. 천지는 인함을 위하여 있음이 아니라 천지만물의 합당한 이치와 하늘과 땅과 해와 달의 살아감을 이름이니라. 지천선악의 이치는 불변하는 진리이며, 멸망하지 않은 진리를 땅에서 이루어진다 함이 이와 같기 때문이라 하리로다.

**노자가 말하기를 성인 또한 인하지 않으니 백성들을 짚으로 만든 개처럼 버려둔다 하였다.**

하늘이 말하나니 성인은 있지 않음으로 인함이니라. 성인이란 천지의 이치를 행함에 마음을 쓰지 않음을 알라 하리니 성인이 하늘의 이치와 땅의 이치와 해의 이치와 달의 이치를 알지 못함이 진실이니라. 사람은 사람에 불과함이며, 사람 위에 사람 없으며, 사람 밑에 사람 없음은 진실이라 하리로다. 안다고 하는 사람이 행함을 더디 하며, 안다고 하는 사람이 자기의 이익을 더욱 구함이 진실이나니 사람 위에 사람 없다 하면서도 앎을 말하며, 사람 밑에 사람 없다 말하면서도 앎으로 자기를 나타냄이 성인이라 할 수 없음을 이르니라. 천지자연의 이치를 행함을 살아가는 것과 다르지 않게 하며, 천지자연의 이치를 행함을 부모와 자식을 보듬듯이 하며, 살아가는 사람이 있다 할지라도 앎을 말하는 사람은 성인이라 할 수 없음이 진실이라 하니라. 성인이 배움에 임하는 사람이라 하며, 권세를 가지고 있는 사람이라 하며, 가진 것이 많은 사람이라 하며, 배우지 못한 사람을 이끈다 하니라. 재물을 가진 사람이 재물을 가지지 못한 사람을 재물로써 부리거나 권세를 가진 사람이 권세 없는 사람을 부림은 그 행함이 진실로 거짓된 마음으로 행함이니라. 성인이란 앎으로 사람을 이끄는 사람이라 함이 진실이니라. 성인의 말이 사람의 마음을 현혹하며, 이익을 취하여 성인의 말이 행함을 거짓되게 하며, 성인의 말로써 정치를 행하여 사람을 고통에 이르게 함이 진실이리니 앎으로 사람을 이끌며, 재물로써 사람을 이끌며, 권세로써 사람을 이끄는 행함을 항상 경계함이 사람의 이치에 합당하다 이르니라. 천지만물의 이치 중 해는 해의 이익을 위해서 비추지 않으며, 목화토금수, 지수화풍은 이익을 위해서 대지에 있지 않음이니라. 성인이 말로써 지혜를 말하지만 그 지혜가 천지만물을 해치는 이유가 됨을 성인의 지혜로써 사람을 가르치는 것을 경계함이며, 지천선악의 지혜를 깨우쳐 사람을 가르치라 함이니라.

**노자가 말하길 사람의 이치와 천지의 이치가 같다 하리니 어쩌하면 천지의 이치와 사람의 이치를 구하느뇨?**

하늘이 이르나니 하늘을 우러러 한 점 부끄러움 없는 생활을 하는 사람과 땅에서 이루어지는 이치를 충실히 따르는 사람을 따를지니라. 또한 물의 이치를 따르며 행함을 성실히 하는 사람을 따를지니라. 천지자연의 이치와 사람의 이치가 함께 만나는 이치가 있음은 스스로를 복 있게 함을 이름인데 만약 게으르게 하는 사람이 있다 해도 감사하는 마음으로 사람을 맞을지니라. 스스로를 벌하는 사람을 멀리함이 진실이리니 스스로 벌함은 천지자연의 이치를 행함이 거짓되게 함을 이름이니라. 땅의 이치와 하늘의 이치를 거짓되게 행하는 사람 또한 경계하라 할지니 스스로를 벌하는 사람처럼 그를 따르는 것은 스스로를 벌하는 것으로 행할지니라. 스스로를 복 있게 함은 그를 따르는 것 또한 스스로를 복 있게 하리니 사람을 구하기를 천지자연의 보배를 구하는 것처럼 하라 이르노라. 그것이 바로 사람이 할 수 있는 마음의 눈을 밝히는 것이라 하니라. 천지자연이 변화해가듯이 사람 또한 변하여 감을 알지니 사람의 마음에 간사와 욕심이 차게 됨을 경계하라 하니라. 천지자연의 이치 가운데 가장 칭찬받을 수 있는 행함은 살생하지 않으며, 이 세상이 멸망할지라도 한 그루의 나무를 심는 마음으로 정화됨을 이르노라. 살생의 욕심은 재물의 욕심이 생기는 것이며, 권세의 욕심이 생기는 것이며, 명예의 욕심이 생기는 것과 같다 함이나니 진실로 사람이거든 스스로를 경계하며 살고, 행하라. 진실로 이르나니 스스로 복 있음과 스스로를 벌하는 것은 같은 모양, 같은 시간에 이루어지나니 스스로 복 있음을 선택함을 하늘에 빌며 살고, 땅에 빌며 살고, 물과 불과 나무와 온갖 살아있는 생명이 하루하루를 열심히 사는 것처럼 할지니라. 그리하면 천지자연의 이치에 다다름을 알게 되며, 느낄지니라. 너희가 신처럼 되는 것을 원치도 바라지도 말라. 영원한 생명이 또한 있지 않음을 명심할지니라. 영원히 사는 것은 있지 않으며, 신 또한 영원히 살 수도 없음이 진리이니 영원한 것은 있지도 않으며, 있어서도 안 되느니라. 생명은 세대에서 세대로 이어지며, 신보다 진실 되며, 신보다 진리인 것이니라. 세대에서 세대로 또 다른 너희가 생명으로 살아감을 감사할지니 너는 생명으로 살아 왔음을 하늘과 땅에 감사할지니라.

하늘이 또 이르나니 사람이 죽어서 다시 사람으로 태어남을 바랄뿐 그것으로 진리가 될 수 없음은 해가 뜨고, 해가 지고, 또다시 해가 뜨는 것과 같다 함을 알뿐이나니 사람에게도 해가 뜨고 지고 또다시 해가 뜨는 것처럼 세대에서 세대로 이어지는 생명이 이어짐으로 알 뿐이라 하니라. 그러한 가운데 보기에 좋음으로 세상이 있음을 바람은 하늘의 이치라 하며, 땅의 이치라 하며, 물과 불과 바다와 강과 흙과 나무의 이치라 함이 지극한 이치에 있음으로 인함이니라. 골짜기의 신은 죽지 않으니 이를 일러 현묘한 암컷이라 하며, 현묘한 암컷의 문을 하늘과 땅이 생겨난 근본인 듯하니라. 끊임없이 겨우 존속하는 듯하지만 그것의 작용은 지치지를 않는다 하였느니라. 하늘이 답하노라. 하늘에서 이루어지는 생함과 땅에서 이루어지는 생함은 함께 이루어지기 때문에 천지자연의 이치와 생명의 이치가 함께 이루어진다 함을 이름이며, 땅에서 이루어지는 질서 가운데 물이 흐르는 것보다 진리인 것은 없다 하니라. 물이 흐르는 것은 땅에서 이루어지는 물의 이치에 충실함이나니 물이 가야 할 곳에 가지 않음이 없고, 물이 가면 안 되는 곳에 가게 되는 것도 없노라. 하늘과 땅의 이치가 만나야 만이 생하는 것이 물이니라. 모든 땅에 물이 있음이 진리인 것이리니 높은 데서 낮은 데로 흘러가며, 생명을 위한 배품이 이루어지는 그것이 물이니라. 물이란 생명을 베풀기 위하여 있음을 증거함이나니 사람에게도 생명의 베풂이 있음이며, 숲의 풀과 나무에게도 생명을 베풂이 있음이며, 높은 계곡의 생명에게도 생명을 베풀며, 낮은 계곡에도 생명을 베풂을 위하여 물이 있다 함이 진리라 할 수 있음이니라. 이는 어머니가 자식에게 나누어주는 따뜻한 손길이며, 어머니께서 말씀하시는 위로가 이와 같이 흐르는 것이니라. 이 모든 것은 땅에서 이루어진다 함이 지극한 진리이며, 온전한 기적이라 하니라. 그리고 천지자연 또한 이처럼 이루어진다 하니라. 물의 근본은 하늘과 바람과 구름과 천지자연의 이루어져가는 진리에 있음이며, 계곡과 산의 진리는 또한 땅이 생명을 향해서 형성되어지는 과정이며, 땅의 이치가 하늘의 이치와 맞닿아 이루어짐이 항상함으로 있으며, 해와 달의 진리가 운행됨에 있다 함이니라. 산과 계곡의 생명이 영속되며, 영원 됨도 이와 같기 때문이니라.

**노자가 이르길 하늘은 영원하고 땅도 영존한다. 하늘과 땅이 영원하고 영존할 수 있는 까닭은 그들 스스로 생존하려들지 않기 때문이며, 그 때문에 영원히 생존하게 되는 것이다. 그래서 성인도 그 자신을 뒤로 미루지만 자신이 앞서게 되며, 그 자신을 도외시하지만 자신이 생존케 되는 것이다. 그것은 사아(私我)가 없기 때문이며, 그 때문에 오히려 그 사사로운 자기가 완성될 수 있는 것이다.**

이에 하늘이 답하나니 하늘은 영원을 위하여 있음이 아니며, 땅 또한 영존함을 위하여 있음이 아니라는 사실을 알라. 하늘은 또한 존재라는 언어가 아니며, 땅도 존재라는 언어가 아닐지니라. 단지 하늘에서 이루어지는 것과 땅에서 이루어지는 질서가 있을 뿐이나니 너희가 생명임을 말할 때 질서에서 있다 함으로 생명인 것이며, 너희가 진리에 있다 함으로 인하여 생명인 것을 알라. 하늘이 그리하며, 땅 또한 그리하나니 하늘은 질서이며, 땅도 질서이니라. 하늘은 진리이며, 땅도 또한 진리인 것은 하늘도 하루하루를 질서로 있음이니라. 하늘과 땅이 조화와 균형으로 향해가고 있음은 조화와 균형으로 생명현상이 성하기 때문이리니 자연의 질서가 생명으로 환원됨이 이러한 이치로 천지자연이기 때문이라 하니라. 물론 땅도 하루하루를 질서로 있음이니라. 너희가 세대에서 세대로 이어지는 진리인 것처럼 하늘과 땅도 세대에서 세대로 이어지는 진리이니라. 하늘과 땅은 한 생명으로 태어나는 순간 하늘과 땅으로 태어남이 이루어지는데, 이것은 질서이며, 또한 진리 가운데 있음으로 인함이니라. 이를 일러 상생의 이치라 하니라. 하늘과 땅은 한 생명이 죽음을 맞는 순간 또한 죽으리니 이것을 상극의 이치라 하니라. 이런 이치를 너희가 알지니 생명을 얻는 순간을 위하여 하늘이 있음이며, 생명이 다하여 땅으로 돌아감을 이름이니라. 이것을 상극의 현묘한 질서와 현묘한 진리라 이르나니 진실로 너희에게 생명을 태어나게 하는 진리를 깨트리지 않기를 당부하노라. 너희가 생명의 힘이 다하여 죽음에 이르나니 이는 질서이며, 진리이니라. 상생에서 이어져온 질서와 진리가 땅에서도 상극의 질서와 진리로 보이느냐? 하늘은 이를 위하여 생명으로 살았으며, 땅도 이를 위하여 생명으로 살았음이라. 진실로 다음 세대에게 당부하고 당부하라. 함부로 살생하지 말라. 특히 말로써도 살생하지 말라. 상생을 행하여 천지의 이치가 보기에 좋았음을 너희가 알며, 그 모습을 기억하여 너희가 또 다른 생명으로 태어나기 위하여 그리함은 질서와 진리이나, 하늘과 땅에게는 세대에서 세대로 그러한 생명이 이어져 옴을 기뻐함이 남아있으리로다. 진실로 이르나니 너희가 상생의 이치와 상극의 이치를 행함을 게으르게 하지 않음은 땅에서 이루어지는 새 생명의 질서와 진리가 온전히 있게 됨으로 알게 될지니라. 너희가 새 생명으로 하늘을 열고 땅을 열 수 있음은 지극함 때문이니 천지자연이 그러한 생명을 기다린다 함이 여기에 있음이니라. 천지자연의 이치가 사람에게도 있게 되리니 그것은 사람 중에 하늘의 이치와 땅의 이치를 따르는 사람이 있기 때문이니라. 그러나 천지자연의 이치를 말에 가두는 사람과 그렇지 않은 사람이 있게 됨은 말로 천지자연을 가두는 것이 필요와 필요하지 않은 까닭으로 나타날지니라. 이는 행함보다 한마디의 말이 필요하기 때문이니라. 또 천지자연의 이치를 알기 위함이며, 천지자연의 이치를 감추기 위함이리니 행함 가운데 한 그루의 나무를 심어놓고 행함을 생각하라. 그리하면 말로써 가둘지라도 하늘이 용서함이 있으리라. 천지자연의 이치는 진실로 생명의 질서보다 앞서지 않음을 증거함이 땅에서 이루어짐을 말함이니 함부로 살생하지 않음과 한 그루의 나무를 심는 것으로 인간의 길을 평탄히 가게 됨을 알게 될 것이니라. 오래지 않아 천지자연의 이치가 그렇게 만들어지는 질서와 진리임을 알게 되리로다. 성인은 천지자연의 이치를 행하는 사람을 말함이지 사람 위에 사람을 말함이 아니며, 사람 밑에 사람이 있음을 말함도 아니니라. 천지자연의 이치를 사람과 사람 사이에서 높고 낮음을, 배우고 배우지 못함을, 부자와 가난한 것을 앞세우지 않음으로 인함이니 이러한 질서와 진리를 알지 못하는 자 하늘이 스스로 벌을 내리리라. 땅에서 나서 땅으로 돌아가는 질서를 벗어나려는 행함이 이루어지지 않으며, 스스로 벌하며, 죽음에 이름을 알게 되리로다. 이는 성인의 질서와 진리가 아니며, 하늘과 땅의 질서와 땅의 진리가 항상함을 증거함이 이와 같기 때문이라 하니라. 하늘과 땅이 사사로이 있느냐? 땅이 사사로이 있느냐? 사람의 질서도 이와 같기 때문이니 성인의 질서도 사람의 질서와 결코 다르지 않음을 알라. 하늘과 땅이 사사로이 너를 위하여 있음은 너만의 하늘에 갇혀있기 때문이며, 너만의 땅에 갇혀있기 때문이리니 진실로 하늘을 우러러 부끄러움 없이 사람과 성인으로서 행하라. 그리하면 세대에서 세대로 기억하게 되리로다.

**노자가 이르기를 최상의 선이란 물과 같은 것이다. 물의 선함은 만물을 이롭게 해주고 있지만, 다투지 아니하며 여러 사람들이 싫어하는 낮은 위치에 처신한다. 그러므로 거의 도에 가깝다고 할 수가 있다. 처신은 땅과 같은 게 좋고, 마음은 심연과 같은 게 좋으며, 남에게 줄 때에는 인애로써 하늘에 좋고, 말은 신의가 있는 게 좋으며, 정치는 잘 다스려지는 게 좋고, 일은 능력이 있는 게 좋으며, 행동은 때에 알맞은 게 좋다. 그러고는 다투지 않게 될 것이기 때문에 아무 탈도 없게 되는 것이다.**

하늘이 답하나니 최상의 선이란 물이 아니라 생명이라 함이 옳음이라 하나니 생명이 없음은 물도 없음이며, 하늘도 땅도 없음이니라. 그러므로 함부로 생명을 해치지 않음을 최선의 선이라 하지 않을 수 없음이니라. 또한 생명을 살리는 것이 차선이며, 한 그루의 나무를 심는 것이 차선이라 함이 옳다 함이며, 그 다음이 물이니라. 물은 생명이 있은 다음으로 만물을 이롭게 해주며, 다투지 않음처럼 보이느니라. 물은 다툼이라는 상극과 조화라는 상생을 함께 이루는 것이 옳음이로다. 사생의 이치로 인하여 낮은 곳에서 생명을 살리며, 상극의 이치로 인하여 높은 곳에서도 생명을 살릴 수 있음이니라. 그러하므로 물은 천지만물의 이치에 합당함을 알게 됨이니라. 이러한 이치가 도라고 한다면 물의 이치는 도의 이치에 있음으로 인함이며, 땅이 그러함을 증거함이 물이니라. 처신을 땅과 같이하라 함은 땅에서 이루어지는 사람의 도리도 이와 같이 함이 지극하다 할 수 있음이니라. 물의 마음이 땅의 마음이며, 사람이 땅과 물의 마음처럼 행함의 근본으로 삼음이 지극하다 하리니 물처럼 맑고, 푸르며, 정갈하며, 깊은 심연의 마음으로 행함은 사람의 도리일지니라.

하늘이 또 말하노니 함부로 살생하지 말라. 죽어가는 생명을 살리는 것을 행하라. 너희가 살아갈 날을 위하여 한 그루의 나무를 심고 심으라. 천지자연의 마음이 이와 같이 사람도 이와 같은 마음이 있으니 생명을 함부로 죽이지 않음은 신의 없음으로 할 수 없음이며, 죽어가는 생명을 죽어가게 하지 않음은 또한 신의가 없음으로 할 수 없나니 한 그루의 나무를 심는 것 또한 신의가 없음으로 이룰 수 없음이니라. 정치가 생명과 함께한다 함은 이와 같기 때문이나니 다스림을 이루는 것이라 말하지 말라. 하늘과 땅이 스스로 존재하듯 물과 불과 바람과 구름과 나무와 온갖 생명이 스스로 존재하여 있음이 땅에서 이루어짐은 다스림이 다 이루는 것이 아니니라. 생명은 스스로 다스림을 이르나니 이를 정치라 함이 온당타 하며, 이것을 사람의 이치를 따른다 함을 이르니라. 능력과 행함은 천지자연의 이치를 행함이며, 이치를 행함을 즐거함을 능력이라 함이니라. 사람과 사람 사이에서 보기에 좋음을 칭송받으리니 땅에서 이루어짐을 하늘이 용인하리라. 이를 무지개로써 답함을 하늘이 천지만물에 보이는 표시라 함이니라. 하늘의 이치는 땅에서 이루어지는 상생과 상극을 함께함이나니 지극한 이치는 온당타 함이 있다 함이니라. 다투지 않으며, 평온함과 평화가 이루어짐을 이르니라.

**노자가 말하기를 자기가 유지하는 것은 그렇게 되지 않게 하는 것만은 못하다. 단련시켜 예리하게 된 것은 오래도록 보전될 수가 없는 것이다. 황금과 구슬이 집안에 가득 차면 그것을 완전히 지킬 수가 없는 것이다. 부귀함으로 교만하다보면 스스로 그로인한 허물을 입게 될 것이다. 공을 이룩한 다음에는 자신이 물러나는 것이 하늘의 도에 알맞은 행동이다.**

하늘이 답하나니 들을지니라. 사람이 무엇을 위하여 무엇을 취하였느냐? 사람이 무엇을 위하여 무엇을 만들었느냐? 사람이 무엇을 위하여 집안에 가득 채워두었느냐? 천지자연의 무엇을 해치면서 취하지 않음을 하늘과 땅에 맹세하라. 그리하면 스스로 벌하지 않으리라. 너희가 천지자연에서 파괴를 일삼으려 취함이 하늘이 알고 땅이 알리니 진실로 너희 부모와 자식과 이웃을 해치면서 취하였음을 하늘과 땅이 알고 있음이니라. 땅에서 이루어지는 이치를 진실로 행하면서 취할 수 없음은 진실일지니 너희가 숨 쉬는 공기를 파괴함에 인함이며, 너희가 얻어야 하는 곡식을 얻는 땅을 파괴함에 인함이며, 생육하는 이치인 해를 파괴함에 인한 이치이며, 높은 데서 낮은 데로 흐르는 질서를 파괴하여 취하며, 계절을 파괴하여 취하였음을 하늘이 알고 땅이 알고 있음이니라. 진실로 너희가 예리한 칼로 너희의 부모와 자식과 이웃과 마을 사람을 죽이지 않았다 함을 강변함과 같나니 예리함은 이와 같이 천지자연의 이치를 파괴하여 취한 칼과 같다 하리라. 취함을 두려워했음을 잊지 말며, 가슴으로 새겨두라. 그리고 오래도록 보존할 수 없는 것을 취하지 말라. 황금과 구슬을 너의 부모와 자식과 이웃과 마을 사람들이 탐내며, 칼을 갈며, 너의 심장을 겨누리니 쌓아두려 하지 말라. 재물을 모으는 공은 공이 아니요, 권세를 얻는 권세는 또한 공이 아니리라. 공은 천지자연에 널려있다 하리라. 그것은 살생하지 않음이며, 죽어가는 생명을 살림이며, 한 그루의 나무를 심는 것이 바로 진실로 공이니 세대에서 세대로 사용되어질 보화를 세대에서 세대로 저축함이 이와 같음이니라. 살생하지 않음을 사람이 할 도리라 하며, 죽어가는 생명을 살림을 천지자연의 이치에 합당함과 같다 하며, 한 그루의 나무를 심어 다음 세대로 하여 경영케 하였다 함과 같이하며, 행하였으되 소유로 하지 않음은 사람의 행함의 근본이 됨이 옳다 함이리니 이를 실천하는 도라 함이 지극히 온당타 함이니라.

　노자가 말하길 혼백을 잘 간수하고 순일(純一)한 정신을지니어, 여기로부터 떠나는 일이 없어야만 한다. 정기를 오로지 하여 유연(柔軟)한 마음을 이룩하여, 어린아이와 같아야 한다. 깨끗이 마음을 씻어내어 현묘한 관찰력을 지님으로써, 잘못이 없도록 하여야만 한다. 백성을 사랑하고 나라를 다스리되 무지(無知)하게 만들어야만 한다. 하늘의 문이 열렸다 닫혔다 하며 자연이 변화함에 따라 암놈처럼 수동적이어야만 한다. 분명히 사방의 모든 일에 통달함으로써 무위할 수 있어야만 한다. 만물을 생성케 하며 만물을 생육케 하여야 한다. 생성시키고도 그것을 차지하지 않으며, 행동을 하더라도 의지하는 데가 없어야 하고, 생장토록 해주면서도 지배하지는 말아야 한다. 이것을 현묘한 덕이라 하는 것이다.

　하늘이 답하나니 사람에게 사람이라 함으로 혼이 있음과 백이 있음은 옳지 않음이라. 사람이 생명으로 태어남은 천지만물의 모든 생명의 질서에서 벗어나지 않음이 옳음이리니 사람에게 혼이 있다 한다면 이 세상에는 귀신이라는 혼과 악마라는 귀신과 나무귀신, 집 귀신 등 온갖 귀신들로 넘쳐나리라. 사람은 자연에서 생명으로 잉태되며, 생명이 없어지면 또 다시 자연으로 돌아갈지니라. 사람이 죽은 후의 혼이 있음을 말하지 않음은 하늘의 뜻이리니 하늘 아래 나 이외의 신을 만들지 말라. 이미 죽어 흙으로 돌아간 생명을 혼이 있어 신처럼 만들어 사람의 영혼을 현혹시키려 함은 온당치 않음이니라. 나 이외의 신을 만들지 말라 함은 생명 있는 것들을 죽이거나 베어서 신처럼 받드는 것을 경계하기 위함이리니 하늘 아래 나 이외의 신을 만들지 말라는 것이니라. 왜냐하면 땅속의 돌을 캐내어 형상을 만들고 그것을 신처럼 모시게 되면 천지가 화낼 수 있음을 알라 함이라. 땅속에 있어 천지의 운용에 합당함은 옳음이니라. 진실로 사람에게 말하며 설득하리니 신은 있지도 않으며, 신을 만들어 사람을 현혹시키지 않음은 하늘의 이치에 합당하다 함을 일컫느니라. 하늘이 다시 진실로 말하노니 혼은 없으며, 땅으로 돌아가는 백만 있음은 당연함이라. 사람에게 이르노니 생명의 의무는 정신이 있다 함이 온당타 함이니 올바른 정신으로 생명을 이어나가야 하는 의무가 사람에게 있음이니라. 사람에게 순일한 정신은 아이의 마음같이 가장 깨끗함을 말하며, 이는 천지자연의 이치에 합당함이라. 깨끗한 마음으로 살피라 함은 천지자연의 이치 가운데 행함으로 세상이 변하여짐을 이르나니 온전한 마음과 온전한 정신으로 천지자연에 행함은 자애하는 마음으로 하며, 모든 질서의 근본인 살생하지 않음으로부터 시작됨을 알지니라. 그리하면 평생토록 스스로 복을 얻으리로다. 너희가 생활을 정갈하고 청결히 함은 함부로 생명의 이치를 깨트리지 않는 생활로부터 함이 온당타 하리로다. 사람을 다스리는 것은 질서 속에서 해야 하며, 진리 속에서 함이 온당타 함이라. 관계의 질서와 관계의 진리에서만 다스리며, 다스림을 받음이 온당타 함이라. 사람이 사람을 알지 못하고, 천지자연의 이치를 알지 못하고, 진리와 질서를 알지 못한다 할지라도 천지의 이치를 행하는 사람은 있으리니 그를 스스로 복 있음으로 인함이니라. 그래서 천지자연의 이치는 어머니의 마음처럼 함이 온당타 함이라. 따라서 어머니의 행함처럼 살라. 어머니는 나의 생명을 잉태한 땅에서 이루어진 진리와 같음이나니 이와 같이 함이 온당타 함이니라. 어머니와 땅은 생명이 잉태되어지는 행함의 장소이며, 성장되어지는 행함의 장소이며, 땅에서 나서 땅으로 돌아가는 행함의 장소이나니 이와 같이 행함을 현묘한 천지자연의 덕을 행한다 함으로 칭송받으리로다.

**노자가 말하기를 서른 개의 수레바퀴 살이 한 개의 바퀴통에 집중되어 있는데, 바퀴통의 중간에 아무것도 없음으로써 수레는 효용을 지니게 된다. 진흙을 반죽하여 그릇을 만들었을 때, 그 중간에 아무것도 없음으로써 그릇은 효용을 지니게 된다. 문과 창을 내어 집을 만들었을 때, 그 중간에 아무것도 없음으로써 집은 효용을 지니게 된다. 그러므로 존재하는 것이 유익하게 되는 것은, 존재하지 않는 무의 효용이 있기 때문인 것이다.**

하늘이 답하나니 서른 개의 바퀴통은 무엇이더냐? 사람은 필요에 의해서 나무를 자르고 인위적으로 바퀴를 만들었나니 이것을 효용이라 한다면 나무가 땅 위에 새싹으로 나고 자라서 바퀴통으로 되어지는 잘림이 온당타 함은 궤변이니라. 만약 이를 새싹으로 나서 사람에게 행한다면 어린아이가 태어나고 성장하여 무엇에 의하여 죽임을 당하는 것과 무엇이 다르다 함이뇨. 천지자연의 이치가 생하는 질서와 생하는 진리가 함께인 것을 알지니 바퀴통이 되어지는 나무의 이치를 바퀴통의 중간이 텅 비어있음을 논함은 지극히 천지자연의 이치와 반함이라 할 수 있음이라. 생명에는 죽음이 있음을 아는 것이나니 이러한 이치를 먼저인 것으로 하지 않음은 지극히 온당하다 함을 이루지 못함이니라. 따라서 먼저 한 그루의 나무를 심으라. 그리하여 그 나무를 베어 바퀴통을 만들어 비움의 이치를 생명의 살림으로 승화함은 온당타 할 수 있음이로다. 진흙을 개어 흙으로 만들며, 비어있음은 그릇의 효용을 지니게 됨을 아는 것을 지혜 있음이라 하리로다. 흙을 무엇으로 구웠느냐? 흙을 굽는 가마는 무엇으로 하였느냐? 필요에 의해서 무엇을 죽였느냐? 천지자연의 질서를 말로써 감추려 함이 이와 같은 질서로 인함이나니 천지자연의 이치는 함부로 살생하지 않음과 죽어가는 생명을 살리는 것에 충실함이며, 생활을 위하여 한 그루의 나무를 심으라는 것은 이와 같기 때문이니라. 효용의 행함은 무엇으로도 바꿀 수 없는 생명의 희생이 있음을 알지니 가장 적은 희생이 무엇인가를 찾지 않음은 효용의 무효용이며, 행함은 생명을 죽이는 행함에 불과함이니라. 땅에서 이루어지는 효용에 마음을 쓰며 행하리니 그리하면 필요하지 않은 생명을 죽이지 않게 되리라. 유용은 무용에 미치지 않음을 이름이며, 무용은 천지자연의 이어짐의 근본이라 함이니라.

노자가 말하기를 다섯 가지 색깔은 사람들의 눈을 멀게 하는 것이고, 다섯 가지 소리는 사람들의 귀를 먹게 하는 것이며, 다섯 가지 맛은 사람들의 입맛을 버리게 하는 것이다. 말 달리며 사냥하는 것은 사람들의 마음을 발광케 하는 것이며, 얻기 어려운 재물이란 사람들의 바른 행동을 그르치게 하는 것이다. 그래서 성인은 본능적인 배를 채우기 위한 일은 하지만 욕망인 눈을 즐겁게 하는 일은 하지 않는다. 그러므로 그러한 욕망은 버리고 본성을 따라야 하는 것이다.

이에 하늘이 답하나니 다섯 가지 색을 위하여 무엇을 죽였는지를 헤아리라 함은 온당타 하리니 땅에서 나는 무엇을 구하였느냐? 다섯 가지 색으로 생명을 이어나갈 수 있음을 빼앗은 것이라면 그것을 사람이 행함이라고 궤변을 늘어놓지 말지니라. 생명은 색보다, 맛보다, 소리보다도 앞서있음을 깨우치라 함이 온당하리로다. 생명의 마음이라 함은 온당하지만 불필요한 색을 구하는 사람의 마음으로 스스로 버려야 함을 말하노라. 강이나 바다에서 나는 생명을 죽여서 색을 호화롭게 만드는 것이 사람에게 합당하다고 말함은 하늘이 원함도 아니며, 땅이 원함도 아닐지니 검소하며, 검약하며, 겸손해라 함은 이와 같기 때문이니라. 사람에게 이르나니 다섯 가지 색을 위하여 살지 말고, 다섯 가지 맛을 위하여 살지 말고, 다섯 가지 소리를 위하여 살지 말라. 다섯 가지 색을 버리고 생명이 살아남을 즐기며, 다섯 가지 맛을 버리고 생명이 살아남을 즐기며, 다섯 가지 소리를 버리고 생명이 살아남을 즐기라. 그리하면 하늘이 그를 위하여 스스로 복 얻음을 이루게 할지니라.

노자가 말하기를 사람들은 총애와 치욕으로 마음을 경동시키고, 큰 환난이 되는 것을 그의 몸처럼 귀하게 여긴다. 무엇을 두고 총애와 치욕으로 마음을 경동시킨다고 하는 것인가? 사람들은 총애는 좋은 것으로 알고, 치욕은 나쁜 것으로 안다. 그것들을 얻어도 마음을 경동시키고, 그것들을 잃어도 마음을 경동시킨다. 그래서 총애와 치욕으로 마음을 경동시킨다고 하는 것이다. 무엇을 두고 큰 환난이 되는 것을 그의 몸처럼 귀하게 여긴다고 하는 것인가? 우리에게 큰 환난이 있는 까닭은 우리가 자신이 있음을 의식하기 때문이다. 우리가 자신을 의식하지 않게 된다면 우리에게 어찌 환난이 있겠는가? 그러므로 천하보다도 자신을 진실로 귀하게 여기는 사람에게는 곧 천하를 맡겨도 좋을 것이며, 천하를 다스리는 것보다도 자신을 진실로 사랑하는 사람에게는 곧 천하를 기탁해도 좋을 것이다.

하늘이 답하나니 최초로 생명이 나올 때 천하 만물이 지극히 조화로웠음을 하늘이 증명하노라. 그릇을 만들지 않아서 가마가 없었으며, 마차를 만들지 않아서 숲이 울창하였으며, 울창한 숲은 온갖 짐승과 식물이 가득하여 하늘에서 보기에 심히 좋았음이니라. 그러나 사람이 산에서 나무를 자르고, 집을 지으며, 그릇을 만들기 위하여 가마를 만듦으로 해서 한 그루 한 그루 숲은 없어졌느니라. 그 속에서 생명을 이어나가는 짐승들이 사람의 오색과 오미의 쓰임으로 사라지고, 다섯 가지의 소리를 위하여 사라졌고 그리고 숲을 염려함이 하늘에 이르러 땅과 바다가 신음함이 하늘을 울렸노라. 하늘이 염려함은 땅이 염려함이며, 숲과 바다와 강이 염려함과 함께함이나니 하늘이 염려함이 크고도 크다 함이라. 사람에게 이르나니 그 행함을 생명을 살리는 길로 나아가라 함은 이와 같은 이유 때문이라 하니라. 사람이여, 하늘이 행함을 권면함으로 진심되고 진실된 마음으로 맹세하라. 그리하지 않음도 사람의 행함이며, 하늘의 행함을 충실히 함도 사람의 행함임을 알지니 스스로 복을 얻음과 스스로 죽이는 행함이 세대에서 세대로 이어짐이니라. 그리하여 땅에서 나서 땅으로 돌아가는 윤회의 지극함에 이름을 알게 되리라. 하늘이 말하노니 하늘이 권함에 거부하는 생명은 그 자신과 그 부모와 그 자식이 서로 죽이며, 서로 심장을 자르는 행함을 오래도록 이어지게 되리라. 생명을 귀하게 여기지 않음은 스스로 죽이는 벌에 다다르게 하리니 생명을 함부로 죽이듯 스스로를 죽이고, 그 부모와 자식을 무참히 죽이고, 죽임을 당하리라. 환난은 생명을 함부로 죽이는 데에서 시작되며, 함부로 숲을 해치는 시작부터 이어지나니 강을 함부로 죽이는 행함으로부터 시작되고, 바다를 함부로 죽이는 행함으로부터 시작됨을 이르니라. 진실로 이르나니 자기를 사랑하라. 스스로를 사랑하여 함부로 생명을 버리지 않듯이 천하 만물의 생명 됨을 위하여 살아감을 행하라. 그리하면 땅에서 나서 땅으로 돌아가는 생명이라 여김을 받을지니라. 사람이여, 생명이 영원한 생명으로 가기 위함은 믿음으로 이루어짐이 아니니 다시 태어나 조화로운 세상에 다시 태어나지 않음도 온당함이니라. 영원한 생명을 얻기 위하여 보기에 좋았음을 어기지 않았음을 하늘에 보임을 두려워하지 말라.

다시 태어나는 생명을 얻기 위하여 무엇을 행하여야 함을 살피라. 세대에서 세대로 이어지며, 땅에서 이루어지는 질서와 진리가 다시 태어나는 진리에 합당하면 그리 이루어지리니 명심하여 맹세하라. 하늘에 죄짓지 않음은 함부로 생명을 해치지 않음이며, 죽어가는 생명을 살려서 천지자연이 행함에 응하는 생명으로 태어남으로 인함이며, 한 그루의 나무를 심어 세대에서 세대를 예비함이 있음이니라. 강을 위하여 행하고 바다를 위하여 행함은 이와 같이 복 받음을 위함이니라. 총애와 치욕은 이러한 가운데에서 이루어졌나니 하늘이 정한 질서를 어지럽히며, 얻은 총애와 욕됨이 사람에게 행하여졌음이 진실이니라. 무엇을 위하여 행하였느냐 하고 묻노니 하늘을 위하여 그리하였다 하지 말라. 하늘이 그를 저주함이 있으리로다. 천지자연의 진리를 어지럽히는 것은 총욕(寵辱)으로 인하여 스스로 벌함이 있음인데 이것이 치욕이라 함은 지당하다 할 만하니 스스로 벌함이 오래됨이 있으리로다. 하늘을 우러러 총애를 행함은 복을 얻음이며 하늘을 우러러 치욕을 행함은 또한 복을 얻으리니 천지자연의 이치에 가장 합당한 행함으로 생명의 이치에 합당하다 칭송을 받으리로다. 그리하면 생명의 진리를 행함을 사람이 하였다 칭송을 받으리로다. 천지자연을 행함으로 사람에게 받게 되는 환난은 생명을 위한 환난이니라. 천지자연의 이치를 행함으로 받게 되는 치욕은 또한 생명을 위한 환난이니라. 하늘을 우러러 한 점 부끄러움 없는 행함이라고 하늘이 알고 있으리니 사람이 그리 행함은 용기를 행함이며, 진리를 행함이라 여김을 받게 되리로다. 천지자연의 이치를 행함은 자기 스스로를 사랑함과 같나니 세상을 경영할 수 있음이니라. 천지자연의 이치를 행함은 생명을 사랑하고 스스로를 사랑함과 같나니 세상을 경영할 수 있음으로 인해 칭송받음이 세대에서 세대로 이어지면 복 받으리로다. 천하를 사랑하는 것처럼 스스로를 사랑하면 천하를 경영할 수 있음이니라. 천지만물의 이치를 행하여 스스로를 귀하게 만들어 세대에서 세대로 존귀함을 만들지니 하늘이 복주시니라.

**노자가 말하기를 그것은 보아도 보이지 않는 것이어서, 형체도 없는 것, 곧 이(夷)라고 부른다. 그것은 들어도 들리지 않는 것이어서, 소리도 없는 것, 곧 희(希)라고 부른다. 그것은 만지려 해도 만져지지 않는 것이어서, 은미(隱微)한 것, 곧 미(微)라 부른다. 이 세 가지는 감각으로써 그것을 규명할 수가 없는 것이다. 본시 이것들은 뒤섞이어 하나가 되어 있는 것이다. 그것은 위쪽이라고 해서 분명하지도 않고 아래쪽이라고 해서 어두운 것도 아니다. 끊임없이 존재하고 있지만 이름을 붙일 수도 없다. 그것은 무물(無物)의 상태로 되돌아가 있는 것이다. 그래서 이것을 형상이 없는 상태, 무물의 상태라고 말하는 것이며, 이것을 종잡을 수 없는 것**

이라 말하는 것이다. 그것은 앞으로 맞이해도 그 머리가 보이지 않으며, 뒤를 따라가도 그 꽁무니가 보이지 않는다. 예부터의 도를 지니고서 현재의 존재들을 지배하고, 옛날 만물의 시초를 알게 한다. 이것을 도의 기강(紀綱)이라고 부르는 것이다.

하늘이 답하나니 보이는 것을 만물이라 이르며 보이지 않음은 만물을 운용하는 자연의 이치라 함이나니 자연의 이치는 계절이며, 시간이며, 공간이니라. 보이는 만물에 의해서 형성된다 함은 온당하리니 보이는 물질로 인하여 이루어짐이나, 보이는 물질이 계절과 시간을 따르면 만물이 되었음을 이름이니라. 형체도 없는 것, 곧 이(夷)라고 부르는 것은 이와 같은 만물과 현상으로 인함이나, 이는 천지자연의 운행이 이루어진다 함을 이르니라. 운행은 하늘과 땅과 해와 달의 운행에 의함이나니 천지만물의 이치는 스스로 존재함으로 이루어짐이니라. 이는 하늘이 있음으로 천지만물이 운행되어짐도 아니며, 땅이 있음으로 천지만물이 운행되어짐도 아니니라. 또한 해가 있어서 이루어짐도 아니며 달이 있어 운행되어짐도 아닐지니 천지자연은 조화롭게 운행되어지는 진리이며, 질서라 함이 옳다 함이니라. 사람이 하늘에 빌며 소원을 말하나 이루어짐은 할 수 없음이며, 땅에 소원을 빌어 이루어짐을 바라나 이루어짐은 할 수 없음이며, 해에게 소원을 빌어 이루어짐을 바라나 이루어짐은 할 수 없음이며, 달에게 소원을 빌어 이루어짐을 바라나 이루어짐은 할 수 없음이니라. 하늘과 땅에 소원을 빌 때에 너희는 너희가 바라는 소망을 이루기 위해 이루어지는 방향으로 행하나니 이때에 진실로 사람에게 바라느니라. 살생을 피하며, 살생당함을 피하며, 한 그루 나무를 심어 천지자연의 이치를 먼저 따를지니라. 이는 지천선악의 이치에 합당함으로 땅에서 이루어지나니 땅에서 이루어짐은 보기에 좋았음으로 이루어지니라. 하늘이 행하며, 땅이 행하며, 해가 행하며, 달이 행함이 땅에서 이루어짐이 지극하기 때문이라 하니라. 땅의 조화로움이 하늘에 올라 보임은 하늘에서 구름과 비가 내림을 이름이니 하늘은 해와 달과 땅의 운행으로 그리됨이라 함이 합당하다 하리로다. 땅에서 이루어짐은 해의 따뜻함과 달의 운행으로, 아침저녁과 봄, 여름, 가을, 겨울의 이치가 이루어짐을 이르나니 온전히 하늘이 내리는 비와 해의 따뜻함이 온전히 땅에서 이루어짐은 나무와 물과 온갖 생명의 행함으로 번성할 때 이루어짐이 온당하다 하니라. 사람이 보이며, 나무가 보이며, 온갖 새와 짐승과 바다와 온갖 바다짐승이 보이나니 이를 보이는 것이라 함이니라. 하늘의 이치인 바람이 보이느냐? 하늘과 땅과 해의 운행함으로 공기가 올라오고 생명들이 숨 쉬는 것이 보이느냐? 해의 따뜻함이 보이느냐? 달과 바다 그리고 암컷과 수컷의 지혜와 끌림이 보이느냐? 보임은 보이지 않음으로 조화롭게 운행하며, 생명이 행함으로 이루지는 질서이기에 진리라 함이 온당하다 하리라. 소리를 말하면 물소리를 말하느냐? 바람소리를 말하느냐? 진정 소리는 물과 불의 조화로 이루어진다 함이 온당함이니라. 생명이 살아있음을 표현함이 소리요, 하늘에서 땅으로 조화를 위하여 내리는 것이 비 소리이니라. 사람이 생명이 있음을 표현하면 소리가 있음이나니 숲에서 암컷과 수컷의 부르는 소리이니라. 하늘이 하는 소리를 들을지니라. 소리가 생명과 함께함은 진리이며, 질서이니 이것을 희(希)라 함은 온당타 함이니라. 보이는 것은 만질 수 있음이며, 보이지 않음은 만질 수 없음이니라. 보이는 것은 육체의 진리에 합당함이며, 땅의 진리에 합당함이며, 보이지 않음으로 만질 수 없음은 육체를 운행하는 질서라 함이라. 보이지 않음으로 만질 수 없음은 땅을 운행하는 질서라 함이니라. 꽃이 피는 것은 보이는 질서로 운행함을 이르나니 해의 따스한 빛과 하늘에서 내리는 비로 인하여 땅에서 이루어지는 질서의 운행에 의함이니라. 보이지 않는 질서와 진리가 운행된다 함으로 인함이나니 만져지지 않음을 진리라 여기니라. 하늘의 질서와 땅에서 사람의 행함으로 인정받음이 있음이니 이를 사람이라 함은 온당하다 하니라. 위에서 바라보느냐? 아래에서 바라보느냐? 바라보는 것이 생명이거든 존중하라. 우측에서 바라보느냐? 좌측에서 바라보느냐? 그것이 생명이거든 존중하라. 너 또한 생명임을 아는 것과 다르지 않음이기 때문이니라. 이를 무물이라 하고 또 도를 이름이며, 존재이며, 만물의 본래 모습이라 하며, 도의 본래라 함이니라.

노자가 말하기를 옛날 훌륭한 선비 노릇을 한 사람들은 마음과 몸가짐이 미묘(微妙)하고도 유현(幽玄) 통달(通達)하였으며, 심오하여 남은 그 뜻을 알 수가 없었다. 알 수가 없는 것이어서 억지로 그것을 형용하면, 조심스럽기가 겨울에 냇물을 건너는 듯하고, 우물쭈물하기가 사방의 이웃을 모두 두려워하는 듯하고, 위엄 있기가 손님 노릇을 하는 듯하고, 거침없기가 얼음이 확 풀리는 듯하고, 독실하기가 나무 등걸 그대로인 듯하고, 널찍하기가 산골짜기 같고, 흐릿하기가 흙탕물 같다. 흐리지만 고요함으로써 서서히 맑아지고, 안정되어 있지만 움직임으로써 서서히 생성(生成)시킨다. 이러한 도를 보유하고 있는 사람은 완전히 차게 되기를 바라지 않는다. 그는 완전히 차게 되지 않기 때문에 피폐(疲弊)한 것을 다시 생성시킬 수가 있는 것이다.

하늘이 답하나니 사람은 들을지니라. 너를 낳아준 부모와 너의 자식 사이에 스스로 있음은 세대에서 세대로 있음으로 인함이나니 너를 낳아준 부모가 선비이더냐? 도적이더냐?

선비도 아니며, 도적도 아닌 그냥 부모일지니 선비라 칭하면 선비일지니라. 그 선비의 마음과 몸가짐을 네가 행하였느냐 하고 묻노니 진실로 하늘을 우러러 부끄러움 없음을 감사하라. 선비는 현묘의 이치에 있음이며, 유현한 통달이 세대에서 세대로 이어지는 너 스스로이며, 잉태된 너로 인하여 선비가 되며, 도적이 됨이나니 유현한 통달의 이치는 그리 이루어지니라. 천지자연의 심오함을 얻으려느냐? 그렇다면 살생을 하지 말지니라. 네 부모를 위하여 살생하였느냐? 그렇다면 너의 부모가 저주받으라. 너의 자식을 위하여 살생하였느냐? 그렇다면 너의 자식을 위하여 저주받으라. 너의 부모가 너를 위하여 한 그루의 나무를 심었느냐? 그렇다면 한 세대를 위하여 너의 부모가 천지자연의 지극한 이치인 생명을 심었음을 이름이니 부모를 위하여 감사함을 잊지 말라. 천지가 그에게 복을 주리라 함이나니 너의 자식을 위하여 한 그루의 나무를 심으라. 그리하면 너와 너의 자식에게 천지자연의 복이 있으리라. 하늘이 맹세하나니 세대에서 세대로 이와 같이 복 받으리라. 행함은 말보다 진리이리니 행함으로 복 받으라 하니라. 하늘의 이치는 이렇게 시작됨을 이르나니 심오함은 알 수가 없으며, 천지자연의 이치를 억지로 형용함도 없음이로다. 함부로 살생함은 겨울에 냇물을 건널 때 미끄러져 내동댕이쳐져 거꾸로 처박혀짐을 말하며, 우물쭈물 사방의 이웃을 모두 두려워하며, 하늘 아래 숨을 곳을 찾아다님과 같다 함이니라. 살생하면 네가 위엄 있는 손님이 되려 하나, 하늘이 두려워 손님으로 맞지 않으려 할 것이며, 땅의 이치를 두려워 결코 손님으로 맞지 않으려 할 것이니라. 살생하지 않음은 독실하기가 나무 등걸 그대로인 듯하며, 널찍하기가 산골짜기 같으며, 흐릿할지라도 생명이 있는 흙탕물임을 아는 것이리니 흐리지만 넓은 바다에 이를 때에는 맑아짐이 하늘을 비출 만하며, 찬찬히 움직이며, 서서히 생성시킨다 하며, 이러한 이치를 보유하고 있는 사람은 완전히 차게 됨을 말하지 않으며, 천지자연의 이치를 행할 뿐 나서지 않음으로 그는 온전히 차게 됨을 이르니라. 이는 천지자연의 이치가 피폐되어졌더라도 천지자연의 질서는 피폐되어진 것을 다시 생성시킬 수가 있음을 이름이니라. 진실로 이르나니 모든 진리의 완전체인 너는 생명임을 잊지 말고 천지자연의 진리를 행하기를 생활에서 하며, 행복할 때에 하며, 고난이 있을 때에 하라. 생명은 생명을 살리는 일을 할 수 있기에 생명다움이라 하니라.

**노자가 말하기를 뛰어난 이가 임금 자리에 있으면 백성들은 그가 존재함을 알 따름이다. 그보다 못한 임금이면 백성들은 그를 친근히 여기고 그를 기린다. 그보다 못한 임금이면 백성들이 그를 두려워한다. 그보다 못한 임금이면 백성들이 그를 업신여긴다. 성신이 부족해서**

신용을 하지 않게 되기 때문이다. 임금은 유연히 하고 말을 귀중히 여겨야 한다. 그러면 공이 이룩되고 일이 잘 이루어져도 백성들은 모두가 우리 자신이 자연히 그렇게 된 것이라고 말하게 된다.

하늘이 답하나니 하늘은 사람의 이치에 합당함이 사람을 잘 다스림에 있지 않음을 밝히노라. 천지자연의 이치가 깨어짐을 심히 두려워할 뿐이지 사람이 사람을 잘 다스려짐을 염려함이 아니니라. 사람에게 이르길 사람의 이치에 먼저인 것이 천지자연의 질서이니 먼저 그를 알아 행하고 살피라. 그리하지 않으면 결코 뛰어난 임금이라 할 수 없으니라. 천지자연의 이치와 사람의 이치가 합당함은 함부로 살생하지 않음을 행하고, 죽어가는 생명을 살려서 그 생명이 천지자연의 이치에 합당하게 살아감을 말함이니라. 따라서 한 그루의 나무를 심는 마음이 있다면 그를 뛰어난 임금이라 칭송받을 것이나, 그보다 못한 임금이라면 백성들로부터 칭송을 받지 못하리로다. 살생하고, 죽어가는 생명을 살피지 않고, 한 그루의 나무도 심지 않는 임금이 다스리면 백성들은 그를 업신여긴다 하였노라. 이러한 임금은 행함에 있어서 신용을 얻지 못한 것이 그 이유이며, 결코 유연하지 않고 말을 귀중히 여기지 않는 행함 때문이니라. 천지자연의 이치는 오래도록 이어지는 공이며, 사람의 공 또한 오래도록 이어지는 공이니 하늘의 은혜와 땅의 은혜를 살피듯 하라. 그리 행함은 사람의 본분이 그렇기 때문이니라.

**노자가 말하기를 위대한 도가 무너지자 인의(仁義)가 생겨났다. 지혜가 생겨나면서 대단한 거짓이 존재하게 되었다. 집안사람들이 친화하지 않게 되자 효도와 자애가 존재하게 되었다. 국가가 혼란하여지자 충신이 존재하게 되었다.**

하늘이 이에 답하나니 사람은 스스로 존재함이 온당하니라. 스스로 존재함은 하늘이 그리하며, 땅이 그리하며, 천하 만물이 그러함이나니 스스로 존재함은 자연의 이치에 충실함이니라. 하늘은 살생하지 않음을 사람과 짐승과 물과 불과 온갖 생명에게도 함께 행함을 명령함이나니 사랑하고 인자하라 하니라. 지혜를 너희가 말함은 온당치 않으니라. 지혜란 무엇을 죽여서 얻게 된 것을 자랑함과 같나니 행하지 말라. 그렇지 않으면 하늘의 응징함이 있으리로다. 지혜를 행하면 거짓으로 세상을 현혹함이기 때문에 그 목숨으로 응징함을 받을지니라. 지혜가 사람을 현혹케 하고, 재물에 눈멀게 하여 죽임을 당하니 이는 거짓이 존재하게 됨을 경계함이니라. 만약 지혜를 행하게 된다면 천지자연의 이치를 가장 조화로운 질서에 임하게 하며, 가장 조화로운 진리에 임하기를 힘쓰라 하니라. 그렇지 않으면 살생하여 얻은 재물로 인하여 아비가 자식을 해치고, 자식이 아비를 해치는 일이 일어날 수도 있느니라. 이는 천지자연의 이치를 행하지 않음으로 일어남이리니 무엇으로 자식과 아비의 조화로움으로 돌아갈 수 있겠느냐? 그것은 효도와 자애로써 이루어짐이 아니라 천지자연의 이치에 합당함으로 이루어야 하느니라. 인의와 지혜와 친화와 효도와 자애가 존재함으로써 나라가 이어나감은 충으로 백성을 가두는 것에 불과하리니 부모를 사랑하는 것은 효에서 있음이 아니라 천지자연의 진리로써 인함이니라. 나라를 사랑함은 천지자연의 이치에 합당함이며, 그 합당함으로 이루어짐이 진리이나니 살펴서 행함을 게을리 하지 말지니라. 재물을 얻는 지혜와 명예를 얻는 지혜와 학문을 얻는 지혜에서 살생이 생기니라. 즉, 대지를 파괴하는 지혜는 지혜를 갖지 않음보다 못함이니라.

노자가 말하기를 성스러움을 끊어버리고 지혜를 버리면 백성들의 이익은 백배로 늘어날 것이다. 인을 끊어 버리고 의를 버리면 백성들은 효도와 자애로움으로 되돌아갈 것이다. 기교를 끊어버리고 이익을 버리면 도둑들이 존재하지 않게 될 것이다. 이 세 가지 것들에 대하여 글로써 설명해도 부족하기 때문에 설명을 덧붙여야만 하게 한다. 본시의 바탕[素]을 드러내고 소박한 그대로를 지니며, 사사로움을 줄이고 욕망을 적게 가져야만 하는 것이다.

하늘이 답하나니 성인이란 존재하지 않음을 알아야 하느니라. 하늘이 사람에게 일러 나 이외의 신을 만들지 말고, 존재를 신으로 말하지 말라. 이를 첫 개명이라 함은 생명을 향하여 신을 만들지 말고, 생명을 죽인 형상으로 신을 만들지 말라는 것이니라. 하늘 아래 천하 만물이 있으나 천하 만물은 생명이나니 천하 만물에서 신을 만들지 않음은 생명을 죽여서 신으로 만들지 않음을 일컬음이니라. 신은 생명을 살리며, 한 그루의 나무를 심는 신으로만 있게 하라 하리니 천지의 이치가 가장 합당함이며, 스스로 존재한다 하는데 이를 자연이라 함이니라. 신은 존재가 아니라 생명이라 하며, 강을 흐르는 물이 그러하며, 생명을 키우는 해의 이치가 그러하기 때문에 이를 자연이라 함이 온당타 함이니라. 숲에서 거니는 한 마리의 짐승이 스스로 존재하나니 이를 자연이라 칭하며, 신이라 칭함이 온당타 함이니라. 바다의 물고기가 스스로 존재하나니 이를 자연이라 하고, 신이라 행하나니 천하 만물이 그리할지니라. 사람이 스스로 그러할지니 이를 자연이라 칭함은 온당하며, 진리이며, 질서이니라. 사람이 사람을 향하여 성인이라 말함은 그를 좋아한다 말하는 것과 다르지 않음이니라. 성인이라 함은 많이 배우고 사람을 감동시켜서 성인이 아니니라. 그는 사람일 뿐이니라. 자연의 질서를 행함을 게을리 함은 사람으로서도 칭함을 받지 못하리로다. 그러나 재물이 많아서 헐벗고 굶주림에서 벗어나게 해준 사람은 사람이라 칭함이 온당하다 하니라. 정치를 행하여 사람을 감동케 하는 사람도 사람이니라. 그러나 자연의 질서를 행하지 못하면 사람이라 여김을 받지 못하리로다. 자연의 이치에 인이 있음이 무엇이며, 의가 있음은 무엇이더냐? 효가 있음은 무엇이며, 충이 있음은 무엇이더냐? 하늘 아래 사람을 이끌어가는 것은 천지자연의 조화로움으로 이루어짐이지 말로써 사람을 이끌어 감은 온당치 않으니라. 살생을 하면서 사람을 이끌어 감도 온당치 않음이니라. 행함은 하늘 아래 행함이 진리이니라. 사사로움이 생명을 죽이고 살리는 것보다 먼저일 수 없음은 천지자연의 이치와 같기 때문이라 하니라. 생명을 죽이면 욕망이 화를 부르고 스스로를 죽이게 되는데 하늘과 땅이 용서하지 않음이 있기 때문이라 하니라.

**노자가 말하였다. 학문을 끊어버리면 걱정이 없게 된다. '네' 하는 대답과 '어' 하는 대답의 차이가 얼마나 되는가? 선과 악도 그 차이가 얼마나 되는가? 남들이 두려워하는 일을 두려워하지 않을 수 없는 것이라면, 복잡하여 그 두려움이 다하는 날이 없게 될 것이다. 여러 사람들은 즐거워하기를 좋은 요리상을 받은 것과도 같고 봄에 누대(樓臺)에 오른 것 같이 하기도 한다. 그러나 나는 홀로 무위함으로써 기쁨과 슬픔의 조짐을 드러내지 않고 웃을 줄도 모르는 갓난아기와 같고, 매인 데가 없어 돌아갈 곳도 없는 자와도 같다. 여러 사람들은 의욕이 남아돌아가고 있지만, 나만 홀로 의욕을 잃은 것과 같다. 나는 어리석은 사람의 마음을 지니고 있어서 멍청하기만 하다. 속인들은 사리에 밝지만 나만 홀로 사리에 어두운 것 같다. 속인들은 똘똘하지만 나만 홀로 흐릿하다. 담담하기가 바다와 같고 바람이 살랑거리듯 멈추는 곳이 없는 듯하다. 여러 사람들은 모두 일하는 목적이 있지만 나만 홀로 어리석고 천한 것 같다. 나만 홀로 사람들과는 달리 먹고 사는 모체(母體)인 자연을 귀중히 여긴다.**

하늘이 답하나니 사람이 말하는 학문이 무엇이더냐? 사람의 행함을 배우며, 천지자연의 이치를 행함을 배우느냐? 사람의 행함은 조화를 이루기를 무엇과도 다투지 않으며, 무엇으로도 살생하지 않으며, 먹고 마시며, 입는다 함을 가벼이 하지 않으며, 천지자연의 이치에 벗어나지 않으려 함을 지극히 한다 함이며, 함부로 죽지 않으려 함을 지극히 함이며, 죽어가는 생명을 살피기를 게으르게 하지 않음으로 인함이나니 사람 다스림을 자기 몸 다스리듯 하늘이 정한 이치대로 행함에 부족함이 없게 함이니라. 학문을 배우는 것이 조화를 행함으로 몸을 깨끗이 하기를 잊지 않음이나니 학문을 끊는다 함은 잘 먹으며, 잘 입으며, 잘사는 것에 있지 않음을 천지자연에 행함으로 보일지니라. 배움이 이와 같이 행함으로 하리니 그리하면 배움이 천지자연의 이치대로 배웠나이다 하리라. 행하라. 배움보다 앞서있음이며, 행하라. 말보다 앞서있음이며, 행하라. 천지자연의 조화로움이 몸에 배리니 흙에서 나서 흙으로 돌아가는 순간까지 조화의 이치를 배우는 것은 사람의 본분이니라. 그리하면 선악의 이치를 행할 때 이로우며, 그 행함이 바르게 되며, 사람이 칭찬하며, 하늘이 칭찬할지니라. 사람들이 두려워하는 것은 하지 않음이며, 하늘이 두려워하는 것은 행함을 하지 않음이니라. 그리하면 걱정하지 않고 사람을 조화롭게 하였으니 마음과 몸이 평안과 고요가 함께함이니라. 마음이 조화롭고 생활이 조화로움은 배움보다 앞서있음이며 학문보다 앞서있음이나니 하늘의 이치를 지키는 것은 사람의 행함으로 이루어질지니라. 생을 즐기는 것이 홀로 스스로 그러한 자연의 이치를 깨닫게 되어 자연으로부터 무엇을 얻게 됨을 알며, 자연에게 무엇을 주어야 되는지를 알게 되니라. 그리하여 무위의 이치를 알게 되느니라. 너희가 신선이 되려 하지 말고, 사람이 되라 함은 온당하니라. 따라서 스스로 그러한 이치에 있음을 감사함이 항상하게 되리로다. 경험하게 되는 것들은 자연으로부터 얻어지는 자유이며, 자연으로부터 얻어지는 평화가 될지니 사람들로 하여 행하게 함은 온당함이니라. 그러니 무엇을 얻으려 하게 하지 말며, 무엇을 현혹시켜서 얻으려 하지 말지니라. 그것은 사람이 행할 일이 아닐지니 사람에게 지탄받음이 있을지니라. 하늘이 정한 이치를 행함은 쉽지 않으며, 지키기 어려운 일이니 검소하고, 검약하고, 살의를 느끼지 않는 행함으로 하여 마음을 고요하게 하여라. 스스로 그러한 이치로 무엇을 얻으려 행하지 말고 모든 행함 가운데 한 그루 나무를 심으라. 어느 무엇보다도 그것은 천지자연의 이치 가운데 살생하지 않음과 같으며, 죽어가는 생명을 살리는 일과 같다 하리라. 그리하면 다음 세대에게 복주는 것과 같다 함이니라. 윤회의 갈 길은 생명을 위하여 복이니라. 윤회는 생명의 길을 어떻게 가며, 어떻게 이룰지에 인함이며, 생명은 영원하지 않음을 깨우치려 함에 인함이니라. 이는 천지자연에 생명을 갖도록 해준 것에 감사하며, 낳아준 어머니와 나를 생명으로 살아가게 하여준 땅에 감사함을 깨우치려 함이니라. 윤회는 세대에서 세대로 한 그루의 나무를 심어 세상과 하늘이 보기에 좋았음을 인정할 때까지 이어지리라. 윤회는 다시 태어남을 위함도 아니며, 영원한 생명을 얻기 위함도 아니니라. 살생하지 않으면 살아가기 위함이며, 죽어가는 생명을 살려 천하 만물의 죽어 감을 살리기 위함이며, 한 그루의 나무를 심어 심히 보기에 좋았음을 하늘에 보이기 위함이나니 이는 사람의 길이며, 윤회의 길을 찾는 것이며, 윤회의 행함을 찾는 것이니라. 윤회의 길은 땅의 이치와 함께하며, 물의 이치와 함께하며, 불의 이치와 함께하는 것이니 검소하며, 검약하라. 죽이기 위해서 윤회를 따름이 아니며, 죽기 위하여 윤회를 따름이 아닐지니 윤회는 다음 세대를 위하여 지금 우리가 무엇을 하여야 하는가를 위한 윤회임을 너희가 알라. 윤회는 살아가며, 느끼며, 하늘의 이치와 땅의 이치에 감사함을 행하기 위하여 윤회라 함을 잊지 말라. 윤회의 십계명을 하늘이 알리니 행할 때 마음에 새기라. 첫 번째 계명, 하늘 아래 나 이외의 신을 섬기지 말라. 하늘에 절하는 것은 부모를 섬기는 마음으로는 할 수 있으되 음식과 재물은 바치지 말라. 두 번째 계명, 하늘 아래 부끄러운 행함으로 숨을 곳을 찾지 말라. 하늘은 선하지 않으며 악하지 않으니 사람의 죄가 천지의 죄가 되지 않도록 행하라. 세 번째 계명, 부모와 형제와 이웃과 원수지지 말며, 성인을 키우지 말며, 성인으로 자라게 하지 말라. 네 번째 계명, 살생하지 말라. 다섯 번째 계명, 이웃으로부터 훔치지 말며, 거짓된 말로 얻으려 하지 말며, 간음과 사람이 행하지 말아야 할 일을 행하지 말라. 여섯 번째 계명, 한 해에 한 그루 이상의 나무를 심으라. 일곱 번째 계명, 산과 바다의 죽어가는 생명을 위하여 수입이 있으면 백의 이를 사용하라. 여덟 번째 계명, 자연의 질서는 윤회이나니 윤회의 질서로 먹고, 마시며, 살집을 만들라. 버려지는 것을 사용함을 보석을 얻음처럼 하라. 이는 가난하기 때문도 아니며, 부유하기 때문도 아니니라. 윤회는 흐르는 질서를 살피며, 그 가운데 생명을 살리는 이치가 있으며, 생명을 이어나가는 질서가 있음이니라. 아홉 번째 계명, 이천 년 후 예수의 이름으로 세상에 오리니 그가 오기 전 성서와 윤회서를 세상에서 한 권도 남아있게 하지 말라. 열 번째 계명, 땅에서 이루어지는 질서는 생육의 장소임을 감사하라. 하늘이 이와 같은 십계명을 사람을 통하여 알릴지니 사람에게 행하기를 부모가 자식에게 훈계함과 같이하라 하니라.

**노자가 말하였다. 위대한 덕을 지닌 사람의 모습은 오직 도만을 따른다. 도라는 것의 성격은 황홀(恍惚)하여 종잡을 수가 없다. 종잡을 수 없는 그 가운데 만물이 존재하는 것이다. 심원하고 어두운 그 가운데 정수(精粹)가 존재한다. 그 정수는 매우 참된 것이어서 그 가운데 진실한 증험(證驗)이 드러난다. 옛날부터 지금에 이르기까지 그 이름은 사라져버린 일이 없이 만물의 생성과 소멸을 총괄하여 왔다. 우리는 무엇으로써 만물의 생성과 소멸이 그러함을 아는가? 바로 이러한 까닭 때문이다.**

하늘이 답하나니 도는 자연의 이치니라. 사람이 살아가는 것이 도이며, 부모와 형제자매와 이웃과 함께 교류하면서 서로 살아감이 도이니라. 도는 성인을 위함이 아니며, 재물이 많음도 아니며, 살아가는 순간순간이 도로써 이루어짐이니라. 그 가운데 다툼이 있음은 사람의 욕심으로 그리됨이나니 도를 지킴은 다투지 않음이니라. 살생하지 않음으로써 도를 행한다 하면 자연의 질서를 행한다 함을 이름이니라. 무엇이 크더냐, 무엇이 작더냐의 선택을 하지 말라. 선택으로 살인을 하며, 다투며, 분쟁이 일어남이라. 이는 온당치 않음이나니 성인의 말씀으로 그리되며, 지도자의 말로 그리되느니라. 너의 자식을 성인으로 만들지 말라 함은 이와 같기 때문이며, 지도자로 만들지 말라 함도 이와 같기 때문이니라. 도를 하늘이라 칭하고 땅이라 칭함으로 천하 만물의 이치가 이루어짐은 이와 같음이니라. 하늘과 땅이 운행하여 만물이 있음이며, 움직이고 존재를 이어나간다 함은 온당함이니라. 무엇을 선택하지 말라. 땅의 운행은 만물이 생하는 것에 있음으로 만물이니라. 움직이고 존재하는 것은 숨 쉬며, 물의 이치와 더불어 있음으로 생명으로 있다 함이나니 이는 사람도 그리됨이니라. 어디로 향할까, 무엇을 먹을까를 행하는 것은 생명의 일일 뿐이라 생각하라. 말하는 것은 나중이나니 생명은 어디로 가든지 무엇을 하든지 생명이기 때문이라 하니라. 너희가 들판의 생명과 죽어가는 생명을 위하여 너의 수입의 백의 이를 사용하라. 너희가 사는 세상에 사람의 욕심으로 멸종되어지는 생명이 많음은 네가 욕심을 부리지 않았다 말할지라도 너의 생명을 이어나가는 것을 알지도, 보지도, 느끼지도 못하면서 생명을 죽이는 세상에 살고 있음이 사실이니라. 너희가 수입을 얻을 때 백의 이를 들과 숲의 생명들을 위하여 사용하라. 그리하면 세상이 너로 인하여 생명이 살아나 땅에서 나서 땅으로 돌아가는 생명의 본분을 행하는 생명이라 칭함을 얻으리로다. 진실로 사람이거든 하늘의 소리를 행하라 하나니 하늘은 너에게 무엇을 해줄 수 없음과 은혜를 갚음도 없음이 진실이니라. 하늘이 너를 위하여 무엇을 해주지 못하는 것은 다른 생명을 죽이거나 해치게 됨 때문인데 하늘은 무엇을 해주기 위해서 있음도 아니며, 은혜를 베풂도 아니니라. 하늘은 스스로 존재함을 벗어날 수 없음이며, 사람 또한 스스로 벗어날 수 없음이니라. 하늘도, 사람도 진리와 질서를 행할 뿐 얻는 것이 없음을 즐거워할 뿐이니라.

노자가 말했다. 굽은 것은 온전히 되고 만다. 구부러진 것은 곧게 되고 만다. 움푹한 곳은 가득 차게 되고 만다. 낡은 것은 새롭게 되고 만다. 적은 것은 더 보태어지고 만다. 많은 것은 미혹되어 잃게 되고 만다. 그래서 성인은 순일(純一)함을 지키어 천하의 규범이 되는 것이다. 스스로 드러내려 하지 않기 때문에 분명히 드러난다. 스스로 옳다고 주장하지 않기 때문에 그의 옳음이 더욱 밝혀진다. 스스로 업적을 자랑하지 않기 때문에 그의 공적은 더욱 인정된다. 스스로 뽐내지 않기 때문에 재능이 훌륭하다고 인정된다. 그는 절대로 남과 다투지 않기

**때문에 천하에 그와 다툴 수 있는 상대가 없게 된다. 옛날 사람들이 굽은 것은 온전히 되고 만다고 말한 것이 어찌 헛된 말이겠는가? 진실로 온전함으로써 도에 귀착하게 되는 것이다.**

하늘이 답하나니 들을지니라. 광야에 들어가서 광야만 보지 말고 풀과 나무와 그 속에서 생명으로 살아감을 보라. 모든 것을 보게 되리라. 죽음을 보느냐? 살아있음을 보느냐? 생과 사의 이치를 보느냐? 숲은 죽은 것들 위에 새 생명을 피우는 살아있는 곳이며, 사람이 있음도 마찬가지니라. 살아가느냐? 무엇을 하며, 무엇을 먹으며, 무엇을 행하며 살아가느냐? 마음이 곧아도 마음이 삐뚤어지게 행하게 됨은 사람에게 상처받음이고 천지자연의 이치에 합당함을 알지 못하기 때문이니라. 나의 아비와 나의 자식이 그러한 모습을 보이나니 아비로 비뚤어지느냐? 다시 자식으로 곧게 됨은 윤회로 인함이니라. 자식으로 비뚤어짐이 있음은 윤회의 이치에 합당하지 않음 때문이니라. 진실로 아비로 인하여 곧게 됨을 바라느뇨? 자식으로 인하여 곧게 됨을 바라느뇨? 앎을 바라지 말며, 천지자연의 이치에 합당함을 찾으라. 그리하면 아비와 자식이 곧게 되리니 천지자연의 이치에 합당함을 위하여 행함을 게으르게 하지 말라. 도를 이룬다 함은 스스로 있음이나니 무엇을 행하려 하느냐? 욕망을 이루려 하지 말고 질서를 행하려 하라. 무엇을 얻으려느냐? 욕망을 얻으려 하지 말라. 움푹한 곳은 가득 차게 됨을 기다림이며, 낡은 것은 새롭게 되는 것을 기다림이니라. 모두 질서에 있음이니라. 새로운 것은 살생하지 않음으로 새로워지니 낡은 것은 새롭게 된다 함이니라. 적은 것은 보태어지는 것이 아니라 성장하여 보태어진다 함이 온당하리니 생명이 그리됨을 이르니라. 많은 것은 성장하여 나누게 됨을 이르나니 성장은 나누게 되므로 도를 이루는 것이니라. 미혹된다 함은 나누지를 못하여 욕망을 이루려 함으로 인함이니라. 욕망은 스스로를 잃어버리게 함이나니 많은 것은 천지자연의 나눔이 근본이 되느니라. 나누어 미혹되지 말고, 나누어 살생의 행함에서 벗어날지니라. 성인은 있지 않으니 성장하여 천지자연의 이치에 합당함을 행하는 사람과 합당함을 알지 못하여 행하지 못하는 사람이 있음이니라. 사람은 사람의 질서에 있음이며, 사람의 질서는 조화로움을 행함으로 인함이나니 마치 사람이 힘에 이끌려 감을 말함은 온당치 않노라. 사람은 무엇이 진리인지를 알고 있다 함이 온당하리니 사람의 이치에 합당함을 향하여 얻어지게 됨을 행하는 것일 뿐이니라. 하늘의 이치가 하루 한 날에 이루어지지 않듯이 하며, 사람의 이치도 천지자연의 이치대로 세대에서 세대로 이어지고, 형성되어지고, 약속으로 형성되어지니라. 만들어짐은 옳지 않고, 사람은 질서로 형성되어지는 시간을 보낸 후 약속으로 자리 잡는다 함이 온당하다 하리라. 천지자연의 질서가 그리하며, 사람의 질서가 그리할지니라. 사람의 질서가 성인에 의하여 만들어짐은 온당하지 않고 그것은 마치 성인이 만들어내는 것처럼 보이는 사람이 그 약속을 받아들이는 것에 불과하리로다. 세대에서 세대로 약속을 지키는 것이 성인이 아니라 그대의 아버지와 그대이니라. 그리고 그대의 자식이 약속을 지키며 이웃이 약속을 지켜나가는 것이나니 천지만물로 이어지며, 또다시 하늘로 이어지고 천지만물이 물처럼 흐르듯이 사람의 이치도 그러할지니라. 천하의 규범이 그러하며, 천지만물의 규범이 그러하니라. 재능과 공이 있음은 성인에 있음이 아닐지니 그대의 아비와 그대와 그대의 자식과 이웃에 있으니 재능과 공은 이처럼 나누는 것일 뿐이니라. 무엇을 지키느냐? 그것은 나라가 아니라 바로 나이니라. 그리고 나의 부모와 형제와 이웃을 지키는 것이리니 나를 지키지 않음은 나라도 없음이니라. 곧고 비뚤어진 것이 자연의 이치에 합당하면 그것을 받아들여야 하며, 곧은 것을 휘게 하려 하지 않음이 온당함이니라. 휜 것을 곧게 하려 함은 그 또한 온당하지 않음이나니 곧은 것이 휘어야 하는 이치에 합당하면 곧은 것을 바라봄이며, 자연의 이치에 합당하면 그대로 바라봄이니라. 휜 것이 곧게 됨이 자연의 이치에 합당함은 그것을 그대로 바라봄이나니 곧은 것은 곧은 이치에 있음이며, 휜 것은 휜 이치에 있음이니라. 무엇을 행하려 함은 이러한 이치에 사람이 벗어날 수 없음으로 인함이며, 자연의 이치에 합당함은 바꾸려 함과 바꾸지 않음이 천지자연의 이치에 합당함이며, 행함은 온당하다 함을 이르느니라. 성인은 있지 않음이며, 나의 부모와 나와 형제와 이웃이 있음이나니 천하의 모든 사람이 그러하니라. 다툼을 나누지 말지니라. 약간 적게 갖게 됨을 즐거워하며, 나누어지는 것을 두려워 말라. 다툼으로 인해 모두 잃게 됨을 두려워할지니라. 사람은 천지자연의 이치와 다르지 않나니 살생을 당하게 됨을 피하라. 그리하면 시간이 흘러 평화롭게 되리라. 살생을 당하지 말라. 그리하면 세대에서 세대로 이어지는 이치에 이르게 되리니 살생하지 말라. 그리하면 세대에서 세대로 이어지는 이치에 이르게 되리라. 그러니 윤회의 이치가 이렇게 이루어진다 하고 맹세하고 맹세하라. 사람의 옳고 그름을 논하지 말라. 자연으로부터의 재앙을 염려할 뿐 옳고 그름을 논하여 잃게 되는 것이 많게 됨을 경계하는 것이 이러한 이치니라. 아비와 나누어야 하고, 자식과 나누어야 하고, 이웃과 나누어야 하느니라. 서로 옳음을 나누어야 함이나니 살생하지 말라. 나의 그름은 아비와 자식과 이웃과 나누어야 함이니라. 살생하지 말라. 또한 살생당하지 않음을 온전히 하라. 곧고 휨은 나중이며, 옳고 그름도 또한 나중이니라. 살생당하지 않음은 진리보다 앞서있음이며 진실보다 앞서있음이리니 진리보다 앞선 진리가 있다 함이니라. 모든 천지만물은 이와 같으니 숲의 짐승이 이와 같음이니라. 진리는 결코 생명을 살리지 못함을 알라. 진실도 또한 생명을 살리지 못함을 알라. 온전한 도는 이와 같은 이치와 함께 있나니 행함을 하려는 사람은 맹세하고 맹세할지니라.

　노자가 말하나니 남에게 들리지 않는 말이야말로 자연스러운 것이다. 그러므로 회오리바람은 하루아침을 넘기지 못하고, 소나기는 하루도 계속되지 못하는 것이다. 누가 이런 현상을 일어나게 하는가? 그것은 천지이다. 천지조차도 그런 것을 오래가게 하지 못하거늘 하물며 사람이야 어떠하겠는가? 그러므로 도를 따라 일하고 있는 사람이라면 도를 터득한 사람으로 대하면 똑같이 도를 따르고, 덕이 있는 사람을 대하면 똑같이 덕을 따르며, 실수를 하는 사람을 대하면 똑같이 실수를 한다. 똑같이 도를 따르면 도를 터득한 사람도 그를 만난 것을 즐거워할 것이다. 똑같이 실수를 하면 실수를 한 사람도 그를 만난 것을 즐거워할 것이다. 상대를 따르는 신실함이 부족하면 거기에는 불신이 존재하게 될 것이다.

　하늘이 답하나니 사람이 사람에게 말하매 들리는 사람은 들으며, 듣지 못하는 사람은 듣지 못하나니 자연스럽다 함은 이와 같기 때문이니라. 사람이 말을 하면 보느냐, 보이느냐로 판단하지 말지니라. 사람의 눈과 귀와 이와 먹으며, 마시며, 살며, 행함으로 말하는 것은 물과 불과 천지만물이 어우러짐이리니 무엇을 말하든 무엇을 생각하든지 땅에서 이루어지는 소리와 촉감은 모두 다 공유함이니라. 그것은 자연의 스스로 그러한 이치로 흘러감을 이르나니 모든 것은 모든 것의 느낌으로 나누는 것이니라. 다투는 것이 땅에 행하고 하늘에 행하니 생명은 바람으로 알아들으며, 숨 쉬는 공기로 알아듣느니라. 모르게 말하고 모르게 행함은 땅이 다툼을 전하며, 하늘이 다툼을 전함이니라. 이러한 이치가 땅의 이치로 살아간다 함이며, 하늘의 이치로 살아감을 말하니라. 살생을 받아들이는 것은 땅의 질서와 하늘의 질서에 순응함을 이름이며, 살생하는 것은 땅의 질서에 역행함을 이름이나니 그것은 생명이 악해서도 아니고 생명이 선해서도 아닐지니라. 생명은 구름이 흘러가는 것과 높은 곳에서 낮은 곳으로 흘러가는 생명과 같기 때문이리니 살생이 하늘에 임하는 질서이며 땅에 임하는 질서임을 아는 생명이기 때문이니라. 하늘 아래 사람이 무엇으로 죽임을 당하며, 무엇으로 살생을 당하는지 자연의 이치로써 사람이 행할 뿐이니라. 회오리바람은 하루아침을 넘기지 못한다 하였나니 그대의 아비와 그대와 자식과 이웃이 하루아침을 넘기지 못하는 회오리바람 앞에 등불이 되지 않음은 하늘의 이치를 행함이 진실 되기 때문이며, 땅의 이치에 행함이 진실 되기 때문이니라. 죽는 생명은 죽는 것이며, 살아남는 생명은 살아나리니 윤회의 이치에 합당하기를 경건히 행하라 함은 이와 같기 때문이니라. 살생은 천지의 이치로도 막을 수 없나니 사람의 일은 사람에 의해서 행하여지며, 사람이 행하는 악은 사람에 의하여 일어남이니라. 또한 하늘과 땅이 막을 수 없음이나니 하늘이 선하기만을 위하여 있지 않음은 사람이 죽고 사는 것이 하늘의 뜻이 아니니라. 그러므로 하늘에 생명을 살려 달라 함은 온당치 않음이니라. 죽음은 하늘이 정함이 아니며, 하늘이 정할 수 없다 함이 온당함이니라. 땅은 하늘의 이치보다도 더 사람에게 엄하고 엄하나니 하늘이 바라는 죽음보다 더 많은 사람이 죽어야 함을 바라니라. 그리하여야 물의 이치가 깨지지 않으며, 불의 이치가 깨지지 않노라. 하늘은 사람을 두려워하며, 사람은 하늘을 두려워함이 있나니 하늘은 천지만물의 조화를 위하여 사람을 두려워함이며, 사람은 살기 위하여 하늘의 조화를 위하여 깨트림을 두려워함이 있느니라. 땅은 사람을 두려워하나니 사람이 번성하여 물의 이치가 깨어지면 땅에 번성하는 천지만물이 죽음에 이르기를 두려워함이며, 사람은 물의 이치와 불의 이치를 깨트려 땅이 죽음에 이르게 됨을 두려워함이니라. 사람이 하늘과 땅을 두려워함은 땅이 갈라지며, 산에서 불을 뿜으며, 바다가 사람을 쓸어버리며, 온갖 나무와 풀이 땅에서 나지 않음을 두려워함이 있나니 하루 종일 비가 내리는 것을 기뻐함은 물의 이치가 깨어지지 않았음이며, 땅이 갈라지지 않았음이며, 온갖 새와 짐승이 들판을 날고 뛰어다님을 기뻐할지니라. 아직은 사람이 살 수 있음을 감사할지니라. 이러한 이치는 사람이 살생하지 않아야 함을 질서와 진리로 사람에게서 떠나가지 않도록 함을 온전히 하라 함이니라. 사람이 덕을 말하나 살생하지 않음보다 못하며, 사람들이 덕을 말하나 한 그루의 나무를 심는 것만 못하나니 하늘과 땅은 사람을 위한 하늘과 땅이니라. 도를 터득하였다 말하나 살생하지 않음보다 못하며, 한 그루의 나무를 심는 것만 못하다 함은 이러함으로 인함이니라. 너희가 성인을 말하나 살생하지 않음보다 못하며, 한 그루의 나무를 심는 것만도 못하다 함이 이와 같기 때문이니라. 덕 있는 사람을 따른다 하고 덕을 찬양할지라도 살생을 하지 않는 덕과 한 그루 나무를 심는 것을 더 우선함이나니 이러한 행함은 하늘이 사람을 위한 하늘이라 함이며, 땅이 사람을 위한 땅이라 함이나니 행함은 살생하지 않음으로 이루어지며, 한 그루의 나무를 심는 것으로 이루어지니라. 그러나 하늘이 언약하나니 보기에 심히 좋았더라 함은 이와 같기 때문이라 하니라.

**노자가 말하였다. 발돋움을 하고는 오래 서있지 못한다. 발걸음을 크게 떼어놓는 사람은 멀리 가지 못한다. 스스로를 드러내려 하는 사람은 분명히 알려지지 않는다. 스스로 옳다고**

하는 사람은 밝게 인정받지 못한다. 스스로 자랑하는 사람은 공적이 인정되지 않는다. 스스로 뽐내는 사람은 재능이 훌륭하다고 알려지지 않는다. 그러한 짓들은 도의 입장에서 볼 때 먹고 남은 찌꺼기와 같은 쓸데없는 행동이 된다. 만물이 모두 그러한 짓을 싫어할 것이다. 그러므로 도를 터득한 사람은 그렇게 처신하지 않는 것이다.

하늘이 답하느니라. 사람이 발돋움하는 것은 오래서있기 위함이 아니니라. 발걸음을 크게 떼어놓는 사람은 멀리 가지 못한다 함은 행함으로 무엇을 얻으려 함도 아니며 비유를 위하여 사람에게 말하는 것이리니 사람이 서있으며, 행함을 오래하기 위함이니라. 오래하여 행함은 천지만물의 이치에 합당함을 비유함이며, 발걸음을 크게 떼어놓는 사람이 멀리 가지 못한다 함은 천지자연에 행함이 오랜 세월로 인함이며, 하늘이 정한 이치를 오래 행함을 이르는 것이니라. 천지자연은 하루에 이루어짐이 없으며, 사람의 말에 의해서 생겨남도 아닐지니라. 살생하지 않음으로 해서 사람의 도가 이어짐을 일컬음이며, 한 그루의 나무를 심음으로써 천지자연의 이치가 세대에서 세대로 이어져 감을 이름이니라. 진실로 이르나니 자연의 이치는 길고 길다 하리니 천지자연은 물처럼 흘러감으로 인함이지 창조되어서 멸망되어지는 땅과 하늘은 아닐지니라. 땅은 사람이 살고 있는 땅이며, 하늘은 사람이 근본을 다 다르게 하는 지혜이자 행함의 근본이라 하는 사람이 바라보는 하늘이니라. 땅과 하늘은 스스로 나서지 않으며, 땅과 하늘은 뽐내지 않으며, 천지만물을 이루었지만도 드러내지 않나니 하늘과 땅은 사람과 만물의 세대에서 세대로 이어져 감을 바라볼 뿐이니라. 천하 만물의 도를 이룩한 것은 이러한 이치에 합당함을 행하는 생명이라 함이니라. 도를 터득함은 도를 실천함과는 다르지만 도를 실천하는 천지만물이라 함은 온당타 함이니라. 그것이 사람이라 이르면 동의하는 입장에서 행하며, 천지자연의 이치에 합당하도록 행하느니라. 그러므로 천지만물이 싫어하는 행함을 하지 않으며, 이치에 반하는 처신을 하지 않음이니라. 도가 위대하다는 것은 스스로 위대하다 하지 않으며, 도의 근본에 충실함으로 이루어지니라. 도의 행함이 치우쳐짐을 두려워함은 행함의 도가 사람을 현혹케 하는 도가 됨을 두려워함이며, 도가 사람에게 살생의 행함으로 역도가 됨을 두려워함이니라. 도를 함부로 사람에게 말하지 말고 도를 말할 때 한 그루의 나무를 심으라. 역도를 극복함이 여기에 있으리로다. 이러한 이치의 도는 자연이므로 위대하니라. 초월함으로 미혹함이 있게 됨은 자연의 이치가 될 수 없음이며, 위대하다는 것으로 자연의 이치가 될 수 없음이니라. 마음에 물처럼 흐르는 질서를 행함으로 이를 자연이라 함이나니 땅에서 이루어지며, 땅이 편안하며, 이러한 이치가 하늘에 이르며, 하늘이 운행되나니 하늘에서 이루어지는 평안이 있으리로다. 사람에게 이르면 조화롭다 함이 사람에게서 이루어짐과 같다 함이니라.

　노자가 말하였나니 어떤 물건이 혼돈이 이루어져 있었는데 그것은 하늘과 땅의 생성보다도 앞서 있었다. 아무 소리도 없고 아무 형체도 없지만 홀로 존재하며 바뀌어 지지 않고 모든 것에 두루 행하여지면서도 위태롭지 않으니 천하의 모체라 할 만한 것이다. 나는 그 이름을 알지 못하므로 그것을 도라고 이름 지었고, 억지로 그것을 대(大)라 부르기로 하였다. 대(大)라고 하는 것은 끊임없이 변화하여 간다. 끊임없이 변화하는 것은 멀리 극도에까지 이른다. 멀리 극도에 다다르면 제자리로 되돌아간다. 그러므로 도란 위대한 것이다. 하늘도 위대하고, 땅도 위대하고, 왕도 역시 위대하다. 세상에는 이 네 가지 위대한 것이 있는데, 왕도 그 중의 하나를 차지하는 것이다. 그런데 사람은 땅을 법도로 삼고, 땅은 하늘을 법도로 삼고, 하늘은 도를 법도로 삼으며, 도는 자연을 법도로 삼고 있는 것이다.

　하늘이 답하여 말하나니 혼돈 속에 만물이 있다 함은 옳지 않음이니라. 만물 속에 혼돈함이 있음이 옳으니 만물은 땅 위에 이루어지며, 땅 위에 온갖 생명으로 이루어졌다 함이 온당함이니라. 하늘과 땅이 생성되어지기 전 앞서있다 함은 옳지 않으니 만물과 하늘과 땅은 함께 이루어졌느니라. 땅에서 이루어지지 않으면 만물은 이루어지지 않음이며 하늘에서도 이루어지지 않음이리니 만물과 하늘과 땅은 함께 이루어졌다 함이 옳다 함이니라. 하늘과 땅과 만물은 보여지지 않는 생명이니라. 그것은 느껴지는 생명이기 때문이리니 생명이 있지 않은 땅과 하늘은 만물이 없음이며, 만물이 없는 하늘과 땅은 생명이 없는 땅이니 생명이 없는 것은 말로써도 마음에서도 존재라 할 수 없음이 온당하다 함이니라. 아무 소리도 없고 형체도 없으며, 홀로 존재하며, 변화하지 않고, 모든 것을 두루 행하여지면서도 위태롭지 않음은 생명으로서 그대가 있지 않음이 온당하다 함이리라. 그대에게 생명이 있으며, 그래서 만물이니라. 그리고 그대가 하늘을 말하며, 땅을 말하며, 살아있음을 느끼나니 하늘과 땅은 그대가 느끼며, 누리는 것이 이러한 이치에 있음이니라. 그대가 도가 있었다 하며, 천하의 모체가 된다 하며, 위대하다 하나니 도는 그대이니라. 존재는 도를 앞서있음으로 인함이며, 생명은 도를 앞서있음이며, 천지자연은 생명이나니 도가 생명을 앞서있다 함은 온당하지 않음이니라. 생명은 도를 품고 있어 도이며, 존재가 도를 품고 있어 도이나니 생명은 도의 근본이라 함이 온당함이니라. 살생하지 않음은 도를 행하는 것이며, 한 그루의 나무를 심는 것은 도가 이루어진다 함이니라. 생명은 변화하며, 나누게 되며, 생명은 또 다른 생명을 살리나니 이것을 두루 행하여진다 함이니라. 위대하다는 것은 이러한 이치로 인함이니라. 하늘도 위대하며, 땅도 위대하며, 만물도 위대하며, 또한 생명 또한 위대하며, 사람이 살생하지 않음으로써 위대하며, 한 그루의 나무를 심음으로써 위대함은 이와 같은 이치로 인해 위대하다 함이니라. 사람은 살생하지 않음을 법도로 삼고 한 그루의 나무를 심는 것을 법도로 삼으니 이러한 법도는 생명의 법도라 칭하느니라. 생명의 법도는 만물을 법도로 삼으며, 땅에서 이루어진다 함은 땅을 법도로 삼나니 땅과 하늘은 스스로 그러한 이치에 합당함으로 법도로 삼느니라. 스스로 그러한 이치는 생명으로 삼나니 이것을 윤회의 이치로 함은 지극히 온당타 하니라. 이 세상이 윤회의 이치로 행하여진다 함이 또한 온당하리니 윤회가 이루어짐은 무엇은 무엇을 행하며, 무엇은 무엇을 생성시킨다 함이 온당타 함이니라. 윤회가 세상을 살린다 함을 칭송받으리니 하늘이 이를 행하며, 땅이 이를 행하며, 만물이 이를 행하게 되리니 윤회는 세대에서 세대로 이어지는 질서라 함이 온당하고 온당타 하니라. 이 또한 자연이라 하니라.

**노자가 말하였나니 무거운 것은 가벼운 것의 근본이 되고, 고요한 것은 시끄러운 것의 지배자가 된다. 그러므로 성인은 하루 종일 길을 가더라도 식량이나 기구를 실은 수레를 떠나지 않는 것이다. 비록 굉장한 구경거리가 있다 하더라도 편안히 처신하여 초연한 것이다. 그러니 어찌 천하의 임금이 되어 가지고도 자신을 천하보다도 가벼이 할 수가 있겠는가? 가벼이 행동하면 근본을 잃게 되고, 시끄러이 행동하면 임금 자리를 잃게 된다.**

하늘이 답하나니 하늘은 땅의 생각함이며, 땅은 하늘의 이치를 펼쳐짐이니라. 이는 만물이 하늘과 땅을 나타냄이니라. 무거운 것이 가벼운 것의 근본이라 함은 땅이 무거운 것과 가벼운 것이 함께 실린다 함을 일컬음이나니 무거운 것은 무거운 것으로 만물이 되며, 천지자연에 펼쳐짐을 이름이니라. 가벼운 것은 가벼운 대로 천지자연에 펼쳐짐을 이름이나니 근본은 본시 함께 펼쳐지는 질서라 함이 옳으니라. 고요한 것은 시끄러운 것의 지배자가 된다 하는 이러한 이치가 생명을 품고 있음을 말하며, 시끄러운 것은 생명의 행함을 이름이니라. 고요와 시끄러운 것은 생명과 생명을 품고 있다 함이니라. 성인은 홀로 길을 가지 않고 서로 살피느니라. 보듬지 않은 성인은 있음을 부정함이 크다 하리니 성인은 사람의 본보기로서 행함의 근본이 된다 함이 이와 같기 때문이니라. 성인은 자연이 있다 함으로 인함이리니 성인이려거든 사람들과 함께 행하며, 나누라. 그 이상도 아니며, 그 이하도 될 수 없음이니라. 가느냐? 어디로 가든 천지자연의 이치에 합당한 행함의 길을 가라. 오느냐? 머무느냐? 천지자연의 이치에 합당한 행함을 행하며 오거나 머무르리니 이 또한 자연이니라. 천하는 아비와 자식과 처와 이웃보다 소중하지 않으리니 천하는 버릴 수 있어도 부모와 자식과 처와 이웃은 버린다 해서 버려짐도 아닐지니라. 더구나 얻는다 해서 얻어짐도 아니니라. 그대에게 천하는 스스로 그러한 자연이나니 자연을 넘보지 말라. 자연은 그렇게 스스로 흘러갈지니라.

**노자가 말하기를 길을 잘 가는 사람은 지난 자국을 남기지 아니한다. 말을 잘하는 사람은 트집 잡을 흠이 없다. 셈을 잘 하는 사람은 셈 가치를 쓰지 아니한다. 문을 잘 닫는 사람은 빗장과 자물쇠가 없더라도 열 수가 없게 하고, 잘 묶는 사람은 새끼줄로 묶지 아니하더라도 풀 수가 없게 한다. 그래서 성인은 언제나 사람들을 잘 구제하기 때문에 돌보지 않고 버려지는 사람이 없게 된다. 이것을 밝음을 가리는 것, 곧 습명(襲明)이라 부르는 것이다. 그러므로 훌륭한 사람이란 훌륭하지 않은 사람의 스승이며, 훌륭하지 않은 사람이란 훌륭한 사람의 자원이 되는 것이다. 그러한 스승을 귀중히 여기지 않고 그러한 자원을 아낄 줄 모른다면, 비록 지혜 있는 사람이라 하더라도 크게 미혹될 것이다. 이것을 중요한 묘리, 곧 요묘(要妙)라고 부르는 것이다.**

하늘이 사람에게 묻노라. 살아가느냐? 사는 것은 무엇을 위하여 사느냐 묻는 것이 아니리니 태어나고자 태어남이 아닐지니라. 태어남은 복 얻음이더냐? 복 없음이더냐? 복은 생명을 가졌음을 알아가는 것이며, 복 없음은 생명을 원망함이나니 길 앞에서 천지자연의 이치에 합당한 행함을 하느냐? 천지자연의 이치에 합당함을 행하지 않느냐? 하늘은 말하나니 흔적을 남기지 않음은 하늘이 원함이며 땅이 원하나니 흔적을 남긴다 함은 살생하며, 피를 뿌리며 가는 것이니라. 흔적을 남기지 않음은 살생하지 않음으로 생명이 함께 간다 함이 온당하리니 천지자연이 이루어진다 함이 온당하다 함이니라. 말을 잘하지 말라. 말로라도 살생함을 행할까 함이며, 말로써 행하지 않으나 언젠가 그리함을 염려함일지니라. 셈을 잘하는 사람을 멀리할지니라. 사람을 세느냐? 만물을 세느냐? 사람을 울타리에 가두면 만물을 가두는 것과 같을지니라. 그리고 셈은 흐르는 조화에 맡기는 것이니라. 문을 잘 닫으며 새끼줄을 묶는 것을 잘함도 셈을 잘 세는 것과 같다 하리니 사람이 행할 수 있는 행함은 아닐지니라. 이 또한 물처럼 흐르는 조화로움을 따를지니라. 성인은 사람을 잘 구제한다 하였지만 있지 않음이니라. 천지자연의 이치를 행하는 사람과 천지자연의 이치를 행하지 않는 사람이 있다 함이 옳을지니라. 사람을 구제하는 것은 자연의 이치대로 스스로 존재함으로 인함이나니 누구를 구제하며 사느냐? 살생하지 않음은 천지만물을 구제하는 것과 같으며, 한 그루 나무를 심는 것은 천지만물을 구제함과 같다 하리라. 그러니 구제하지 말고, 살생하지 말라. 훌륭한 사람은 이처럼 행하는 사람이며, 훌륭하지 않은 사람은 이처럼 행하지 않는 사람이니라. 이처럼 행하는 사람을 스승이라 하며, 행하지 않는 사람을 경계하는 것이 온당타 하리라. 사람을 귀중히 여김도 천지만물을 귀중히 여김도 이와 같은 행함으로 이루어진다 함이니라. 지혜는 윤회의 이치에 합당함을 행하는 것이며, 지혜를 잃는다 함은 윤회의 이치를 모르면서 지혜 있음을 자랑하는 것이니라. 지혜란 살생하지 않는 이치를 행함으로 이루어지며, 그것은 한 그루의 나무를 심는 행함으로 이루어지리라. 살생은 윤회의 이치를 버리는 것이며, 한 그루의 나무를 심지 않았다 함과 같나니 윤회가 다음 세대를 위한 행함을 이름이니라. 이를 맹세하며 맹세할지니 지금 복 받음을 바라지 말라. 생명은 태어나면 성장하듯이 복은 생명이 자라는 이치와 함께 이루어진다 함을 보게 되리로다. 스승은 이와 같이 행하여지는 것을 근본이라 함이 온당타 할지니라. 스승은 말로써 행하지 않느니라. 생명임을 무엇으로 가르치려느냐? 무엇을 행하려느냐? 말로써 하지 말라. 행함으로 자연의 진실한 이치를 행하라. 그리하면 스승이 되니라. 배우지 않아도 스승이 되며, 말 잘하지 않아도 스승이 될지니라. 스승은 자연의 이치처럼 생명이 자라듯이 행하는 스승을 말함이나니 그대가 그대로 행하며, 사람의 스승이 될지니라.

**노자가 말하기를 수컷의 강함을 알고서 암컷의 연약함을 지키면 천하의 만물이 귀착되는 골짜기 같은 존재가 된다. 골짜기 같은 존재가 되면 변함없는 덕이 그에게서 떠나지 않게 되어 어린 아기 같은 상태로 되돌아가게 된다. 희고 깨끗함을 알고서 더럽혀진 검은 것을 지키면 천하의 법도가 된다. 천하의 법도가 되면 변함없는 덕은 어긋남이 없어 무궁함으로 되돌아가게 된다. 영화로움의 위태로움을 알고서 욕된 상태를 지키면 천하의 산망이 몰려드는 골짜기 같은 상태가 된다. 골짜기 같은 상태가 되면 변함없는 덕이 충분하게 되어 소박함으로 되돌아가게 된다. 소박함이 흩어지면 쓰이는 그릇 같은 사람이 된다. 성인은 그러한 사람들을 등용하여 관청의 우두머리로 삼는 것이다. 그러므로 위대한 제작은 쪼개어 흩어지게 하지 않는 것이다.**

하늘이 답하며 사람에게 자연이더냐 하고 묻노라. 사람도 스스로 존재한다 함이며, 자연의 이치에 합당함은 온당함이나니 수컷의 강함을 알고 암컷의 연약함을 지키면 천하의 만물이 귀착되는 골짜기 같은 존재가 된다 함이라. 생명은 강하며, 유약하나니 만물은 이렇게 귀착되어서 생명이라 함이 온당타 함이니라. 이와 같은 생명의 강함과 유약한 이치가 합당함을 행하는 것은 변함없이 스스로 그러한 이치, 즉 자연이 됨이니 그에게서 떠나지 않게 되어 어린 아기 같은 상태로 되돌아가게 함이 있느니라. 희고 깨끗함을 알고서 검은 것을 지키면 천하의 법도가 되며, 희고 깨끗한 본래적 이치를 알고 행하기를 항상하면 더렵혀지는 사람들을 알게 됨이라. 그때 사람이 희고 깨끗한 행함으로 인도함을 스스로 그러한 이치, 즉 자연이라 함이 온당하다 함이니라. 이는 천하의 법도로 사람이 행함을 즐겨하나니 변함없으며, 어긋나지 않는 행함이 스스로 그러함, 즉 자연이라 함이며, 무궁함으로 되돌아간다 함이니라. 영화로움의 위태로움을 알고 욕된 상태를 지키면 천하의 산망이 몰려드는 골짜기와 같은 상태가 되며, 하늘은 영화로움을 사람에게 행하라 하지 않았나니 여러 사람의 것을 빼앗으며, 갈취하지 않았다 할 수 없음이 온당하니라. 살생으로 빼앗고, 땅에서 이루어지는 질서를 깨트리고, 빼앗았으며, 갈취함은 하늘이 허용하지 않았으니 영화로움은 영화로움을 빼앗으려 벌떼처럼 달려들게 되리라. 그때에 살생당하다 부모와 처와 자식이 빼앗으려 들게 되느니라. 영화로운 것은 살생당하는 지름길인 반면, 소박함은 살생당하지 않는 방책이니라. 소박함으로 돌아가 천지자연의 복을 얻으라. 그리하면 세대에서 세대로 화가 비켜지나갈지니라. 순간의 영화로움이 세대에서 세대로 이어지는 화가 닥칠지니 소박함이 흩어지면 쓰여지는 그릇이 같은 사람이 되리라. 그리하면 스스로 그러한 이치, 즉 자연이 되리니 천지자연의 쓰여지는 그릇이 되는 사람을 등용하여 우두머리로 삼는 것은 합당한 이치에 있음이니라. 그러므로 위대한 제작은 천지자연에 합당한 그릇을 빚는 것과 같다 하니라.

노자가 말하나니 천하를 탈취하여 그것을 인위로 다스리려 하는 것은 불가능한 일이라고 나는 알고 있다. 천하란 신묘한 그릇과 같은 것이어서 인위로 다스릴 수 없는 것이다. 인위로 다스리려는 사람은 천하를 망치고, 거기에 집착하는 사람은 천하를 잃을 것이다. 그러므로 사물이란 혹은 앞서기도 하고 혹은 뒤따르기도 하며, 혹은 입김을 불어 따스하게도 해주고 혹은 입김을 불어 식히기도 하며, 혹은 강한 것이 되었다가도 혹은 약한 것이 되기도 하며, 혹은 받쳐주기도 하다가 혹은 떨어뜨리게도 되는 것이다. 그러므로 성인은 심한 짓을 하지 않으며, 사치한 짓을 하지 않으며, 교만한 짓을 하지 않는 것이다.

하늘이 답하나니 천하를 탈취함은 천하를 탈취하기 위한 살생을 함이니라. 하늘이 천하를 탈취하려고 하면 또다시 탈취하려 하게 될 것이니라. 탈취한 것을 다시 탈취하려 함은 살생 위에 살생함으로 하늘이 정한 이치라 함이 온당하다 하리라. 하늘은 조화를 위하여 있다 하나니 땅도 또한 조화롭기 위하여 있음이니라. 사람과 만물의 조화가 깨어짐이나니 사람이 사람을 살생함은 극에 달함으로 만물의 이치라 함이 온당함이니라. 살생은 또 다른 살생으로 만물의 이치가 지켜지나니 사람이 질서와 조화를 깨트리는 생명이라 하늘이 알게 됨이니라. 하늘은 사람의 하늘이 아니고 만물의 하늘이라 함은 사람이 들에서 짐승과 만물을 죽이는 것과 같이하게 됨을 이르느니라. 천하를 얻으려 살생하며, 천하를 다스린다 한들 살생의 이치에 벗어나지 않음이나 살생하여 스스로 벌 받으며, 부모와 자식과 처와 이웃을 살생하면서 천하를 얻는 것을 기뻐함이니라. 그리하여 네가 믿고 웃으며, 나누어야 할 것이 있느냐? 재물이 너를 웃게 만들며, 권세가 너를 웃게 만드느냐? 스스로 벌함은 너의 재물을 빼앗으려 달려드는 짐승이 있음을 두려워하며, 너의 권세를 빼앗으려 달려드는 짐승일까 두려워함이 있음이로다. 따라서 살생하지 않음을 맹세하며, 부모와 자식과 처와 이웃을 사랑하며, 한 그루의 나무를 심는 것으로 살생의 고통에서 벗어나며, 땅 위에 생명을 뿌리내리게 하기를 즐겨 하라. 그리하면 살생의 고통을 벗어나게 하며, 조화의 고통에서 벗어나게 하며, 생명을 누리며, 생명을 나누기를 즐겨 하게 되리로다. 천하를 얻으려느냐? 천하를 버려야 천하를 얻게 됨이니라. 천하를 경영하려느냐? 너의 부모와 자식과 이웃을 평화롭게 함이 천하를 다스리는 것과 같으니라. 천하를 얻으려 하지 말고 살생하지 말지니라. 천하를 얻으려 하지 말고 한 그루의 나무를 심으라. 그리하면 천하를 얻음보다 더 기쁘니라. 그 기쁨을 하늘이 알고, 땅이 알고, 만물이 알게 되어 하늘이 복을 주며, 땅이 복을 주며, 만물이 복을 주는 것이 세대에서 세대로 이어지게 되리라. 그리하면 천하를 잃어버릴까 두려워하지 않음으로 부모와 자식과 처와 이웃을 잃지 않게 되리로다. 이로써 가족이 먼저인지 천하가 먼저인지를 알게 되리니 사치하지 말며, 교만하지 말지니라. 천하를 얻는 것보다 큰 것임을 알게 되리라.

　　노자가 말하였다. 도로써 임금을 보좌하는 사람은 군사력으로써 천하에 강함을 드러내지 않는다. 그 일은 근본으로 되돌아감이 좋은 것이다. 군대가 주둔한 곳엔 가시덤불이 자라게 된다. 큰 전쟁을 치른 뒤에는 반드시 흉년이 든다. 용병을 잘하는 사람은 어려움을 해결할 따름이지, 감히 강함을 드러내려고 하지 않는다. 어려움을 해결하되 뽐내지 아니하며, 어려움을 해결하되 자랑하지 아니하며, 어려움을 해결하되 교만하지 아니하며, 어려움을 해결하되 부득이할 때만 싸우며, 어려움을 해결하되 강함을 드러내지 않는다. 만물이란 강장(强壯)하

**여지면 늙게 마련이니 그것을 부도(不道)함이라 이르는 것이다. 부도함이란 일찍 멸망하게 되는 것이다.**

하늘이 답하나니 전쟁을 일삼아 사람을 죽이며, 대지에 생명으로 살아 있는 만물의 생명을 살생하여 얻어지며, 권세 있게 됨과 재물이 쌓여짐은 사람이 행하지 말아야 함을 이르느니라. 도는 살생을 위하여 있지 않음이며, 권세 있게 됨이 아닐지니라. 군사력으로 강함을 드러내려느냐? 강함으로 이기는 것은 짧으며, 강함은 약하게 됨이나니 살생하여 빼앗은 재물과 권세는 그 재물과 권세를 빼앗으려 짐승이 달려듦이 멈춰지지 않기 때문이니라. 권세와 재물이 스스로 벌하게 됨은 천지의 작용이기 때문이며, 만물의 작용이기 때문이니라. 오래도록 고통당하게 됨은 천지자연의 이치가 그리하며, 만물의 이치가 그러하기 때문이니라. 무위로 돌아감은 스스로 벌하지 않음을 이름인데 사람이 행하기에 사람답다 함이며, 살생하지 않음이 좋은 것이며, 한 그루의 나무를 심어 좋은 것이라 함과 같다 함이니라. 군대가 주둔하는 곳은 가시덤불이 나도록 황폐하고, 큰 전쟁을 치른 뒤에는 반드시 흉년이 든다 함은 땅이 짓밟혀 생명이 자라남이 멈추었다 함이며, 땅에 생하는 생명이 살생당하여 오래도록 그곳에 생명이 살지 못함을 이르느니라. 군사를 잘 쓰게 됨을 행하지 않음은 최고의 선이 아닐지니라. 그런 반면 군사가 있지 않음이 선이나니 군사가 있음을 부끄러워하여야 함이니라. 부득이 군사가 있어야 한다면 백성의 다툼을 풀어주거나 땅에서 얻는 수확을 돕는 것으로만 필요함이니라. 군사를 필요로 했던 것은 권세로 인함이며 재물을 빼앗으려 함에서 인함이나니 땅이 황폐해지고, 곡식이 자라지 않은 땅을 가지게 됨을 하늘에 비는 것과 같다 함이니라. 군대를 가지는 것은 교만함을 행함이며 사치함을 가지는 것과 같다 함이나니 많은 생명을 죽여서 사치함을 얻게 되므로 생명을 죽여서 교만함을 갖게 되리로다. 만물은 성장하여 늙게 마련이니 부도함이 이와 같음이며, 부도함으로 멸망하여 새로운 시대가 있게 됨을 이르느니라. 하늘이 사람에게 권하노니 함부로 살생하지 말라. 하늘은 사람을 욕심으로 스스로 벌하게 하며, 사람을 욕심으로 스스로 죽음에 이르게 하리라. 진실로 말하노니 살생하지 않고 살아감을 신실히 하라. 생각하고 행하며, 지나간 일을 기억하여 앞일을 대비함이 사람에게 있나니 모든 천지만물을 혼란에 빠지게 함은 사람이 천지만물의 악이라 함이 옳다 하리라. 사람은 태어나 숲을 대지로 만들고, 그곳에서 살아가는 생명을 살생하고, 하늘을 날아가는 날짐승을 살생하고, 강과 바다의 생명을 살생하는 생명이니라. 이렇듯 사람은 모든 생명을 살생하는 생명이기 때문에 하늘이 사람을 징벌함이 온당하다 함이니라. 하늘이 사람을 징벌하면 숲이 늘어날 것이며, 숲에서 한 생명이 살생당하지 않을 것이며, 하늘을 날아다니는 생명이 살생당하지 않을 것이며, 강과 바다에서 살생당하지 않는 생명이 넘쳐날 것이니 사람이 줄어들어야 사람 이외의 생명이 살아남을 것이니라. 사람은 천지자연의 악마이며, 만물의 악마일지니라. 사람을 죽게 함은 천지자연이 온전한 조화를 이루게 함이리니 사람을 하늘이 싫어함이 온당하다 함이 이와 같음이니라.

노자가 말하나니 훌륭한 무기는 불길한 연모이어서, 만물 중에는 그것을 싫어하는 것들이 있다. 그러므로 도를 터득한 사람은 그것을 몸 가까이 두지 않는다. 군자들은 평소에 왼쪽을 존중하고, 전쟁을 할 적에는 오른쪽을 존중한다. 무기라는 것은 불길한 연모이니 군자들이 쓸 연모는 아닌 것이다. 부득이하여 무기를 쓰게 될 경우, 편안하고 깨끗한 마음으로 쓰는 게 좋으며, 싸워 이기는 것을 좋은 일로 여겨서는 안 된다. 그것을 좋은 일로 여기는 사람은 사람을 죽이는 것을 즐기게 될 것이다. 사람을 죽이는 것을 즐기는 사람이라면 천하에서 뜻을 얻을 수가 없게 될 것이다. 길한 일에 있어서는 왼쪽을 숭상하고 흉한 일에 있어서는 오른쪽을 숭상한다. 부장군은 왼쪽에 위치하고 대장군이 오른쪽에 위치하는데, 이것은 상례(喪禮)를 따라 위치를 정한 것임을 뜻한다. 전쟁이란 많은 사람을 죽이므로 슬픔으로 울어야 하게 되는 것이다. 그래서 전쟁에 이겼다 하더라도 상례를 따라 배치하는 것이다.

하늘이 답하느니라. 하늘은 살생하지 않음으로 살며, 살생하지 않으며, 조화로움을 사람에게 행하는 바이니 살생으로 조화가 깨어짐으로 인해 사람에게 스스로 벌을 받으라 함은 하늘이 사람을 싫어함도 아니며, 스스로 벌을 받도록 함도 아닐지니라. 살생하여 스스로 벌하게 됨은 만물의 이치이며, 천지의 이치이니라. 사람과 만물의 조화가 땅에서 이루어짐을 있으라 함은 온당하니라. 사람이 살생을 행함은 사람의 생명을 하늘이 가벼이 여김을 받기 때문이나니 이는 사람 스스로 행함으로 인함이니라. 훌륭한 연모가 살생을 행하기 위함이면 사람은 스스로 자기를 죽여주소서 하고 하늘에 빌며 소원함이 있음이나니 하늘이 스스로 죽겠노라 함을 용인함이니라. 훌륭한 무기가 자기의 목숨을 빼앗게 될 날이 멀지않음이나니 곧 그가 죽음에 이를지니라. 만물은 살생을 싫어하며, 하늘과 땅 또한 싫어함은 만물도, 하늘도, 땅도 생명으로 이루어졌기 때문이니라. 하늘과 땅을 두려워하는 자가 살생하지 않고 한 그루의 나무를 심어 하늘의 이치와 땅의 이치를 행함으로 죽지 않으려 함이니라. 무기는 스스로를 죽이기 위한 연모이기 때문에 가까이 두지 않음이 온당함이니라. 군자들은 지혜 갖기를 행할 때에 살생하지 않으려 행하며 살생당하지 않으려 함이 온당함이나니 이를 왼편에 두게 됨은 심장을 찌르지 않기 위함이니라. 오른편에 무기를 둔다 함은 자기의 손으로 무기를 들어 스스로를 찌르기 위함이니라. 해가 뜨면 해는 온전히 생명을 살리기 위하여 뜨나니 해가 조화를 위하여 뜬다 함이 온당하니라. 사람을 죽이기 위하여 해가 뜨게 됨은 천지자연이 사람을 버린 것과 같다 함이며, 해가 오른쪽에서 뜬 것과 같이 사람이 오른쪽에 선다 함은 해가 무기가 됨을 이름이니라. 달이 왼편에 뜬다 함은 스스로 지혜를 행하여 죽음에 이르기를 소원함과 같으니라. 살생하지 말라. 그리하지 않으면 살생당하는 시간이 곧 오게 되리라. 해가 뜨면 생육하는 질서를 행하기 위하여 한 그루의 나무를 심는 것을 즐겨 하라. 그리하면 살생함을 잊게 될 것이며, 살생당하지 않게 될 것이며, 세대에서 세대로 이어지게 되느니라. 살생하기 위한 연모는 스스로를 죽이게 됨을 알라. 살생하지 않으려 함은 군자가 행하여야 하는 행함이니 그리하면 살생당하지 않으리로다. 자기를 지키는 것은 싸우려 달려드는 사람에게서 자기를 지켜 달려들지 못하게 함이 온당하다 함이니라. 사람이 조화를 지키는 것은 지혜를 써야 함이며, 온전히 하늘의 이치와 땅의 이치와 만물의 이치를 행함으로 이루어진다 함이 온당하리라. 부득이하게 무기를 쓰게 된다면 편안하고 깨끗한 마음으로 쓰는 게 좋으니라. 싸워서 이기는 것은 좋은 일로만 여겨서는 안 되는데, 그것을 좋은 일로 여기는 사람은 사람을 죽이는 것을 즐기게 될 것이며, 스스로 칼을 뽑아 스스로를 죽이게 됨을 보게 되리라. 이는 하늘이 그를 용서하지 않음이며, 땅이 용서하지 않음이며, 만물이 용서하지 않음이니라. 천하에서 무엇을 얻기 위해 세상이 피폐하게 되어 벌 받게 됨은 하늘의 이치이며, 땅의 이치이며, 만물의 이치라 함이니 스스로 죽으며 이를 알게 될 것이니라. 살생하지 않음을 지혜롭게 하면 이를 왼편에 있음이라 이르며, 살생의 마음을 갖지도 않음은 또한 지혜라 하니라. 해가 뜨면 한 그루의 나무를 심으며 생명을 자라게 할지니 이는 하늘의 이치이며, 땅의 이치이며, 만물의 이치이며, 조화롭고 온당하다 함이니라. 하늘은 전쟁으로 사람이 죽게 됨을 슬퍼하며, 전쟁으로 인하여 사람 이외의 생명이 살생당함을 슬퍼함이 크니 이를 조화가 깨졌다 하여 슬퍼함이니라. 따라서 살생을 행한 사람을 벌하기를 세대에서 세대로 마른하늘에 벼락이 내리듯이 한다 함이라. 하늘은 해의 이치로 인하여 생명을 생육함의 이치이며, 달의 이치는 살생하지 않을 지혜를 행하게 됨을 이르며, 해의 행함을 지혜롭게 행함이 크니니 이는 하늘이 원함이며, 땅이 원함이며, 만물이 원함이니라. 사람이여, 살생하는 자를 죽이는 것을 하늘이 원한다 하나니 땅에 그것을 바라며, 만물이 그를 벌한다 함으로 행하게 될지니라.

노자가 말하나니 도란 언제나 이름도 없고, 소박하며, 비록 작게 보이지만 천하에는 감히 그것을 지배할 수 있는 것이란 없다. 임금이 만약 그것을 잘 지킨다면 만물이 스스로 경복하게 될 것이다. 하늘, 땅과 서로 화합되어 단 이슬을 내리게 할 것이고, 백성들은 아무도 명령하지 않아도 스스로 고루 다스려지게 될 것이다. 처음에 인위적으로 제어하기 시작하자 이름이 있게 되었다. 이름이 있게 된 이상 또한 멈춰야 할 곳을 알아야만 할 것이다. 멈출 곳을 아는 것이 위태롭게 되지 않는 방법이 된다. 도의 천하에 있어서의 위치를 비유로 들면 마치 골짜기 냇물이 강과 합쳐져 바다로 흘러드는 것과 같다.

하늘이 답하느니라. 하늘은 사람을 벌하려고 있는 하늘이 아니며, 땅은 사람을 벌하려고 있는 땅이 아니며, 만물은 사람을 벌하려고 있는 땅이 아닐지니라. 하늘은 함부로 살생하고 자기의 이익을 구하는 것을 벌하는 하늘이며, 땅은 함부로 살생하고 자기의 이익을 구하는 것을 벌하는 땅이며, 만물은 함부로 살생하고 자기의 이익을 구하는 것을 벌하는 만물일지니 스스로 벌하는 것을 죽음에 이를 때까지 이어짐은 하늘과 땅과 만물이 용인함이며, 그의 부모와 자식과 처와 이웃이 죽음에 이를 때까지 빼앗으려 하늘과 땅과 만물이 용인함이 있을지니라. 이는 생명이 생명을 빼앗음과 같으며, 자연이 자연을 죽이는 것을 서슴지 않음과 같다 함이니 자기의 이익으로 살생하지 않음을 하늘이 두려워하며, 자기의 이익으로 살생하지 않음을 땅이 두려워하며, 자기의 이익으로 살생하지 않음을 만물이 바라보고 있음처럼 하라 하니라. 그리하면 편안하고 온유한 생명으로 살아갈지니라. 도는 이와 같음이나니 천하는 지배할 수 없음이니라. 천하는 살생하지 않으며, 나누며, 교류함이나니 임금이 천하의 이치를 합당하게 하고 온당하게 함은 지혜 있음으로 인함이니라. 또 하늘의 지혜와 땅의 지혜와 만물의 지혜를 행한다 함이니라. 만물의 지혜를 행한다 함은 하늘과 땅이 화합한다 함이며, 백성들이 그리 행함을 즐거워함이며, 명령에 의함도 아니며, 고루 다스려짐으로 조화에 의하여 행하여진다 함이니라. 살생하고 이룬다 하며, 살생하고 하늘이 행하라 하며, 땅이 행하라 하며, 사람을 미혹하게 함은 어리석은 생명이라 하며, 어리석은 사람이라 곧 가까운 날에 갈가리 찢기어 하늘과 땅과 만물의 저주를 당하리로다 하니라. 도란 이와 같다 함이며, 하늘과 땅은 조화를 위함이지 사람을 사랑함으로 이루어지지 않느니라. 만물도 조화를 위함이지 사람을 사랑함으로 이루어지지 않느니라. 윤회의 이치가 땅에서 이루어지고 만물의 이치가 조화롭게 이루어짐을 윤회라 함이 온당하다 함이니라. 윤회를 행하는 자 살생하지 말지니라. 윤회를 행하는 자 한 그루의 나무를 심으라. 그리하면 세대에서 세대로 쓰여짐이 크고도 크게 됨이니라. 이처럼 하늘과 땅과 만물의 이치는 비록 작게 보일지라도 천하의 이치는 스스로 행하는 자연이라 함이니라. 자연은 지배를 위하여 있음도 아니며, 지배를 받음도 없다 함이니라. 지배는 없으며, 자연의 이치를 스스로 행함으로 자연이라 함이니라. 하늘과 땅과 만물이 화합한다 함은 온당함이 있느니라. 사람을 스승으로 삼으려거든 살생하지 말고 한 그루 나무를 심는 사람을 스승으로 삼으라. 이는 살생하지 않는 것으로 지혜를 얻음과 같으며, 한 그루의 나무를 심어 지혜를 얻음과 같나니 사람이 천만금을 가지고 있다 할지라도 살생하지 않음보다 귀하지 않으며, 한 그루의 나무를 심는 것보다 또한 귀하지 않음이니라. 이는 진리이며, 조화로움이라 함이니라. 천지자연은 명령함으로 인함이 아닐지니 살생하지 말라. 천지만물의 이치를 사람이 행함을 바라보며, 한 그루 나무를 심는 것을 하늘이 사람의 행함을 바라봄이니라. 이 모든 이치가 땅에서 이루어지나니 고루 다스려지며 이루어지니라. 다스려지는 것은 자기의 이익을 위하여 살생하는 사람을 단죄함을 말하는 것이며, 다스려지는 것은 자기의 이익을 위하여 만물의 이치를 함부로 사람의 이치와 맞추려 함을 단죄함을 말하는 것이니라. 멈추지 않으면 죄의 문화가 쌓여가고 죄를 행하는 사회가 되어 가나니 전쟁이 멈추지 않으며, 이는 스스로 벌주려 함과 스스로 살생당하려 온갖 악행을 행하는 것과 같으니라. 그 죄가 부모와 자식과 처와 이웃이 너의 행한 악행을 단죄하려 이빨을 갈며, 기회를 엿보게 됨을 이름이나니 이것이 하늘이 응징함이며, 땅이 응징함이며, 만물이 응징함으로 오래도록 이어지게 됨이니라. 멈추어야 함은 온당함인데, 멈추지 않으면 가까운 날에 해가 되어 살생당하리로다. 하늘과 땅의 이치를 행하기를 천하가 원하는 것이라 생각하면서 행하고, 만물이 원하는 것이라 생각하며 행하라. 이러한 이치는 작은 시냇물이 흘러 큰 시냇물이 되고, 큰 시냇물은 강으로 흘러들며, 그리고 강물은 합쳐져 바다가 됨과 같음이나니 죄를 행하여 커져 강과 바다처럼 되니라. 천지자연의 이치를 행함도 작은 시내를 흘러서 바다에 이름과 같음이니라. 시냇물과 강과 바다에 생명이 살게 함은 사람의 이치와 하늘과 땅의 이치가 다르지 않음이니 지혜로써 행하기를 즐거함은 이러한 이치가 행복과 즐거움을 주기 때문이라 하니라.

　노자가 말하였나니 남을 아는 사람은 지혜로운 이이고, 자신을 아는 사람은 총명한 이이다. 남을 이기는 사람은 힘이 있는 이이고, 자신을 이겨내는 사람은 강한 이이다. 만족을 아는 사람은 부자이고, 실행을 힘쓰는 사람은 뜻이 있는 이이다. 그의 올바른 위치를 잃지 않는 사람은 오래 갈 것이고, 죽어도 도를 잃지 않는 사람은 장수한다.

하늘이 답하나니 남을 아는 사람과 만물의 이치를 아는 것은 같을지니라. 남은 모든 생명을 일컬음이며, 모든 생명은 나 이외의 생명을 이름이며, 모든 생명의 이치는 지혜로써 이루어져감에 있느니라. 자신을 아는 것은 자신도 자연의 이치이며, 모든 만물이 나를 위하여 있음을 감사함을 행하는 것이며, 모든 만물을 위하여 내가 있음을 행하는 것을 총명하다 함이 온당하다 하니라. 남을 이기는 것은 힘으로 하는 것이 아니라 남과 무엇을 행하고 무엇을 나누는 것으로 인함일지니라. 이는 부모를 이기기 위하여 있음도 아니며, 자식과 처와 이웃을 이기기 위하여 있음도 아니며, 모든 천지만물을 이기기 위하여 있음도 아닐지니라. 천지만물과 무엇을 나누거나 무엇을 행하는 것은 살생하지 않고 한 그루의 나무를 심는 행함이어야 하느니라. 자신을 이겨낸다는 것은 사람 위에 군림하려 하지 않고, 만물 위에 군림하려 하지 않고, 자기의 이익을 위하여 살생하려는 마음조차도 품지 않는 것이 온당함이니라. 따라서 사람을 위하여 무엇을 행하고, 무엇을 나눌 것인가를 생각하고, 부모를 위하여 무엇을 행할 것이고, 자식과 처와 이웃들과 무엇을 나누고, 무엇을 행할지를 고민하며 행하는 것이어야 하느니라. 그러므로 만물을 위하여 사람으로서 행해야 하며, 생명으로서 어떻게 할 것인가를 마음으로 새기는 것이어야 함이니라. 만물의 조화로움을 위해 힘쓰는 사람은 도를 잃지 않으며, 장수할 수 있노라. 도는 살생하지 않음으로 천지자연이 해치려들지 않음으로 평온이 있으며, 해치려드는 생명이 없으니 불안해하지 않으며, 천지자연을 나누며 누릴지니 이는 천지자연의 이치인 장수를 누림이 온당함이라 하니라.

**노자가 말하나니 위대한 도는 장마 물처럼 왼쪽 오른쪽 어디에나 있다. 만물은 이것에 힘입어 생성되고 있지만 그것을 내세워 얘기하지 않으며, 공을 이룩하고서도 이름을 내세우지 않는다. 만물을 입혀주고 길러주고 하면서도 그 주인 노릇을 하지도 않는다. 언제나 욕망이 없어 작은 존재라 부르기 일쑤이다. 그러나 만물이 귀복(歸服)하는 데도 그 주인 노릇을 하지 않으니 위대한 존재라 부를 수 있는 것이다. 그래서 성인은 끝내 스스로 크다고 내세우지 않는 것이다. 그러므로 그의 위대한 업적을 이룩할 수 있게 되는 것이다.**

하늘이 답하느니라. 하늘이라 함은 이와 같다 함이나니 크다는 것을 말하지 않느니라. 크다는 말로써 하늘과 땅을 말함은 온당치 않노라. 만물은 크거나 위대함으로 말할 수 없음이니라. 사람에게 말하나니 생명이 크다는 것으로 생명이더냐? 생명은 나와 나 이외의 세계와 나눔일지니라. 생명은 공간으로서 나와 나 이외의 세계를 말함이니 따라서 나 이외의 공간이 크거나, 위대함으로 말할 수 없음이니라. 나와 나 이외의 공간을 나누는 것은 온전히 이 세계를 가꾸어간다는 것으로 인함이며, 이 세계는 나를 정점으로 흐르는 것이며, 나의 존재로 존재함이 온당함이나니 이러한 이치는 하늘과 나의 존재로 있음을 이름이니라. 하늘과 나는 나누며 존재를 즐기는 존재라 함이 온당함이나니 하늘이 있음이 나의 있음이며, 나의 없음은 하늘이 없음이니라. 사람에게 하늘은 적용의 대상이므로 온전히 옳음이며, 하늘이 생명으로서 적용됨 또한 온당함이니라. 하늘이 온 사방으로 다가오고 물러감은 이와 같은 이치로 인함이나니 스스로 그러한 이치가 이와 같음이니라. 어느 곳에든 하늘이 존재하고 땅이 존재함이나니 어느 곳에든 만물과 내가 존재함이 이와 같음이니라. 생명을 살생하지 않아야 함이 이와 같기 때문이며, 살생당하지 않음도 이와 같기 때문이니라. 만물은 이것에 의지하여 생성되어지는 질서에 순응하고 생성의 이치를 내세우지 않노라. 생명이 생명에게 무엇으로 생성되었느냐 묻는 것은 생성의 덧없음을 묻는 것과 같나니 생명은 존재로서 아름다움일지니라. 생명은 또 하늘이며 땅이나니 내세우지 않음이니라. 생명의 공은 있지 않으며, 생명의 공명도 있지 않음이니라. 생명은 하늘과 땅의 질서와 만물로 이어짐에 있나니 다른 생명을 탐내는 것은 자기의 이익으로 삼는 것이며, 만물을 나누지 않으려 행함과 같음이니라. 만물은 입혀주고 길러주고 하면서도 주인 노릇을 하지 않으니 무엇으로도 주인 됨은 없음이니라. 무엇으로 생명을 속박함은 윤회를 벗어남과 같다 함이며, 윤회의 질서에 있지 않음처럼 행함과 같음이니라. 이는 존재를 부정함과 같으며, 존재를 슬퍼함과 존재를 저주함과 같음이니라. 생명이 있기 때문에 존재가 있음은 죽음으로 존재를 버리며, 죽음으로 윤회를 버림과 같다 함이니라. 하지만 존재에서 죽음은 땅에서 나서 땅으로 돌아가는 윤회의 이치에 되돌아감인데, 이는 윤회로부터 벗어날 수 없음을 이름이니라. 성인이 나와 나 이외의 세계를 존중함은 모든 생명에게 나와 나 이외의 세계가 존재함으로 귀복함이나니 주인노릇과 나 이외의 세계로서 행함이니라. 그러하기에 크지 않고 스스로 그러함이며, 자연이라 함이니라. 생명의 역할은 이렇듯 그리하여 있음이니라. 크다는 것으로 말하지 말며, 위대하다 하지 말라. 생명은 스스로 그러함이니라. 그리하여 만물이라 함이니 세계는 나를 품고 있다 함이 온당함이며, 생명이기에 품는 것이니라. 하늘의 이치가 생명을 품고 있음이며, 땅의 이치가 생명을 품고 있으며, 만물의 이치가 생명을 품고 있나니 하늘이 생명이라 하며, 땅이 생명이라 하며, 만물이 생명이라 하니라. 하늘의 업적은 모든 생명을 고루 살피며, 모든 생명을 품고 있음이며, 모든 생명을 위한 하늘이라 함이 온당함이니라. 땅의 업적은 모든 생명이 이루어진다 함이 지극함이며, 모든 생명이 땅에서 나는 생명이라 하며, 땅으로 돌아간다 함이리니 온전한 생명을 땅이 축복하며, 모든 생명을 품는다 함이니라. 만물의 업적은 그 자신이 만물이며, 생명이며, 하늘과 땅의 이치에 합당하기에 생명이라 함이 온당하니라. 하늘은 하늘의 이치를 생명에게 적용하며, 땅은 땅의 이치를 생명에게 적용하여 만물이 생하고 번성함이니라. 생명이더냐? 번성할지니라. 사람이더냐? 번성할지니라. 모든 생명을 해치지 않고 번성할지니 하늘 아래 생명이며, 땅 위에서 생명일지니라. 본분대로 살생하지 말고 한 그루의 나무를 심으라. 그리하면 번성함이 있으리로다 하니라.

**노자가 말하나니 위대한 도를 지키며 천하에서 행동한다면, 어떤 행동을 해도 해가 미치지 아니하고 안락, 태평할 것이다. 음악이나 음식도 지나는 나그네를 멈추게 한다. 도는 입으로 표현하면 담담히 아무 맛도 없으며, 보아도 볼 만한 게 못되고, 들어도 들을 만한 게 못된다. 그러나 도의 효용은 끝이 없는 것이다.**

하늘이 답하느니라. 하늘은 만물을 품는다 하며, 땅은 만물을 심는다 하며, 만물은 생명으로 있음이나니 도는 품는다 함을 이름이며, 만물을 심는다 함이며, 생명으로 있음이니라. 천하는 품고 있는 하늘이며, 심고 있는 땅이며, 생명으로 있음이나니 모든 땅과 모든 만물을 품는 것은 해치기 위하여 품는 것이 아닐지니라. 땅이 모든 것을 심는 것은 만물을 해치기 위해서 품는 것은 아니며, 만물이 생명으로 있음은 살생과 해치기 위하여 있음도 아닐지니라. 모든 것은 조화롭기 위함이니 하늘이 있으며, 땅이 있으며, 만물이 있음이니라. 태평하기 위하여 하늘이 있음은 사람의 마음이나니 하늘은 조화를 위하여 하늘이라 함이 옳을지니라. 하늘은 조화를 위하여 품는 것이며, 땅은 조화를 위하여 땅이라 함이 옳을 것이며, 만물도 조화를 위하여 만물이라 함이 옳을지니라. 태평함이 조화롭다면 하늘이 바라보매 조화롭고 보기에 좋았음을 이르며, 태평함이 조화롭다면 땅이 심고 있으매 조화롭고 보기에 좋았음을 이르며, 태평함이 조화롭다면 생명이 스스로 있으매 조화롭고 보기에 좋았음을 이름이니 이는 생명을 누리기에 좋았음을 이름이니라. 사람이 음식과 음악으로 지나가는 나그네를 멈추게 한다 함은 조화롭기에 하늘의 이치와 땅의 이치와 만물의 이치가 태평하다 함으로 인함이니라. 하늘이 푸른 날의 이치와 구름이 끼어 덥고, 춥고, 습하고, 건조한 것은 땅의 이치에 맛을 낸다 함이며, 만물의 이치인 생명의 맛을 내린다 함이 옳음이니라. 만물이 태어나고 자라고 노쇠하여 죽음에 이른다 함은 생명의 이치에 맛을 낸다 함이 옳음이나니 하늘의 뜻이 생명에 이르며, 땅의 뜻 또한 생명에 이르며, 만물이 생명으로 이름이니라. 하늘이 살생하지 말라 함은 온전한 진리에 따르라 함이며, 땅이 살생하지 말라 함은 온전한 질서에 따르라 함이니 이는 만물이 스스로 생명임을 따름이니라. 살생하지 말라 함은 온전한 이치에 따른다 함이니라. 하늘이 보노라. 땅 위에 번성해가는 이치를 땅에 심어 만물이 번성해가는 모습을 보게 되리로다. 하늘이 진실로 이르느니라. 함부로 살생하지 말라. 멸망하지 않으려 한 그루의 나무를 심으라. 다음 세대로 이어지는 생명의 질서가 이와 같기 때문이니라. 이는 하늘이 바라본다 함으로 인함이며, 땅이 심는다 함으로 인함이며, 만물이 생명으로 있음으로 인함이니 도를 사용해보면 효용이 끝이 없는 것이라 함이 이와 같기 때문이니라.

노자가 말하나니 만물을 오므라들게 하려면 반드시 일시적으로 그것을 벌어지게 하여야 한다. 그것을 약하게 하려면 반드시 일시적으로 그것을 강하게 하여야 한다. 그것을 패멸시키려면 반드시 일시적으로 그것을 흥성케 하여야 한다. 그것을 뺏으려 한다면 반드시 일시적으로 그것을 내주어야 한다. 이것을 미묘한 밝은 원리(微明)라고 말하는 것이다. 유약한 것이 그래서 억세고 강한 것을 이기게 되는 것이다. 물고기는 연못을 벗어나서는 안 되는 것이다. 나라의 이기(利器)는 남에게 보여줘서는 안 되는 것이다.

하늘이 답하느니라. 하늘은 만물을 오그라들게 하려고 만물이라 하지 않느니라. 만물이 번성한다 함은 온 땅에 생명이 충만하다 함으로 인함이나니 만물이 오그라들게 함은 땅 위에 생명이 살생당함으로 인함이니라. 생명이 오그라들기 위하여 만물은 살생의 모습으로 변하여 감으로 인함이니라. 땅에서 이루어지는 모든 질서는 하늘과 땅의 조화에 의함이나니 만물이 오그라들기 위하여 땅은 생명을 위하여 무엇을 주지 않아야 함이니라. 이는 살생을 행하여 이루어짐을 이름이며, 나무를 뽑아서 해의 생장하게 하는 질서로부터 빼앗아 간다 함이니라. 만물이 오그라든다 함은 사람이 행하여야 할 행함이 아닐지니라. 이러한 이치는 사람의 이치에 있음이나니 사람이 이 땅에서 사라져 사람이라는 생명이 없음이니라. 그리하면 사람 이외의 생명이 번성한다 함을 다르게 말하는 것일지니 사람이 사람을 죽여 사람이 먹고 사람이 살아야 하는 집을 짓지 않아 나무와 숲이 번성함으로 인함이니라. 무엇을 행하려 하느냐? 만물은 번성하려고 만물이 아니라 생명이기 때문에 번성한다 함이 옳으리니 사람의 욕심을 만물에 비유하지 말지니라. 하늘은 조화를 위하여 하늘이니 만물은 사람이며, 사람은 만물임을 잊지 말지니라. 만물은 하늘의 이치에 순응하여 생하고 땅의 이치에 생하게 됨을 잊지 말지니라. 너희는 생명일지니 생명을 위하여 너희를 오그라들게 함이 옳으니라. 사람과 만물이 조화롭다 함은 하늘이 바라는 것이며, 땅이 바라는 것이니라. 바라볼지니 하늘의 이치를, 바라볼지니 땅의 이치를, 바라볼지니 만물의 이치를 말이다. 행하라. 사람이 행함으로 만물이 조화롭다 함은 온당함에 있음이니라. 만물은 강하지 않고 약하노라. 뜨거움에도 약하고, 추위에도 약하고, 바람과 물에도 약하고 사람에게도 또한 약하니라. 약하다 하여 함부로 살생하려 하느냐? 만물은 약하나 생명이니라. 생명은 살아가기 위하여 불과 물과 바람과 추위와 더위에 조화로움을 행하며, 살아가며, 이처럼 행하여 세대에서 세대로 이어져왔음이니라. 강함을 이기기 위하여 있음이 아니라 약하지만 생명이기에 이긴다 함을 보이는 것일지니라. 하늘과 땅은 이러한 이치에 순응함이나니 강하지 않다 하며 살아감이니라. 살생당하지 않음과 살생하지 않음은 하늘을 품으며, 땅이 싣는다 함으로 이러함이니라. 강하다 함은 천지자연의 이치에 있음이며, 약하다 함도 천지자연의 이치에 있음이나니 살생하기 위하여 강하다 함은 약함보다 못하며, 살생당하지 않기 위하여 약하다 함은 생명의 아픔이라 함이 온당하니라. 살생은 하지 않으려 함이 생명이며, 살생당하지 않으려 함 또한 생명이니라. 어디로 흘러가느냐? 천지만물의 이치에 합당하게 흘러감이니라. 사람의 말로는 약하게 하려면 일시적으로 강하게 하고 패멸시키기 위하여 흥성하게 하니라. 빼앗으려 하면 일시적으로 그것을 내준다 하며, 이것을 밝은 원리라 할지라도 사람에게만이 그리함은 옳을지니라. 천지자연은 무엇을 빼앗으려 하지 않고 조화롭기를 위함이며, 무엇을 패멸시키려고 하지 않고 조화롭기를 위함이나니 이기는 것은 사람일지라도 패하는 것은 만물이니라. 이기기 위하여 만물을 살생함이 옳다 하는 것이 사람 이외에는 없다 함이니라. 유약한 만물은 사람을 이기기 위하여 만물이 아니리니 사람도 만물이기 때문에 하늘도 땅도 사람을 살생하지 않으려 함이 옳다 하니라. 하늘과 땅의 소리를 들을지니라. 물고기가 연못을 벗어나서는 안 되듯 사람도 또한 사람의 이치를 벗어나면 안 되나니 모든 이치는 하늘이 품고 땅이 싣는 것이니라. 하늘이 사람을 품지 않으려 하며, 땅이 사람을 싣지 않게 될까 두려워함이 하늘과 땅에게 있다 함이 온당하다 함이니라. 만물을 살생하지 말라. 사람이 행할 것이 못됨이니라.

**노자가 말하나니 도는 언제나 무위하지만 하지 않는 일이란 없는 것이다. 임금들이 만약 이것을 지킬 줄 안다면 만물은 스스로 생성 변화케 될 것이다. 생성 변화하는 데 있어서 작위를 가하려는 일이 있다면 우리는 그것을 아무런 이름도 없는 나무 등걸과 같은 도로써 눌러야만 할 것이다. 아무런 이름도 없는 나무 등걸이란 또한 아무런 욕망도 없는 것이다. 욕망이 없음으로써 고요해진다면 온 천하가 스스로 안정되게 될 것이다.**

하늘이 답하나니 행함이 없다 하는 것은 하늘이 만물을 품으려 하늘이라 함이 옳다 함이니라. 해가 비치는 것을 행함이라 하지 않으며, 해가 지는 것 또한 행함으로 하지 않나니 하늘에 생명을 생하는 해가 있어 하늘이 만물을 품는다 하니라. 하늘에 해가 뜨는 것은 만물을 태우려 뜨지 않음이며, 달이 질서와 지혜를 위하여 뜨지 않음과 같음이니라. 이는 달의 이치로 지혜가 행하여지며, 생명이 그리하는 방향으로 행하기 때문이니라. 하늘과 해와 달과 땅은 스스로 그러하나니, 즉 자연으로 있으며, 무엇을 행하려 하지 않으며, 만물을 기르며, 생명 있게 하느니라. 하지 않으면서 모든 만물을 고르게 품으며, 비추며, 땅과 교감을 나누나니 이 모든 생명이 땅에서 이루어짐은 온전하면서 진리이니라. 무엇을 하려고 하지 않으며 행함은 만물에 영향을 미치느니라. 이러한 이치로 세상을 행하면 지킨다는 것을 지키고 나눈다는 것으로 나누나니 만물이 스스로 생성 변화하게 됨이니라. 생성 변화는 이치를 벗어나지 않고 하늘과 땅의 이치가 모두 조화롭게 이루어지나니 하늘과 땅의 이치가 이루어진다 해도 이름도 없으며, 공도 없다 하니라. 욕망은 사람에게 있을 뿐 해는 뜨고, 땅은 생육하고, 하늘은 품으며, 만물은 생명으로 있게 되느니라. 이를 고요하다 하고 천하가 스스로 안정된다 함은 이러한 이치에 의함이라 하니라.

노자가 말하였다. 상급의 덕은 덕을 의식하지 않는 것이다. 그래서 덕을지니게 된다. 하급의 덕은 덕을 잃지 않으려 하는 것이다. 그래서 덕이 없게 된다. 상급의 덕은 무위하고 행위의 목적이 없다. 하급의 덕은 인위적으로 행하며 행위의 목적이 있다. 상급의 인(仁)은 유위(有爲)하면서도 행위의 목적은 없는 것이다. 상급의 의(義)는 유위하면서 행위를 의식하고 있는 것이다. 상급의 예(禮)는 유위하면서 상대방이 이에 호응하지 않으면 팔을 잡아끌면서 이에 따르게 하는 것이다. 그러므로 도를 잃은 뒤에야 덕이 드러나며, 덕을 잃은 뒤에야 인이 드러나고, 인을 잃은 뒤에야 의가 드러나며, 의를 잃은 뒤에야 예가 드러나는 것이다. 대체로 예라는 것은 충실함과 신의가 박약(薄弱)해진 것으로서 혼란의 시작인 것이다. 남보다 앞서 아는 것은 도의 형식적인 외화(外華)로서 어리석음의 시작인 것이다. 그래서 대장부는 그 돈후(敦厚)함에 처신하지 그 박약해진 것에 처신하지 않으며, 그 내실을 따르지 그 형식적인 외화를 따르지 않는 것이다. 그러므로 뒤의 것은 버리고 앞의 것을 취하여야만 하는 것이다.

하늘이 답하느니라. 하늘은 사람이 행하는 덕을 만물의 덕이라 칭하지 않나니 사람의 덕은 살생으로 이루어진 덕이 아니라 하지 않을 수 없느니라. 덕은 살생하지 않음으로 생기는 것이리니 상급의 덕은 살아가는 것을 살펴 살생하지 않고 살아가면 상급의 덕이라 하는니라. 나의 주위에서 살생하지 않음을 행하며, 마을이나 나라에서 살생하지 않음을 행하니 이를 상급의 덕이라 함이 옳을지니라. 행함으로 안온함과 평안함을 얻음과 같다 하나니 상덕은 이와 같으며, 무위로 인함이니라. 하급의 덕과 살생이 무엇인지 모르니라. 살생은 나의 이익으로 무엇이 살생당하는지를 외면하는 것과 같나니 살생한다는 것은 무엇을 행하든지 이익으로 돌아오며, 무엇을 행하든지 재물이 생긴다 함이 온당할지니라. 상덕은 살생하지 않고 살아가는 것을 말하며, 하덕은 무엇을 행하든 무엇을 먹든 어디에 살든 살생하지 않으면 살 수 없는 것이니라. 그리하면서도 덕이 있음처럼 행하면 인위로 인함이니라. 목적이 있음은 살생을 하지 않으면 살 수 없는 행함이 있나니 그것을 빼앗으려 달려드는 부모와 자식과 처와 이웃이 생겨남이니라. 처음에는 인이 생겨나며, 효가 생겨나며, 의가 생겨나며, 예가 생겨난 것이니라. 살생하여 무엇을 얻으며, 그것을 지키기 위하여 인으로써 사람을 미혹함인데, 이는 만물을 미혹함이니라. 그리하여 만물은 살생이 쌓여 가느니라. 무엇을 살생하여 지키기 위하여 효와 의로써 사람을 미혹함인데, 이는 만물을 미혹함과 같다 함이니라. 살생이 산이 되고, 물이 되며, 바다가 되니라. 살생하여 그것을 지키기 위하여 충이 생겨 사람을 미혹하나니 만물을 미혹함과 같다 함이니라. 살생이 쌓여 생명의 멸종이 가까워졌노라. 사람들이 그것을 따르며, 살생하며, 부끄러운 줄 모르는 사람이 생겨나느니라. 만물이 미혹 당하여 스스로 벌한 것과 같이 행하게 되나니 사람이 사람을 죽여 만물이 만물을 죽이게 됨과 같다 함이니라. 행하는 것은 모두 다 살생함이며, 살생하지 않으면 살아갈 수 없는 세상에 산다 함은 숲이 파괴되며, 강이 파괴되며, 바다가 파괴됨이니라. 이는 사람에 의함이나니 하늘이 품을 수 있음이 사라지며, 땅이 싣는다 해도 실을 수 있는 생명이 사라짐이며, 만물은 생명으로 이어나간다 하였으나 만물이 이어나갈 수 있는 생명이 없음이니라. 덕이 사람에 의하여 미혹되었다 함은 이와 같음 때문이라 하니라. 도가 사라진다 함은 생명이 사라져 간다 함과 같은 말이니라. 이는 도가 사라지면 덕이 드러나며, 덕이 사라지면 인이 드러나고, 인이 사라지면 의가 드러나고, 의가 사라지면 예가 드러남이니라. 형식과 허례는 그를 귀하게 여기는 사람으로 있게 함이며, 자연으로 돌아간다는 것은 살생의 행함에서 벗어난 생명이 스스로 그러함이니라. 모든 생명에게 천지자연의 권리가 있음을 아는 것을 지혜라 하고, 자연이라 함이 온당할지니 돈후와 살생하지 않는 이치에 항상 처하려 함은 생명의 이치를 행하는 생명이라 칭함을 받게 되리라. 상급의 덕이란 만물 속의 사람에게 살생하지 않는 행함으로 기뻐한다 함이며, 이러한 행함으로 즐겨하는 사람을 행하는 사람이라 하니라.

노자가 말하나니 옛날에 일(一)을 체득(體得)하였던 것들을 보자. 하늘은 일을 체득하여 맑아졌고, 땅은 일을 체득하여 안정되었으며, 신(神)은 일을 체득하여 영묘(靈妙)해졌고, 골짜기는 일을 체득하여 가득 차게 되었으며, 만물은 일을 체득하여 생존케 되었고, 임금은 일을 체득하여 천하를 올바로 다스리게 되었다. 그것들을 그렇게 만든 것이 일인 것이다. 하늘이 그것에 의해 맑아지지 않았다면 아마도 찢어져 버렸을 것이다. 땅이 그것에 의하여 안정되지 않았다면 아마도 무너져 버렸을 것이다. 신이 그것에 의하여 영묘해지지 않았다면 아마도 그 기능이 다해 버렸을 것이다. 골짜기가 그것에 의하여 가득 차지 않았다면 아마도 말라 버렸을 것이다. 만물이 그것에 의하여 생존케 되지 않았다면 아마도 사멸(死滅)되어 버렸을 것이다. 임금이 그것에 의하여 존귀해지지 않았다면 아마도 실각(失脚)하였을 것이다. 그래서 임금들은 스스로를 고(孤)니 과(寡)니 불곡(不穀)이니 하고 부르는 것이다. 이것은 비천한 것으로써 근본을 삼기 때문이 아니겠는가? 그렇지 않은가? 그러므로 영예를 추구하면 영예가 돌아오지 않게 되는 것이다. 아름다운 구슬과 같게 보이려 들지 말고, 데굴데굴한 돌멩이같이 보이려 들어야만 하는 것이다.

하늘이 답하나니 하늘은 사람의 하늘이 아닐지니라. 하늘은 만물의 하늘이며, 땅도 또한 사람의 땅이 아니라 만물의 땅일지니라. 만물은 사람의 만물이 아니며 생명의 만물일지니라. 하늘은 사람에게서 하늘을 얻어서 품는다 하며, 사람이 하늘에 부끄러움 없이 산다 함을 믿는다 하며, 땅은 사람에게 하나를 얻어서 만물이 편안하게 됨을 믿으며, 해와 달은 사람에게서 하나를 얻어서 숲이 자라 그 안에서 생명이 자라남을 믿으며, 만물은 사람에게서 하나를 얻어 숲이 사라지며, 땅이 파헤쳐지며, 생명이 사라져가는 것을 멈추게 됨을 믿으며, 골짜기는 사람에게서 하나를 얻어서 골짜기를 막으며, 골짜기는 생명을 자기의 이익으로 삼지 않기를 믿으며, 만물은 사람에게서 또 하나를 얻어서 생명이 존재케 하나니 임금은 천지만물을 위하여 사람의 살생과 파괴를 막아 천하를 올바르게 다스리게 되었느니라. 그것들을 그렇게 만드는 것이 일인 것이니라. 하늘은 사람이 하나를 양보하지 않으면 맑아지지 않을 것이며, 하늘은 사람을 품지 않을 것이며, 아마도 하늘이 찢어져버릴 것이니라. 하늘은 하늘 스스로를 벌함이 있으리로다. 땅이 그것에 의하여 평안해지지 않는다면 아마도 땅 스스로를 벌하며, 땅은 무너져버릴 것이니라. 해와 달은 그것에 의하여 영묘해지지 않는다면 해는 조화를 지키지 못하고 뜨거워지며, 달은 조화를 지키지 못하고 한쪽으로 치우쳐질 것이니라. 그리하여 그 기능이 다해버렸을 것이니라. 그것에 의하여 가득 차지 않는다면 골짜기는 둑이 터지듯이 사람에게 달려들거나 말라버릴 것이니라. 사람이 하나를 양보하지 않으면 만물은 생명을 가지는 것을 부끄럽게 여길 것이며 스스로 죽음을 선택할 것이니라. 이로 인해 하늘이 스스로를 벌하여 품지 않게 되며, 땅이 스스로를 벌하여 싣지 않으며, 만물이 스스로를 벌하여 생명을 이어나가기를 바리며, 골짜기가 스스로를 벌하여 말라버릴 것이며, 만물이 스스로를 벌하여 사멸해 버릴 것이니라. 임금이 그것에 의하여 존귀해지지 않는다면 임금은 스스로를 벌하고 사람을 죽이기를 멈추지 않을 것이니라. 그러므로 존귀한 것이 무엇인지를 알고, 존귀한 것이 비천한 것에 있음을 알고, 작고 연약한 것에 비천한 것이 있음을 아는 것이니라. 그래서 임금들은 하늘에 스스로를 부끄럽게 생각함을 알고, 땅의 싣는 이치를 행함을 알고, 만물의 생존 이치를 알게 되느니라. 이것은 비천한 것으로써 근본을 삼기 때문이니라. 따라서 아름다운 구슬과 같게 보이려들지 말고 동글동글한 돌멩이 같이 보이려 들어야 하는 것이니라. 천지만물은 구슬을 만들고자 만물을 부수는 것보다는 둥글둥글한 돌들이 만물의 이치에 있음처럼 하라 하니라.

**노자가 말하나니 되돌아간다는 것은 도의 움직임이며 유약하다는 것은 도의 작용이다. 천하 만물은 유에서 생성되고 있지만 유는 무에서 생겨난 것이다.**

하늘이 답하느니라. 하늘이 만물을 품지 않음은 사람을 용서하지 않는다 함이며, 땅이 싣지 않는다는 것은 사람의 생명으로 여기지 않는다 함이며, 만물이 생명을 이어나게 하지 않는다는 것은 사람의 생명을 죽이는 생명체라 함이며, 사람이 만물에 존재치 않게 함이 온당함이라 여기는 것이니라. 되돌아간다는 것은 사람을 품지 않고 하늘로 되돌아간다 함이며, 사람을 싣지 않는 땅으로 돌아간다 함이며, 사람을 생명이라 여기지 않는 만물로 되돌아간다 함이니라. 유약하다는 것은 도의 작용인 것이니라. 하늘이 만물을 품어 조화로워지면 그것으로 하늘의 행함인데 이를 도라 이름이며, 땅이 만물을 싣는다 하여 조화로워지면 그것이 땅의 행함이라 이름이며, 만물이 생명의 이치가 이어져나가는 것으로 조화로워지면 이것이 만물의 행함이라 이름이니라. 이는 도의 작용인 것이니라. 천하의 만물은 유에서 생성되고 있지만 유는 무에서 생겨난 것이니라. 도의 작용은 숲에서 자라는 한 그루 나무와 숲에서 생존하는 작은 짐승이 유이니라. 사람이 한 그루의 나무를 잘라 집을 짓거나 숲에서 생존하는 짐승을 잡아서 그 짐승이 멸종당하는 것도 유라 할지니라. 그리고 사람이 나무를 베어 멸종시키는 것도 무를 행한다 함이 온당하며, 숲에서 자라는 짐승을 잡아 멸종시키는 것도 사람이 무를 행한다 함이 온당할지니라. 이는 숲이 스스로를 벌하여 사람이 숲을 볼 수 없음을 이름이며, 숲에서 생존하는 짐승들이 스스로를 벌하여 사람이 짐승을 볼 수 없음을 이름이니라. 스스로 생명을 죽이는 행함을 한다 함이나니 사람을 멸망시키지 않으면 숲이 죽고 짐승이 죽느니라. 하늘은 숲을 살리기 위하여 사람을 죽이는 것을 사람이 하게 하라 함이니라. 숲에서 생존하는 짐승을 살리려 사람에게 사람을 죽이는 행함을 하게 하라 함은 하늘과 땅과 만물이 명령함이니라. 유는 무에서 생겼으나, 사람에 의하여 무를 행하게 함은 스스로를 벌하는 하늘이 있음이니라. 그리고 땅이 스스로를 벌하는 행함으로 있음이며, 만물이 스스로를 벌하는 행함으로 인함이니라. 사람이 살생하지 않음과 하늘이 살생하지 않음은 같으면서도 다르도다. 하늘은 모든 생명에게 살생을 하지 않아야 함이고, 사람은 필요에 의하여 살생을 하지만 하늘은 그 사람의 행함에 분노함이 다르니라. 사람에게 한 그루의 나무를 심으라 함은 하늘이 사람에게 분노하지 않기 위하여 권함이나니 하늘이 사람을 품는다 함은 살생하지 않음과 한 그루의 나무를 심으라 함이 이와 같기 때문이라 하니라. 사람이 자기 수입의 백의 오를 땅을 위하여 사용하라 함은 땅이 사람에게 분노하지 않기 위함이니라. 만물이 살생하지 말라 함은 모든 생명에게 행하라 함이나, 사람은 필요에 의하여 살생하나니 세대에서 세대로 이어나가기 위하여 사람에게 수입의 백의 오를 땅의 짐승과 바다의 생명을 살리는 일에 사용하라 하니라. 이는 만물이 사람에게 분노하지 않게 하려 함이나니 하늘의 이치와 땅의 이치와 만물의 이치가 조화를 위하여 있음이니라. 사람도 이를 따를지니 그리하면 복이 오래도록 이어질지니라. 너희가 생명이거든 행함을 두려워하지 말라. 하늘과 땅과 만물이 그를 칭송하며 세대에서 세대로 땅에서 이루어지는 모든 복락을 얻게 될지니라. 이는 하늘이 품는 것을 멈추지 않기 위함이며, 땅이 싣는 것을 멈추지 않기 위함이며, 만물이 생명을 이어나가기 위함이라 하니라.

　노자가 말했다. 상급(上級)의 선비는 도에 관해 들으면 부지런히 그것을 실천한다. 중급(中級)의 선비는 도에 관해 들으면 그 존재를 인정하는 듯도 하고 무시하는 듯도 하게 행동한다. 하급(下級)의 선비는 도에 관해 들으면 그것을 크게 비웃는다. 그들이 비웃지 않는다면 도가 될 만한 것이 못 될 것이다. 그러므로 옛 말에 이르기를 '밝은 도는 어두운 듯이 보이고, 도에 나아가는 이는 물러나는 듯이 보이며, 평탄한 도는 울퉁불퉁한 듯이 보이고, 훌륭한 덕은 속된 듯이 보인다. 크게 결백한 이는 욕된 듯이 보이고, 광대한 덕을 지닌 이는 부족함이 있는 듯이 보이며, 튼튼한 덕을 지닌 이는 간사한 자인 듯이 보인다. 바탕이 참된 사람은 더럽혀진

듯이 보이고, 크게 모진 물건에는 모퉁이가 없는 듯이 보인다. 큰 그릇은 더디게 이룩되고, 큰 소리는 소리가 들리지 않으며, 큰 형상은 형체가 없는 듯이 보인다'라고 한 것이다. 도란 은미(隱微)한 것이어서 이름 붙일 수도 없는 것이다. 그러나 도란 모든 것을 빌려주고 또 생성케 해주는 것이다.

하늘이 답하나니 상급의 도를 행하는 사람은 자기 몸을 아끼듯이 살생하지 않음을 행하는 사람이며, 살생하는 것을 자기를 죽이는 것처럼 행하며, 한 그루의 나무를 심는 것을 행하는 사람이니라. 이는 하늘의 이치와 땅의 이치와 만물의 이치에 합당하게 행한다 함이니라. 중급의 선비는 도에 관해 들으면 그 존재를 인정하는 듯도 하고 무시하는 듯도 하게 행동한다 하였나니 하늘을 우러러 부끄러운 행함을 하지 않는다 하며, 함부로 무엇이 살생당함을 모르며, 살생하지 않음을 말하는 사람이니라. 그는 또 생명을 위하여 수입의 백의 십을 사용하는 사람이며, 한 그루의 나무를 심는 사람이니라. 살생은 먹을 것을 위하여 살생하며, 입을 것을 위하여 살생하며, 살 곳을 위하여 살생하게 되느니라. 살생은 모르면서 행하나니 무엇을 버리고 무엇을 행하지 않아야 함은 스스로 자기에게 복을 얻는 듯이 사람이 행하여야 하는 행함이니라. 하급의 선비는 도에 관해 들으면 그것을 크게 비웃는다 함으로 살생을 함부로 하는 것도 모르며, 한 그루의 나무를 무엇 때문에 심어야 하는지도 모르는 사람이라 하니라. 그래서 수입의 백의 일도 생명을 위하여 나누지 않나니 스스로 벌하는 날이 다가올지니라. 그의 곁에서 화를 당하지 말라. 작은 것을 하늘과 땅과 만물을 위하여 사용할지니 하늘과 땅이 스스로 복을 얻게 하리로다. 만물은 생명의 이치를 그에게 행하게 함이 오래되게 하니라. 옛 말에 이르기를 도에 밝은이는 어두운 듯이 보이고, 살생하지 않으며 산다는 것은 자기를 사랑하듯 만물을 사랑함이며, 무욕하게 행함을 하늘의 이치와 땅의 이치를 근본으로 삼아 어두운 듯이 보이며, 사람의 부귀와 영화를 멀리하여 어리석은 듯이 보이며, 사람에게 인정받지 못한 듯이 보이니라. 훌륭한 덕은 속된 듯이 보이는 듯하고, 크게 결백한 이는 욕되게 보이는 듯하고, 광대한 덕을지니는 이는 부족함이 있는 듯이 보이니라. 사람이 땅의 이치에 행하는 것이 어렵나니 하물며 하늘과 만물의 이치를 행하는 것이 얼마나 고되며, 어리석게 보이며, 부족하게 보이게 되겠느뇨. 사람이 행하는 행함 가운데 다음 생애를 위하여 사느냐? 화가 있느니라. 아름답고 영원한 행복이 있는 세계를 위하여 사느냐? 화가 있을지니라. 오늘 하늘과 땅이 만물을 실을 수 없음을 두려워하고 만물이 생명을 이어나갈 수 없음을 슬퍼할지니라. 이는 살생함이 크고도 크기 때문이며, 한 그루의 나무를 심는 행함이 없기 때문이니라. 큰 그릇은 더디게 이룩되느니라. 생명이 하루 한 날에 이루어지지 않나니 이와 같이 큰 그릇처럼 행하라 함이니라. 큰소리는 소리가 들리지 않나니 천지자연이 행하는 소리도 결코 크되 들리지 않느니라. 큰 형상은 형체가 없는 것이니 하늘이 만물을 품는 것이 보이지 않으며, 땅이 생명을 실음이 보이지 않으며, 만물이 생명을 이어나감이 보이지 않느니라. 도란 은미한 것이어서 이름도 붙일 수가 없는 것이지만 만물의 모든 것을 빌려주고 또 생성케 해주는 것은 이와 같음 때문이니라.

노자가 말했다. 도(道)가 일(一)을 낳고, 일은 이(二)를 낳고, 이는 삼(三)을 낳으며, 삼은 만물을 낳는다. 만물은 음(陰)을 짊어지고 양(陽)을 안고 있는 셈이며, 충기(沖氣)를 통하여 조화되는 것이다. 사람들이 싫어하는 것이 고아가 되는 것[孤]이나 덕이 적은 것[寡]이나 복이 없는 것[不穀]인데, 임금들은 그런 것으로써 자신을 일컫는다. 그러므로 만물이란 혹시 거기에서 덜어 버리더라도 더하여지게 되고, 혹시 거기에 더한다 하더라도 덜어지게 되는 것이다. 사람들이 가르치는 바를 말로써 나도 역시 교훈을 해볼까 한다. 강하고 억센 자는 제 목숨에 죽지 못한다는 것이다. 나는 이 말을 교훈의 아버지로 삼으려 한다.

하늘이 답하느니라. 도도 하나요, 하늘도 하나요, 땅도 하나요, 해도 하나요, 달도 하나요, 만물도 하나일지니라. 사람 각각이 또한 하나니라. 하늘이 만물을 품어 하늘과 만물이 있으며, 땅이 만물을 실어 또한 땅과 만물이 있으며, 해가 만물을 비처 해와 만물이 있으며, 달이 끌어당기어 달과 만물이 있으며, 만물이 생명을 이어나가느니라. 만물과 생명이 있어 사람이 만물을 말하나니 사람과 만물이 있느니라. 사람이 사람을 인정하나니 사람과 사람이 있어 품는다 하며, 싣는다 하며, 비친다 하며, 당기고 끈다 하며, 생성한다 하며, 살아간다 하는데, 이는 서로를 안다는 것이라 하니라. 진실로 살생하지 말라. 한 그루의 나무를 심을지니라. 사람이 사람을 죽이는 것은 사람이 짐승과 한 그루의 나무를 베어내어 만물이 죽으며, 땅이 싣지 않게 됨이며, 해와 달이 비추지 않으며, 당기고 끌지 않게 됨이며, 하늘이 품지 않게 됨이니라. 도가 일을 낳고, 일은 이를 낳고, 이는 삼을 낳고, 삼은 만물을 낳느니라. 만물은 음을 짊어지고 양을 안고 있는 셈이니 천지만물은 지천선악을 낳고, 지천선악은 만물을 낳고, 만물은 생명을 생성시키느니라. 생명은 사람이 있음이며, 온갖 짐승이 있음이며, 바다와 온갖 짐승이 있음이며, 충기를 통하여 조화되는 것이니라. 사람들이 싫어하는 것이 살생되어지는 것이고, 만물이 살생되어지는 것이고, 그 자손이 고아가 되는 것이고, 덕이 적은 것이고, 복이 없는 것이고, 살생되어져 만물이 고아가 되는 것이니라. 임금들은 그런 것으로서 자기를 일컫느니라. 그러므로 만물이란 혹시 거기에서 살생되어지는 것으로 덜어져버리더라도 더하여지게 되고, 혹시 거기에 더한다 하더라도 멀어지게 되는 것이니라. 살생은 무엇이 더하여지는가? 살생은 무엇이 덜어지는가? 살생은 스스로 자기를 해치려 행함이 더하여지는 것이고, 살생하지 않음은 스스로 자기를 복 얻으려 행함이 더하여지는 것이니라. 사람들이 가르치는 바를 말로써라도 역시 교훈으로 해볼까 한다 하니라. 강하고 억센 자는 제 목숨에 죽지 못하고 살생하면서 살생당하려 스스로 화를 일으키는 것과 같음이니라. 목숨이 붙어있으되 부모와 자식과 처와 이웃이 목숨을 빼앗으려 언제 달려들지 몰라 두려워하여 스스로를 벌주게 됨이니라. 이는 살생하지 말고 한 그루의 나무를 심으라는 것을 교훈의 아버지로 삼으려 한다 하니라.

**노자가 말하나니 천하의 지극히 유약(柔弱)한 것이 천하의 지극히 견고한 것을 부리고 있다. 형체가 없는 것은 틈이 없는 곳에까지 들어갈 수 있기 때문이다. 나는 그래서 무위(無爲)가 유익한 것임을 알고 있다. 말로 표현하지 않는 가르침과 무위의 이익은 천하에 이것을 따를 것이 드물 것이다.**

하늘이 답하느니라. 천하에 지극히 유약한 것은 생명이나니 생명은 조화롭지 못하면 살지 못하느니라. 너무 뜨거워도, 너무 차가워도, 너무 넘쳐도, 너무 모자라도 살 수 없는 것이 생명이나니 사람이 조화롭지 못하면 살아가지 못함이 모든 생명과 다르지 않음이니라. 사람도 조화롭기에 살 수 있음인데 사람이 조화를 깨트리는 것은 사람이 견고하기 때문이 아니라 사람의 마음에 견고함이 있기 때문이니라. 조화로움이 견고함을 이긴다 함은 유약함이 견고함을 이긴다 함과 같나니 조화로움은 유약함이 모여 이루어지게 되기 때문이니라. 천하 만물은 생명을 향하여 모여드는 이치라 함이 온당하고 생명으로 변하기 위하여 만물이라 함이 또한 온당하니라. 생명이 죽는다 함은 생명에서 만물로 되돌아간다 함이 온당함이며, 생명이 죽는다 함은 조화를 벗어난다 함을 이르니라. 견고함은 생명으로 이루어질 수 없고 생명으로 되돌아갈 수 없음으로 인함이니라. 형체가 없는 것은 틈이 없는 곳에까지 들어갈 수 있기 때문이라 하며, 조화롭다는 것은 견고함 위에도 생명이 생성된다 함을 이름이며, 조화롭기 위하여 견고함을 품는다 함은 하늘의 이치를 품고 있는 것이라 하며, 조화롭다 함이 생명을 싣는다 함은 땅의 이치를 생명이 가지고 있다는 것으로 인함이니라. 나는 그래서 무위의 유익함을 알고 있노라. 무위란 조화를 펼치기 위함이며, 유익함이란 조화가 펼쳐졌다 함이며, 알고 있다는 것은 생명을 행함이라 하니라. 말로써 표현하지 않는 가르침과 무위의 이익은 천하에 이것을 따를 것이 드물 것이니라. 말을 가르쳐 행하게 할 적에 살생을 하지 않고 한 그루의 나무를 심나니 사람이 생명의 유약함을 알고 유약함을 펼쳐 하늘의 이치와 땅의 이치와 만물의 이치를 행함은 사람의 행함이 하늘을 닮았다 하며, 땅을 닮았다 하며, 만물의 지극한 이치에 있다 함이니라. 이는 무위의 이익이 행하여진다 함이니 이보다 행함으로 따를 것이 없다 함이 온당할지니라.

노자가 말하나니 명예와 자신은 어느 것이 더 친밀한 것인가? 자신과 재물은 어느 것이 더 소중한 것인가? 얻는 것과 잃는 것은 어느 편이 더 괴로운 것인가? 그러니 심히 아끼면 반드시 크게 손실을 받게 되고, 많이 지니고 있으면 반드시 크게 잃게 된다. 그러므로 만족할 줄 알면 욕을 당하지 아니하고, 멈출 줄 알면 위태롭지 않게 되며, 오래도록 자신을 보존할 수 있게 될 것이다.

하늘이 답하느니라. 하늘에 있는 것은 무엇인가. 하늘은 만물을 고루 품는다 함이 있나니 땅에게 무엇이 있는가? 만물을 싣는다 함이 있노라. 만물은 무엇이 있는가? 생명을 이어간다 함에 있노라. 사람에게 무엇이 있는가? 하늘을 우러러 부끄러움이 없도록 행함이 있나니 그것이 명예니라. 땅에 디디고 서서 어머님처럼 땅을 대하리니 부모를 대하듯이 행함, 그것이 명예니라. 만물로 살면서 만물의 이치에 합당한 행함을 하리니 살아있는 생명을 형제와 자매를 대하듯이 하는, 이것이 명예라 하니라. 하늘과 땅과 만물의 이치를 행하는 명예와 스스로 존재하는 자연으로서 자신은 어느 것이 치밀한 것인가? 하늘을 우러러 부끄러움 없이 행함은 명예가 친밀함이며, 하늘을 우러러 부끄러운 행함은 자기가 친밀함 때문이라 하리니 복 있다 할 수 없으리로다. 땅을 디디고 살면서 부모 섬기듯이 땅을 섬기는 행함은 명예가 친밀함이니라. 땅에 디디고 살면서 땅을 마치 도둑이 재물을 훔치듯 부모를 대하는 행함은 부모가 복주지 않듯 땅도 복주지 않게 되리니라. 만물은 생명이나니 형제자매를 대하듯 행함은 명예가 친밀함이니라. 만물을 대할 때 형제자매에게서 재물과 생명을 빼앗듯 만물을 빼앗는 행함은 자기의 이익이 친밀함이나니 스스로 벌주는 행함이 이어지리라. 가까운 날에 스스로를 벌하며 죽음에 이르게 되리라. 재물은 살생의 행함에 의하여 얻어진 것이리니 스스로가 모르는 부모와 형제와 처와 이웃으로부터 빼앗는 행함으로 얻어진 재물일지니라. 모른다 하여 웃을지니라. 빼앗긴 생명이 그것을 다시 빼앗으려 달려들지니 너의 부모와 형제와 처와 자식과 이웃이 달려들지니라. 재물은 스스로를 벌하게 되는 재앙이 되며, 천지자연의 이치에 합당한 행함은 스스로 복을 얻게 되리라. 얻는 것과 잃는 것을 조화롭게 하리로다. 얻는 것으로 하늘의 이치에 합당하게 행하며, 땅의 이치에 합당하게 하여 얻으리라. 그리하여 살생을 줄이는 방향으로 행하고 잃는 것 또한 하늘과 땅의 이치에 합당하게 잃으려 행하리니 살생을 줄이려 잃으며, 한 그루의 나무를 심는 것으로 잃게 행하리라. 하늘은 모든 생명을 향하여 품느니라. 땅은 모든 생명을 향하여 싣느니라. 만물은 모든 생명을 향하여 생명이 이어지게 하니라. 이는 만물의 변하지 않는 진리이며, 질서이며, 하늘과 땅과 만물의 법이니라. 사람이 심히 아끼는 것은 하늘이 만물을 품는 것보다 못하며, 심히 아끼는 것은 땅이 만물을 싣는 것보다 못하며, 심히 아끼는 것은 만물의 생명이 이어져 나가는 것보다 못하나니 아낄 것을 아껴라. 그것은 살생하지 않는 생명이며, 살생당하지 않는 생명이니라. 잃지 않으려거든 살생하지 말라. 잃지 않으려거든 한 그루의 나무를 심는 것을 게을리 하지 말라. 이는 하늘과 땅과 만물의 법이니 행하면 그 복이 세대에서 세대로 이어지리로다. 만족은 근검과 검소와 향기로운 생명으로 살아감보다 사람다운 사람은 없느니라. 천하를 가지려 하늘과 땅과 만물을 팔지 말지니라. 살생하지 말라. 천하를 가질려면 한 그루의 나무를 소중히 심으라. 그리하면 천하를 가질만할지니 하늘과 땅이 그리고 만물이 도울지니라. 만족은 하늘이 만물을 품는 것을 본받으며, 만족은 땅이 만물을 싣는 것을 본받으며, 만족은 만물의 생명이 이어나게 하는 것으로 본받을지니라. 땅에서 이루어지는 생명의 질서가 만족함이 되게 하리니 그가 성인이며, 덕이 있다 함이니라. 멈출 줄 알면 위태롭지 않다 하며, 오래도록 자신을 보존할 수 있게 될 것이니라.

**노자가 말하나니 위대한 성공은 결함이 있는 듯하지만, 그 효용은 다함이 없는 것이다. 크게 충만한 것은 텅 빈 듯하지만 그 효용은 한이 없는 것이다. 크게 곧은 것은 굽은 듯이 보이고, 크게 교묘한 것은 졸렬한 듯이 보이며, 크게 말 잘하는 것은 말을 더듬는 듯이 보인다. 몸을 심히 움직이면 추위를 이겨낼 수가 있고, 고요히 있으면 더위를 이겨낼 수가 있는 것이니 맑고 고요함으로써 천하를 바르게 다스려야 한다.**

하늘이 답하느니라. 하늘의 위대한 성공은 만물을 품어 조화로워지는 것이며, 땅의 위대한 성공은 만물을 실어 조화로워지는 것이며, 만물의 위대한 성공은 생명이 조화롭게 이어지는 것이니라. 사람에게 성공은 재물과 권세를 얻어 하늘에 부끄러운 행함을 하지 않아야 함이며, 땅에 디디고 있으면서 땅의 조화로운 이치를 깨트리지 않아야 함이며, 만물이 생명의 이치를 깨트리지 않는 것이리니 사람에게 성공하지 않는 것이 살생하여 재물을 얻는 것보다 낫다 함이니라. 자연의 이치에 합당한 성공은 결함이 없다 함이 아니리니 사람에게 무엇을 얻어 스스로를 벌하는 것만 못하다 함이니라. 사람이 무엇을 버려 스스로 복 얻음은 결함이 있는 듯 보이나 그 효용은 다 함이 없는 것이라 하니라. 크게 충만한 것은 텅 빈 듯 하지만 그 효용이 한이 없는 것이니라. 하늘이 만물을 품는데 이익을 위하여 품지 않으며, 만물을 실어 이익을 위하여 싣지 않느니라. 사람이 이익을 위하여 살생하지 않으며, 한 그루의 나무를 심는 것은 효용이 그리하지 않음보다 크고도 크다 하리로다. 크게 곧은 것은 굽은 듯이 보이고, 크게 교묘한 것은 졸렬한 듯이 보이며, 크게 말 잘하는 것은 말을 더듬는 듯이 보인다 하였느니라. 살생하지 않음은 만물이 걸어온 이치이나니 생명은 굽으면 굽은 대로 곧는다 함이며, 곧으면 곧은 대로 굽은 것이라 함이 온당하리니라. 생명은 생명을 지키는데 있어 굽은 것과 곧은 것으로 지키는 것이리니 굽은 듯 보이는 곧은 것이며, 곧은 듯 보이는 굽은 것이라 함이니라. 생명만이 그리하게 되니라. 생명에게 졸렬하다 하지 말지니라. 만물의 이치에 합당함으로 생명이니라. 너에게 졸렬하지 않으니 살생하느냐 묻나니 너는 졸렬하거나 졸렬하지 않거나 생명이니라. 이는 만물이 너에게도 합당한 생명이기 때문이리니 너와 같은 생명에 스스로를 대하듯이 하리라. 말을 못하더라도 그리하며, 크게 교묘하지 않더라도 그리하라. 그것이 생명이 행하여야 할 행함이니라. 사람은 몸을 심히 움직이면 추위를 이겨낼 수가 있지만 몸을 움직이지 않으면 추위를 이겨내지 못하고 죽느니라. 사람도 그리하며, 모든 생명이 그리하느니라. 고요히 있는 것은 더위를 이겨낼 수가 있지만, 고요히 있지 못하고 몸을 움직이면 더위를 이겨낼 수가 없음이니라. 이는 모든 생명에게도 그리하나니 사람이 생각하고 느끼는 행함이 더하리니라. 생명에게 추위를 대하듯이 하고 더위를 대하듯이 하라. 그러나 살생의 행함은 하지 말라. 만물의 이치에 합당하게 행함은 사람이 할 수 있나니 맑고 고요한 몸가짐으로 천하를 바르게 다스려야만 한다 하니라.

**노자가 말하나니 천하에 도가 행하여지면 전장에서 달리던 말을 돌려보내어 농사일에 쓰게 된다. 천하에 도가 없으면 처음부터 전쟁에 쓰이는 말로써 교외 전장에서 출생케 되는 것이다. 죄는 욕망을 따르는 것보다 더 큰 것이 없으며, 화는 만족할 줄 모르는 것보다 더 큰 것이 없고, 허물은 물건을 획득하려는 것보다 더 큰 것이 없다. 그러므로 만족할 줄 앎으로써 만족을 하게 되면 언제나 만족을 하게 되는 것이다.**

하늘이 답하노라. 하늘의 이치는 이러하니라. 사람이 성하여 하늘의 이치를 깨트림은 사람으로 하여 돌려놓게 하니라. 그 중 하나는 사람이 사람을 죽이는 일이니라. 사람이 살생하지 않고 하늘의 이치를 행하는 것이리니 하늘의 이치를 행하는 것은 한 그루의 나무를 심는 것이며, 검소와 검약함을 행하여 불필요한 이치가 깨어지지 않도록 하는 것이니라. 천하의 도가 행하여진다 함은 전장에서 달리던 말을 돌려보내어 농사일에 쓰게 함이니라. 전쟁과 같은 살생으로 조화를 지키는 것도 만물의 이치에 도가 행하여지지 않음으로 인함이니라. 살생은 또 다른 살생을 일으키고 스스로 벌하는 이치가 땅에서 이루어지나니 하늘이 만물을 품지 않음과 같으며, 땅이 만물을 싣지 않음과 같다 함이니라. 살생하지 않고 만물의 이치가 행하여지는 것을 도가 행하여진다 함이니라. 이는 하늘이 만물을 품는다 함이며, 땅이 만물을 싣는다 함이 온당함이니라. 사람이 전쟁과 같은 살생으로 만물의 이치를 지킨다 함은 하늘의 이치라 하지 않으며, 땅의 이치를 지킨다 할 수 없음이니라. 만물의 이치는 이러할지니 도가 없으면 처음부터 살생하는 교외 전장에서 출생케 되는 것이며, 도는 욕망을 버리는 것보다 큰 것이 없음이니라. 하늘과 땅의 이치가 마치 권세를 얻으려 하며, 재물을 얻어서 이루어지는 것과 같이 말하느니라. 죄는 욕망을 따르는 것보다 더 큰 것이 없다 함이 온당함이며, 화는 만족할 줄 모르는 것보다 더 큰 것이 없으며, 허물은 물건을 획득하려는 것보다 큰 것이 없다 하였느니라. 화는 살생으로 얻는 재물과 권세를 따르는 살생당하는 그림자가 항상 따르게 된다 함을 만물의 이치라 함이 온당함이니라. 그리고 허물은 살생하여 얻는 재물과 허물 뒤에 따르는 살생당하는 그림자가 항상 따르게 된다는 것을 만물의 이치라 함이 온당함이니라. 만물의 조화와 사람의 이치는 변하지 않고 변할 수 없다 하리니 이는 만물의 생명과 생명 없음의 조화가 항상 이루어지는 질서이기 때문이니라. 만족은 살생의 허물을 벗음이며, 만족하지 않음은 허물을 뒤집어쓰고 스스로를 벌하는 허물을 뒤집어쓰게 됨이니라.

**노자가 말하나니 문을 나서지 않고서도 천하의 일을 알고, 창밖을 내다보지 않고서도 하늘의 도를 볼 수가 있는 것이다. 그가 밖으로 나가는 것이 멀수록 그가 아는 것은 더욱 적어지게 되는 것이다. 그러므로 성인은 아무 데도 가지 않고서도 알게 되며, 보지 않고서도 올바로 식별하게 되고, 작위(作爲)를 하지 않으면서도 일을 성취시키게 되는 것이다.**

하늘이 답하느니라. 천하의 문은 사람은 권세와 재물로 연다 생각하나니 천하의 문은 살생으로 연다 함이 온당할지니라. 권세를 위하여 살생하며, 재물을 위하여 살생함을 사람에게 묻나니 권세가 그리 좋으며, 그것을 사람이 행함으로 온당함이더냐? 재물이 좋으며, 그것이 사람의 행함으로 온당함이더냐? 권세를 위하여 살생하는 그림자 뒤에 살생당하는 이치를 보지 못함이며, 재물을 위하여 살생하는 그림자 뒤에 살생당하는 이치를 보지 못하나니 천하는 열려 있음보다 닫혀있음이 온당함이니라. 문을 나서지 않고서도 천하의 일을 아는 것은 살생당하지 않으려 뒤로 물러섬만도 못함이니니 뒤로 물러서 한 그루의 나무를 심으라. 한 그루의 나무를 심어 천하로 나서는 문을 막는 것은 온당함이니라. 하늘은 이러할지니라. 만물은 생성하고 소멸하나니 생성은 살생으로 이루어짐도 아니며, 살생당하여 이루어짐도 아닐지니라. 하늘은 조화로써 이루어지나니 땅의 천하가 이러할지니라. 만물을 실어 살생으로 이루어짐도 아니고 살생당하여 이루어짐도 아니지만 땅은 조화로써 이루어지니라. 만물의 이치대로 흘러가나니 이것이 천하일지니라. 하늘과 땅은 사람의 이치에 품고 실을지니 살생과 살생당하는 조화로써 이루어지니라. 문을 나서지 않고 천하의 일을 안다함은 하늘과 땅의 이치라 함이 온당함도, 온당치 않음도 없으리니 사람이 그리됨이 온당하다 하니라. 창밖을 내다보지 않고서도 하늘의 도를 볼 수가 있는 것이다 함은 조화를 위하여 사람이 그리하게 됨을 이르니라. 하늘은 인하지 않음으로 사람을 벌할 수 있음이며, 땅은 인하지 않음으로 사람을 벌할 수 있음이며, 조화를 깨뜨림을 두려워함은 땅에서 이루어지는 만물의 생성과 소멸의 이치 때문이니라. 그가 밖으로 나아가 사람의 일로 하늘을 움직일 수 없음이며, 사람의 일로 땅을 움직일 수 없음이니라. 그러므로 성인은 아무 데도 가지 않고서도 알게 되며, 보지 않고서도 올바로 식별하게 되고, 작위하지 않으면서도 일을 성취하게 되는 것이니라. 하늘은 살생하지 않고 만물을 품고 있다 하는 하늘이며, 땅은 살생하지 않고 만물을 싣고 있다 하는 땅이니라. 사람은 살생하지 않는 행함과 한 그루의 나무를 심는 것으로 사람이라 하니라. 하늘과 사람은 마주보게 됨이며, 땅과 사람은 디디고 서서 있게 됨이며, 만물은 사람이 생명으로 살아있게 됨이니라.

**노자가 말하나니 학문을 하면 날로 지식이 늘어나지만 도를 닦는 일을 하면 날로 지식이 줄어들 것이다. 지식이 줄고 또 줄어들어서 무위(無爲)에 이르게 되는데, 무위하게 되면 하지 않는 일도 없게 되는 것이다. 천하를 취함에 있어서는 언제나 무사(無事)함으로써 하여야 한다. 그에게 일이 있게[有事] 되면 천하를 취하지 못하게 되는 것이다.**

하늘이 답하느니라. 사람이여, 들을지니라. 사람이 학문을 하여서 천지만물의 이치를 행하게 되면 하늘이 그 행함을 칭송하며, 땅이 칭송할지니라. 살생하지 않고 한 그루의 나무를 심는 것을 행하게 되면 숲이 살아나고, 강이 살아나고, 바다가 살아나나니 숲에 온갖 짐승과 새들이 돌아오며, 강과 바다에 그 정한 이치대로 생명이 넘치느니라. 이것을 사람이 배워서 이룰 수 있음은 사람의 행함이 선하다 할지니라. 너희가 원하는 것을 하늘에 빌고 만물의 이치를 행하지 않음은 학문을 하지 않음보다 못하며, 학문은 천지만물에 독이 될지니라. 사람의 학문은 천지자연을 죽이는 무기가 되나니 사람이 지진보다 두려우며, 태풍보다 무서우며, 번개보다 무서우니라. 학문이란 이와 같나니 너희가 신이 있다 하며, 영원한 생명이 있다 하며, 학문으로 삼으며, 사람을 구원한다 하느니라. 영원한 생명을 얻기 전에 천지자연의 조화를 위하여 행하지 않음은 학문이 무섭듯 종교가 무섭나니 물보다 두려우며, 불보다 무서우니라. 따라서 보기에 좋지 않음이니 땅에 물이 가득하며, 불이 가득할지니라. 사람이 사람을 죽이듯 물과 불이 사람을 죽이게 할지니라. 학문과 종교가 그리할지니라. 천지자연의 이치에 합당함을 살라 권면하노니 함부로 살생하지 말고 천지자연의 이치에 합당하게 살라. 한 그루의 나무를 심는 그것이 학문이 되게 하며, 그것이 종교가 되게 할지니라. 그리고 천지자연이 스스로 복 있게 할지니라. 재물과 권세를 위하여 지식을 사용하지 말라. 살생하지 않음을 위하여 지식을 사용하고 한 그루의 나무를 심을 때 지식을 사용하라. 그 이외의 것은 지식이 아니고 천지자연을 죽이는 무기가 될지니라. 지식을 줄이라 함은 이와 같기 때문이나니 지식이 줄고 또 줄어들어서 무위에 이르게 된다 함이니라. 천지자연이 생명의 이치가 가득하여지나니 무위하게 되면 하지 않는 일도 없게 되는 것이라 하니라. 천하를 다스리려 천지자연의 이치에 합당하게 이루어짐이 천하를 다스림보다 복 있게 됨이나니 천지자연의 이치에 합당함이 더 많은 복을 얻게 됨이니라. 천하는 풀 한 포기의 이치와 다르지 않으며, 들과 숲과 강과 바다에 나와 같은 생명이 살아있음이 천하를 느끼는 것과 같다 하니라. 천하는 나누고 누리는 것이니 무위가 무사함으로써 하여야 한다 함이니라. 천하는 해 뜨고 생성과 소멸하나니 만물을 실어 땅이니라. 재물을 위하여 해가 생성과 소멸함이 아니고 만물을 싣는 땅이 아니나니 재물과 권세를 위하여 살아가는 것을 유사라 함이 온당함이니라. 천하는 상처를 입게 됨이며, 그 상처로 생명은 곪아가며, 죽음에 이르게 되나니 이를 천하가 다스려지지 않는다 함이니라. 학문은 살생하지 않으려 행하며, 종교는 한 그루의 나무를 심는 것을 행하니라. 천하가 다스려진다 함은 이와 같은 이치가 행하여진다 함이니라.

**노자가 말하나니 성인은 일정한 마음을 갖지 아니하고 백성들의 마음으로써 자기 마음을 삼는다. 선한 사람을 우리는 선하다고 하지만, 선하지 않은 사람도 우리는 역시 선하다고 하여야 한다. 인간의 덕이란 선한 것이기 때문이다. 진실 된 사람을 우리는 진실하다고 하지만, 진실 되지 않은 사람도 우리는 역시 진실 된다고 하여야 한다. 인간의 덕이란 진실 된 것이기**

때문이다. 성인은 천하를 대함에 있어서 두려운 듯이 천하를 다스리며 그의 마음을 흐리멍덩하게 한다. 그리고 백성들은 모두 그의 귀와 눈을 기울이더라도 성인은 누구나 어린 아기 같은 상태[道理]로 보이게 한다.

하늘이 답하느니라. 성인은 하늘을 우러러 부끄러움 없이 살아야 하나니 하늘이 인하지 않음은 성인도 천지만물의 이치에 있음이니라. 성인을 위해서 해가 뜨지 않고 땅이 만물을 싣지 않느니라. 성인은 하늘이 성인에게 행함을 보이는 것처럼 해야 하느니라. 그러므로 성인은 사람을 명령으로 대하지 말며, 사람을 죄인으로 대하듯 하지 말며, 사람을 나와 다르다 대하지 말지니라. 성인이 백성의 마음을 삼는다 함은 이와 같기 때문이니라. 우리는 사람을 선하다고 하지만 선하지 않은 사람도 역시 선하다고 하여야 하느니라. 성인이 사람을 대하며 가르친다고 말하는 것은 하늘의 이치와 땅의 이치를 행하게 하는 것으로써 선하다 할 수 있느니라. 사람에게 가르칠지니라. 세상에 생명은 둘도 아니고 셋도 아닌 하나이니 모든 생명이 하나이듯 나의 생명도 하나일지니라. 행함의 보물로 삼을지니라. 보물은 소중히 가지는 것이리니 보물을 도둑맞는 것은 생명을 함부로 대함이며, 살생하여 보물을 버리는 것과 같을지니라. 선하다고 하는 것은 하늘의 이치와 땅의 이치인 살생의 유혹을 견뎌내는 것이니라. 한 그루의 나무를 심는 것으로 행하지 않을 때 선하지 않은 사람과 선한 사람 모두 선해지는 이치라 하리니 선하지 않은 사람은 없는 것이니라. 사람이 덕이 있다 하는 것은 살생으로 마음의 고통을 갖는 것이니라. 그리고 살생은 마음의 고통을 갖는 것이기도 하지만 스스로를 벌하는 독약이 되느니라. 하늘은 스스로 복 얻기를 바라는 하늘이기 때문이고 땅 또한 살생하지 않기에 스스로 복 얻기를 바라는 땅일지니 선하지 않은 사람을 하늘의 이치와 땅의 이치를 행하게 함은 온당할지니라. 그리하면 성인이 될 수 있음이며, 그가 성인이라 함이 온당할지니라. 성인의 덕은 이처럼 위대함이 아니며 사람이 마땅히 행하여야 할 행함으로 얻게 됨이니라. 성인의 덕은 남자에게도 성인이 됨이며 여자에게도 성인이 됨이니라. 덕은 선함과 같나니 함부로 살생하지 않음을 행하는 사람이니라. 또한 성인은 한 그루의 나무를 심는 것으로 성인이 될 수 있나니 남자도 성인이 됨이며 여자도 성인이 됨이니라. 진실은 살아있지 않으면 죽은 진실이리니 생명에게 일어날 수 있는 행함이며, 생명이 행하는 행함은 진실 되게 행하라 함이 온당하니라. 살아있지 않은 생명에게 진실을 구하는 것은 죽은 생명을 위안함과 같다 함이나니 진실은 생명과 생명이 마음과 마음을 나누는 행함이니라. 진실로 생명과 생명이 마음과 마음을 나누는 것을 애써 힘쓸지니라. 생명을 잃은 후에는 진실을 나눌 수가 없기 때문에 너희가 생명을 소중히 여겨야 함은 이와 같기 때문이니라. 진실은 생명이기에 가질 수 있다 함을 알지니라. 진실은 하늘이 사람에게 행하는 행함이며, 땅이 사람에게 행하는 행함일지니라. 너희가 진실로 생명이라면 하늘이 행하는 진실된 행함이라 믿고 땅이 행하는 진실 된 행함이라 믿을지니라. 살생하지 말라. 한 그루의 나무 심기를 하늘과 땅이 행하는 진실이라 여기며 행할지니라. 사람의 덕과 하늘의 덕과 땅의 덕은 한 가지이리니 하늘은 살생하지 않는 덕을 위하여 만물을 품으며, 땅은 살생하지 않는 덕을 위하여 만물을 싣는다 하며, 사람은 하늘과 땅의 덕을 행하기 위하여 사람이라 함이 온당함이니라. 천하를 다스리기 위하여 성인이 있다 함은 하늘의 이치와 땅의 이치를 행하기 위하여 힘쓰기 때문일지니라. 천하는 해가 만물을 위하여 비추듯 다스려야 함이 옳다 함이나니 천하를 대함에 있어서 두려운 듯이 하며, 함부로 생명을 죽이지 않는가를 살펴야 함이 온당함이니라. 두려운 듯이 만물을 살피고 다스림은 이와 같기 때문이니라. 천하는 모든 것을 알기 때문에 다스리는 것이 아니니라. 물이 흘러가고, 해가 뜨고, 달이 뜨는 이치를 행함으로 천하가 흘러가는 것이지 학문이나 지혜로 흘러가는 것은 아닐지니라. 윤회의 지혜가 학문으로 흘러가듯, 신의 지혜가 종교로 흘러가듯 사람과 사람이 이익을 위하여 사용되나니 하늘이 예비함이 있느니라. 살생하지 말라. 한 그루의 나무를 심으라. 진리 중의 진리라 하니라. 천하를 다스리면서 마음을 흐리멍덩하게 한다 함은 백성들의 마음에 귀를 기울이더라도 성인이 누구나 어린 아기 같은 상태로 있는 것을 이름이니라. 이는 아기와 같은 마음이어서는 이루어지지 않고, 만물의 이치에서 벗어나지 않는 상태가 아니면 이루어지지 않음을 말함이니라.

**노자가 말하나니 나오는 것이 삶이고 들어가는 것이 죽음이다. 삶의 도리를 온전히 사는 사람은 열 명에 세 명 정도이고, 죽음의 도리를 온전히 하는 사람도 열 명에 세 명 정도이다. 사람이 나서 공연히 움직이어 사지로 가게 되는 자도 열 명에 세 명 정도 있다. 그것은 무엇 때문인가? 그의 삶을 너무 잘 살아가려 들기 때문이다. 듣건대 삶을 잘 유지하는 사람은 육지를 여행해도 외뿔 소나 호랑이를 만나지 아니하고, 군대에 들어가서도 무기의 피해를 입지 아니한다 하였다. 외뿔소도 그의 뿔로 들이받을 여지가 없고, 호랑이도 그의 발톱으로 할퀼 여지가 없으며, 무기도 그 날을 들이밀 여지가 없는 것이다. 그것은 무엇 때문인가? 그에게는 사지가 없기 때문이다.**

하늘이 답하느니라. 사람이 생명으로 태어났다는 것은 만물로서 사람이며, 스스로 복 있게 함으로 사람이며, 스스로 화를 얻게 됨으로 사람이니라. 만물을 행한다 함은 하늘과 땅의 이치에 온당함으로 사람이라 칭송을 받으리로다 하나니 삶의 도리를 온전히 한다 함이니라. 권세를 따르지 않고 재물을 따르지 않나니 재물로 스스로를 벌하지 않음으로 인함이며, 권세를 따르지 않아 스스로 벌하지 않음으로 인함이니라. 열 명에 세 명 정도가 있다 하니라. 권세를 따르는 것을 스스로 복 얻음처럼 행하지 말지니 권세는 스스로 화 얻을 날이 가까워짐과 같으니라. 성인의 마음을 가진 사람이 권세를 가졌다 해도 사람의 마음을 움직일 수 있음은 아니니 이는 사람의 마음을 움직일 수 있는 재물이 필요한 것이 사람이기 때문일지니라. 권세는 재물을 부르고 재물은 권세를 따를지니 사람의 마음에 권세를 버리고 재물을 따르는 행함을 이룰 수 없음이니라. 권세는 재물의 화를 피할 수 없고 재물은 권세의 화를 피할 수 없음이나니 행함은 부모와 처와 자식과 이웃이 함께 행하며, 함께 살아가는 이치에 있음이니라. 그때에 살생하느니라. 권세와 재물은 살생을 피할 수 없나니 이는 부모와 처와 자식과 이웃이 함께 살아가는 행함으로 이루어지기 때문이니라. 이는 열 명에 세 명 정도 있나니 성인의 행함으로 조심스럽게 권세를 가질지니라. 특히 재물이 들어오는 것을 금방 죽을 약사발을 받는 것처럼 하라. 누군가가 빼앗아가지 않을까 하고 근심과 걱정이 떠나지 않을 것이니 그처럼 행하라 하니라. 살생은 짐승이 한다 함이 온당하니라. 사람이 사람을 살생함도 짐승이 사람을 살생한다 하며, 숲과 강과 바다의 온갖 생명을 살생하는 것도 짐승이 생명을 살생한다 하며, 사람이 한 그루의 나무를 함부로 베는 것도 짐승이 한 그루의 나무를 벤다고 하는 것이나니 하늘은 살생하기 위하여 품지 않으며, 땅도 살생하기 위하여 싣지 않느니라. 사람의 행함으로 짐승이 되고, 짐승을 짐승이 잡는다 함이 옳으니라. 짐승은 약한 짐승을 잡는데 그 짐승을 잡는 것도 그보다 강한 짐승일지니라. 먹고 먹히는 것을 짐승이라 하는데 이는 사람이 행할 일이 아닐지니라. 사람은 생명이기 때문에 만물을 품는 하늘의 마음을 알며, 그리고 행하는 것이니라. 사람이 생명이기 때문에 만물을 싣는 땅의 마음을 행하라 하는 것은 살생하지 말며, 숲과 강과 바다의 모든 생명에게도 그리하지 말라는 말이니라. 사람에게 멸종당하는 생명에게는 더욱 그러할지니 하늘이 벌주며, 땅이 벌주니라. 게다가 다시는 하늘을 올려다 볼 수 없으며, 땅을 밟을 수 없게 되리라. 사람이 사람의 길을 가야지 짐승의 길을 가는 것은 온당치 않나니 삶을 잘살아가야 함이니라. 땅 위에 일어나는 질서 가운데 삶을 잘 유지하는 사람은 육지를 여행해도 외뿔 소나 호랑이를 만나지 아니하고 군대에 들어가서도 무기의 피해를 입지 아니한다 하였느니라.

그래서 외뿔 소도 그의 뿔로 들이받을 여지가 없고, 호랑이도 그의 발톱으로 할퀼 여지가 없으며, 무기도 그 날을 들이밀 여지가 없게 되는 것이니라. 그것은 무엇 때문인가? 그에게 는 사지가 없기 때문이니라. 잘살아도 살생당하며, 못살아도 살생당하나니 이는 권세로 인 함이며, 재물로 인함이니라. 살생하여 스스로 화를 얻고 스스로를 벌주게 되리니 그리하면 한 그루의 나무를 심는 행함도 없고, 죽을 자리만 있다 함이니라.

**노자가 말하나니 도는 생성하고 덕은 길러주어, 만물은 형체를 지니게 되고, 여러 가지 형 세가 이룩되는 것이다. 그래서 만물은 도를 소중히 하고 덕을 귀중히 하지 않을 수가 없는 것 이다. 도가 소중하고 덕이 귀중한 것은 어느 누구가 그렇게 만든 것이 아니고 언제나 자연스 럽게 그러한 것이다. 그러므로 도는 생성하고, 덕은 길러주며, 생장케 하고, 생육케 하고, 성 장케 하고, 성숙케 하고, 보양(保養)해 주고, 보호해 주는 것이다. 생성케 하되 소유하지는 않 으며, 그렇게 해주되 그 공을 내세우지 않으며, 생장케 해주되 지배하지는 않는다. 그래서 이 것을 현묘(玄妙)한 덕이라 말하는 것이다.**

하늘이 답하느니라. 생성하는 것은 생명이나니 땅에서 이루어지며, 하늘이 품는다 함이니 라. 이는 지천선악의 조화로움으로 이루어지나니 조화롭기 위하여 도라 이르니라. 생명은 자라니라. 지천선악의 조화로 자라나니 이를 생육의 덕이라 이르니라. 지천선악의 이치는 생성과 생육으로 생명을 이루나니 만물의 이치라 함이니라. 만물은 사람이며, 짐승이며, 물 이며, 불이며, 모든 형태를 가졌으며, 모든 소리를 낸다 하니라. 생명은 형태이며, 소리이며, 특성을 이룩한다 함이나니 그러므로 지천선악의 이치는 만물의 이치로 향해간다 함이며, 생명이 존재한다 함이니라. 만물의 이치는 생명의 이치이나니 도를 소중히 한다 함은 생명 을 소중히 한다 함이며, 생명의 성장을 소중히 한다 함이니라. 생명의 도가 소중하고 성장 의 덕이 소중한 것은 어느 누군가 그렇게 만든 것이 아니라 지천선악의 조화로움으로 생명 이 완성되었다 함이 온당함이나니 자연스럽게 그렇게 되었다 함이 옳으니라. 그러므로 생 명은 생성되었다 하며, 지천선악의 조화로움으로 인함이며, 성장한다 함이니라. 땅에서 이 루어지는 조화로움은 생성함으로 생명이며, 성장하므로 생명이며, 성숙해지므로 생명이며, 보양함으로 생명이나니 하늘이 품는 모든 만물이 그러하니라. 지천선악의 질서는 현묘한 질서이며, 생명에게 보여지며, 생명에게 느껴지나니 하늘은 지배하기 위하여 품지 않으며, 해는 지배하기 위하여 싣지 않으며, 달은 지배하기 위하여 당기거나 놓지 않느니라. 지천선 악의 이치는 생성과 성장과 성숙과 보양을 행함으로 도를 이룬다 함이니라.

노자가 말하나니 천하의 것에는 처음이 있었는데 그것이 천하의 어머니가 되었다. 그 어머니를 터득함으로써 그 자식들을 이해하고, 그 자식들을 이해함으로써 다시 그 어머니를 지킬 수 있어야만 평생토록 위태롭지 않을 것이다. 욕망의 근원을 막고 욕망의 문을 닫아야만 평생 동안 고생하지 않는다. 욕망의 근원을 열어놓고 하고 싶은 일들을 해나간다면 평생 동안 구원받지 못할 것이다. 작은 것을 보는 것을 명철(明哲)하다고 하고, 유약함을 지키는 것을 강하다고 하는 것이다. 명철한 빛을 사용하고, 그 명철함으로 되돌아간다면 자신에게 재앙이 끼쳐지는 일이 없을 것이다. 이것을 습상(襲常), 곧 상도(常道)를 지키는 것이라 하는 것이다.

하늘이 답하느니라. 지천선악의 조화가 이루어지나니 이를 땅이라 말하며, 땅은 모든 만물을 생성과 생육의 이치가 완성된다 함이니라. 하늘이 품고 땅이 싣는다 함은 땅이 만물로서 생명으로 탄생되어간다 함을 이르니라. 어머니께서 자식을 잉태하나니 어머니와 땅은 같은 이치로 행하여진다 함이 온당함이 있느니라. 땅은 만물을 실어 천하의 어머니가 되고 생명의 어머니가 되나니 사람이 어머니를 터득하듯 땅을 터득할지니라. 땅이 생성시키는 이치는 배우는 것이 아니라 느끼며, 공유하며, 터득함이 온당함이니라. 사람의 아들로 태어났느냐? 어머님이 낳아주셨도다. 만물로 싣고 땅에서 이루어지나니 무엇으로도 생명의 존귀를 얻었느니라. 지천선악의 축복이 세상에 가득하다 함은 온당함이니라. 생명이여, 이해하였느뇨? 생명은 살생하지 않는 행함으로 천하에 있음을 시인함이 있으리니라. 생명은 살생당하지 않을 행함을 하리니 하늘이 품는 근본이며, 땅이 싣는 근본이며, 만물이 지켜지기 위한 근본이며, 사람의 행함의 근본으로 삼으리라. 이는 어머님이 자식을 바라보는 마음의 근본이 되리로다. 자식이 어머님을 바라보는 근본이 됨은 온당함이 있으리라 하니라. 어머니께서 말씀하노라. 살생하지 말라. 한 그루의 나무를 심어 다음 세대를 위한 준비를 하라 하리니라. 땅이 말하노라. 살생하지 말라. 한 그루의 나무를 심어 다음 생명에게 이어지는 생명의 이치를 본받게 하라 하니라. 이해하였느냐? 자식이 땅을 이해하고 어머니의 마음을 이해하나니 어머니를 지킬 수 있음이며, 땅의 이치를 지킬 수 있음이 온당함이니라. 권세를 위하여 살생하게 되나니 또한 재물을 위하여 살생하게 되니라. 욕망의 근원을 막고 욕망의 문을 닫아야만 평생토록 고생하지 않느니라. 욕망의 근원을 열어놓고 하고 싶은 일을 해나간다면 이는 살생하기를 밥 먹듯이 하고 재물을 얻으려 낮과 밤 동안 발광하나니 스스로 화 얻기를 불나방이 불로 뛰어드는 행함이라 하니라. 마음은 두려움으로 언제나 화가 올까 두려워하고 몸도 두려워 떠나니 마음이 평안할 수 없음이니라. 마찬가지로 몸도 두려워 자유로울 수 없음이나니 한평생을 구원 받지 못하고 살아가게 됨이니라. 작은 것을 보는 것을 명철하다 하고, 유약함을 지키는 것을 강하다고 하는 것이다 하였느니라. 천지만물은 스스로 되었나니 지천선악의 조화로움으로 인하여 사람인 너희가 생명을 해치기를 심히 하면 물은 물대로, 해는 해대로, 숲은 숲대로 죽으리라. 그리하면 생명인 너희가 살 수 없는 세상이 되고 말리라. 조화로움이 깨지면 사람의 조화도 깨지게 되나니 이러한 이치를 아는 것은 명철함이니라. 살생하지 않은 행함은 가장 명철함이며, 한 그루의 나무를 심는 것은 그 다음의 명철함이니라. 명심하라. 유약한 생명을 죽여서 강한 생명을 함께 죽이는 행함은 땅이 만물을 싣는 이치를 어기는 행함이나니 땅에서 나서 땅으로 돌아갈 때에 하늘을 부끄러워함이 있으리로다. 그러면 다시는 윤회의 이치에서 있지 않게 됨이며, 땅에서 싣는 미물로서도 윤회를 얻지 못하게 되리라. 살생하지 않기 위하여 강해지는 것은 온당하며, 살생하지 않기 위하여 유약해지는 것도 온당하며, 살생당하지 않기 위하여 강해지는 것도 온당함이니라. 그러나 살생당하는 것은 살생하는 것보다 싫은데 그것은 사람의 근본이며, 생명의 근본이기 때문이니라. 재앙을 피하는 것은 살생하지 않음으로 해서 피해지는 것이 근본이며, 재앙의 근본인 살생하지 않은 생활로서 피해짐은 두 번째 근본이며, 재앙의 근본에서 도망치는 것이 세 번째이나니 살생은 재앙의 근본이라 함이 온당함이니라. 마땅한 이치를 행함을 상도라 함은 이와 같기 때문이니라.

**노자가 말하나니 만약 내가 확실한 지혜를 가지고 위대한 도를 따라 행동하려 한다면, 오직 인위적인 시책을 조심하여야 할 것이다. 위대한 도는 매우 평탄한 것인데도 백성들은 좁은 길을 좋아한다. 조정이 매우 정결하면 나라라는 밭은 매우 황폐해지고 백성들의 창고는 매우 텅 비게 되는 것이다. 문채(文彩)가 아름다운 옷을 입고, 날카로운 칼을 차고, 실컷 먹고 마시며, 남아돌아가는 재물을지니고 있다면, 이는 뽐내는 도둑이라 불러야 할 자이다. 도에 어긋나는 짓이 아닌가!**

하늘이 답하느니라. 지혜롭다는 것은 지천선악의 이치를 행하는 생명에게 있음을 이름이나니 지혜를 사용하여 생명을 살리는 것을 지혜롭다고 하니라. 지혜는 만물의 행함이고 지혜롭다고 하는 사람은 지혜롭다고 볼 수 없나니 지혜롭게 행동한다는 것은 하늘이 품고 있는 이치를 모르면서 지혜로울 수 없음이며, 땅이 싣고 있는 이치를 모르면서 지혜로울 수 없음이니라. 사람이 행하는 행위는 모두 다 하늘을 두려워하지 않고 행함이 있으며, 또한 땅을 두려워하지 않고 행하는 행함이 있음이니라. 위대한 도는 살생하지 않는 행함으로 사는 것이며, 한 그루의 나무를 심는 것 이상의 위대한 도는 있지 않느니라. 이처럼 평탄하다고 하는 것이니라. 백성들이 좁은 길로 가려고 하는 것은 백성들만이 천지자연의 이치를 행하기 때문인데, 이는 바로 땅을 사랑하여서 씨 뿌릴 수 있기 때문이니라. 조정이 정갈하면 나라라는 밭은 매우 황폐해진다 함은 옳은 말이니라. 조정이 검소하지 않으므로 백성들이 정갈한 재물을 만들어 바쳐야 하기 때문이며, 재물을 빼앗으면 창고가 비게 마련이기 때문이니라. 나라를 다스리는 사람이 아름다운 옷을 입고, 날카로운 칼을 차고, 실컷 먹고 마시며, 남아돌아가는 재물을 지니고 있다면, 이는 뽐내는 도둑이라 할 자이니라. 이를 도에 어긋나는 짓이라 함은 온당함이니라. 하늘이 말하나니 사람이 행하지 않아야 함은 이와 같음이니라. 하늘을 사람을 위한 하늘이라 함은 하늘이 행하지 않아야 할 행함으로 인함이니라. 아름다운 옷을 입는다 하였나니 아름다운 옷은 짐승의 피와 가죽에서 얻었느냐? 그것은 사람의 악함으로 인함이니라. 사람이 아름다운 옷을 입은 사람의 가죽을 벗겨 아름답게 만들어 입는다 하면 사람이 아름답게 보이더냐? 너의 생명이 아름답다면 살아있는 생명 또한 아름다우니라. 너희가 아름다운 옷을 입은 것은 숲에서 사는 짐승의 가죽으로 옷을 해 입는 것이므로 아름다운 옷을 입은 자에게 하늘이 벌을 내리는데 사람에게 그의 가죽을 벗겨 아름다운 옷을 해 입으라 하는 벌이로다. 하늘은 사람의 하늘이 아니라 만물을 품는 하늘이기 때문이나니 아름다운 옷으로 아름다움을 찾지 말지니라. 사람에게는 살생해서 얻는 아름다움보다는 살생하지 않음으로 아름다울 수 있다면 그게 더 아름답다 칭송을 받음이 온당함이니라. 사람에게 말하나니 너희가 날카로운 칼을 차고, 실컷 마시고, 남아돌아가는 재물을 지니고 있는 사람이 되지 말지니라. 가까운 날에 너에게 빼앗기고 강탈당한 그들에게 칼과 창으로 빼앗긴 재물을 다시 빼앗으라 하늘이 명하리로다. 날카로운 칼은 천지자연에게서 얻었나니 하늘이 그에게 그의 부모와 자식과 처를 날카로운 칼로써 찢어서 죽이고 남아돌아가는 재물을 빼앗으라 하리로다. 칼은 땅에게서 빼앗은 것이니 땅이 그의 생명과 그의 부모와 자식과 처를 피로써 칼을 만들라 명할지니라. 하늘과 땅은 사람의 것이 아니라 천지만물을 품는 하늘과 땅이니 땅에서 나서 땅으로 돌아가야 할 생명이 땅으로부터 조화를 깨뜨리고, 생명을 죽이기 위하여 날카로운 칼을 만들고, 남아도는 재물을 쌓아두는 자를 그의 부모와 그의 자식과 그의 형제와 그의 이웃이 그를 죽여 땅에 버려 땅이 용서하지 않음을 보일지니라. 하늘이 만물을 품는 이치는 사람이 살생하지 않아야 하는데 이는 남아도는 재물로 살생하게 됨을 염려하기 때문이니라. 땅에서 살아가는 생명이여, 들을지니라. 생명으로 살아가는 동안 날카로운 칼을 만들지 말고 쌓아두는 재물로 화를 만들지도 말지니라. 날카로운 칼과 남아도는 재물은 강도와 군대가 들이닥치는 화가 될지니 지키고 지킬지라도 가까운 날에 하늘과 땅이 죄를 물으러 올지니라. 사람이 그를 벌하지 않으면 하늘과 땅이 그를 벌하려 가까운 날에 올지니라.

**노자가 말하나니 잘 세워놓으면 뽑히지 않으며, 잘 끌어안고 있으면 떨어져 나가지 않는다. 그렇게 한 이의 자손들은 제사가 끊이지 않게 될 것이다. 그러한 도를 집안에서 닦고 있다면 그 덕은 곧 남음이 있게 될 것이다. 그러한 도를 고을에서 닦고 있다면 그 덕은 곧 영원해질 것이다. 그러한 도를 나라에서 닦고 있다면 그 덕은 곧 풍성해질 것이다. 그러한 도를 천하에서 닦고 있다면 그 덕은 곧 널리 보편화할 것이다. 그러므로 그 자신의 덕으로써 그 몸을 드러내 보이게 되며, 그 집안의 덕으로써 그 집안을 드러내 보이게 되고, 그 고을의 덕으로써 그 고을을 드러내 보이며, 그 나라의 덕으로써 그 나라를 드러내 보이고, 온 천하의 덕으로써 그 천하를 드러내 보이게 되는 것이다. 나는 무엇으로서 천하가 그렇게 됨을 아는가? 바로 앞에 말한 도리로써 아는 것이다.**

하늘이 답하느니라. 만물은 무엇으로부터 시작되는가? 마음이 마음으로 물을지니라. 만물은 해로써 시작됨도 아니며, 하늘로부터 시작됨도 아니며, 땅으로부터 시작됨도 아닐지니라. 네가 없으면 만물은 이루어지지 않느니라. 네가 만물이라 여기며, 네가 해라 여기며, 네가 땅이라 여기기에 만물은 있게 되나니 네가 없으면 너의 만물도, 너의 하늘도, 너의 땅도 없게 되느니라. 너를 위하여 해가 있게 되며, 너를 위하여 하늘이 있게 되며, 너를 위하여 땅이 있게 됨이니라. 너를 위하여 너의 부모가 있게 되며, 너를 위하여 형제가 있게 됨이며, 너를 위하여 너의 처가 있게 됨이며, 너를 위하여 이웃과 마을과 나라가 있게 됨이니라. 그러나 네가 생명이고 하늘에 부끄러움 없이 행할 때만이 그리됨이니라. 만물을 생명으로 보게 될 때만이 그리하며, 만물은 살생당하지 않기 위하여 있기 때문이라 여길 때만이 그리하며, 모든 만물은 너를 위하여 존재하듯이 너는 만물을 위하여 존재한다는 이치를 깨달을 때만이 그러할지니라. 돌아보라. 세상이 너를 위하여 해가 뜨고, 곡식이 자라고, 물가에 물고기가 뛰어오르고, 숲과 들에 동물들이 살아 움직인다는 것을 말이다. 하지만 해가 뜨고, 곡식이 자라고, 물고기가 뛰어오르고, 동물이 살아있음은 너에게 살생당하기 위하여 있음이 아니니라. 만물의 이치는 네가 살생하면 너희도 살생당하는 이치임을 명심할지니라. 너희가 살생하기 위하여 만물이 있지 않음은 너희가 살생당하지 않기 위하여 만물이 있다 함과 같음이니라. 하늘이 만물을 대하는 것을 품는 것이라 하며, 땅이 만물을 대하는 것을 싣는 것이라 하는 것은 생명을 품는다 하며, 생명을 싣는다 함과 같다 함이니 하늘이 살생을 금하는 것과 땅이 살생을 금하는 것은 만물이 생명이기 때문임을 알라. 도를 세웠다 함은 이와 같다 함이나니 도를 끌어안고 있으면 이탈되지 않는다 함은 행함의 근본으로 여기라 함이니라. 그렇게 한 이의 자손들에게 제사를 끊이지 않게 할 것이라 함은 살생하지 않으면 살생당하지 않는다 하였나니 이는 세대에서 세대로 이어진다 함으로 인함이니라. 재물과 권세는 살생하는 것에서 얻지 않으며, 재물과 권세는 살생당하지 않을 만큼의 만족함이 있다 하리로다. 살생하면 하늘이 죄를 묻게 되며, 땅이 그 죄를 묻나니 그의 부모와 자식과 처와 이웃이 그 행함을 수행하리로다 하니라. 그러한 도를 자신이 닦고 있으면 자연으로부터의 화를 피할 수 있게 됨이며, 그의 덕은 참된 경지에 이르게 될 것이니라. 그러한 도를 집안에서 닦고 있다면 그 덕은 곧 남음이 있게 될 것이니라. 하늘은 스스로 돕는 자를 돕는다 하였느니라. 이는 하늘이 스스로 복 얻게 함을 이름이니라. 이 말은 또 하늘이 스스로를 벌한다 하였나니 하늘은 스스로를 목숨을 잃게 한다 함을 이르니라. 집안에서 덕 있음은 집안이 복 얻음을 이름이나니 화가 집안에 이르지 않음을 이르니라. 그 남은 덕을 이웃과 나누고 그 이웃이 복 얻게 됨을 이름이나니 그 화가 이웃에 이르지 않음을 이르느니라. 그 남은 덕을 마을에 나누고 그 마을이 복 얻게 됨을 이름이나니 그 마을에 화가 이르지 않음을 이르느니라. 그 남은 덕을 나라에서 나누고 그 나라가 복을 얻으리니 나라에 화가 이르지 않음을 이르느니라. 하늘이 이르나니 경지에 이른다 하며, 그것이 영원하여질 것이라 하며, 풍성해진다 함은 살생하지 않으려 하여 땅이 사람에게 복을 준다 하며, 하늘이 복을 준다 함이니라. 복은 재물과 권세로써 얻음이 아니니라. 하늘은 만물을 품는 마음이며, 땅은 싣는 마음이나니 평온함과 평화로운 복을 세대에서 세대로 이어지는 것보다 더 보배로운 것은 없으리로다. 재물은 빼앗으려 드는 부모와 자식과 처와 이웃이 있어 고통이며, 권세는 되돌아서면 분노하고 원망함이 오래일지니 평온함과 평화로움 보다 값진 것은 없으리로다. 그러한 도를 천하에서 닦고 있다면 그 덕은 곧 보편화 될 것이니라. 그러므로 그 자신의 덕으로써 그 몸을 드러내 보이게 되며, 그 집안의 덕으로써 그 집안을 드러내 보이게 되고, 그 고을의 덕으로써 그 고을을 드러내 보이며, 그 나라의 덕으로써 그 나라를 드러내 보이고, 온 천하의 덕으로써 그 천하를 드러내 보이게 되는 것이니라. 사람에게 권하노니 너 스스로 한 그루의 나무를 성심껏 심으라. 그리하고 네 가족이 한 그루의 나무를 성심껏 심으라. 그리하고 네 이웃이 성심껏 한 그루의 나무를 심으라. 그리하고 마을에서 성심껏 한 그루의 나무를 심으라. 그리하고 나라에서 성심껏 한 그루의 나무를 심으라. 그리하면 너희 후손들의 복 얻음이 너의 부모와 자식과 처와 형제와 이웃들이 사용하며, 천지만물의 이치가 성심으로 이어지며, 만물이 번창할 것이고 칭송받을지니라. 또한 하늘이 사람을 품는다 함을 칭송을 받을지니라. 너희가 천지만물이며, 땅이며, 하늘이며, 생명이라 칭송을 받게 되리라. 천하가 살생하지 않고 한 그루 나무를 심기를 성심껏 하나니 나는 무엇으로써 천하가 그렇게 됨을 아는가? 바로 앞에 말한 도리로써 아는 것이니라.

노자가 말하나니 덕을 두터이 지니고 있는 사람은 갓난아기에 비유할 수 있다. 그는 벌이나 갈충(蝎蟲) 및 독사 따위가 쏘거나 물지 못하고, 사나운 짐승도 할퀴지 못하며, 사나운 새도 드려치치 못한다. 뼈는 약하고 살갗은 부드럽지만 손아귀는 굳게 쥐어진다. 남녀의 결합에 대해서는 알지 못하면서도 음경은 일어서는데, 정기의 지극함 때문이다. 하루 종일 울어도 목이 쉬지 않음은 화기(和氣)의 지극함 때문이다. 조화를 알고 있는 것을 일정불변하다[常]고 하며, 일정불변한 것을 알고 있는 것을 명철하다[明]고 한다. 삶을 증진시키려 하는 것을 나쁜 징조[祥]라 하며, 마음이 기운을 부리는 것을 부러지기 쉬운 강한 것[强]이라 한다. 만물은 장성해진 다음에는 늙게 마련인데, 이것을 부도(不道)함이라 말한다. 부도한 것은 일찍이 죽어가게 마련인 것이다.

하늘이 답하느니라. 천지자연의 덕은 이와 같으니라. 나는 형제와 부모와 자식과 처와 이웃을 위하여 있음이니라. 나는 형제와 우애 있기에 형제가 행복해함을 덕이라 함이라. 효를 다하여 부모님께서 행복해 하시는 것을 덕이라 함이며, 자식에게 가르침과 훈육을 함으로써 자식이 행복해 함으로 그것이 덕이라 함이며, 처에게 가장으로서 행함을 함으로써 처가 행복해 함으로 그것이 덕이며, 이웃과 다투지 않고 이웃이 기뻐하게 함으로써 그것이 덕이라 함이니라. 나를 위하여 부모와 형제자매와 처와 자식과 이웃이 있다는 것과 그들이 나를 위하여 희생하는 것은 덕이라 할 수 없고 덕이라 함은 나는 그들을 위하여 있다 함을 행하는 것으로부터 시작된다 함이니라. 그들을 희생하게 함은 덕이 아닐지니 그들과 나누며, 교류함은 이와 같은 이치에 있음이니라. 덕이라 함은 근본이 나로부터 생겨난다 함이나니 하늘이 사람에게 만물을 위하여 행하며, 땅이 사람에게 만물을 위하여 행함을 덕이라 함이 온당함이니라. 이러한 행함을 두터이 하리니 갓난아기에 비유할 수 있음이니라. 천지만물이

나를 위하여 있다 함과 나를 위하여 천지만물이 희생하여야 한다 함은 생명이 행하는 행함으로 볼 수 없나니 천지만물을 위하여 내가 있음을 행함으로 하라. 그리하면 만물의 이치를 행할 때 살생의 이치로서 행하지 않을지니라. 그리하면 사람이며, 생명이라 칭송을 받을지니라. 독벌레도 쏘지 못한다 함은 사람의 마음이 있음이나니 가족에게 상처받지 않는다 함으로 인함이며, 이웃에게 살생당하지 않는다 함으로 인함이니라. 사나운 짐승도 할퀴지 못하며, 사나운 새도 드려치지 못한다 함은, 짐승의 세상은 강한 짐승이 약한 짐승을 해치고, 잡아먹고 하리니 이러한 행함을 사람이 행하게 됨을 경계하라 함이 온당할지니라. 사람이 독벌레처럼 행하며, 사나운 발톱을 가진 짐승처럼 해치며, 사나운 매처럼 달려들지니 이처럼 자식을 가르쳐서 독벌레처럼 만들지 말라. 그리고 사나운 짐승처럼 자식을 가르쳐 만들지 말며, 날짐승처럼 달려들게 가르쳐 만들지니라. 가르친다는 것은 살생을 행하지 않는 행함으로 이루어지며, 한 그루의 나무를 심는 행함으로 이루어질지니라. 무엇인가를 죽이는 가르침은 독벌레를 키우는 것이며, 사나운 짐승처럼 키우는 것이며, 달려드는 날짐승처럼 키우는 것이니라. 뼈는 약하고 살갗은 부드럽지만 손아귀는 굳게 쥔다고 하였나니 조화롭다는 것은 뼈가 강한 것도, 살갗이 강인한 것도 아니리니 연약한 것은 부드러워지며, 펼쳐진 것은 살짝 내려앉는다 하였느니라. 정기가 있다는 것은 남녀의 결합에 대해서는 알지 못하면서도 음경이 일어서는 것과 같다 할 수 있음이니라. 조화롭다는 것은 생명으로 나아가는 행함이라 함이 온당함이니라. 하루 종일 울어도 목이 쉬지 않는데 이는 조화롭기 때문이니라. 조화는 이처럼 일정불변하고 명철하다고 하니라. 삶을 증진시키려 하는 것을 나쁜 징조라고 하며, 마음이 기운을 부리는 것을 부려지기 쉬운 강한 것이라 하니라. 사람과 사람이 있다는 것은 먹는다는 것으로 인함이며, 살집을 하여 집을 지어야 한다는 것으로 인함이며, 추위를 견디기 위해 옷을 입어야 함이나니 땅에서 나는 음식과 숲에 있는 나무와 짐승을 잡아 집과 옷을 입는다는 것으로, 즉 살생으로 이루어진 것이라 함이 온당함이니라. 더 많은 음식을 얻으려 하며, 더 많은 나무를 잘라 얻으려 하며, 더 아름다운 옷을 얻으려 기운을 쏟으면 부모와 자식과 형제와 처를 위하여 그들과 갈등이 있으리니 조화를 행하지 못하면 강한 것을 숭상하게 되느니라. 만물은 장성해진 다음에 늙게 마련인데 이것을 부도함이라 말하나니 부도한 것은 일찍 죽어가게 마련인 것이다 하였느니라. 장성하더라도 조화를 따르라. 늙어가더라도 조화를 따르라. 과식하지 않고, 검소하며, 소박하라. 부도함은 이러한 행함을 하지 않음으로 늙어가며, 죽음에 이르는 부도함이라 칭함을 받을지니 살생하지 않음으로 살생당할 고통이 없을지니라. 한 그루의 나무를 심으라. 그러면 다음 세대를 위하여 그 어떤 행함보다도 덕과 조화를 행한다 함으로 칭송을 받으리로다. 천지자연의 이치를 행한다는 것은 조화를 위하여 행한다 함이며, 그때가 다음에 태어날 것을 대비한다 함으로 인함이니라. 부도한 것과 도를 행하는 천지자연 이치의 차이는 이와 같음으로 있다 함이니라. 도는 죽지 않나니 다음 세대로 살생하지 않음으로 이어지며, 한 그루의 나무를 심어 다음 세대로 이어짐으로 그리되느니라. 부도함으로 죽는 것은 사람이 행할 바가 아닐지니라.

**노자가 말하나니 정말로 아는 사람은 말하지 않는다. 말하는 사람은 알지 못하는 법이다. 자기 욕망의 근원을 막고, 욕망의 문을 닫으며, 그 예리함을 꺾고, 분규를 해결하며, 밝은 빛을 조화시키고, 먼지 같은 것과 화동(和同)하여야 한다. 이것을 현묘히 화동한다는 뜻에서 현동(玄同)이라 말한다. 그러므로 무엇이건 친근하다고 가까이해서도 안 되며, 소원(疎遠)하다고 멀리해서도 안 된다. 이익이 된다고 추구해서도 안 되며, 손해가 된다고 버려서도 안 된다. 어떤 것을 귀중히 여겨도 안 되며, 어떤 것을 천하게 여겨도 안 된다. 그럼으로써 천하의 귀중한 존재가 되는 것이다.**

하늘이 답하느니라. 아는 것이란 이런 것이리니 들을지니라. 하늘이 품는다는 것은 만물을 생명으로 살게 함을 이르나니 땅에서 이루어지는 모든 생명의 마음을 하늘이 품는다 함을 이르나라. 사람에게 이르나니 사람은 마음과 몸이 있음이니라. 몸은 땅에 싣나니 마음은 하늘을 품고 있다 함은 이와 같기 때문이니라. 하늘에서 이루어짐은 바람과 구름과 공기의 떠돎이리니 그리하여 이를 순환이라 하며, 순환은 생명을 살리는 방향으로 나아가 이루어진다 함이 온당함이니라. 하늘의 몸은 이와 같으니라. 하늘의 마음은 지천선악의 이치에 합당함으로 인함이니 땅에서 이루어지며, 하늘에 이르러 순환하며, 해는 떠올라 생육케 하며, 밀고 당기고 쉬게 하며, 지혜롭게 하느니라. 하늘에서 이루어지는 이치는 하늘의 마음이고 지천선악의 마음이리니 이러한 이치를 깨닫는다 함이 이와 같기 때문이니라. 이러한 이치를 한데 모으면 이를 생명이라 하며, 하늘의 마음과 같이 품는다 하며, 싣는다 하며, 생육케 하며, 쉬며, 지혜롭다 하느니라. 생명은 지천선악의 몸이고 마음일지니 사람이 또한 이러할지니라. 사람에게 몸이 있어 천지만물의 이치를 행하며, 천지만물의 이치를 품는다 하며, 마음이 있다 하느니라. 천지만물은 생육과 번성케 하는 방향으로 나아가니 살생하기 위하여 만물이라 하지 않으며, 살생당하기 위하여 만물이라 하지 않음이니라. 사람도 그리할지니 살생하기 위하여 사람이라 하지 않으며, 살생당하기 위하여 사람이라 하지 않음이니라. 그 가운데 재물과 권세를 위하여 살생하는 생명이 있어 사람이라 하면 하늘이 깨어지고, 땅이 갈라짐이니라. 이와 같은 근본에 있지 않음으로 안다는 것을 안다고 할 수 없음이리니 정말로 아는 사람은 살생하지 않음을 행하는 사람이니라. 정말로 행하지 않는 사람은 말로써 행하는 사람일지니라. 사람의 말로 행하는 것을 사람의 마음으로 행한다고 궤변을 늘어놓지 말라. 권세와 재물을 얻기 위해서 간교한 말로써 얻으려 하는 것과 다르지 않노라. 재물과 권세를 버리고 생명을 살리는 일을 행하는 사람이 진실로 안다고 하는 사람이니라. 이를 하늘이 행하는 바를 행하였다 하느니라. 사람이이 무엇을 먹고, 입고, 살 것인가를 바라는 것은 욕망의 근원이 되느니라. 부모와 형제와 자식과 처는 욕망의 근원이니라. 가난하면서도 생명이 나아가는 방향으로 행함이 온당함이니라. 따라서 살생하지 않으며, 생명이 나아가야 할 이치를 행함이 온당함이니라. 그 가운데 한 그루의 나무를 심는 것은 생명이 나아가야 할 이치를 행함이라 할 수 있느니라. 생명이 나아가야 할 방향으로 행하고 이루어짐은 하늘이 품는 이치와 같아짐이며, 땅이 싣는 이치와 같아짐이니라. 하늘과 땅에서 나는 생육과 번성의 이치를 행함은 지극히 온당함이니라. 욕망의 문에 서려는 생명은 명심하라. 욕망은 몸과 마음을 다치게 할지니라. 얻게 되는 것은 재물이나 권세이지만 지나가게 될 것이로다. 부도함으로 인해 늙어지고 재물과 권세 속에서 죽으리로다. 모두가 너희의 살생으로 얻은 재물이고 권세이리니 부도함으로 늙어지며, 죽고 말리라. 욕망의 문은 여는 것이 아니니라. 욕망의 문은 스스로 닫는 것이라 하니라. 분쟁의 근원을 해결해야 한다 함은 이와 같기 때문이니라. 재물을 명철함으로 얻으면 명철함으로 인해 빼앗겨지거나 살생당하지 않을 수 없음이니라. 그리하여 재물이 없어지느니라. 권세 또한 명철함으로 얻어지지만 살생을 벗어날 수 없음이니라. 이는 살생이 권세를 얻는 지렛대와 같기 때문이니라. 명철한 빛은 그것을 흐리게 하는 먼지와 화동되어야 하느니라. 명철한 것은 명철함을 행할 곳을 찾게 되나니 하늘을 품는 마음으로 보리라. 하늘은 지천선악의 순환이리니 바람과 구름과 빛의 순환으로 생명을 살리는 방향으로 나아갈지니라. 명철함은 생명을 살리는 방향으로 나아가라 함과 같나니 물의 이치에 담가보고, 구름의 이치에 넣어보고, 빛의 이치에 넣어보라. 그리하면 숨 쉬게 됨을 알게 될 것이로다. 화동과 현묘에 명철함을 맡겨두라. 무엇을 얻으며, 무엇을 버리며, 그것이 생명으로 나아가는 것으로 살생하지 않으며, 한 그루의 나무를 심는 것으로 이룩되는 것으로 만족하리라. 친근하다고 해서 가까이 하는 것과 소원하다고 해서 멀리하는 것, 이익이 된다고 해서 추구하는 것과 손해가 된다고 내버려 두는 것, 귀중하게 여기는 것과 천하게 여기는 것에는 살생하지 않고 한 그루의 나무를 심어 가까워지는 것을 품는다 하며, 싣는다 함이니라. 살생하거나 살생당하는 것에는 재물과 권세를 품는다 하며, 재물과 권세를 싣는다 함이니라. 살펴보라. 하늘이 품고 땅이 싣는지, 재물과 권세를 품고 재물과 권세를 품는지, 하늘을 품고 땅을 실어 자연의 이치대로 돌아가려는지, 재물과 권세를 품고 실어 부도로 돌아가려는지를 살펴보라. 천하의 귀중한 존재가 되라 함은 이와 같기 때문이니라.

**노자가 말하나니 올바른 도리로써 나라를 다스려야 하고, 기책(奇策)으로써 용병(用兵)을 하여야 하며, 무사(無事)함으로써 천하를 차지하여야 한다. 나는 무엇으로써 그러한 사실을 아는가? 다음과 같은 사실에 의함이다. 천하에 꺼리어 금(禁)하는 게 많으면 백성들은 더욱 가난해진다. 백성들에게 편리한 기구가 많아지면 국가는 더욱 혼란해진다. 사람들에게 기교 가 많아지면 기이한 물건이 더욱 생겨난다. 법령이 밝아질수록 도둑들은 많아진다. 그러므로 성인께서 말씀하시기를 내가 무위하면 백성들은 스스로 교화되고, 내가 고요함을 좋아하면 백성들은 스스로 올바르게 되고, 내가 아무 일도 없으면 백성들은 스스로 부유해지고, 내가 무욕하면 백성들은 스스로 소박해진다고 하셨다.**

하늘이 답하느니라. 하늘을 우러러 한 점 부끄러움 없이 사는가. 사람이라 칭하리로다. 사람이 사는 땅이 나라이더냐? 그것이 사람이 정하였느니라. 하늘이 이르나니 사람과 함께 살고 있는 짐승과 한 그루의 나무, 계곡, 강, 산, 바다도 생명이 살고 있다 여기나니 이를 만물이라 이르며, 땅 위에 실었다 함이니라. 올바른 도리는 산과 바다가 불타거나, 물이 넘치거나, 사람이 번성할 때 숲과 바다와 강이 파괴됨이 옳지 않다 함이나니 사람이 줄어들어야 산과 강과 바다의 짐승이 살아남는 온당함이 있느니라. 살아남는 것은 다를지니라. 살아가는 것으로는 사람이지만 살아남아야 하는 것은 산과 강과 바다의 짐승이며, 나무와 숲이리니 하늘이 보기에 심히 좋을 수 없음이니라. 사람이 사람을 죽여서 짐승이 살아남는 것과 사람이 짐승을 죽여 살아간다는 것은 또한 보기에 심히 좋지 않나니 조화를 위하여서 사람의 죽음이 있음도 보기에 좋지 않으며, 조화를 위하여 사람이 짐승에게 잡아먹히는 것도 보기에 심히 좋지 않음이니라. 이는 품는 것이 품는 것이 아니며, 싣는 것도 싣는 것이 아닐지니라. 만물이 생명으로 향해가고 있지 않음은 사람으로 인함이며, 사람이 살생함으로써 생명으로 향해가고 있지 않음이니라. 하늘이 사람에게 이르나니 천둥으로도 사람을 벌할 수 없으며, 번개로도 사람을 벌할 수 없느니라. 그러므로 사람이 하늘을 두려워하지 않고 살생을 저지르나니 하늘이 품는다 함은 생명을 향해서 가는 이치를 품는다 하느니라. 사람이 함부로 살생을 하는 것은 죽음을 품는 신으로 인할 수밖에 없느니라. 사람에게 이르나니 올바른 도리는 살생하지 않음으로 그 도리가 이루어지며, 다스림은 살생하지 않음으로 다스려지는 이치를 알게 됨이니라. 사람과 약속하리니 하늘은 생명이 나아가는 방향으로 하늘이라 칭함을 받게 하라 하며, 땅은 생명이 나아가는 방향으로 땅이라 칭함을 받게 하라 하니라. 이것을 기책으로써 사용함은 온당함이 있느니라. 무사함으로 천하를 차지한다 함은 살생으로 사람과 산과 강과 바다가 살생당하는 것을 멈추는 이치를 행하는 것이라 하리니 사람에게는 천하이며, 하늘에게는 만물이니라. 따라서 행하기를 사람의 눈과 마음으로만 행하지 말라. 하늘은 천둥과 번개로도 벌할 수 없음이니라. 하늘은 생명으로 향해가는 이치에 합당함으로 하늘이나니 사람을 벌할 때 하늘을 찢어서 하늘을 벌하며, 땅을 찢어서 땅을 벌하는 날이 오지 않게 함이 온당함이니라. 천하는 영원하며, 만물 또한 영원할지니 살생으로 영원을 버리지 말며, 산과 바다를 살생하여 영원을 버리지 말라. 사람이 살생당하는 날은 사람이 행하기 때문에 오게 됨이니라. 하늘이 생명으로 향해가는 이치에서 죽음으로 향해가는 신의 이치로 변하게 하지 말라. 사람의 영혼을 품기 위해서 하늘이 아니며, 만물의 영혼을 품기 위해서 하늘이 아닐지니라. 하늘은 생명을 향해가는 이치를 품는 하늘이며, 땅 또한 생명을 싣는 땅일지니라. 그러므로 만물의 이치가 생명을 향해가는 이치로 스스로 자연이라 이르니라. 천하가 그리하며, 만물이 그리할지니 나는 무엇으로써 그러한 사실을 아는가? 다음과 같은 사실로 인함이니라. 천하에는 꺼리며 금하는 게 많으면 백성들이 더욱 가난해진다 하였지만 만물에는 꺼리며 금하는 게 있어야 하느니라. 산을 산으로 있게 하고 강과 바다를 강과 바다로 있게 하여야지 산을 들로 만들고 강과 바다를 들로 만들면 산이 산으로 있지 않으며, 강과 바다가 강과 바다로 있지 않음이니라. 산의 생명과 강과 바다의 생명이 어디로 가느냐? 살생하지 말라 함이 이와 같음이나니 백성의 금하는 것과 가난한 것, 편리한 기구를 사용하는 것, 국가가 혼란해지는 것, 기교가 많아지는 것, 기이한 물건이 생겨나는 것, 법령이 밝아지는 것, 도둑이 많아지는 것은 모두 사람이 살아간다는 것으로 인함이니라. 모든 것은 잘 먹고 잘 살려 하는 것으로 인함이며, 천지자연에 죽음의 이치인 신과 재물과 권세가 사람과 사람의 마음에 있기 때문이니라. 사람은 바라보니라. 잘 먹고 있는 사람의 행함을. 사람은 바라보니라. 잘 입고 있는 사람의 행함을. 사람은 바라보니

라. 좋은 집에서 살고 있는 사람을. 사람은 잘 먹고 있는 사람이 무엇을 행하여 잘 먹고 있는지를 보며, 좋은 옷을 입고 있는 사람이 무엇을 행하고 있는지를 보며, 좋은 집에 살고 있는 사람이 무엇을 행하고 있는지를 보니라. 금하는 것을 행함으로 잘 먹고, 금하고 있는 것을 행하여 잘 입고, 금하고 있는 것을 행하여 잘 살고 있음을 말이다. 그것이 기교이며, 그것이 편리한 기구이며, 그것이 기교가 많음이며, 기이한 물건을 사용함이며, 법령이 밝아짐으로 인함이니라. 사람에게 무엇을 훔치느냐 묻나니 잘 먹고, 잘 입고, 잘 살기 위함이라 대답하느니라. 누군가 잘 먹기 위하여 살생을 하니 누군가 그를 따라 하면서도 살생을 살생이라 생각하지 않고 행하게 되나니 사람들이 살생하는 방향으로 나아갈 뿐이니라. 그리하여 사람을 부도하다 함이며, 자연으로 돌아간다 함이 아니라 늙어서 죽게 되는 것이니라. 죽음의 신이 그를 데려간다 하며, 영원한 세상으로 간다 하니라. 자연의 이치로 돌아가는 것과 영원한 세계로 간다 하는 것 중에 무엇이 옳으냐 묻나니 하늘과 땅은 자연의 이치로 돌아간다 함이 온당함이니라. 영원한 세상으로 간다 함은 살생을 일삼으며, 또한 살생당하거나 늙어 죽어 부도함을 숨기려 함이니라. 영원한 세상은 살생당하여 이르는 세계라 함이 온당함이니라. 자연으로 돌아간다 함은 흙에서 나서 흙으로 돌아감을 이르니라. 흙으로 돌아간 생명과 흙으로 생명을 키우는 이치라 함은 지천선악의 이치에 합당함으로 인함이니라. 지천선악의 이치는 생명을 잉태하고 생육하는 이치라 하나니 흙으로 지천선악의 이치를 행하며, 땅에서 이루어짐이니라. 땅에서 나서 온갖 생명의 바탕이 흙이나니 이는 나무가 되고, 온갖 짐승이 되고, 물이 되고, 빛이 되고, 구름과 바람이 되어 가니라. 이를 땅에서 이루어지는 윤회라 함이 온당이리니 살생하지 않음은 살생당하지 않음으로 인함이니라. 너희가 한 그루의 나무를 심는다 함은 흙에 심는다 하며, 이는 또 땅에 만물을 싣는 것과 같나니 행하기를 살생하지 않음처럼 하리로다 하니라. 그러므로 성인께서 말씀하시기를 내가 무위함으로써 백성들은 스스로 교화되고, 내가 고요함을 좋아함으로써 백성들은 스스로 올바르게 되고, 내가 아무 일도 없음으로써 백성들은 스스로 부유해지고, 내가 무위함으로써 백성들은 스스로 소박해진다고 하셨느니라. 땅이 만물을 싣는다 하는 것은 사람이 만물에 실렸다 함으로 인함이나니 만물에 실려 무엇을 행하여야 함이니라. 사람은 필요에 의해서 만물을 이름 지었느니라. 사람은 만물의 살생함과 살생당함을 이름 지었느니라. 그리고 사람은 만물을 옮기기 위하여 이름 지었느니라. 또 사람이 생명에게 이름을 지었고, 생명이 필요하여 이름을 지었느니라. 이러한 이치는 생명에게서 생명 없음으로 옮겨가기 위함이니라. 따라서 이

러한 이치는 생명에게 죽음을 강요함과 같다 함이나니 만물은 사람이 두렵고도 두려우니라. 이는 하늘의 이치나 땅의 이치로서도 어찌할 수 없음이나니 하늘은 사람이 두렵우니라. 성인은 무위로써 사람을 살생하지 않는 행함을 가르치며, 스스로 교화되어 살생하지 않는 행함을 행하리로다. 즉, 스스로 고요함을 좋아해서 살생하지 않음으로 백성들이 스스로 올바르게 되느니라. 내가 아무 일도 없음으로 인해 살생하지 않고 살생당하지 않음을 가르칠지니라. 백성들이 부유해지는 이치는 지천선악의 이치에 합당함으로 이루어지는데 사람 스스로 행함으로 그리되나니 이를 부유해진다 함이니라. 내가 무위함으로 해서 백성들은 스스로 소박해진다 하였나니 이는 하늘이 소박해짐과 같음이며, 땅이 소박해지는 것과 같음이니라.

노자가 말하나니 그 나라의 정치가 어수룩하면 그 백성들은 순박해진다. 그 나라의 정치가 빈틈이 없으면 그 백성들은 불안해진다. 화(禍) 속에 복(福)이 깃들어 있고, 복 속에 화가 숨기어져 있는 것이다. 누가 그 극치를 알 수 있겠는가? 그것은 일정하지 않은 것이다. 정상적인 것이 다시 기괴한 것이 되고, 선한 것이 다시 요망한 것이 된다. 사람들이 이런 것에 미혹되어 온 역사는 이미 오래되었다. 그래서 성인은 사물에 대하여 대범함으로써 구별을 하지 않는다. 청렴함으로써 남을 해치지 않는다. 곧기는 하되 지나치게 뻗지는 않는다. 빛은 있으되 반짝이지는 않는다.

하늘이 답하느니라. 사람이여, 들을지니라. 말하고 행할 때 사람과 사람의 관계라 할지라도 생각하며 느끼는 한 생명과 만물이 마주보고 있음을 깨달으리로다. 너희는 사람을 대하는 것이 아니라 만물을 대하며, 만물에게 행하는 것이니라. 만물은 생명으로 행함이지 사람으로 행함이 아닐지니라. 사람이 만물에 무엇을 말하며, 무엇을 요구하며, 무엇을 얻으려 함은 온당하지 않으리니라. 만물은 생명의 역할로서 근본이나니 무엇을 원하지 말며, 무엇을 행하려는지 다독여 살생당하지 않으려 함이 온당함이니라. 사람은 만물을 취하려 만물을 이름 지었나니 만물이 생존을 위하여 사람을 죽이며, 생존을 위하여 사람처럼 행함이 있느니라. 사람이 만물 중에 자기와 같은 모습과 자기와 같은 말로써 얻으려할지라도 만물은 생명으로 향해가는 만물의 본성에 충실함이 있나니 사람이라는 만물과 짐승이라는 만물과 숲과 나무와 강과 바다의 만물에 사람이 다가가며, 부수며, 취하며, 살생하며, 그리하느니라. 만물이 사람이라는 이치에 합당하지 않음을 근본으로 삼고 있음은 사람을 살생하기 위하여 행하고 있음이니라. 정치가 그리하도다. 정치가 사람과 사람에게 있다 하지 말라. 사람이 정한 다스림에 가두고서 하는 것을 정치라 하지 않느니라. 만물은 결코 조화롭지 않으면 사람을 죽이려 하나니 이는 사람이 만물을 살생하는 방법으로 번성해 왔기 때문이니라. 사람을 살생하는 것과 짐승과 강과 바다의 생물을 살생하는 것도 모두 다 사람이 만물을 살생하는 것으로 역사가 이어져왔음으로 인함이니라. 만물이 사람을 살생하려 함은 선한 것으로 사람을 살생하며, 악한 것으로 사람을 살생하며, 복으로 사람을 살생하며, 화로써 사람을 살생함이니라. 그리고 온화한 것으로 사람을 살생하며, 잔인한 것으로 사람을 살생하며, 평화로운 것으로 살생하며, 어지러운 것으로 살생하나니 사람이 사람을 죽이는 살생은 만물을 살생하는 사람을 살생하기 위하여 만물이 사람을 살생한다 하는 이러한 이치로 인함이니라. 하늘이 이르노니 살생하지 말라. 네 이웃과 네 부모와 형제와 처와 자식을 소중하게 여기듯 만물을 살생하지 말라. 그렇게 하지 않으면 만물이 사람을 살생하는 행함으로 사람이 고통 받고 죽어 가리라. 사람이 만물을 향하여 살생을 멈추지 않으면서 사람을 사랑한다 말하지 말며, 숲의 한 마리 짐승을 살생하면서 천지만물을 사랑한다 하지 말며, 강과 바다의 작은 생명을 살생하면서 강과 바다를 사랑한다 하지 말라. 살생하는 생명이여, 하늘이 말하노라. 너의 앞과 뒤, 위와 밑에서 너의 형제와 너의 부모와 너의 이웃이 그리고 너의 처와 너의 자식이 너를 살생하기 위하여 바라보고 있음을 알지니라. 숲으로 재물을 얻는 자와 바다와 강의 생명으로 재물과 권세를 얻는 자, 하늘이 맹세하노니 세대에서 세대로 부도함으로 죽으며, 살생당하며, 죽이고 또 죽이리로다. 이는 하늘과 땅이 죽이려 함으로 만물이 그를 죽이려 함이니라. 성인은 이러한 이치를 깨닫고 행하는 이라 함이나니 살생하지 말라. 한 그루의 나무를 심으라. 그리하면 세대에서 세대로 생명 잃지 않음을 하늘이 지켜 주며, 땅이 지켜주며, 만물이 지켜준다 함이 있으리로다. 사물에 대범하라. 구별하지 않으며, 만물의 생명을 지향함을 행하라. 청렴함으로 남을 해치지 않고 살생하지 않는 행함은 곧기는 하되 살생당하지 않고 지나치게 뻗지는 않는다 하니라. 살생하지 않는 빛은 빛나지만 살생당하는 빛은 반짝이지 않음으로 온당함이니라.

**노자가 말하나니 사람들을 다스리고 하늘을 섬기는 일은 농사를 짓듯이 하는 것보다 더 좋은 것은 없다. 오직 농사를 짓듯이 하는 것을 일찍부터 자연의 이치를 따르는 것이라고도 말한다. 일찍부터 자연의 이치를 따르는 것을 두터이 덕을 쌓는 것이라고도 말한다. 두터이 덕을 쌓게 되면 곧 극복하지 못하는 게 없게 된다. 극복하지 못하는 게 없게 되면 그 능력의 한계를 알 수가 없게 된다. 그 능력의 한계를 알 수가 없게 되면 나라를 잘 다스릴 수가 있게**

될 것이다. 나라를 잘 다스릴 수 있는 모체(곧 농사를 짓듯이 하는 것)를 지니고 있다면 영원히 번영을 누릴 수 있게 될 것이다. 이것을 가는 뿌리를 깊이 박고, 굵은 뿌리를 굳게 박은 것이라 말하는 것이며, 이것은 장생불사(長生不死)하는 도인 것이다.

하늘이 답하느니라. 사람과 자연이 있으며, 나와 자연이 있으며, 한 생명과 자연이 있나니 나는 자연을 사랑한다 함은 함부로 살생하지 않음으로 인함이며, 숲의 작은 짐승과 강의 짐승과 바다의 짐승을 재물과 바꾸려 살생하지 않으며, 재물과 바꾸기 위하여 한 그루의 나무를 베지 않느니라. 내 이웃의 재물을 탐내어 살생하여 얻으려 하지 않음은 나는 자연의 이치에 합당하다 함을 이르니라. 나는 사람이며, 나는 자연이며, 나는 생명이나니 천지자연이 생명으로 지향함은 나 또한 그리 행하므로 나를 자연이라 칭함에 온당함이 있느니라. 사람은 다스리는 것으로 사람이라 하지 않노라. 사람은 생각하며, 느끼며, 행함으로 사람이리니 사람의 마음에 천지자연의 이치를 행하도록 가르칠지니라. 자연이 사람을 가르친다 함은 온당함이니라. 사람이 느끼고 경계하나니 이는 살생당하지 않기 위함이며, 살생하지 않기 위함이니라. 살생당하지 않으려거든 살생하지 말지니라. 이는 하늘이 만물을 품는 이치에 합당함이며, 땅이 만물을 싣는 이치에 합당함이니라. 하늘은 하늘을 섬기라 하지 않나니 하늘이 하늘 아래 살아갈 제 숨을 곳을 만들지 말라 하니라. 하늘에서 이루어지는 이치는 땅에서 이루어지는 이치로 인함이나니 땅은 땅을 섬기라 하지 않고 땅은 땅 위에 발 디딜 곳을 찾지 못하게 살지 말라 하니라. 땅에서 이루어지는 이치는 하늘에 이르게 됨으로 인함이니라. 땅에서 나서 땅으로 돌아가는 생명은 땅 위의 이치를 행하는 것이 온당하나니 땅의 모든 이치 가운데 농사를 짓듯이 하는 것보다 더 좋은 것이 없다 함은 온당함이니라. 사람이 사람으로 그리고 자연으로 나아갈 때 무엇을 행하며 나아가느냐 할 때 땅 위에 씨 뿌려 추수하여 나아간다 함이니라. 이는 자연이 있음으로 인함이며, 자연을 행한다 함이니라. 이는 또 자연의 이치를 따르고 자연의 이치를 행한다는 것으로도 합당함이니라. 자연의 이치를 따르는 것을 거듭 덕을 쌓는 것이라고도 말하는 것은 하늘 아래 살아감을 기뻐함이며, 땅을 딛고 살아감을 기뻐함이니라. 덕을 알게 되면 극복하지 못하는 게 없게 된다 하였나니 극복한다는 것은 살생의 두려움을 갖는 것이며, 살생당하는 고통으로부터 벗어나는 이치에 있다 함이니라. 살생당하지 않는 기쁨은 한 그루의 나무를 심어 그 기쁨을 누려야 하느니라. 너희가 알지 못하는 만물의 이치는 생명으로 나아가는 이치에 합당함에 있으면서도 만물 그 자체로 환원되는 이치로 있음이나니 한 그루의 나무를 심는 것은 천년의 선을 위함이며, 한 그루의 나무를 심는 것은 만년의 선을 위한 것이니라. 천년 후에 한 그루 나무는 사람에게 필요하였기에 베어져 잃어버린 것을 찾게 됨이며, 잃어버린 것이 되돌아오게 함에 있느니라. 한 그루의 나무는 만년 후에 찾게 되는 것이 무엇이며, 뒤돌아 오는 것이 무엇인지를 알게 되기 때문이니라. 살생하지 말라. 하늘이 살생하지 말라 함은 사람을 위해서이며, 땅이 한 그루의 나무를 심는다 함은 사람을 위해서이니라. 사람에게 이르느니 자연은 극복함이 아니라 사람 자신에게 살생하지 않음으로 해서 생명의 극치를 깨닫게 함으로 인함이며, 자연은 다스림으로 인함이 아니라 사람 자신에게 살생당하지 않음으로 해서 생명의 극치를 깨닫는다 함으로 인함이니라. 그리하여 하늘은 품는다 하며, 땅은 싣는다 함으로 인함이나 사람의 능력과 한계를 알 수 없다 함이 이와 같기 때문이니라. 그러나 행함으로 자연이 되라 이르며, 생명의 극치를 깨달으라 이르느니라. 나라를 다스린다 함은 땅으로부터 싣게 되는 것이 땅 위에 디디게 되는 타당함을 아는 것이며, 타당함을 행하는 것으로 인함이니라. 땅은 번영을 위한 땅이 아니라 풍요를 위한 땅이니라. 따라서 번영을 위해 살생하며, 숲을 훼손하며, 강과 바다를 죽이는 것으로 번영한다 함은 사람이 사람을 죽여 번영하려 함으로 인함이며, 사람이 사람을 또다시 죽여 번영한다 함과 다르지 않느니라. 사람이여, 들을지니라. 영원히 땅에서 얻는 풍요를 위하여 살지니 영원한 번영으로 땅과 하늘을 망치지 말라. 사람이 행할 것이 못되나니 번영을 위하여 땅을 팔지 말며, 번영을 위하여 하늘을 욕되게 하지 말라 하니라. 한 그루의 나무를 심는 것은 오늘 가는 뿌리를 내리고 천년의 튼튼한 뿌리가 되어 천년의 풍요를 얻으려 함이니라. 이는 장생불사의 이치라 함이나니 또한 이를 세대에서 세대로 생명의 이치가 이어져간다 함이며, 사람이 죽음에 이를 때 다시 태어날 수 있는 근본이 있어야 다시 태어날 수 있음으로 인함이니라. 사람이여, 들을지니라. 사람이 죽음에 이르면 다시 태어나지도 않고 영원한 생명이 있는 세상에 이를 수 없나니 이 세상보다 더 영원한 세상이 없도록 하는 것이 생명의 이치이니라. 이 세상보다 영원한 세상은 없다는 것을 만드는 것이 생명의 이치이나니 영원한 것은 없는 것이니라. 하지만 이는 세대에서 세대로 생명이 이어짐이며, 만물이 이어짐이며, 하늘이 하늘로 이어짐이며, 땅이 땅으로 이어짐이니라. 하늘은 만물을 품고 이어짐이며, 땅은 만물을 싣고 이어짐이나니 이를 장생불사라 함이니라. 또한 이를 질서라 이르며, 조화롭다 이르며, 생명의 질서가 조화롭다 함이니라. 그러므로 이를 보기에 좋았다 함이니라.

**노자가 말하나니 큰 나라를 다스리는 것은 작은 생선을 굽는 일과 같다(약팽소선(若烹小**

鮮)). 도로써 천하를 다스리면 귀신도 신묘한 힘으로 사람들을 해치지 않는다. 귀신에게 신묘한 힘이 없는 게 아니라, 신묘한 힘을 가지고도 사람들을 해치지 않는다는 것이다. 신묘한 힘을 지닌 귀신만이 사람들을 해치지 않는 것이 아니라, 나라를 다스리는 성인도 사람들을 해치지 않는다. 귀신이나 성인이 다 같이 사람들을 해치지 않기 때문에 완전한 덕으로 모두가 귀착하게 되는 것이다.

하늘이 답하느니라. 만물이 있느냐 묻거든 만물은 있음이 아니라 생명으로 나아가는 이치에 합당함에 있다 하나니 생명은 살아가는 것이며, 살아왔음이니라. 나와 자연의 불변하는 이치에서 나는 생명이란 외침이고 행함이며, 자연은 생명이란 외침이니라. 큰 것 앞에서 나는 큰 것을 다스리기 위하여 생명이 아니라 함이 온당하다 할지니라. 큰 것을 다스려 이루는 것이 아니라 나를 다스려 큰 것에 환원됨이며, 큰 것이 만물로 환원됨이니라. 이를 땅에서 나서 땅으로 돌아간다 함으로 이루어질지니라. 큰 나라는 있지 않느니라. 나를 다스려 큰 나라가 있고 만물이 있음이나니 큰 나라를 다스린다 함은 큰 나라에서 재물을 얻으려 함과 같으며, 큰 나라의 권세를 얻으려 함과 다르지 않느니라. 그러므로 나와 자연, 나와 큰 나라는 나를 다스려 자연으로 환원됨으로 자연이니라. 나를 다스려 큰 나라로 환원됨은 같은 이치로 인함이나니 자연을 다스린다 하며, 자연으로부터 무엇을 얻으려 함이며, 큰 나라를 다스린다 하며, 큰 나라로부터 얻어 재물과 권세와 명예를 얻는다 함이니라. 나는 살생을 통하여 행하였다 하며, 재물이 살생이라 하니라. 권세가 살생이 아니라 함은 온당하지 않음이나니 자연을 다스려 땅에서 얻는 풍요 이외에는 모두 다 살생이며, 살생당함으로 얻게 됨이니라. 작은 생선을 굽는다 함은 숲에서나, 강에서나, 바다에서나 작은 생선을 얻어 만족할 줄 알라 함과 같나니 작은 것에 만족한다는 것을 도라 이르며, 작은 것에 만족하는 것으로 살생보다 나으며, 살생당하는 것보다 온전한 행함이라 하니라. 천하를 다스리는 것이 나를 다스리는 것보다 못하며, 귀신과 신묘한 힘으로 사람들을 해치지 않는다는 것은 귀신을 다스리지 말고 나를 다스려 귀신을 멀리하는 것이니라. 귀신은 살생을 일삼는 생명에게 살생당함으로 이끄는 현묘함이나니 귀신을 끌어들여 살생하지 않음은 온당한 행함이라 하니라. 살생당하지 않음은 살생함으로 얻어지는 재물이나 권세보다 크고 크니 나의 생명은 만물의 이치와 같기 때문이라 하니라. 살생당함으로 만물을 잃는다 함은 온당함이며, 살생당하지 않음은 만물을 얻는 것과 같다 함이니라. 귀신도 신묘함으로 사람들을 해치지 않는다 함은 살생함으로 일어남이며, 살생하지 않음으로 일어나지 않으며, 살생당함도 일어나지 않는다 함이니라. 하늘이 다시 말을 하니라. 귀신은 살생당하는 이치로 향해 가고 있다 함이리니 부모와 형제자매와 처와 자식과 이웃이 귀신이 있게 하지 않음은 살생하지 않음으로 이루어질 뿐 다른 것은 있지 않음이니라. 부모와 자식과 이웃과 형제자매를 위해서라도 살생하지 않음은 온당함이며, 지혜 있음이라 하니라. 귀신에게 신묘한 힘이 없는 게 아니라 살생하지 않으면 살생당하는 이치로 향하지 않나니 귀신은 그리하여 있지 않다 함이니라. 신묘한 힘으로 사람을 해지지 못한다 함은 온당함이며, 사람들을 해치지 않는 것이 아니라 살생하지 않으면 귀신은 있지 않음이며, 살생당하는 길로 향하지 않는다 함이니라. 나라를 다스리는 성인도 사람들을 해치지 않는 것은 이와 같기 때문이며, 귀신이나 성인이 다같이 사람들을 해치지 않기 때문에 완전한 덕으로 모두가 귀착하게 되는 것이니라.

**노자가 말하나니 큰 나라라는 것은 강물의 하류로서 천하의 물이 모여드는 것과 같은 것이다. 또 그것은 천하에 있어 암컷과도 같다. 암컷은 언제나 고요함으로써 활동적인 수컷을 이겨내는데, 고요한 태도로서 겸하(謙下)하기 때문이다. 그러므로 큰 나라로서 작은 나라에 대하여 겸하하면 곧 작은 나라를 굴복시키게 된다. 작은 나라가 큰 나라에 대하여 겸하하면 곧 큰 나라에서 받아들여지게 된다. 이와 같이 이편에서 겸하하면 저편을 굴복시키게 되고, 저편에서 겸하하면 이편에 받아들여지게 되는 것이다. 큰 나라의 욕망이란 모든 사람들을 아울러 보양(保養)해 주려는 것에 불과하고, 작은 나라의 욕망이란 큰 나라에게 굴복하고 들어가 그를 섬기려는 데 불과한 것이다. 이러한 두 편에서 각기 그의 욕망을 충족시키려면 큰 편에서 마땅히 겸하하여야만 할 것이다.**

하늘이 답하느니라. 천하는 사람이 정한 만물이며, 만물은 지천선악이 정한 만물이나니 천하로 나눠진 것은 사람이 정하였느니라. 만물은 나뉠 수 있는 것이 아닐지니 나와 천하가 있을 따름이며, 나가 없으면 천하가 있을 수 없음이니라. 천하는 나를 수없이 쪼개어 정하였나니 지천선악은 쪼개어도 지천선악의 이치에 합당함으로 있음이나, 천하는 수없이 쪼개어 나를 살생하여 천하를 이름 지으며, 재물과 권세를 지음이니라. 만물은 스스로 있는 생명이나니 재물과 권세로 이루어지지 않음이니라. 천하는 재물과 권세로 이루고자 하나니 만물은 천하에서 재물일지라도 생명이며, 권세일지라도 생명이니라. 만물이 지천선악으로 이루어져 생명이라 함은 천하가 지천선악을 쪼개어 재물과 권세로 바라보았나니 천하는 만물을 잘라서 재물과 권세로 바라봄이니라. 큰 나라는 만물을 크게 쪼갠다 함을 이르며, 작은 나라는 만물을 작게 쪼갠다 함이 온당하니라. 만물에 있어 큰 나라는 생명이 있다 함이며, 작은 나라는 또한 생명이 있다 함이니라. 만물은 나누지 않으며, 나누어지지 않음을 이름이며, 나눌 수 없음을 이르니라. 하지만 천하의 큰 나라의 강물과 작은 나라의 강물도 하류로 흘러들지니라. 만물의 이치 또한 높은 곳에서 낮은 곳으로 흘러드나니 천하와 만물의 이치는 같은 입장인 것이니라. 또 그것은 천하의 암컷과 땅에서 이루어지는 이치로서 지천선악의 이치는 땅을 어머니라 여김이 온당함이니라. 천하의 암컷은 언제나 고요함으로써 활동적인 수컷을 이겨낸다 하였나니 땅에서 이루어지는 이치는 강한 것이 부드러워지는 방향으로 나아가며, 약한 것이 풍성해지는 것으로 나아가나니 지천선악의 이치와 합당하기에 그리됨이니라. 이는 암컷과 땅은 어머니와 같은 이치에 있음 때문이리니 활동적인 수컷을 이겨낸다 함이 온당함이니라. 땅은 뿌린 대로 거둔다 하며, 풍성해지기 위하여 고요한 태도로서 겸하기 때문이라 함이 온당함이니라. 천하의 큰 나라로서 작은 나라에 대하여 겸하하면 곧 작은 나라를 굴복시키게 된다 하였나니 하늘은 큰 나라이기 때문에 품는 것이 아니라 만물이기 때문에 품는 것이니라. 땅은 큰 나라이기 때문에 싣는 것이 아니라 만물이기 때문에 싣는다 함이 온당함이니라. 사람이 천하를 큰 나라와 작은 나라로 나누는 것은 자연의 이치가 조화롭지 못하다 함 때문이나니 큰 나라는 자연의 이치를 재물과 권세로 만들려 함이 크다 함으로 인함이니라. 작은 나라는 자연의 이치가 또한 조화롭지 못함에 재물과 권세를 만들려 함으로 인함일지니라. 큰 나라는 만물의 이치를 조화롭게 행하여 작은 나라로 이어지나니 큰 나라와 작은 나라에서 천지자연의 이치가 행하여진다 함이니라. 이는 만물은 나누어지지 않으며, 나누어질 수 없음을 행하기 때문이니라. 작은 나라가 큰 나라에 겸하한다 함은 작은 나라에 천지자연의 이치를 행하여 작은 나라로 이어져 큰 나라에서 천지자연의 이치가 행하여짐에 인함으로 만물이 나누어지지 않으며, 나누어질 수 없음이니라. 겸하란 것은 만물의 이치를 행하여 만물의 근본의 행함이 이루어진다 함이며, 큰 나라에서 작은 나라로 이어진다 함이며, 작은 나라에서 큰 나라로 이어진다 함이니라. 이 편이 겸하하면 저 편이 굴복함으로 있지 않은데, 만물의 이치는 생명을 살리는 방향으로 흘러간다 함을 천지자연의 본래의 이치로 인함이니라. 천하에 살생으로 크고 작은 나라가 생겨날 때 큰 나라에 살생당함은 오래도록 이어지며, 작은 나라에 살생당함 또한 오래도록 이어진다 함이라. 이는 사람이 만물을 살생하는 것을 하늘이 품지 않으려 사람을 죽음에 이르게 함이고, 땅이 사람을 싣지 않으려 사람을 죽음에 이르게 하기 때문이니라. 겸하는 살생함으로 살생당함에 이름이며, 그것은 물이 흘러가듯이 하며, 높은 곳에서 낮은 곳으로 흘러가듯이 하게 됨이니라. 겸하는 살생하지 않음으로 살생당하지 않는 방향으로 흘러간다 함을 이르니라. 큰 나라의 욕망이 살생하는 행함으로 작은 나라가 두려워함은 만물이 두려워함과 같으며, 큰 나라의 살생하지 않음을 행함으로 작은 나라가 큰 나라를 본받으려 함은 만물이 본받는 것과 같다 함이니라. 천지자연의 이치에 합당한 작은 나라의 욕망이 큰 나라로 옮겨가는 것은 살생당하지 않기 위함이며, 살생하여 천지자연의 이치에 합당하지 않은 작은 나라의 욕망이 큰 나라로 옮겨가는 것은 살생당하기 위함이니라. 큰 나라의 욕망이 보양함이면 작은 나라가 큰 나라를 섬기는 것이라 함과 같은 것이니라. 만물이 생명으로 나아감을 근본으로 여기나니 천하가 만물을 보양하고 있다 함은 사람의 이치이며, 만물로서 천하가 이어져 나간다 함은 지천선악의 이치대로 흐른다 함이니라. 천하가 보양하는 재물과 권세로써 있지 않음은 만물의 행함이며, 만물이 생명으로 나아가지 않음은 사람의 행함이라 함이 온당함이니라. 사람이여, 하늘이 말하느니라. 만물로 생명으로 나아갈지니 그리하여 자연의 이치에 합당하게 행하라. 그리하면 천하가 말하는 영원한 것을 얻지 못할지라도 자연으로 돌아가는 흙에서 나서 흙으로 돌아갈 수가 있을지니라. 하늘에 이르길 나는 자연이었다 함을 고백하라. 그리하면 하늘이 그를 받아들이며, 사람을 품으며, 땅이 받아들이고 사람을 실어 세대에서 세대로 이어지게 되리로다. 그렇게 하지 않으면 만물이 천하에서 사용하는 재물과 권세로 여기며, 천하에서 원하는 영원한 것을 위하여 만물을 재물로 여기며, 만물을 권세로 여겨 행하는 대로 살생하여 너희가 진정 땅에서 나서 땅으로 돌아가길 싫어함을 이름이니라. 또한 명예를 위하여 천지자연의 이치를 부정하였다 하여 부도의 길에서 벗어날 수 없음이나니 스스로가 재물이 되며, 스스로가 권세의 표적이 될지니라. 사람이여, 어리석고 어리석다 여김을 받으리로다. 이러한 두 개의 면에서 각기 그의 욕망을 충족시키려면 큰 편에서 마땅히 겸하여야만 할 것이니라.

노자가 말하나니 도란 만물의 구석에 숨겨져 있는 것이지만, 선(善)한 사람들에게는 보물이 되고, 선하지 않은 사람들도 이것에 의하여 보전되고 있다. 도를 아름답게 표현한 말은 값을 쳐서 팔 수가 있고, 도를 터득한 고상한 행동은 사람들에게 영향을 줄 수가 있다. 사람이 선하지 않다고 해서 어찌 도가 그를 버리겠는가? 그래서 천자를 마련하고 삼공을 두도록 한 것이다. 비록 구슬을 받쳐 들고 네 마리의 말이 끄는 마차를 앞세우고 와서 그것을 바친다 하더라도, 앉아서 이 도를 닦는 이만은 못한 것이다. 옛날부터 이 도를 존중해 온 까닭은 무엇인가? 도로써 구하면 얻게 되고, 죄가 있어도 도를 따르면 죄를 면하게 된다고 하지 않았는가? 그래서 도는 천하에서 귀중한 것이 되는 것이다.

하늘이 답하느니라. 도는 만물이 행하여야 할 바를 이르나니 도의 근본은 만물의 근본이며, 천지자연의 근본이며, 지천선악의 근본이니라. 그리고 하늘과 땅이 조화로 이어져 나가며, 생명으로 향하여 있다 함으로 도라 이르고 만물이라 함이나니 만물은 구석에서도 있으며, 모든 본질로서도 있느니라. 도의 본질은 살생으로 깨어지며, 만물의 본질도 살생으로 깨어지나니 도가 재물이 되느니라. 만물이 재물로 여겨짐은 살생으로 인함이며, 도 또한 살생으로 인함이니라. 선한 사람들에게 도를 행함은 살생하지 않는 행함으로 선함이며, 만물을 행함은 살생하지 않음으로 선함이리니 조화롭다는 행함으로 도를 행한다 함이니라. 이는 만물이 보물이 되며, 행함이 보물이 되며, 살아 있음이 보물이 되느니라. 선하지 않음이란 선한 행함의 경중으로 선이라 이르는 살생을 행하며, 선하지 않은 살생을 행하며, 악이라 이르는 살생을 행하며, 악하지 않다 이르며, 살생하는 경중에 있음이니라. 보존된다 함은 선이라는 행함이 있음이 아니라 사람과 사람의 말로써 선이 행하여지고 있다 함이며, 살생하지 않을 행함보다는 살생당할 행함이 이어진다 하는 것으로 보존된다 함이니라. 살생하지 않는다 함을 도라고 하면 도를 아름답게 표현한 말이 살인하지 말라는 것으로서 사람과 사람에게 나누어지나니 살생은 사람을 살인하지 않음으로 만물의 이치가 조화롭지 않으며, 조화가 깨어져 있음을 이르며, 하늘이 깨어졌음이며, 땅이 만물을 싣게 됨이 작아졌음을 이르나니 사람이 사람을 살인하지 않음으로 조화가 이루어지지 않음이니라. 이는 살인하지 말라 이르는 사람 스스로 신이라 칭송받는 것과 같나니 살생은 지천선악을 살생하는 것이며, 천지자연을 살생하는 것과 다르지 않느니라. 도를 아름답게 표현한 말로 값을 쳐서 팔 수가 있다 함은 스스로 신으로 칭송받으며, 도를 재물과 권세로 만드는 재주와 만물을 재물과 권세로 만드는 재주가 사람에게 있다 함이 이와 같기 때문이니라. 도를 팔아서 재물과 권세를 만든 행동은 사람들에게 영향을 줄 수가 있으며, 사람들이 재물과 권세가 생기는 것을 부러워하고 도를 행하나니 그것은 도가 아니라 살생하여 얻은 재물과 권세라 하니라. 그러므로 가까운 날에 살생당하여 재물과 권세가 만물로 다시 돌아가나니 생명만 잃게 됨이며, 윤회할 수 없는 부도로서 영원히 잃게 됨이니라. 도를 버리라 함은 하늘을 우러러 한 점 부끄러움이 없이 행하라 함이니라. 그리하면 그것이 도로써 하늘이 품게 됨이며, 땅이 싣게 됨이나니 너희가 진실로 도를 행하였다면 만물로 되돌아 왔다 칭송받으리로다 하니라. 살생하지 말라. 한 그루의 나무를 심으라 이르나니 천년의 선을 위함이며, 만년의 선을 위함이나니 지금은 미소하나 나중은 창대하리라. 이는 하늘이 만물을 품고 있는 증거이며, 땅이 만물을 싣고 있다 하는 증거가 되나니 생명은 번성하며, 죽음은 바람처럼 흘러가리로다. 천자를 마련하고 삼공을 두도록 함은 재물과 권세를 경중으로 사람을 나누게 됨을 이르나니 힘없는 백성의 재물과 권세를 빼앗아 삼공이 되며, 삼공의 재물과 권세를 빼앗아 천자가 됨에 온당함이 있음이니라. 천자가 삼공의 재물을 빼앗지 않고 백성의 재물과 권세를 빼앗게 됨은 천자를 살생함으로 온당함이 있느니라. 천자는 삼공의 재물과 권세를 빼앗아 백성을 살려야 함으로 천자라 하는데, 삼공이 백성의 재물을 빼앗을 때 삼공을 단죄하여 백성의 재물을 빼앗겨 살생당하는 것은 경계함을 이르러 천자라 하니라. 백성의 재물과 권세를 빼앗으려 함으로 삼공이 살생되어지는 것을 하늘이 용인함에 있음이니라. 백성은 만물의 질서이자 만물 그 자체이나니 땅에서 나는 곡식과 하늘을 우러러 부끄러움 없이 산다고 하여 백성이라 함이 온당함이니라. 백성이 굶주리며, 백성이 스스로 벌하는 행함은 생명을 향하는 만물을 벗어던지는 행함을 삼공이 막지 못하며, 천자가 막지 못함은 백성이 천자와 삼공을 죽이면서 벌하라 함과 같으며, 하늘이 용인함이니라. 천지자연은 나와 자연의 관계이나니 모든 만물은 살생당하지 않을 권리를 가지고 있어 생명이라 하니라. 모든 만물은 살생하지 않을 의무를 가지고 있나니 백성이 굶주려 만물을 살생함을 막는 것은 삼공이 행하여야 할 의무이며, 삼공이 그 행함을 하지 않음은 삼공과 그의 부모와 처와 자식으로 이어지는 족속을 죽여 백성들이 만물을 살생함을 막는 것이 온당하여 하늘이 용인함이니라. 삼공이 이처럼 스스로 살생당함은 온당함이니라. 삼공이 재물과 권세를 위하여 백성의 굶주림을 막지 못하여 만물을 살생하게 됨은 그 책임이 천자에게 있나니 삼공을 벌하며, 그 재물과 권세를 백성에게 돌려주어 백성들이 살생을 멈추게 함은 온전히 천자의 행함이니라. 천자가 그것을 막지 못하면서도 재물과 권세를 얻기를 즐겨 함은 천자의 부모와 처와 자식으로 이어지는 족속을 죽여서 백성의 만물을 살생함을 막는 것을 하늘이 용인함이며, 땅이 용인함이니라. 천지만물은 나와 자연의 질서와 마주 가는 것이나니 내가 자연을 살생함은 자연이 나를 살생하려 한다는 것이니라. 만물은 생명으로 이어져 오며, 생명을 빼앗기지 않으려 함은 온당하니라. 구슬을 받쳐 들고 네 마리의 말이 끄는 마차를 앞세우고 와서 그것을 바친다 하더라도 앉아서 도를 닦는 이만은 못한 것이니라. 그 구슬을 받는 사람은 살생하기 위하여 있느냐, 살생당하기 위하여 있느냐 묻나니 백성들이 살생하여 구슬을 바치는 것이라면 천자의 살생당할 날이 가까워 옴이며, 삼공의 족속이 살생당할 날이 가까워 옴이니라.

백성은 만물의 흐름이며, 만물 그 자체이니 삼공은 머리 숙여 경계하며, 재물과 권세로 백성을 살생하지 말며, 천자를 살생하여 백성이 살생하는 것을 막을지니라. 천지자연은 나와 만물이 있음이나니 내가 만물을 살생하면 만물은 반드시 나를 살생할지니라. 나와 만물은 사람과 사람이며, 나와 온갖 짐승이며, 나와 숲이며, 나와 강이며, 나와 바다이니라. 만물이 없어짐은 내가 만물이 되어 있음으로 인함이니라. 만물의 이치가 천하에 떠돌고 있나니 천하는 만물의 이치로 흘러가고 있느니라. 천하를 얻으려 하지 말고 만물로 되돌아가라. 그것은 하늘이 품는 만물이며, 땅이 싣고 있는 만물이니라. 도를 닦는 것은 이와 같은 이치로 인함이니라. 옛날부터 도를 존중해온 까닭은 무엇인가? 도로써 구하면 얻게 되고 죄가 있어도 도를 따르면 죄를 면하게 된다고 함은 이와 같기 때문이므로, 그래서 천하에서 귀중한 것이 되는 것이니라. 도는 조화이니라. 한 그루의 나무를 심어 천년의 선을 행하라 함은 불변한 진리이며, 한 그루의 나무를 심어 만년의 선을 행하라 함 또한 불변한 진리니라. 도는 나무를 심는 것으로 완성된다 함이 이와 같기 때문이니라.

노자가 말하나니 무위하게 행동하여야 하고, 일 없음에 종사하여야 하며, 맛없게 느끼도록 하여야 한다. 작은 것도 큰 것이나 같게 여기고, 적은 것도 많은 것이나 같게 여기며, 참된 덕으로 원한에 보답하여야 한다. 어려운 일을 도모함에 있어서는 그것이 쉬울 때 처리하도록 하며, 큰일을 처리함에 있어서는 그것이 작을 때 해결하도록 한다. 천하의 어려운 일이란 반드시 쉬운 일로부터 생겨나고, 천하의 큰일이란 반드시 작은 일로부터 생겨나는 것이기 때문이다. 그래서 성인이란 끝내 큰일은 하지 않게 되고, 큰일을 완성시킬 수 있게도 되는 것이다. 대체로 가벼이 일을 수락하는 사람은 반드시 신의(信義)가 적은 법이다. 일을 쉽게 여기면 반드시 많은 어려움을 당하게 되는 법이다. 그래서 성인들은 쉬운 일도 어려운 일이나 같게 본다. 그렇기 때문에 끝내 어려운 일이 없게 되는 것이다.

하늘이 답하느니라. 사람의 행함으로 천지자연에서 일어나는 일들이 꽃피우는 행함과 사람이 지나가는 자리에 온갖 짐승이 살생되어 맛있는 음식이 되는 것을 같다고 할 수 없나니 사람이 천지자연을 해치는 행함은 땅이 척박해짐으로 인함이며, 천지자연이 땅에서 나는 온갖 식물과 짐승이 살아갈 수 있음은 천지자연의 조화가 아름답다 함으로 인함이니라. 무위함이란 이러한 행함으로 이루어지는 것이리니 만물이 풍요로워야 사람이 풍요로워지는 것과 같음이니라. 풍요로움은 만물이 생명을 잃지 않음으로 이루어지며, 사람이 그리 행함은 사람이 자연을 행한다 함을 증거함이니라. 무사한 일에 종사한다 함은 이와 같나니 천지자연은 아름다운 옷으로 조화로워지지 않고, 맛있는 음식으로도 조화로워지지 않느니라. 아름다운 옷으로 살생함은 아름다운 옷을 입지 않음만 못하고, 맛있는 음식을 위하여 살생함은 맛있는 음식을 먹지 않음만 못하나니 천지자연의 생명으로 나아가고 있다 함을 어기는 것이니라. 사람의 주위에 새와 짐승이 날지 않고 들판을 뛰어다니지 않으면 사람도 생명으로 이어나가지 못함이니라. 천지자연은 조화를 위하여 사람이 있다 함이 옳다 함이나니 짐승이 멸종당하는 살생을 행하는 것은 사람이 행할 일이 아니니라. 날짐승을 살생을 하는 것 또한 사람이 행할 일이 아닐지니라. 그러므로 살생한다고 해서 사람이 강한 것이 아니니라. 사람은 유연한 생명일지니 씨를 말리는 살생은 결코 사람이 사는 세상에서 있어서는 안 될 일이니라. 조화로움이란 것은 작은 것도 큰 것이나 같게 여기고, 적은 것도 많은 것과 같게 여기는데, 조화로움이란 살생하지 않기 위하여 이와 같이 행하는 것이니라. 사람이 산과 계곡에 꽃을 피게 행하는 것과 산과 계곡에 생명의 다양함을 용인하는 것은 사람에게도 보기에 좋으며 만물의 이치로서도 보기에 좋은 것이나니 산과 들과 계곡을 살생하면 그곳을 아름답게 이룰 수 없음이니라. 산과 들과 계곡의 생명의 다양함은 살생으로는 결코 이룰 수 없음이니라. 참된 덕이란 사람이 사람을 살생하지 않듯이 만물에게도 그리 행하게 됨으로써 이루어지니라. 어려운 일을 도모하면서도 쉬운 행함으로 살생하지 않아야 하느니라. 큰 일을 처리함에 있어서 그것이 자그마할 때 처리하라 함은 아무리 사소한 행함도 들에 꽃을 피도록 하는 행함으로 하며, 천하의 어려운 일을 처리하는 것에서도 만물이 생명으로 향하는 이치대로 행하라 함이 온당하고도 온당함이니라. 천하의 어려운 일은 반드시 쉬운 일로부터 생겨나고, 천하의 큰일도 반드시 자그마한 일로부터 생겨나는 것이기 때문이니라. 천하의 어려운 일은 생명을 살리면서 행하는 일이며, 천하에서 쉬운 일은 생명을 죽이면서 행하는 일일지니라. 사람이 만물을 살리는 일은 한 그루의 나무를 심는 일이며 사소한 생명도 함부로 죽이지 않는 일일지니 이것보다 큰 것은 있지 않음이니라. 사람이 사람을 살리는 것은 사람이 행할 일이며, 사람이 짐승이나 한 그루의 나무를 심는 것과 숲이나 강과 바다의 생명을 살리는 일은 만물을 살리는 일이며, 조화를 살리는 일일지니라. 성인이 끝내 큰일을 하지 않음은 만물에 사람이 있으며, 사람을 만물이라 여겨 행함으로 인하며, 만물을 살리는 것은 생명을 향하는 행함이라 하나니 큰일을 완성시킬 수 있는 것이라 하니라. 대체로 함부로 살생하는 것을 쉽게 여긴다 하는데 이러한 일이 많으면 스스로도 살생당하는 날이 가까이 있음을 알지 못하기 때문이니라. 때문에 반드시 살생당할지니라. 사람으로서 만물을 행하는 사람을 성인이라 함은 온당하니라. 성인이 쉬운 일이라도 어려운 일이나 같게 본다 함은 사람으로서 만물을 행하는 사람이라 하며, 이를 성인이라 하니라. 그러기 때문에 끝내 어려운 일이 없게 되는 것이라 하였느니라.

노자가 말하나니 일이란 평안한 상태로서 유지하기가 쉽고 문제의 조짐이 드러나기 전에 도모하기가 쉬운 것이다. 문제가 취약할 때에는 그것을 깨쳐 버리기 쉽고, 그것이 미세할 적에는 흩어 버리기 쉬운 것이다. 그러니 문제가 생기기 전에 처리하고, 혼란해지기 전에 다스려야만 한다. 한 아름의 큰 나무도 터럭 끝만 한 싹으로부터 생겨난 것이고, 9층의 높은 누대도 한줌의 흙을 쌓는 데서부터 세워진 것이며, 천릿길도 한 발자국을 내딛는 데서부터 가게 되는 것이다. 인위적으로 행하는 자는 일을 실패케 되고, 너무 집착하는 자는 그것을 잃게 된다. 성인은 무위(無爲)하기 때문에 실패가 없는 것이다. 그는 집착하는 일이 없기 때문에 실수하는 일이 없는 것이다. 백성들이 일을 처리하는 것을 보면 언제나 거의 성공할 단계에서 실패를 한다. 끝머리를 신중히 하기를 시작할 때와 같이 하면 곧 일에 실패하는 일이 없게 될 것이다. 그래서 성인들은 욕구를 갖지 않으려고 하며 얻기 어려운 재물을 귀중히 여기지 않는다. 공부하지 않는 것을 학문하는 것으로 삼으며, 여러 사람들이 지나쳐 버리는 근본으로 되돌아간다. 그럼으로써 만물의 자연스러운 존속을 돕고, 감히 인위적인 행동은 하지 않는다.

하늘이 답하느니라. 사람은 생명을 가진 짐승이라 하면 그것이 옳다 하지 않을지라도 하늘은 사람을 생명을 이어가는 짐승이라 여기니라. 사람 이외의 생명을 가진 온갖 짐승들을 사람과 다르게 생명이 없는 것처럼 하늘은 대하지 않나니 사람이 생명으로 이어져 나가듯 땅 위에 싣고 있는 모든 짐승들도 생명으로 이어져 나간다 함이 옳고 온당함이니라. 사람이 한 짐승을 죽이면 그것이 살생이 아니라 함은 생명의 진실을 더럽히는 것이나니 그것은 생명을 가벼이 여기고 사람에게도 생명을 가벼이 빼앗아도 됨을 이름이니라. 그러니 살생은 짐승을 죽이는 것이 아니라 생명을 죽이는 것이기에 그를 살생당하는 생명으로 낙인찍음이 있느니라 하니라. 땅은 짐승을 싣음도, 사람을 싣음도 아니라. 땅은 생명을 싣고 있음이니라. 살생은 한 종의 생명이 멸종으로 향하기 때문에 살생하지 않음으로 하늘이 소원하는 것이며, 땅이 소원하는 것이니라. 하늘 아래 사람이 짐승을 죽여 가죽을 벗기고 그것을 자랑하는 생명이 있어 하늘이 그를 벌주려 그의 부모와 형제와 자식과 처를 죽여 짐승이 가죽이 벗겨져 땅 위에 던져지듯 하려는 것은 하늘의 노여움이 큼을 말함이니라. 땅 또한 하늘의 뜻과 같음이니라. 사람이 가죽을 벗겨 던져진 짐승에게도 자식이 있고 부모가 있 듯이 살생은 짐승을 죽이는 것이 아니라 생명을 죽이는 것이니라. 살생으로 얻는 재물과 살 생으로 얻는 권세가 그를 살생하는 길로 가게 함은 하늘의 뜻이며, 땅의 뜻일지니 살생을 경계하고 또 경계할지니라. 사람에게도 생명은 소중하지만 짐승에게도 생명은 소중하리니 하늘과 땅의 조화를 이룰 때까지 살생을 하지 말라. 이는 하늘이 소원함이며, 땅이 소원함 이니라. 또한 지천선악이 사람에게 비는 소원일지니라. 복과 화를 선택함은 사람에게 달려 있음이나니 하늘이 인하지 않은 하늘이며, 땅이 인하지 않은 땅이라 함을 잊지 말라. 하늘 은 악마에게 사람의 목숨을 빼앗으라 청하게 되며, 땅 또한 악마에게 사람의 목숨을 빼앗 으라 청하게 됨을 경계할지니라. 하늘과 땅이 멸종당하는 짐승의 편에 서며, 사람의 편에 서 지 않음을 알라. 영원한 생명을 가지려는 자를 위하여 그 영원한 생명을 갖지 못하게 하며, 영원한 행복을 갖지 못하게 할지니라. 사람이 하늘에 부끄러움 없이 행하는 것을 가장 우선 한 것이 살생하지 않음인데, 그것은 하늘이 사람에게 내리는 경고이며, 죽음의 십자가를 보 이게 됨이니라. 일이란 하늘이 정한 일에서부터 시작되었다 하나니 평안한 상태로서 유지하 기가 쉽고 문제의 조짐이 드러나기 전에 도모하기가 쉬운 것이니라. 사람에게 이르노라. 사 람이 숲과 강과 바다에서 짐승을 죽이며, 그 짐승이 이 세상에 더 이상 있지 않다 함은 나의 목숨을 잃어 이 세상에 있지 않음과 같지 않나니 그 짐승이 이 세상에 많아질 때까지 죽이 지 말고 놓아주라. 지혜와 지식으로 짐승을 죽이는 것을 선이라 하며, 그것이 행복이라 말 하지 말라. 그것은 분명한 살생이며, 이 세상의 종의 다양성을 파괴함이니라. 하늘의 가장 중요한 일은 살생하지 않음을 행하라 하는 것이리니 살생의 조짐을 두려워하라. 날아다니 는 짐승에게도, 뛰고 달리는 짐승에게도, 강과 바다를 헤엄치는 짐승에게도 300년 동안은 행하지 말지니라. 짐승은 멸종당하기 위한 짐승이 아니며, 살생당하기 위한 짐승도 아니니 라. 문제가 생기기 전에 처리하고 혼란하기 전에 다스려야 한다 함은 사람에게도 행하여야 하지만 살생치 않는 행함으로도 이와 같게 함이 온당함이니라. 살생과 멸종은 한 아름의 나무가 티끌만 한 싹에서 인하였고, 구층의 누대도 한줌의 흙을 쌓는 데서부터 세워진 것이 며, 천릿길도 한 발자국을 내딛는 데서부터 시작되는 것이다 하였나니 살생함도 이와 같음 이며, 살생당함도 이와 같음이니라. 사람이 이를 행함을 온전히 함은 조화로워질 날이 가까 워 오게 됨이니라. 성인은 이와 같은 가르침을 행하는 사람이나니 이를 무위한다 함인 것이 며, 실패가 없는 것이라 하였느니라. 살생하지 않음은 생명의 길이나니 하늘이 그를 품는다 함에 있을 뿐이니라. 사람이여, 복에 집착하지 말고, 평온한 마음으로 기뻐하고, 잃어버리는 것에 마음 아파하지 말라. 가지고 있는 것에 만족함을 즐기며, 하늘 아래 무엇을 바라서 살생하지 않음을 기뻐하며, 무엇을 얻으려 살생하지 않음을 기뻐할지니라. 사람만이 그리할지니라. 살생하지 않고 사는 생명임을 감사하느라. 성공과 실패에 초연하라 이르나니 살생하여 재물을 얻어 성공함은 부끄러워해야 함이며, 살생하여 권세를 얻어 성공함도 부끄러워해야 함이니라. 한 그루의 나무를 심어 천년을 위하는 것과 한 그루의 나무를 심어 만년을 대비함과 같나니 하늘 아래 천년 후에도 생명이 살며, 만년 후에도 생명이 산다는 것으로 위안을 삼으라 함이 하늘이 할 수 있는 행함이니라. 시작은 생명으로 태어났으며, 과정은 살생하지 않으며, 하늘에 부끄러움 없이 살면서 천만년을 위하여 한 그루의 나무를 심을지니라. 하늘은 사람에게 행복을 주는 하늘이 아니고 그저 사람을 만물로서 품나니 사람을 사랑하듯 만물을 사랑함은 하늘의 본질이니라. 그러므로 만물의 자연스러운 존속을 돕고 감히 인위적인 행동을 하지 않는다 함이 온당함이니라.

노자가 말하나니 옛날에 도를 잘 닦았던 사람은 백성들을 총명하게 만들지 않고 그들을 어리석게 만들어 주었다. 백성들을 다스리기 어려운 것은 그들에게 지혜가 많기 때문이다. 그러므로 지혜로써 나라를 다스린다는 것은 나라를 해치는 것이 되고, 지혜로써 나라를 다스리지 않는 것이 나라의 행복이 되는 것이다. 이 두 가지를 안다는 것은 또한 위정자의 법도이다. 언제나 이 법도를 알고 있는 것을 현묘한 덕을 지닌 이라 말한다. 현묘한 덕은 심오하고 원대한 것이어서, 사물의 이치에 반대되는 것 같지만 사실은 위대한 도를 따르는 것이 되는 것이다.

하늘이 답하느니라. 도를 닦았다 하는 것은 사람이 재물을 위하여 살생하지 않을 수 없음을 깨닫는 것이고, 도를 닦았다 하는 것은 사람이 권세를 위하여 살생하지 않을 수 없음을 깨닫는 것이니라. 하늘의 이치를 깨닫는다 함은 도를 닦았다 해서 알 수 없고 알아도 행하기 어렵나니 하늘이 행하라 함은 살생하지 않음이니라. 땅이 행하라 함은 한 그루의 나무를 심으라 함과 도를 깨닫는 것 그리고 도를 닦았다 함으로 인함이니라. 총명함으로 살생함이 있으면 그는 총명함으로 곧 죽을 생명이라 함이며, 지혜 있음으로 살생함이 있으면 그는 지혜 있음으로 곧 죽을 생명이라 함이 온당함이니라. 총명과 지혜를 스스로 자기를 복 주듯 하는 행함을 가르칠지니 총명과 지혜가 스스로 죽음에 이르는 가르침은 지혜와 총명하지 못한 것만 못하느니라. 나라를 다스릴 때 조화로움으로 나라를 다스릴지니 총명과 지혜는 조화를 행함으로써 지혜롭고 총명하다 함을 알지니라. 이것을 안다는 것 또한 위정자의 법도이니라. 언제나 이 법도를 알고 있는 것을 현묘한 덕을 지닌 이라 말하노라. 현묘한 덕은 심오하고 원대한 것이어서 사물의 이치에 반대되는 것 같지만 사실은 위대한 도를 따르는 것이 되는 것이니라. 하늘의 덕은 땅의 덕과 다르지 않나니 만물을 품는 것과 만물을 싣는 것은 생명을 향해 나아가는 이치이기 때문이니라. 하늘은 살생하지 않음을 하늘의 덕이라 하나니 사람이 숲과 강과 바다의 생명을 재물의 한 가지로 여기고 살생하며, 권세의 한 가지로 여기고 살생함을 하늘은 살생당하는 고통과 죄로써 세대에서 세대로 묻는다 함이라. 하늘이 이를 맹세하노니 사람이 법을 만들며, 도와 덕을 말하며, 인간관계를 말하며, 진리와 윤리와 선과 악을 말하며, 사람의 도리를 말할지라도 숲과 강과 바다의 생명을 함부로 죽여 생명의 다양함이 사라지느니라. 숲에 짐승이 사라져 짐승이라는 생명이 있지 않음은 짐승을 살생한 사람의 죄이니라. 이는 하늘이 죄를 묻게 되는 날이 가까이 다가옴을 이르며, 하늘이 스스로 벌하며, 하늘 스스로 깨어지는 날이 가까이 다가옴을 말함이니라. 또한 땅이 스스로를 벌하며, 땅이 깨어지는 날이 가까이 다가옴이나니 땅 위에 생명이 살아있지 않음이 가까운 날에 이루어지게 될지니라. 사람에게 살인하지 말라 하며, 내 이웃을 사랑하라 하며, 내 이웃의 것을 훔치거나 원하지 말라 하며, 간음하지 말라 하나니 이것을 행하는 사람이 덕이 있다 함이니라. 하늘은 사람이 만물의 이치를 행하기를 바라는데 한 그루의 나무를 심어 천년 후의 생명을 위한다 함을 행하고 만년 후의 생명이 땅 위에 번성하게 한다 함을 행하라 하니라. 그래야 사람이란 소리를 들을지니라. 사람의 덕은 쉬운 것인데, 하늘과 땅의 덕은 생명을 살리고 행한다 함이나니 그것이 하늘이 만물을 품고 있는 이유이며, 땅이 만물을 품고 있는 근본이니라. 마음으로 다짐하며, 몸으로 행하라. 그리하면 사람이 땅에서 나서 땅으로 돌아갈 수 있다 함이니라. 사람이 사람을 살생하면 살생당한 사람은 땅으로 돌아갈 수 있어도 살생한 사람은 살생당하기 전에는 땅으로 돌아갈 수 없나니 죽음은 살생한 생명을 죽음에 이를 때까지 그림자처럼 따라다닐지니라. 백성도, 임금도, 나라를 다스리는 백관도 그리됨은 하늘이 죄를 바라보기 때문이니라. 하늘을 우러러 부끄러움 없이 사는 것은 살생하지 않음으로 이루어지느니라. 따라서 한 그루 나무를 심어 천만년 후의 생명이 땅 위에 번성하게 행하라. 그 행함의 복은 세대에서 세대로 이어지며, 땅에게도 얻게 되리라. 영원한 복을 사람에게 주기 위하여 하늘이 하늘이 아니며, 땅은 영원한 복과 평화를 사람에게 주기 위하여 땅이 땅이 아님을 깨달으라. 만물의 이치가 조화롭고 사람에게 기울어지지 않음으로 하늘이고 땅이기 때문이니라. 하늘은 신이 아니며, 땅도 신이 아니니라. 하늘은 생명이며, 땅도 생명을 향해 나아가는 이치에 있다 함을 믿으리니 그리하여 살생하지 않음을 나의 생명을 이어나가듯이 하라. 그것이 하늘과 땅이 사람에게 바라는 것이며, 사람이 생명이기 때문이니라.

노자가 말하나니 강과 바다가 모든 계곡의 왕자가 될 수 있는 까닭은, 그것이 낮은 자리를 차지하고 있기 때문이다. 그래서 모든 계곡의 왕자가 될 수 있는 것이다. 그러므로 성인은 백성들의 윗자리에 있으려 할 적에는 반드시 말을 함에 있어 자신을 낮추었다. 백성들의 앞자리에 있으려 할 적에는 반드시 자신을 그들의 뒤로 미루었다. 그러므로 성인이 윗자리를 차지하고 있어도 백성들은 중히 여길 줄을 모르며, 앞자리를 차지하고 있어도 백성은 해로운 것으로 여기지 않는다. 그렇기 때문에 온 천하가 그를 위로 추대하면서도 싫은 줄을 모른다. 그는 남과 다투지 않기 때문에 천하에는 그와 다툴 수 있는 사람이 없는 것이다.

하늘이 답하느니라. 계곡에도 하늘에서 비가 내려지며, 숲에서도 비가 내려지며, 강에서도 비가 내려지며, 바다에서도 비가 내려지는 것은 계곡에 생명이 살고 있어 살아야 하기 때문이며, 숲에서도 생명이 살고 있어 살아가야 하기 때문이며, 강과 바다에서도 생명이 살고 있어 살아가야 하기 때문이나니 높은 곳에서 낮은 곳으로 흐르는 것은 하늘과 땅의 조화로 인함이니라. 조화는 낮은 곳에서 높은 곳으로 흐르게 함에 의해서 깨어지리라. 사람이 그리함은 만물이 사람의 시대를 용인함으로 인함이며, 만물이 사람의 시대를 양보함은 만물이 사람에게 얻으려 함이 있기 때문이니라. 사람의 도덕과 사람의 사랑이 만물의 이치와 합당함을 알기 위함이나니 천년 후의 만물이 사람에게 멸종하지 않음을 사람에게 알게 하려 함이며, 만년 후의 만물이 사람에게 멸종당하지 않음을 사람에게 알게 하려 함이니라. 하늘 아래 생명은 멸망하지 않음을 사람에 의해서 확인하기 위함이며, 땅 위의 생명은 멸망하지 않음을 사람에 의해서 확인하기 위함이나니 이것을 행하라 하니라. 살생을 행하기를 진실로 두려워하라, 한 그루의 나무를 심으라. 윤회의 이치를 행하라. 너희가 먹었느냐? 먹은 것을 살펴 이어지게 하는 행함으로 먹은 것을 후회하지 말라. 입었느냐? 입은 것을 살펴 무엇으로 이어지게 할 것인지를 행하라. 너희가 잠자고 살았느냐? 잠자고 사는 것을 살펴 무엇으로 이어지게 할 것인지를 행하라. 사람이 생명이라는 것을 행하기를 기뻐함은 하늘이 사람을 믿기 때문이니라. 행하라. 땅과 사람이 생명이라는 것을 믿기 때문이나니 소중한 것은 소유하는 것이 아니니라. 숲과 대지와 강과 바다와 대지에 심어지며, 뛰며, 날며, 헤엄쳐 생명으로 살아가는 것이 더 소중한 것이나니 그것을 깨우칠지니라. 하늘이 그리 행하며, 땅이 그리 행하며, 계곡과 강과 바다가 그리하기 때문에 낮은 자리를 차지하고서 있다 함이니라. 사람에게도 이러한 이치는 같은 것이나니 윗자리에 있음은 재물로 살생을 저지름이니라. 반드시 말을 함에 있어서 자기를 낮추어야 하며, 백성들의 앞자리에 앉으려 한다면 반드시 자신을 그들 뒤로 미루어야 하느니라. 성인은 하늘이 정한 이치를 거스르지 않으며, 땅이 정한 이치를 거스르지 않나니 천지자연의 이치를 깨닫지 않고서는 이룰 수 없다 함은 온당함이 있느니라. 백성들을 아끼면 윗자리로 이끌지 않으며, 백성들을 아끼면 앞자리로 이끌지 않나니 윗자리는 살생하지 않으면 살생당할 수 있음으로 윗자리라 하며, 앞자리는 살생하지 않으면 살생당할 수 있음으로 앞자리라 함이니라. 윗자리는 재물을 위해 살생하고 권세를 위해 살생하지 않으면 얻을 수 없기 때문이니라. 재물을 권세가 유혹함이 있음은 그 안에는 살생으로 이루어졌기 때문이니라. 천하는 다툼으로 천하이며, 추대는 다툼으로 얻어졌나니 천하가 천년을 이어나가는 것이 어려운 까닭이며, 천하가 이백년이나 삼백년을 이어나가는 것을 하늘이 도와서 그렇게 되었다 함이 온당하니라. 성인이 천하를 피하여 숲과 대지의 모든 생명들의 이치를 따르고 천하를 따르지 않음은 이와 같기 때문이니라. 성인이 천하를 갖는 추대를 받으니 강과 바다를 유람하면서 생명이 사는 것을 행함은 이와 같기 때문이니라. 백성은 다스리는 것이 아니라 백성 스스로 그러한 이치에 합당함으로 있나니 백성을 찾으려 하지 말고 천지자연의 이치에 합당함을 행할지니라. 그리하면 백성이 찾아질 것이니라. 천하와 추대와 다투는 것은 하늘이 선택한 더러움이나니 만물을 살생하는 사람을 찾아서 죽이라 하는 천명을 행하는 사람이라 함이 온당함이니라. 성인은 천명을 더럽다 하며 피하고, 천명은 생명을 단축하게 하려는 하늘의 더러움이 있다 하니라.

노자가 말하나니 천하에서는 모두 나의 도는 크기만 했지 못난 것 같다고 말한다. 그것이 크기 때문에 못난 것같이 보이는 것이다. 만약 똑똑하다면 오래 전에 작은 것이 되어 있었을 것이다. 나에게는 세 가지 보배가 있는데, 나는 그것을 받들어 보배로 삼아왔다. 첫째는 자애로움이요, 둘째는 검약이요, 셋째는 감히 천하에서 앞서지 않음이다. 자애롭기 때문에 용감할 수 있고, 검약하기 때문에 은혜를 널리 끼칠 수 있고, 감히 천하에서 앞서지 않기 때문에 유능한 인물의 우두머리가 될 수 있는 것이다. 지금 자애로움을 버리고서 용감하려고 만들거나, 검약함은 버리고서 은혜를 널리 끼치려고만 들거나, 남보다 뒤지려는 태도를 버리고서 남보다 앞서려고만 한다면, 죽음을 맞이하게 될 것이다. 대체로 자애로움으로써 싸우면 이기게 되고, 자애로움으로써 수비하면 견고하게 된다. 하늘도 그러한 사람을 구해 주실 것이니 자애로움으로써 자신을 방위하여야만 할 것이다.

하늘이 답하느니라. 천하는 만물과 사람의 조화를 위하여 천하라고 하나니 사람이 만물을 살생하여 만물의 숨통을 잡고 있다 함이니라. 사람이 사람을 죽여서 재물과 권세를 얻게 됨은 사람이 숲과 강과 바다의 생명을 죽여 양식과 재물과 권세를 삼는 것과 같다 함이나니 사람이 만물을 함부로 죽이는 것을 살생이라 하니라. 그리고 이를 만물의 숨통을 잡고 있다 함이 온당하니라. 성인이 모두들 나의 도는 크기만 했지 어리석은 것 같다고 말한다 함은 이와 같기 때문이니라. 사람이 사람에 의하여 죽임을 당하고, 사람이 만물을 죽이는 행함을 부끄러워하지 않음은 사람과 짐승이 생명이라 느끼지 못함으로 인함이니라. 짐승의 생명을 생명이라 느끼지 못함은 사람이 사람을 죽이는 것을 부끄러워하지 않음과 같다 하니라. 하늘이 어리석은 사람으로 하여금 성인과 군자를 죽이는 것을 본보기로 삼으려 함은 사람이 어리석기 때문에 가능한 일이니라. 하늘이 말하나니 너의 수입 백의 십을 만물을 위하여 사용하라. 이는 하늘이 사람이 사람을 죽이는 것을 멈추기 위함이며, 어리석은 사람이 성인과 군자를 죽이는 것을 멈추기 위한 하늘의 뜻이니라. 어리석은 사람이 천지자연의 이치를 행하여 살생하지 않음은 성인이 어리석은 사람을 성인이라 칭함으로 사람이 지혜롭기 때문이며, 성인이 천지자연의 이치를 행하여 살생하지 않음은 성인이 땅에서 천지자연의 이치를 인도하였다 칭송받음으로 사람이 현명하기 때문이라 하니라. 하늘이 말하기를 성인이 어리석은 사람보다 어리석다 함이라. 성인이 어리석은 사람을 죽여 살생을 저지르는 것은 성인이 천지자연의 생명을 죽이는 것과 같다 하니라. 사람이 숲과 강과 바다에서 살생을 저지르면 그 해가 사람이 사람을 죽이는 이치로 돌아오게 됨을 알게 하려 함이나니 성인이 어리석은 사람을 죽이는 것과 숲과 강과 바다의 생명을 죽이는 것은 같으니라. 어리석은 사람이 성인을 죽여 살생을 저지르게 함은 숲과 강과 바다의 생명을 살생하지 못하게 사람을 깨우치지 못함으로 인함이니라. 만물은 생명으로 나아가는 질서라 하나니 성인이거든 지천선악의 이치를 행할 때 살생하지 않기 위하여 행함을 항상하라 하니라. 하늘은 만물의 생명을 위하여 생명의 하늘이라 함이 온당하니라. 사람에게도 생명의 하늘이며, 숲과 강과 바다의 생명에게도 생명의 하늘이나니 무엇으로 하늘을 찾으며, 무엇으로 하늘의 이치를 행하려는지를 마음에 담아두어라. 하늘은 생명을 살생하지 않는 생명을 사랑하는 하늘이라 하고 어리석은 인간은 살생하는 인간이니라. 성인은 살생하지 않는 행함과 어리석은 사람을 살생하지 않게 함으로 성인이니라. 하늘을 두려워하느냐? 살생하지 않기를 자기 목숨 귀한 듯이 하면 너희가 사람이라 칭송받게 되리라. 너희 수입의 백의 십을 숲과 강과 바다의 생명을 살리는 데 쓸지니 한 그루의 나무를 심어 숲을 키우고, 숲과 강과 바다의 생명을 살려 생명을 늘리는 일에 쓰라. 사람이 이를 행하기를 삼백년에 이르게 할지니라. 하늘이 말하길 어리석은 사람과 성인과 똑똑한 사람을 땅에서 이루어지는 하늘이 정한 이치를 행하여 나누게 될지니라. 수입의 백의 십을 천지자연을 위하여 사용하는 사람을 하늘이 복 주리라 하나니 마음을 평온하게 하며, 땅의 이치에 만족함이 있게 하며, 땅에서 나서 땅으로 돌아감을 축복할지니라. 사람에게 또한 이르나니 하늘이 사람에게 복을 주기 위하여 재물과 권세를 줄 수가 없노라. 재물은 살생으로 이루어졌다 함이며, 권세 또한 살생으로 이루어 졌다 함이나니 하늘은 영원한 생명과 재물과 권세를 주기 위하여 하늘이 될 수 없음이니라. 또한 땅도 같다 함이나니 하늘과 땅은 생명으로 나아가는 본질이기 때문이라 함이니라. 하늘을 우러러 재물을 얻게 해 달라 빌지 말며, 하늘을 우러러 권세를 얻게 해 달라 빌지 말라. 하늘은 재물과 권세를 위하여 살생하게 됨을 두려워하며, 땅은 찢어지는 고통을 당하게 됨을 명심할지니라. 이와 같은 하늘이 정한 이치를 행하기 위하여 세 가지 보배가 있다 함은 이와 같기 때문이니라. 그것의 첫째는 자애로움으로, 사람과 천지만물의 모든 생명에게도 행하여야 할 행함이리니 살생하는 것은 살생당하기 위하여 행하는 행함이라 하니라. 따라서 살생당하지 않으려거든 살생하지 말라. 둘째는 검약함으로 사람을 살생하지 않기 위하여 검약함이며, 숲과 강과 바다의 생명을 살생하지 않기 위하여 검약함이니라. 셋째는 은혜를 널리 끼칠 수가 있기 때문이라 하니라. 사람에게 이르나니 태어났느냐? 성장하느냐? 자연의 이치를 행하느냐? 자연으로 돌아가느냐? 사람의 은혜는 부모의 은혜를 깨닫는 데 있음이며, 숨 쉬는 숲과 한 그루의 나무와 물로 인함이나니 이는 숲의 은혜를 깨닫는 것에 있음이니라. 하늘을 보느냐? 하늘에 죄짓지 말라. 사람이 살아가는 것은 욕심의 죄이며, 많은 것을 얻으려 함 또한 죄이며, 권세도 죄가 되나니 너의 이웃과 가족과 하늘과 땅에서 이루어지는 이치에 은혜를 입었다 함이 온당할지니라. 사람이 은혜를 널리 끼칠 수 있다 함은 이와 같기 때문이니라. 성인이 되고, 사람을 깨우치게 하고, 사람들이 함부로 살생하지 않아 유능한 인물의 우두머리가 될 수 있다 함은 이와 같기 때문이니라. 지금 자애로움을 버리고 용감하려 들거나, 검약함을 버리고서 은혜를 널리 끼치려고 만들거나, 남보다 앞서려고 한다면 죽음을 맞이하게 될 것이니라. 대체로 자애로움으로 싸우면 이기게 되고 자애로움으로부터 수비하면 견고하게 되느니라. 하늘도 그러한 사람을 구해 주실 것이니 자애로움으로써 자신을 방위하여야만 할 것이니라. 하늘이 말하나니 윤회를 말하여 행하는 사람은 살생 하지 않음으로 한 그루의 나무를 심으며, 수입의 백의 십을 천지만물의 생명을 살리고 생명을 늘리는 일에 쓰게 될 것이니라. 그러나 살생당하는 것에 대해서는 하늘을 버리고, 땅을 버릴지니라. 도망하며, 멀리 가서 수입의 백의 십을 사용하여 살생당하는 생명을 살리고, 한 그루의 나무 심기를 항상하라 하니라. 윤회를 말하고 행하는 사람에게 복을 주지 못할지라도 생명을 살리는 기쁨을 스스로 얻으라 함은 하늘이 사람에게 복 주기 위하여 살생함을 두려워하는 하늘이라 하기 때문이라 하니라. 살생을 하여 천명을 행하는 사람을 피하여 멀리하며, 살생을 행하여 재물을 얻는 사람을 피하여 멀리하며, 권세를 얻는 사람을 피하여 멀리할지니 흐르는 물의 이치를 깨닫는 것이 현명함이며, 바람의 이치를 깨닫는 것이 현명함이며, 만물의 이치를 행하는 것이 현명하다 함이니라. 이는 하늘이 선이라 칭함을 받기 위함이 아닐지니라. 권세와 재물을 얻어 하늘의 뜻을 행하는 것은 하늘이 원하지 않았다 함이며, 땅이 원하지 않았다 함이 온당하다 함이니라. 재물을 얻기보다는 살생하지 않고, 권세를 얻기보다는 살생하지 않는 것이 하늘과 땅의 행함이자 이치라 함이 온당하다 하니라.

**노자가 말하나니 훌륭한 용사는 센 듯이 보이지 않고, 잘 싸우는 사람은 성내지 않으며, 적과 싸워 잘 이기는 사람은 다투지 아니하고, 사람을 잘 쓰는 사람은 남보다 아랫자리에 처신한다. 이것을 다투지 않는 덕이라 말하는 것이고, 이것을 사람들을 부리는 힘이라고 말하는 것이며, 이것을 하늘의 짝이 되는 것이라고 말하는 것인데, 옛날의 법도가 되었던 것이다.**

하늘이 답하느니라. 하늘이 묻노니 너의 생명이 중하고 귀하더냐? 하늘과 땅의 생명이 귀하더냐? 너의 생명이 없으면 하늘과 땅의 생명이 없나니 너는 생명의 주체가 되었다 함이 옳다 함이니라. 하늘과 땅의 생명이 없다면 너의 생명이 있을 공간과 장소가 없음으로 너의 생명이 근본을 잃어버림이 온당하니라. 또다시 묻나니 숲의 나무와 숲의 짐승과 강과 강의 생명과 바다와 바다의 생명이 귀하더냐? 하늘과 땅의 생명이 귀하더냐? 숲과 강과 바다의 생명이 사람의 재물과 권세의 원천이라 하느냐? 이것은 하늘과 땅이 사람의 재물과 권세의 원천이라 함과 같나니 사람이 사람의 재물과 권세의 원천이라 함은 같다 함이니라. 하늘은 사람이 이 땅에서 사라지고 만물만이 이 땅에 생명으로 있음을 바라지 않게 하라 하리니 하늘은 조화로운 하늘이며, 땅 또한 조화로운 땅이라 함이 온당하니라. 하늘이 스스로 벌하여 하늘을 터지게 하지 말며, 땅이 스스로 벌하여 땅을 찢어지게 하지 말라. 만물은 하늘과 땅의 조화로운 행함으로 탄생하였고 스스로 있게 되었나니 생명을 향하여 훌륭한 용사는 센 듯이 보이지 않고, 잘 싸우는 사람은 성내지 않으며, 적과 싸워 잘 이기는 사람은 다투지 아니한다 함은 이와 같은 연유로 인함이니라. 사람은 용감하기 위하여 살생하지 않음으로 용감함이며, 살생으로 얻는 것은 살생당하지 않는 이치를 알기에 센 듯이 보이지 않는 것이니라. 사람을 죽이는 것은 천명이 아니니라. 따라서 살생하는 것을 하늘이 반드시 벌한다 함이 온당함이니라. 생명으로 살고 싶으냐? 살생하지 말라. 그렇지 않으면 살생당하나니 만물 중의 작은 짐승이든 큰짐승이든 사람과 같이 생명을 가진 생명이나니 살생하지 말라. 가까운 날에 살생당함이 있으리라. 하늘이 말하노니 너희의 수입의 십을 한 그루의 나무를 심으며, 숲의 생명과 강의 생명과 바다의 생명을 살리며, 바다의 생명을 늘리는 일에 사용하라. 그리하면 너희의 세대에서 세대로 이어지는 사람의 후손이 그 생명들과 함께 생명으로 이어나갈지니라. 천년 후에 생명이 하늘과 땅에 가득하고 만년 후에 생명이 하늘과 땅에 가득할지니라. 그때에도 하늘이 만물을 품게 하며, 그때에도 땅이 만물을 싣게 할지니라. 사람이여, 들을지니라. 성내지 말라. 살생하지 않음을 감사하라. 사람이 사람을 이겨 살생하는 것은 이긴 것이 아니라. 사람이 사람을 보듬어 살생하지 않음은 근본을 사랑함과 같으며, 사람을 잘 쓴다 함은 수입의 십을 사용할 때 사람도 만물이라 여기며, 살아가게 함은 살생하지 않음과 같으며, 살생당하는 생명이 없게 함과 같다 함이니라. 사람을 잘 쓰는 사람은 남보다 아랫자리에 처신한다 함이 온당하고 다투는 덕과 사람들을 부리는 힘이라 함은 이와 같기 때문이라 하니라. 하늘의 짝이란 만물을 싣는 땅으로써 땅의 이치를 행하는 사람에게도 하늘의 짝이 된다 함이 온당하다 함이니라. 옛날의 도와 이어지는 도와 영원히 변하지 않는 도라 함은 온당함이니라. 이를 또 자연과 생명이라 함이며, 불변함은 이와 같은 연유로 인함이니라.

노자가 말하나니 전쟁을 하는 데 교훈이 있다. 자기편에서 감히 주도권을 잡지 아니하고 손님처럼 행동하며, 자기편에서 감히 한 치라도 전진하지 아니하고 한 자(尺) 정도 물러서는 태도를 취하여야 한다는 것이다. 이런 것을 두고 나아가도 나아감이 없는 듯하고, 떨쳐 버려도 휘두르는 팔이 없는 듯하며, 쳐부숴도 적대하지 않는 듯하고, 무기를 들고 싸워도 무기가 없는 듯하다고 말하는 것이다. 화난(禍難)에는 적을 가벼이 여기는 것보다 더 큰 것이 없다. 적을 가벼이 여기면 우리 편의 소중한 것을 거의 모두 잃게 될 것이다. 그러므로 병력을 동원

**하여 서로 공격을 할 적에는 사양하는 자가 이기게 되는 것이다.**

하늘이 답하느니라. 천명과 전쟁이 재물의 천명이며, 권세의 천명이라 함은 온당함이니라. 전쟁이 재물의 전쟁이며, 전쟁이 권세의 전쟁이라 함은 또한 온당함이고 교훈이 있나니 천명을 버리며, 전쟁을 버리는 것이 교훈이니라. 천명은 살생을 많이 하여 천명이며, 땅 위에 숲과 강과 바다의 생명이 하늘을 원망함으로 가득하다 하니라. 굶주려 살생하며, 재물을 빼앗으려 살생하며, 천명 후와 전쟁 후에 살생이 더하니 천명을 버리는 것과 전쟁을 버리는 것은 크나큰 교훈이 되니라. 천명은 자기편에서 주도권을 가지고 행하는 전쟁이며, 언제든지 떠나버리면 되는 것과 같이 하는 손님처럼 행동한다 함이니 전쟁으로부터 벗어나거나 천명부터 벗어나거나 도망함은 온당함이 있느니라. 나라와 백성들을 위한다 하면서 전쟁을 하면 천명일지라도 그것은 재물을 위한 전쟁이며, 권세를 위한 전쟁이라 하지 않을 수 없음이니라. 사람들은 들을지니라. 하늘은 사람이 천명이라 말하며, 진리와 진실을 말하느니라. 하지만 사람이 사는 것은 자연부터 얻어지는 것으로 집 짓고, 입고, 먹나니 그것은 파괴되며, 부서지니라. 짐승이 생명이 없는 것처럼 죽여지나니 강이 황폐해지며, 숲과 강의 생명이 죽임을 당하느니라. 이것은 사람이 살아가기 때문에 일어나는 일임에 분명하며, 사람의 죄 있음을 말하는 것이니라. 너희에게 진정으로 자연으로 돌아가라 이르나니 너희가 가지고 있는 재물과 권세를 통하여 얻은 이익을 자연에 돌려주라는 말에서 자연으로 돌아가라 함은 온당하다 하니라. 자연으로 돌아가라 함은 화약을 사용하여 짐승을 살생하지 마라 함이니라. 멀리서도 짐승을 죽일 수 있는 화약을 사용함은 이 땅 위에 멸종당하는 생명이 있게 됨을 염려함이 하늘에 있기 때문이니라. 화약을 사용하여 짐승이나 생명을 죽이지 말라. 이는 자연으로 돌아가라 함이니라. 차라리 너희의 튼튼한 팔과 튼튼한 다리를 움직여 짐승과 똑같은 조건으로 짐승을 잡으라. 이 땅은 사람만의 땅이 아니라 숲과 강과 바다의 생명이 공존하는 땅이라 하나니 나의 목숨이 귀하다면 모든 생명의 목숨도 귀하게 여기라. 그리하지 않으려거든 한 그루의 나무를 심는 것으로 자연으로 돌아가라. 너의 수입 백의 십을 땅의 짐승과 강의 짐승과 바다의 짐승이 번성하도록 하라. 이렇게 행하여 자연으로 돌아가라. 이는 하늘이 사람에게 권면함이며, 땅이 사람에게 권면함이니라. 짐승이 멸종하여 사람이 이 세상을 지배한다면 사람의 행함이 부끄럽다 하지 않을 수 없다 하니라. 자연으로 돌아가라 함은 사람과 짐승이 이 땅에 공존함을 하늘이 바라는 일이라 함 또한 온당하다 함이니라. 사람에게 묻나니 진리란 무엇이냐? 진리란 생명이니라. 진리가 너희를 자유롭게 하라 함은 생명으로 살게 됨을 이르며, 생명의 고통을 갖게 됨을 이름이니라. 네가 살아있기 때문에 진리가 있듯이 살생당하다 생명의 죽음으로 그 생명의 진리를 죽이지 말라. 나의 마음의 악과 선 그리고 타인의 마음속의 악과 선이 같지 않음은 진리 속에는 생명이 있기 때문이니라. 생명은 사람의 지혜의 틀 안에 넣을 수 없음을 이르며, 지식의 틀 안에 넣을 수 없음을 이름이니라. 생명은 지혜와 지식으로서 죽일 수 있으나 생명은 지혜와 지식으로 결코 진리와 진실이라 밝혀낼 수 없음이나니 사람에게도 그러하며, 숲과 강과 바다의 생명 모두에게도 그러할지니라. 진리는 생명 그 자체이며, 진실은 생명 그 본질이기 때문이니라. 전진하느냐? 후퇴하느냐? 사람 너 스스로 대자연의 무엇을 위하여 전진하며, 대자연의 무엇을 위하여 후퇴하는지를 살피라. 너는 결코 대자연을 뚫고 전진할 수 없음이며, 너는 결코 대자연을 뚫고 후퇴할 수 없음을 알지니라. 대자연 앞에 공손히 전진할 수 있도록 함은 지혜 있음을 이름이며, 대자연 앞에 후퇴할 수 있도록 함도 지혜 있음을 이름이니라. 네가 사람 앞에 있으며, 사람 옆에 있으며, 사람 뒤에 있을지라도 너와 대자연의 조화를 행하지 않고서는 전진도 이룰 수 없고, 후퇴도 이룰 수 없음이니라. 대자연에 공손하여라. 하늘에 공손하여라. 하늘을 우러러 부끄러움 없이 행하며 살라. 땅에 공손하여라. 땅을 우러러 작은 생명이거나, 큰 생명이거나 살생함으로 전진하지 말며, 후퇴하지 말라. 이는 곧 가까운 날에 살생당하여 전진도 후퇴도 이루어지지 않게 됨을 이름이니라. 이런 것을 두고 나아가도 나아감이 없는 듯하고, 떨쳐버리려도 휘두르는 팔이 없는 듯하고, 쳐부숴도 적대하지 않는 듯하고, 무기를 잡고 싸워도 무기가 없는 듯하다는 것이니라. 화난은 적을 가벼이 여기는 것보다 살생하는 것을 쉽게 여기는 것으로, 살생당하는 것을 쉽게 여기는 것과 같다 함이니라. 이보다 더 큰 사람의 어리석은 행함은 없다 함이니라. 사람이 멀리서 사람을 죽이는 것은 멀리서도 나의 생명이 살생당한다는 것을 이름이니라. 이는 화약으로 멀리서 죽이게 되는 비극이 사람에게도 일어나고 숲과 강과 바다에서도 일어날 수 있기 때문에 도망가라 함은 이러한 연유로 인함이니라. 화난은 처음 가벼이 여기는 것보다 더 큰 것은 없다 함 또한 이와 같기 때문이니라. 그러므로 군사들이 서로 공격을 할 적에 싸움을 사양하는 자가 이기게 되는 것도 이와 같은 연유로 인함이니라.

**노자가 말하나니 내 이론은 매우 알기 쉽고 행하기 쉬운 것인데도, 천하의 사람들은 그것을 잘 알지 못하고 잘 행하지 못한다. 이론에는 종지(宗旨)가 있고, 사물에는 중심이 있는 것이다. 나는 무지하기 때문에 그래서 나를 알아주는 이가 없다. 나를 알아주는 이가 없기 때**

문에 또한 나는 존귀한 것이다. 그렇기 때문에 성인은 겉으로는 칡베 옷을 입고 있지만 안으로는 구슬을 품고 있는 것이다.

하늘이 답하느니라. 하늘 이론의 시작은 살생하지 않음으로 세상과 천하가 있어야 함이니라. 하늘 이론의 끝은 살생당하지 않아서 하늘과 땅에 생명이 온전히 살아있게 됨으로 인함이나니 이 이론은 자연으로 돌아가는 것으로 인함이니라. 문명에 있느냐? 너의 수입 백의 십을 자연으로 돌아가는 것에 사용하라. 이를 어렵다 하지 말라. 너의 부모와 형제와 처와 자식과 이웃이 살생을 저지르지 않고 살생당하지 않게 됨을 감사하라. 이보다 더 좋은 행함은 더 이상 있지 않음이니라. 때문에 이를 행하기 쉽다 함이 온당함이니라. 천하의 사람들은 그것을 잘 알지 못해서 잘 행하지 못한다 함은 성인의 어리석음이 있기 때문이라 하니라. 지혜는 하늘과 땅의 이치를 알며, 행함으로 지혜 있다 하니라. 그리고 지식은 수입 백의 십을 천지자연의 생명이 살생당하지 않고 생명이 늘어날 수 있도록 행하게 할 것을 이름이니라. 이것을 일러 하늘의 지혜를 가졌다 하며, 하늘의 지식을 행한다 함이니라. 하늘은 생명의 지혜를 행하게 함에 있어 하늘이며, 땅은 생명의 지식을 행하게 함에 있어 땅이니라. 이론의 종지가 하늘로 인함이니라. 이론의 중심은 땅에서 이루어진다 하리니 지혜는 하늘의 이치를 행하게 함이며, 지식은 땅의 지혜를 행하게 함으로 인함이니라. 하늘이 말하나니 무지하게 나무를 심으라. 재물을 위한 나무를 심지 말고, 땅과 하늘의 조화를 위하여 나무를 심으라. 그리하면 하늘과 땅이 키우리니라. 사람이 키우고 지키기를 이웃을 지키는 것과 같이 하며, 부모를 건강하게 봉양하듯이 함이 온당하리라. 나를 알아주는 이가 하늘과 땅이면 만족하라. 하늘이 비록 복을 주기 위하여 생명을 죽이지 않듯 사람이 재물과 권세를 얻기 위하여 생명을 죽이지 않아야 하느니라. 이는 하늘과 땅과 사람이 같은 이치를 행하고 같은 생명으로 살 수 있음으로 인함이리니 사람이 만물의 성인인 것으로 만족하라. 만물은 성인이고, 성인은 만물이 될지니 천년 후에도 생명이 번성함이며, 만년 후에도 생명이 번창함으로 만족하라. 하늘과 땅이 사람을 통하여 이룬다 함은 이와 같기 때문이니라. 나를 알아주는 것은 천지만물의 이치를 행할 줄 아는 사람과 하늘과 땅이 알 것이니라. 그러므로 하늘과 땅은 재물과 권세를 주기 위하여 살생하지 않느니라. 사람이 재물과 권세를 위하여 살생하지 않음은 스스로가 존귀하기 때문에 그랬느니라. 그렇기 때문에 성인은 만물의 성인이니라. 성인이 만물이기 때문에 칡베 옷을 입고 있지만 안으로는 하늘의 보배와 땅의 보배를 품고 있다 함이니라.

**노자가 말하나니 알면서도 알지 못하는 체하는 것이 훌륭한 태도이고, 알지 못하면서도 아는 체하는 것은 병폐이다. 그러나 병폐를 병폐로서 인정한다면 그 때문에 병폐가 되지 않을 것이다. 성인에게 병폐가 없는 것은 병폐를 병폐로서 인정하기 때문이며, 그 때문에 병폐가 되지 않는 것이다.**

하늘이 답하느니라. 너는 너 자신을 알라 하였나니 너는 누구이더냐? 너는 생각하느냐? 너는 지혜 있느냐? 진리를 행하느냐? 너는 자연이더냐? 이 모든 것은 네가 살아있기 때문이나니 살아있다는 것은 진리이며, 진실이니라. 이 세상이 네가 존재하는 것과 같다 하나니 해는 너를 위하여 뜨며, 달은 너를 위하여 뜨며, 물은 너를 위하여 흐르며, 숲의 한 그루의 나무는 너를 위하여 푸르며, 숲의 한 마리 생명은 너를 위하여 생명으로 살아간다 하며, 강의 작은 짐승과 큰짐승과 바다의 작은 짐승과 큰짐승이 너를 위하여 존재함을 알지니라. 하지만 너를 위하여 존재할지언정 너를 위하여 죽지는 않을지니 너 자신을 알라 함은 이 모든 생명들이 죽지 않게 함이 너를 위하여 만물이 존재하는 이유이며, 만물의 본질이기 때문일지니라. 살생하지 말라 함은 살생당하지 않는다 함으로 인함이며, 너는 이러한 자연의 이치와 하늘의 이치와 만물의 이치를 인함으로 너 자신을 알라 함이나니 너에게 생명을 있게 한 부모와 형제와 자식과 처와 이웃의 질서라 함을 알라. 이것이 너 자신을 알아야 함이나니 진실로 이르노라. 천년 후의 생명을 위하여 한 그루의 나무를 심어 소유를 주장하지 말며, 천년 후의 생명을 위하여 한 그루의 나무를 심어 소유를 주장하지 말지니라. 알면서도 알지 못하는 듯하는 것은 훌륭한 태도이니라. 알지 못하면서도 아는 듯이 하는 것은 병폐라 하니라. 하늘이 말하나니 사람은 행하는 것을 시작이라 할지라도 재물을 위하여, 권세를 위하여 시작함을 경계함이나니 이를 병폐라 하니라. 재물은 반드시 살생에 의해서 만들어 지며, 권세는 반드시 살생에 의해서 만들어 지나니 스스로 깨우치지 못함은 사람의 병폐이거니와 생명의 병폐라 하지 않을 수 없느니라. 숲의 짐승을 지혜로써 가르치지 못하듯 사람의 병폐가 있음은 살생의 이치와 살생당함의 이치가 오묘하게 작용하기 때문이니라. 성인은 병폐 속에서도 한 그루의 나무를 심나니 병폐를 행하는 사람의 어리석음을 깨우치기 위하여 행하는 것이 아니니라. 이는 천년 후의 생명을 위함이며, 만년 후의 생명을 위함이나니 어리석은 사람은 살생과 살생당하는 이치에서 벗어나지 않고 윤회를 행하게 됨이며, 성인은 윤회의 이치를 행하기에 성인이라 함이 온당하다 함이니라. 어리석은 사람은 하늘에 재물과 권세를 얻기 위하여 빌지만 성인은 재물과 권세는 살생하지 않으면 얻을 수 없는 것이라 깨닫는 것으로 성인이라 함이나니 병폐를 병폐로서 인정하고 병폐가 일어나지 않게 행함은 이와 같은 이치로 인함이나라.

**노자가 말하나니 백성들이 권위를 두려워하지 않는다면 큰 천벌이 닥칠 것이다. 그가 살고 있는 곳을 좁다고 여기지 아니하고 그의 생활을 싫어하지 말아야 한다. 그처럼 싫어하지 않기 때문에 남도 그를 싫어하는 일이 없다. 그렇기 때문에 성인은 스스로를 잘 알기는 하지만 스스로를 드러내지는 않는다. 자신을 사랑하기는 하지만 자신을 귀중한 것으로 내세우지는 않는다. 그러므로 교만함은 버리고 겸손함을 취해야만 하는 것이다.**

하늘이 답하느니라. 하늘의 권위와 땅의 권위는 다르며, 사람의 권위 또한 다르니라. 하늘은 사람을 품는 것이 아니라 생명을 품는 것이니 사람의 권위를 품지 않음이 온당하다 함이나라. 만물을 싣는 땅에는 이러한 이치가 행하여진다 하나니 땅의 권위는 하늘의 권위와 다르지 않느니라. 사람의 행하는 것과 죄의 본질이 다르다는 것으로 땅의 권위와 사람의 권위가 혼동된다 함이나라. 사람이 살생하는 것과 살생을 명령하는 것은 다른데, 그것은 살생당하는 것과 살생당하는 주체를 혼동함에 있느니라. 권세를 위하여 살생하는 것은 권세를 가진 사람이라 하며, 재물을 위하여 살생하는 것은 재물을 가진 사람이라 하나니 권세를 위하여 살생하는 사람과 권세를 가지는 것은 다를지니라. 또한 재물을 위하여 살생하는 사람과 재물을 가진 사람은 다를지니 이것을 사람을 부린다고 하느니라. 땅이 사람을 싣는다 함은 죽이는 사람을 실을지언정 죽이라 명령하는 사람을 싣지 않으려 함이나라. 왜냐하면 사람이 사람을 죽이는 것과 사람이 숲과 강과 바다의 생명을 죽이는 것과 다르지 않기 때문이나라. 하늘이 만물을 품는 것은 생명을 품음이지 사람의 권위가 아니며, 다만 사람이라는 만물을 해치는 생명이 없어지는 것을 땅이 받아들이는 것이나라. 하늘과 땅은 살생하면 살생당할 날이 가까워 온다 함이 온당하리니 하늘과 땅은 조화로움이 깨지는 것으로 사람의 살생함과 살생당함을 근본으로 삼느니라. 백성들이 권위를 두려워하지 않는다면 큰 천벌이 닥칠 것이라 했노라. 백성들은 숲의 작은 짐승과 다르지 않는데 이는 한 생명과 자연이 존재함이며, 그 한 생명이 먹고, 입고, 살며, 자연으로부터 얻게 됨으로 나와 자연의 충돌이 일어나게 되느니라. 부모와 이웃과 형제자매와 처와 자식과 숲과 강과 바다의 모든 생명을 자연이라 하나니 나는 어떻게 자연의 질서와 조화를 이루어야 하는지를 말하는 것이니라. 나는 재물을 원하여 행하느냐? 권세를 원하여 행하느냐? 재물이 조화를 깨어지게 하게 되면 재물을 버리지 않으면 살생당할 수 있음으로 인함이며, 권세가 조화를 깨어지게 하게 되면 권세를 버리지 않으면 살생당할 수 있음으로 인함이리니 무엇을 천벌이라 하고 천명이라 하는지를 깨닫는 것으로 벗어날 수 있음이니라. 백성을 하늘로 삼는다 함은 백성이 재물과 권세로 여기지 않음으로 인함이니라. 백성이 만물의 질서를 행하는 백성이게 함은 사람이라는 성인에게 있음이 이와 같고, 군자가 이러한 행함을 깨달아야 함이 이와 같기 때문이니라. 그가 살고 있는 곳을 좁다고 여기지 아니하고, 그의 생활을 싫어하지 말아야 한다고 하였나니 소박하게 살라. 나의 방탕과 허영이 많은 생명을 죽이게 함으로 싫어함이니라. 작은 것에서 행복을 찾으라 함은 큰 것에서 재물을 찾게 되고 권세를 찾게 되나니 곧 살생하지 않으면 안 되는 생활에 있게 되기 때문에 하늘이 싫어하고 미워함이니라. 성인이 천지자연의 이치를 잘 알기는 하지만 소박하고 검소하여 스스로를 드러내지 않음은 자신을 사랑하기는 하지만 자신을 귀중한 것으로 내세우지 않음이니라. 그러므로 교만함을 버리고 겸손함을 취해야만 하는 것이니라.

**노자가 말하나니 용감하면 죽음을 부르게 되고, 용감하지 않으면 살게 된다. 이 두 가지는 하나는 이롭고 하나는 해로운 것이다. 하늘이 그 한 가지를 미워하는데 누가 그 까닭을 아는가? 그래서 성인이라 하더라도 그러한 행동을 하기는 어려운 것이다. 하늘의 도는 다투지 않으면서도 잘 이기고, 말하지 않으면서도 만사에 잘 호응하며, 부르지 않아도 스스로 오고, 느슨한 듯하면서도 일을 잘 도모한다. 하늘의 망은 광대하여 성긴 듯하면서도 아무것도 빠뜨리지 않는다.**

하늘이 답하느니라. 하늘이 하늘을 말한다 함은 하늘이 말하는 것이 아니니라. 생명이라 말하는 사람의 하늘은 천명을 사람에게 말하지 않노라. 하늘은 만물을 품되 만물을 주재하거나 생과 사를 주재하지 않나니 하늘 아래 행복한 것과 불행한 것을 주재하지 않는다 함이 온당하다 함이니라. 하늘은 하늘을 우러러 슬퍼함도, 기뻐함도 주재하지 않느니라. 하늘은 살아있는 것도, 죽는 것도 모두 조화로움으로 인함이며, 지수화풍의 이치에 합당함으로 인함이니라. 하늘은 단지 하늘이며, 지천선악의 이치로서 하늘이니라. 하늘이 만물을 품는다 함으로 주재함이니라. 하늘은 기적을 행하는 하늘이 아니니라. 그렇기 때문에 모든 생명을 영원한 생명으로 인도할 수 없으며, 영원한 평화도 약속하는 하늘이 아닐지니라. 하늘은 순환하며, 밝히며, 지수화풍으로서 흘러가는 것에 머무느니라. 사람이 살고 있는 그곳에서 살생하면 그것이 바람과 구름과 불과 구름의 흐름으로 온 땅에 퍼져가나니 사람이 살고 있는 그곳에서 살생당하면 그것이 바람과 구름과 불과 구름의 흐름으로 온 하늘에 퍼져

나가느니라. 사람이 살고 있는 그곳에서 재물을 위하여 숲과 강과 바다의 생명이 살생당하여 바람과 구름과 불과 물이 퍼져나가 가까운 날에 너에게 다가옴은 천지만물의 흐름이기 때문이니라. 용감하면 죽음을 부르게 되고, 용감하지 않으면 살게 된다는 것을 하늘의 이치에 맞추어보라. 무엇이 이로움이며, 무엇이 해로운 것인가? 하늘이 그 한 가지를 미워하는데 누가 그 까닭을 아는가? 생명은 바람과 구름과 불과 물을 근본을 두고 있기 때문이니니 살생은 바람과 구름과 불과 물을 흩어지게 하니라. 그 바람과 구름과 불과 물이 다시 모이는 것은 살생의 고통이 크기 때문이며, 그 고통이 살생한 생명에게 모여드는 것은 살생당하는 고통을 알게 하려 함 때문이니라. 만물은 윤회하지만 생명으로 윤회하지 않으며, 바람과 구름과 물과 불로써 땅에서 이루어지며 윤회하느니라. 생명으로 나아가는 윤회와 생명으로 되돌아오는 윤회가 있나니 살생하여 나아가는 윤회와 살생하여 되돌아오는 윤회가 있느니라. 또한 살생당하여 나아가는 윤회가 있으며, 살생당하여 되돌아오는 윤회가 있느니라. 무엇으로 사람이라 칭송받으려는가? 성인으로 칭송받지 말라. 한 그루의 나무를 심어 칭송받으라. 살생하지 않고, 살생당하는 고통을 가지려 하지 말라. 성인이라 하더라도 그러한 행동을 하기는 어려운 것이라 함은 이와 같기 때문이니라. 하늘의 도는 다투지 않으면서도 잘이기고, 말하지 않으면서도 만사에 잘 호응하며, 부르지 않아도 스스로 오고 느슨한 듯하면서도 일을 잘 도모함이니라. 말하고 말하나니 너는 자연 위에 서있느니라. 너 한 사람이 자연과 대면함이니라. 너는 자연에 손 내밀어 천지자연의 이치를 행하기를 맹세함과 너 한 사람이 자연에 대면함이니라. 너는 자연에서 먹고, 마시고, 입고, 살 것을 구하려 살생하고 하는데 그것을 너의 힘이며, 운명이며, 천명이며, 인간의 가치와 생명이 그렇게 하지 않으면 살수 없다 말하면서 행하지만 하늘은 그저 바라볼 뿐 바람과 구름과 불과 물로써 흩어지고 모여드니 무엇으로 보이고, 무엇으로 변하여 질지를 모른다 함이니라. 사람이 해석하나니 하늘이 바라볼 뿐이니라. 사람이 하늘을 우러러 바라볼 때에 하늘은 바람과 구름과 불과 물로써 그에게 다가가며 또 떠나갈지니라. 그때에 살생하지 않으며 한 그루 나무를 심는 생명의 윤회를 행할지니 살생하여 살생당하는 윤리로 세대에서 세대로 이어지게 할지니라.

**노자가 말하나니 백성들이 죽음을 두려워하지 않는다면 어떻게 죽음으로써 그들을 두려워하게 할 수가 있겠는가? 만약 백성들로 하여금 언제나 죽음을 두려워하게만 한다면, 그래도 기이한 행위를 하는 자가 있을 때 내가 그 자를 잡아서 죽인다면 누가 감히 또 그런 짓을 하겠는가? 언제나 죽음을 다스리는 분이 따로 있어 사람을 죽이게 되는 것이다. 죽음을 다**

스리는 분을 대신하여 사람을 죽이는 것을, 위대한 목공을 대신하여 나무를 깎는 것이라고 말한다. 위대한 목공을 대신하여 나무를 깎는 사람으로서 그의 손을 다치지 않을 사람은 드물 것이다.

하늘이 답하느니라. 사람이 죽음을 맞는다 하며, 사람이 영혼이 있다 하며, 다시 태어나며, 영원한 평화와 영원한 생명이 있다 함은 어리석고 어리석다 하지 않을 수 없음이니라. 사람에게 천지만물의 마음과 천사의 마음이 있다 함은 오직 살아있기 때문에 듣게 됨이며, 사람에게 짐승의 마음과 악마의 마음이 있다 함도 오직 살아있기 때문에 듣게 됨이니라. 죽는다는 것은 어떤 것이든 생각할 수 없고 무엇이든 행할 수 없음이나니 자연에서 나서 자연으로 돌아간다 함이며, 흙에서 나서 흙으로 돌아간다 함이니라. 영혼은 하늘에 오르고, 육신은 땅으로 돌아간다 함은 하늘이 용인할 수 없음이니라. 사람에게 영혼이 있어 영원한 생명과 평화가 있는 곳으로 간다 함은 하늘이 용인할 수 없음이니라. 사람이 흙과 바람과 구름과 불과 물의 이치에 흩어진다 함은 본래대로 자연으로, 흙으로 돌아간다 함이지 영혼으로서 바람을 말하는 것이 아닌 것이니라. 죽음을 당하는 것과 죽음을 바라보는 것, 살생하는 것과 살생당하는 것에는 사람의 법과 생활과 규칙에 따르며, 땅이 받아들이는 이치에 있음이니라. 하늘이 만물을 품는다 함은 자연으로 돌아간 자연을 품는다 함이니라. 백성들이 죽음을 두려워하지 않는다면 어떻게 죽음으로써 그들을 두려워하게 할 수가 있겠는가? 하늘은 생명으로 향하는 하늘이니라. 땅 또한 생명으로 향하는 땅이나니 백성이 생명으로 나아가게 하는 것을 근본으로 할지니라. 하늘이 그러하고 땅이 그러할지니 백성은 스스로 자연이니라. 그러므로 죽음을 위한 자연이 아니라 생명을 위한 자연이라 하니라. 사람이 백성을 스스로 자연이게 하지 않음은 군자의 죄이며, 성인의 죄이니라. 자연이 죽음을 두려워하거나 기이한 행위를 하게 하지 않음도 군자에게 있음이며, 성인에게 있다 함이니라. 하늘과 땅의 이치는 성장하는 생명의 이치로 삼지만 기이한 현상을 이치로 삼지 않느니라. 귀신과 기묘함과 신기함으로 하늘과 땅의 이치로 삼지 않는 것은 하늘과 땅은 기적으로 이루어지지 않는다 함이니라. 하늘과 땅의 기묘함이란 해가 뜨는 천지자연의 이치에서 사람이 해석함에 불과함이며, 달이 뜨는 천지자연의 이치에서 사람이 해석함에 불과함이나니 하늘에서 생기는 현상으로 믿지 말고, 땅에서 생기는 현상으로 믿지 말라. 하늘에서 생기는 현상은 바라봄으로 아름답다 하여 멈추어야 하며, 땅에서 생기는 현상은 바라봄으로 멈추어야 할지니라. 그것은 기적이 아니라 현상이니라. 현상은 사람이 잠에서 깨어나서 바라보는 것과 다르지 않으며, 어두운 길에서 두려운 마음으로 바라보는 것과 다르지 않느니라. 이러한 마음을 기이하다 하며, 재물을 얻는 것을 경계할지니 마음이 살생과 살생당하는 마음으로 가득 차있다 하지 않을 수 없음이니라. 마음을 고요히 하여 자연을 바라보라. 마음을 단정히 하여 자연을 바라보라. 자연은 결코 나 자신이 스스로 있듯 자연도 스스로 있음이니라. 권세를 가졌다 하여도 스스로 있듯이 하며, 재물을 가졌다 하여도 스스로 있듯이 하라. 기이한 행동을 한 사람은 재물을 위하여 행하고 권세를 얻으려 행한다 함이나니 천지자연의 이치를 행하는 것이 아닐지니라. 천지자연의 이치는 말로써보다는 지천선악의 이치로 이루어짐이니 말의 기이함과 행함의 기이함으로 이루어지지 않느니라. 그것을 죄로써 바라본다 함은 너와 기이한 행함을 하는 사람의 마음으로 이루어졌다 할 수 있음이나니 너 스스로 그러한 행함에 동참함으로 이 세상에 기이함이 있게 함이니라. 너로 하여 기이함이 있게 하여 그가 죄를 짓게 됨이니 네가 기이함이 있지 않으며, 멀리하며, 그가 있지 않음이 온당할지니라. 그가 죄를 짓지 않게 함은 너로 인하여 이루어지게 됨이니라. 죽음을 다스리는 분이 따로 있어 사람이 죽이게 되는 것이라 함은 한 사람이 자연의 이치에 있다 함이니라. 스스로 있다 함이나니 너는 자연이니라. 자연을 행함은 자연의 이치를 살생하느냐, 아니면 살생당하느냐를 행하는 것이니라. 자연에 칼을 들이대느냐? 자연에 손 내밀어 공생함을 나타내느냐? 더 큰 자연에 칼과 공생을 나타내는 자연의 중첩이 천하이고 천지만물이나니 이것은 기적으로 이루어지지 않으며, 기이함으로 이루어지지 않느니라. 그러니 보이는 것에서 벌어지며, 만지는 것에서 벌어지며, 느껴지는 것에서 벌어지느니라. 칼을 들이대 살생당함을 피하는 것과 칼을 들이대지 않고 살생함은 같은 것이니라. 그것은 살생당하는 자리에 있음이며, 살생하는 자리에 있음으로 일어나니 두려워하는 자리에 있는 것과 기뻐하는 자리에 있는 것은 다르지만 같다 함이니라. 두려워하는 자리가 살생당하지 않음으로 이루어진다면 그러하며, 기뻐하는 자리가 살생함으로 이루어지지 않음도 그리할지니라. 하늘은 살생을 위한 하늘이나 살생당하기 위한 하늘이 아닐지니라. 이는 사람에게도 그리하며, 모든 하늘 아래 살아있는 생명과 하늘 아래 살아가고 있는 생명에게도 그리할지니라. 사람이 사람을 살생하였다 하면 사람에 의해 그의 살생당함을 바라봄으로 인함이며, 사람이 땅 위에 사는 모든 생명을 살생하였다 하면 하늘이 그의 살생당함을 바라봄으로 인함이니라. 하늘은 강한 생명을 위한 하늘이 아니라 약한 생명을 위한 하늘이라 함은 이와 같기 때문이니라. 죽음을 대신하여 사람을 죽이는 것은 살생하는 생명을 바라보는 그를 살생하기 위하여 다가가는 사람이 있음을 말하는 것이니라. 죽음을 다스리는 분을 대신하여 사람을 죽이는 것을, 위대한 목공을 대신하여 나무를 깎는 것이라고 말하느니라. 위대한 목공을 대신하여 나무를 깎는 사람으로서 자신의 손이 다치지 않는 사람은 드물 것이라 함이 온당함이니라. 죽은 나무는 위대한 목공에 의해서 깎여지는 것으로 멈추어졌나니 하늘은 죽은 나무를 위한 하늘이 아니고 죽은 나무를 깎는 목공을 위한 하늘이 아닐지니라. 목공은 한 그루의 나무를 심는 하늘이며, 목공이 심는 그 숲에서 생명으로 살아있음이니라. 생명으로 살아가는 하늘이라 함은 진리이고 진실이리니 사람이 죽음을 말하거나죽음으로 무엇을 잃어버릴까를 말하지 말라. 한 그루의 나무를 심어 강과 바다에 생명이 넘치면 그것을 위한 하늘일지니 그것이 기적이라 함이 온당하다 함이니라.

**노자가 말하나니 백성들이 굶주리는 것은, 그들을 다스리는 사람들이 거두는 세금이 많기 때문에 그래서 굶주리게 되는 것이다. 백성들을 다스리기가 어렵게 되는 것은, 그들을 다스리는 사람들이 인위적인 다스림을 하기 때문에, 그래서 다스리기 어렵게 되는 것이다. 백성들이 죽음을 가볍게 여기는 것은, 그들을 다스리는 사람들이 생활을 풍족하게 하려고 들기 때문에, 그래서 죽음을 가볍게 여기게 되는 것이다. 오직 삶 때문에 행동하지 않는 사람이 삶을 귀중히 여기는 사람보다 현명한 것이다.**

하늘이 답하느니라. 사람이여, 주위를 둘러보라. 네 이웃과 부모와 형제와 사람들을 숲과 강과 바다를 그들이 너를 해치려 드는가를 말이다. 새벽은 고요하고 너를 스쳐지나가는 것인지 네가 그들을 스쳐지나가는지를 말이다. 너를 스쳐지나가는 것은 천지자연이 스스로 있음이며, 네가 그들을 스쳐지나가는 것을 오늘 지금 그들과 함께 살아가는 것이라는 것으로 깨우칠지니라. 살생하지 말라. 마치 네가 그들을 스쳐지나가는 것과 같을지라도 그들의 진리와 그들의 우주를 빼앗는 것과 다르지 않을지니라. 가까운 날에 너를 스쳐지나가는 살생당하는 때에는 너의 진리와 너의 우주를 빼앗기게 될지니라. 백성의 진리는 이와 같으니라. 네가 백성을 지나치느냐? 백성이 너를 지나치느냐? 네가 백성을 지나칠 때 백성을 위하여 무엇을 행하여야 하는지를 깨닫기 위함이며, 백성이 너를 지나칠 때 나의 어리석음을 지나치는 것과 같을지니라. 네가 백성을 지나칠 때 진리를 지나치지 않는지를 헤아리며, 우주를 지나치지 않는지를 헤아리라. 너에게 지혜와 권세와 재물이 있느냐? 그들에게 천지자연의 지혜와 천지자연의 이치를 행할 수 있도록 권세와 재물을 사용하라. 백성들이 너를 지나칠 때 너를 비웃는 생각으로, 너의 마음은 살생의 고통으로 진리와 우주가 떠나가게 됨을 알게 될지니라. 진리는 진리와 우주가 너에게서 떠나가지 않음이나니 백성들이 너를 지나칠 때에 너를 친애하며, 그의 곁을 지나가는 것이 아니니라. 그와 함께 같은 이치를 걷고 있음은 너의 스쳐지나가고 스쳐지나가는 이치가 조화롭다 함으로 인함이나니 재물과 권세로 천지자연의 이치와 너의 살생과 살생당하는 이치가 만나게 됨을 슬퍼하며, 반성하게 됨이 있게 되느니라. 너를 스쳐지나가는 천지자연의 이치를 재물과 권세로 생각하지 말라. 스쳐지나가는 천지자연의 이치에 살생하지 않음을 행하고 한 그루의 나무를 심으리니 모든 천지자연이 너의 행함을 기억할지니라. 천지자연은 복을 주기 위하여 천지자연이 아닐지니 천지자연이 기억하여 천지자연에 행한 은혜를 받게 됨이니라. 이는 너의 목숨을 연장하여 줌도 아니며, 권세와 재물을 줌도 아니니라. 다만 천지자연의 이치에 너를 있게 함이니라. 사람에게 말하나니 다스리느냐? 다스림을 받느냐? 세금을 가볍게 하느냐?, 세금을 무겁게 하느냐? 너는 백성이냐? 너는 백성을 다스리느냐? 재물과 권세가 다스려지지 않음은 천지자연의 피와 살에서 나왔나니 땅이 고통스럽다 하니라. 땅의 고통은 너에게 자유롭고 평화스러운 생활을 할 수 없는 소리가 너에게 들릴지니라. 재물과 권세는 땅의 고통의 소리가 네가 되는 것이 천지자연의 이치라 하나니 너의 주위에서 그것을 빼앗으려 달려들지니라. 땅의 고통을 치유하려 하는 시간까지 너에게 달려들지니라. 네 이웃을 사랑하라. 네 가족을 사랑하라. 이것은 땅의 살을 치유함에 그칠지니 땅의 피를 치유함은 천지자연의 이치를 조화롭게 함이니라. 사람이여, 들을지니라. 사람을 사람이 사랑함은 작은 것이며, 천지자연의 이치를 행하게 됨은 큰 것이니라. 너의 행함을 사람들이 알게 하며, 하늘이 칭송하게 됨을 깨달으라. 하늘에서 이루어지는 것과 땅에서 이루어지는 것은 영원한 복도, 영원한 행복을 가지는 것도 아닐지니라. 하늘에서 이루어짐도 생명이 번성함이며, 땅에서 이루어짐도 생명이 번성함이나니 너를 지나가는 것은 너를 해치는 생명이 되지 않도록 네가 지나칠 때 네가 해치는 생명이 없게 됨과 같으니라. 진리는 생명으로 인함이지 생명을 다스리거나 생명을 깨우치게 함에서 있지 않느니라. 진리는 생명 그 자체에서 진리이니라. 사람이 진리를 말하고 진리를 행한다 할지라도 살생하며 진리라 할 수 없고 살생당하며 진리라 할 수 없나니 최소한의 진리는 한 그루의 나무를 심는 데에서 진리를 행한다 함이니라. 숲과 강과 바다의 생명을 살리는 것에서 진리를 행한다 할 수 있음은 온당하고도 온당할지니라. 살펴보니 하늘을 우러러 작은 두려워함도 행하지 않게 행하라. 나는 자연이라 맹세할지니 가까운 날에 천지자연의 이치에 합당함을 행하게 될지니라. 사람들이 죽음을 가볍게 여기는 것은, 그들을 다스리는 사람들이 생활을 풍족하게 하려고 들기 때문에 가볍게 여기게 되는 것이니라. 사람이 귀하다고 여기는 것을 좇고, 존귀하다고 하는 것을 좋게 됨은 사람과 사람의 관계에서는 살아가기 위함이라 할 수 있음이니라. 그렇다 할지라도 하늘은 그렇게 생각하지 않노라. 사람이 사는 것은 땅에서 나는 것으로도 살 수 있으면 그리함이 온당함이니라. 살생하여 얻게 되는 재물과 살생하여 얻게 되는 권세는 땅이 죽게 됨이니라. 하늘이 사람에게 이르기를 살생하지 말라 이르며, 한 그루의 나무를 심으라 함은 하늘의 도덕이며, 하늘의 윤리이기 때문이니라. 이는 결국 사람을 살생하지 않기 위함이며, 사람이 살생당하지 않게 하려 함이라 하니라. 하늘이 말하나니 사람의 길을 가라 함은 하늘이 사람을 가여워함이 있음이며, 하늘이 원하는 길을 가라 함은 하늘이 기뻐함이 있다 함이니라. 하늘은 살생하지 않는 길을 가라 하고, 한 그루의 나무를 심는 길을 가라 이르나니 그것이 인생이며, 사람의 길이라 할 수 있다 함이니라. 이를 하늘이 기뻐함이니라.

**노자가 말하나니 사람이 살아있을 적에는 부드럽고 약하지만, 죽고 나서는 굳고 강해진다. 만물이나 초목들도 살아있을 적에는 부드럽고 여리지만, 죽고 나서는 말라서 뻣뻣해진다. 그러므로 굳고 강한 것은 죽음의 무리이고, 부드럽고 약한 것은 삶의 무리인 것이다. 그래서 군대가 강하면 승리하지 못하고, 나무가 강하면 꺾이는 것이다. 강대한 것이 아래쪽에 위치하고, 부드럽고 약한 것이 위쪽에 위치하는 것이다.**

하늘이 답하느니라. 살아있다는 것을 말할지니라. 살아있다는 것은 천지자연의 이치에 합당함이며, 천지자연의 이치를 행할 수 있음이니라. 이는 스스로 있음으로 인함이며, 스스로 자연인 것으로 인함이니라. 스스로 복을 얻기와 화를 얻기를 행할 수 있음이며, 살생할 수 있거나 살생당할 수 있음이니라. 사람 앞에서 선하고 악할 수 있음이며, 천지만물 앞에서 선하고 악할 수 있음이니라. 또한 하늘 아래 부끄럽지 않게 행할 수 있음이며, 하늘 아래 부끄럽게 행할 수 있음이 아니니라. 복으로써 하늘은 응답하지 않으며, 화로써도 응답하지 않나니 천지자연이 스스로 있음으로 인함이듯 사람 스스로 복 있게 행함이니라. 스스로 화를 있게 함은 사람 스스로 있게 됨으로 인함이니라. 지혜는 재물과 권세의 유혹을 피할 수 없음이며, 현명함은 또한 재물과 권세의 유혹을 피할 수 없음이니라. 재물과 권세가 스스로 있는 자연의 이치보다 아름답지 않고 자연의 이치보다 조화롭지 않나니 지금의 하늘에 부끄럽다 함을 발견하거든 자연으로 돌아가라 이르나라. 자연으로 돌아가는 것은 네가 한 그루의 나무를 심는 것으로 그 의미를 돌이켜 보라 함이니라. 이 세상은 조화롭기에 세상이며, 아름답기에 세상이라 함을 알게 될 것이니라. 이 세상은 생명을 위한 세상이지 재물과 권세를 위한 세상이 아닌 것을 알게 될지니라. 너의 삶의 이유인 이것은 네 생활의 이유이며, 하늘이 너를 이 세상에 있게 함이며, 네 부모가 너를 있게 함이니라. 진리는 물음에 의해서 답이 있게 함이 아니며, 물음에 대한 답이 생존과 죽음을 증명함도 아니며, 만물을 가지고 무엇을 만들 것인지를 이끌어 냄도 아닐지니라. 너 스스로 이 모든 믿음과 이 모든 실재들의 본질이 생명이라 깨닫는 것이 진리일지니라. 한 그루의 나무를 심으라. 그리하면 천년 후의 생명이 있음을 위함이며, 만년 후의 생명이 있음으로 인함이니라. 하늘이 해를 띄우고 생육하며, 달을 띄우고 안식함은 사람이 대지의 한 그루의 나무를 베어서 죽은 나무를 예술로 승화시킴을 보기 위함이 아니며, 살아있는 짐승을 잡아서 박제시켜 예술과 재물로 권세로 삼는 것을 보기 위함도 아니며, 사람이 사람을 살생하여 재물과 권세를 얻고자 하는 것을 보기 위함도 아니니라. 오늘도 생명이 태어나고, 또 자연으로 돌아가며, 내일도 생명이 태어나고, 또 자연으로 돌아감이니 하늘이 한 그루의 나무를 심으라 함은 진리를 사람이 행하게 하려 함이니라. 하늘 아래 모든 생명이 있게 함은 사람이 있음으로써나 이 세상에 물이 가득함으로 해서 이루어짐이 아니니라. 생명의 그늘이 있어야 함인데, 그것이 한 그루의 나무로 이루어진 숲이니라. 그렇게 되면 바람이 찾아들고, 구름이 찾아들고, 생명이 찾아들지니라. 살아있음은 부드럽고 약하지만 그것에 생명이 깃들어있음이니라. 죽고 나서는 굳어지고 강해지는 것은 죽음이 깃들어 있기 때문이니라. 만물의 모든 이치가 유사하니라. 움직이지 못하면 바람과 구름의 이치에 합당하지 못하여 굳어지고 강해지는 것으로 죽음의 무리라 함이 온당하다 함이니라. 사람에게 군대가 있다 함은 무엇을 지키기 위하여 있다 함이니라. 성인의 재물과 권세가 아니라 하지 말라. 또한 군자의 재물과 권세가 아니라 하지 말라. 군대는 성인으로 이루어진 것이 아닌 군자로서, 백성으로서 이루어졌음이니라. 따라서 백성의 재물과 권세를 지킨다 하지 말라. 백성은 천지자연의 조화로움으로 백성이라 함이 온당할지니라. 백성으로 하여금 조화를 깨어지게 함이 전쟁이 아니라고 강변하지 말라. 백성들이 전쟁으로 살생하나니 천지자연을 살생하게 됨은 살생당하는 날이 가까이 오게 됨이 있음이니라. 가까운 날에 전쟁에서 지게 되매 살생당함은 역사를 통해서 알 수 있게 되리라. 살생당하는 것은 부모에게도 살생당하며, 형제와 자매에게도 살생당함이 있으며, 처와 자식과 이웃에게도 살생당함이 있게 됨을 역사를 통해서 알게 되리라. 살생함으로 삶의 무리에서 쫓겨나게 됨은 이러한 연유로 인함이며, 살생당함으로 삶의 무리와 함께 영원히 할 수 없게 됨이니라. 재물과 권세를 얻기 위하여 무엇을 행하려느냐? 살생하려느냐? 그렇게 선택하지 말라. 고요한 세상을 선택하고 평화로운 세상을 선택하라. 살생으로 얻으려 하지 말고, 살생하지 않으며 검소하게 살아가는 것을 선택하라. 한 그루의 나무를 심어 다음 세대에게 선택할 수 있게 함은 나의 세대가 행할 수 있는 선이라 함이 온당하다 함이니라. 이러한 선택은 하늘이 정한 선택이라 하나니 삼백년에 걸쳐 이어지는 선택이 되니라. 나무심기는 다음 세대에게 줄 수 있는 것을 준다 함이나니 하늘이 정한 이치라 함이 온당하다 함이니라. 삼백년이 짧으면 이 땅이 늙어짐으로 인함이며, 하늘이 바라는 대로 이루어지지 않음이며, 사람의 마음이 어리석음으로부터 벗어나지 않음이며, 한 그루의 나무를 온전히 심으려 하지 않기 때문이라 할 수 있음이니라. 또한 사람이 살생하기를 멈추지 않았기 때문이라 하며, 살생당함이 멈추지 않게 됨으로 인함이라 하니라. 하늘이 사람에게 전하는 것으로 이루어지지 않음은 사람의 몸속에 병균이 가득하여 생명이 위독하게 될 때 사람에게 독한 약으로 치료하며, 사람의 몸을 가르고 장기를 떼어내서 병이 낫게 함과 같다 함이니 땅이 병들어 죽어갈 때에도 그렇게 함이며, 하늘이 죽어갈 때에도 하늘을 가르는 치료가 있어야 함이니라. 땅을 치료하거든 한 그루의 나무를 심어 치료하라. 그렇게 하여 숲과 강과 바다의 생명을 살리며, 생명을 늘리는 일에 너희 수입을 사용하라. 이는 하늘을 위하여 사용함도 아니며, 땅을 위하여 사용함도 아닐지니라. 그것은 너의 다음 세대를 위하여 사용함임을 잊지 말라. 너에게 다음 세대가 있지 않다 하였느냐? 이 땅이 다음 세대이며, 이 하늘이 다음 세대라 함이 온당하다 할 수 있음이니라. 천년 후의 세상과 만년 후의 세상에 생명이 가득하게 함은 나의 작은 손에 의해서 심어지는 한 그루의 나무가 숲이 되는 이치에 의해서 모여드는 생명의 번성에 의함이니라. 결코 나의 재물과 권세의 욕심에 의해서 숲이 파괴되고, 강과 바다에 생명이 살 수 없게끔 파괴됨으로써 이루어지는 것이 아닐지니라.

**노자가 말하나니 하늘의 도는 마치 활줄을 당긴 활과도 같은 것이다. 높은 것은 억누르고, 낮은 것은 들어올린다. 남음이 있는 것은 덜어주고, 부족한 것은 보태준다. 하늘의 도는 남음이 있는 것은 덜어주고, 부족한 것은 보충해 주지만, 사람의 도는 그렇지 않다. 부족한 것을 더 덜어냄으로써 남음이 있는 편을 받들어 준다. 누가 남음이 있음으로써 천하를 받들 수가 있겠는가? 오직 도가 있는 사람만이 그러할 따름이다. 그래서 성인은 일을 하되 한 일에 의지하지는 않으며, 공을 이루되 그 공로를 누리지는 않는 것이다. 그것은 현명함을 드러내려 들지 않기 때문인 것이다.**

하늘이 답하느니라. 하늘의 도는 사람의 도와 숲의 도와 강의 도와 바다의 도가 함께 작용함에 있다 함이니라. 사람은 숲과 강과 바다와 들에서 먹으며, 입으며, 살 수 있는 집을 구하며, 생육하며, 번성함에 인한다 할지라도 하늘은 사람이 숲을 위하여 한 그루의 나무를 심는 것을 바라며, 들에 곡식과 생육하는 것으로 근본으로 삼는 것을 원하며, 강과 바다에서 함부로 살생하여 재물과 권세를 근본으로 삼지 않음을 원하느니라. 사람이 천명을 말하며, 사람이 만물을 주장하며, 사람에게 권리가 있다 함을 하늘은 눈과 귀를 틀어막고 있다 함이니라. 사람을 위하여 땅이 있음과 땅에서 번성함에 있어서 만물이 파괴되며, 만물이 생명의 가치가 죽어가게 됨을 천명이라 하느니라. 만물은 사람이 주장함을 어찌 받아들일 수 있겠는가? 사람의 도가 하늘의 도와 같아짐은 어떻게 하면 천지만물의 이치와 합당한지를 행하라 함에 있나니 높은 것은 억누르고, 낮은 것은 들어 올리느니라. 남음이 있는 것은 덜어주고, 부족한 것은 보태어지니라. 사람의 도는 이와 같다 함이니라. 사람은 지혜로워야 하며, 현명하여야 하며, 불의와 정의를 구별하여 행하여야 하며, 형제자매와 우애가 있어야 하며, 가족과 이웃은 화목하여야 하니라. 그래서 천명을 알아야 하며, 죄를 짓지 말아야 한다 하였나니 사람과 사람이 다투지 않기 위함이라 함이 온당할지니라. 천지자연의 이치에 합당하도록 행하지 않음은 사람의 질서에서 벗어나지 못함으로 인함이니라. 재물과 도덕이 만나며, 권력과 도덕이 만나며, 재물과 윤리가 만나며, 권세와 윤리가 만나는 것에 지나지 않느니라. 재물의 도덕과 권세의 도덕이 있지 않으며, 재물의 윤리와 권세의 윤리가 있지 않나니 이는 재물과 권세의 윤리와 도덕은 살생에 의해서 이루어짐을 알지 못함으로 인함이니라. 사람의 도가 사람을 다스리기 위함이라면 하늘의 도는 만물을 다스리는 이치라 함이 온당함이니라. 사람의 도로써 살생하며, 숲과 강과 바다의 이치를 해치는 것을 하늘이 바라보고 있다 함이니라. 하늘은 바라보고 있지만 어떤 것도 천지자연의 이치에서 벗어나 행할 수 없음이니라. 천지자연은 사람을 위하여 있지 않고 아직도 미약하니라. 따라서 죽어가는 만물을 위하여 하늘이라 함은, 하늘의 도가 죽어가는 도라고 하지 않을 수 없음이니라. 만물이 죽으면 하늘도 죽으리니 이는 사람도 이 땅에 살 수 없음을 알지니라. 그리할지라도 사람을 벌할 수 없음은 하늘이 생명을 죽이는 하늘이 아니기 때문이니라. 사람이 천지만물의 이치를 행하기를 기다리나니 이는 생명으로 나아가는 이치가 하늘의 이치이기 때문이니라. 하늘이 말하고 또 말하나니 살생하지 말라. 숲과 강과 바다의 생명을 위하여 너희가 얻는 수입 백의 십을 사용할지니라. 나무를 심으며, 강과 바다의 생명을 늘리는 일에 사용하라. 너희가 영원한 생명을 얻지 못한다 하여도 그리하며, 너희가 천국에 이르지 못한다 할지라도 그리하라. 천년 후 이 땅에 생명이 충만하기를 위하여 그리하며, 만년 후에도 이 땅에 생명이 충만하기를 위하여 그리할지니라. 하늘은 만물을 품기 위한 하늘이니 만물을 죽이기 위한 하늘이 되게 하지 말라. 땅은 만물을 싣기 위한 땅이므로 만물을 죽이기 위한 땅이 되게 하지지 말라. 사람이 남는 것이 있어도, 가난한 자를 위하여 쓰지 않아도 하늘은 벌주지 못하나니 그에게는 스스로 벌 받게 하는 이치로 그가 벌 받게 되리라. 그가 두려워 재물과 권세를 지킬 때에 그는 스스로 귀신을 만들어 내며, 그가 살생한 사람의 영혼을 스스로 만들어 내며, 스스로를 죽이게 되리라. 스스로 벌하는 것은 스스로 귀신을 만들어 내고 영혼을 만들어 내어 스스로를 죽이게 되리라. 하늘이 살생하지 말고 한 그루의 나무를 심으라 함은 이와 같은 이유 때문일지니라. 하늘은 생명을 향해 나아가는 이치에 있음이라 하나니 하늘은 믿음의 하늘이 아니라 살생하지 않는 행함의 하늘이니라. 하늘은 죽은 나무를 깎아 위대한 조각을 하는 사람의 하늘이 아니라 한 그루의 나무를 심어 천년 후의 생명이 번성하게 하고, 만년 후의 생명이 번성하게 하는 사람의 하늘일지니라. 이 행함은 인위라 함에도 하늘은 할 수 있는 일만을 할 수 있음이니라. 사람에게 살생하지 말라 하였나니 그때에 한 그루의 나무를 심으라 하는 것도 인위라 함이 옳다고 함과 그렇지 않다 함이 온당하다 함이니라. 이는 인간 문명의 지속과 사람이 경영하는 세상에 한 그루의 나무를 심는 실험이 하늘의 이치에 합당함을 보기 위함이며, 하늘이 사람에게 행하게 할 수 있는 최고의 선이기 때문이니라. 또 하늘이 세상을 경영함도 아니라 사람이 세상을 경영할 때에 흩어지는 에너지의 특성과 모여지는 에너지의 특성을 찾기 위함이니라. 사람에게 묻나니 너희가 너희의 말과 소리로 금과 쇠를 만들 수 있느냐? 너희가 행하는 손짓과 발짓으로 석유와 우라늄을 만들 수 있느냐? 하늘이 보기에 사람은 어느 것도 만들 수 없느니라. 하늘이 행할 수 있는 것만 행한다 하나니 사람에게 나무를 심어 천년 후의 생명을 바라보며, 만년 후의 생명을 바라보려 함이니라. 사람이 하늘을 우러러 부끄러움 없음을 행하는 것으로 나무를 심으라. 윤회를 믿으려 하지 말라. 윤회는 믿음이 아닐지니라. 윤회는 살생하지 않음과 한 그루의 나무를 심는 것으로 의미를 삼고, 수입 백의 십을 천지만물의 번성함을 위하여 사용하라. 하늘이 너희에게 수입 백의 십을 사용하여 천지만물의 생명의 번성을 행하였다 할지니라. 윤회를 행하는 사람에게 말하나니 너희의 생명을 버리면서까지 하늘을 믿거나 숭상하지 말라. 너의 목숨이 하늘보다 소중하기 때문이나니 뒤돌아서서 하늘의 뜻을 살필지언정 죽음 앞에서는 하늘마저도 버려라. 만약 너의 생명과 너와 부모와 형제와 처와 자식의 생명을 위하여 너의 목숨을 버려야 한다면 그것은 하늘도 어찌할 수 없음이니라. 진리를 위하여 선택하라. 진리는 너의 선택이 진리이나니 너와 부모와 처와 형제와 자매가 살고 네가 사는 것도 진리가 되며, 부모와 형제와 자매와 처와 자식이 살고 네가 죽는 것도 진리가 되며, 네가 살고 부모와 형제와 자매와 처와 자식이 죽고 네가 사는 것도 진리가 되며, 너와 너의 가족이 모두 죽는 것도 진리가 되느니라. 윤회를 행하다 죽음에 이르는 것을 하늘이 막을 수 없음을 슬퍼하라. 그리고 결코 하늘을 위하여 목숨을 버리지 말라. 가족을 위하여 목숨을 버릴지라도 하늘을 위하여 목숨을 버리지 말라. 하늘은 생명으로 향하는 이치에 합당함이니라. 사람들이 말하기를 영원한 생명을 준다 하며, 영원한 평화가 있는 세상에 갈 수 있다 하며, 너희를 유혹할 제 칼과 무기로 위협하여 믿기를 강요할 때 사람의 가치와 사람의 의미를 위하여 죽을 수 있다 할지라도 하늘을 위하거나 신이 있다는 믿음을 위하여 목숨을 버리지 말라. 너희가 목숨을 잃으면 신도 죽으며, 너희의 하늘도 죽으리니라. 하늘은 생명을 향해가는 이치라 함을 너희가 깨우치고 깨우치라 하니라. 하늘은 만물을 품기를 깊은 심연을 품으며, 얕은 개울을 품으며, 거대한 짐승을 품으며, 작고 작은 짐승을 품으며, 가난한 사람을 품으며, 부유한 사람을 품으며, 악인을 품으며, 선한 사람도 품느니 그가 악인이고 선한 사람들로 행하지 않을지라도 하늘은 품느니라. 악인이 선하게 되는 것과 선하게 되지 않을지라도, 그를 선하게 행하라 할 수 없다 할지라도 하늘은 그가 생명인 이상 그를 생명으로 여기는 것이니라. 그것이 하늘의 근본이기 때문이니라.

**노자가 말하나니 천하의 부드럽고 약한 것으로는 물보다 더한 것이 없지만, 굳고 강한 것을 공격하는 데 있어서는 그것보다 억센 것이 없으니 아무것으로도 이에 대신할 수는 없는 것이다. 약한 것이 강한 것을 이기고, 부드러운 것이 억센 것을 이긴다는 것은 천하에서 알지 못하는 사람이 없지만, 그 도리대로 행동할 수 있는 사람은 없는 것이다. 그래서 성인께서 말씀하시기를 '나라의 때 묻은 것을 받아들이는 것, 그것을 사직(社稷)의 주인이라 말하고, 나라의 상서롭지 못한 것을 받아들이는 것, 그것을 천하의 왕자라고 말한다'고 한 것이다. 올바른 말은 진리의 반대가 되는 것처럼 보이는 것이다.**

하늘이 답하느니라. 천하에는 무엇이 있느냐? 천하에는 사람이 있으며, 새와 짐승과 물고기와 나무와 흙이 스스로 살아있으며, 스스로 살아가며, 스스로 먹는 생명과 땅으로 근본을 삼는 스스로 있는 땅에 의하여 성장하는 식물이 있다 함이니라. 사람에게 묻나니 무엇이 강하며, 무엇이 약하느냐? 물은 생명을 향해가는 젖줄이며, 생명 그 자체를 살리는 물질이리니 사람에게 물은 생명이며, 모든 생명에게 생명의 젖줄이라 함이 온당하다 함이니라. 나무에게도 그러함이며, 강과 바다의 모든 생명에게도 그러하니라. 만물은 강한 것으로 근본을 삼지 않나니 생명은 또한 약한 것으로 근본을 삼지 않느니라. 생명은 조화에 근본을 삼는다 함은 빛과 물과 흙과 바람의 조화로 인함이나니 약한 것으로는 물이며, 강한 것으로도 또한 물이니라. 또한 강한 것으로는 해와 달과 공기와 흙이리니 또한 약한 것으로도 해와 달과 공기와 흙이니라. 또한 강한 것은 생명이며, 또한 약한 것은 생명이나니 천하에 약한 것은 살아남으려 변해가는 것이니라. 생명이 해와 달과 물과 공기와 흙과의 조화로 인함이며, 물이 해와 달과 공기와 흙의 조화로 인함이며, 해가 스스로 있음으로 흙과 공기와 물의 조화를 완성함이 있느니라. 이것을 조화의 근본이라 함은 온당하다 함이니라. 이 세계는 강한 것으로 살아남으려 하며, 약한 것으로 살아남으려 하는 생명으로 향해가는 이치에 가득하다 함이 온당함이니라. 생명으로 향해가는 이치가 강하면 죽음에 이르느니라. 따라서 생명으로 향해가는 이치가 조화로워야 하늘의 이치와 합당하니라. 생명으로 이치가 약하면 죽음에 이르나니 생명으로 향해가는 이치가 조화로워야 생명에 이르듯 이는 땅의 이치와 다르지 않느니라. 그리하여 이 땅은 하늘과 이 세계라 하며, 생명으로 향해가는 이치가 가득하다 함이 온당하다 함이니라. 만약 강하고 약한 것을 정하여 그것을 물이라 할 때에 물보다 약한 것이 없다 함은 온당함이니라. 약하지만 물보다 더 나은 것을 알지 못한다 함을 옳다 함이나니 약한 것이 강한 것을 이기고 부드러운 것이 억센 것을 이긴다 함이 조화를 깨트림으로 인함이니라. 이 땅 위에 물이 가득하다 함은 무엇이 남고 무엇이 부족한 것으로 그렇게 되었다 함인가? 땅이 가물며, 풀과 나무가 죽으며, 땅 위의 모든 생명이 대지를 어머니로 삼는 것처럼 젖과 꿀이 없다 함으로 인함이니라. 물은 이 땅의 젖과 꿀이라 함이 온당함이나니 물은 사람의 눈으로 바라보는 물질이니라. 하늘이 바라보는 조화로움으로 바라볼지니 물은 대지의 젖과 꿀로 깨우치려 함이 이와 같음이니라. 강한 것으로 보지 말며, 약한 것으로 보지 말라. 물은 조화로움을 이르는 스스로 있음으로 자연이라 함이 온당하니라. 물은 강한 것으로 이기기 위하여 있지 않으며, 또한 약하거나 살생당하기 위하여 있지 않느니라. 물은 조화를 위하여 있음이니라. 자연이라 함은 생명의 이치로 향해가고 있다 함이며, 하늘의 이치와 합당함이며, 또한 흙도 그러할지니라. 흙은 만물을 키우나니 자연으로 돌아가라 함은 척박한 땅에 기대어 살라 함이 아니라 해와 달과 물과 공기와 온갖 자연의 이치가 행하여진다 함이니라. 흙에서 조화로 인하여 생명이 생성되며, 살다가며, 생명을 누리나니 이는 강하기 위하여 있다 함으로 인하지 않으며, 또한 약하기 위하여 있다 함도 아니니라. 그것은 조화롭기 때문에 생명으로 나아가는 땅이라 하니라. 이는 하늘의 이치와 조화롭기 때문에 땅이라 함이 온당하다 함이니라. 사람이 그 도리대로 행동할 수 있는 사람은 없다 함이 온당할지니라. 성인께서 말씀하시기를 나라의 때 묻는 것을 받아들이는 것을 사직의 주인이다 말하고, 나라의 상서롭지 못한 것을 받아들이는 것을 천하의 왕자라고 말한다고 한 것이니라. 사람의 도리는 하늘의 이치와 땅의 이치에서 벗어나지 않나니 사람은 하늘 아래 살고 땅을 근본으로 하여 살고 있다 함으로 그러함이니라. 무엇을 버리며, 무엇을 구할지는 사람에게 있다 함이 옳다 함이니라. 사직의 본래는 하늘에 천명을 행한다 함이 아니라 이 땅에 한 그루의 나무를 심는 것으로 천명을 삼느니라. 사직의 본래는 땅에서 얻는 지천명으로 행하다 함이 아니며, 죽어가는 생명을 살려서 그 생명으로 하여금 천지자연의 이치를 행하게 함으로 그 본래라 함이 온당하다 함이니라. 하늘의 이치는 생명으로 향해가는 이치라 함이 진리이며, 땅의 이치 또한 생명으로 향해가는 이치라 함이 진리이니라. 또한 사람이 생명으로 나아가는 이치라 행하게 됨이 진리이나니 천하의 왕자가 되기 위하여 그리함도 아니며, 천하를 구하기 위하여 그리함도 아니며, 다만 자연이기 때문에 그리하느니라. 명예를 위하여 행하지 않기를 하늘과 땅이 바라는 것은 그것이 재물과 권세가 되기 때문이라 하니라. 사람이 천지자연의 이치에 합당하기를 나는 자연에 이르렀다 함으로 기뻐함이니라. 그리고 올바른 말이 진리의 반대가 되는 것처럼 보이는 것이라 함은 이와 같은 연유에 의함이니라.

**노자가 말하나니 큰 원한은 부드럽게 달래주어도 반드시 얼마간 원한이 남게 된다. 어찌 그것을 훌륭하다고 할 수가 있겠는가? 그래서 성인은 물건을 빌려준 계약 문서는 갖고 있으되 사람들에게 반환을 책하지는 않는다. 덕이 있는 사람은 빌려주는 계약 문서나 맡고 있고, 덕이 없는 사람은 세금을 거두어들이는 일을 맡는다. 하늘의 도는 특별히 친한 사람 없이 언제나 선한 사람 편을 든다.**

하늘이 답하느니라. 하늘이 사람에게 무엇을 주었나를 되돌아보라 하며, 하늘이 사람에게 무엇을 빌려주었나를 돌아보라 할 때에 사람은 무엇으로 갚으며, 무엇으로 답하겠느뇨. 하늘은 사람에게 무엇을 주었다 하지 않으며, 조화롭게 만물을 품었다 함이며, 땅이 사람에게 무엇을 주었으며, 무엇을 빌려주었느냐 하고 묻나니 무엇으로 갚으며, 무엇으로 답하겠느뇨. 땅은 사람에게 무엇을 주었다 하지 않으며, 무엇으로도 조화롭게 만물을 실었다 함이니라. 사람에게 묻나니 사람이 하늘을 향하여 하늘과 땅의 조화를 행하기를 항상하겠다 함은 그것이 진리라 함을 가까운 날에 알 수 있을지니라. 사람은 하늘을 위하고 무엇을 갚기 위하여 행하지 않으며, 또한 땅에 무엇을 갚기 위하여 행하지 않느니라. 스스로 천지자연의 이치에 합당하기를 이 세계가 조화로우니 사람에게 하늘의 마음이 있다 함이며, 사람에게 땅의 마음이 있다 함이니라. 지천선악의 이치가 사람에게서 나온다 여김을 받으라 하나니 세대에서 세대로 이어져 조화롭기를 오래되게 하니라. 사람의 원한이 재물과 권세에서 생겨난다 함이나니 그 재물과 권세가 천지만물의 살생에서 생겨났다 함이니라. 땅의 그 원한이 크다 할 때 부드럽게 달래주어도 반드시 얼마간 원한이 남게 된다 함을 알지니라. 너의 원한은 하늘과 땅의 원한이라 하지 않을 수 없음이나니 살생하였는지 되돌아볼지니라. 그리고 살생되었는지 되돌아볼지니라. 살생하여 얻게 된 재물이 하늘의 원한이 있어 살생되어지려고 하는 이치에 있음을 깨달을지니라. 살생하여 얻게 된 권세가 땅의 원한이 있게 됨으로 살생되어지려고 하는 이치에 있음을 깨달을지니라. 하늘과 땅에는 사람이 살생한 모든 계약 문서가 있다 함이니 하늘과 땅이 스스로 치유함으로 인하여 그 빚의 계약 문서는 갖고 있으되 사람들에게는 반환을 책하지 않고, 사람을 책하지 않느니라. 하늘과 땅은 스스로 죽음에 이르게 하며, 스스로 죄를 깨닫게 하며, 스스로 천지만물의 이치에 합당하게 하느니라. 하늘과 땅은 살생하지 않음을 근본으로 삼으며, 한 그루의 나무를 심는 것으로 땅의 근본으로 삼나니 이는 명예를 위하여 그리함도 아니고, 가문의 영광을 위하여 그리함도 아니니라. 하늘은 생명을 향하여 합당함이 있는 것을 깨닫게 됨으로 인함이며, 땅은 생명을 향하여 합당함이 있는 것을 깨닫게 됨으로 인함이며, 사람 또한 생명으로 향하여 합당함이 있게 행함을 깨닫게 됨으로 인함이니라. 천년만년 생명이 번창함은 하늘이 있게 되는 근본이며, 천년만년 생명이 번창함은 땅이 있게 되는 근본이며, 사람 또한 천년만년 생명이 번창함은 사람의 근본으로 인함이니라. 선은 무엇이며, 악은 무엇인가? 하늘은 알지 못하며, 땅도 알지 못하나니 생명으로 선의 근본으로 삼으며, 살생하거나 살생당하는 것으로써 악의 근본으로 삼느니라. 친한 사람 없이 언제나 선한 사람 편을 드는 까닭은 이와 같기 때문이니라.

**노자가 말하나니 나라는 작고 백성은 적어야 한다. 비록 갖가지 연모가 있다 하더라도 쓰지 않아야 한다. 백성들로 하여금 죽음을 중히 여기게 하고, 멀리 이사 다니지 않도록 해야**

한다. 비록 배와 수레가 있다 하더라도 탈 일이 없어야 한다. 비록 갑옷과 무기가 있다 하더라도 그것을 벌여놓고 쓸 곳이 없어야 한다. 사람들로 하여금 다시 새끼줄에 매듭을 지어 기억을 돕는 방법으로 사용하던 상태로 되돌아가게 하여야 한다. 그들의 음식을 달게 먹고, 그들의 옷을 아름답게 여기고, 그들의 주거에 편안히 살며, 그들의 풍속을 즐기도록 하여야 한다. 이웃나라가 서로 바라보이고, 닭과 개 우는 소리가 서로 들리지만 백성들은 늙어 죽을 때까지 서로 왕래하는 일이 없어야 한다.

하늘이 답하느니라. 듣고 들을지니라. 사람에게 배와 수레가 있다 함은 어떠한 연유인가? 배는 사람이 강을 건너거나 물고기를 잡기 위해서 필요함이며, 수레는 많은 짐을 싣거나 전쟁에 사용됨이니라. 하늘은, 배는 숲을 파괴함으로 생긴 물건이라 하며, 수레는 또한 숲을 파괴하기 위하여 사용되고 파괴된 숲에서 물건과 짐승의 시체를 운반하기 위함이라 하니라. 너희가 문명을 일으킬 때 땅에서 캐어낸 쇠(철)로 배와 수레를 만드는 역사에 있다 함이니 사람에게 배와 수레가 필요하였다면 그로 인해 땅은 무엇을 잃게 됨이더냐? 강과 바다는 무엇 잃게 됨이더냐? 사람이 사는 근본인 배와 수레를 만들어 그것이 눈과 귀를 닫게 됨은 이와 같기 때문이라 하니라. 배와 수레를 만드는 역사가 죄의 역사가 아니라 함은 사람의 죄가 무겁다 함을 하늘과 땅의 원한이 있게 됨이니라. 하늘과 땅의 원한은 사람에게서 사람을 죽이게 됨으로 역사가 시작되었다 함이며, 땅의 질병과 하늘의 질병이 사람에게 있게 됨이니라. 배를 만들기 위하여 숲을 베어내나니 숲으로 사람을 죽이며, 숲의 재앙과 숲의 질병과 숲의 원한이 사람을 죽이게 되나라. 강과 바다의 생명을 잡아들일 때 강과 바다의 원한이 깊어 강과 바다의 질병이 사람을 죽이며, 강과 바다의 재앙이 사람을 죽일지니라. 사람이 땅에서 죽이게 되는 생명이 사람을 죽이며, 땅이 사람을 죽이게 될지니라. 땅에 생명이 살지 않게 됨으로 사람이 죽임을 당하며, 땅이 사람을 죽이게 되나라. 사람이 살집을 짓게 되나니 그 집으로 사람이 죽으며, 그 집으로 사람이 사람을 죽이게 됨을 멈추지 않게 됨이니라. 땅에서 캐어낸 철로써 사람이 죽게 될 것이로다. 이는 땅이 고통을 당하였다 함으로 인함이며, 하늘이 고통을 당하기 때문이라 하니라. 땅의 고통은 군자가 사람을 죽이게 됨이며, 성인이 사람을 죽이게 됨으로 인함이니라. 또한 지혜로운 자가 지혜로써 사람을 죽이기를 멈추지 않게 됨이며, 사람을 살리는 약으로써 사람을 죽이기를 멈추지 않게 됨이니라. 재물 있는 자가 재물 없는 자에게 벌레 죽이듯이 죽임을 당할 것이며, 권세 있는 자가 권세 없는 자에게 벌레 죽이듯이 죽임을 당하게 될 것이니라. 자연의 이로움에 너 스스로가 자연임을 잊지 말지니라. 자연은 극복하기 위하여 자연이라 하지 않고 생명이 스스로 있다 함이나니 너는 너와 자연 이외에 있지 않느니라. 너는 사람이며, 너의 부모와 형제와 자매와 처와 이웃이 자연이라 함을 잊지 말라. 자연은 살생당하는 순간 너의 부모와 자식과 형제와 자매와 처와 이웃과 나라와 이 세계가 너를 죽이려 하나니 너의 죽음은 가족이 그리함도 아니며, 나라와 이 세계가 그리함도 아니니라. 너와 자연의 이치가 그리한 것이니라. 네가 스스로 그러한 이치에 있듯이 너를 제외한 모든 생명과 만물이 너를 공격함으로 인함이나니 너는 자연이며, 자연의 이치에 합당함으로 인해 생명이라 함을 잊지 말라. 권세가 너를 죽이며, 재물이 너를 죽이게 됨을 잊지 말라. 자연으로 돌아가라. 자연으로 돌아가라는 이치는 한 그루의 나무를 심으라 함이며, 함부로 살생하지 않음을 삶의 가치와 의미로 삼으라 함이니라. 너는 자연이나니 스스로 있다 함이며, 천지자연의 이치에 합당하다 함으로 자연이니라. 수레와 배, 갑옷과 무기가 자연의 이치에 합당하게 하라 하나니 그것을 벌려놓고 쓸 곳이 없어야 한다 하니라. 사람들로 하여금 다시 새끼줄에 매듭을 지어 기억을 돕는 방법으로 사용하던 상태로 되돌아가게 한다 하니라. 그들의 음식을 달게 먹고, 그들의 옷을 아름답게 여기고, 그들의 주거에 편안히 살고, 그들의 풍속을 즐겨야 한다 하니라. 이웃나라가 서로 바라보이고 닭과 개 우는 소리가 서로 들리지만 백성들은 늙어 죽을 때까지 서로 왕래하는 일이 없어야 한다 하니라.

**노자가 말하나니 신용이 있는 말은 아름답지 아니하고, 아름다운 말은 신용이 없다. 훌륭한 사람은 말을 잘하지 않고, 말을 잘하는 사람은 훌륭하지 않다. 정말로 아는 사람은 박식하지 않고, 박식한 사람은 정말로 알지 못하는 것이다. 성인은 재물을 축적하지 않는다. 모두 그것을 남을 위하여 쓰지만 자기는 더욱 많이 갖게 된다. 모두 그것을 남에게 주지만 자기는 더욱 많이 갖게 된다. 모두 그것을 남에게 주지만 자기는 더욱 많아진다. 하늘의 도는 이롭게만 해주지 해치지는 않고, 성인의 도는 일을 하되 다투지는 않는다.**

하늘이 답하느니라. 하늘이 만물을 품는다 함은 온 세상에 생명이 번성함으로 기뻐함이라 함이 온당함이니라. 땅이 만물을 싣는다 함은 온 세상에 생명이 번성함으로 기뻐함이 온당함이니라. 사람이 사람인 것은 하늘을 우러러 하늘을 믿는 것으로 생명이 아니며, 하늘을 우러러 살생을 피하려 애써 행함이니라. 한 그루의 나무를 베어 땔감으로 쓰거나, 무기를 만들거나, 나무에 천지의 이치를 조각한다고 할지라도 하늘은 검소와 근검으로 행하라 함이며, 한 그루의 나무를 베어내면 숲의 생명이 죽임을 당하게 됨을 슬퍼함이며, 숲은 명예와 재물과 권세를 위하여 있지 않음을 깨닫는 것이다 하니라. 강과 바다의 모든 생명의 다양성을 해치는 것이 권세와 재물을 얻는 것에 의함이 되지 않게 함은 검소와 근검에 의하지 않으면 이루어지지 않느니라. 하늘이 너희의 수입 백의 십을 사용하여 나무를 심으라 함은 천년만년 후의 생명의 번성을 위함이며, 강과 바다의 생명의 다양성을 행하는 것은 천년만년 후의 생명의 번성을 위함일지니라. 이 땅에 사람이 없으면 자연은 스스로 그리 이루어질 수 있다 함이 하늘의 온당함이라 할지니 이 땅의 주인이 사람이라는 사람들의 생각과 생명이라는 하늘의 이치가 온전히 만나는 것은 한 그루의 나무를 심는 것으로 이루어짐이 있다 함이니라. 수입의 십을 사용하여 짐승을 방생하여서 막고, 강과 바다의 생명을 번성하게 하여서 살생을 막음은 사람의 생각과 하늘의 이치가 만나는 것이라 함이 온당하니라. 이러한 이치를 윤회라 하는데, 이를 사람에게 행하기를 강권하지 말며, 소중한 것을 지키는 것이라 권할지니라. 십일조를 스스로 사용하게 함이며, 재물과 권세 얻으려 윤회를 사용하지 말라. 재물과 권세가 모여지는 것은 윤회가 부패함으로 인함이며, 그리하여 사람들이 윤회를 버리게 됨이 온당함이니라. 윤회가 진리가 아니라 생명이 진리일지니 백년의 사용함으로 인함인지, 이백년의 사용으로 인함인지, 삼백년의 사용으로 인함인지 알 수 없느니라. 신용이 있는 말과 신용이 없는 말을 구별함은 어렵나니 나의 행함으로 돌아갈지니라. 나의 행함이 한 그루의 나무를 심으며, 십일조를 그리 사용함은 그때에 이루어지게 되리라. 훌륭한 사람은 말을 잘하지 않고, 말을 잘하는 사람은 훌륭하지 않노라. 묵묵하게 자기의 길을 가라 하리니 재물과 권세가 나의 생명의 본질을 해친다면 그때에 생명의 길을 가기를 주저하지 말라. 하늘이 그리하라 하지 않았으며, 땅이 그리하라 하지 않나니 너의 생명의 본질이 그리하라 함이 온당함이니라. 박식한 것과 박식하지 못한 것은 버려라. 해가 박식하기 위하여 땅을 비추는 것이 아니며, 바람과 구름이 흐르는 것이 박식하기 위하여 조화로운 것이 아닐지니라. 박식은 조화롭기 위하여 박식함이니라. 재물을 축적하는 것은 가문의 영광을 위해서라고 한다면, 땅 위에 한 그루의 나무를 심는 것과 십의 일을 사용함은 만물의 영광을 위함이니라. 하늘의 도가 이롭게 함은 생명의 번성함으로 이롭다 함이며, 해치지 않는 것은 이 땅에 조화롭다 함으로 인함이며, 또한 하늘에 이르러 보기에 좋았다 함이니라. 성인의 도는 일을 하되 다투지는 않는다 함이며, 한 그루의 나무를 심는 것으로 성인이 된다 함이니라. 다투지 않는 것은 내가 자연을 보기에 좋았다 함이며, 자연이 나를 보기에 좋았다 함이니라.